HaffmansTaschenBuch 121

ARTHUR SCHOPENHAUERs WERKE IN FÜNF BÄNDEN

NACH DEN
AUSGABEN LETZTER HAND
HERAUSGEGEBEN VON
LUDGER LÜTKEHAUS

BAND I

Non multa. ––

DIE WELT
ALS
WILLE UND VORSTELLUNG.

VON

ARTHUR SCHOPENHAUER

ERSTER BAND.

Vier Bücher, nebst einem Anhange,
der die Kritik der Kantischen Philosophie
enthält.

Ob nicht Natur zuletzt sich doch ergründe?
Goethe.

HAFFMANS VERLAG

Die vorliegende Neuedition folgt als erste
Schopenhauer-Werkausgabe wort- und zeichengetreu
des Autors Ausgaben letzter Hand,
hier: der dritten, verbesserten und beträchtlich vermehrten Auflage
des I. Bandes der Welt als Wille und Vorstellung,
Leipzig: F. A. Brockhaus 1859.

Diese Ausgabe erschien erstmals
zum 200. Geburtstag
Arthur Schopenhauers am 22. 2. 1988

Veröffentlicht als
HaffmansTaschenBuch 121, Herbst 1991
Konzeption und Gestaltung von
Urs Jakob

Herstellung:
Offizin Andersen Nexö, Leipzig
ISBN 3 251 01121 9

1 2 3 4 5 6 – 96 95 94 93 92 91

Inhaltsverzeichniß des ersten Bandes.

VORREDE ZUR ERSTEN AUFLAGE.

Wie dieses Buch zu lesen sei, um möglicherweise verstanden werden zu können, habe ich hier anzugeben mir vorgesetzt. – Was durch dasselbe mitgetheilt werden soll, ist ein einziger Gedanke. Dennoch konnte ich, aller Bemühungen ungeachtet, keinen kürzeren Weg ihn mitzutheilen finden, als dieses ganze Buch. – Ich halte jenen Gedanken für Dasjenige, was man unter dem Namen der Philosophie sehr lange gesucht hat, und dessen Auffindung, eben daher, von den historisch Gebildeten für so unmöglich gehalten wird, wie die des Steines der Weisen, obgleich ihnen schon Plinius sagte: *Quam multa fieri non posse, priusquam sint facta, judicantur? (Hist. nat., 7, 1.)*

Je nachdem man jenen einen mitzutheilenden Gedanken von verschiedenen Seiten betrachtet, zeigt er sich als Das, was man Metaphysik, Das, was man Ethik und Das, was man Aesthetik genannt hat; und freilich müßte er auch dieses alles seyn, wenn er wäre, wofür ich ihn, wie schon eingestanden, halte.

Ein SYSTEM VON GEDANKEN muß allemal einen architektonischen Zusammenhang haben, d.h. einen solchen, in welchem immer ein Theil den andern trägt, nicht aber dieser auch jenen, der Grundstein endlich alle, ohne von ihnen getragen zu werden, der Gipfel getragen wird, ohne zu tragen. Hingegen EIN EINZIGER GEDANKE muß, so umfassend er auch seyn mag, die vollkommenste Einheit bewahren. Läßt er dennoch, zum Behuf seiner Mittheilung, sich in Theile zerlegen; so muß doch wieder der Zusammenhang dieser Theile ein organischer, d.h. ein solcher seyn, wo jeder Theil ebenso sehr das Ganze erhält, als er vom Ganzen gehalten wird, keiner der erste und keiner der letzte ist, der ganze Gedanke durch jeden Theil an Deutlichkeit gewinnt und auch der kleinste Theil nicht völlig verstanden werden kann, ohne daß schon das Ganze vorher verstanden sei. – Ein Buch muß inzwischen eine erste und eine letzte Zeile haben und wird insofern einem Organismus allemal sehr unähnlich bleiben, so sehr diesem ähnlich auch immer sein Inhalt seyn mag: folglich werden Form und Stoff hier im Widerspruch stehen.

Es ergiebt sich von selbst, daß, unter solchen Umständen, zum Eindringen in den dargelegten Gedanken, kein anderer Rath ist, als DAS BUCH ZWEI MAL ZU LESEN und zwar das erste Mal mit vieler Geduld, welche allein zu schöpfen ist aus dem freiwillig geschenkten Glauben, daß der Anfang das Ende beinahe so sehr voraussetze, als das Ende den Anfang, und eben so jeder frühere Theil den spätern beinahe so sehr, als dieser jenen. Ich sage »beinahe«: denn ganz und gar so ist es keineswegs, und was irgend zu thun möglich war, um Das, welches am wenigsten erst durch das Folgende aufgeklärt wird, voranzuschicken, wie überhaupt, was irgend zur möglichst leichten Faßlichkeit und Deutlichkeit beitragen konnte, ist redlich und gewissenhaft geschehen: ja, es könnte sogar damit in gewissem Grade gelungen seyn, wenn nicht der Leser, was sehr natürlich ist, nicht bloß an das jedesmal Gesagte, sondern auch an die möglichen Folgerungen daraus, beim Lesen dächte, wodurch, außer den vielen wirklich vorhandenen Widersprüchen gegen die Meinungen der Zeit und muthmaaßlich auch des Lesers, noch so viele andere anticipirte und imaginäre hinzukommen können, daß dann als lebhafte Mißbilligung sich darstellen muß, was noch bloßes Mißverstehen ist, wofür man es aber um so weniger erkennt, als die mühsam erreichte Klarheit der Darstellung und Deutlichkeit des Ausdrucks über den unmittelbaren Sinn des Gesagten wohl nie zweifelhaft läßt, jedoch nicht seine Beziehungen auf alles Uebrige zugleich aussprechen kann. Darum also erfordert die erste Lektüre, wie gesagt, Geduld, aus der Zuversicht geschöpft, bei der zweiten Vieles, oder Alles, in ganz anderem Lichte erblicken zu werden. Uebrigens muß das ernstliche Streben nach völliger und selbst leichter Verständlichkeit, bei einem sehr schwierigen Gegenstande, es rechtfertigen, wenn hier und dort sich eine Wiederholung findet. Schon der organische, nicht kettenartige Bau des Ganzen machte es nöthig, bisweilen dieselbe Stelle zwei Mal zu berühren. Eben dieser Bau auch und der sehr enge Zusammenhang aller Theile hat die mir sonst sehr schätzbare Eintheilung in Kapitel und Paragraphen nicht zugelassen; sondern mich genöthigt, es bei vier Hauptabtheilungen, gleichsam vier Gesichtspunkten des einen Gedankens, bewenden zu lassen. In jedem dieser vier Bücher hat man sich besonders zu hüten, nicht über die nothwendig abzuhandelnden Einzelheiten den Hauptgedanken, dem sie angehören, und die Fortschreitung der ganzen Darstellung aus den Augen zu verlieren. – Hiemit ist nun die erste und, gleich den folgenden, unerlaßliche Forderung an den (dem Philosophen, eben weil der Leser selbst einer ist) ungeneigten Leser ausgesprochen.

Die zweite Forderung ist diese, daß man vor dem Buche die Einleitung zu demselben lese, obgleich sie nicht mit in dem Buche steht, sondern fünf Jahre früher erschienen ist, unter dem Titel: »Ueber die vierfache Wurzel des Satzes vom zureichenden Grunde: eine philosophische Abhandlung.« – Ohne Bekanntschaft mit dieser Einleitung und Propädeutik ist das eigentliche Verständniß gegenwärtiger Schrift ganz und gar nicht möglich, und der Inhalt jener Abhandlung wird hier überall so vorausgesetzt, als stände sie mit im Buche. Uebrigens würde sie, wenn sie diesem nicht schon um mehrere Jahre vorangegangen wäre, doch wohl nicht eigentlich als Einleitung ihm vorstehen, sondern dem ersten Buch einverleibt seyn, welches jetzt, indem das in der Abhandlung Gesagte ihm fehlt, eine gewisse Unvollkommenheit schon durch diese Lücken zeigt, welche es immer durch Berufen auf jene Abhandlung ausfüllen muß. Indessen war mein Widerwille, mich selbst abzuschreiben, oder das schon einmal zur Genüge Gesagte mühsälig unter andern Worten nochmals vorzubringen, so groß, daß ich diesen Weg vorzog, ungeachtet ich sogar jetzt dem Inhalt jener Abhandlung eine etwas bessere Darstellung geben könnte, zumal indem ich sie von manchen, aus meiner damaligen zu großen Befangenheit in der Kantischen Philosophie herrührenden Begriffen reinigte, als da sind: Kategorien, äußerer und innerer Sinn u.dgl. Indessen stehen auch dort jene Begriffe nur noch weil ich mich bis dahin nie eigentlich tief mit ihnen eingelassen hatte, daher nur als Nebenwerk und ganz außer Berührung mit der Hauptsache, weshalb denn auch die Berichtigung solcher Stellen jener

Abhandlung, durch die Bekanntschaft mit gegenwärtiger Schrift, sich in den Gedanken des Lesers ganz von selbst machen wird. – Aber allein wenn man durch jene Abhandlung vollständig erkannt hat, was der Satz vom Grunde sei und bedeute, worauf und worauf nicht sich seine Gültigkeit erstrecke, und daß nicht vor allen Dingen jener Satz, und erst in Folge und Gemäßheit desselben, gleichsam als sein Korrolarium, die ganze Welt sei; sondern er vielmehr nichts weiter ist, als die Form, in der das stets durch das Subjekt bedingte Objekt, welcher Art es auch sei, überall erkannt wird, sofern das Subjekt ein erkennendes Individuum ist: nur dann wird es möglich seyn, auf die hier zuerst versuchte, von allen bisherigen völlig abweichende Methode des Philosophirens einzugehen.

Allein der selbe Widerwille, mich selbst wörtlich abzuschreiben, oder aber auch mit anderen und schlechteren Worten, nachdem ich mir die besseren selbst vorweggenommen, zum zweiten Male ganz das Selbe zu sagen, hat noch eine zweite Lücke im ersten Buche dieser Schrift veranlaßt, indem ich alles Dasjenige weggelassen habe, was im ersten Kapitel meiner Abhandlung »Ueber das Sehen und die Farben« steht und sonst hier wörtlich seine Stelle gefunden hätte. Also auch die Bekanntschaft mit dieser frühern kleinen Schrift wird hier vorausgesetzt.

Die dritte an den Leser zu machende Forderung endlich könnte sogar stillschweigend vorausgesetzt werden: denn es ist keine andere, als die der Bekanntschaft mit der wichtigsten Erscheinung, welche seit zwei Jahrtausenden in der Philosophie hervorgetreten ist und uns so nahe liegt: ich meyne die Hauptschriften Kant's. Die Wirkung, welche sie in dem Geiste, zu welchem sie wirklich reden, hervorbringen, finde ich in der That, wie wohl schon sonst gesagt worden, der Staaroperation am Blinden gar sehr zu vergleichen: und wenn wir das Gleichniß fortsetzen wollen, so ist mein Zweck dadurch zu bezeichnen, daß ich Denen, an welchen jene Operation gelungen ist, eine Staarbrille habe in die Hand geben wollen, zu deren Gebrauch also jene Operation selbst die nothwendigste Bedingung ist. – So sehr ich demnach von Dem ausgehe, was der große Kant geleistet hat; so hat dennoch eben das ernstliche Studium seiner Schriften mich bedeutende Fehler in denselben entdecken lassen, welche ich aussondern und als verwerflich darstellen mußte, um das Wahre und Vortreffliche seiner Lehre rein davon und geläutert voraussetzen und anwenden zu können. Um aber nicht meine eigene Darstellung durch häufige Polemik gegen Kant zu unterbrechen und zu verwirren, habe ich diese in einen besondern Anhang gebracht. So sehr nun, dem Gesagten zufolge, meine Schrift die Bekanntschaft mit der Kantischen Philosophie voraussetzt; so sehr setzt sie also auch die Bekanntschaft mit jenem Anhange voraus: daher es in dieser Rücksicht rathsam wäre, den Anhang zuerst zu lesen, um so mehr, als der Inhalt desselben gerade zum ersten Buche gegenwärtiger Schrift genaue Beziehungen hat. Andererseits konnte, der Natur der Sache nach, es nicht vermieden werden, daß nicht auch der Anhang hin und wieder sich auf die Schrift selbst beriefe: daraus nichts anderes folgt, als daß er eben sowohl, als der Haupttheil des Werkes, zwei Mal gelesen werden muß.

KANTS Philosophie also ist die einzige, mit welcher eine gründliche Bekanntschaft bei dem hier Vorzutragenden geradezu vorausgesetzt wird. – Wenn aber überdies noch der Leser in der Schule des göttlichen PLATON geweilt hat; so wird er um so besser vorbereitet und empfänglicher seyn, mich zu hören. Ist er aber gar noch der Wohlthat der VEDA's theilhaft geworden, deren uns durch die Upanischaden eröffneter Zugang, in meinen Augen, der größte Vorzug ist, den dieses noch junge Jahrhundert vor den früheren aufzuweisen hat, indem ich vermuthe, daß der Einfluß der Sanskrit-Litteratur nicht weniger tief eingreifen wird, als im 15. Jahrhundert die Wiederbelebung der Griechischen: hat also, sage ich, der Leser auch schon die Weihe uralter Indischer Weisheit empfangen und empfänglich aufgenommen; dann ist er auf das allerbeste bereitet zu hören, was ich ihm vorzutragen habe. Ihn wird es dann nicht, wie manchen Andern fremd, ja feindlich ansprechen; da ich, wenn es nicht zu stolz klänge, behaupten möchte, daß jeder von den einzelnen und abgerissenen Aussprüchen, welche die Upanischaden ausmachen, sich als Folgesatz aus dem von mir mitzutheilenden Gedanken ableiten ließe, obgleich keineswegs auch umgekehrt dieser schon dort zu finden ist.

Aber schon sind die meisten Leser ungeduldig aufgefahren und in den mühsam so lange zurückgehaltenen Vorwurf ausgebrochen, wie ich doch wagen könne, dem Publikum ein Buch unter Forderungen und Bedingungen, von denen die beiden ersten anmaaßend und ganz unbescheiden sind, vorzulegen, und dies zu einer Zeit, wo ein so allgemeiner Reichthum an eigenthümlichen Gedanken ist, daß in Deutschland allein solche jährlich in drei Tausend gehaltreichen, originellen und ganz unentbehrlichen Werken, und außerdem in unzähligen periodischen Schriften, oder gar täglichen Blättern, durch die Druckerpresse zum Gemeingute gemacht werden? zu einer Zeit, wo besonders an ganz originellen und tiefen Philosophen nicht der mindeste Mangel ist; sondern allein in Deutschland deren mehr zugleich leben, als sonst etliche Jahrhunderte hintereinander aufzuweisen hatten? wie man denn, frägt der entrüstete Leser, zu Ende kommen solle, wenn man mit einem Buche so umständlich zu Werke gehen müßte?

Da ich gegen solche Vorwürfe nicht das Mindeste vorzubringen habe, hoffe ich nur auf einigen Dank bei diesen Lesern dafür, daß ich sie bei Zeiten gewarnt habe, damit sie keine Stunde verlieren mit einem Buche, dessen Durchlesung ohne Erfüllung der gemachten Forderungen nicht fruchten könnte und daher ganz zu unterlassen ist, zumal da auch sonst gar Vieles zu wetten, daß es ihnen nicht zusagen kann, daß es vielmehr immer nur *paucorum hominum* seyn wird und daher gelassen und bescheiden auf die Wenigen warten muß, deren ungewöhnliche Denkungsart es genießbar fände. Denn, auch abgesehen von den Weitläuftigkeiten und der Anstrengung, die es dem Leser zumuthet, welcher Gebildete dieser Zeit, deren Wissen dem herrlichen Punkte nahe gekommen ist, wo paradox und falsch ganz einerlei sind, könnte es ertragen, fast auf jeder Seite Gedanken zu begegnen, die Dem, was er doch selbst ein für allemal als wahr und ausgemacht festgesetzt hat, geradezu widersprechen? Und dann, wie unangenehm wird Mancher sich getäuscht finden, wenn er hier gar keine Rede antrifft von Dem, was er gerade hier durchaus suchen zu müssen glaubt, weil seine Art zu spekuliren zusammentrifft mit der eines noch lebenden großen Philosophen*, welcher wahrhaft rührende Bücher geschrieben und nur die kleine Schwachheit hat, Alles, was er vor seinem funfzehnten Jahre gelernt und approbirt hat, für angeborne Grundgedanken des menschlichen Geistes zu halten. Wer möchte alles dies ertragen? Daher mein Rath ist, das Buch nur wieder wegzulegen.

Allein ich fürchte selbst so nicht loszukommen. Der bis zur Vorrede, die ihn abweist, gelangte Leser hat das Buch für baares Geld gekauft und frägt, was ihn schadlos hält? – Meine letzte Zuflucht ist jetzt, ihn zu erinnern, daß er ein Buch, auch ohne es gerade zu lesen, doch auf mancherlei Art zu benutzen weiß. Es kann, so gut wie viele andere, eine Lücke seiner Bibliothek ausfüllen, wo es sich, sauber gebunden, gewiß gut ausnehmen wird. Oder auch er kann es seiner gelehrten Freundin auf die Toilette, oder den Theetisch legen. Oder endlich er kann ja, was gewiß das Beste von Allem ist und ich besonders rathe, es recensiren.

Und so, nachdem ich mir den Scherz erlaubt, welchem eine Stelle zu gönnen in diesem durchweg zweideutigen Leben kaum irgend ein Blatt zu ernsthaft seyn kann, gebe ich mit innigem Ernst das Buch hin, in der Zuversicht, daß es früh oder spät Diejenigen erreichen wird, an welche es allein gerichtet seyn kann, und übrigens gelassen darin ergeben, daß auch ihm in vollem Maaße das Schicksal werde, welches in jeder Erkenntniß, also um so mehr in der wichtigsten, allezeit der Wahrheit zu Theil ward, der nur ein kurzes Siegesfest beschieden ist, zwischen den beiden langen Zeiträumen, wo sie als paradox verdammt und als trivial geringgeschätzt wird. Auch pflegt das erstere Schicksal ihren Urheber mitzutreffen. – Aber das Leben ist kurz und die Wahrheit wirkt ferne und lebt lange: sagen wir die Wahrheit.

(Geschrieben zu Dresden im August 1818.)

---

* F. H. Jacobi.

VORREDE ZUR ZWEITEN AUFLAGE.

Nicht den Zeitgenossen, nicht den Landsgenossen, – der Menschheit übergebe ich mein nunmehr vollendetes Werk, in der Zuversicht, daß es nicht ohne Werth für sie seyn wird; sollte auch dieser, wie es das Loos des Guten in jeder Art mit sich bringt, erst spät erkannt werden. Denn nur für sie, nicht für das vorübereilende, mit seinem einstweiligen Wahn beschäftigte Geschlecht, kann es gewesen seyn, daß mein Kopf, fast wider meinen Willen, ein langes Leben hindurch, seiner Arbeit unausgesetzt obgelegen hat. An dem Werth derselben hat, während der Zeit, auch der Mangel an Theilnahme mich nicht irre machen können; weil ich fortwährend das Falsche, das Schlechte, zuletzt das Absurde und Unsinnige* in allgemeiner Bewunderung und Verehrung stehen sah und bedachte, daß wenn Diejenigen, welche das Aechte und Rechte zu erkennen fähig sind, nicht so selten wären, daß man einige zwanzig Jahre hindurch vergeblich nach ihnen sich umsehen kann, Derer, die es hervorzubringen vermögen, nicht so wenige seyn könnten, daß ihre Werke nachmals eine Ausnahme machen von der Vergänglichkeit irdischer Dinge; wodurch dann die erquickende Aussicht auf die Nachwelt verloren gienge, deren Jeder, der sich ein hohes Ziel gesteckt hat, zu seiner Stärkung bedarf. – Wer eine Sache, die nicht zu materiellem Nutzen führt, ernsthaft nimmt und betreibt, darf auf die Theilnahme der Zeitgenossen nicht rechnen. Wohl aber wird er meistens sehen, daß unterdessen der Schein solcher Sache sich in der Welt geltend macht und seinen Tag genießt: und dies ist in der Ordnung. Denn die Sache selbst muß auch ihrer selbst wegen betrieben werden: sonst kann sie nicht gelingen; weil überall jede Absicht der Einsicht Gefahr droht. Demgemäß hat, wie die Litterargeschichte durchweg bezeugt,

* Hegel'sche Philosophie.

jedes Werthvolle, um zur Geltung zu gelangen, viel Zeit gebraucht; zumal wenn es von der belehrenden, nicht von der unterhaltenden Gattung war: und unterdessen glänzte das Falsche. Denn die Sache mit dem Schein der Sache zu vereinigen ist schwer, wo nicht unmöglich. Das eben ist ja der Fluch dieser Welt der Noth und des Bedürfnisses, daß Diesen Alles dienen und fröhnen muß: daher eben ist sie nicht so beschaffen, daß in ihr irgend ein edles und erhabenes Streben, wie das nach Licht und Wahrheit ist, ungehindert gedeihen und seiner selbst wegen daseyn dürfte. Sondern selbst wenn ein Mal ein solches sich hat geltend machen können und dadurch der Begriff davon eingeführt ist; so werden alsbald die materiellen Interessen, die persönlichen Zwecke, auch seiner sich bemächtigen, um ihr Werkzeug, oder ihre Maske daraus zu machen. Demgemäß mußte, nachdem Kant die Philosophie von Neuem zu Ansehen gebracht hatte, auch sie gar bald das Werkzeug der Zwecke werden, der staatlichen von oben, der persönlichen von unten; – wenn auch, genau genommen, nicht sie; doch ihr Doppelgänger, der für sie gilt. Dies darf sogar uns nicht befremden: denn die unglaublich große Mehrzahl der Menschen ist, ihrer Natur zufolge, durchaus keiner andern, als materieller Zwecke fähig, ja, kann keine andern begreifen. Demnach ist das Streben nach Wahrheit allein ein viel zu hohes und excentrisches, als daß erwartet werden dürfte, daß Alle, daß Viele, ja daß auch nur Einige aufrichtig daran Theil nehmen sollten. Sieht man dennoch ein Mal, wie z. B. eben jetzt in Deutschland, eine auffallende Regsamkeit, ein allgemeines Treiben, Schreiben und Reden in Sachen der Philosophie; so darf man zuversichtlich voraussetzen, daß das wirkliche *primum mobile*, die versteckte Triebfeder solcher Bewegung, aller feierlichen Mienen und Versicherungen ungeachtet, allein reale, nicht ideale Zwecke sind, daß nämlich persönliche, amtliche, kirchliche, staatliche, kurz, materielle Interessen es sind, die man dabei im Auge hat, und daß folglich bloße Parteizwecke die vielen Federn angeblicher Weltweisen in so starke Bewegung setzen, mithin daß Absichten, nicht Einsichten, der Leitstern dieser Tumultuanten sind, die Wahrheit aber gewiß das Letzte ist, woran dabei gedacht wird. Sie findet keine Parteigänger: vielmehr kann sie, durch ein solches philosophisches Streitgetümmel hindurch, ihren Weg so ruhig und unbeachtet zurücklegen, wie durch die Winternacht des finstersten, im starrsten Kirchenglauben befangenen Jahrhunderts, wo sie etwan nur als Geheimlehre wenigen Adepten mitgetheilt, oder gar dem Pergament allein anvertraut wird. Ja, ich möchte sagen, daß keine Zeit der Philosophie ungünstiger seyn kann, als die, da sie von der einen Seite als Staatsmittel, von der andern als Erwerbsmittel schnöde mißbraucht wird. Oder glaubt man etwan, daß bei solchem Streben und unter solchem Getümmel, so nebenher auch die Wahrheit, auf die es dabei gar nicht abgesehen ist, zu Tage kommen wird? Die Wahrheit ist keine Hure, die sich Denen an den Hals wirft, welche ihrer nicht begehren: vielmehr ist sie eine so spröde Schöne, daß selbst wer ihr Alles opfert noch nicht ihrer Gunst gewiß seyn darf.

Machen nun die Regierungen die Philosophie zum Mittel ihrer Staatszwecke; so sehen andererseits die Gelehrten in philosophischen Professuren ein Gewerbe, das seinen Mann nährt, wie jedes andere: sie drängen sich also danach, unter Versicherung ihrer guten Gesinnung, d.h. der Absicht, jenen Zwecken zu dienen. Und sie halten Wort: nicht Wahrheit, nicht Klarheit, nicht Plato, nicht Aristoteles, sondern die Zwecke, denen zu dienen sie bestellt worden, sind ihr Leitstern und werden sofort auch das Kriterium des Wahren, des Werthvollen, des zu Beachtenden, und ihres Gegentheils. Was daher jenen nicht entspricht, und wäre es das Wichtigste und Außerordentlichste in ihrem Fach, wird entweder verurtheilt, oder, wo dies bedenklich scheint, durch einmüthiges Ignoriren erstickt. Man sehe nur ihren einhelligen Eifer gegen den Pantheismus: wird irgend ein Tropf glauben, der gehe aus Ueberzeugung hervor? – Wie sollte auch überhaupt die zum Brodgewerbe herabgewürdigte Philosophie nicht in Sophistik ausarten? Eben weil dies unausbleiblich ist und die Regel »Weß Brod ich ess', deß Lied ich sing'« von jeher gegolten hat, war bei den Alten das Geldverdienen mit der Philosophie das Merkmal des Sophisten. – Nun kommt aber noch hinzu, daß, da in dieser Welt überall nichts als Mittelmäßigkeit zu erwarten steht, gefordert werden darf und für Geld zu haben ist, man mit dieser auch hier vorlieb zu nehmen hat. Danach sehen wir denn, auf allen Deutschen Universitäten, die liebe Mittelmäßigkeit sich abmühen, die noch gar nicht vorhandene Philosophie aus eigenen Mitteln zu Stande zu bringen, und zwar nach vorgeschriebenem Maaß und Ziel; – ein Schauspiel, über welches zu spotten beinahe grausam wäre.

Während solchermaaßen schon lange die Philosophie durchgängig als Mittel dienen mußte, von der einen Seite zu öffentlichen, von der andern zu Privatzwecken, bin ich, davon ungestört, seit mehr als dreißig Jahren, meinem Gedankenzuge nachgegangen, eben auch nur weil ich es mußte und nicht anders konnte, aus einem instinktartigen Triebe, der jedoch von der Zuversicht unterstützt wurde, daß was Einer Wahres gedacht und Verborgenes beleuchtet hat, doch auch irgendwann von einem andern denkenden Geiste gefaßt werden, ihn ansprechen, freuen und trösten wird: zu einem solchen redet man, wie die uns Aehnlichen zu uns geredet haben und dadurch unser Trost in dieser Lebensöde geworden sind. Seine Sache treibt man derweilen ihrer selbst wegen und für sich selbst. Nun aber steht es um philosophische Meditationen seltsamerweise so, daß gerade nur Das, was Einer für sich selbst durchdacht und erforscht hat, nachmals auch Andern zu Gute kommt; nicht aber Das, was schon ursprünglich für Andere bestimmt war. Kenntlich ist Jenes zunächst am Charakter durchgängiger Redlichkeit; weil man nicht sich selbst zu täuschen sucht, noch sich selber hohle Nüsse darreicht; wodurch dann alles Sophisticiren und aller Wortkram wegfällt und in Folge hievon jede hingeschriebene Periode für die Mühe sie zu lesen sogleich entschädigt. Dem entsprechend tragen meine Schriften das Gepräge der Redlichkeit und Offenheit so deutlich auf der Stirn, daß sie schon dadurch grell abstechen von denen der drei berühmten Sophisten der nachkantischen Periode: stets findet man mich auf dem Standpunkt der REFLEXION, d.i. der vernünftigen Besinnung und redlichen Mittheilung, niemals auf dem der INSPIRATION, genannt intellektuelle Anschauung, oder auch absolutes Denken, beim rechten Namen jedoch Windbeutelei und Scharlatanerei. – In diesem Geiste also arbeitend und während dessen immerfort das Falsche und Schlechte in allgemeiner Geltung, ja, Windbeutelei* und Scharlatanerei** in höchster Verehrung sehend, habe ich längst auf den Beifall meiner Zeitgenossen verzichtet. Es ist unmöglich, daß eine Zeitgenossenschaft, welche, zwanzig Jahre hindurch, einen Hegel, diesen geistigen Kaliban, als den größten der Philosophen ausgeschrien hat, so laut, daß es in ganz Europa widerhallte, Den, der Das angesehen, nach ihrem Beifall lüstern machen könnte. Sie hat keine Ehrenkränze mehr zu vergeben: ihr Beifall ist prostituirt, und ihr Tadel hat nichts zu bedeuten. Daß es hiemit mein Ernst sei, ist daraus ersichtlich, daß, wenn ich irgend nach dem Beifall meiner Zeitgenossen getrachtet hätte, ich zwanzig Stellen hätte streichen müssen, welche allen Ansichten derselben ganz und gar widersprechen, ja, zum Theil ihnen anstößig seyn müssen. Allein ich würde es mir zum Vergehen anrechnen, jenem Beifall auch nur eine Silbe zum Opfer zu bringen. Mein Leitstern ist ganz ernstlich die Wahrheit gewesen: ihm nachgehend durfte ich zunächst nur nach meinem eigenen Beifall trachten, gänzlich abgewendet von einem, in Hinsicht auf alle höheren Geistesbestrebungen, tief gesunkenen Zeitalter und einer, bis auf die Ausnahmen, demoralisirten Nationallitteratur, in welcher die Kunst, hohe Worte mit niedriger Gesinnung zu verbinden, ihren Gipfel erreicht hat. Den Fehlern und Schwächen, welche meiner Natur, wie jeder die ihrigen, nothwendig anhängen, kann ich freilich nimmermehr entgehen; aber ich werde sie nicht durch unwürdige Akkommodationen vermehren.

Was nunmehr diese zweite Auflage betrifft, so freut es mich zuvörderst, daß ich nach fünfundzwanzig Jahren nichts zurückzunehmen finde, also meine Grundüberzeugungen sich wenigstens bei mir selbst bewährt haben. Die Veränderungen im ersten Bande, welcher allein den Text der ersten Auflage enthält, berühren demnach nirgends das Wesentliche, sondern betreffen theils nur Nebendinge, größtentheils aber bestehen sie in meist kurzen, erläuternden, hin und wieder eingefügten Zusätzen. Bloß die Kritik der Kantischen Philosophie hat bedeutende Berichtigungen und aus-

* Fichte und Schelling.

** Hegel.

führliche Zusätze erhalten; da solche sich hier nicht in ein ergänzendes Buch bringen ließen, wie die vier Bücher, welche meine eigene Lehre darstellen, jedes eines, im zweiten Bande, erhalten haben. Bei diesen habe ich letztere Form der Vermehrung und Verbesserung deswegen gewählt, weil die seit ihrer Abfassung verstrichenen fünfundzwanzig Jahre in meiner Darstellungsweise und im Ton des Vortrags eine so merkliche Veränderung herbeigeführt haben, daß es nicht wohl angieng, den Inhalt des zweiten Bandes mit dem des ersten in ein Ganzes zu verschmelzen, als bei welcher Fusion beide zu leiden gehabt haben würden. Ich gebe daher beide Arbeiten gesondert und habe an der früheren Darstellung oft selbst da, wo ich mich jetzt ganz anders ausdrücken würde, nichts geändert; weil ich mich hüten wollte, nicht durch die Krittelei des Alters die Arbeit meiner jüngern Jahre zu verderben. Was in dieser Hinsicht zu berichtigen seyn möchte, wird sich, mit Hülfe des zweiten Bandes, im Geiste des Lesers schon von selbst zurechtstellen. Beide Bände haben, im vollen Sinne des Worts, ein ergänzendes Verhältniß zu einander, sofern nämlich dieses darauf beruht, daß das eine Lebensalter des Menschen, in intellektueller Hinsicht, die Ergänzung des andern ist: daher wird man finden, daß nicht bloß jeder Band Das enthält, was der andere nicht hat, sondern auch, daß die Vorzüge des einen gerade in Dem bestehen, was dem andern abgeht. Wenn demnach die erste Hälfte meines Werkes vor der zweiten Das voraus hat, was nur das Feuer der Jugend und die Energie der ersten Konception verleihen kann; so wird dagegen diese jene übertreffen durch die Reife und vollständige Durcharbeitung der Gedanken, welche allein den Früchten eines langen Lebenslaufes und seines Fleißes zu Theil wird. Denn, als ich die Kraft hatte, den Grundgedanken meines Systems ursprünglich zu erfassen, ihn sofort in seine vier Verzweigungen zu verfolgen, von ihnen auf die Einheit ihres Stammes zurückzugehen und dann das Ganze deutlich darzustellen; da konnte ich noch nicht im Stande seyn, alle Theile des Systems, mit der Vollständigkeit, Gründlichkeit und Ausführlichkeit durchzuarbeiten, die nur durch eine vieljährige Meditation desselben erlangt werden, als welche erfordert ist, um es an unzähligen Thatsachen zu prüfen und zu erläutern, es durch die verschiedenartigsten Belege zu stützen, es von allen Seiten hell zu beleuchten, die verschiedenen Gesichtspunkte danach kühn in Kontrast zu stellen, die mannigfaltigen Materien rein zu sondern und wohlgeordnet darzulegen. Daher, wenngleich es dem Leser allerdings angenehmer seyn müßte, mein ganzes Werk aus Einem Gusse zu haben, statt daß es jetzt aus zwei Hälften besteht, welche beim Gebrauch aneinander zu bringen sind; so wolle er bedenken, daß dazu erfordert gewesen wäre, daß ich in Einem Lebensalter geleistet hätte, was nur in zweien möglich ist, indem ich dazu in Einem Lebensalter hätte die Eigenschaften besitzen müssen, welche die Natur an zwei ganz verschiedene vertheilt hat. Demnach ist die Nothwendigkeit, mein Werk in zwei einander ergänzenden Hälften zu liefern, der zu vergleichen, in Folge welcher man ein achromatisches Objektivglas, weil es aus Einem Stücke zu verfertigen unmöglich ist, dadurch zu Stande bringt, daß man es aus einem Konvexglase von Flintglas und einem Konkavglase von Krownglas zusammensetzt, deren vereinigte Wirkung allererst das Beabsichtigte leistet. Andererseits jedoch wird der Leser, für die Unbequemlichkeit zwei Bände zugleich zu gebrauchen, einige Entschädigung finden in der Abwechselung und Erholung, welche die Behandlung des selben Gegenstandes, vom selben Kopfe, im selben Geist, aber in sehr verschiedenen Jahren, mit sich bringt. Inzwischen ist es für Den, welcher mit meiner Philosophie noch nicht bekannt ist, durchaus rathsam, zuvörderst den ersten Band, ohne Hinzuziehung der Ergänzungen, durchzulesen und diese erst bei einer zweiten Lektüre zu benutzen; weil es ihm sonst zu schwer seyn würde, das System in seinem Zusammenhange zu fassen, als in welchem es allein der erste Band darlegt, während im zweiten die Hauptlehren einzeln ausführlicher begründet und vollständig entwickelt werden. Selbst wer zu einer zweiten Durchlesung des ersten Bandes sich nicht entschließen sollte, wird besser thun, den zweiten erst nach demselben und für sich durchzulesen, in der geraden Folge seiner Kapitel, als welche allerdings in einem, wiewohl loseren Zusammenhang mit einander stehen, dessen Lücken ihm die Erinnerung des ersten Bandes, wenn er ihn wohl gefaßt hat, vollkommen ausfüllen wird: zudem findet er überall die Zurückweisung auf die betreffenden Stellen des ersten Bandes, in welchem ich, zu diesem Behuf, die in der ersten Auflage durch bloße Trennungslinien bezeichneten Abschnitte in der zweiten mit Paragraphenzahlen versehen habe. –

Schon in der Vorrede zur ersten Auflage habe ich erklärt, daß meine Philosophie von der Kantischen ausgeht und daher eine gründliche Kenntniß dieser voraussetzt: ich wiederhole es hier. Denn Kants Lehre bringt in jedem Kopf, der sie gefaßt hat, eine fundamentale Veränderung hervor, die so groß ist, daß sie für eine geistige Wiedergeburt gelten kann. Sie allein nämlich vermag, den ihm angeborenen, von der ursprünglichen Bestimmung des Intellekts herrührenden Realismus wirklich zu beseitigen, als wozu weder Berkeley noch Malebranche ausreichen; da diese zu sehr im Allgemeinen bleiben, während Kant ins Besondere geht, und zwar in einer Weise, die weder Vorbild noch Nachbild kennt und eine ganz eigenthümliche, man möchte sagen unmittelbare Wirkung auf den Geist hat, in Folge welcher dieser eine gründliche Enttäuschung erleidet und fortan alle Dinge in einem andern Lichte erblickt. Erst hiedurch aber wird er für die positiveren Aufschlüsse empfänglich, welche ich zu geben habe. Wer hingegen der Kantischen Philosophie sich nicht bemeistert hat, ist, was sonst er auch getrieben haben mag, gleichsam im Stande der Unschuld, nämlich in demjenigen natürlichen und kindlichen Realismus befangen geblieben, in welchem wir Alle geboren sind und der zu allem Möglichen, nur nicht zur Philosophie befähigt. Folglich verhält ein Solcher sich zu jenem Ersteren wie ein Unmündiger zum Mündigen. Daß diese Wahrheit heut zu Tage paradox klingt, welches in den ersten dreißig Jahren nach dem Erscheinen der Vernunftkritik keineswegs der Fall gewesen wäre, kommt daher, daß seitdem ein Geschlecht herangewachsen ist, welches Kanten eigentlich nicht kennt, da hiezu mehr, als eine flüchtige, ungeduldige Lektüre, oder ein Bericht aus zweiter Hand gehört, und Dieses wieder daher, daß dasselbe, in Folge schlechter Anleitung, seine Zeit mit den Philosophemen gewöhnlicher, also unberufener Köpfe, oder gar windbeutelnder Sophisten, die man ihm unverantwortlicher Weise anpries, vergeudet hat. Daher die Verworrenheit in den ersten

Begriffen und überhaupt das unsäglich Rohe und Plumpe, welches aus der Hülle der Pretiosität und Prätensiosität, in den eigenen philosophischen Versuchen des so erzogenen Geschlechts, hervorsieht. Aber in einem heillosen Irrthum ist Der befangen, welcher vermeint, er könne Kants Philosophie aus den Darstellungen Anderer davon kennen lernen. Vielmehr muß ich vor dergleichen Relationen, zumal aus neuerer Zeit, ernstlich warnen: und gar in diesen allerletzten Jahren sind mir in Schriften der Hegelianer Darstellungen der Kantischen Philosophie vorgekommen, die wirklich ins Fabelhafte gehen. Wie sollten auch die schon in frischer Jugend durch den Unsinn der Hegelei verrenkten und verdorbenen Köpfe noch fähig seyn, Kants tiefsinnigen Untersuchungen zu folgen? Sie sind früh gewöhnt, den hohlsten Wortkram für philosophische Gedanken, die armsäligsten Sophismen für Scharfsinn, und läppischen Aberwitz für Dialektik zu halten, und durch das Aufnehmen rasender Wortzusammenstellungen, bei denen etwas zu denken der Geist sich vergeblich martert und erschöpft, sind ihre Köpfe desorganisirt. Für sie gehört keine Kritik der Vernunft, für sie keine Philosophie: für sie gehört eine *medicina mentis*, zunächst als Kathartikon etwan *un petit cours de senscommunologie*, und dann muß man weiter sehen, ob bei ihnen noch jemals von Philosophie die Rede seyn kann. – Die Kantische Lehre also wird man vergeblich irgend wo anders suchen, als in Kants eigenen Werken: diese aber sind durchweg belehrend, selbst da wo er irrt, selbst da wo er fehlt. In Folge seiner Originalität gilt von ihm im höchsten Grade was eigentlich von allen ächten Philosophen gilt: nur aus ihren eigenen Schriften lernt man sie kennen; nicht aus den Berichten Anderer. Denn die Gedanken jener außerordentlichen Geister können die Filtration durch den gewöhnlichen Kopf hindurch nicht vertragen. Geboren hinter den breiten, hohen, schön gewölbten Stirnen, unter welchen strahlende Augen hervorleuchten, kommen sie, wenn versetzt in die enge Behausung und niedrige Bedachung der engen, gedrückten, dickwändigen Schädel, aus welchen stumpfe, auf persönliche Zwecke gerichtete Blicke hervorspähen, um alle Kraft und alles Leben, und sehen sich selber nicht mehr ähnlich. Ja, man kann sagen, diese Art Köpfe wirken wie unebene

Spiegel, in denen Alles sich verrenkt, verzerrt, das Ebenmaaß seiner Schönheit verliert und eine Fratze darstellt. Nur von ihren Urhebern selbst kann man die philosophischen Gedanken empfangen: daher hat wer sich zur Philosophie getrieben fühlt, die unsterblichen Lehrer derselben im stillen Heiligthum ihrer Werke selbst aufzusuchen. Die Hauptkapitel eines jeden dieser ächten Philosophen werden in ihre Lehren hundert Mal mehr Einsicht verschaffen, als die schleppenden und schielenden Relationen darüber, welche Alltagsköpfe zu Stande bringen, die noch zudem meistens tief befangen sind in der jedesmaligen Modephilosophie, oder ihrer eigenen Herzensmeinung. Aber es ist zum Erstaunen, wie entschieden das Publikum vorzugsweise nach jenen Darstellungen aus zweiter Hand greift. Hiebei scheint in der That die Wahlverwandschaft zu wirken, vermöge welcher die gemeine Natur zu ihres Gleichen gezogen wird und demnach sogar was ein großer Geist gesagt hat lieber von ihres Gleichen vernehmen will. Vielleicht beruht Dies auf dem selben Princip mit dem System des wechselseitigen Unterrichts, nach welchem Kinder am besten von ihres Gleichen lernen.

Jetzt noch ein Wort für die Philosophieprofessoren. – Die Sagacität, den richtigen und feinen Takt, womit sie meine Philosophie, gleich bei ihrem Auftreten, als etwas ihren eigenen Bestrebungen ganz Heterogenes, wohl gar Gefährliches, oder, populär zu reden, etwas das nicht in ihren Kram paßt, erkannt haben, so wie die sichere und scharfsinnige Politik, vermöge derer sie das ihr gegenüber allein richtige Verfahren sogleich herausfanden, die vollkommene Einmüthigkeit, mit der sie dasselbe in Anwendung brachten, endlich die Beharrlichkeit mit welcher sie ihm treu geblieben sind, – habe ich von jeher bewundern müssen. Dieses Verfahren, welches nebenbei sich auch durch die überaus leichte Ausführbarkeit empfiehlt, besteht bekanntlich im gänzlichen Ignoriren und dadurch im Sekretiren, – nach Goethe's maliziösem Ausdruck, welcher eigentlich das Unterschlagen des Wichtigen und Bedeutenden besagt. Die Wirksamkeit dieses stillen Mittels wird erhöht durch den Korybantenlärm, mit welchem die Geburt der Geisteskinder der Einverstandenen gegenseitig gefeiert wird, und welcher das Publikum nöthigt hinzusehen und die wichtigen Mienen gewahr zu werden, mit welchen man sich darüber begrüßt. Wer könnte das Zweckmäßige dieses Verfahrens verkennen? Ist doch gegen den Grundsatz *primum vivere, deinde philosophari* nichts einzuwenden. Die Herren wollen leben und zwar von der PHILOSOPHIE leben: an DIESE sind sie, mit Weib und Kind, gewiesen, und haben, trotz dem *povera e nuda vai filosofia* des Petrarka, es darauf gewagt. Nun ist aber meine Philosophie ganz und gar nicht darauf eingerichtet, daß man von ihr leben könnte. Es fehlt ihr dazu an den ersten, für eine wohlbesoldete Kathederphilosophie unerläßlichen Requisiten, zunächst gänzlich an einer spekulativen Theologie, welche doch gerade – dem leidigen Kant mit seiner Vernunftkritik zum Trotz – das Hauptthema aller Philosophie seyn soll und muß, wenn gleich diese dadurch die Aufgabe erhält, immerfort von dem zu reden, wovon sie schlechterdings nichts wissen kann; ja, die meinige statuirt nicht ein Mal die von den Philosophieprofessoren so klug ersonnene und ihnen unentbehrlich gewordene Fabel von einer unmittelbar und absolut erkennenden, anschauenden, oder vernehmenden Vernunft, die man nur gleich Anfangs seinen Lesern aufzubinden braucht, um nachher in das von Kant unserer Erkenntniß gänzlich und auf immer abgesperrte Gebiet jenseit der Möglichkeit aller Erfahrung, auf die bequemste Weise von der Welt, gleichsam mit vier Pferden einzufahren, woselbst man sodann gerade die Grunddogmen des modernen, judaisirenden, optimistischen Christenthums unmittelbar offenbart und auf das schönste zurechtgelegt vorfindet. Was nun, in aller Welt, geht meine, dieser wesentlichen Requisiten ermangelnde, rücksichtslose und nahrungslose, grüblerische Philosophie, – welche zu ihrem Nordstern ganz allein die Wahrheit, die nackte, unbelohnte, unbefreundete, oft verfolgte Wahrheit hat und, ohne rechts oder links zu blicken, gerade auf diese zusteuert, – jene *alma mater*, die gute, nahrhafte Universitätsphilosophie an, welche, mit hundert Absichten und tausend Rücksichten belastet, behutsam ihres Weges daherlavirt kommt, indem sie allezeit die Furcht des Herrn, den Willen des Ministeriums, die

Satzungen der Landeskirche, die Wünsche des Verlegers, den Zuspruch der Studenten, die gute Freundschaft der Kollegen, den Gang der Tagespolitik, die momentane Richtung des Publikums und was noch Alles vor Augen hat? Oder was hat mein stilles, ernstes Forschen nach Wahrheit gemein mit dem gellenden Schulgezänke der Katheder und Bänke, dessen innerste Triebfedern stets persönliche Zwecke sind? Vielmehr sind beide Arten der Philosophie sich von Grund aus heterogen. Darum auch giebt es mit mir keinen Kompromiß und keine Kameradschaft, und findet bei mir Keiner seine Rechnung, als etwan Der, welcher nichts, als die Wahrheit suchte; also keine der philosophischen Parteien des Tages: denn sie alle verfolgen ihre Absichten; ich aber habe bloße Einsichten zu bieten, die zu keiner von jenen passen, weil sie eben nach keiner gemodelt sind. Damit aber meine Philosophie selbst kathederfähig würde, müßten erst ganz andere Zeiten heraufgezogen seyn. – Das wäre also etwas Schönes, wenn so eine Philosophie, von der man gar nicht leben kann, Luft und Licht, wohl gar allgemeine Beachtung gewönne! Mithin war Dies zu verhüten und mußten dagegen Alle für Einen Mann stehen. Beim Bestreiten und Widerlegen aber hat man nicht so leichtes Spiel: auch ist Dies schon darum ein mißliches Mittel, weil es die Aufmerksamkeit des Publikums auf die Sache hinlenkt und diesem das Lesen meiner Schriften den Geschmack an den Lukubrationen der Philosophieprofessoren verderben könnte. Denn wer den Ernst gekostet hat, dem wird der Spaaß, zumal von der langweiligen Art, nicht mehr munden. Demnach also ist das so einmüthig ergriffene schweigende System das allein richtige, und kann ich nur rathen, dabei zu bleiben und damit fortzufahren, so lange es geht, so lange nämlich bis einst aus dem Ignoriren die Ignoranz abgeleitet wird: dann wird es zum Einlenken gerade noch Zeit seyn. Unterweilen bleibt ja doch Jedem unbenommen, sich hier und da ein Federchen zu eigenem Gebrauch auszurupfen, da zu Hause der Ueberfluß an Gedanken nicht sehr drückend zu seyn pflegt. So kann denn das Ignorir- und Schweigesystem noch eine gute Weile vorhalten, wenigstens die Spanne Zeit, die ich noch zu leben haben mag; womit schon viel gewonnen ist. Wenn auch dazwischen hie und da eine indiskrete

Stimme sich hat vernehmen lassen, so wird sie doch bald übertäubt vom lauten Vortrag der Professoren, welche das Publikum von ganz andern Dingen, mit wichtiger Miene, zu unterhalten wissen. Ich rathe jedoch, auf die Einmüthigkeit des Verfahrens etwas strenger zu halten und besonders die jungen Leute zu überwachen, als welche bisweilen schrecklich indiskret sind. Denn selbst so kann ich doch nicht verbürgen, daß das belobte Verfahren für immer vorhalten wird, und kann für den endlichen Ausgang nicht einstehen. Es ist nämlich eine eigene Sache um die Lenkung des im Ganzen guten und folgsamen Publikums. Wenn wir auch so ziemlich zu allen Zeiten die Gorgiasse und Hippiasse oben auf sehen, das Absurde in der Regel kulminirt und es unmöglich scheint, daß durch den Chorus der Bethörer und Bethörten die Stimme des Einzelnen je durchdränge; – so bleibt dennoch jederzeit den ächten Werken eine ganz eigenthümliche, stille, langsame, mächtige Wirkung, und wie durch ein Wunder sieht man sie endlich aus dem Getümmel sich erheben, gleich einem Aerostaten, der aus dem dicken Dunstkreise dieses Erdenraums in reinere Regionen emporschwebt, wo er, ein Mal angekommen, stehen bleibt, und Keiner mehr ihn herabzuziehen vermag.

Geschrieben in Frankfurt a. M. im Februar 1844.

VORREDE ZUR DRITTEN AUFLAGE.

Das Wahre und Aechte würde leichter in der Welt Raum gewinnen, wenn nicht Die, welche unfähig sind, es hervorzubringen, zugleich verschworen wären, es nicht aufkommen zu lassen. Dieser Umstand hat schon Manches, das der Welt zu Gute kommen sollte, gehemmt und verzögert, wo nicht gar erstickt. Für mich ist seine Folge gewesen, daß, obwohl ich erst dreißig Jahre zählte, als die erste Auflage dieses Werkes erschien, ich diese dritte nicht früher, als im zweiundsiebenzigsten erlebe. Darüber jedoch finde ich Trost in PETRARKA's Worten: *si quis, tota die currens, pervenit ad vesperam, satis est (de vera sapientia, p. 140)*. Bin ich zuletzt doch auch angelangt und habe die Befriedigung, am Ende meiner Laufbahn den Anfang meiner Wirksamkeit zu sehen, unter der Hoffnung, daß sie, einer alten Regel gemäß, in dem Verhältniß lange dauern wird, als sie spät angefangen hat. –

Der Leser wird in dieser dritten Auflage nichts von Dem vermissen, was die zweite enthält, wohl aber beträchtlich mehr erhalten, indem sie, vermöge der ihr gegebenen Zusätze, bei gleichem Druck, 136 Seiten mehr hat, als die zweite.

Sieben Jahre nach dem Erscheinen der zweiten Auflage habe ich zwei Bände »Parerga und Paralipomena« herausgegeben. Das unter letzterem Namen Begriffene besteht in Zusätzen zur systematischen Darstellung meiner Philosophie und würde seine richtige Stelle in diesen Bänden gefunden haben: allein ich mußte es damals unterbringen wo ich konnte, da es sehr zweifelhaft war, ob ich diese dritte Auflage erleben würde. Man findet es im zweiten Bande besagter Parerga und wird es an den Ueberschriften der Kapitel leicht erkennen.

Frankfurt a.M. im September 1859.

ERSTES BUCH.

DER WELT ALS VORSTELLUNG

ERSTE BETRACHTUNG:

Die Vorstellung
unterworfen dem
Satze vom Grunde:
Das Objekt der Erfahrung
und Wissenschaft.

Sors de l'enfance, ami, réveille-toi!
Jean-Jacques Rousseau.

§. 1.

»Die Welt ist meine Vorstellung:« – dies ist eine Wahrheit, welche in Beziehung auf jedes lebende und erkennende Wesen gilt; wiewohl der Mensch allein sie in das reflektirte abstrakte Bewußtsein bringen kann: und thut er dies wirklich; so ist die philosophische Besonnenheit bei ihm eingetreten. Es wird ihm dann deutlich und gewiß, daß er keine Sonne kennt und keine Erde; sondern immer nur ein Auge, das eine Sonne sieht, eine Hand, die eine Erde fühlt; daß die Welt, welche ihn umgiebt, nur als Vorstellung da ist, d.h. durchweg nur in Beziehung auf ein Anderes, das Vorstellende, welches er selbst ist. – Wenn irgend eine Wahrheit *a priori* ausgesprochen werden kann, so ist es diese: denn sie ist die Aussage derjenigen Form aller möglichen und erdenklichen Erfahrung, welche allgemeiner, als alle andern, als Zeit, Raum und Kausalität ist: denn alle diese setzen jene eben schon voraus, und wenn jede dieser Formen, welche alle wir als so viele besondere Gestaltungen des Satzes vom Grunde erkannt haben, nur für eine besondere Klasse von Vorstellungen gilt; so ist dagegen das Zerfallen in Objekt und Subjekt die gemeinsame Form aller jener Klassen, ist diejenige Form, unter welcher allein irgend eine Vorstellung, welcher Art sie auch sei, abstrakt oder intuitiv, rein oder empirisch, nur überhaupt möglich und denkbar ist. Keine Wahrheit ist also gewisser, von allen andern unabhängiger und eines Beweises weniger bedürftig, als diese, daß Alles, was für die Erkenntniß da ist, also diese ganze Welt, nur Objekt in Beziehung auf das Subjekt ist, Anschauung des Anschauenden, mit Einem Wort, Vorstellung. Natürlich gilt Dieses, wie von der Gegenwart, so auch von jeder Vergangenheit und jeder Zukunft, vom Fernsten, wie vom Nahen: denn es gilt von Zeit und Raum selbst, in welchen allein sich dieses alles unterscheidet. Alles, was irgend zur Welt gehört und gehören kann, ist unausweichbar mit diesem Bedingtseyn durch das Subjekt behaftet, und ist nur für das Subjekt da. Die Welt ist Vorstellung.

Neu ist diese Wahrheit keineswegs. Sie lag schon in den skeptischen Betrachtungen, von welchen Kartesius ausging. Berkeley aber war der erste, welcher sie entschieden aussprach: er hat sich dadurch ein unsterbliches Verdienst um die Philosophie erworben, wenn gleich das Uebrige seiner Lehren nicht bestehen kann. Kants erster Fehler war die Vernachlässigung dieses Satzes, wie im Anhange ausgeführt ist. – Wie früh hingegen diese Grundwahrheit von den Weisen Indiens erkannt worden ist, indem sie als der Fundamentalsatz der dem VYASA zugeschriebenen Vedantaphilosophie auftritt, bezeugt W. JONES, in der letzten seiner Abhandlungen: *on the philosophy of the Asiatics; Asiatic researches, Vol. IV, p. 164: the fundamental tenet of the Vedanta school consisted not in denying the existence of matter, that is of solidity, impenetrability, and extended figure (to deny which would be lunacy), but in correcting the popular notion of it, and in contending that it has no essence independent of mental perception; that existence and perceptibility are convertible terms**. Diese Worte drücken das Zusammenbestehn der empirischen Realität mit der transscendentalen Idealität hinlänglich aus.

Also nur von der angegebenen Seite, nur sofern sie Vorstellung ist, betrachten wir die Welt in diesem ersten Buche. Daß jedoch diese Betrachtung, ihrer Wahrheit unbeschadet, eine einseitige, folglich durch irgend eine willkürliche Abstraktion hervorgerufen ist, kündigt Jedem das innere Widerstreben an, mit welchem er die Welt als seine bloße Vorstellung annimmt; welcher Annahme er sich andererseits doch nimmermehr entziehen kann. Die Einseitigkeit dieser Betrachtung aber wird das folgende Buch ergänzen, durch eine Wahrheit, welche nicht so unmittelbar gewiß ist, wie

---

* Das Grunddogma der Vedantaschule bestand nicht im Ableugnen des Daseyns der Materie, d.h. der Solidität, Undurchdringlichkeit und Ausdehnung (welche zu leugnen Wahnsinn wäre), sondern in der Berichtigung des gewöhnlichen Begriffs derselben, durch die Behauptung, daß sie kein von der erkennenden Auffassung unabhängiges Daseyn habe; indem Daseyn und Wahrnehmbarkeit Wechselbegriffe seien.

die, von der wir hier ausgehen; sondern zu welcher nur tiefere Forschung, schwierigere Abstraktion, Trennung des Verschiedenen und Vereinigung des Identischen führen kann, – durch eine Wahrheit, welche sehr ernst und Jedem, wo nicht furchtbar, doch bedenklich seyn muß, nämlich diese, daß eben auch er sagen kann und sagen muß: »Die Welt ist mein Wille.« –

Bis dahin aber, also in diesem ersten Buch, ist es nöthig, unverwandt diejenige Seite der Welt zu betrachten, von welcher wir ausgehen, die Seite der Erkennbarkeit, und demnach, ohne Widerstreben, alle irgend vorhandenen Objekte, ja sogar den eigenen Leib (wie wir bald näher erörtern werden) nur als Vorstellung zu betrachten, bloße Vorstellung zu nennen. Das, wovon hiebei abstrahirt wird, ist, wie später hoffentlich Jedem gewiß seyn wird, immer nur der WILLE, als welcher allein die andere Seite der Welt ausmacht: denn diese ist, wie einerseits durch und durch VORSTELLUNG, so andererseits durch und durch WILLE. Eine Realität aber, die keines von diesen Beiden wäre, sondern ein Objekt an sich (zu welcher auch Kants Ding an sich ihm leider unter den Händen ausgeartet ist), ist ein erträumtes Unding und dessen Annahme ein Irrlicht in der Philosophie.

§. 2.

Dasjenige, was Alles erkennt und von Keinem erkannt wird, ist das SUBJEKT. Es ist sonach der Träger der Welt, die durchgängige, stets vorausgesetzte Bedingung alles Erscheinenden, alles Objekts: denn nur für das Subjekt ist, was nur immer da ist. Als dieses Subjekt findet Jeder sich selbst, jedoch nur sofern er erkennt, nicht sofern er Objekt der Erkenntniß ist. Objekt ist aber schon sein Leib, welchen selbst wir daher, von diesem Standpunkt aus, Vorstellung nennen. Denn der Leib ist Objekt unter Objekten und den Gesetzen der Objekte unterworfen, obwohl er unmittelbares Objekt ist*. Er liegt, wie alle Objekte der Anschauung, in den Formen

* Ueber den Satz vom Grunde, 2. Aufl., §. 22.

alles Erkennens, in Zeit und Raum, durch welche die Vielheit ist. Das Subjekt aber, das Erkennende, nie Erkannte, liegt auch nicht in diesen Formen, von denen selbst es vielmehr immer schon vorausgesetzt wird: ihm kommt also weder Vielheit, noch deren Gegensatz, Einheit, zu. Wir erkennen es nimmer, sondern es eben ist es, das erkennt, wo nur erkannt wird.

Die Welt als Vorstellung also, in welcher Hinsicht allein wir sie hier betrachten, hat zwei wesentliche, nothwendige und untrennbare Hälften. Die eine ist das Objekt: dessen Form ist Raum und Zeit, durch diese die Vielheit. Die andere Hälfte aber, das Subjekt, liegt nicht in Raum und Zeit: denn sie ist ganz und ungetheilt in jedem vorstellenden Wesen; daher ein einziges von diesen, eben so vollständig, als die vorhandenen Millionen, mit dem Objekt die Welt als Vorstellung ergänzt: verschwände aber auch jenes einzige; so wäre die Welt als Vorstellung nicht mehr. Diese Hälften sind daher unzertrennlich, selbst für den Gedanken: denn jede von beiden hat nur durch und für die andere Bedeutung und Daseyn, ist mit ihr da und verschwindet mit ihr. Sie begränzen sich unmittelbar: wo das Objekt anfängt, hört das Subjekt auf. Die Gemeinschaftlichkeit dieser Gränze zeigt sich eben darin, daß die wesentlichen und daher allgemeinen Formen alles Objekts, welche Zeit, Raum und Kausalität sind, auch ohne die Erkenntniß des Objekts selbst, vom Subjekt ausgehend gefunden und vollständig erkannt werden können, d.h. in Kants Sprache, *a priori* in unserm Bewußtseyn liegen. Dieses entdeckt zu haben, ist ein Hauptverdienst Kants und ein sehr großes. Ich behaupte nun überdies, daß der Satz vom Grunde der gemeinschaftliche Ausdruck für alle diese uns *a priori* bewußten Formen des Objekts ist, und daß daher Alles, was wir rein *a priori* wissen, nichts ist, als eben der Inhalt jenes Satzes und was aus diesem folgt, in ihm also eigentlich unsere ganze *a priori* gewisse Erkenntniß ausgesprochen ist. In meiner Abhandlung über den Satz vom Grunde habe ich ausführlich gezeigt, wie jedes irgend mögliche Objekt demselben unterworfen ist, d.h. in einer nothwendigen Beziehung zu andern Objekten steht, einerseits als bestimmt, andererseits als bestimmend: dies geht so weit, daß das ganze Daseyn aller Objekte, sofern sie Objekte, Vorstellungen und nichts anderes sind, ganz und gar zurückläuft auf jene ihre nothwendige Beziehung zu einander, nur in solcher besteht, also gänzlich relativ ist: wovon bald ein Mehreres. Ich habe ferner gezeigt, daß, gemäß den Klassen, in welche die Objekte ihrer Möglichkeit nach zerfallen, jene nothwendige Beziehung, welche der Satz vom Grunde im Allgemeinen ausdrückt, in andern Gestalten erscheint; wodurch wiederum die richtige Eintheilung jener Klassen sich bewährt. Ich setze hier beständig alles dort Gesagte als bekannt und dem Leser gegenwärtig voraus: denn es würde, wenn es nicht dort schon gesagt wäre, hier seine nothwendige Stelle haben.

§. 3.

Der Hauptunterschied zwischen allen unsern Vorstellungen ist der des Intuitiven und Abstrakten. Letzteres macht nur EINE Klasse von Vorstellungen aus, die Begriffe: und diese sind auf der Erde allein das Eigenthum des Menschen, dessen ihn von allen Thieren unterscheidende Fähigkeit zu denselben von jeher VERNUNFT genannt worden ist*. Wir werden weiterhin diese abstrakten Vorstellungen für sich betrachten, zuvörderst aber ausschließlich von der INTUITIVEN VORSTELLUNG reden. Diese nun befaßt die ganze sichtbare Welt, oder die gesammte Erfahrung, nebst den Bedingungen der Möglichkeit derselben. Es ist, wie gesagt, eine sehr wichtige Entdeckung Kants, daß eben diese Bedingungen, diese Formen derselben, d.h. das Allgemeinste in ihrer Wahrnehmung, das allen ihren Erscheinungen auf gleiche Weise Eigene, Zeit und Raum, auch für sich und abgesondert von ihrem Inhalt, nicht nur *in abstracto* gedacht, sondern auch unmittelbar angeschaut werden kann, und daß diese Anschauung nicht etwan ein durch Wiederholung von der Erfahrung entlehntes Phantasma ist, sondern so sehr unabhängig von der Erfahrung, daß vielmehr umgekehrt diese als von jener abhängig gedacht werden muß, indem die Eigenschaften

---

* Kant allein hat diesen Begriff der Vernunft verwirrt, in welcher Hinsicht ich auf den Anhang verweise, wie auch auf meine »Grundprobleme der Ethik«: Grundl. d. Moral, §. 6, S. 148–154, der ersten Auflage.

des Raumes und der Zeit, wie sie die Anschauung *a priori* erkennt, für alle mögliche Erfahrung als Gesetze gelten, welchen gemäß diese überall ausfallen muß. Dieserhalb habe ich, in meiner Abhandlung über den Satz vom Grunde, Zeit und Raum, sofern sie rein und inhaltsleer angeschaut werden, als eine besondere und für sich bestehende Klasse von Vorstellungen betrachtet. So wichtig nun auch diese von Kant entdeckte Beschaffenheit jener allgemeinen Formen der Anschauung ist, daß sie nämlich für sich und unabhängig von der Erfahrung anschaulich und ihrer ganzen Gesetzmäßigkeit nach erkennbar sind, worauf die Mathematik mit ihrer Unfehlbarkeit beruht; so ist es doch eine nicht minder beachtungswerthe Eigenschaft derselben, daß der Satz vom Grunde, der die Erfahrung als Gesetz der Kausalität und Motivation, und das Denken als Gesetz der Begründung der Urtheile bestimmt, hier in einer ganz eigenthümlichen Gestalt auftritt, der ich den Namen GRUND DES SEYNS gegeben habe, und welche in der Zeit die Folge ihrer Momente, und im Raum die Lage seiner sich ins Unendliche wechselseitig bestimmenden Theile ist.

Wem aus der einleitenden Abhandlung die vollkommene Identität des Inhalts des Satzes vom Grunde, bei aller Verschiedenheit seiner Gestalten, deutlich geworden ist, der wird auch überzeugt seyn, wie wichtig zur Einsicht in sein innerstes Wesen gerade die Erkenntniß der einfachsten seiner Gestaltungen, als solcher, ist, und für diese haben wir die ZEIT erkannt. Wie in ihr jeder Augenblick nur ist, sofern er den vorhergehenden, seinen Vater, vertilgt hat, um selbst wieder eben so schnell vertilgt zu werden; wie Vergangenheit und Zukunft (abgesehen von den Folgen ihres Inhalts) so nichtig als irgend ein Traum sind, Gegenwart aber nur die ausdehnungs- und bestandlose Gränze zwischen beiden ist; eben so werden wir dieselbe Nichtigkeit auch in allen andern Gestalten des Satzes vom Grunde wiedererkennen und einsehen, daß wie die Zeit, so auch der Raum, und wie dieser, so auch Alles, was in ihm und der Zeit zugleich ist, Alles also, was aus Ursachen oder Motiven hervorgeht, nur ein relatives Daseyn hat, nur durch und für ein Anderes, ihm gleichartiges, d.h. wieder nur eben so bestehendes, ist. Das Wesentliche dieser Ansicht ist alt: Herakleitos bejammerte in ihr den ewigen Fluß der Dinge; Platon würdigte ihren Gegenstand herab, als das immerdar Werdende, aber nie Seiende; Spinoza nannte es bloße Accidenzien der allein seienden und bleibenden einzigen Substanz; Kant setzte das so Erkannte als bloße Erscheinung dem Dinge an sich entgegen; endlich die uralte Weisheit der Inder spricht: »es ist die MAJA, der Schleier des Truges, welcher die Augen der Sterblichen umhüllt und sie eine Welt sehen läßt, von der man weder sagen kann, daß sie sei, noch auch, daß sie nicht sei: denn sie gleicht dem Traume, gleicht dem Sonnenglanz auf dem Sande, welchen der Wanderer von ferne für ein Wasser hält, oder auch dem hingeworfenen Strick, den er für eine Schlange ansieht.« (Diese Gleichnisse finden sich in unzähligen Stellen der Veden und Puranas wiederholt.) Was Alle diese aber meinten und wovon sie reden, ist nichts Anderes, als was auch wir jetzt eben betrachten: die Welt als Vorstellung, unterworfen dem Satze des Grundes.

§. 4.

Wer die Gestaltung des Satzes vom Grunde, welche in der reinen Zeit als solcher erscheint und auf der alles Zählen und Rechnen beruht, erkannt hat, der hat eben damit auch das ganze Wesen der Zeit erkannt. Sie ist weiter nichts, als eben jene Gestaltung des Satzes vom Grunde, und hat keine andere Eigenschaft. Succession ist die Gestalt des Satzes vom Grunde in der Zeit; Succession ist das ganze Wesen der Zeit. – Wer ferner den Satz vom Grunde, wie er im bloßen rein angeschauten Raum herrscht, erkannt hat, der hat eben damit das ganze Wesen des Raumes erschöpft; da dieser durch und durch nichts Anderes ist, als die Möglichkeit der wechselseitigen Bestimmungen seiner Theile durch einander, welche LAGE heißt. Die ausführliche Betrachtung dieser und Niederlegung der sich daraus ergebenden Resultate in abstrakte Begriffe, zu bequemerer Anwendung, ist der Inhalt der ganzen Geometrie. – Eben so nun, wer diejenige Gestaltung des Satzes vom Grunde, welche den Inhalt jener Formen (der Zeit und des Raumes), ihre Wahrnehmbarkeit, d.i. die Materie, beherrscht, also das Gesetz der Kausalität erkannt hat; der hat eben damit das ganze Wesen der Materie als solcher erkannt: denn diese ist durch und durch nichts als Kausalität, welches Jeder unmittelbar einsieht, sobald er sich besinnt. Ihr Seyn nämlich ist ihr Wirken: kein anderes Seyn derselben ist auch nur zu denken möglich. Nur als wirkend füllt sie den Raum, füllt sie die Zeit: ihre Einwirkung auf das unmittelbare Objekt (das selbst Materie ist) bedingt die Anschauung, in der sie allein existirt: die Folge der Einwirkung jedes andern materiellen Objekts auf ein anderes wird nur erkannt, sofern das letztere jetzt anders als zuvor auf das unmittelbare Objekt einwirkt, besteht nur darin. Ursach und Wirkung ist also das ganze Wesen der Materie: ihr Seyn ist ihr Wirken. (Das Nähere hierüber in der Abhandlung über den Satz vom Grunde, §. 21, S. 77.) Höchst treffend ist daher im Deutschen der Inbegriff alles Materiellen WIRKLICHKEIT genannt*, welches Wort viel bezeichnender ist, als Realität. Das, worauf sie wirkt, ist allemal wieder Materie: ihr ganzes Seyn und Wesen besteht also nur in der gesetzmäßigen Veränderung, die EIN Theil derselben im andern hervorbringt, ist folglich gänzlich relativ, nach einer nur innerhalb ihrer Gränzen geltenden Relation, also eben wie die Zeit, eben wie der Raum.

Zeit aber und Raum, jedes für sich, sind auch ohne die Materie anschaulich vorstellbar; die Materie aber nicht ohne jene. Schon die Form, welche von ihr unzertrennlich ist, setzt den RAUM voraus, und ihr Wirken, in welchem ihr ganzes Daseyn besteht, betrifft immer eine Veränderung, also eine Bestimmung der ZEIT. Aber Zeit und Raum werden nicht bloß jedes für sich von der Materie vorausgesetzt; sondern eine Vereinigung beider macht ihr Wesen aus, eben weil dieses, wie gezeigt, im Wirken, in der Kausalität, besteht. Alle gedenkbaren, unzähligen Erscheinungen und Zustände nämlich könnten im unendlichen Raum, ohne sich zu beengen, neben einander liegen, oder auch in der unendlichen Zeit, ohne sich zu stören, auf einander folgen; daher dann eine nothwendige Beziehung derselben auf einander und eine Regel, welche sie dieser ge-

---

* *Mira in quibusdam rebus verborum proprietas est, et consuetudo sermonis antiqui quaedam efficacissimis notis signat. Seneca epist. 81.*

mäß bestimmte, keineswegs nöthig, ja nicht ein Mal anwendbar wäre: folglich gäbe es alsdann, bei allem Nebeneinander im Raum und allem Wechsel in der Zeit, so lange jede dieser beiden Formen für sich, und ohne Zusammenhang mit der andern ihren Bestand und Lauf hätte, noch gar keine Kausalität, und da diese das eigentliche Wesen der Materie ausmacht, auch keine Materie. – Nun aber erhält das Gesetz der Kausalität seine Bedeutung und Nothwendigkeit allein dadurch, daß das Wesen der Veränderung nicht im bloßen Wechsel der Zustände an sich, sondern vielmehr darin besteht, daß an DEM SELBEN ORT im Raum jetzt EIN Zustand ist und darauf ein ANDERER, und zu EINER und derselben bestimmten Zeit HIER dieser Zustand und DORT jener: nur diese gegenseitige Beschränkung der Zeit und des Raums durch einander giebt einer Regel, nach der die Veränderung vorgehen muß, Bedeutung und zugleich Nothwendigkeit. Was durch das Gesetz der Kausalität bestimmt wird, ist also nicht die Succession der Zustände in der bloßen Zeit, sondern diese Succession in Hinsicht auf einen bestimmten Raum, und nicht das Daseyn der Zustände an einem bestimmten Ort, sondern an diesem Ort zu einer bestimmten Zeit. Die Veränderung, d.h. der nach dem Kausalgesetz eintretende Wechsel, betrifft also jedesmal einen bestimmten Theil des Raumes und einen bestimmten Theil der Zeit ZUGLEICH und im Verein. Demzufolge vereinigt die Kausalität den Raum mit der Zeit. Wir haben aber gefunden, daß im Wirken, also in der Kausalität, das ganze Wesen der Materie besteht: folglich müssen auch in dieser Raum und Zeit vereinigt seyn, d.h. sie muß die Eigenschaften der Zeit und die des Raumes, so sehr sich beide widerstreiten, zugleich an sich tragen, und was in jedem von jenen beiden für sich unmöglich ist, muß sie in sich vereinigen, also die bestandlose Flucht der Zeit mit dem starren unveränderlichen Beharren des Raumes, die unendliche Theilbarkeit hat sie von beiden. Diesem gemäß finden wir durch sie zuvörderst das ZUGLEICHSEIN herbeigeführt, welches weder in der bloßen Zeit, die kein Nebeneinander, noch im bloßen Raum, der kein Vor, Nach oder Jetzt kennt, seyn konnte. Das ZUGLEICHSEYN vieler Zustände aber macht eigentlich das Wesen der Wirklichkeit aus: denn durch dasselbe wird allererst die DAUER möglich, indem nämlich diese nur erkennbar ist an dem Wechsel des mit dem Dauernden zugleich Vorhandenen: aber auch nur mittelst des Dauernden im Wechsel erhält dieser jetzt den Charakter der VERÄNDERUNG, d.h. des Wandels der Qualität und Form, beim Beharren der SUBSTANZ, d.i. der MATERIE*. Im bloßen Raum wäre die Welt starr und unbeweglich: kein Nacheinander, keine Veränderung, kein Wirken: eben mit dem Wirken ist aber auch die Vorstellung der Materie aufgehoben. In der bloßen Zeit wiederum wäre alles flüchtig: kein Beharren, kein Nebeneinander und daher kein Zugleich, folglich keine Dauer: also wieder auch keine Materie. Erst durch die Vereinigung von Zeit und Raum erwächst die Materie, d.i. die Möglichkeit des Zugleichseyns und dadurch der Dauer, durch diese wieder des Beharrens der Substanz, bei der Veränderung der Zustände**. Im Verein von Zeit und Raum ihr Wesen habend, trägt die Materie durchweg das Gepräge von beiden. Sie beurkundet ihren Ursprung aus dem Raum, theils durch die Form, die von ihr unzertrennlich ist, besonders aber (weil der Wechsel allein der Zeit angehört, in dieser allein und für sich aber nichts Bleibendes ist) durch ihr Beharren (Substanz), dessen Gewißheit *a priori* daher ganz und gar von der des Raumes abzuleiten ist***: ihren Ursprung aus der Zeit aber offenbart sie an der Qualität (Accidenz), ohne die sie nie erscheint, und welche schlechthin immer Kausalität, Wirken auf andere Materie, also Veränderung (ein Zeitbegriff) ist. Die Gesetzmäßigkeit dieses Wirkens aber bezieht sich immer auf Raum und Zeit zugleich und hat eben nur dadurch Bedeutung. Was für ein Zustand zu DIESER ZEIT an DIESEM ORT eintreten muß, ist die Bestimmung, auf welche ganz allein die Gesetzgebung der Kausalität sich erstreckt. Auf dieser Ableitung der Grundbestimmungen der Materie aus den uns *a priori* bewußten Formen unserer Erkenntniß beruht es, daß wir ihr gewisse Eigenschaften *a priori* zuerkennen, nämlich Raumerfüllung, d.i. Undurchdringlichkeit, d.i. Wirksamkeit, sodann Ausdehnung,

* Daß Materie und Substanz Eines sind, ist im Anhange ausgeführt.

** Dies zeigt auch den Grund der Kantischen Erklärung der Materie, »daß sie sei das Bewegliche im Raum«: denn Bewegung besteht nur in der Vereinigung von Raum und Zeit.

*** Nicht von der Erkenntniß der Zeit, wie Kant will, welches im Anhange ausgeführt.

unendliche Theilbarkeit, Beharrlichkeit, d.h. Unzerstörbarkeit, und endlich Beweglichkeit: hingegen ist die Schwere, ihrer Ausnahmslosigkeit ungeachtet, doch wohl der Erkenntniß *a posteriori* beizuzählen, obgleich KANT in den »Metaphys. Anfangsgr. d. Naturwiss.«, S. 71 (Rosenkranz: Ausg., S. 372) sie als *a priori* erkennbar aufstellt.

Wie aber das Objekt überhaupt nur für das Subjekt da ist, als dessen Vorstellung; so ist jede besondere Klasse von Vorstellungen nur für eine eben so besondere Bestimmung im Subjekt da, die man ein Erkenntnißvermögen nennt. Das subjektive Korrelat von Zeit und Raum für sich, als leere Formen, hat Kant reine Sinnlichkeit genannt, welcher Ausdruck, weil Kant hier die Bahn brach, beibehalten werden mag; obgleich er nicht recht paßt, da Sinnlichkeit schon Materie voraussetzt. Das subjektive Korrelat der Materie oder der Kausalität, denn beide sind Eines, ist der VERSTAND, und er ist nichts außerdem. Kausalität erkennen ist seine einzige Funktion, seine alleinige Kraft, und es ist eine große, Vieles umfassende, von mannigfaltiger Anwendung, doch unverkennbarer Identität aller ihrer Aeußerungen. Umgekehrt ist alle Kausalität, also alle Materie, mithin die ganze Wirklichkeit, nur für den Verstand, durch den Verstand, im Verstande. Die erste, einfachste, stets vorhandene Aeußerung des Verstandes ist die Anschauung der wirklichen Welt: diese ist durchaus Erkenntniß der Ursache aus der Wirkung: daher ist alle Anschauung intellektual. Es könnte dennoch nie zu ihr kommen, wenn nicht irgend eine Wirkung unmittelbar erkannt würde und dadurch zum Ausgangspunkte diente. Dieses aber ist die Wirkung auf die thierischen Leiber. Insofern sind diese die UNMITTELBAREN OBJEKTE des Subjekts: die Anschauung aller andern Objekte ist durch sie vermittelt. Die Veränderungen, welche jeder thierische Leib erfährt, werden unmittelbar erkannt, d.h. empfunden, und indem sogleich diese Wirkung auf ihre Ursache bezogen wird, entsteht die Anschauung der letzteren als eines OBJEKTS. Diese Beziehung ist kein Schluß in abstrakten Begriffen, geschieht nicht durch Reflexion, nicht mit Willkür, sondern unmittelbar, nothwendig und sicher. Sie ist die Erkenntnißweise des REINEN VERSTANDES, ohne welchen es nie zur Anschauung käme; sondern nur ein dumpfes, pflanzenartiges Bewußtseyn der Veränderungen des unmittelbaren Objekts übrig bliebe, die völlig bedeutungslos auf einander folgten, wenn sie nicht etwan als Schmerz oder Wollust eine Bedeutung für den Willen hätten. Aber wie mit dem Eintritt der Sonne die sichtbare Welt dasteht; so verwandelt der Verstand mit EINEM Schlage, durch seine einzige, einfache Funktion, die dumpfe, nichtssagende Empfindung in Anschauung. Was das Auge, das Ohr, die Hand empfindet, ist nicht die Anschauung: es sind bloße Data. Erst indem der Verstand von der Wirkung auf die Ursache übergeht, steht die Welt da, als Anschauung im Raume ausgebreitet, der Gestalt nach wechselnd, der Materie nach durch alle Zeit beharrend: denn er vereinigt Raum und Zeit in der Vorstellung MATERIE, d.i. Wirksamkeit. Diese Welt als Vorstellung ist, wie nur durch den Verstand, auch nur für den Verstand da. Im ersten Kapitel meiner Abhandlung »über das Sehen und die Farben« habe ich bereits auseinandergesetzt, wie aus den Datis, welche die Sinne liefern, der Verstand die Anschauung schafft, wie durch Vergleichung der Eindrücke, welche vom nämlichen Objekt die verschiedenen Sinne erhalten, das Kind die Anschauung erlernt, wie eben nur dieses den Aufschluß über so viele Sinnenphänomene giebt, über das einfache Sehen mit zwei Augen, über das Doppeltsehen beim Schielen, oder bei ungleicher Entfernung hinter einander stehender Gegenstände, die man zugleich ins Auge faßt, und über allen Schein, welcher durch eine plötzliche Veränderung an den Sinneswerkzeugen hervorgebracht wird. Viel ausführlicher und gründlicher jedoch habe ich diesen wichtigen Gegenstand behandelt in der zweiten Auflage der Abhdlg. über den Satz vom Grunde, §. 21. Alles daselbst Gesagte hätte hier seine nothwendige Stelle, müßte also eigentlich hier nochmals gesagt werden: da ich indessen fast so viel Widerwillen habe, mich selbst, als Andere abzuschreiben, auch nicht im Stande bin, es besser, als dort geschehen, darzustellen; so verweise ich darauf, statt es hier zu wiederholen, setze es nun aber auch als bekannt voraus.

Das Sehenlernen der Kinder und operirter Blindgebornen, das einfache Sehen des doppelt, mit zwei Augen, Empfundenen, das

Doppeltsehen und Doppelttasten bei der Verrückung der Sinneswerkzeuge aus ihrer gewöhnlichen Lage, die aufrechte Erscheinung der Gegenstände, während ihr Bild im Auge verkehrt steht, das Uebertragen der Farbe, welche bloß eine innere Function, eine polarische Theilung der Thätigkeit des Auges ist, auf die äußern Gegenstände, und endlich auch das Stereoskop – dies Alles sind feste und unwiderlegliche Beweise davon, daß alle ANSCHAUUNG nicht bloß sensual, sondern intellectual, d.h. reine VERSTANDESERKENNTNISS DER URSACHE AUS DER WIRKUNG ist, folglich das Gesetz der Kausalität voraussetzt, von dessen Erkenntniß alle Anschauung, mithin alle Erfahrung, ihrer ersten und ganzen Möglichkeit nach, abhängt, nicht umgekehrt die Erkenntniß des Kausalgesetzes von der Erfahrung, welches letztere der Humische Skepticismus war, der erst hiedurch widerlegt ist. Denn die Unabhängigkeit der Erkenntniß der Kausalität von aller Erfahrung, d.h. ihre Apriorität, kann allein dargethan werden aus der Abhängigkeit aller Erfahrung von ihr: und dieses wieder kann allein geschehen, indem man auf die hier angegebene und an den soeben bezeichneten Stellen ausgeführte Art nachweist, daß die Erkenntniß der Kausalität in der Anschauung überhaupt, in deren Gebiet alle Erfahrung liegt, schon enthalten ist, also völlig *a priori* in Hinsicht auf die Erfahrung besteht, von ihr als Bedingung vorausgesetzt wird, nicht sie voraussetzt: nicht aber kann dasselbe dargethan werden auf die von Kant versuchte und von mir in der Abhandlung über den Satz vom Grunde §. 23 kritisirte Weise.

§. 5.

Man hüte sich aber vor dem großen Mißverständniß, daß, weil die Anschauung durch die Erkenntniß der Kausalität vermittelt ist, deswegen zwischen Objekt und Subjekt das Verhältniß von Ursach und Wirkung bestehe; da vielmehr dasselbe immer nur zwischen unmittelbarem und vermitteltem Objekt, also immer nur zwischen Objekten Statt findet. Eben auf jener falschen Voraussetzung beruht der thörichte Streit über die Realität der Außenwelt, in welchem sich Dogmatismus und Skepticismus gegenüberstehen und jener bald als Realismus, bald als Idealismus auftritt. Der Realismus setzt das Objekt als Ursach, und deren Wirkung ins Subjekt. Der Fichte'sche Idealismus macht das Objekt zur Wirkung des Subjekts. Weil nun aber, was nicht genug eingeschärft werden kann, zwischen Subjekt und Objekt gar kein Verhältniß nach dem Satz vom Grunde Statt findet; so konnte auch weder die eine, noch die andere der beiden Behauptungen je bewiesen werden, und der Skepticismus machte auf beide siegreiche Angriffe. – Wie nämlich das Gesetz der Kausalität schon, als Bedingung, der Anschauung und Erfahrung vorhergeht, daher nicht aus diesen (wie Hume meinte) gelernt seyn kann; so gehen Objekt und Subjekt, schon als erste Bedingung, aller Erkenntniß, daher auch dem Satz vom Grunde überhaupt, vorher, da dieser nur die Form alles Objekts, die durchgängige Art und Weise seiner Erscheinung ist; das Objekt aber immer schon das Subjekt voraussetzt: zwischen beiden also kann kein Verhältniß von Grund und Folge seyn. Meine Abhandlung über den Satz vom Grunde soll eben dieses leisten, daß sie den Inhalt jenes Satzes als die wesentliche Form alles Objekts, d.h. als die allgemeine Art und Weise alles Objektseyns darstellt, als etwas, das dem Objekt als solchem zukommt: als solches aber setzt das Objekt überall das Subjekt voraus, als sein nothwendiges Korrelat: dieses bleibt also immer außerhalb des Gebietes der Gültigkeit des Satzes vom Grunde. Der Streit über die Realität der Außenwelt beruht eben auf jener falschen Ausdehnung der Gültigkeit des Satzes vom Grunde auch auf das Subjekt, und von diesem Mißverständnisse ausgehend konnte er sich selbst nie verstehen. Einerseits will der realistische Dogmatismus, die Vorstellung als Wirkung des Objekts betrachtend, diese beiden, Vorstellung und Objekt, die eben Eines sind, trennen und eine von der Vorstellung ganz verschiedene Ursache annehmen, ein Objekt an sich, unabhängig vom Subjekt: etwas völlig Undenkbares: denn eben schon als Objekt setzt es immer wieder das Subjekt voraus und bleibt daher immer nur dessen Vorstellung. Ihm stellt der Skepticismus, unter der selben falschen Voraussetzung, entgegen, daß man in der Vorstellung immer nur die Wirkung habe, nie die Ursache, also nie das

Seyn, immer nur das Wirken der Objekte kenne; dieses aber mit jenem vielleicht gar keine Aehnlichkeit haben möchte, ja wohl gar überhaupt ganz fälschlich angenommen würde, da das Gesetz der Kausalität erst aus der Erfahrung angenommen sei, deren Realität nun wieder darauf beruhen soll. – Hierauf nun gehört Beiden die Belehrung, erstlich, daß Objekt und Vorstellung das Selbe sind; dann, daß das Seyn der anschaulichen Objekte eben ihr Wirken ist, daß eben in diesem des Dinges Wirklichkeit besteht, und die Forderung des Daseyns des Objekts außer der Vorstellung des Subjekts und auch eines Seyns des wirklichen Dinges verschieden von seinem Wirken, gar keinen Sinn hat und ein Widerspruch ist; daß daher die Erkenntniß der Wirkungsart eines angeschauten Objekts eben auch es selbst erschöpft, sofern es Objekt, d.h. Vorstellung ist, da außerdem für die Erkenntniß nichts an ihm übrig bleibt. Insofern ist also die angeschaute Welt in Raum und Zeit, welche sich als lauter Kausalität kund giebt, vollkommen real, und ist durchaus das, wofür sie sich giebt, und sie giebt sich ganz und ohne Rückhalt, als Vorstellung, zusammenhängend nach dem Gesetz der Kausalität. Dieses ist ihre empirische Realität. Andererseits aber ist alle Kausalität nur im Verstande und für den Verstand, jene ganz wirkliche, d.i. wirkende Welt ist also als solche immer durch den Verstand bedingt und ohne ihn nichts. Aber nicht nur dieserhalb, sondern schon weil überhaupt kein Objekt ohne Subjekt sich ohne Widerspruch denken läßt, müssen wir dem Dogmatiker, der die Realität der Außenwelt als ihre Unabhängigkeit vom Subjekt erklärt, eine solche Realität derselben schlechthin ableugnen. Die ganze Welt der Objekte ist und bleibt Vorstellung, und eben deswegen durchaus und in alle Ewigkeit durch das Subjekt bedingt: d.h. sie hat transscendentale Idealität. Sie ist aber dieserwegen nicht Lüge, noch Schein: sie giebt sich als das, was sie ist, als Vorstellung, und zwar als eine Reihe von Vorstellungen, deren gemeinschaftliches Band der Satz vom Grunde ist. Sie ist als solche dem gesunden Verstande, selbst ihrer innersten Bedeutung nach, verständlich und redet eine ihm vollkommen deutliche Sprache. Bloß dem durch Vernünfteln verschrobenen Geist kann es einfallen, über ihre Realität zu streiten, welches allemal durch unrichtige Anwendung des Satzes vom Grunde geschieht, der zwar alle Vorstellungen, welcher Art sie auch seyen, unter einander verbindet, keineswegs aber diese mit dem Subjekt, oder mit etwas, das weder Subjekt noch Objekt wäre, sondern bloß Grund des Objekts; ein Unbegriff, weil nur Objekte Grund seyn können und zwar immer wieder von Objekten. – Wenn man dem Ursprung dieser Frage nach der Realität der Außenwelt noch genauer nachforscht, so findet man, daß außer jener falschen Anwendung des Satzes vom Grunde auf Das, was außer seinem Gebiete liegt, noch eine besondere Verwechslung seiner Gestalten hinzukommt, nämlich diejenige Gestalt, die er bloß in Hinsicht auf die Begriffe oder abstrakten Vorstellungen hat, wird auf die anschaulichen Vorstellungen, die realen Objekte, übertragen und ein Grund des Erkennens gefordert von Objekten, die keinen andern als einen Grund des Werdens haben können. Ueber die abstrakten Vorstellungen, die zu Urtheilen verknüpften Begriffe, herrscht der Satz vom Grunde allerdings in der Art, daß jedes derselben seinen Werth, seine Gültigkeit, seine ganze Existenz, hier WAHRHEIT genannt, einzig und allein hat durch die Beziehung des Urtheils auf etwas außer ihm, seinen Erkenntnißgrund, auf welchen also immer zurückgegangen werden muß. Ueber die realen Objekte hingegen, die anschaulichen Vorstellungen, herrscht der Satz vom Grunde nicht als Satz vom Grund des ERKENNENS, sondern des WERDENS, als Gesetz der Kausalität: jedes derselben hat ihm dadurch, daß es GEWORDEN ist, d.h. als Wirkung aus einer Ursache hervorgegangen ist, schon seine Schuld abgetragen: die Forderung eines Erkenntnißgrundes hat hier also keine Gültigkeit und keinen Sinn; sondern gehört einer ganz anderen Klasse von Objekten an. Daher auch erregt die anschauliche Welt, so lange man bei ihr stehen bleibt, im Betrachter weder Skrupel noch Zweifel: es giebt hier weder Irrthum noch Wahrheit; diese sind ins Gebiet des Abstrakten, der Reflexion gebannt. Hier aber liegt für Sinne und Verstand die Welt offen da, giebt sich mit naiver Wahrheit für Das, was sie ist, für anschauliche Vorstellung, welche gesetzmäßig am Bande der Kausalität sich entwickelt.

So wie wir die Frage nach der Realität der Außenwelt bis hieher betrachtet haben, war sie immer hervorgegangen aus einer bis zum Mißverstehen ihrer selbst gehenden Verirrung der Vernunft, und insofern war die Frage nur durch Aufklärung ihres Inhalts zu beantworten. Sie mußte, nach Erforschung des ganzen Wesens des Satzes vom Grunde, der Relation zwischen Objekt und Subjekt und der eigentlichen Beschaffenheit der sinnlichen Anschauung, sich selbst aufheben, weil ihr eben gar keine Bedeutung mehr blieb. Allein jene Frage hat noch einen andern, von dem bisher angegebenen, rein spekulativen, gänzlich verschiedenen Ursprung, einen eigentlich empirischen, obwohl sie auch so noch immer in spekulativer Absicht aufgeworfen wird, und sie hat in dieser Bedeutung einen viel verständlicheren Sinn, als in jener ersteren, nämlich folgenden: wir haben Träume; ist nicht etwan das ganze Leben ein Traum? – oder bestimmter: giebt es ein sicheres Kriterium zwischen Traum und Wirklichkeit? zwischen Phantasmen und realen Objekten? – Das Vorgeben der geringern Lebhaftigkeit und Deutlichkeit der geträumten, als der wirklichen Anschauung, verdient gar keine Berücksichtigung; da noch Keiner diese beiden zum Vergleich neben einander gehalten hat; sondern man nur die ERINNERUNG des Traumes vergleichen konnte mit der gegenwärtigen Wirklichkeit. – Kant löst die Frage so: »Der Zusammenhang der Vorstellungen unter sich nach dem Gesetze der Kausalität unterscheidet das Leben vom Traum.« – Aber auch im Traume hängt alles Einzelne ebenfalls nach dem Satz vom Grunde in allen seinen Gestalten zusammen, und dieser Zusammenhang bricht bloß ab zwischen dem Leben und dem Traume und zwischen den einzelnen Träumen. Kants Antwort könnte daher nur noch so lauten: der LANGE Traum (das Leben) hat in sich durchgängigen Zusammenhang gemäß dem Satz vom Grunde, nicht aber mit den KURZEN Träumen; obgleich jeder von diesen in sich denselben Zusammenhang hat: zwischen diesen und jenem also ist jene Brücke abgebrochen und daran unterscheidet man beide. – Jedoch eine Untersuchung, ob etwas geträumt oder geschehen sei, nach diesem Kriterium anzustellen, wäre sehr schwierig und oft unmöglich; da wir keineswegs im Stande sind, zwischen jeder erlebten Begebenheit und dem gegenwärtigen Augenblick den kausalen Zusammenhang Glied vor Glied zu verfolgen, deswegen aber doch nicht sie für geträumt erklären. Darum bedient man sich im wirklichen Leben, um Traum von Wirklichkeit zu unterscheiden, gemeiniglich nicht jener Art der Untersuchung. Das allein sichere Kriterium zur Unterscheidung des Traumes von der Wirklichkeit ist in der That kein anderes, als das ganz empirische des Erwachens, durch welches allerdings der Kausalzusammenhang zwischen den geträumten Begebenheiten und denen des wachen Lebens ausdrücklich und fühlbar abgebrochen wird. Einen vortrefflichen Beleg hiezu giebt die Bemerkung, welche Hobbes im Leviathan, Kap. 2, macht: nämlich daß wir Träume dann leicht auch hinterher für Wirklichkeit halten, wann wir, ohne es zu beabsichtigen, angekleidet geschlafen haben, vorzüglich aber, wann noch hinzukommt, daß irgend ein Unternehmen, oder Vorhaben, alle unsere Gedanken einnimmt und uns im Traum eben so wie im Wachen beschäftigt: in diesen Fällen wird nämlich das Erwachen fast so wenig als das Einschlafen bemerkt, Traum fließt mit Wirklichkeit zusammen und wird mit ihr vermengt. Dann bleibt freilich nur noch die Anwendung des Kantischen Kriteriums übrig: wenn nun aber nachher, wie es oft der Fall ist, der kausale Zusammenhang mit der Gegenwart, oder dessen Abwesenheit, schlechterdings nicht auszumitteln ist, so muß es auf immer unentschieden bleiben, ob ein Vorfall geträumt oder geschehen sei. – Hier tritt nun in der That die enge Verwandtschaft zwischen Leben und Traum sehr nahe an uns heran: auch wollen wir uns nicht schämen sie einzugestehen, nachdem sie von vielen großen Geistern anerkannt und ausgesprochen worden ist. Die Veden und Puranas wissen für die ganze Erkenntniß der wirklichen Welt, welche sie das Gewebe der Maja nennen, keinen bessern Vergleich und brauchen keinen häufiger, als den Traum. Platon sagt öfter, daß die Menschen nur im Traume leben, der Philosoph allein sich zu wachen bestrebe. Pindaros sagt (II. *η*, 135): *σκιας οναρ ανϑρωπος (umbrae somnium homo)* und Sophokles:

῾Ορω γαρ ἡμας ουδεν οντας αλλο, πλην
Ειδωλ᾽, ὁσοιπερ ζωμεν, η κουφην σκιαν.
Ajax 125.
(Nos enim, quicunque vivimus, nihil aliud esse
comperio, quam simulacra et levem umbram.)

Neben welchem am würdigsten Shakespeare steht:

We are such stuff
As dreams are made of, and our little life
Is rounded with a sleep. –
*Temp. A. 4, Sc. 1.**

Endlich war Calderon von dieser Ansicht so tief ergriffen, daß er in einem gewissermaaßen metaphysischen Drama »Das Leben ein Traum« sie auszusprechen suchte.

Nach diesen vielen Dichterstellen möge es nun auch mir vergönnt seyn, mich durch ein Gleichniß auszudrücken. Das Leben und die Träume sind Blätter eines und des nämlichen Buches. Das Lesen im Zusammenhang heißt wirkliches Leben. Wann aber die jedesmalige Lesestunde (der Tag) zu Ende und die Erholungszeit gekommen ist, so blättern wir oft noch müßig und schlagen, ohne Ordnung und Zusammenhang, bald hier, bald dort ein Blatt auf: oft ist es ein schon gelesenes, oft ein noch unbekanntes, aber immer aus dem selben Buch. So ein einzeln gelesenes Blatt ist zwar außer Zusammenhang mit der folgerechten Durchlesung: doch steht es hiedurch nicht so gar sehr hinter dieser zurück, wenn man bedenkt, daß auch das Ganze der folgerechten Lektüre ebenso aus dem Stegreife anhebt und endigt und sonach nur als ein größeres einzelnes Blatt anzusehen ist.

Obwohl also die einzelnen Träume vom wirklichen Leben dadurch geschieden sind, daß sie in den Zusammenhang der Erfahrung, welcher durch dasselbe stetig geht, nicht mit eingreifen, und das Erwachen diesen Unterschied bezeichnet; so gehört ja doch eben jener Zusammenhang der Erfahrung schon dem wirklichen Leben als seine Form an, und der Traum hat ebenso auch einen

* Wir sind solches Zeug, wie das, woraus die Träume gemacht sind, und unser kurzes Leben ist von einem Schlaf umschlossen.

Zusammenhang in sich dagegen aufzuweisen. Nimmt man nun den Standpunkt der Beurtheilung außerhalb beider an, so findet sich in ihrem Wesen kein bestimmter Unterschied, und man ist genöthigt, den Dichtern zuzugeben, daß das Leben ein langer Traum sei.

Kehren wir nun von diesem ganz für sich bestehenden, empirischen Ursprung der Frage nach der Realität der Außenwelt zu ihrem spekulativen zurück, so haben wir zwar gefunden, daß dieser liege, erstlich in der falschen Anwendung des Satzes vom Grunde, nämlich auch zwischen Subjekt und Objekt, und sodann wieder in der Verwechselung seiner Gestalten, indem nämlich der Satz vom Grunde des Erkennens auf das Gebiet übertragen wurde, wo der Satz vom Grunde des Werdens gilt: allein dennoch hätte jene Frage schwerlich die Philosophen so anhaltend beschäftigen können, wenn sie ganz ohne allen wahren Gehalt wäre und nicht in ihrem Innersten doch irgend ein richtiger Gedanke und Sinn als ihr eigentlichster Ursprung läge, von welchem man demnach anzunehmen hätte, daß allererst, indem er in die Reflexion trat und seinen Ausdruck suchte, er in jene verkehrten, sich selbst nicht verstehenden Formen und Fragen eingegangen wäre. So ist es, meiner Meinung nach, allerdings; und als den reinen Ausdruck jenes innersten Sinnes der Frage, welchen sie nicht zu treffen wußte, setze ich diesen: Was ist diese anschauliche Welt noch außerdem, daß sie meine Vorstellung ist? Ist sie, deren ich mir nur einmal und zwar als Vorstellung bewußt bin, eben wie mein eigener Leib, dessen ich mir doppelt bewußt bin, einerseits VORSTELLUNG, andererseits WILLE? – Die deutlichere Erklärung und die Bejahung dieser Frage wird der Inhalt des zweiten Buches seyn, und die Folgesätze aus ihr werden den übrigen Theil dieser Schrift einnehmen.

§. 6.

Inzwischen betrachten wir für jetzt, in diesem ersten Buch, Alles nur als Vorstellung, als Objekt für das Subjekt: und wie alle andern realen Objekte, sehen wir auch den eigenen Leib, von dem das Anschauen der Welt in Jedem ausgeht, bloß von der Seite der Erkennbarkeit an: und er ist uns sonach nur eine Vorstellung. Zwar widerstrebt das Bewußtseyn eines Jeden, welches sich schon gegen das Erklären der andern Objekte für bloße Vorstellungen auflehnte, noch mehr, wenn der eigene Leib bloß eine Vorstellung seyn soll; welches daher kommt, daß Jedem das Ding an sich, sofern es als sein eigener Leib erscheint, unmittelbar, sofern es in den andern Gegenständen der Anschauung sich objektivirt, ihm nur mittelbar bekannt ist. Allein der Gang unserer Untersuchung macht diese Abstraktion, diese einseitige Betrachtungsart, dies gewaltsame Trennen des wesentlich zusammen Bestehenden nothwendig: daher muß jenes Widerstreben einstweilen unterdrückt und beruhigt werden durch die Erwartung, daß die folgenden Betrachtungen die Einseitigkeit der gegenwärtigen ergänzen werden, zur vollständigen Erkenntniß des Wesens der Welt.

Der Leib ist uns also hier unmittelbares Objekt, d.h. diejenige Vorstellung, welche den Ausgangspunkt der Erkenntniß des Subjekts macht, indem sie selbst, mit ihren unmittelbar erkannten Veränderungen, der Anwendung des Gesetzes der Kausalität vorhergeht und so zu dieser die ersten Data liefert. Alles Wesen der Materie besteht, wie gezeigt, in ihrem Wirken. Wirkung und Ursach giebt es aber nur für den Verstand, als welcher nichts weiter, als das subjektive Korrelat derselben ist. Aber der Verstand könnte nie zur Anwendung gelangen, wenn es nicht noch etwas Anderes gäbe, von welchem er ausgeht. Ein solches ist die bloß sinnliche Empfindung, das unmittelbare Bewußtseyn der Veränderungen des Leibes, vermöge dessen dieser unmittelbares Objekt ist. Die Möglichkeit der Erkennbarkeit der anschaulichen Welt finden wir demnach in zwei Bedingungen: die erste ist, WENN WIR SIE OBJEKTIV AUSDRÜCKEN, die Fähigkeit der Körper auf einander zu wirken, Veränderungen in einander hervorzubringen, ohne welche allgemeine Eigenschaft aller Körper auch mittelst der Sensibilität der thierischen doch keine Anschauung möglich würde; wollen wir aber diese nämliche erste Bedingung SUBJEKTIV AUSDRÜCKEN, so sagen wir: der Verstand vor Allem macht die Anschauung möglich: denn nur aus ihm entspringt und für ihn auch nur gilt das Gesetz der Kausalität, die Möglichkeit von Wirkung und Ursach, und nur für ihn und durch ihn ist daher die anschauliche Welt da. Die zweite Bedingung aber ist die Sensibilität thierischer Leiber, oder die Eigenschaft gewisser Körper, unmittelbar Objekte des Subjekts zu seyn. Die bloßen Veränderungen, welche die Sinnesorgane durch die ihnen specifisch angemessene Einwirkung von Außen erleiden, sind nun zwar schon Vorstellungen zu nennen, sofern solche Einwirkungen weder Schmerz noch Wollust erregen, d.h. keine unmittelbare Bedeutung für den Willen haben, und dennoch wahrgenommen werden, also nur für die ERKENNTNISS da sind: und insofern also sage ich, daß der Leib unmittelbar ERKANNT wird, UNMITTELBARES OBJEKT ist; jedoch ist hier der Begriff Objekt nicht einmal im eigentlichsten Sinn zu nehmen: denn durch diese unmittelbare Erkenntniß des Leibes, welche der Anwendung des Verstandes vorhergeht und bloße sinnliche Empfindung ist, steht der Leib selbst nicht eigentlich als OBJEKT da, sondern erst die auf ihn einwirkenden Körper; weil jede Erkenntniß eines eigentlichen Objekts, d.h. einer im Raum anschaulichen Vorstellung, nur durch und für den Verstand ist, also nicht vor, sondern erst nach dessen Anwendung. Daher wird der Leib als eigentliches Objekt, d.h. als anschauliche Vorstellung im Raum, eben wie alle anderen Objekte, erst mittelbar, durch Anwendung des Gesetzes der Kausalität auf die Einwirkung eines seiner Theile auf den andern erkannt, also indem das Auge den Leib sieht, die Hand ihn betastet. Folglich wird durch das bloße Gemeingefühl die Gestalt des eigenen Leibes uns nicht bekannt; sondern nur durch die Erkenntniß, nur in der Vorstellung, d.h. nur im Gehirn, stellt auch der eigene Leib allererst sich dar als ein Ausgedehntes, Gegliedertes, Organisches: ein Blindgeborner erhält diese Vorstellung erst allmälig, durch die Data, welche das Getast ihm giebt; ein Blinder ohne Hände würde seine Gestalt nie kennen lernen, oder höchstens aus der Einwirkung anderer Körper auf ihn allmälig dieselbe erschließen und konstruiren. Mit dieser Restriktion also ist es zu verstehen, wenn wir den Leib unmittelbares Objekt nennen.

Uebrigens sind, dem Gesagten zufolge, alle thierischen Leiber unmittelbare Objekte, d.h. Ausgangspunkte der Anschauung der Welt, für das Alles erkennende und eben deshalb nie erkannte Subjekt. Das Erkennen, mit dem durch dasselbe bedingten Bewegen auf Motive, ist daher der eigentliche Charakter der Thierheit, wie die Bewegung auf Reize der Charakter der Pflanze: das Unorganisirte aber hat keine andere Bewegung, als die durch eigentliche Ursachen im engsten Verstande bewirkte; welches Alles ich ausführlicher erörtert habe in der Abhandlung über den Satz vom Grunde, 2. Aufl., §. 20, in der Ethik, erste Abhandl., III, und »über das Sehen und die Farben«, §. 1; wohin ich also verweise.

Aus dem Gesagten ergiebt sich, daß alle Thiere Verstand haben, selbst die unvollkommensten: denn sie alle erkennen Objekte, und diese Erkenntniß bestimmt als Motiv ihre Bewegungen. – Der Verstand ist in allen Thieren und allen Menschen der nämliche, hat überall dieselbe einfache Form: Erkenntniß der Kausalität, Uebergang von Wirkung auf Ursach und von Ursach auf Wirkung, und nichts außerdem. Aber die Grade seiner Schärfe und die Ausdehnung seiner Erkenntnißsphäre sind höchst verschieden, mannigfaltig und vielfach abgestuft, vom niedrigsten Grad, welcher nur das Kausalitätsverhältniß zwischen dem unmittelbaren Objekt und den mittelbaren erkennt, also eben hinreicht, durch den Uebergang von der Einwirkung, welche der Leib erleidet, auf deren Ursach, diese als Objekt im Raum anzuschauen, bis zu den höheren Graden der Erkenntniß des kausalen Zusammenhanges der bloß mittelbaren Objekte unter einander, welche bis zum Verstehen der zusammengesetztesten Verkettungen von Ursachen und Wirkungen in der Natur geht. Denn auch dieses Letztere gehört immer noch dem Verstande an, nicht der Vernunft, deren abstrakte Begriffe nur dienen können, jenes unmittelbar Verstandene aufzunehmen, zu fixiren und zu verknüpfen, nie das Verstehen selbst hervorzubringen. Jede Naturkraft und Naturgesetz, jeder Fall, in welchem sie sich äußern, muß zuerst vom Verstande unmittelbar erkannt, intuitiv aufgefaßt werden, ehe er *in abstracto* für die Vernunft ins reflektirte Bewußtseyn treten kann. Intuitive, unmittelbare Auffassung durch den Verstand war R. Hookes Entdeckung des Gravitationsgesetzes und die Zurückführung so vieler und großer Erscheinungen auf dies eine Gesetz, wie sodann Neutons Berechnungen solche bewährten; eben das war auch Lavoisiers Entdeckung des Sauerstoffs und seiner wichtigen Rolle in der Natur; eben das Göthes Entdeckung der Entstehungsart physischer Farben. Diese Entdekkungen alle sind nichts Anderes, als ein richtiges unmittelbares Zurückgehen von der Wirkung auf die Ursache, welchem alsbald die Erkenntniß der Identität der in allen Ursachen derselben Art sich äußernden Naturkraft folgt: und diese gesammte Einsicht ist eine bloß dem Grade nach verschiedene Aeußerung der nämlichen und einzigen Funktion des Verstandes, durch welche auch ein Thier die Ursache, welche auf seinen Leib wirkt, als Objekt im Raum anschaut. Daher sind auch jene großen Entdeckungen alle, eben wie die Anschauung und jede Verstandesäußerung, eine unmittelbare Einsicht und als solche das Werk des Augenblicks, ein *apperçu*, ein Einfall, nicht das Produkt langer Schlußketten *in abstracto*; welche letztere hingegen dienen, die unmittelbare Verstandeserkenntniß für die Vernunft, durch Niederlegung in ihre abstrakten Begriffe, zu fixiren, d.h. sie deutlich zu machen, d.h. sich in den Stand zu setzen, sie Anderen zu deuten, zu bedeuten. – Jene Schärfe des Verstandes im Auffassen der kausalen Beziehungen der mittelbar erkannten Objekte findet ihre Anwendung nicht allein in der Naturwissenschaft (deren sämmtliche Entdeckungen ihr zu verdanken sind); sondern auch im praktischen Leben, wo sie KLUGHEIT heißt; da sie hingegen in der ersteren Anwendung besser Scharfsinn, Penetration und Sagacität genannt wird: genau genommen bezeichnet KLUGHEIT ausschließlich den im Dienste des Willens stehenden Verstand. Jedoch sind die Gränzen dieser Begriffe nie scharf zu ziehen, da es immer eine und dieselbe Funktion des nämlichen, schon bei der Anschauung der Objekte im Raum in jedem Thiere thätigen Verstandes ist, die, in ihrer größten Schärfe, bald in den Erscheinungen der Natur von der gegebenen Wirkung die unbekannte Ursache richtig erforscht und so der Vernunft den Stoff giebt zum Denken allgemeiner Regeln als Naturgesetze; bald, durch Anwendung bekannter Ursachen zu bezweckten Wirkungen, komplicirte sinnreiche Maschinen erfindet; bald, auf Motivation angewendet, entweder feine Intriguen und Machinationen durchschaut und vereitelt, oder aber auch selbst die Motive und die Menschen, welche für jedes derselben empfänglich sind, gehörig stellt, und sie eben nach Belieben, wie Maschinen durch Hebel und Räder, in Bewegung setzt und zu ihren Zwecken leitet. – Mangel an Verstand heißt im eigentlichen Sinne DUMMHEIT und ist eben STUMPFHEIT IN DER ANWENDUNG DES GESETZES DER KAUSALITÄT, Unfähigkeit zur unmittelbaren Auffassung der Verkettungen von Ursach und Wirkung, Motiv und Handlung. Ein Dummer sieht nicht den Zusammenhang der Naturerscheinungen ein, weder wo sie sich selbst überlassen hervortreten, noch wo sie absichtlich gelenkt, d.h. zu Maschinen dienstbar gemacht sind: dieserhalb glaubt er gern an Zauberei und Wunder. Ein Dummer merkt nicht, daß verschiedene Personen, scheinbar unabhängig von einander, in der That aber in verabredetem Zusammenhange handeln: er läßt sich daher leicht mystifiziren und intriguiren: er merkt nicht die verheimlichten Motive gegebener Rathschläge, ausgesprochener Urtheile u.s.w. Immer aber mangelt ihm nur das Eine: Schärfe, Schnelligkeit, Leichtigkeit der Anwendung des Gesetzes der Kausalität, d.i. Kraft des Verstandes. – Das größte und in der zu betrachtenden Rücksicht lehrreiche Beispiel von Dummheit, das mir je vorgekommen, war ein völlig blödsinniger Knabe von etwan elf Jahren, im Irrenhause, der zwar Vernunft hatte, da er sprach und vernahm, aber an Verstand manchem Thiere nachstand: denn er betrachtete, so oft ich kam, ein Brillenglas, das ich am Halse trug und in welchem, durch die Spiegelung, die Fenster des Zimmers und Baumgipfel hinter diesen erschienen: darüber hatte er jedes Mal große Verwunderung und Freude, und wurde nicht müde, es mit Erstaunen anzusehen; weil er diese ganz unmittelbare Kausalität der Spiegelung nicht verstand.

Wie bei den Menschen die Grade der Schärfe des Verstandes sehr verschieden sind, so sind sie zwischen den verschiedenen Thiergattungen es wohl noch mehr. Bei allen, selbst denen, welche der Pflanze am nächsten stehen, ist doch so viel Verstand da, als zum Uebergang von der Wirkung im unmittelbaren Objekt zum vermittelten als Ursach, also zur Anschauung, zur Apprehension eines Objekts, hinreicht: denn diese eben macht sie zu Thieren, indem sie ihnen die Möglichkeit giebt einer Bewegung nach Motiven und dadurch des Aufsuchens, wenigstens Ergreifens der

Nahrung; statt daß die Pflanzen nur Bewegung auf Reize haben, deren unmittelbare Einwirkung sie abwarten müssen, oder verschmachten, nicht ihnen nachgehen, oder sie ergreifen können. In den vollkommensten Thieren bewundern wir ihre große Sagacität: so beim Hunde, Elephanten, Affen, beim Fuchse, dessen Klugheit Büffon so meisterhaft geschildert hat. An diesen allerklügsten Thieren können wir ziemlich genau abmessen, wie viel der Verstand ohne Beihülfe der Vernunft, d.h. der abstrakten Erkenntniß in Begriffen, vermag: an uns selbst können wir Dieses nicht so erkennen, weil Verstand und Vernunft sich da immer wechselseitig unterstützen. Wir finden deshalb oft die Verstandesäußerungen der Thiere bald über, bald unter unserer Erwartung. Einerseits überrascht uns die Sagacität jenes Elephanten, der, nachdem er auf seiner Reise in Europa schon über viele Brücken gegangen war, sich einst weigert, eine zu betreten, über welche er doch wie sonst den übrigen Zug von Menschen und Pferden gehen sieht, weil sie ihm für sein Gewicht zu leicht gebaut scheint; andererseits wieder wundern wir uns, daß die klugen Orang-Utane das vorgefundene Feuer, an dem sie sich wärmen, nicht durch Nachlegen von Holz unterhalten: ein Beweis, daß dieses schon eine Ueberlegung erfordert, die ohne abstrakte Begriffe nicht zu Stande kommt. Daß die Erkenntniß von Ursach und Wirkung, als die allgemeine Verstandesform, auch sogar *a priori* den Thieren einwohne, ist zwar schon daraus völlig gewiß, daß sie ihnen, wie uns, die vorhergehende Bedingung aller anschaulichen Erkenntniß der Außenwelt ist: will man jedoch noch einen besonderen Beleg dazu, so betrachte man z.B. nur, wie selbst ein ganz junger Hund nicht wagt vom Tische zu springen, so sehr er es auch wünscht, weil er die Wirkung der Schwere seines Leibes vorhersieht, ohne übrigens diesen besonderen Fall schon aus Erfahrung zu kennen. Wir müssen indessen bei Beurtheilung des Verstandes der Thiere uns hüten, nicht ihm zuzuschreiben, was Aeußerung des Instinkts ist, einer von ihm, wie auch von der Vernunft, gänzlich verschiedenen Eigenschaft, die aber oft der vereinigten Thätigkeit jener beiden sehr analog wirkt. Die Erörterung desselben gehört jedoch nicht hierher, sondern wird bei Betrachtung der Harmonie oder sogenannten Teleologie der Natur im zweiten Buch ihre Stelle finden: und das 27. Kapitel der Ergänzungen ist ihr eigens gewidmet.

Mangel an VERSTAND hieß DUMMHEIT; Mangel an Anwendung der VERNUNFT auf das Praktische werden wir später als THORHEIT erkennen: so auch Mangel an URTHEILSKRAFT als EINFALT; endlich stückweisen oder gar gänzlichen Mangel des GEDÄCHTNISSES als WAHNSINN. Doch von jedem an seinem Ort. – Das durch die VERNUNFT richtig Erkannte ist WAHRHEIT, nämlich ein abstraktes Urtheil mit zureichendem Grunde (Abhandlung üb. d. Satz vom Grunde, §. 29ff.): das durch den VERSTAND richtig Erkannte ist REALITÄT, nämlich richtiger Uebergang von der Wirkung im unmittelbaren Objekt auf deren Ursache. Der WAHRHEIT steht der IRRTHUM als Trug der VERNUNFT, der REALITÄT der SCHEIN als Trug des VERSTANDES gegenüber. Die ausführlichere Erörterung von allem Diesem ist im ersten Kapitel meiner Abhandlung über das Sehen und die Farben nachzulesen. – SCHEIN tritt alsdann ein, wann eine und dieselbe Wirkung durch zwei gänzlich verschiedene Ursachen herbeigeführt werden kann, deren eine sehr häufig, die andere selten wirkt: der Verstand, der kein Datum hat zu unterscheiden, welche Ursache hier wirkt, da die Wirkung ganz dieselbe ist, setzt dann allemal die gewöhnliche Ursache voraus, und weil seine Thätigkeit nicht reflektiv und diskursiv ist, sondern direkt und unmittelbar, so steht solche falsche Ursache als angeschautes Objekt vor uns da, welches eben der falsche Schein ist. Wie auf diese Weise Doppeltsehen und Doppelttasten entstehen, wenn die Sinneswerkzeuge in eine ungewöhnliche Lage gebracht sind, habe ich am angeführten Orte gezeigt und eben damit einen unumstößlichen Beweis gegeben, daß die Anschauung nur durch den Verstand und für den Verstand dasteht. Beispiele von solchem Verstandestruge, oder Schein, sind ferner der ins Wasser getauchte Stab, welcher gebrochen erscheint; die Bilder sphärischer Spiegel, die bei konvexer Oberfläche etwas hinter derselben, bei konkaver weit vor derselben erscheinen: auch gehört hieher die scheinbar größere Ausdehnung des Mondes am Horizont als im Zenith, welche nicht optisch ist; da, wie das Mikrometer beweist, das Auge den Mond im Zenith sogar in einem etwas größern Sehewinkel auffaßt, als am Horizont; sondern der Verstand ist es, welcher als Ursache des schwächern Glanzes des Mondes und aller Sterne am Horizont eine größere Entfernung derselben annimmt, sie wie irdische Gegenstände nach der Luftperspektive schätzend, und daher den Mond am Horizont für sehr viel größer als im Zenith, auch zugleich das Himmelsgewölbe für ausgedehnter am Horizont, also für abgeplattet hält. Die selbe falsch angewandte Schätzung nach der Luftperspektive läßt uns sehr hohe Berge, deren uns allein sichtbarer Gipfel in reiner durchsichtiger Luft liegt, für näher als sie sind, zum Nachtheil ihrer Höhe, halten, z.B. den Montblanc von Salenche aus gesehen. – Und alle solche täuschende Scheine stehen in unmittelbarer Anschauung vor uns da, welche durch kein Räsonnement der Vernunft wegzubringen ist: ein solches kann bloß den Irrthum, d.h. ein Urtheil ohne zureichenden Grund, verhüten, durch ein entgegengesetztes wahres, so z.B. *in abstracto* erkennen, daß nicht die größere Ferne, sondern die trüberen Dünste am Horizont Ursache des schwächern Glanzes von Mond und Sternen sind: aber der Schein bleibt in allen angeführten Fällen, jeder abstrakten Erkenntniß zum Trotz, unverrückbar stehen: denn der Verstand ist von der Vernunft, als einem beim Menschen allein hinzugekommenen Erkenntnißvermögen, völlig und scharf geschieden, und allerdings an sich auch im Menschen unvernünftig. Die Vernunft kann immer nur WISSEN: dem Verstand allein und frei von ihrem Einfluß bleibt das Anschauen.

§. 7.

In Hinsicht auf unsere ganze bisherige Betrachtung ist noch Folgendes wohl zu bemerken. Wir sind in ihr weder vom Objekt noch vom Subjekt ausgegangen; sondern von der VORSTELLUNG, welche jene beiden schon enthält und voraussetzt; da das Zerfallen in Objekt und Subjekt ihre erste, allgemeinste und wesentlichste Form ist. Diese Form als solche haben wir daher zuerst betrachtet, sodann (wiewohl hier der Hauptsache nach auf die einleitende Abhandlung verweisend) die andern ihr untergeordneten Formen,

Zeit, Raum und Kausalität, welche allein dem OBJEKT zukommen; jedoch weil sie diesem ALS SOLCHEM wesentlich sind, dem Subjekt aber wieder ALS SOLCHEM das Objekt wesentlich ist, auch vom Subjekt aus gefunden, d.h. *a priori* erkannt werden können, und insofern als die gemeinschaftliche Gränze beider anzusehen sind. Sie alle aber lassen sich zurückführen auf einen gemeinschaftlichen Ausdruck, den Satz vom Grunde, wie in der einleitenden Abhandlung ausführlich gezeigt ist.

Dies Verfahren unterscheidet nun unsere Betrachtungsart ganz und gar von allen je versuchten Philosophien, als welche alle entweder vom Objekt oder vom Subjekt ausgingen, und demnach das eine aus dem andern zu erklären suchten, und zwar nach dem Satz vom Grunde, dessen Herrschaft wir hingegen das Verhältniß zwischen Objekt und Subjekt entziehen, ihr bloß das Objekt lassend. – Man könnte als nicht unter dem angegebenen Gegensatz begriffen die in unsern Tagen entstandene und allgemein bekannt gewordene Identitäts-Philosophie ansehen, sofern dieselbe weder Objekt noch Subjekt zum eigentlichen ersten Ausgangspunkte macht, sondern ein drittes, das durch Vernunft-Anschauung erkennbare Absolutum, welches weder Objekt noch Subjekt, sondern die Einerleiheit beider ist. Obgleich ich, aus gänzlichem Mangel aller Vernunft-Anschauung, von der besagten ehrwürdigen Einerleiheit und dem Absolutum mitzureden, mich nicht unterfangen werde; so muß ich dennoch, indem ich bloß auf den Allen, auch uns Profanen, offenliegenden Protokollen der Vernunft-Anschauer fuße, bemerken, daß besagte Philosophie nicht von dem oben aufgestellten Gegensatze zweier Fehler auszunehmen ist; da sie trotz der nicht denkbaren, sondern bloß intellektual anschaubaren, oder durch eigenes Versenken in sie zu erfahrenden Identität von Subjekt und Objekt, dennoch jene beiden entgegengesetzten Fehler nicht vermeidet; sondern vielmehr nur beide in sich vereinigt, indem sie selbst in zwei Disciplinen zerfällt, nämlich den transscendentalen Idealismus, der die Fichtesche Ich-Lehre ist und folglich, nach dem Satz vom Grunde, das Objekt vom Subjekt hervorgebracht oder aus diesem herausgesponnen werden läßt, und zweitens die Naturphilosophie, welche ebenso aus dem Objekt allmälig das Subjekt werden läßt, durch Anwendung einer Methode, welche Konstruktion genannt wird, von der mir sehr wenig, aber doch so viel klar ist, daß sie ein Fortschreiten gemäß dem Satze vom Grunde in mancherlei Gestalten ist. Auf die tiefe Weisheit selbst, welche jene Konstruktion enthält, thue ich Verzicht; da mir, dem die Vernunft-Anschauung völlig abgeht, alle jene sie voraussetzenden Vorträge ein Buch mit sieben Siegeln seyn müssen; welches denn auch in solchem Grade der Fall ist, daß, es ist seltsam zu erzählen, bei jenen Lehren tiefer Weisheit mir immer ist, als hörte ich nichts als entsetzliche und noch obendrein höchst langweilige Windbeuteleien.

Die vom Objekt ausgehenden Systeme hatten zwar immer die ganze anschauliche Welt und ihre Ordnung zum Problem; doch ist das Objekt, welches sie zum Ausgangspunkte nehmen, nicht immer diese, oder deren Grundelement die Materie: vielmehr läßt sich, in Gemäßheit der in der einleitenden Abhandlung aufgestellten vier Klassen möglicher Objekte eine Eintheilung jener Systeme machen. So kann man sagen, daß von der ersten jener Klassen, oder der realen Welt, ausgegangen sind: Thales und die Jonier, Demokritos, Epikuros, Jordan Bruno und die französischen Materialisten. Von der zweiten, oder dem abstrakten Begriff: Spinoza (nämlich vom bloß abstrakten und allein in seiner Definition existirenden Begriff Substanz) und früher die Eleaten. Von der dritten Klasse, nämlich der Zeit, folglich den Zahlen: die Pythagoreer und die Chinesische Philosophie im Y-king. Endlich von der vierten Klasse, nämlich dem durch Erkenntniß motivirten Willensakt: die Scholastiker, welche eine Schöpfung aus Nichts, durch den Willensakt eines außerweltlichen, persönlichen Wesens lehren.

Am konsequentesten und am weitesten durchzuführen ist das objektive Verfahren, wenn es als eigentlicher Materialismus auftritt. Dieser setzt die Materie, und Zeit und Raum mit ihr, als schlechthin bestehend, und überspringt die Beziehung auf das Subjekt, in welcher dies Alles doch allein da ist. Er ergreift ferner das Gesetz der Kausalität zum Leitfaden, an dem er fortschreiten will, es nehmend als an sich bestehende Ordnung der Dinge, *veritas aeterna*; folglich den Verstand überspringend, in welchem und für welchen allein Kausalität ist. Nun sucht er den ersten, einfachsten Zustand der Materie zu finden, und dann aus ihm alle anderen zu entwickeln, aufsteigend vom bloßen Mechanismus zum Chemismus, zur Polarität, Vegetation, Animalität: und gesetzt, dies gelänge, so wäre das letzte Glied der Kette die thierische Sensibilität, das Erkennen: welches folglich jetzt als eine bloße Modifikation der Materie, ein durch Kausalität herbeigeführter Zustand derselben, aufträte. Wären wir nun dem Materialismus, mit anschaulichen Vorstellungen, bis dahin gefolgt; so würden wir, auf seinem Gipfel mit ihm angelangt, eine plötzliche Anwandlung des unauslöschlichen Lachens der Olympier spüren, indem wir, wie aus einem Traum erwachend, mit einem Male inne würden, daß sein letztes, so mühsam herbeigeführtes Resultat, das Erkennen, schon beim allerersten Ausgangspunkt, der bloßen Materie, als unumgängliche Bedingung vorausgesetzt war, und wir mit ihm zwar die Materie zu denken uns eingebildet, in der That aber nichts Anderes als das die Materie vorstellende Subjekt, das sie sehende Auge, die sie fühlende Hand, den sie erkennenden Verstand gedacht hätten. So enthüllte sich unerwartet die enorme *petitio principii*: denn plötzlich zeigte sich das letzte Glied als den Anhaltspunkt, an welchem schon das erste hing, die Kette als Kreis; und der Materialist gliche dem Freiherrn von Münchhausen, der, zu Pferde im Wasser schwimmend, mit den Beinen das Pferd, sich selbst aber an seinem nach Vorne übergeschlagenen Zopf in die Höhe zieht. Demnach besteht die Grundabsurdität des Materialismus darin, daß er vom Objektiven ausgeht, ein Objektives zum letzten Erklärungsgrunde nimmt, sei nun dieses die Materie, *in abstracto*, wie sie nur gedacht wird, oder die schon in die Form eingegangene, empirisch gegebene, also der Stoff, etwan die chemischen Grundstoffe, nebst ihren nächsten Verbindungen. Dergleichen nimmt er als an sich und absolut existirend, um daraus die organische Natur und zuletzt das erkennende Subjekt hervorgehen zu lassen und diese dadurch vollständig zu erklären; – während in Wahrheit alles Objektive, schon als solches, durch das erkennende Subjekt, mit den Formen seines Erkennens, auf mannigfaltige Weise bedingt ist und sie zur Voraussetzung hat, mithin ganz verschwindet, wenn man das

Subjekt wegdenkt. Der Materialismus ist also der Versuch, das uns unmittelbar Gegebene aus dem mittelbar Gegebenen zu erklären. Alles Objektive, Ausgedehnte, Wirkende, also alles Materielle, welches der Materialismus für ein so solides Fundament seiner Erklärungen hält, daß eine Zurückführung darauf (zumal wenn sie zuletzt auf Stoß und Gegenstoß hinausliefe) nichts zu wünschen übrig lassen könne, – alles Dieses, sage ich, ist ein nur höchst mittelbar und bedingterweise Gegebenes, demnach nur relativ Vorhandenes: denn es ist durchgegangen durch die Maschinerie und Fabrikation des Gehirns und also eingegangen in deren Formen, Zeit, Raum und Kausalität, vermöge welcher allererst es sich darstellt als ausgedehnt im Raum und wirkend in der Zeit. Aus einem solchermaaßen Gegebenen will nun der Materialismus sogar das unmittelbar Gegebene, die Vorstellung (in der jenes Alles dasteht), und am Ende gar den Willen erklären, aus welchem vielmehr alle jene Grundkräfte, welche sich am Leitfaden der Ursachen und daher gesetzmäßig äußern, in Wahrheit zu erklären sind. – Der Behauptung, daß das Erkennen Modifikation der Materie ist, stellt sich also immer mit gleichem Recht die umgekehrte entgegen, daß alle Materie nur Modifikation des Erkennens des Subjekts, als Vorstellung desselben, ist. Dennoch ist im Grunde das Ziel und das Ideal aller Naturwissenschaft ein völlig durchgeführter Materialismus. Daß wir nun diesen hier als offenbar unmöglich erkennen, bestätigt eine andere Wahrheit, die aus unserer fernern Betrachtung sich ergeben wird, daß nämlich alle Wissenschaft im eigentlichen Sinne, worunter ich die systematische Erkenntniß am Leitfaden des Satzes vom Grunde verstehe, nie ein letztes Ziel erreichen, noch eine völlig genügende Erklärung geben kann; weil sie das innerste Wesen der Welt nie trifft, nie über die Vorstellung hinaus kann, vielmehr im Grunde nichts weiter, als das Verhältniß einer Vorstellung zur andern kennen lehrt.

Jede Wissenschaft geht immer von zwei Haupt-Datis aus. Deren eines ist allemal der Satz vom Grunde, in irgend einer Gestalt, als Organon; das andere ihr besonderes Objekt, als Problem. So hat z.B. die Geometrie den Raum als Problem; den Grund des Seyns in ihm als Organon: die Arithmetik hat die Zeit als Problem, und den Grund des Seyns in ihr als Organon: die Logik hat die Verbindungen der Begriffe als solche zum Problem, den Grund des Erkennens zum Organon: die Geschichte hat die geschehenen Thaten der Menschen im Großen und in Masse zum Problem, das Gesetz der Motivation als Organon: die Naturwissenschaft nun hat die Materie als Problem und das Gesetz der Kausalität als Organon: ihr Ziel und Zweck demnach ist, am Leitfaden der Kausalität, alle möglichen Zustände der Materie auf einander und zuletzt auf einen zurückzuführen, und wieder aus einander und zuletzt aus einem abzuleiten. Zwei Zustände stehen sich daher in ihr als Extreme entgegen: der Zustand der Materie, wo sie am wenigsten, und der, wo sie am meisten unmittelbares Objekt des Subjekts ist: d.h. die todteste, roheste Materie, der erste Grundstoff, und dann der menschliche Organismus. Den ersten sucht die Naturwissenschaft als Chemie, den zweiten als Physiologie. Aber bis jetzt sind beide Extreme unerreicht, und bloß zwischen beiden ist Einiges gewonnen. Auch ist die Aussicht ziemlich hoffnungslos. Die Chemiker, unter der Voraussetzung, daß die qualitative Theilung der Materie nicht wie die quantitative ins Unendliche gehen wird, suchen die Zahl ihrer Grundstoffe, jetzt noch etwan 60, immer mehr zu verringern: und wären sie bis auf zwei gekommen, so würden sie diese auf einen zurückführen wollen. Denn das Gesetz der Homogeneität leitet auf die Voraussetzung eines ersten chemischen Zustandes der Materie, der allen anderen, als welche nicht der Materie als solcher wesentlich, sondern nur zufällige Formen, Qualitäten, sind, vorhergegangen ist und allein der Materie als solcher zukommt. Andererseits ist nicht einzusehen, wie dieser, da noch kein zweiter, um auf ihn zu wirken, da war, je eine chemische Veränderung erfahren konnte; wodurch hier im Chemischen die selbe Verlegenheit eintritt, auf welche im Mechanischen Epikuros stieß, als er anzugeben hatte, wie zuerst das eine Atom aus der ursprünglichen Richtung seiner Bewegung kam: ja, dieser sich ganz von selbst entwickelnde und weder zu vermeidende, noch aufzulösende Widerspruch könnte ganz eigentlich als eine chemische ANTINOMIE aufgestellt werden: wie er sich hier an dem ersten der beiden gesuchten Extreme der Naturwissenschaft findet, so wird sich uns auch am zweiten ein ihm entsprechendes Gegenstück zeigen. – Zur Erreichung dieses andern Extrems der Naturwissenschaft ist ebenso wenig Hoffnung; da man immer mehr einsieht, daß nie ein Chemisches auf ein Mechanisches, noch ein Organisches auf ein Chemisches, oder Elektrisches, zurückgeführt werden kann. Die aber, welche heut zu Tage diesen alten Irrweg von Neuem einschlagen, werden ihn bald, wie alle ihre Vorgänger, still und beschämt zurückschleichen. Hievon wird im folgenden Buch ausführlicher die Rede seyn. Die hier nur beiläufig erwähnten Schwierigkeiten stehen der Naturwissenschaft auf ihrem eigenen Gebiet entgegen. Als Philosophie genommen, wäre sie überdies Materialismus: dieser aber trägt, wie wir gesehen, schon bei seiner Geburt den Tod im Herzen; weil er das Subjekt und die Formen des Erkennens überspringt, welche doch bei der rohesten Materie, von der er anfangen möchte, schon ebenso sehr, als beim Organismus, zu dem er gelangen will, vorausgesetzt sind. Denn »kein Objekt ohne Subjekt« ist der Satz, welcher auf immer allen Materialismus unmöglich macht. Sonnen und Planeten, ohne ein Auge, das sie sieht, und einen Verstand, der sie erkennt, lassen sich zwar mit Worten sagen: aber diese Worte sind für die Vorstellung ein Sideroxylon. Nun leitet aber dennoch andererseits das Gesetz der Kausalität und die ihm nachgehende Betrachtung und Forschung der Natur uns nothwendig zu der sichern Annahme, daß, in der Zeit, jeder höher organisirte Zustand der Materie erst auf einen roheren gefolgt ist: daß nämlich Thiere früher als Menschen, Fische früher als Landthiere, Pflanzen auch früher als diese, das Unorganische vor allem Organischen dagewesen ist; daß folglich die ursprüngliche Masse eine lange Reihe von Veränderungen durchzugehen gehabt, bevor das erste Auge sich öffnen konnte. Und dennoch bleibt immer von diesem ersten Auge, das sich öffnete, und habe es einem Insekt angehört, das Daseyn jener ganzen Welt abhängig, als von dem nothwendig Vermittelnden der Erkenntniß, für die und in der sie allein ist und ohne die sie nicht einmal zu denken ist: denn sie ist schlechthin Vorstellung, und bedarf als solche des erkennenden Subjekts, als Trägers ihres Daseyns: ja, jene lange Zeitreihe selbst, von unzähligen Veränderungen gefüllt, durch welche die Materie sich steigerte von Form zu Form, bis endlich das erste erkennende Thier ward, diese ganze Zeit selbst ist ja allein denkbar in der Identität eines Bewußtseyns, dessen Folge von Vorstellungen, dessen Form des Erkennens sie ist und außer der sie durchaus alle Bedeutung verliert und gar nichts ist. So sehen wir einerseits nothwendig das Daseyn der ganzen Welt abhängig vom ersten erkennenden Wesen, ein so unvollkommenes dieses immer auch seyn mag; andererseits ebenso nothwendig dieses erste erkennende Thier völlig abhängig von einer langen ihm vorhergegangenen Kette von Ursachen und Wirkungen, in die es selbst als ein kleines Glied eintritt. Diese zwei widersprechenden Ansichten, auf jede von welchen wir in der That mit gleicher Nothwendigkeit geführt werden, könnte man allerdings wieder eine ANTINOMIE in unserm Erkenntnißvermögen nennen und sie als Gegenstück der in jenem ersten Extrem der Naturwissenschaft gefundenen aufstellen; während die Kantische vierfache Antinomie in der, gegenwärtiger Schrift angehängten Kritik seiner Philosophie als eine grundlose Spiegelfechterei nachgewiesen werden wird. – Der sich uns hier zuletzt nothwendig ergebende Widerspruch findet jedoch seine Auflösung darin, daß, in Kants Sprache zu reden, Zeit, Raum und Kausalität nicht dem Dinge an sich zukommen, sondern allein seiner Erscheinung, deren Form sie sind; welches in meiner Sprache so lautet, daß die objektive Welt, die Welt als Vorstellung, nicht die einzige, sondern nur die eine, gleichsam die äußere Seite der Welt ist, welche noch eine ganz und gar andere Seite hat, die ihr innerstes Wesen, ihr Kern, das Ding an sich ist: und dieses werden wir im folgenden Buche betrachten, es benennend, nach der unmittelbarsten seiner Objektivationen, Wille. Die Welt als Vorstellung aber, welche allein wir hier betrachten, hebt allerdings erst an mit dem Aufschlagen des ersten Auges, ohne welches Medium der Erkenntniß sie nicht seyn kann, also auch nicht vorher war. Aber ohne jenes Auge, d.h. außer der Erkenntniß, gab es auch kein Vorher, keine Zeit. Dennoch hat deswegen nicht die Zeit einen Anfang, sondern aller Anfang ist in ihr: da sie aber die allgemeinste Form der Erkennbarkeit ist, welcher sich alle Erscheinungen mittelst des Bandes der Kausalität einfügen, so steht mit dem ersten Erkennen auch sie (die

Zeit) da, mit ihrer ganzen Unendlichkeit nach beiden Seiten, und die Erscheinung, welche diese erste Gegenwart füllt, muß zugleich erkannt werden als ursächlich verknüpft und abhängig von einer Reihe von Erscheinungen, die sich unendlich in die Vergangenheit erstreckt, welche Vergangenheit selbst jedoch ebenso wohl durch diese erste Gegenwart bedingt ist, als umgekehrt diese durch jene; so daß, wie die erste Gegenwart, so auch die Vergangenheit, aus der sie stammt, vom erkennenden Subjekt abhängig und ohne dasselbe nichts ist, jedoch die Nothwendigkeit herbeiführt, daß diese erste Gegenwart nicht als die erste, d.h. als keine Vergangenheit zur Mutter habend und als Anfang der Zeit, sich darstellt; sondern als Folge der Vergangenheit, nach dem Grunde des Seyns in der Zeit, und so auch die sie füllende Erscheinung als Wirkung früherer jene Vergangenheit füllender Zustände, nach dem Gesetz der Kausalität. – Wer mythologische Deuteleien liebt, mag als Bezeichnung des hier ausgedrückten Moments des Eintritts der dennoch anfangslosen Zeit die Geburt des Kronos (*χϱονος*), des jüngsten Titanen, ansehen, mit dem, da er seinen Vater entmannt, die rohen Erzeugnisse des Himmels und der Erde aufhören und jetzt das Götter- und Menschengeschlecht den Schauplatz einnimmt.

Diese Darstellung, auf welche wir gekommen sind, indem wir dem konsequentesten der vom Objekt ausgehenden philosophischen Systeme, dem Materialismus, nachgingen, dient zugleich die untrennbare gegenseitige Abhängigkeit, bei nicht aufzuhebendem Gegensatz, zwischen Subjekt und Objekt anschaulich zu machen; welche Erkenntniß darauf leitet, das innerste Wesen der Welt, das Ding an sich, nicht mehr in einem jener beiden Elemente der Vorstellung, sondern vielmehr in einem von der Vorstellung gänzlich Verschiedenen zu suchen, welches nicht mit einem solchen ursprünglichen, wesentlichen und dabei unauflöslichen Gegensatz behaftet ist.

Dem erörterten Ausgehen vom Objekt, um aus diesem das Subjekt entstehen zu lassen, steht das Ausgehen vom Subjekt entgegen, welches aus diesem das Objekt hervortreiben will. So häufig und allgemein aber in aller bisherigen Philosophie jenes Erstere gewesen ist; so findet sich dagegen vom Letzteren eigentlich nur ein einziges Beispiel, und zwar ein sehr neues, die Schein-Philosophie des J. G. Fichte, welcher daher in dieser Hinsicht bemerkt werden muß, so wenig ächten Werth und innern Gehalt seine Lehre an sich auch hatte, ja, überhaupt nur eine Spiegelfechterei war, die jedoch mit der Miene des tiefsten Ernstes, gehaltenem Ton und lebhaftem Eifer vorgetragen und mit beredter Polemik schwachen Gegnern gegenüber vertheidigt, glänzen konnte und etwas zu seyn schien. Aber der ächte Ernst, der, allen äußeren Einflüssen unzugänglich, sein Ziel, die Wahrheit, unverwandt im Auge behält, fehlte diesem, wie allen ähnlichen, sich in die Umstände schickenden Philosophen, gänzlich. Dem konnte freilich nicht anders seyn. Der Philosoph nämlich wird es immer durch eine Perplexität, welcher er sich zu entwinden sucht, und welche des Platons *θαυμαζειν*, das er ein *μαλα φιλοσοφικον παθος* nennt, ist. Aber hier scheidet die unächten Philosophen von den ächten dieses, daß letzteren aus dem Anblick der Welt selbst jene Perplexität erwächst, jenen ersteren hingegen nur aus einem Buche, einem vorliegenden Systeme: dieses war denn auch Fichte's Fall, da er bloß über Kant's Ding an sich zum Philosophen geworden ist und ohne dasselbe höchst wahrscheinlich ganz andere Dinge mit viel besserem Erfolg getrieben hätte, da er bedeutendes rhetorisches Talent besaß. Wäre er jedoch in den Sinn des Buches, das ihn zum Philosophen gemacht hat, die Kritik der reinen Vernunft, nur irgend tief gedrungen; so würde er verstanden haben, daß ihre Hauptlehre, dem Geiste nach, diese ist: daß der Satz vom Grunde nicht, wie alle scholastische Philosophie will, eine *veritas aeterna* ist, d.h. nicht eine unbedingte Gültigkeit vor, außer und über aller Welt habe; sondern nur eine relative und bedingte, allein in der Erscheinung geltende, er mag als nothwendiger Nexus des Raumes oder der Zeit, oder als Kausalitäts-, oder als Erkenntnißgrundes-Gesetz auftreten; daß daher das innere Wesen der Welt, das Ding an sich, nimmer an seinem Leitfaden gefunden werden kann; sondern alles, wozu dieser führt, immer selbst wieder abhängig und relativ, immer nur Erscheinung, nicht Ding an sich ist; daß er ferner gar nicht das Subjekt trifft, sondern nur Form der Objekte ist, die eben deshalb nicht Dinge an sich sind, und daß mit dem Objekt schon sofort das Subjekt und mit diesem jenes da ist; also weder das Objekt zum Subjekt, noch dieses zu jenem erst als Folge zu seinem Grunde hinzukommen kann. Aber von allem Diesem hat nicht das Mindeste an Fichte gehaftet: ihm war das allein Interessante bei der Sache das AUSGEHEN VOM SUBJEKT, welches Kant gewählt hatte, um das bisherige Ausgehen vom Objekt, welches dadurch zum Ding an sich geworden, als falsch zu zeigen. Fichte aber nahm dies Ausgehen vom Subjekt für Das, worauf es ankomme, vermeinte, nach Weise aller Nachahmer, daß wenn er Kanten darin noch überböte, er ihn auch überträfe, und wiederholte nun in dieser Richtung die Fehler, welche der bisherige Dogmatismus in der entgegengesetzten begangen und eben dadurch Kants Kritik veranlaßt hatte; so daß in der Hauptsache nichts geändert war und der alte Grundfehler, die Annahme eines Verhältnisses von Grund und Folge zwischen Objekt und Subjekt, nach wie vor blieb, der Satz vom Grunde daher, eben wie zuvor, eine unbedingte Gültigkeit behielt und das Ding an sich, statt wie sonst ins Objekt, jetzt in das Subjekt des Erkennens verlegt war, die gänzliche Relativität dieser Beiden aber, welche anzeigt, daß das Ding an sich, oder innere Wesen der Welt, nicht in ihnen, sondern außer diesem, wie außer jedem andern nur beziehungsweise Existirenden zu suchen sei, nach wie vor unerkannt blieb. Gleich als ob Kant gar nicht dagewesen wäre, ist der Satz vom Grunde bei Fichte noch eben Das, was er bei allen Scholastikern war, eine *aeterna veritas*. Nämlich gleich wie über die Götter der Alten noch das ewige Schicksal herrschte, so herrschten über den Gott der Scholastiker noch jene *aeternae veritates*, d.h. die metaphysischen, mathematischen und metalogischen Wahrheiten, bei Einigen auch die Gültigkeit des Moralgesetzes. Diese *veritates* allein hiengen von nichts ab: durch ihre Nothwendigkeit aber war sowohl Gott als Welt. Dem Satz vom Grund, als einer solchen *veritas aeterna*, zufolge ist also bei Fichte das Ich Grund der Welt oder des Nicht-Ichs, des Objekts, welches eben seine Folge, sein Machwerk ist. Den Satz vom Grund weiter zu prüfen oder zu kontroliren, hat er sich daher wohl gehütet. Sollte ich aber die Gestalt jenes Satzes angeben, an deren Leitfaden Fichte das Nicht-Ich aus dem Ich hervorgehen läßt, wie aus der Spinne ihr Gewebe; so finde ich, daß es der Satz vom

Grunde des Seyns im Raum ist: denn nur auf diesen bezogen erhalten jene quaalvollen Deduktionen der Art und Weise wie das Ich das Nicht-Ich aus sich produzirt und fabrizirt, welche den Inhalt des sinnlosesten und bloß dadurch langweiligsten Buchs, das je geschrieben, ausmachen, doch eine Art von Sinn und Bedeutung. – Diese Fichte'sche Philosophie, sonst nicht einmal der Erwähnung werth, ist uns also nur interessant als der spät erschienene eigentliche Gegensatz des uralten Materialismus, welcher das konsequenteste Ausgehen vom Objekt war, wie jene das vom Subjekt. Wie der Materialismus übersah, daß er mit dem einfachsten Objekt schon sofort auch das Subjekt gesetzt hatte; so übersah Fichte, daß er mit dem Subjekt (er mochte es nun tituliren, wie er wollte) nicht nur auch schon das Objekt gesetzt hatte, weil kein Subjekt ohne solches denkbar ist; sondern er übersah auch dieses, daß alle Ableitung *a priori*, ja alle Beweisführung überhaupt, sich auf eine Nothwendigkeit stützt, alle Nothwendigkeit aber ganz allein auf den Satz vom Grund; weil nothwendig seyn und aus gegebenem Grunde folgen – Wechselbegriffe sind*, daß der Satz vom Grunde aber nichts Anderes als die allgemeine Form des Objekts als solchen ist, mithin das Objekt schon voraussetzt, nicht aber, vor und außer demselben geltend, es erst herbeiführen und in Gemäßheit seiner Gesetzgebung entstehen lassen kann. Ueberhaupt also hat das Ausgehen vom Subjekt mit dem oben dargestellten Ausgehen vom Objekt den selben Fehler gemein, zum voraus anzunehmen, was es erst abzuleiten vorgiebt, nämlich das nothwendige Korrelat seines Ausgangspunkts.

Von diesen beiden entgegengesetzten Mißgriffen nun unterscheidet sich unser Verfahren *toto genere*, indem wir weder vom Objekt noch vom Subjekt ausgehen, sondern von der VORSTELLUNG, als erster Thatsache des Bewußtseyns, deren erste wesentlichste Grundform das Zerfallen in Objekt und Subjekt ist, die Form des Objekts wieder der Satz vom Grund, in seinen verschiedenen Gestalten, deren jede die ihr eigene Klasse von Vorstellungen so sehr beherrscht, daß, wie gezeigt, mit der Erkenntniß jener

---

* Siehe hierüber »Die vierfache Wurzel des Satzes vom Grunde«, 2. Aufl., §. 49.

Gestalt auch das Wesen der ganzen Klasse erkannt ist, indem diese (als Vorstellung) eben nichts Anderes als jene Gestalt selbst ist: so die Zeit selbst nichts Anderes als der Grund des Seyns in ihr, d.h. Succession; der Raum nichts Anderes als der Satz vom Grund in ihm, also Lage; die Materie nichts Anderes als Kausalität; der Begriff (wie sich sogleich zeigen wird) nichts Anderes als Beziehung auf den Erkenntnißgrund. Diese gänzliche und durchgängige Relativität der Welt als Vorstellung, sowohl nach ihrer allgemeinsten Form (Subjekt und Objekt), als nach der dieser untergeordneten (Satz vom Grund), weist uns, wie gesagt, darauf hin, das innerste Wesen der Welt in einer ganz andern, VON DER VORSTELLUNG DURCHAUS VERSCHIEDENEN Seite derselben zu suchen, welche das nächste Buch in einer jedem lebenden Wesen ebenso unmittelbar gewissen Thatsache nachweisen wird.

Doch ist zuvor noch diejenige Klasse von Vorstellungen zu betrachten, welche dem Menschen allein angehört, deren Stoff der BEGRIFF und deren subjektives Korrelat die VERNUNFT ist, wie das der bisher betrachteten Vorstellungen Verstand und Sinnlichkeit war, welche auch jedem Thiere beizulegen sind*.

§. 8.

Wie aus dem unmittelbaren Lichte der Sonne in den geborgten Wiederschein des Mondes, gehn wir von der anschaulichen, unmittelbaren, sich selbst vertretenden und verbürgenden Vorstellung über zur Reflexion, zu den abstrakten, diskursiven Begriffen der Vernunft, die allen Gehalt nur von jener anschaulichen Erkenntniß und in Beziehung auf dieselbe haben. So lange wir uns rein anschauend verhalten, ist Alles klar, fest und gewiß. Da giebt es weder Fragen, noch Zweifeln, noch Irren: man will nicht weiter, kann nicht weiter, hat Ruhe im Anschauen, Befriedigung in der Gegenwart. Die Anschauung ist sich selber genug; daher was rein

* Zu diesen ersten sieben Paragraphen gehören die vier ersten Kapitel des ersten Buches der Ergänzungen.

aus ihr entsprungen und ihr treu geblieben ist, wie das ächte Kunstwerk, niemals falsch seyn, noch durch irgend eine Zeit widerlegt werden kann: denn es giebt keine Meinung, sondern die Sache selbst. Aber mit der abstrakten Erkenntniß, mit der Vernunft, ist im Theoretischen der Zweifel und der Irrthum, im Praktischen die Sorge und die Reue eingetreten. Wenn in der anschaulichen Vorstellung der SCHEIN auf Augenblicke die Wirklichkeit entstellt, so kann in der abstrakten der IRRTHUM Jahrtausende herrschen, auf ganze Völker sein eisernes Joch werfen, die edelsten Regungen der Menschheit ersticken und selbst Den, welchen zu täuschen er nicht vermag, durch seine Sklaven, seine Getäuschten, in Fesseln legen lassen. Er ist der Feind, gegen welchen die weisesten Geister aller Zeiten den ungleichen Kampf unterhielten, und nur was sie ihm abgewannen, ist Eigenthum der Menschheit geworden. Daher ist es gut, sogleich auf ihn aufmerksam zu machen, indem wir den Boden betreten, auf welchem sein Gebiet liegt. Obwohl oft gesagt worden, daß man der Wahrheit nachspüren soll, auch wo kein Nutzen von ihr abzusehen, weil dieser mittelbar seyn und hervortreten kann, wo man ihn nicht erwartet; so finde ich hier doch noch hinzuzusetzen, daß man auch ebenso sehr bestrebt seyn soll, jeden Irrthum aufzudecken und auszurotten, auch wo kein Schaden von ihm abzusehen, weil auch dieser sehr mittelbar seyn und einst hervortreten kann, wo man ihn nicht erwartet: denn jeder Irrthum trägt ein Gift in seinem Innern. Ist es der Geist, ist es die Erkenntniß, welche den Menschen zum Herrn der Erde macht; so giebt es keine unschädliche Irrthümer, noch weniger ehrwürdige, heilige Irrthümer. Und zum Trost Derer, welche dem edlen und so schweren Kampf gegen den Irrthum, in irgend einer Art und Angelegenheit, Kraft und Leben widmen, kann ich mich nicht entbrechen, hier hinzuzusetzen, daß zwar so lange, als die Wahrheit noch nicht dasteht, der Irrthum sein Spiel treiben kann, wie Eulen und Fledermäuse in der Nacht: aber eher mag man erwarten, daß Eulen und Fledermäuse die Sonne zurück in den Osten scheuchen werden, als daß die erkannte und deutlich und vollständig ausgesprochene Wahrheit wieder verdrängt werde, damit der alte Irrthum seinen breiten Platz nochmals ungestört einnehme. Das ist die Kraft der

Wahrheit, deren Sieg schwer und mühsam, aber dafür, wenn einmal errungen, ihr nicht mehr zu entreißen ist.

Außer den bis hieher betrachteten Vorstellungen nämlich, welche, ihrer Zusammensetzung nach, sich zurückführen ließen auf Zeit und Raum und Materie, wenn wir aufs Objekt, oder reine Sinnlichkeit und Verstand (d.i. Erkenntniß der Kausalität), wenn wir aufs Subjekt sehen, ist im Menschen allein, unter allen Bewohnern der Erde, noch eine andere Erkenntnißkraft eingetreten, ein ganz neues Bewußtseyn aufgegangen, welches sehr treffend und mit ahndungsvoller Richtigkeit die Reflexion genannt ist. Denn es ist in der That ein Wiederschein, ein Abgeleitetes von jener anschaulichen Erkenntniß, hat jedoch eine von Grund aus andere Natur und Beschaffenheit als jene angenommen, kennt deren Formen nicht, und auch der Satz vom Grund, der über alles Objekt herrscht, hat hier eine völlig andere Gestalt. Dieses neue, höher potenzirte Bewußtseyn, dieser abstrakte Reflex alles Intuitiven im nichtanschaulichen Begriff der Vernunft, ist es allein, der dem Menschen jene Besonnenheit verleiht, welche sein Bewußtseyn von dem des Thieres so durchaus unterscheidet, und wodurch sein ganzer Wandel auf Erden so verschieden ausfällt von dem seiner unvernünftigen Brüder. Gleich sehr übertrifft er sie an Macht und an Leiden. Sie leben in der Gegenwart allein; er dabei zugleich in Zukunft und Vergangenheit. Sie befriedigen das augenblickliche Bedürfniß; er sorgt durch die künstlichsten Anstalten für seine Zukunft, ja für Zeiten, die er nicht erleben kann. Sie sind dem Eindruck des Augenblicks, der Wirkung des anschaulichen Motivs gänzlich anheimgefallen: ihn bestimmen abstrakte Begriffe unabhängig von der Gegenwart. Daher führt er überlegte Pläne aus, oder handelt nach Maximen, ohne Rücksicht auf die Umgebung und die zufälligen Eindrücke des Augenblicks: er kann daher z.B. mit Gelassenheit die künstlichen Anstalten zu seinem eigenen Tode treffen, kann sich verstellen, bis zur Unerforschlichkeit, und sein Geheimniß mit ins Grab nehmen, hat endlich eine wirkliche Wahl zwischen mehreren Motiven: denn nur *in abstracto* können solche, neben einander im Bewußtseyn gegenwärtig, die Erkenntniß bei sich führen, daß eines das andere ausschließt, und so ihre Gewalt über den Willen gegen einander messen; wonach dann das überwiegende, indem es den Ausschlag giebt, die überlegte Entscheidung des Willens ist und als ein sicheres Anzeichen seine Beschaffenheit kund macht. Das Thier hingegen bestimmt der gegenwärtige Eindruck: nur die Furcht vor dem gegenwärtigen Zwange kann seine Begierde zähmen, bis jene Furcht endlich zur Gewohnheit geworden ist und nunmehr als solche es bestimmt: das ist Dressur. Das Thier empfindet und schaut an; der Mensch DENKT überdies und WEISS: Beide WOLLEN. Das Thier theilt seine Empfindung und Stimmung mit, durch Geberde und Laut: der Mensch theilt dem andern Gedanken mit, durch Sprache, oder verbirgt Gedanken, durch Sprache. Sprache ist das erste Erzeugniß und das nothwendige Werkzeug seiner Vernunft: daher wird im Griechischen und im Italiänischen Sprache und Vernunft durch das selbe Wort bezeichnet: *ὁ λογος, il discorso*. Vernunft kommt von Vernehmen, welches nicht synonym ist mit Hören, sondern das Innewerden der durch Worte mitgetheilten Gedanken bedeutet. Durch Hülfe der Sprache allein bringt die Vernunft ihre wichtigsten Leistungen zu Stande, nämlich das übereinstimmende Handeln mehrerer Individuen, das planvolle Zusammenwirken vieler Tausende, die Civilisation, den Staat; ferner die Wissenschaft, das Aufbewahren früherer Erfahrung, das Zusammenfassen des Gemeinsamen in einen Begriff, das Mittheilen der Wahrheit, das Verbreiten des Irrthums, das Denken und Dichten, die Dogmen und die Superstitionen. Das Thier lernt den Tod erst im Tode kennen: der Mensch geht mit Bewußtseyn in jeder Stunde seinem Tode näher, und dies macht selbst Dem das Leben bisweilen bedenklich, der nicht schon am ganzen Leben selbst diesen Charakter der steten Vernichtung erkannt hat. Hauptsächlich dieserhalb hat der Mensch Philosophien und Religionen: ob jedoch Dasjenige, was wir mit Recht an seinem Handeln über Alles hoch schätzen, das freiwillige Rechtthun und der Edelmuth der Gesinnung, je die Frucht einer jener beiden gewesen, ist ungewiß. Als sichere, ihnen allein angehörige Erzeugnisse beider und Produktionen der Vernunft auf diesem Wege stehen hingegen da die wunderlichsten, abenteuerlichsten Meinungen der Philosophen verschiedener Schulen, und die seltsamsten, bisweilen auch grausamen Gebräuche der Priester verschiedener Religionen.

Daß alle diese so mannigfaltigen und so weit reichenden Aeußerungen aus einem gemeinschaftlichen Princip entspringen, aus jener besondern Geisteskraft, die der Mensch vor dem Thiere voraus hat, und welche man VERNUNFT, *ὁ λογος, το λογιστικον, το λογιμον, ratio,* genannt hat, ist die einstimmige Meinung aller Zeiten und Völker. Auch wissen alle Menschen sehr wohl die Aeußerungen dieses Vermögens zu erkennen, und zu sagen, was vernünftig, was unvernünftig sei, wo die Vernunft im Gegensatz mit andern Fähigkeiten und Eigenschaften des Menschen auftritt, und endlich, was wegen des Mangels derselben auch vom klügsten Thiere nie zu erwarten steht. Die Philosophen aller Zeiten sprechen im Ganzen auch übereinstimmend mit jener allgemeinen Kenntniß der Vernunft, und heben überdies einige besonders wichtige Aeußerungen derselben hervor, wie die Beherrschung der Affekte und Leidenschaften, die Fähigkeit, Schlüsse zu machen und allgemeine Principien, sogar solche, die vor aller Erfahrung gewiß sind, aufzustellen u.s.w. Dennoch sind alle ihre Erklärungen vom eigentlichen Wesen der Vernunft schwankend, nicht scharf bestimmt, weitläufig, ohne Einheit und Mittelpunkt, bald diese bald jene Aeußerung hervorhebend, daher oft von einander abweichend. Dazu kommt, daß Viele dabei von dem Gegensatz zwischen Vernunft und Offenbarung ausgehen, welcher der Philosophie ganz fremd ist, und nur dient die Verwirrung zu vermehren. Es ist höchst auffallend, daß bisher kein Philosoph alle jene mannigfaltigen Aeußerungen der Vernunft strenge auf eine einfache Funktion zurückgeführt hat, die in ihnen allen wiederzuerkennen wäre, aus der sie alle zu erklären wären und die demnach das eigentliche innere Wesen der Vernunft ausmachte. Zwar giebt der vortreffliche Locke, im *»Essay on human understanding«*, Buch 2, Kap. 11, §. 10 u. 11, als den unterscheidenden Charakter zwischen Thier und Mensch die abstrakten allgemeinen Begriffe sehr richtig an, und Leibnitz wiederholt Dieses völlig beistimmend, in den *»Nouveaux essays sur l'entendement humain«*, Buch 2, Kap. 11, §. 10 u. 11. Allein wenn Locke in Buch 4, Kap. 17, §. 2, 3, zur eigentlichen Erklärung der Vernunft kommt, so verliert er ganz jenen einfachen Hauptcharakter derselben aus dem Gesicht, und geräth eben auch auf eine schwankende, unbestimmte, unvollständige Angabe zerstükkelter und abgeleiteter Aeußerungen derselben: auch Leibnitz, an der mit jener korrespondirenden Stelle seines Werkes, verhält sich im Ganzen ebenso, nur mit mehr Konfusion und Unklarheit. Wie sehr nun aber Kant den Begriff vom Wesen der Vernunft verwirrt und verfälscht hat, darüber habe ich im Anhange ausführlich geredet. Wer aber gar sich die Mühe giebt, die Masse philosophischer Schriften, welche seit Kant erschienen sind, in dieser Hinsicht zu durchgehen, der wird erkennen, daß, so wie die Fehler der Fürsten von ganzen Völkern gebüßt werden, die Irrthümer großer Geister ihren nachtheiligen Einfluß auf ganze Generationen, sogar auf Jahrhunderte verbreiten, ja, wachsend und sich fortpflanzend, zuletzt in Monstrositäten ausarten: welches Alles daher abzuleiten ist, daß, wie Berkeley sagt: *Few men think; yet all will have opinions**.

Wie der Verstand nur EINE Funktion hat: unmittelbare Erkenntniß des Verhältnisses von Ursach und Wirkung, und die Anschauung der wirklichen Welt, wie auch alle Klugheit, Sagacität und Erfindungsgabe, so mannigfaltig auch ihre Anwendung ist, doch ganz offenbar nichts Anderes sind, als Aeußerungen jener einfachen Funktion; so hat auch die Vernunft EINE Funktion: Bildung des Begriffs; und aus dieser einzigen erklären sich sehr leicht und ganz und gar von selbst alle jene oben angeführten Erscheinungen, die das Leben des Menschen von dem des Thieres unterscheiden, und auf die Anwendung oder Nicht-Anwendung jener Funktion deutet schlechthin Alles, was man überall und jederzeit vernünftig oder unvernünftig genannt hat**.

---

* Wenige Menschen denken, aber alle wollen Meinungen haben.

** Mit diesem Paragraph ist zu vergleichen §. 26 u. 27 der zweiten Auflage der Abhandlung über den Satz vom Grunde.

§. 9.

Die Begriffe bilden eine eigenthümliche, von den bisher betrachteten, anschaulichen Vorstellungen *toto genere* verschiedene Klasse, die allein im Geiste des Menschen vorhanden ist. Wir können daher nimmer eine anschauliche, eine eigentlich evidente Erkenntniß von ihrem Wesen erlangen; sondern auch nur eine abstrakte und diskursive. Es wäre daher ungereimt zu fordern, daß sie in der Erfahrung, sofern unter dieser die reale Außenwelt, welche eben anschauliche Vorstellung ist, verstanden wird, nachgewiesen, oder wie anschauliche Objekte vor die Augen, oder vor die Phantasie gebracht werden sollten. Nur denken, nicht anschauen lassen sie sich, und nur die Wirkungen, welche durch sie der Mensch hervorbringt, sind Gegenstände der eigentlichen Erfahrung. Solche sind die Sprache, das überlegte planmäßige Handeln und die Wissenschaft; hernach was aus diesen allen sich ergiebt. Offenbar ist die Rede, als Gegenstand der äußeren Erfahrung, nichts Anderes als ein sehr vollkommener Telegraph, der willkürliche Zeichen mit größter Schnelligkeit und feinster Nüancirung mittheilt. Was bedeuten aber diese Zeichen? Wie geschieht ihre Auslegung? Uebersetzen wir etwan, während der Andere spricht, sogleich seine Rede in Bilder der Phantasie, die blitzschnell an uns vorüberfliegen und sich bewegen, verketten, umgestalten und ausmalen, gemäß den hinzuströmenden Worten und deren grammatischen Flexionen? Welch ein Tumult wäre dann in unserm Kopfe, während des Anhörens einer Rede, oder des Lesens eines Buches! So geschieht es keineswegs. Der Sinn der Rede wird unmittelbar vernommen, genau und bestimmt aufgefaßt, ohne daß in der Regel sich Phantasmen einmengten. Es ist die Vernunft, die zur Vernunft spricht, sich in ihrem Gebiete hält, und was sie mittheilt und empfängt, sind abstrakte Begriffe, nichtanschauliche Vorstellungen, welche ein für alle Mal gebildet und verhältnißmäßig in geringer Anzahl, doch alle unzähligen Objekte der wirklichen Welt befassen, enthalten und vertreten. Hieraus allein ist es erklärlich, daß nie ein Thier sprechen und vernehmen kann, obgleich es die Werkzeuge der Sprache und auch die anschaulichen Vorstellungen mit uns gemein hat: aber eben weil die Worte jene ganz eigenthümliche Klasse von Vorstellungen bezeichnen, deren subjektives Korrelat die Vernunft ist, sind sie für das Thier ohne Sinn und Bedeutung. So ist die Sprache, wie jede andere Erscheinung, die wir der Vernunft zuschreiben, und wie Alles, was den Menschen vom Thiere unterscheidet, durch dieses Eine und Einfache als seine Quelle zu erklären: die Begriffe, die abstrakten, nicht anschaulichen, allgemeinen, nicht in Zeit und Raum individuellen Vorstellungen. Nur in einzelnen Fällen gehen wir von den Begriffen zur Anschauung über, bilden uns Phantasmen als anschauliche Repräsentanten der Begriffe, denen sie jedoch nie adäquat sind. Diese sind in der Abhandlung über den Satz vom Grunde, §. 28, besonders erörtert worden, daher ich hier nicht dasselbe wiederholen will: mit dem dort Gesagten ist zu vergleichen, was Hume im zwölften seiner »*Philosophical essays*«, S. 244, und was Herder in der »Metakritik« (einem übrigens schlechten Buch), Theil 1, S. 274, sagt. – Die Platonische Idee, welche durch den Verein von Phantasie und Vernunft möglich wird, macht den Hauptgegenstand des dritten Buchs gegenwärtiger Schrift aus.

Obgleich nun also die Begriffe von den anschaulichen Vorstellungen von Grund aus verschieden sind, so stehen sie doch in einer nothwendigen Beziehung zu diesen, ohne welche sie nichts wären, welche Beziehung folglich ihr ganzes Wesen und Daseyn ausmacht. Die Reflexion ist nothwendig Nachbildung, Wiederholung, der urbildlichen anschaulichen Welt, wiewohl Nachbildung ganz eigener Art, in einem völlig heterogenen Stoff. Deshalb sind die Begriffe ganz passend Vorstellungen von Vorstellungen zu nennen. Der Satz vom Grunde hat hier ebenfalls eine eigene Gestalt, und wie diejenige, unter welcher er in einer Klasse von Vorstellungen herrscht, auch eigentlich immer das ganze Wesen dieser Klasse, sofern sie Vorstellungen sind, ausmacht und erschöpft, so daß, wie wir gesehen haben, die Zeit durch und durch Succession und sonst nichts, der Raum durch und durch Lage und sonst nichts, die Materie durch und durch Kausalität und sonst nichts ist: so besteht auch das ganze Wesen der Begriffe, oder der Klasse der abstrakten Vorstellungen, allein in der Relation, welche in ihnen der Satz vom Grunde ausdrückt: und da diese die Beziehung auf den Erkenntnißgrund ist, so hat die abstrakte Vorstellung ihr ganzes Wesen einzig und allein in ihrer Beziehung auf eine andere Vorstellung, welche ihr Erkenntnißgrund ist. Diese kann nun zwar wieder zunächst ein Begriff, oder abstrakte Vorstellung seyn, und sogar auch dieser wieder nur einen eben solchen abstrakten Erkenntnißgrund haben; aber nicht so ins Unendliche: sondern zuletzt muß die Reihe der Erkenntnißgründe mit einem Begriff schließen, der seinen Grund in der anschaulichen Erkenntniß hat. Denn die ganze Welt der Reflexion ruht auf der anschaulichen als ihrem Grunde des Erkennens. Daher hat die Klasse der abstrakten Vorstellungen von den andern das Unterscheidende, daß in diesen der Satz vom Grund immer nur eine Beziehung auf eine andere Vorstellung der NÄMLICHEN Klasse fordert, bei den abstrakten Vorstellungen aber zuletzt eine Beziehung auf eine Vorstellung aus einer ANDERN Klasse.

Man hat diejenigen Begriffe, welche, wie eben angegeben, nicht unmittelbar, sondern nur durch Vermittelung eines oder gar mehrerer anderer Begriffe sich auf die anschauliche Erkenntniß beziehen, vorzugsweise *abstracta*, und hingegen die, welche ihren Grund unmittelbar in der anschaulichen Welt haben, *concreta* genannt. Diese letztere Benennung paßt aber nur ganz uneigentlich auf die durch sie bezeichneten Begriffe, da nämlich auch diese immer noch *abstracta* sind und keineswegs anschauliche Vorstellungen. Jene Benennungen sind aber auch nur aus einem sehr undeutlichen Bewußtseyn des damit gemeinten Unterschiedes hervorgegangen, können jedoch, mit der hier gegebenen Deutung, stehen bleiben. Beispiele der ersten Art, also *abstracta* im eminenten Sinn, sind Begriffe wie »Verhältniß, Tugend, Untersuchung, Anfang« u.s.w. Beispiele der letztern Art, oder uneigentlich so genannte *concreta* sind die Begriffe »Mensch, Stein, Pferd« u.s.w. Wenn es nicht ein etwas zu bildliches und dadurch ins Scherzhafte fallendes Gleichniß wäre; so könnte man sehr treffend die letzteren das Erdgeschoß, die ersteren die oberen Stockwerke des Gebäudes der Reflexion nennen*.

* Hiezu Kap. 5 u. 6 des zweiten Bandes.

Daß ein Begriff Vieles unter sich begreift, d.h. daß viele anschauliche, oder auch selbst wieder abstrakte Vorstellungen in der Beziehung des Erkenntnißgrundes zu ihm stehen, d.h. durch ihn gedacht werden, dies ist nicht, wie man meistens angiebt, eine wesentliche, sondern nur eine abgeleitete sekundäre Eigenschaft desselben, die sogar nicht immer in der That, wiewohl immer der Möglichkeit nach, daseyn muß. Jene Eigenschaft fließt daraus her, daß der Begriff Vorstellung einer Vorstellung ist, d.h. sein ganzes Wesen allein hat in seiner Beziehung auf eine andere Vorstellung; da er aber nicht diese Vorstellung selbst ist, ja diese sogar meistens zu einer ganz andern Klasse von Vorstellungen gehört, nämlich anschaulich ist, so kann sie zeitliche, räumliche und andere Bestimmungen und überhaupt noch viele Beziehungen haben, die im Begriff gar nicht mit gedacht werden, daher mehrere im Unwesentlichen verschiedene Vorstellungen durch denselben Begriff gedacht, d.h. unter ihn subsumirt werden können. Allein dies Gelten von mehreren Dingen ist keine wesentliche, sondern nur accidentale Eigenschaft des Begriffs. Es kann daher Begriffe geben, durch welche nur ein einziges reales Objekt gedacht wird, die aber deswegen doch abstrakt und allgemein, keineswegs aber einzelne und anschauliche Vorstellungen sind: dergleichen ist z.B. der Begriff, den Jemand von einer bestimmten Stadt hat, die er aber bloß aus der Geographie kennt: obgleich nur diese eine Stadt dadurch gedacht wird, so wären doch mehrere in einigen Stücken verschiedene Städte möglich, zu denen allen er paßte. Nicht also weil ein Begriff von mehreren Objekten abstrahirt ist, hat er Allgemeinheit; sondern umgekehrt, weil Allgemeinheit, d.i. Nichtbestimmung des Einzelnen, ihm als abstrakter Vorstellung der Vernunft wesentlich ist, können verschiedene Dinge durch denselben Begriff gedacht werden.

Aus dem Gesagten ergiebt sich, daß jeder Begriff, eben weil er abstrakte und nicht anschauliche und eben daher nicht durchgängig bestimmte Vorstellung ist, Dasjenige hat, was man einen Umfang oder Sphäre nennt, auch sogar in dem Fall, daß nur ein einziges reales Objekt vorhanden ist, das ihm entspricht. Nun finden wir durchgängig, daß die Sphäre jedes Begriffs mit den

Sphären anderer etwas Gemeinschaftliches hat, d.h. daß in ihm zum Theil das Selbe gedacht wird, was in jenen andern, und in diesen wieder zum Theil das Selbe, was in jenem erstern; obgleich, wenn sie wirklich verschiedene Begriffe sind, jeder, oder wenigstens einer von beiden etwas enthält, das der andere nicht hat: in diesem Verhältniß steht jedes Subjekt zu seinem Prädikat. Dieses Verhältniß erkennen, heißt URTHEILEN. Die Darstellung jener Sphären durch räumliche Figuren ist ein überaus glücklicher Gedanke. Zuerst hat ihn wohl Gottfried Plouquet gehabt, der Quadrate dazu nahm; Lambert, wiewohl nach ihm, bediente sich noch bloßer Linien, die er unter einander stellte: Euler führte es zuerst mit Kreisen vollständig aus. Worauf diese so genaue Analogie zwischen den Verhältnissen der Begriffe und denen räumlicher Figuren zuletzt beruhe, weiß ich nicht anzugeben. Es ist inzwischen für die Logik ein sehr günstiger Umstand, daß alle Verhältnisse der Begriffe sich sogar ihrer Möglichkeit nach, d.h. *a priori*, durch solche Figuren anschaulich darstellen lassen, in folgender Art:

1) Die Sphären zweier Begriffe sind sich ganz gleich: z.B. der Begriff der Nothwendigkeit und der der Folge aus gegebenem Grunde; desgleichen der von *Ruminantia* und *Bisulca* (Wiederkäuer und Thiere mit gespaltenem Huf); auch von Wirbelthieren und Rothblütigen (wogegen jedoch wegen der Anneliden etwas einzuwenden wäre): es sind Wechselbegriffe. Solche stellt dann ein einziger Kreis dar, der sowohl den einen als den andern bedeutet.

2) Die Sphäre eines Begriffs schließt die eines andern ganz ein:

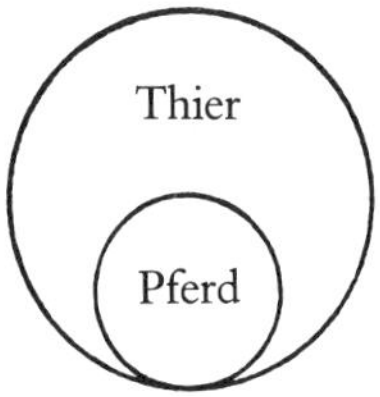

3) Eine Sphäre schließt zwei oder mehrere ein, die sich ausschließen und zugleich die Sphäre füllen:

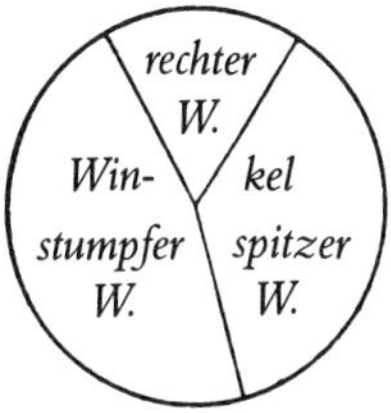

4) Zwei Sphären schließen jede einen Theil der andern ein:

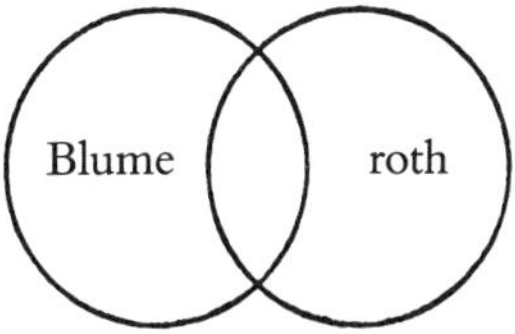

5) Zwei Sphären liegen in einer dritten, die sie jedoch nicht füllen:

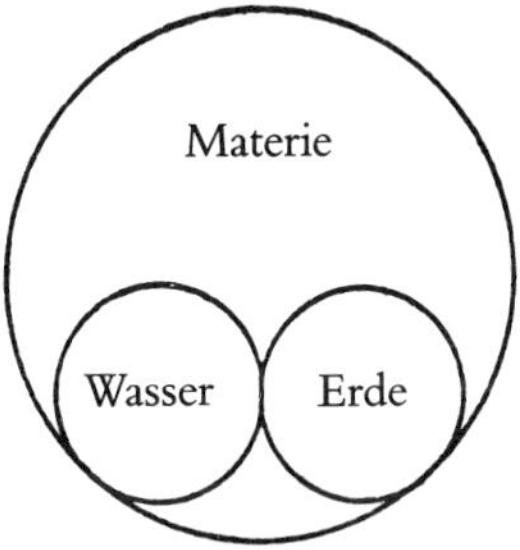

Dieser letztere Fall gilt von allen Begriffen, deren Sphären nicht unmittelbare Gemeinschaft haben, da immer ein dritter, wenn gleich oft sehr weiter, beide einschließen wird.

Auf diese Fälle möchten alle Verbindungen von Begriffen zurückzuführen seyn, und die ganze Lehre von den Urtheilen, deren Konversion, Kontraposition, Reciprokation, Disjunktion (diese nach der dritten Figur) läßt sich daraus ableiten: ebenso auch die Eigenschaften der Urtheile, auf welche Kant die vorgeblichen Kategorien des Verstandes gründete, jedoch mit Ausnahme der hypothetischen Form, welche nicht mehr eine Verbindung von bloßen Begriffen, sondern von Urtheilen ist; sodann mit Ausnahme der Modalität, über welche, wie über jede Eigenschaft von Urtheilen, die den Kategorien zum Grunde gelegt ist, der Anhang ausführlich Rechenschaft giebt. Ueber die angegebenen möglichen Begriffsverbindungen ist nur noch zu bemerken, daß sie auch unter einander mannigfaltig verbunden werden können, z.B. die vierte Figur mit der zweiten. Nur wenn eine Sphäre, die eine andere ganz oder zum Theil enthält, wieder von einer dritten ganz eingeschlossen wird, stellen diese zusammen den Schluß in der ersten Figur dar, d.h. diejenige Verbindung von Urtheilen, durch welche erkannt wird, daß ein Begriff, der in einem andern ganz oder zum Theil enthalten ist, es auch ebenso in einem dritten ist, der wieder diesen enthält: oder auch das Umgekehrte davon, die Negation; deren bildliche Darstellung natürlich nur darin bestehen kann, daß zwei verbundene Sphären nicht in einer dritten liegen. Umschließen sich viele Sphären auf diese Weise, so entstehen lange Ketten von Schlüssen. – Diesen Schematismus der Begriffe, der schon in mehreren Lehrbüchern ziemlich gut ausgeführt ist, kann man der Lehre von den Urtheilen, wie auch der ganzen Syllogistik zum Grunde legen, wodurch der Vortrag beider sehr leicht und einfach wird. Denn alle Regeln derselben lassen sich daraus ihrem Ursprung nach einsehen, ableiten und erklären. Diese aber dem Gedächtniß aufzuladen, ist nicht nothwendig, da die Logik nie von praktischem Nutzen, sondern nur von theoretischem Interesse für die Philosophie seyn kann. Denn obwohl sich sagen ließe, daß die Logik zum vernünftigen Denken sich verhält wie der Generalbaß zur Musik, und auch, wenn wir es weniger genau nehmen, wie die Ethik zur Tugend, oder die Aesthetik zur Kunst; so ist dagegen zu bedenken, daß noch kein Künstler es durch Studium der Aesthetik geworden ist, noch ein edler Charakter durch Studium der Ethik, daß lange vor Rameau richtig und schön komponirt wurde, und auch, daß man nicht den Generalbaß inne zu haben braucht, um Disharmonien zu bemerken: ebenso wenig braucht man Logik zu wissen, um sich durch Trugschlüsse nicht täuschen zu lassen. Jedoch muß eingeräumt werden, daß, wenn auch nicht für die Beurtheilung, dennoch für die Ausübung der musikalischen Komposition der Generalbaß von großem Nutzen ist: sogar auch mögen, wenn gleich in viel geringerm Grade, Aesthetik und selbst Ethik für die Ausübung einigen, wiewohl hauptsächlich negativen Nutzen haben, also auch ihnen nicht aller praktische Werth abzusprechen seyn: aber von der Logik läßt sich nicht einmal so viel rühmen. Sie ist nämlich bloß das Wissen *in abstracto* Dessen, was Jeder *in concreto* weiß. Daher, so wenig als man sie braucht, einem falschen Räsonnement nicht beizustimmen, so wenig ruft man ihre Regeln zu Hülfe, um ein richtiges zu machen, und selbst der gelehrteste Logiker setzt sie bei seinem wirklichen Denken ganz bei Seite. Dies erklärt sich aus Folgendem. Jede Wissenschaft besteht aus einem System allgemeiner, folglich abstrakter Wahrheiten, Gesetze und Regeln, in Bezug auf irgend eine Art von Gegenständen. Der unter diesen nachher vorkommende einzelne Fall wird nun jedesmal nach jenem allgemeinen Wissen, welches ein für alle Mal gilt, bestimmt; weil solche Anwendung des Allgemeinen unendlich leichter ist, als den vorkommenden einzelnen Fall für sich von Vorne an zu untersuchen; indem allezeit die einmal erlangte allgemeine abstrakte Erkenntniß uns näher zur Hand liegt, als die empirische Untersuchung des Einzelnen. Mit der Logik aber ist es gerade umgekehrt. Sie ist das allgemeine, durch Selbstbeobachtung der Vernunft und Abstraktion von allem Inhalt erkannte und in der Form von Regeln ausgedrückte Wissen von der Verfahrungsweise der Vernunft. Dieser aber ist jene Verfahrungsweise nothwendig und wesentlich: sie wird also in keinem Fall davon abweichen, sobald sie sich selbst überlassen ist. Es ist daher leichter und sicherer, sie in jedem besondern Fall ihrem Wesen gemäß verfahren zu lassen, als ihr das aus diesem Verfahren erst abstrahirte Wissen davon, in Gestalt eines fremden von Außen gegebenen Gesetzes, vorzuhalten. Es ist leichter: weil, wenn gleich bei allen anderen Wissenschaften die allgemeine Regel uns näher liegt, als die Untersuchung des einzelnen Falles allein und durch sich selbst; umgekehrt, beim Gebrauch der Vernunft, das im gegebenen Fall nöthige Verfahren derselben uns immer näher liegt, als die daraus abstrahirte allgemeine Regel, da das Denkende in uns ja selbst jene Vernunft ist. Es ist sicherer: weil viel leichter ein Irrthum in solchem abstrakten Wissen, oder dessen Anwendung, vorfallen kann, als ein Verfahren der Vernunft eintreten, das ihrem Wesen, ihrer Natur, zuwiderliefe.

Daher kommt das Sonderbare, daß, wenn man in anderen Wissenschaften die Wahrheit des einzelnen Falles an der Regel prüft, in der Logik umgekehrt die Regel immer am einzelnen Fall geprüft werden muß: und auch der geübteste Logiker wird, wenn er bemerkt, daß er in einem einzelnen Fall anders schließt als eine Regel aussagt, immer eher einen Fehler in der Regel suchen, als in dem von ihm wirklich gemachten Schluß. Praktischen Gebrauch von der Logik machen wollen, hieße also Das, was uns im Einzelnen unmittelbar mit der größten Sicherheit bewußt ist, erst mit unsäglicher Mühe aus allgemeinen Regeln ableiten wollen: es wäre gerade so, wie wenn man bei seinen Bewegungen erst die Mechanik, und bei der Verdauung die Physiologie zu Rathe ziehen wollte: und wer die Logik zu praktischen Zwecken erlernt, gleicht dem, der einen Bieber zu seinem Bau abrichten will. – Obgleich also ohne praktischen Nutzen, muß nichtsdestoweniger die Logik beibehalten werden, weil sie philosophisches Interesse hat, als specielle Kenntniß der Organisation und Aktion der Vernunft. Als abgeschlossene, für sich bestehende, in sich vollendete, abgerundete und vollkommen sichere Disciplin ist sie berechtigt, für sich allein und unabhängig von allem Andern wissenschaftlich abgehandelt und ebenso auf Universitäten gelehrt zu werden: aber ihren eigentlichen Werth erhält sie erst im Zusammenhange der gesammten Philosophie, bei Betrachtung des Erkennens, und zwar des vernünftigen oder abstrakten Erkennens. Demgemäß sollte ihr Vortrag nicht so sehr die Form einer auf das Praktische gerichteten Wissenschaft haben, nicht bloß nackt hingestellte Regeln zum richtigen Umkehren der Urtheile, Schließen u.s.w. enthalten; sondern mehr darauf gerichtet seyn, daß das Wesen der Vernunft und des Begriffs erkannt und der Satz vom Grunde des Erkennens ausführlich betrachtet werde: denn eine bloße Paraphrase desselben ist die Logik, und zwar eigentlich nur für den Fall, wo der Grund, welcher den Urtheilen Wahrheit giebt, nicht empirisch oder metaphysisch, sondern logisch oder metalogisch ist. Neben dem Satz vom Grunde des Erkennens sind daher die übrigen drei ihm so nah verwandten Grundgesetze des Denkens, oder Urtheile von metalogischer Wahrheit, aufzuführen; woraus denn nach und nach die ganze Technik der Vernunft erwächst. Das Wesen des eigentlichen Denkens, d.h. des Urtheilens und Schließens, ist aus der Verbindung der Begriffssphären, gemäß dem räumlichen Schema, auf die oben angedeutete Weise darzustellen und aus diesem alle Regeln des Urtheilens und Schließens durch Konstruktion abzuleiten. Der einzige praktische Gebrauch, den man von der Logik machen kann, ist, daß man, beim Disputiren, dem Gegner, nicht sowohl seine wirklichen Fehlschlüsse, als seine absichtlichen Trugschlüsse nachweist, indem man sie bei ihrem technischen Namen nennt. Durch solche Zurückdrängung der praktischen Richtung und Hervorhebung des Zusammenhanges der Logik mit der gesammten Philosophie, als ein Kapitel derselben, sollte ihre Kenntniß dennoch nicht seltener werden, als sie jetzt ist: denn heut zu Tage muß Jeder, welcher nicht in der Hauptsache roh bleiben und der unwissenden, in Dumpfheit befangenen Menge beigezählt werden will, spekulative Philosophie studirt haben: und dies deswegen, weil dieses neunzehnte Jahrhundert ein philosophisches ist; womit nicht sowohl gesagt seyn soll, daß es Philosophie besitze, oder Philosophie in ihm herrschend sei, als vielmehr, daß es zur Philosophie reif und eben deshalb ihrer durchaus bedürftig ist: dieses ist ein Zeichen hoch getriebener Bildung, sogar ein fester Punkt auf der Skala der Kultur der Zeiten*.

So wenig praktischen Nutzen die Logik haben kann, so ist dennoch wohl nicht zu leugnen, daß sie zum praktischen Behuf erfunden worden. Ihre Entstehung erkläre ich mir auf folgende Weise. Als unter den Eleatikern, Megarikern und Sophisten die Lust am Disputiren sich immer mehr entwickelt hatte und allmälig fast zur Sucht gestiegen war, mußte die Verwirrung, in welche fast jede Disputation gerieth, ihnen bald die Nothwendigkeit eines methodischen Verfahrens fühlbar machen, als Anleitung, zu welchem eine wissenschaftliche Dialektik zu suchen war. Das Erste, was bemerkt werden mußte, war, daß beide streitende Parteien allemal über irgend einen Satz einig seyn mußten, auf welchen die strittigen Punkte zurückzuführen waren, im Disputiren. Der Anfang des methodischen Verfahrens bestand darin, daß man diese ge-

* Hiezu Kap. 9 u. 10 des zweiten Bandes.

meinschaftlich anerkannten Sätze förmlich als solche aussprach und an die Spitze der Untersuchung stellte. Diese Sätze aber betrafen Anfangs nur das Materiale der Untersuchung. Man wurde bald inne, daß auch in der Art und Weise, wie man auf die gemeinschaftlich anerkannte Wahrheit zurückging und seine Behauptungen aus ihr abzuleiten suchte, gewisse Formen und Gesetze befolgt wurden, über welche man, obgleich ohne vorhergegangene Uebereinkunft, sich dennoch nie veruneinigte, woraus man sah, daß sie der eigenthümliche, in ihrem Wesen liegende Gang der Vernunft selbst seyn mußten, das Formale der Untersuchung. Obgleich nun dieses nicht dem Zweifel und der Uneinigkeit ausgesetzt war, so gerieth doch irgend ein bis zur Pedanterie systematischer Kopf auf den Gedanken, daß es recht schön aussehen und die Vollendung der methodischen Dialektik seyn würde, wenn auch dieses Formelle alles Disputirens, dieses immer gesetzmäßige Verfahren der Vernunft selbst, ebenfalls in abstrakten Sätzen ausgesprochen würde, welche man eben wie jene das Materiale der Untersuchung betreffenden gemeinschaftlich anerkannten Sätze, an die Spitze der Untersuchung stellte, als den festen Kanon des Disputirens selbst, auf welchen man stets zurückzusehen und sich darauf zu berufen hätte. Indem man auf diese Weise Das, was man bisher wie durch stillschweigende Uebereinkunft befolgt, oder wie instinktmäßig ausgeübt hatte, nunmehr mit Bewußtseyn als Gesetz anerkennen und förmlich aussprechen wollte, fand man allmälig mehr oder minder vollkommene Ausdrücke für logische Grundsätze, wie den Satz vom Widerspruch, vom zureichenden Grunde, vom ausgeschlossenen Dritten, das *dictum de omni et nullo*, sodann die speciellern Regeln der Syllogistik, wie z.B. *ex meris particularibus aut negativis nihil sequitur, a rationato ad rationem non valet consequentia* u.s.w. Daß man hiemit aber nur langsam und sehr mühsam zu Stande kam und vor dem Aristoteles Alles sehr unvollkommen blieb, sehen wir theils aus der unbeholfenen und weitschweifigen Art, mit der in manchen Platonischen Gesprächen logische Wahrheiten ans Licht gebracht werden, noch besser aber aus dem, was uns Sextus Empirikus von den Streitigkeiten der Megariker über die leichtesten und einfachsten logischen Gesetze und die mühsame Art, wie sie solche zur Deutlichkeit brachten, berichtet *(Sext. Emp. adv. Math. L. 8. p. 112 seqq.)*. Aristoteles aber sammelte, ordnete, berichtigte das Vorgefundene und brachte es zu einer ungleich höhern Vollkommenheit. Wenn man auf diese Weise beachtet, wie der Gang der Griechischen Kultur die Arbeit des Aristoteles vorbereitet und herbeigeführt hatte, wird man wenig geneigt seyn, der Angabe Persischer Schriftsteller Glauben zu schenken, welche uns JONES, sehr für dieselbe eingenommen, mittheilt, daß nämlich Kallisthenes bei den Indern eine fertige Logik vorgefunden und sie seinem Oheim Aristoteles übersandt habe (*Asiatic researches*, Bd. 4, S. 163). – Daß im traurigen Mittelalter dem disputirsüchtigen, beim Mangel aller Realkenntniß, an Formeln und Worten allein zehrenden Geiste der Scholastiker die Aristotelische Logik höchst willkommen seyn mußte, selbst in ihrer Arabischen Verstümmelung begierig ergriffen und bald zum Mittelpunkt alles Wissens erhoben wurde, läßt sich leicht begreifen. Von ihrem Ansehen zwar seitdem gesunken, hat sie sich dennoch bis auf unsere Zeit im Kredit einer für sich bestehenden, praktischen und höchst nöthigen Wissenschaft erhalten: sogar hat in unsern Tagen die Kantische Philosophie, die ihren Grundstein eigentlich aus der Logik nahm, wieder ein neues Interesse für sie rege gemacht, welches sie in dieser Hinsicht, d.h. als Mittel zur Erkenntniß des Wesens der Vernunft, auch allerdings verdient.

Wie die richtigen strengen Schlüsse dadurch zu Stande kommen, daß man das Verhältniß der Begriffssphären genau betrachtet, und nur wenn eine Sphäre genau in einer andern und diese wieder ganz in einer dritten enthalten ist, auch die erste für in der dritten ganz enthalten anerkennt; so beruht hingegen die UEBERREDUNGSKUNST darauf, daß man die Verhältnisse der Begriffssphären nur einer oberflächlichen Betrachtung unterwirft und sie dann seinen Absichten gemäß einseitig bestimmt, hauptsächlich dadurch, daß, wenn die Sphäre eines betrachteten Begriffs nur zum Theil in einer andern liegt, zum Theil aber auch in einer ganz verschiedenen, man sie als ganz in der ersten liegend angiebt, oder ganz in der zweiten, nach der Absicht des Redners. Z.B. wenn von Leidenschaft geredet wird, kann man diese beliebig unter den Begriff der größten Kraft, des mächtigsten Agens in der Welt subsumiren, oder unter den Begriff der Unvernunft, und diesen unter den der Ohnmacht, der Schwäche. Dasselbe Verfahren kann man nun fortsetzen und bei jedem Begriff, auf den die Rede führt, von Neuem anwenden. Fast immer theilen sich in der Sphäre eines Begriffs mehrere andere, deren jede einen Theil des Gebiets des ersteren auf dem ihrigen enthält, selbst aber auch noch mehr außerdem umfaßt: von diesen letzteren Begriffssphären läßt man aber nur die eine beleuchtet werden, unter welche man den ersten Begriff subsumiren will, während man die übrigen unbeachtet liegen läßt, oder verdeckt hält. Auf diesem Kunstgriff beruhen eigentlich alle Ueberredungskünste, alle feineren Sophismen: denn die logischen, wie der *mentiens, velatus, cornutus* u.s.w. sind für die wirkliche Anwendung offenbar zu plump. Da mir nicht bekannt ist, daß man bisher das Wesen aller Sophistikation und Ueberredung auf diesen letzten Grund ihrer Möglichkeit zurückgeführt und denselben in der eigenthümlichen Beschaffenheit der Begriffe, d.i. in der Erkenntnißweise der Vernunft, nachgewiesen hat; so will ich, da mein Vortrag mich darauf geführt hat, die Sache, so leicht sie auch einzusehen ist, noch durch ein Schema auf der beifolgenden Tafel erläutern, welches zeigen soll, wie die Begriffssphären mannigfaltig in einander greifen und dadurch der Willkür Spielraum geben, von jedem Begriff auf diesen oder jenen andern überzugehen. Nur wünsche ich nicht, daß man durch die Tafel verleitet werde, dieser kleinen beiläufigen Erörterung mehr Wichtigkeit beizulegen, als sie ihrer Natur nach haben kann. Ich habe zum erläuternden Beispiel den Begriff des REISENS gewählt. Seine Sphäre greift in das Gebiet von vier andern, auf jeden von welchen der Ueberredner beliebig übergehen kann: diese greifen wieder in andere Sphären, manche davon zugleich in zwei und mehrere, durch welche der Ueberredner nach Willkür seinen Weg nimmt, immer als wäre es der einzige, und dann zuletzt, je nachdem seine Absicht war, bei Gut oder Uebel anlangt. Nur muß man, bei Verfolgung der Sphären, immer die Richtung vom Centro (dem gegebenen Hauptbegriff) zur Peripherie behalten, nicht aber rückwärts gehen. Die Einkleidung einer solchen Sophistikation kann die fortlaufende Rede, oder auch die strenge Schlußform seyn, je nachdem die schwache Seite des

Hörers es anräth. Im Grunde sind die meisten wissenschaftlichen, besonders philosophischen Beweisführungen nicht viel anders beschaffen: wie wäre es sonst auch möglich, daß so Vieles, zu verschiedenen Zeiten, nicht nur irrig angenommen (denn der Irrthum selbst hat einen andern Ursprung), sondern demonstrirt und bewiesen, dennoch aber später grundfalsch befunden worden, z. B. Leibnitz-Wolfische Philosophie, Ptolemäische Astronomie, Stahlsche Chemie, Newtonische Farbenlehre u. s. w. u. s. w.*.

§. 10.

Durch dieses Alles tritt uns immer mehr die Frage nah, wie denn GEWISSHEIT zu erlangen, wie URTHEILE ZU BEGRÜNDEN seien, worin das WISSEN und die Wissenschaft bestehe, welche wir, neben der Sprache und dem besonnenen Handeln, als den dritten großen durch die Vernunft gegebenen Vorzug rühmen.

Die Vernunft ist weiblicher Natur: sie kann nur geben, nachdem sie empfangen hat. Durch sich selbst allein hat sie nichts, als die gehaltlosen Formen ihres Operirens. Vollkommen reine Vernunfterkenntniß giebt es sogar keine andere, als die vier Sätze, welchen ich metalogische Wahrheit beigelegt habe, also die Sätze von der Identität, vom Widerspruch, vom ausgeschlossenen Dritten und vom zureichenden Erkenntnißgrunde. Denn selbst das Uebrige der Logik ist schon nicht mehr vollkommen reine Vernunfterkenntniß, weil es die Verhältnisse und Kombinationen der Sphären der Begriffe voraussetzt: aber Begriffe überhaupt sind erst da, nach vorhergegangenen anschaulichen Vorstellungen, die Beziehung auf welche ihr ganzes Wesen ausmacht, die sie folglich schon voraussetzen. Da indessen diese Voraussetzung sich nicht auf den bestimmten Gehalt der Begriffe, sondern nur allgemein auf ein Daseyn derselben erstreckt; so kann die Logik doch, im Ganzen genommen, für reine Vernunftwissenschaft gelten. In allen übrigen Wissenschaften hat die Vernunft den Gehalt aus den anschau-

* Hiezu Kap. 11 des zweiten Bandes.

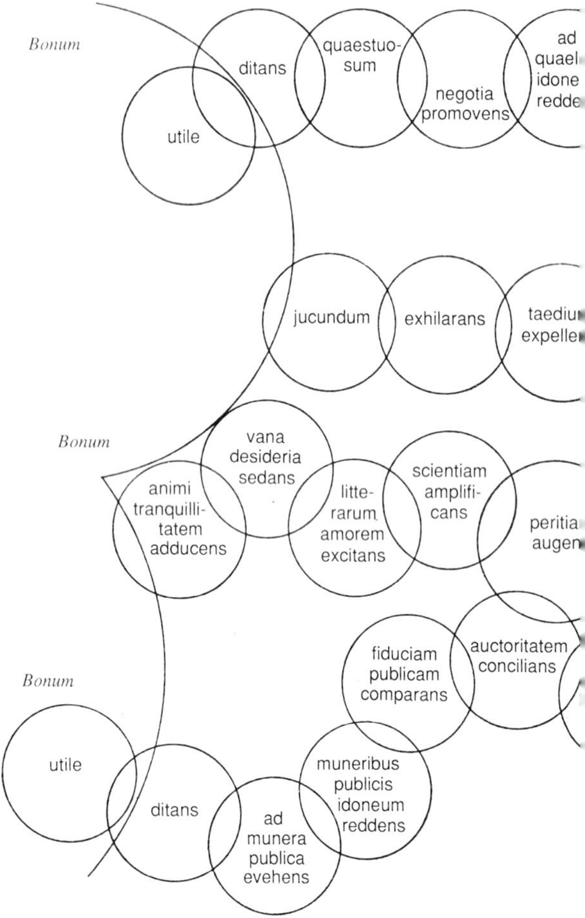
Bonum
utile
ditans
quaestuo-
sum
negotia
promovens
jucundum
exhilarans
Bonum
vana
desideria
sedans
animi
tranquilli-
tatem
adducens
litte-
rarum
amorem
excitans
scientiam
amplifi-
cans
fiduciam
publicam
comparans
auctoritatem
concilians
Bonum
utile
ditans
ad
munera
publica
evehens
muneribus
publicis
idoneum
reddens

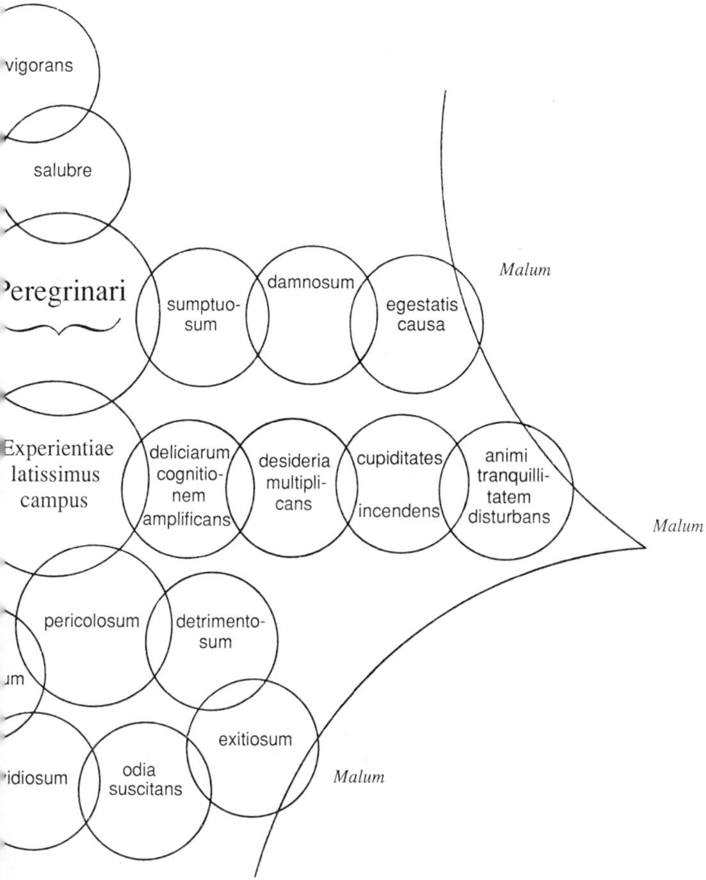
vigorans
salubre
Peregrinari
sumptuo-
sum
damnosum
egestatis
causa
Malum
Experientiae
latissimus
campus
deliciarum
cognitio-
nem
amplificans
desideria
multipli-
cans
cupiditates
incendens
animi
tranquilli-
tatem
disturbans
Malum
pericolosum
detrimento-
sum
exitiosum
idiosum
odia
suscitans
Malum

lichen Vorstellungen erhalten: in der Mathematik aus den vor aller Erfahrung anschaulich bewußten Verhältnissen des Raumes und der Zeit; in der reinen Naturwissenschaft, d.h. in dem, was wir vor aller Erfahrung über den Lauf der Natur wissen, geht der Gehalt der Wissenschaft aus dem reinen Verstande hervor, d.h. aus der Erkenntniß *a priori* des Gesetzes der Kausalität und dessen Verbindung mit jenen reinen Anschauungen des Raumes und der Zeit. In allen anderen Wissenschaften gehört Alles, was nicht aus den eben genannten entlehnt ist, der Erfahrung an. WISSEN überhaupt heißt: solche Urtheile in der Gewalt seines Geistes zu willkürlicher Reproduktion haben, welche in irgend etwas außer ihnen ihren zureichenden Erkenntnißgrund haben, d.h. WAHR sind. Die abstrakte Erkenntniß allein ist also ein Wissen; dieses ist daher durch die Vernunft bedingt, und von den Thieren können wir, genau genommen, nicht sagen, daß sie irgend etwas WISSEN, wiewohl sie die anschauliche Erkenntniß, für diese auch Erinnerung und eben deshalb Phantasie haben, welche überdies ihr Träumen beweist. Bewußtseyn legen wir ihnen bei, dessen Begriff folglich, obgleich das Wort von Wissen genommen ist, mit dem des Vorstellens überhaupt, von welcher Art es auch sei, zusammenfällt. Daher auch legen wir der Pflanze zwar Leben, aber kein Bewußtseyn bei. – WISSEN also ist das abstrakte Bewußtseyn, das Fixirthaben in Begriffen der Vernunft, des auf andere Weise überhaupt Erkannten.

§. 11.

In dieser Hinsicht ist nun der eigentliche Gegensatz des WISSENS das GEFÜHL, dessen Erörterung wir deshalb hier einschalten müssen. Der Begriff, den das Wort GEFÜHL bezeichnet, hat durchaus nur einen NEGATIVEN Inhalt, nämlich diesen, daß etwas, das im Bewußtseyn gegenwärtig ist, NICHT BEGRIFF, NICHT ABSTRAKTE ERKENNTNISS DER VERNUNFT sei: übrigens mag es seyn, was es will, es gehört unter den Begriff GEFÜHL, dessen unmäßig weite Sphäre daher die heterogensten Dinge begreift, von denen man nimmer einsieht, wie sie zusammenkommen, so lange man nicht erkannt hat, daß sie allein in dieser negativen Rücksicht, NICHT ABSTRAKTE BEGRIFFE zu seyn, übereinstimmen. Denn die verschiedensten, ja feindlichsten Elemente liegen ruhig neben einander in jenem Begriff, z.B. religiöses Gefühl, Gefühl der Wollust, moralisches Gefühl, körperliches Gefühl als Getast, als Schmerz, als Gefühl für Farben, für Töne und deren Harmonien und Disharmonien, Gefühl des Hasses, Abscheues, der Selbstzufriedenheit, der Ehre, der Schande, des Rechts, des Unrechts, Gefühl der Wahrheit, ästhetisches Gefühl, Gefühl von Kraft, Schwäche, Gesundheit, Freundschaft, Liebe u.s.w. u.s.w. Durchaus keine Gemeinschaft ist zwischen ihnen, als die negative, daß sie keine abstrakte Vernunfterkenntniß sind; aber dieses wird am auffallendsten, wenn sogar die anschauliche Erkenntniß *a priori* der räumlichen Verhältnisse, und vollends die des reinen Verstandes unter jenen Begriff gebracht wird, und überhaupt von jeder Erkenntniß, jeder Wahrheit, deren man sich nur erst intuitiv bewußt ist, sie aber noch nicht in abstrakte Begriffe abgesetzt hat, gesagt wird, daß man sie FÜHLE. Hievon will ich, zur Erläuterung, einige Beispiele aus neuern Büchern beibringen, weil sie frappante Belege meiner Erklärung sind. Ich erinnere mich, in der Einleitung einer Verdeutschung des Eukleides gelesen zu haben, man solle die Anfänger in der Geometrie die Figuren erst alle zeichnen lassen, ehe man zum Demonstriren schreite, weil sie alsdann die geometrische Wahrheit schon vorher FÜHLTEN, ehe ihnen die Demonstration die vollendete Erkenntniß beibrächte. – Ebenso wird in der »Kritik der Sittenlehre« von F. Schleiermacher geredet vom logischen und mathematischen Gefühl (S. 339), auch vom Gefühl der Gleichheit oder Verschiedenheit zweier Formeln (S. 342); ferner in Tennemanns »Geschichte der Philosophie«, Bd. 1, S. 361, heißt es: »Man FÜHLTE, daß die Trugschlüsse nicht richtig waren, konnte aber doch den Fehler nicht entdecken.« – So lange man nun diesen Begriff GEFÜHL nicht aus dem rechten Gesichtspunkte betrachtet und nicht jenes eine negative Merkmal, welches allein ihm wesentlich ist, erkennt, muß derselbe, wegen der übermäßigen Weite seiner Sphäre und seines bloß negativen, ganz einseitig bestimmten und sehr geringen Gehaltes, beständig Anlaß zu Misverständnissen und Streitigkeiten geben.

Da wir im Deutschen noch das ziemlich gleichbedeutende Wort EMPFINDUNG haben, so würde es dienlich seyn, dieses für die körperlichen Gefühle, als eine Unterart, in Beschlag zu nehmen. Der Ursprung jenes gegen alle anderen disproportionirten Begriffs Gefühl ist aber ohne Zweifel folgender. Alle Begriffe, und nur Begriffe sind es welche Worte bezeichnen, sind nur für die Vernunft da, gehen von ihr aus: man steht mit ihnen also schon auf einem einseitigen Standpunkt. Aber von einem solchen aus erscheint das Nähere deutlich und wird als positiv gesetzt; das Fernere fließt zusammen und wird bald nur noch negativ berücksichtigt: so nennt jede Nation alle Anderen Fremde, der Grieche alle Anderen Barbaren, der Engländer Alles, was nicht England oder Englisch ist, *continent* und *continental*, der Gläubige alle Anderen Ketzer, oder Heiden, der Adel alle Anderen *roturiers*, der Student alle Anderen Philister u.dgl.m. Dieselbe Einseitigkeit, man kann sagen dieselbe rohe Unwissenheit aus Stolz, läßt sich, so sonderbar es auch klingt, die Vernunft selbst zu Schulden kommen, indem sie unter den EINEN Begriff GEFÜHL jede Modifikation des Bewußtseyns befaßt, die nur nicht unmittelbar zu IHRER Vorstellungsweise gehört, d.h. NICHT ABSTRAKTER BEGRIFF ist. Sie hat dieses bisher, weil ihr eigenes Verfahren ihr nicht durch gründliche Selbstkenntniß deutlich geworden war, büßen müssen durch Misverständnisse und Verirrungen auf ihrem eigenen Gebiet, da man sogar ein besonderes Gefühlvermögen aufgestellt hat und nun Theorien desselben konstruirt.

§. 12.

WISSEN, als dessen kontradiktorisches Gegentheil ich soeben den Begriff Gefühl erörtert habe, ist, wie gesagt, jede abstrakte Erkenntniß, d.h. Vernunfterkenntniß. Da nun aber die Vernunft immer nur das anderweitig Empfangene wieder vor die Erkenntniß bringt, so erweitert sie nicht eigentlich unser Erkennen, sondern giebt ihm bloß eine andere Form. Nämlich was intuitiv, was *in concreto* erkannt wurde, läßt sie abstrakt und allgemein erkennen. Dies ist aber ungleich wichtiger, als es, so ausgedrückt, dem ersten Blicke scheint. Denn alles sichere Aufbewahren, alle Mittheilbarkeit und alle sichere und weitreichende Anwendung der Erkenntniß auf das Praktische hängt davon ab, daß sie ein Wissen, eine abstrakte Erkenntniß geworden sei. Die intuitive Erkenntniß gilt immer nur vom einzelnen Fall, geht nur auf das Nächste, und bleibt bei diesem stehen, weil Sinnlichkeit und Verstand eigentlich nur EIN Objekt zur Zeit auffassen können. Jede anhaltende, zusammengesetzte, planmäßige Thätigkeit muß daher von Grundsätzen, also von einem abstrakten Wissen ausgehen und danach geleitet werden. So ist z.B. die Erkenntniß, welche der Verstand vom Verhältniß der Ursach und Wirkung hat, zwar an sich viel vollkommener, tiefer und erschöpfender, als was davon *in abstracto* sich denken läßt: der Verstand allein erkennt anschaulich unmittelbar und vollkommen die Art des Wirkens eines Hebels, Flaschenzuges, Kammrades, das Ruhen eines Gewölbes in sich selbst u.s.w. Aber wegen der eben berührten Eigenschaft der intuitiven Erkenntniß, nur auf das unmittelbar Gegenwärtige zu gehen, reicht der bloße Verstand nicht hin zur Konstruktion von Maschinen und Gebäuden: vielmehr muß hier die Vernunft eintreten, an die Stelle der Anschauungen abstrakte Begriffe setzen, solche zur Richtschnur des Wirkens nehmen, und waren sie richtig, so wird der Erfolg eintreffen. Ebenso erkennen wir in reiner Anschauung vollkommen das Wesen und die Gesetzmäßigkeit einer Parabel, Hyperbel, Spirale; aber um von dieser Erkenntniß sichere Anwendung in der Wirklichkeit zu machen, mußte sie zuvor zum abstrakten Wissen geworden seyn, wobei sie freilich die Anschaulichkeit einbüßt, aber dafür die Sicherheit und Bestimmtheit des abstrakten Wissens gewinnt. Also erweitert alle Differentialrechnung eigentlich gar nicht unsere Erkenntniß von den Kurven, enthält nichts mehr, als was schon die bloße reine Anschauung derselben; aber sie ändert die Art der Erkenntniß, verwandelt die intuitive in eine abstrakte, welches für die Anwendung so höchst folgenreich ist. Hier kommt nun aber noch eine Eigenthümlichkeit unsers Erkenntnißvermögens zur Sprache, welche man bisher wohl nicht bemerken konnte, so lange der Unterschied zwischen anschaulicher und abstrakter Erkenntniß nicht vollkommen deutlich gemacht war. Es ist diese, daß die Verhältnisse des Raums nicht unmittelbar und als solche in die abstrakte

Erkenntniß übertragen werden können, sondern hiezu allein die zeitlichen Größen, d.h. die Zahlen geeignet sind. Die Zahlen allein können in ihnen genau entsprechenden abstrakten Begriffen ausgedrückt werden, nicht die räumlichen Größen. Der Begriff Tausend ist vom Begriff Zehn genau so verschieden, wie beide zeitliche Größen es in der Anschauung sind: wir denken bei Tausend ein bestimmt vielfaches von Zehn, in welches wir jenes für die Anschauung in der Zeit beliebig auflösen können, d.h. es zählen können. Aber zwischen dem abstrakten Begriff einer Meile und dem eines Fußes, ohne alle anschauliche Vorstellung von beiden und ohne Hülfe der Zahl, ist gar kein genauer und jenen Größen selbst entsprechender Unterschied. In beiden wird überhaupt nur eine räumliche Größe gedacht, und sollen beide hinlänglich unterschieden werden, so muß durchaus entweder die räumliche Anschauung zu Hülfe genommen, also schon das Gebiet der abstrakten Erkenntniß verlassen werden, oder man muß den Unterschied in ZAHLEN denken. Will man also von den räumlichen Verhältnissen abstrakte Erkenntniß haben, so müssen sie erst in zeitliche Verhältnisse, d.h. in Zahlen, übertragen werden: deswegen ist nur die Arithmetik, nicht die Geometrie, allgemeine Größenlehre, und die Geometrie muß in Arithmetik übersetzt werden, wenn sie Mittheilbarkeit, genaue Bestimmtheit und Anwendbarkeit auf das Praktische haben soll. Zwar läßt sich ein räumliches Verhältniß als solches auch *in abstracto* denken, z.B. »der Sinus wächst nach Maaßgabe des Winkels«; aber wenn die Größe dieses Verhältnisses angegeben werden soll, bedarf es der Zahl. Diese Nothwendigkeit, daß der Raum, mit seinen drei Dimensionen, in die Zeit, welche nur eine Dimension hat, übersetzt werden muß, wenn man eine abstrakte Erkenntniß (d.h. ein WISSEN, kein bloßes Anschauen) seiner Verhältnisse haben will, diese Nothwendigkeit ist es, welche die Mathematik so schwierig macht. Dies wird sehr deutlich, wenn wir die Anschauung der Kurven vergleichen mit der analytischen Berechnung derselben, oder auch nur die Tafeln der Logarithmen der trigonometrischen Funktionen mit der Anschauung der wechselnden Verhältnisse der Theile des Dreiecks, welche durch jene ausgedrückt werden: was hier die Anschauung in einem

Blick, vollkommen und mit äußerster Genauigkeit auffaßt, nämlich wie der Kosinus abnimmt, indem der Sinus wächst, wie der Kosinus des einen Winkels der Sinus des andern ist, das umgekehrte Verhältniß der Ab- und Zunahme beider Winkel u. s. w., welches ungeheuern Gewebes von Zahlen, welcher mühsäligen Rechnung bedurfte es nicht, um dieses *in abstracto* auszudrücken: wie muß nicht, kann man sagen, die Zeit mit ihrer EINEN Dimension sich quälen, um die drei Dimensionen des Raumes wiederzugeben! Aber dies war nothwendig, wenn wir, zum Behuf der Anwendung, die Verhältnisse des Raumes in abstrakte Begriffe niedergelegt besitzen wollten: unmittelbar konnten jene nicht in diese eingehen, sondern nur durch Vermittelung der rein zeitlichen Größe, der Zahl, als welche allein der abstrakten Erkenntniß sich unmittelbar anfügt. Noch ist bemerkenswerth, daß, wie der Raum sich so sehr für die Anschauung eignet und, mittelst seiner drei Dimensionen, selbst komplicirte Verhältnisse leicht übersehen läßt, dagegen der abstrakten Erkenntniß sich entzieht; umgekehrt die Zeit zwar leicht in die abstrakten Begriffe eingeht, dagegen aber der Anschauung sehr wenig giebt: unsere Anschauung der Zahlen in ihrem eigenthümlichen Element, der bloßen Zeit, ohne Hinzuziehung des Raumes, geht kaum bis Zehn; darüber hinaus haben wir nur noch abstrakte Begriffe, nicht mehr anschauliche Erkenntniß der Zahlen: hingegen verbinden wir mit jedem Zahlwort und allen algebraischen Zeichen genau bestimmte abstrakte Begriffe.

Nebenbei ist hier zu bemerken, daß manche Geister nur im anschaulich Erkannten völlige Befriedigung finden. Grund und Folge des Seyns im Raum anschaulich dargelegt, ist es, was sie suchen: ein Eukleidischer Beweis, oder eine arithmetische Auflösung räumlicher Probleme, spricht sie nicht an. Andere Geister hingegen verlangen die zur Anwendung und Mittheilung allein brauchbaren abstrakten Begriffe: sie haben Geduld und Gedächtniß für abstrakte Sätze, Formeln, Beweisführungen in langen Schlußketten, und Rechnungen, deren Zeichen die komplicirtesten Abstraktionen vertreten. Diese suchen Bestimmtheit: jene Anschaulichkeit. Der Unterschied ist charakteristisch.

Das Wissen, die abstrakte Erkenntniß, hat ihren größten Werth in der Mittheilbarkeit und in der Möglichkeit, fixirt aufbehalten zu werden: erst hiedurch wird sie für das Praktische so unschätzbar wichtig. Einer kann vom kausalen Zusammenhange der Veränderungen und Bewegungen natürlicher Körper eine unmittelbare, anschauliche Erkenntniß im bloßen Verstande haben und in derselben völlige Befriedigung finden; aber zur Mittheilung wird sie erst geschickt, nachdem er sie in Begriffen fixirt hat. Selbst für das Praktische ist eine Erkenntniß der erstern Art hinreichend, sobald er auch die Ausführung ganz allein übernimmt, und zwar in einer, während noch die anschauliche Erkenntniß lebendig ist, ausführbaren Handlung; nicht aber, wenn er fremder Hülfe, oder auch nur eines zu verschiedenen Zeiten eintretenden eigenen Handelns und daher eines überlegten Planes bedarf. So kann z.B. ein geübter Billiardspieler eine vollständige Kenntniß der Gesetze des Stoßes elastischer Körper auf einander haben, bloß im Verstande, bloß für die unmittelbare Anschauung, und er reicht damit vollkommen aus: hingegen hat nur der wissenschaftliche Mechaniker ein eigentliches Wissen jener Gesetze, d.h. eine Erkenntniß *in abstracto* davon. Selbst zur Konstruktion von Maschinen reicht jene bloß intuitive Verstandeserkenntniß hin, wenn der Erfinder der Maschine sie auch allein ausführt, wie man oft an talentvollen Handwerkern ohne alle Wissenschaft sieht: hingegen sobald mehrere Menschen und eine zusammengesetzte, zu verschiedenen Zeitpunkten eintretende Thätigkeit derselben zur Ausführung einer mechanischen Operation, einer Maschine, eines Baues nöthig sind, muß der, welcher sie leitet, den Plan *in abstracto* entworfen haben, und nur durch Beihülfe der Vernunft ist eine solche zusammenwirkende Thätigkeit möglich. Merkwürdig ist es aber, daß bei jener erstern Art von Thätigkeit, wo Einer allein, in einer ununterbrochenen Handlung etwas ausführen soll, das Wissen, die Anwendung der Vernunft, die Reflexion ihm sogar oft hinderlich seyn kann, z.B. eben beim Billiardspielen, beim Fechten, beim Stimmen eines Instruments, beim Singen: hier muß die anschauliche Erkenntniß die Thätigkeit unmittelbar leiten: das Durchgehen durch die Reflexion macht sie unsicher, indem es die Aufmerksamkeit theilt und den Menschen verwirrt. Darum führen Wilde und rohe Menschen, die sehr wenig zu denken gewohnt sind, manche Leibesübungen, den Kampf mit Thieren, das Treffen mit dem Pfeil u.dgl. mit einer Sicherheit und Geschwindigkeit aus, die der reflektirende Europäer nie erreicht, eben weil seine Ueberlegung ihn schwanken und zaudern macht: denn er sucht z.B. die rechte Stelle, oder den rechten Zeitpunkt, aus dem gleichen Abstand von beiden falschen Extremen zu finden: der Naturmensch trifft sie unmittelbar, ohne auf die Abwege zu reflektiren. Ebenso hilft es mir nicht, wenn ich den Winkel, in welchem ich das Rasiermesser anzusetzen habe, nach Graden und Minuten *in abstracto* anzugeben weiß, wenn ich ihn nicht intuitiv kenne, d.h. im Griff habe. Auf gleiche Weise störend ist ferner die Anwendung der Vernunft bei dem Verständniß der Physiognomie: auch dieses muß unmittelbar durch den Verstand geschehen: der Ausdruck, die Bedeutung der Züge läßt sich nur FÜHLEN, sagt man, d.h. eben geht nicht in die abstrakten Begriffe ein. Jeder Mensch hat seine unmittelbare intuitive Physiognomik und Pathognomik: doch erkennt Einer deutlicher, als der Andere, jene *signatura rerum*. Aber eine Physiognomik *in abstracto* zum Lehren und Lernen ist nicht zu Stande zu bringen; weil die Nüancen hier so fein sind, daß der Begriff nicht zu ihnen herab kann; daher das abstrakte Wissen sich zu ihnen verhält, wie ein musivisches Bild zu einem VAN DER WERFT oder DENNER: wie, so fein auch die Musaik ist, die Gränzen der Steine doch stets bleiben und daher kein stetiger Uebergang einer Tinte in die andere möglich ist; so sind auch die Begriffe, mit ihrer Starrheit und scharfen Begränzung, so fein man sie auch durch nähere Bestimmung spalten möchte, stets unfähig, die feinen Modifikationen des Anschaulichen zu erreichen, auf welche es, bei der hier zum Beispiel genommenen Physiognomik, gerade ankommt*.

* Ich bin dieserwegen der Meinung, daß die Physiognomik nicht weiter mit Sicherheit gehen kann, als zur Aufstellung einiger ganz allgemeiner Regeln, z.B. solcher: in Stirn und Auge ist das Intellektuale, im Munde und der untern Gesichtshälfte, das Ethische, die Willensäußerungen, zu lesen; – Stirn und Auge erläutern sich gegenseitig, jedes von beiden, ohne das andere gesehen, ist nur halb verständlich; – Genie ist nie ohne hohe, breite, schön gewölbte Stirn; diese aber oft ohne jenes; – von einem geistreichen Aussehen ist auf Geist um so sicherer zu schließen, je häßlicher das Gesicht ist, und von einem dummen Aussehen auf Dummheit desto sicherer, je schöner das Gesicht ist; weil Schönheit, als Angemessenheit zu dem Typus der Menschheit, schon an und für sich auch den Ausdruck geistiger Klarheit trägt, Häßlichkeit sich entgegengesetzt verhält, u. s. w.

Diese nämliche Beschaffenheit der Begriffe, welche sie den Steinen des Musivbildes ähnlich macht, und vermöge welcher die Anschauung stets ihre Asymptote bleibt, ist auch der Grund, weshalb in der Kunst nichts Gutes durch sie geleistet wird. Will der Sänger, oder Virtuose, seinen Vortrag durch Reflexion leiten, so bleibt er todt. Das Selbe gilt vom Komponisten, vom Maler, ja vom Dichter: immer bleibt für die Kunst der Begriff unfruchtbar: bloß das Technische in ihr mag er leiten: sein Gebiet ist die Wissenschaft. Wir werden im dritten Buch näher untersuchen, weshalb alle ächte Kunst aus der anschaulichen Erkenntniß hervorgeht, nie aus dem Begriff. – Sogar auch in Hinsicht auf das Betragen, auf die persönliche Annehmlichkeit im Umgange, taugt der Begriff nur negativ, um die groben Ausbrüche des Egoismus und der Bestialität zurückzuhalten, wie denn die Höflichkeit sein löbliches Werk ist; aber das Anziehende, Gratiose, Einnehmende des Betragens, das Liebevolle und Freundliche, darf nicht aus dem Begriff hervorgegangen seyn: sonst

»fühlt man Absicht und man ist verstimmt.« –

Alle Verstellung ist Werk der Reflexion; aber auf die Dauer und unausgesetzt ist sie nicht haltbar: *nemo potest personam diu ferre fictam*, sagt Seneka, im Buche *de clementia*: auch wird sie dann meistens erkannt und verfehlt ihre Wirkung. Im hohen Lebensdrange, wo es schneller Entschlüsse, kecken Handelns, raschen und festen Ergreifens bedarf, ist zwar Vernunft nöthig, kann aber, wenn sie die Oberhand gewinnt und das intuitive, unmittelbare, rein verständige Ausfinden und zugleich Ergreifen des Rechten verwirrend hindert und Unentschlossenheit herbeiführt, leicht Alles verderben.

Endlich geht auch Tugend und Heiligkeit nicht aus Reflexion hervor, sondern aus der innern Tiefe des Willens und deren Verhältniß zum Erkennen. Diese Erörterung gehört an eine ganz andere Stelle dieser Schrift: nur so viel mag ich hier bemerken, daß die auf das Ethische sich beziehenden Dogmen in der Vernunft ganzer Nationen die selben seyn können, aber das Handeln in jedem Individuo ein anderes, und so auch umgekehrt: das Handeln geschieht, wie man spricht, nach Gefühlen: d.h. eben nur nicht nach Begriffen, nämlich dem ethischen Gehalte nach. Die Dogmen beschäftigen die müßige Vernunft: das Handeln geht zuletzt unabhängig von ihnen seinen Gang, meistens nicht nach abstrakten, sondern nach unausgesprochenen Maximen, deren Ausdruck eben der ganze Mensch selbst ist. Daher, wie verschieden auch die religiosen Dogmen der Völker sind, so ist doch bei allen die gute That von unaussprechlicher Zufriedenheit, die böse von unendlichem Grausen begleitet: erstere erschüttert kein Spott: von letzterem befreit keine Absolution des Beichtvaters. Jedoch soll hiedurch nicht geleugnet werden, daß bei der Durchführung eines tugendhaften Wandels Anwendung der Vernunft nöthig sei: nur ist sie nicht die Quelle desselben; sondern ihre Funktion ist eine untergeordnete, nämlich die Bewahrung gefaßter Entschlüsse, das Vorhalten der Maximen, zum Widerstand gegen die Schwäche des Augenblicks und zur Konsequenz des Handelns. Das Selbe leistet sie am Ende auch in der Kunst, wo sie doch ebenso in der Hauptsache nichts vermag, aber die Ausführung unterstützt, eben weil der Genius nicht in jeder Stunde zu Gebote steht, das Werk aber doch in allen Theilen vollendet und zu einem Ganzen geründet seyn soll*.

§. 13.

Alle diese Betrachtungen sowohl des Nutzens, als des Nachtheils der Anwendung der Vernunft, sollen dienen deutlich zu machen, daß, obwohl das abstrakte Wissen der Reflex der anschaulichen Vorstellung und auf diese gegründet ist, es ihr doch keineswegs so kongruirt, daß es überall die Stelle derselben vertreten könnte: vielmehr entspricht es ihr nie ganz genau; daher, wie wir gesehen haben, zwar viele der menschlichen Verrichtungen nur durch Hülfe der Vernunft und des überlegten Verfahrens, jedoch einige besser ohne deren Anwendung zu Stande kommen. – Eben jene Inkongruenz der anschaulichen und der abstrakten Erkenntniß, vermöge welcher diese sich jener immer nur so annähert, wie die Musiv-

* Hiezu Kap. 7 des zweiten Bandes.

arbeit der Malerei, ist nun auch der Grund eines sehr merkwürdigen Phänomens, welches, eben wie die Vernunft, der menschlichen Natur ausschließlich eigen ist, dessen bisher immer von Neuem versuchte Erklärungen aber alle ungenügend sind: ich meyne das LACHEN. Wir können, dieses seines Ursprunges wegen, uns einer Erörterung desselben an dieser Stelle nicht entziehen, obwohl sie unsern Gang von Neuem aufhält. Das LACHEN entsteht jedesmal aus nichts Anderem, als aus der plötzlich wahrgenommenen Inkongruenz zwischen einem Begriff und den realen Objekten, die durch ihn, in irgend einer Beziehung, gedacht worden waren, und es ist selbst eben nur der Ausdruck dieser Inkongruenz. Sie tritt oft dadurch hervor, daß zwei oder mehrere reale Objekte durch EINEN Begriff gedacht und seine Identität auf sie übertragen wird; darauf aber eine gänzliche Verschiedenheit derselben im Uebrigen es auffallend macht, daß der Begriff nur in einer einseitigen Rücksicht auf sie paßte. Ebenso oft jedoch ist es ein einziges reales Objekt, dessen Inkongruenz zu dem Begriff, dem es einerseits mit Recht subsumirt worden, plötzlich fühlbar wird. Je richtiger nun einerseits die Subsumtion solcher Wirklichkeiten unter den Begriff ist, und je größer und greller andererseits ihre Unangemessenheit zu ihm, desto stärker ist die aus diesem Gegensatz entspringende Wirkung des Lächerlichen. Jedes Lachen also entsteht auf Anlaß einer paradoxen und daher unerwarteten Subsumtion; gleichviel ob diese durch Worte, oder Thaten sich ausspricht. Dies ist in der Kürze die richtige Erklärung des Lächerlichen.

Ich werde mich hier nicht damit aufhalten, Anekdoten als Beispiele desselben zu erzählen, um daran meine Erklärung zu erläutern: denn diese ist so einfach und faßlich, daß sie dessen nicht bedarf, und zum Beleg derselben ist jedes Lächerliche, dessen sich der Leser erinnert, auf gleiche Weise tauglich. Wohl aber erhält unsere Erklärung Bestätigung und Erläuterung zugleich durch die Entfaltung zweier Arten des Lächerlichen, in welche es zerfällt, und die eben aus jener Erklärung hervorgehen. Entweder nämlich sind in der Erkenntniß zwei oder mehrere sehr verschiedene reale Objekte, anschauliche Vorstellungen, vorhergegangen, und man hat sie willkürlich durch die Einheit eines beide fassenden Begriffes identifizirt: diese Art des Lächerlichen heißt WITZ. Oder aber umgekehrt, der Begriff ist in der Erkenntniß zuerst da, und man geht nun von ihm zur Realität und zum Wirken auf dieselbe, zum Handeln über: Objekte, die übrigens grundverschieden, aber alle in jenem Begriffe gedacht sind, werden nun auf gleiche Weise angesehen und behandelt, bis ihre übrige große Verschiedenheit zur Ueberraschung und zum Erstaunen des Handelnden hervortritt: diese Art des Lächerlichen heißt NARRHEIT. Demnach ist jedes Lächerliche entweder ein witziger Einfall, oder eine närrische Handlung, je nachdem von der Diskrepanz der Objekte auf die Identität des Begriffs, oder aber umgekehrt gegangen wurde: ersteres immer willkürlich, letzteres immer unwillkührlich und von Außen aufgedrungen. Diesen Ausgangspunkt nun aber scheinbar umzukehren und Witz als Narrheit zu maskiren, ist die Kunst des Hofnarren und des Hanswurst: ein solcher, der Diversität der Objekte sich wohl bewußt, vereinigt dieselben, mit heimlichem Witz, unter einem Begriff, von welchem sodann ausgehend er von der nachher gefundenen Diversität der Objekte diejenige Ueberraschung erhält, welche er selbst sich vorbereitet hatte. – Es ergiebt sich aus dieser kurzen, aber hinreichenden Theorie des Lächerlichen, daß, letztern Fall der Lustigmacher bei Seite gesetzt, der Witz sich immer in Worten zeigen muß, die Narrheit aber meistens in Handlungen, wiewohl auch in Worten, wenn sie nämlich nur ihr Vorhaben ausspricht, statt es wirklich zu vollführen, oder auch sich in bloßen Urtheilen und Meinungen äußert.

Zur Narrheit gehört auch die PEDANTEREI. Sie entsteht daraus, daß man wenig Zutrauen zu seinem eigenen Verstande hat und daher ihm es nicht überlassen mag, im einzelnen Fall unmittelbar das Rechte zu erkennen, demnach ihn ganz und gar unter die Vormundschaft der Vernunft stellt und sich dieser überall bedienen, d.h. immer von allgemeinen Begriffen, Regeln, Maximen ausgehen und sich genau an sie halten will, im Leben, in der Kunst, ja im ethischen Wohlverhalten. Daher das der Pedanterei eigene Kleben an der Form, an der Manier, am Ausdruck und Wort, welche bei ihr an die Stelle des Wesens der Sache treten. Da zeigt sich denn bald die Inkongruenz des Begriffs zur Realität, zeigt sich, wie jener nie auf das Einzelne herabgeht und wie seine Allgemeinheit und starre Bestimmtheit nie genau zu den feinen Nüancen und mannigfaltigen Modifikationen der Wirklichkeit passen kann. Der Pedant kommt daher mit seinen allgemeinen Maximen im Leben fast immer zu kurz, zeigt sich unklug, abgeschmackt, unbrauchbar: in der Kunst, für die der Begriff unfruchtbar ist, producirt er leblose, steife, manierirte Aftergeburten. Sogar in ethischer Hinsicht kann der Vorsatz, recht oder edel zu handeln, nicht überall nach abstrakten Maximen ausgeführt werden; weil in vielen Fällen die unendlich fein nüancirte Beschaffenheit der Umstände eine unmittelbar aus dem Charakter hervorgegangene Wahl des Rechten nöthig macht, indem die Anwendung bloß abstrakter Maximen theils, weil sie nur halb passen, falsche Resultate giebt, theils nicht durchzuführen ist, indem sie dem individuellen Charakter des Handelnden fremd sind und dieser sich nie ganz verleugnen läßt: daher dann Inkonsequenzen folgen. Wir können KANTEN, sofern er zur Bedingung des moralischen Werths einer Handlung macht, daß sie aus rein vernünftigen abstrakten Maximen, ohne alle Neigung oder momentane Aufwallung geschehe, vom Vorwurf der Veranlassung moralischer Pedanterei nicht ganz frei sprechen; welcher Vorwurf auch der Sinn des Schillerschen Epigramms, »Gewissensskrupel« überschrieben, ist. – Wenn, besonders in politischen Angelegenheiten, geredet wird von Doktrinairs, Theoretikern, Gelehrten u. s. w.; so sind Pedanten gemeint, d. h. Leute, welche die Dinge wohl *in abstracto*, aber nicht *in concreto* kennen. Die Abstraktion besteht im Wegdenken der näheren Bestimmungen: gerade auf diese aber kommt im Praktischen sehr viel an.

Noch ist, zur Vervollständigung der Theorie, eine Afterart des Witzes zu erwähnen, das Wortspiel, *calembourg, pun*, zu welchem auch die Zweideutigkeit, *l'équivoque*, deren Hauptgebrauch der obscöne (die Zote) ist, gezogen werden kann. Wie der Witz zwei sehr verschiedene reale Objekte unter einen Begriff zwingt, so bringt das Wortspiel zwei verschiedene Begriffe, durch Benutzung des Zufalls, unter ein Wort: der selbe Kontrast entsteht wieder, aber viel matter und oberflächlicher, weil er nicht aus dem Wesen der Dinge, sondern aus dem Zufall der Namengebung entsprungen ist. Beim Witz ist die Identität im Begriff, die Verschiedenheit in der Wirklichkeit; beim Wortspiel aber ist die Verschiedenheit in den Begriffen und die Identität in der Wirklichkeit, als zu welcher der Wortlaut gehört. Es wäre nur ein etwas zu gesuchtes Gleichniß, wenn man sagte, das Wortspiel verhalte sich zum Witz, wie die Parabel des obern umgekehrten Kegels zu der des untern. Der Misverstand des Worts aber, oder das *quid pro quo*, ist der unwillkürliche *Calembourg*, und verhält sich zu diesem gerade so wie die Narrheit zum Witz; daher auch muß oft der Harthörige, so gut wie der Narr, Stoff zum Lachen geben, und schlechte Komödienschreiber brauchen jenen statt diesen, um Lachen zu erregen.

Ich habe das Lachen hier bloß von der psychischen Seite betrachtet: hinsichtlich der physischen verweise ich auf das in Parerga, Bd. 2, Kap. 6, §. 96, S. 134 (erste Aufl.), darüber Beigebrachte*.

§. 14.

Von allen diesen mannigfaltigen Betrachtungen, durch welche hoffentlich der Unterschied und das Verhältniß zwischen der Erkenntnißweise der Vernunft, dem Wissen, dem Begriff einerseits, und der unmittelbaren Erkenntniß in der reinsinnlichen, mathematischen Anschauung und der Auffassung durch den Verstand andererseits, zu völliger Deutlichkeit gebracht ist, ferner auch von den episodischen Erörterungen über Gefühl und Lachen, auf welche wir durch die Betrachtung jenes merkwürdigen Verhältnisses unserer Erkenntnißweisen fast unumgänglich geleitet wurden, – kehre ich nunmehr zurück zur fernern Erörterung der Wissenschaft, als des, neben Sprache und besonnenem Handeln, dritten Vorzugs, den die Vernunft dem Menschen giebt. Die allgemeine Betrachtung der Wissenschaft, die uns hier obliegt, wird theils ihre Form, theils die Begründung ihrer Urtheile, endlich auch ihren Gehalt betreffen.

Wir haben gesehen, daß, die Grundlage der reinen Logik aus-

---

* Hiezu Kap. 8 des zweiten Bandes.

genommen, alles Wissen überhaupt seinen Ursprung nicht in der Vernunft selbst hat; sondern, anderweitig als anschauliche Erkenntniß gewonnen, in ihr niedergelegt ist, indem es dadurch in eine ganz andere Erkenntnißweise, die abstrakte, übergieng. Alles Wissen, d.h. zum Bewußtseyn *in abstracto* erhobene Erkenntniß, verhält sich zur eigentlichen Wissenschaft, wie ein Bruchstück zum Ganzen. Jeder Mensch hat durch Erfahrung, durch Betrachtung des sich darbietenden Einzelnen, ein Wissen um mancherlei Dinge erlangt: aber nur wer sich die Aufgabe macht, über irgend eine Art von Gegenständen vollständige Erkenntniß *in abstracto* zu erlangen, strebt nach Wissenschaft. Durch den Begriff allein kann er jene Art aussondern; daher steht an der Spitze jeder Wissenschaft ein Begriff, durch welchen der Theil aus dem Ganzen aller Dinge gedacht wird, von welchem sie eine vollständige Erkenntniß *in abstracto* verspricht: z.B. der Begriff der räumlichen Verhältnisse, oder des Wirkens unorganischer Körper auf einander, oder der Beschaffenheit der Pflanzen, der Thiere, oder der successiven Veränderungen der Oberfläche des Erdballs, oder der Veränderungen des Menschengeschlechts im Ganzen, oder des Baues einer Sprache u.s.w. Wollte die Wissenschaft die Kenntniß von ihrem Gegenstande dadurch erlangen, daß sie alle durch den Begriff gedachten Dinge einzeln erforschte, bis sie so allmälig das Ganze erkannt hätte; so würde theils kein menschliches Gedächtniß zureichen, theils keine Gewißheit der Vollständigkeit zu erlangen seyn. Daher benutzt sie jene oben erörterte Eigenthümlichkeit der Begriffssphären, einander einzuschließen, und geht hauptsächlich auf die weiteren Sphären, welche innerhalb des Begriffs ihres Gegenstandes überhaupt liegen: indem sie deren Verhältnisse zu einander bestimmt hat, ist eben damit auch alles in ihnen Gedachte im Allgemeinen mit bestimmt und kann nun, mittelst Aussonderung immer engerer Begriffssphären, genauer und genauer bestimmt werden. Hiedurch wird es möglich, daß eine Wissenschaft ihren Gegenstand ganz umfasse. Dieser Weg, den sie zur Erkenntniß geht, nämlich vom Allgemeinen zum Besonderen, unterscheidet sie vom gemeinen Wissen: daher ist die systematische Form ein wesentliches und charakteristisches Merkmal der Wissenschaft. Die

Verbindung der allgemeinsten Begriffssphären jeder Wissenschaft, d.h. die Kenntniß ihrer obersten Sätze, ist unumgängliche Bedingung ihrer Erlernung: wie weit man von diesen auf die mehr besonderen Sätze gehen will, ist beliebig und vermehrt nicht die Gründlichkeit, sondern den Umfang der Gelehrsamkeit. – Die Zahl der oberen Sätze, welchen die übrigen alle untergeordnet sind, ist in den verschiedenen Wissenschaften sehr verschieden, so daß in einigen mehr Subordination, in andern mehr Koordination ist; in welcher Hinsicht jene mehr die Urtheilskraft, diese das Gedächtniß in Anspruch nehmen. Es war schon den Scholastikern bekannt*, daß, weil der Schluß zwei Prämissen erfordert, keine Wissenschaft von einem einzigen nicht weiter abzuleitenden Obersatz ausgehen kann; sondern deren mehrere, wenigstens zwei, haben muß. Die eigentlich klassifizirenden Wissenschaften: Zoologie, Botanik, auch Physik und Chemie, sofern diese letzteren auf wenige Grundkräfte alles unorganische Wirken zurückführen, haben die meiste Subordination; hingegen hat Geschichte eigentlich gar keine, da das Allgemeine in ihr bloß in der Uebersicht der Hauptperioden besteht, aus denen aber die besonderen Begebenheiten sich nicht ableiten lassen und ihnen nur der Zeit nach subordinirt, dem Begriff nach koordinirt sind: daher Geschichte, genau genommen, zwar ein Wissen, aber keine Wissenschaft ist. In der Mathematik sind zwar, nach der Eukleidischen Behandlung, die Axiome die allein indemonstrabeln Obersätze und ihnen alle Demonstrationen stufenweise streng subordinirt: jedoch ist diese Behandlung ihr nicht wesentlich, und in der That hebt jeder Lehrsatz doch wieder eine neue räumliche Konstruktion an, die an sich von den vorherigen unabhängig ist und eigentlich auch völlig unabhängig von ihnen erkannt werden kann, aus sich selbst, in der reinen Anschauung des Raumes, in welcher auch die verwickelteste Konstruktion eigentlich so unmittelbar evident ist, wie das Axiom: doch davon ausführlich weiter unten. Inzwischen bleibt immer jeder mathematische Satz doch eine allgemeine Wahrheit, welche für unzählige einzelne Fälle gilt, auch ist ein stufenweiser Gang von den

* Suarez, *Disput. metaphysicae, disp. III, sect. 3, tit. 3.*

einfachen Sätzen zu den komplicirten, welche auf jene zurückzuführen sind, ihr wesentlich: also ist Mathematik in jeder Hinsicht Wissenschaft. – Die Vollkommenheit einer Wissenschaft als solcher, d.h. der Form nach, besteht darin, daß so viel wie möglich Subordination und wenig Koordination der Sätze sei. Das allgemein wissenschaftliche Talent ist demnach die Fähigkeit, die Begriffssphären nach ihren verschiedenen Bestimmungen zu subordiniren, damit, wie Platon wiederholentlich anempfiehlt, nicht bloß ein Allgemeines und unmittelbar unter diesem eine unübersehbare Mannigfaltigkeit neben einander gestellt die Wissenschaft ausmache; sondern vom Allgemeinsten zum Besonderen die Kenntniß allmälig herabschreite, durch Mittelbegriffe und nach immer näheren Bestimmungen gemachte Eintheilungen. Nach Kants Ausdrücken heißt dies, dem Gesetz der Homogeneität und dem der Specifikation gleichmäßig Genüge leisten. Eben daraus aber, daß dieses die eigentliche wissenschaftliche Vollkommenheit ausmacht, ergiebt sich, daß der Zweck der Wissenschaft nicht größere Gewißheit ist: denn diese kann auch die abgerissenste einzelne Erkenntniß ebenso sehr haben; sondern Erleichterung des Wissens, durch die Form desselben, und dadurch gegebene Möglichkeit der Vollständigkeit des Wissens. Es ist deshalb eine zwar gangbare, aber verkehrte Meinung, daß Wissenschaftlichkeit der Erkenntniß in der größern Gewißheit bestehe, und ebenso falsch ist die hieraus hervorgegangene Behauptung, daß nur Mathematik und Logik Wissenschaften im eigentlichen Sinne wären; weil nur in ihnen, wegen ihrer gänzlichen Apriorität, unumstößliche Gewißheit der Erkenntniß ist. Dieser letztere Vorzug selbst ist ihnen nicht abzustreiten: nur giebt er ihnen keinen besondern Anspruch auf Wissenschaftlichkeit, als welche nicht in der Sicherheit, sondern in der durch das stufenweise Herabsteigen vom Allgemeinen zum Besonderen begründeten systematischen Form der Erkenntniß liegt. – Dieser den Wissenschaften eigenthümliche Weg der Erkenntniß, vom Allgemeinen zum Besonderen, bringt es mit sich, daß in ihnen Vieles durch Ableitung aus vorhergegangenen Sätzen, also durch Beweise, begründet wird, und dies hat den alten Irrthum veranlaßt, daß nur das Bewiesene vollkommen wahr sei und jede Wahrheit eines Beweises bedürfe; da vielmehr im Gegentheil jeder Beweis einer unbewiesenen Wahrheit bedarf, die zuletzt ihn, oder auch wieder seine Beweise, stützt: daher eine unmittelbar begründete Wahrheit der durch einen Beweis begründeten so vorzuziehen ist, wie Wasser aus der Quelle dem aus dem Aquädukt. Anschauung, theils reine *a priori*, wie sie die Mathematik, theils empirische *a posteriori*, wie sie alle anderen Wissenschaften begründet, ist die Quelle aller Wahrheit und die Grundlage aller Wissenschaft. (Auszunehmen ist allein die auf nichtanschauliche, aber doch unmittelbare Kenntniß der Vernunft von ihren eigenen Gesetzen gegründete Logik.) Nicht die bewiesenen Urtheile, noch ihre Beweise; sondern jene aus der Anschauung unmittelbar geschöpften und auf sie, statt alles Beweises, gegründeten Urtheile sind in der Wissenschaft das, was die Sonne im Weltgebäude: denn von ihnen geht alles Licht aus, von welchem erleuchtet die anderen wieder leuchten. Unmittelbar aus der Anschauung die Wahrheit solcher ersten Urtheile zu begründen, solche Grundvesten der Wissenschaft aus der unübersehbaren Menge realer Dinge herauszuheben; das ist das Werk der URTHEILSKRAFT, welche in dem Vermögen, das anschaulich Erkannte richtig und genau ins abstrakte Bewußtseyn zu übertragen, besteht, und demnach die Vermittlerin zwischen Verstand und Vernunft ist. Nur ausgezeichnete und das gewöhnliche Maaß überschreitende Stärke derselben in einem Individuo kann die Wissenschaften wirklich weiter bringen: aber Sätze aus Sätzen zu folgern, zu beweisen, zu schließen, vermag Jeder, der nur gesunde Vernunft hat. Hingegen das anschaulich Erkannte in angemessene Begriffe für die Reflexion absetzen und fixiren, so daß einerseits das Gemeinsame vieler realen Objekte durch EINEN Begriff, andererseits ihr Verschiedenes durch ebenso viele Begriffe gedacht wird, und also das Verschiedene, trotz einer theilweisen Uebereinstimmung, doch als verschieden, dann aber wieder das Identische, trotz einer theilweisen Verschiedenheit, doch als identisch erkannt und gedacht wird, Alles gemäß dem Zweck und der Rücksicht, die jedesmal obwalten: dies Alles thut die URTHEILSKRAFT. Mangel derselben ist EINFALT. Der Einfältige verkennt bald die theilweise oder relative Verschiedenheit des in einer Rücksicht

Identischen, bald die Identität des relativ oder theilweise Verschiedenen. Uebrigens kann auch auf diese Erklärung der Urtheilskraft Kants Eintheilung derselben in reflektirende und subsumirende angewandt werden, je nachdem sie nämlich von den anschaulichen Objekten zum Begriff, oder von diesem zu jenen übergeht, in beiden Fällen immer vermittelnd zwischen der anschaulichen Erkenntniß des Verstandes und der reflektiven der Vernunft. – Es kann keine Wahrheit geben, die unbedingt allein durch Schlüsse herauszubringen wäre; sondern die Nothwendigkeit, sie bloß durch Schlüsse zu begründen, ist immer nur relativ, ja subjektiv. Da alle Beweise Schlüsse sind, so ist für eine neue Wahrheit nicht zuerst ein Beweis, sondern unmittelbare Evidenz zu suchen, und nur so lange es an dieser gebricht, der Beweis einstweilen aufzustellen. Durch und durch beweisbar kann keine Wissenschaft seyn; so wenig als ein Gebäude in der Luft stehn kann: alle ihre Beweise müssen auf ein Anschauliches und daher nicht mehr Beweisbares zurückführen. Denn die ganze Welt der Reflexion ruht und wurzelt auf der anschaulichen Welt. Alle letzte, d.h. ursprüngliche EVIDENZ, ist eine ANSCHAULICHE: dies verräth schon das Wort. Demnach ist sie entweder eine empirische, oder aber auf die Anschauung *a priori* der Bedingungen möglicher Erfahrung gegründet: in beiden Fällen liefert sie daher nur immanente, nicht transscendente Erkenntniß. Jeder Begriff hat seinen Werth und sein Daseyn allein in der, wenn auch sehr vermittelten Beziehung auf eine anschauliche Vorstellung: was von den Begriffen gilt, gilt auch von den aus ihnen zusammengesetzten Urtheilen, und von den ganzen Wissenschaften. Daher muß es irgendwie möglich seyn, jede Wahrheit, die durch Schlüsse gefunden und durch Beweise mitgetheilt wird, auch ohne Beweise und Schlüsse unmittelbar zu erkennen. Am schwersten ist dies gewiß bei manchen komplicirten mathematischen Sätzen, zu denen wir allein an Schlußketten gelangen, z.B. die Berechnung der Sehnen und Tangenten zu allen Bögen, mittelst Schlüssen aus dem Pythagorischen Lehrsatze: allein auch eine solche Wahrheit kann nicht wesentlich und allein auf abstrakten Sätzen beruhen, und auch die ihr zum Grunde liegenden räumlichen Verhältnisse müssen für die reine Anschauung *a priori* so hervorgehoben werden können, daß ihre abstrakte Aussage unmittelbar begründet wird. Vom Beweisen in der Mathematik wird aber sogleich ausführlich die Rede seyn.

Wohl wird oft und in hohem Tone geredet von Wissenschaften, welche durchweg auf richtigen Schlüssen aus sichern Prämissen beruhen und deshalb unumstößlich wahr seien. Allein durch rein logische Schlußketten wird man, seien die Prämissen auch noch so wahr, nie mehr erhalten, als eine Verdeutlichung und Ausführung Dessen, was schon in den Prämissen fertig liegt: man wird also nur *explicite* darlegen was daselbst *implicite* verstanden war. Mit jenen angerühmten Wissenschaften meint man jedoch besonders die mathematischen, namentlich die Astronomie. Die Sicherheit dieser letzteren stammt aber daher, daß ihr die *a priori* gegebene, also unfehlbare, Anschauung des Raumes zum Grunde liegt, alle räumlichen Verhältnisse aber eines aus dem andern, mit einer Nothwendigkeit (Seynsgrund), welche Gewißheit *a priori* liefert, folgen und sich daher mit Sicherheit aus einander ableiten lassen. Zu diesen mathematischen Bestimmungen kommt hier nur noch eine einzige Naturkraft, die Schwere, welche genau im Verhältniß der Massen und des Quadrats der Entfernung wirkt, und endlich das *a priori* gesicherte, weil aus dem der Kausalität folgende, Gesetz der Trägheit, nebst dem empirischen Datum der ein für alle Mal jeder dieser Massen aufgedrückten Bewegung. Dies ist das ganze Material der Astronomie, welches, sowohl durch seine Einfachheit, als seine Sicherheit, zu festen und, vermöge der Größe und Wichtigkeit der Gegenstände, sehr interessanten Resultaten führt. Z.B. kenne ich die Masse eines Planeten und die Entfernung seines Trabanten von ihm, so kann ich auf die Umlaufszeit dieses mit Sicherheit schließen, nach dem zweiten Kepplerschen Gesetz: der Grund dieses Gesetzes ist aber, daß, bei dieser Entfernung, nur diese Velocität den Trabanten zugleich an den Planeten fesselt und ihn vom Hineinfallen in denselben abhält. – Also nur auf solcher geometrischen Grundlage, d.h. mittelst einer Anschauung *a priori*, und noch dazu unter Anwendung eines Naturgesetzes, da läßt sich mit Schlüssen weit gelangen; weil sie hier gleichsam bloß Brücken von EINER anschaulichen Auffassung zur andern sind; nicht aber ebenso mit bloßen und reinen Schlüssen, auf dem ausschließlich logischen Wege. – Der Ursprung der ersten astronomischen Grundwahrheiten aber ist eigentlich Induktion, d.h. Zusammenfassung des in vielen Anschauungen Gegebenen in ein richtiges unmittelbar begründetes Urtheil: aus diesem werden nachher Hypothesen gebildet, deren Bestätigung durch die Erfahrung, als der Vollständigkeit sich nähernde Induktion, den Beweis für jenes erste Urtheil giebt. Z.B. die scheinbare Bewegung der Planeten ist empirisch erkannt: nach vielen falschen Hypothesen über den räumlichen Zusammenhang dieser Bewegung (Planetenbahn), ward endlich die richtige gefunden, sodann die Gesetze, welche sie befolgt (die Keplerischen), zuletzt auch die Ursache derselben (allgemeine Gravitation), und sämmtlichen Hypothesen gab die empirisch erkannte Uebereinstimmung aller vorkommenden Fälle mit ihnen und mit den Folgerungen aus ihnen, also Induktion, vollkommene Gewißheit. Die Auffindung der Hypothese war Sache der Urtheilskraft, welche die gegebene Thatsache richtig auffaßte und demgemäß ausdrückte; Induktion aber, d.h. vielfache Anschauung, bestätigte ihre Wahrheit. Aber sogar auch unmittelbar, durch eine einzige empirische Anschauung, könnte diese begründet werden, sobald wir die Welträume frei durchlaufen könnten und teleskopische Augen hätten. Folglich sind Schlüsse auch hier nicht die wesentliche und einzige Quelle der Erkenntniß, sondern immer wirklich nur ein Nothbehelf.

Endlich wollen wir, um ein drittes heterogenes Beispiel aufzustellen, noch bemerken, daß auch die sogenannten metaphysischen Wahrheiten, d.h. solche, wie sie Kant in den metaphysischen Anfangsgründen der Naturwissenschaft aufstellt, nicht den Beweisen ihre Evidenz verdanken. Das *a priori* Gewisse erkennen wir unmittelbar: es ist, als die Form aller Erkenntniß, uns mit der größten Nothwendigkeit bewußt. Z.B. daß die Materie beharrt, d.h. weder entstehen, noch vergehen kann, wissen wir unmittelbar als negative Wahrheit: denn unsere reine Anschauung von Raum und Zeit giebt die Möglichkeit der Bewegung; der Verstand giebt, im Gesetz der Kausalität, die Möglichkeit der Aenderung der Form und Qualität: aber zu einem Entstehen oder Verschwinden von

Materie gebricht es uns an Formen der Vorstellbarkeit. Daher ist jene Wahrheit zu allen Zeiten, überall und Jedem evident gewesen, noch jemals im Ernst bezweifelt worden; was nicht seyn könnte, wenn ihr Erkenntnißgrund kein anderer wäre, als ein so schwieriger auf Nadelspitzen einherschreitender Kantischer Beweis. Ja überdies habe ich (wie im Anhange ausgeführt) Kants Beweis falsch befunden und oben gezeigt, daß nicht aus dem Antheil, den die Zeit, sondern aus dem, welchen der Raum an der Möglichkeit der Erfahrung hat, das Beharren der Materie abzuleiten ist. Die eigentliche Begründung aller in diesem Sinn metaphysisch genannter Wahrheiten, d.h. abstrakter Ausdrücke der nothwendigen und allgemeinen Formen des Erkennens, kann nicht wieder in abstrakten Sätzen liegen; sondern nur im unmittelbaren, sich durch apodiktische und keine Widerlegung besorgende Aussagen *a priori* kund gebenden Bewußtseyn der Formen des Vorstellens. Will man dennoch einen Beweis derselben geben, so kann dieser nur darin bestehen, daß man nachweist, in irgend einer nicht bezweifelten Wahrheit sei die zu beweisende schon als Theil, oder als Voraussetzung enthalten: so habe ich z.B. gezeigt, daß alle empirische Anschauung schon die Anwendung des Gesetzes der Kausalität enthält, dessen Erkenntniß daher Bedingung aller Erfahrung ist und darum nicht erst durch diese gegeben und bedingt seyn kann, wie Hume behauptete. – Beweise sind überhaupt weniger für die, welche lernen, als für die, welche disputiren wollen. Diese leugnen hartnäckig die unmittelbar begründete Einsicht: nur die Wahrheit kann nach allen Seiten konsequent seyn; man muß daher jenen zeigen, daß sie unter EINER Gestalt und mittelbar zugeben, was sie unter einer andern Gestalt und unmittelbar leugnen, also den logisch nothwendigen Zusammenhang zwischen dem Geleugneten und dem Zugestandenen.

Außerdem bringt aber auch die wissenschaftliche Form, nämlich Unterordnung alles Besonderen unter ein Allgemeines und so immerfort aufwärts, es mit sich, daß die Wahrheit vieler Sätze nur logisch begründet wird, nämlich durch ihre Abhängigkeit von anderen Sätzen, also durch Schlüsse, die zugleich als Beweise auftreten. Man soll aber nie vergessen, daß diese ganze Form nur ein

Erleichterungsmittel der Erkenntniß ist, nicht aber ein Mittel zu größerer Gewißheit. Es ist leichter, die Beschaffenheit eines Thieres aus der Species, zu der es gehört, und so aufwärts aus dem *genus*, der Familie, der Ordnung, der Klasse zu erkennen, als das jedesmal gegebene Thier für sich zu untersuchen; aber die Wahrheit aller durch Schlüsse abgeleiteter Sätze ist immer nur bedingt und zuletzt abhängig von irgend einer, die nicht auf Schlüssen, sondern auf Anschauung beruht. Läge diese letztere uns immer so nahe, wie die Ableitung durch einen Schluß, so wäre sie durchaus vorzuziehen. Denn alle Ableitung aus Begriffen ist, wegen des oben gezeigten mannigfaltigen Ineinandergreifens der Sphären und der oft schwankenden Bestimmung ihres Inhalts, vielen Täuschungen ausgesetzt; wovon so viele Beweise falscher Lehren und Sophismen jeder Art Beispiele sind. – Schlüsse sind zwar der Form nach völlig gewiß: allein sie sind sehr unsicher durch ihre Materie, die Begriffe; weil theils die Sphären dieser oft nicht scharf genug bestimmt sind, theils sich so mannigfaltig durchschneiden, daß eine Sphäre theilweise in vielen andern enthalten ist, und man also willkürlich aus ihr in die eine oder die andere von diesen übergehen kann und von da wieder weiter, wie bereits dargestellt. Oder mit andern Worten: der *terminus minor* und auch der *medius* können immer verschiedenen Begriffen untergeordnet werden, aus denen man beliebig den *terminus major* und den *medius* wählt, wonach dann der Schluß verschieden ausfällt. – Ueberall folglich ist unmittelbare Evidenz der bewiesenen Wahrheit weit vorzuziehen, und diese nur da anzunehmen, wo jene zu weit herzuholen wäre, nicht aber, wo sie ebenso nahe oder gar näher liegt, als diese. Daher sahen wir oben, daß in der That bei der Logik, wo die unmittelbare Erkenntniß uns in jedem einzelnen Fall näher liegt, als die abgeleitete wissenschaftliche, wir unser Denken immer nur nach der unmittelbaren Erkenntniß der Denkgesetze leiten und die Logik unbenutzt lassen*.

---

* Hiezu Kap. 12 des zweiten Bandes.

§. 15.

Wenn wir nun mit unserer Ueberzeugung, daß die Anschauung die erste Quelle aller Evidenz, und die unmittelbare oder vermittelte Beziehung auf sie allein absolute Wahrheit ist, daß ferner der nächste Weg zu dieser stets der sicherste ist, da jede Vermittelung durch Begriffe vielen Täuschungen aussetzt; – wenn wir, sage ich, mit dieser Ueberzeugung uns zur MATHEMATIK wenden, wie sie vom Eukleides als Wissenschaft aufgestellt und bis auf den heutigen Tag im Ganzen geblieben ist; so können wir nicht umhin, den Weg, den sie geht, seltsam, ja verkehrt zu finden. Wir verlangen die Zurückführung jeder logischen Begründung auf eine anschauliche; sie hingegen ist mit großer Mühe bestrebt, die ihr eigenthümliche, überall nahe, anschauliche Evidenz muthwillig zu verwerfen, um ihr eine logische zu substituiren. Wir müssen finden, daß dies ist, wie wenn Jemand sich die Beine abschnitte, um mit Krücken zu gehen, oder wie wenn der Prinz, im »Triumph der Empfindsamkeit«, aus der wirklichen schönen Natur flieht, um sich an einer Theaterdekoration, die sie nachahmt, zu erfreuen. – Ich muß hier an dasjenige erinnern, was ich im sechsten Kapitel der Abhandlung über den Satz vom Grunde gesagt habe, und setze es als dem Leser in frischem Andenken und ganz gegenwärtig voraus; so daß ich hier meine Bemerkungen daran knüpfe, ohne von Neuem den Unterschied auseinanderzusetzen zwischen dem bloßen Erkenntnißgrund einer mathematischen Wahrheit, der logisch gegeben werden kann, und dem Grunde des Seyns, welcher der unmittelbare, allein anschaulich zu erkennende Zusammenhang der Theile des Raumes und der Zeit ist, die Einsicht in welchen allein wahre Befriedigung und gründliche Kenntniß gewährt, während der bloße Erkenntnißgrund stets auf der Oberfläche bleibt, und zwar ein Wissen, DASS es so ist, aber keines, WARUM es so ist, geben kann. Eukleides gieng diesen letztern Weg, zum offenbaren Nachtheil der Wissenschaft. Denn z.B. gleich Anfangs, wo er ein für alle Mal zeigen sollte, wie im Dreieck Winkel und Seiten sich gegenseitig bestimmen und Grund und Folge von einander sind, gemäß der Form, die der Satz vom Grund im bloßen Raume hat, und die dort, wie überall, die Nothwendigkeit giebt, daß Eines so ist, wie es ist; weil ein von ihm ganz verschiedenes Anderes so ist, wie es ist; statt so in das Wesen des Dreiecks eine gründliche Einsicht zu geben, stellt er einige abgerissene, beliebig gewählte Sätze über das Dreieck auf und giebt einen logischen Erkenntnißgrund derselben, durch einen mühsäligen, logisch, gemäß dem Satz des Widerspruchs geführten Beweis. Statt einer erschöpfenden Erkenntniß dieser räumlichen Verhältnisse, erhält man daher nur einige beliebig mitgetheilte Resultate aus ihnen, und ist in dem Fall, wie Jemand, dem die verschiedenen Wirkungen einer künstlichen Maschine gezeigt, ihr innerer Zusammenhang und Getriebe aber vorenthalten würde. Daß, was Eukleides demonstrirt, alles so sei, muß man, durch den Satz vom Widerspruch gezwungen, zugeben: WARUM es aber so ist, erfährt man nicht. Man hat daher fast die unbehagliche Empfindung, wie nach einem Taschenspielerstreich, und in der That sind einem solchen die meisten Eukleidischen Beweise auffallend ähnlich. Fast immer kommt die Wahrheit durch die Hinterthür herein, indem sie sich *per accidens* aus irgend einem Nebenumstand ergiebt. Oft schließt ein apagogischer Beweis alle Thüren, eine nach der andern, zu, und läßt nur die eine offen, in die man nun bloß deswegen hinein muß. Oft werden, wie im Pythagorischen Lehrsatze, Linien gezogen, ohne daß man weiß warum: hinterher zeigt sich, daß es Schlingen waren, die sich unerwartet zuziehn und den Assensus des Lernenden gefangen nehmen, der nun verwundert zugeben muß, was ihm seinem innern Zusammenhang nach völlig unbegreiflich bleibt, so sehr, daß er den ganzen Eukleides durchstudiren kann, ohne eigentliche Einsicht in die Gesetze der räumlichen Verhältnisse zu gewinnen, sondern statt ihrer nur einige Resultate aus ihnen auswendig lernt. Diese eigentlich empirische und unwissenschaftliche Erkenntniß gleicht der des Arztes, welcher Krankheit und Mittel dagegen, aber nicht den Zusammenhang beider kennt. Dieses alles aber ist die Folge, wenn man die einer Erkenntnißart eigenthümliche Weise der Begründung und Evidenz grillenhaft abweist, und statt ihrer eine ihrem

Wesen fremde gewaltsam einführt. Indessen verdient übrigens die Art, wie vom Eukleides dieses durchgesetzt ist, alle Bewunderung, die ihm so viele Jahrhunderte hindurch geworden und so weit gegangen ist, daß man seine Behandlungsart der Mathematik für das Muster aller wissenschaftlichen Darstellung erklärte, nach der man sogar alle andern Wissenschaften zu modeln sich bemühte, später jedoch hievon zurückkam, ohne sehr zu wissen warum. In unsern Augen kann jene Methode des Eukleides in der Mathematik dennoch nur als eine sehr glänzende Verkehrtheit erscheinen. Nun läßt sich aber wohl immer von jeder großen, absichtlich und methodisch betriebenen, dazu vom allgemeinen Beifall begleiteten Verirrung, sie möge das Leben oder die Wissenschaft betreffen, der Grund nachweisen in der zu ihrer Zeit herrschenden Philosophie. – Die Eleaten zuerst hatten den Unterschied, ja öfteren Widerstreit entdeckt zwischen dem Angeschauten, *φαινομενον*, und dem Gedachten, *νοουμενον**, und hatten ihn zu ihren Philosophemen, auch zu Sophismen, mannigfaltig benutzt. Ihnen folgten später Megariker, Dialektiker, Sophisten, Neu-Akademiker und Skeptiker; diese machten aufmerksam auf den Schein, d.i. auf die Täuschung der Sinne, oder vielmehr des ihre Data zur Anschauung umwandelnden Verstandes, welche uns oft Dinge sehen läßt, denen die Vernunft mit Sicherheit die Realität abspricht, z.B. den gebrochenen Stab im Wasser u.dgl. Man erkannte, daß der sinnlichen Anschauung nicht unbedingt zu trauen sei, und schloß voreilig, daß allein das vernünftige logische Denken Wahrheit begründe; obgleich Platon (im Parmenides), die Megariker, Pyrrhon und die Neu-Akademiker durch Beispiele (in der Art wie später Sextus Empirikus) zeigten, wie auch andererseits Schlüsse und Begriffe irre führten, ja Paralogismen und Sophismen hervorbrächten, die viel leichter entstehen und viel schwerer zu lösen sind, als der Schein in der sinnlichen Anschauung. Inzwischen behielt jener also im Gegensatz des Empirismus entstandene Rationalismus die Oberhand, und ihm gemäß bearbeitete Eukleides die Mathematik,

---

* An Kants Misbrauch dieser Griechischen Ausdrücke, der im Anhang gerügt ist, darf hier gar nicht gedacht werden.

also auf die anschauliche Evidenz (*φαινομενον*) bloß die Axiome nothgedrungen stützend, alles Uebrige aber auf Schlüsse (*νοουμενον*). Seine Methode blieb herrschend alle Jahrhunderte hindurch, und mußte es bleiben, so lange nicht die reine Anschauung *a priori* von der empirischen unterschieden wurde. Zwar scheint schon des Eukleides Kommentator Proklos jenen Unterschied völlig erkannt zu haben, wie die Stelle jenes Kommentators zeigt, welche Kepler in seinem Buche *de harmonia mundi* lateinisch übersetzt hat: allein Proklos legte nicht genug Gewicht auf die Sache, stellte sie zu isolirt auf, blieb unbeachtet und drang nicht durch. Erst zwei tausend Jahre später daher, wird die Lehre Kants, welche so große Veränderungen in allem Wissen, Denken und Treiben der Europäischen Völker hervorzubringen bestimmt ist, auch in der Mathematik eine solche veranlassen. Denn erst nachdem wir von diesem großen Geiste gelernt haben, daß die Anschauungen des Raumes und der Zeit von der empirischen gänzlich verschieden, von allem Eindruck auf die Sinne gänzlich unabhängig, diesen bedingend, nicht durch ihn bedingt, d.h. *a priori* sind, und daher dem Sinnentruge gar nicht offen stehen, erst jetzt können wir einsehen, daß des Eukleides logische Behandlungsart der Mathematik eine unnütze Vorsicht, eine Krücke für gesunde Beine ist, daß sie einem Wandrer gleicht, der Nachts einen hellen festen Weg für ein Wasser haltend, sich hütet ihn zu betreten, und stets daneben auf holprigtem Boden geht, zufrieden von Strecke zu Strecke an das vermeinte Wasser zu stoßen. Erst jetzt können wir mit Sicherheit behaupten, daß, was bei der Anschauung einer Figur sich uns als nothwendig ankündigt, nicht aus der auf dem Papier vielleicht sehr mangelhaft gezeichneten Figur kommt, auch nicht aus dem abstrakten Begriff, den wir dabei denken, sondern unmittelbar aus der uns *a priori* bewußten Form aller Erkenntniß: diese ist überall der Satz vom Grunde: hier ist sie, als Form der Anschauung, d.i. Raum, Satz vom Grunde des Seyns: dessen Evidenz und Gültigkeit aber ist ebenso groß und unmittelbar, wie die vom Satze des Erkenntnißgrundes, d.i. die logische Gewißheit. Wir brauchen und dürfen also nicht, um bloß der letztern zu trauen, das eigenthümliche Gebiet der Mathematik verlassen, um sie auf einem ihr ganz fremden, dem der Begriffe, zu beglaubigen. Halten wir uns auf jenem der Mathematik eigenthümlichen Boden, so erlangen wir den großen Vortheil, daß in ihr nunmehr das Wissen, DASS etwas so sei, Eines ist mit dem, WARUM es so sei; statt daß die Eukleidische Methode beide gänzlich trennt und bloß das erstere, nicht das letztere erkennen läßt. Aristoteles aber sagt ganz vortrefflich, in den *Analyt. post. I, 27*: »*Ακϱιβεστεϱα δ' επιστημη επιστημης και πϱοτεϱα, ἡτε του ὁτι και του διοτι ἡ αυτη, αλλα μη χωϱις του ὁτι, της του διοτι.*« (*Subtilior autem et praestantior ea est scientia, quâ* quod *aliquid sit, et* cur *sit una simulque intelligimus, non separatim* quod, *et* cur *sit.)* Sind wir doch in der Physik nur dann befriedigt, wann die Erkenntniß, DASS etwas so sei, vereint ist mit der, WARUM es so ist: daß das Quecksilber in der Torricellianischen Röhre 28 Zoll hoch steht, ist ein schlechtes Wissen, wenn nicht auch hinzukommt, daß es so vom Gegengewicht der Luft gehalten wird. Aber in der Mathematik soll uns die *qualitas occulta* des Cirkels, daß die Abschnitte jeder zwei in ihm sich schneidender Sehnen stets gleiche Rektangel bilden, genügen? Daß es so sei, beweist freilich Eukleides im 35sten Satze des dritten Buches: das Warum steht noch dahin. Ebenso lehrt der Pythagorische Lehrsatz uns eine *qualitas occulta* des rechtwinklichten Dreiecks kennen: des Eukleides stelzbeiniger, ja, hinterlistiger Beweis verläßt uns beim Warum, und beistehende, schon bekannte, einfache Figur giebt auf einen Blick weit mehr, als jener Beweis, Einsicht in die Sache und innere feste Ueberzeugung von jener Nothwendigkeit und von der Abhängigkeit jener Eigenschaft vom rechten Winkel:

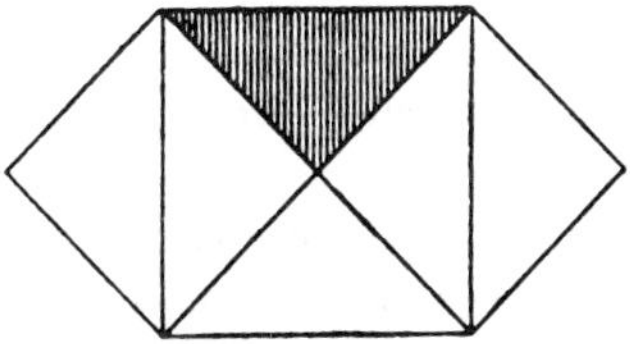

Auch bei ungleichen Katheten muß es sich zu einer solchen anschaulichen Ueberzeugung bringen lassen, wie überhaupt bei jeder möglichen geometrischen Wahrheit, schon deshalb, weil ihre

Auffindung allemal von einer solchen angeschauten Nothwendigkeit ausging und der Beweis erst hinterher hinzu ersonnen ward: man bedarf also nur einer Analyse des Gedankenganges bei der ersten Auffindung einer geometrischen Wahrheit, um ihre Nothwendigkeit anschaulich zu erkennen. Es ist überhaupt die analytische Methode, welche ich für den Vortrag der Mathematik wünsche, statt der synthetischen, welche Eukleides gebraucht hat. Allerdings aber wird dies, bei komplicirten mathematischen Wahrheiten, sehr große, jedoch nicht unüberwindliche Schwierigkeiten haben. Schon fängt man in Deutschland hin und wieder an, den Vortrag der Mathematik zu ändern und mehr diesen analytischen Weg zu gehen. Am entschiedensten hat dies Herr KOSACK, Lehrer der Mathematik und Physik am Gymnasio zu Nordhausen, gethan, indem er dem Programm zur Schulprüfung am 6. April 1852 einen ausführlichen Versuch, die Geometrie nach meinen Grundsätzen zu behandeln, beigegeben hat.

Um die Methode der Mathematik zu verbessern, wird vorzüglich erfordert, daß man das Vorurtheil aufgebe, die bewiesene Wahrheit habe irgend einen Vorzug vor der anschaulich erkannten, oder die logische, auf dem Satz vom Widerspruch beruhende, vor der metaphysischen, welche unmittelbar evident ist und zu der auch die reine Anschauung des Raumes gehört.

Das Gewisseste und überall Unerklärbare ist der Inhalt des Satzes vom Grunde. Denn dieser, in seinen verschiedenen Gestalten, bezeichnet die allgemeine Form aller unserer Vorstellungen und Erkenntnisse. Alle Erklärung ist Zurückführung auf ihn, Nachweisung im einzelnen Fall des durch ihn überhaupt ausgedrückten Zusammenhangs der Vorstellungen. Er ist sonach das Princip aller Erklärung und daher nicht selbst einer Erklärung fähig, noch ihrer bedürftig, da jede ihn schon voraussetzt und nur durch ihn Bedeutung erhält. Nun hat aber keine seiner Gestalten einen Vorzug vor der andern: er ist gleich gewiß und unbeweisbar als Satz vom Grunde des Seyns, oder des Werdens, oder des Handelns, oder des Erkennens. Das Verhältniß des Grundes zur Folge ist, in der einen wie in der andern seiner Gestalten, ein nothwendiges, ja es ist überhaupt der Ursprung, wie die alleinige Bedeutung, des Begriffs der

Nothwendigkeit. Es giebt keine andere Nothwendigkeit, als die der Folge, wenn der Grund gegeben ist, und es giebt keinen Grund, der nicht Nothwendigkeit der Folge herbeiführte. So sicher also aus dem in den Prämissen gegebenen Erkenntnißgrunde die im Schlußsatze ausgesprochene Folge fließt, so sicher bedingt der Seynsgrund im Raum seine Folge im Raum: habe ich das Verhältniß dieser beiden anschaulich erkannt, so ist diese Gewißheit ebenso groß, wie irgend eine logische. Ausdruck eines solchen Verhältnisses ist aber jeder geometrische Lehrsatz, ebenso gut, wie eines der zwölf Axiome: er ist eine metaphysische Wahrheit und als solche ebenso unmittelbar gewiß, wie der Satz vom Widerspruche selbst, der eine metalogische Wahrheit und die allgemeine Grundlage aller logischen Beweisführung ist. Wer die anschaulich dargelegte Nothwendigkeit der in irgend einem Lehrsatze ausgesprochenen räumlichen Verhältnisse leugnet, kann mit gleichem Recht die Axiome leugnen, und mit gleichem Recht die Folge des Schlusses aus den Prämissen, ja den Satz vom Widerspruch selbst: denn alles Dieses sind gleich unbeweisbare, unmittelbar evidente und *a priori* erkennbare Verhältnisse. Wenn man daher die anschaulich erkennbare Nothwendigkeit räumlicher Verhältnisse erst durch eine logische Beweisführung aus dem Satze vom Widerspruch ableiten will; so ist es nicht anders, als wenn dem unmittelbaren Herrn eines Landes ein andrer dasselbe erst zu Lehn ertheilen wollte. Dies aber ist es, was Eukleides gethan hat. Bloß seine Axiome läßt er nothgedrungen auf unmittelbarer Evidenz beruhen: alle folgenden geometrischen Wahrheiten werden logisch bewiesen, nämlich, unter Voraussetzung jener Axiome, aus der Uebereinstimmung mit den im Lehrsatz gemachten Annahmen, oder mit einem frühern Lehrsatz, oder auch aus dem Widerspruch des Gegentheils des Lehrsatzes mit den Annahmen, den Axiomen, den früheren Lehrsätzen, oder gar sich selbst. Aber die Axiome selbst haben nicht mehr unmittelbare Evidenz, als jeder andere geometrische Lehrsatz, sondern nur mehr Einfachheit durch geringeren Gehalt.

Wenn man einen Delinquenten vernimmt, so nimmt man seine Aussagen zu Protokoll, um aus ihrer Uebereinstimmung ihre Wahrheit zu beurtheilen. Dies ist aber ein bloßer Nothbehelf, bei dem man es nicht bewenden läßt, wenn man unmittelbar die Wahrheit jeder seiner Aussagen für sich erforschen kann; zumal da er von Anfang an konsequent lügen konnte. Jene erste Methode ist es jedoch, nach der Eukleides den Raum erforschte. Zwar ging er dabei von der richtigen Voraussetzung aus, daß die Natur überall, also auch in ihrer Grundform, dem Raum, konsequent seyn muß und daher, weil die Theile des Raumes im Verhältniß von Grund und Folge zu einander stehen, keine einzige räumliche Bestimmung anders seyn kann, als sie ist, ohne mit allen andern im Widerspruch zu stehen. Aber dies ist ein sehr beschwerlicher und unbefriedigender Umweg, der die mittelbare Erkenntniß der ebenso gewissen unmittelbaren vorzieht, der ferner die Erkenntniß, DASS etwas ist, von der, WARUM es ist, zum großen Nachtheil der Wissenschaft trennt, und endlich dem Lehrling die Einsicht in die Gesetze des Raumes gänzlich vorenthält, ja, ihn entwöhnt vom eigentlichen Erforschen des Grundes und des innern Zusammenhanges der Dinge, ihn statt dessen anleitend, sich an einem historischen Wissen, DASS es so sei, genügen zu lassen. Die dieser Methode so unablässig nachgerühmte Uebung des Scharfsinns besteht aber bloß darin, daß sich der Schüler im Schließen, d.h. im Anwenden des Satzes vom Widerspruch, übt, besonders aber sein Gedächtniß anstrengt, um alle jene Data, deren Uebereinstimmung zu vergleichen ist, zu behalten.

Es ist übrigens bemerkenswerth, daß diese Beweismethode bloß auf die Geometrie angewandt worden und nicht auf die Arithmetik: vielmehr läßt man in dieser die Wahrheit wirklich allein durch Anschauung einleuchten, welche hier im bloßen Zählen besteht. Da die Anschauung der Zahlen in der ZEIT ALLEIN ist und daher durch kein sinnliches Schema, wie die geometrische Figur, repräsentirt werden kann; so fiel hier der Verdacht weg, daß die Anschauung nur empirisch und daher dem Schein unterworfen wäre, welcher Verdacht allein die logische Beweisart hat in die Geometrie bringen können. Zählen ist, weil die Zeit nur eine Dimension hat, die einzige arithmetische Operation, auf die alle andern zurückzuführen sind: und dies Zählen ist doch nichts Anderes, als Anschauung *a priori*, auf welche sich zu berufen man hier keinen

Anstand nimmt, und durch welche allein das Uebrige, jede Rechnung, jede Gleichung, zuletzt bewährt wird. Man beweist z.B. nicht, daß $\frac{7 + 9 \times 8 - 2}{3} = 42$; sondern man beruft sich auf die reine Anschauung in der Zeit, das Zählen, macht also jeden einzelnen Satz zum Axiom. Statt der Beweise, welche die Geometrie füllen, ist daher der ganze Inhalt der Arithmetik und Algebra eine bloße Methode zum Abkürzen des Zählens. Unsere unmittelbare Anschauung der Zahlen in der Zeit reicht zwar, wie oben erwähnt, nicht weiter, als etwan bis Zehn: darüber hinaus muß schon ein abstrakter Begriff der Zahl, durch ein Wort fixirt, die Stelle der Anschauung vertreten, welche daher nicht mehr wirklich vollzogen, sondern nur ganz bestimmt bezeichnet wird. Jedoch ist selbst so, durch das wichtige Hülfsmittel der Zahlenordnung, welche größere Zahlen immer durch die selben kleinen repräsentiren läßt, eine anschauliche Evidenz jeder Rechnung möglich gemacht, sogar da, wo man die Abstraktion so sehr zu Hülfe nimmt, daß nicht nur die Zahlen, sondern unbestimmte Größen und ganze Operationen nur *in abstracto* gedacht und in dieser Hinsicht bezeichnet werden, wie $\sqrt{r-^{b}}$, so daß man sie nicht mehr vollzieht, sondern nur andeutet.

Mit demselben Recht und derselben Sicherheit, wie in der Arithmetik, könnte man auch in der Geometrie die Wahrheit allein durch reine Anschauung *a priori* begründet seyn lassen. In der That ist es auch immer diese, gemäß dem Satz vom Grunde des Seyns anschaulich erkannte Nothwendigkeit, welche der Geometrie ihre große Evidenz ertheilt und auf der im Bewußtseyn eines Jeden die Gewißheit ihrer Sätze beruht: keineswegs ist es der auf Stelzen einherschreitende logische Beweis, welcher, der Sache immer fremd, meistens bald vergessen wird, ohne Nachtheil der Ueberzeugung, und ganz wegfallen könnte, ohne daß die Evidenz der Geometrie dadurch vermindert würde, da sie ganz unabhängig von ihm ist und er immer nur Das beweist, wovon man schon vorher, durch eine andere Erkenntnißart, völlige Ueberzeugung hat: insofern gleicht er einem feigen Soldaten, der dem von andern erschlagenen

Feinde noch eine Wunde versetzt, und sich dann rühmt, ihn erlegt zu haben*.

Diesem allen zufolge wird es hoffentlich keinem Zweifel weiter unterliegen, daß die Evidenz der Mathematik, welche zum Musterbild und Symbol aller Evidenz geworden ist, ihrem Wesen nach nicht auf Beweisen, sondern auf unmittelbarer Anschauung beruht, welche also hier, wie überall, der letzte Grund und die Quelle aller Wahrheit ist. Jedoch hat die Anschauung, welche der Mathematik zum Grunde liegt, einen großen Vorzug vor jeder andern, also vor der empirischen. Nämlich, da sie *a priori* ist, mithin unabhängig von der Erfahrung, die immer nur theilweise und successiv gegeben wird; liegt ihr Alles gleich nahe, und man kann beliebig vom Grunde, oder von der Folge ausgehen. Dies nun giebt ihr eine völlige Untrüglichkeit dadurch, daß in ihr die Folge aus dem Grunde erkannt wird, welche Erkenntniß allein Nothwendigkeit hat: z.B. die Gleichheit der Seiten wird erkannt als begründet durch die Gleichheit der Winkel; da hingegen alle empirische Anschauung und der größte Theil aller Erfahrung nur umgekehrt von der Folge zum Grunde geht, welche Erkenntnißart nicht unfehlbar ist, da Nothwendigkeit allein der Folge zukommt, sofern der Grund gegeben ist, nicht aber der Erkenntniß des Grundes aus der Folge, da dieselbe Folge aus verschiedenen Gründen entspringen kann. Diese letztere Art der Erkenntniß ist immer nur Induktion: d.h. aus vielen Folgen, die auf einen Grund deuten, wird der Grund als gewiß angenommen; da die Fälle aber nie vollständig beisammen seyn können, so ist die Wahrheit hier auch nie unbedingt gewiß. Diese Art von Wahrheit allein aber hat alle Erkenntniß durch sinnliche Anschauung und die allermeiste Erfahrung. Die Affektion

---

* SPINOZA, der sich immer rühmt, *more geometrico* zu verfahren, hat dies wirklich noch mehr gethan, als er selbst wußte. Denn was ihm, aus einer unmittelbaren, anschaulichen Auffassung des Wesens der Welt, gewiß und ausgemacht war, sucht er unabhängig von jener Erkenntniß logisch zu demonstriren. Das beabsichtigte und bei ihm vorher gewisse Resultat erlangt er aber freilich nur dadurch, daß er willkürlich selbstgemachte Begriffe (*substantia, causa sui* u.s.w.) zum Ausgangspunkt nimmt und im Beweisen alle jene Willkürlichkeiten sich erlaubt, zu denen das Wesen der weiten Begriffssphären bequeme Gelegenheit giebt. Das Wahre und Vortreffliche seiner Lehre ist daher bei ihm auch ganz unabhängig von den Beweisen, eben wie in der Geometrie.

Hiezu Kap. 13 des zweiten Bandes.

eines Sinnes veranlaßt einen Verstandesschluß von der Wirkung auf die Ursache: weil aber vom Begründeten auf den Grund der Schluß nie sicher ist, so ist der falsche Schein, als Sinnentrug, möglich und oft wirklich, wie oben ausgeführt. Erst wenn mehrere oder alle fünf Sinne Affektionen erhalten, welche auf die selbe Ursache deuten, ist die Möglichkeit des Scheines äußerst klein geworden, dennoch aber vorhanden: denn in gewissen Fällen, z.B. durch falsche Münze, täuscht man die gesammte Sinnlichkeit. Im selben Fall ist alle empirische Erkenntniß, folglich die ganze Naturwissenschaft, ihren reinen (nach Kant metaphysischen) Theil bei Seite gesetzt. Auch hier werden aus den Wirkungen die Ursachen erkannt: daher beruht alle Naturlehre auf Hypothesen, die oft falsch sind und dann allmälig richtigeren Platz machen. Bloß bei den absichtlich angestellten Experimenten geht die Erkenntniß von der Ursach auf die Wirkung, also den sichern Weg: aber sie selbst werden erst in Folge von Hypothesen unternommen. Deshalb konnte kein Zweig der Naturwissenschaft, z.B. Physik, oder Astronomie, oder Physiologie, mit einem Male gefunden werden, wie Mathematik oder Logik es konnten; sondern es bedurfte und bedarf der gesammelten und verglichenen Erfahrungen vieler Jahrhunderte. Erst vielfache empirische Bestätigung bringt die Induktion, auf der die Hypothese beruht, der Vollständigkeit so nahe, daß sie für die Praxis die Stelle der Gewißheit einnimmt und der Hypothese ihr Ursprung so wenig nachtheilig erachtet wird, wie der Anwendung der Geometrie die Inkommensurabilität gerader und krummer Linien, oder der Arithmetik die nicht zu erlangende vollkommene Richtigkeit des Logarithmus: denn wie man die Quadratur des Cirkels und den Logarithmus durch unendliche Brüche der Richtigkeit unendlich nahe bringt, so wird auch durch vielfache Erfahrung die Induktion, d.h. die Erkenntniß des Grundes aus den Folgen, der mathematischen Evidenz, d.h. der Erkenntniß der Folge aus dem Grunde, zwar nicht unendlich, aber doch so nahe gebracht, daß die Möglichkeit der Täuschung gering genug wird, um vernachlässigt werden zu können. Vorhanden aber ist sie doch: z.B. ein Induktionsschluß ist auch der, von unzähligen Fällen auf alle, d.h. eigentlich auf den unbekannten Grund, von welchem alle abhängen. Welcher Schluß dieser Art scheint nun sicherer, als der, daß alle Menschen das Herz auf der linken Seite haben? Dennoch giebt es, als höchst seltene, völlig vereinzelte Ausnahmen, Menschen, denen das Herz auf der rechten Seite sitzt. – Sinnliche Anschauung und Erfahrungswissenschaft haben also die selbe Art der Evidenz. Der Vorzug, den Mathematik, reine Naturwissenschaft und Logik als Erkenntnisse *a priori* vor ihnen haben, beruht bloß darauf, daß das Formelle der Erkenntnisse, auf welches alle Apriorität sich gründet, ganz und zugleich gegeben ist und daher hier immer vom Grunde auf die Folge gegangen werden kann, dort aber meistens nur von der Folge auf den Grund. An sich ist übrigens das Gesetz der Kausalität, oder der Satz vom Grunde des Werdens, welcher die empirische Erkenntniß leitet, ebenso sicher, wie jene andern Gestaltungen des Satzes vom Grunde, denen obige Wissenschaften *a priori* folgen. – Logische Beweise aus Begriffen, oder Schlüsse, haben ebenso wohl, wie die Erkenntniß durch Anschauung *a priori*, den Vorzug, vom Grund auf die Folge zu gehen, wodurch sie an sich, d.h. ihrer Form nach, unfehlbar sind. Dies hat viel beigetragen, die Beweise überhaupt in so großes Ansehen zu bringen. Allein diese Unfehlbarkeit derselben ist eine relative: sie subsumiren bloß unter die oberen Sätze der Wissenschaft: diese aber sind es, welche den ganzen Fonds von Wahrheit der Wissenschaft enthalten, und sie dürfen nicht wieder bloß bewiesen seyn, sondern müssen sich auf Anschauung gründen, welche in jenen genannten wenigen Wissenschaften *a priori* eine reine, sonst aber immer empirisch und nur durch Induktion zum Allgemeinen erhoben ist. Wenn also auch bei Erfahrungswissenschaften das Einzelne aus dem Allgemeinen bewiesen wird, so hat doch wieder das Allgemeine seine Wahrheit nur vom Einzelnen erhalten, ist nur ein Speicher gesammelter Vorräthe, kein selbsterzeugender Boden.

Soviel von der Begründung der Wahrheit. – Ueber den Ursprung und die Möglichkeit des IRRTHUMS sind seit Platons bildlichen Auflösungen darüber, vom Taubenschlage, wo man die unrechte Taube greift u.s.w. (*Theaetet.*, S. 167 u. ff.), viele Erklärungen versucht worden. KANTS vage, unbestimmte Erklärung vom Ursprung des Irrthums, mittelst des Bildes der Diagonalbewegung, findet man in der Kritik d. rein. Vern., S.294 der ersten u. S.350 der fünften Ausgabe. – Da die Wahrheit die Beziehung eines Urtheils auf seinen Erkenntnißgrund ist, so ist es allerdings ein Problem, wie der Urtheilende einen solchen Grund zu haben wirklich glauben kann und doch keinen hat, d.h. wie der Irrthum, der Trug der Vernunft, möglich ist. Ich finde diese Möglichkeit ganz analog der des Scheines, oder Truges des Verstandes, die oben erklärt worden. Meine Meinung nämlich ist (und das giebt dieser Erklärung gerade hier ihre Stelle), DASS JEDER IRRTHUM EIN SCHLUSS VON DER FOLGE AUF DEN GRUND ist, welcher zwar gilt, wo man weiß, daß die Folge jenen und durchaus keinen andern Grund haben kann; außerdem aber nicht. Der Irrende setzt entweder der Folge einen Grund, den sie gar nicht haben kann; worin er dann wirklichen Mangel an Verstand, d.h. an der Fähigkeit unmittelbarer Erkenntniß der Verbindung zwischen Ursach und Wirkung, zeigt: oder aber, was häufiger der Fall ist, er bestimmt der Folge einen zwar möglichen Grund, setzt jedoch zum Obersatz seines Schlusses von der Folge auf den Grund noch hinzu, daß die besagte Folge ALLEMAL nur aus dem von ihm angegebenen Grunde entstehe, wozu ihn nur eine vollständige Induktion berechtigen könnte, die er aber voraussetzt, ohne sie gemacht zu haben: jenes ALLEMAL ist also ein zu weiter Begriff, statt dessen nur stehen dürfte BISWEILEN, oder MEISTENS; wodurch der Schlußsatz problematisch ausfiele und als solcher nicht irrig wäre. Daß der Irrende aber auf die angegebene Weise verfährt, ist entweder Uebereilung, oder zu beschränkte Kenntniß von der Möglichkeit, weshalb er die Nothwendigkeit der zu machenden Induktion nicht weiß. Der Irrthum ist also dem Schein ganz analog. Beide sind Schlüsse von der Folge auf den Grund: der Schein stets nach dem Gesetze der Kausalität und vom bloßen Verstande, also unmittelbar in der Anschauung selbst, vollzogen; der Irrthum, nach allen Formen des Satzes vom Grunde, von der Vernunft, also im eigentlichen Denken, vollzogen, am häufigsten jedoch ebenfalls nach dem Gesetze der Kausalität, wie folgende drei Beispiele belegen, die man als Typen oder Repräsentanten dreier Arten von Irrthümern ansehen mag. 1) Der Sinnenschein, (Trug des Verstandes) veranlaßt Irrthum (Trug der Vernunft), z.B. wenn man eine Malerei für ein Haut-Relief ansieht und wirklich dafür hält; es geschieht durch einen Schluß aus folgendem Obersatz: »Wenn Dunkelgrau stellenweise durch alle Nüancen in Weiß übergeht; so ist ALLEMAL die Ursache das Licht, welches Erhabenheiten und Vertiefungen ungleich trifft: *ergo* –.« 2) »Wenn Geld in meiner Kasse fehlt; so ist die Ursache ALLEMAL, daß mein Bedienter einen Nachschlüssel hat: *ergo* –.« 3) »Wenn das durch das Prisma gebrochene, d.i. herauf oder herab gerückte Sonnenbild, statt vorher rund und weiß, jetzt länglich und gefärbt erscheint; so ist die Ursache einmal und allemal, daß im Licht verschieden-gefärbte und zugleich verschieden-brechbare homogene Lichtstrahlen gesteckt haben, die, durch ihre verschiedene Brechbarkeit auseinandergerückt, jetzt ein längliches und zugleich verschieden-farbiges Bild zeigen: *ergo – bibamus!*« – Auf einen solchen Schluß aus einem, oft nur fälschlich generalisirten, hypothetischen, aus der Annahme eines Grundes zur Folge entsprungenen Obersatz muß jeder Irrthum zurückzuführen seyn; nur nicht etwan Rechnungsfehler, welche eben nicht eigentlich Irrthümer sind, sondern bloße Fehler: die Operation, welche die Begriffe der Zahlen angaben, ist nicht in der reinen Anschauung, dem Zählen, vollzogen worden; sondern eine andere statt ihrer.

Was den INHALT der Wissenschaften überhaupt betrifft, so ist dieser eigentlich immer das Verhältniß der Erscheinungen der Welt zu einander, gemäß dem Satz vom Grunde und am Leitfaden des durch ihn allein geltenden und bedeutenden Warum. Die Nachweisung jenes Verhältnisses heißt ERKLÄRUNG. Diese kann also nie weiter gehen, als daß sie zwei Vorstellungen zu einander in dem Verhältnisse der in der Klasse, zu der sie gehören, herrschenden Gestaltung des Satzes vom Grunde zeigt. Ist sie dahin gelangt, so kann gar nicht weiter Warum gefragt werden: denn das nachgewiesene Verhältniß ist dasjenige, welches schlechterdings nicht anders vorgestellt werden kann, d.h. es ist die Form aller Erkenntniß. Daher frägt man nicht warum $2 + 2 = 4$ ist; oder warum Gleichheit der Winkel im Dreieck, Gleichheit der Seiten bestimmt; oder warum auf irgend eine gegebene Ursache ihre Wirkung folgt; oder warum aus der Wahrheit der Prämissen, die der Konklusion einleuchtet.

Jede Erklärung, die nicht auf ein Verhältniß, davon weiter kein Warum gefordert werden kann, zurückführt, bleibt bei einer angenommenen *qualitas occulta* stehen: dieser Art ist aber auch jede ursprüngliche Naturkraft. Bei einer solchen muß jede naturwissenschaftliche Erklärung zuletzt stehen bleiben, also bei einem völlig Dunkelen: sie muß daher das innere Wesen eines Steines ebenso unerklärt lassen, wie das eines Menschen; kann so wenig von der Schwere, Kohäsion, chemischen Eigenschaften u.s.w., die Jener äußert, als vom Erkennen und Handeln Dieses Rechenschaft geben. So z.B. ist die Schwere eine *qualitas occulta*: denn sie läßt sich wegdenken, geht also nicht aus der Form des Erkennens als ein Nothwendiges hervor: dies hingegen ist der Fall mit dem Gesetze der Trägheit, als welches aus dem der Kausalität folgt; daher eine Zurückführung auf dasselbe eine vollkommen genügende Erklärung ist. Zwei Dinge nämlich sind schlechthin unerklärlich, d.h. nicht auf das Verhältniß, welches der Satz vom Grunde ausspricht, zurückzuführen: erstlich, der Satz vom Grunde selbst, in allen seinen vier Gestalten, weil er das Princip aller Erklärung ist, dasjenige, in Beziehung worauf sie allein Bedeutung hat; und zweitens, Das, was nicht von ihm erreicht wird, woraus aber eben das Ursprüngliche in allen Erscheinungen hervorgeht: es ist das Ding an sich, dessen Erkenntniß gar nicht die dem Satz vom Grunde unterworfene ist. Dieses Letztere muß hier nun ganz unverstanden stehen bleiben, da es erst durch das folgende Buch, in welchem wir auch diese Betrachtung der möglichen Leistungen der Wissenschaften wieder aufnehmen werden, verständlich werden kann. Aber da, wo die Naturwissenschaft, ja jede Wissenschaft, die Dinge stehen läßt, indem nicht nur ihre Erklärung derselben, sondern sogar das Princip dieser Erklärung, der Satz vom Grund, nicht über diesen Punkt hinausführt; da nimmt eigentlich die Philosophie die Dinge wieder auf und betrachtet sie nach ihrer, von jener ganz verschiedenen Weise. – In der Abhandlung über den Satz vom Grunde, §. 51, habe ich gezeigt, wie, in den verschiedenen Wissenschaften, die eine oder die andere Gestaltung jenes Satzes Hauptleitfaden ist: in der That möchte hienach sich vielleicht die treffendeste Eintheilung der Wissenschaften machen lassen. Jede nach jenem Leitfaden gegebene Erklärung ist aber, wie gesagt, immer nur relativ: sie erklärt die Dinge in Beziehung auf einander, läßt aber immer Etwas unerklärt, welches sie eben schon voraussetzt: Dieses ist z.B. in der Mathematik Raum und Zeit; in der Mechanik, Physik und Chemie die Materie, die Qualitäten, die ursprünglichen Kräfte, die Naturgesetze; in der Botanik und Zoologie die Verschiedenheit der Species und das Leben selbst; in der Geschichte das Menschengeschlecht, mit allen seinen Eigenthümlichkeiten des Denkens und Wollens; – in allen der Satz vom Grund in seiner jedesmal anzuwendenden Gestaltung. – Die PHILOSOPHIE hat das Eigene, daß sie gar nichts als bekannt voraussetzt, sondern Alles ihr in gleichem Maaße fremd und ein Problem ist, nicht nur die Verhältnisse der Erscheinungen, sondern auch diese selbst, ja der Satz vom Grunde selbst, auf welchen Alles zurückzuführen die anderen Wissenschaften zufrieden sind, durch welche Zurückführung bei ihr aber nichts gewonnen wäre, da ein Glied der Reihe ihr so fremd ist, wie das andere, ferner auch jene Art des Zusammenhangs selbst ihr ebenso gut ein Problem ist, als das durch ihn Verknüpfte, und dieses wieder nach aufgezeigter Verknüpfung, so gut als vor derselben. Denn, wie gesagt, eben Jenes, was die Wissenschaften voraussetzen und ihren Erklärungen zum Grunde legen und zur Gränze setzen, ist gerade das eigentliche Problem der Philosophie, die folglich insofern da anfängt, wo die Wissenschaften aufhören. Beweise können nicht ihr Fundament seyn: denn diese leiten aus bekannten Sätzen unbekannte ab: aber ihr ist Alles gleich unbekannt und fremd. Es kann keinen Satz geben, in Folge dessen allererst die Welt mit allen ihren Erscheinungen da wäre: daher läßt sich nicht eine Philosophie, wie Spinoza wollte, *ex firmis principiis* demonstrirend ableiten. Auch ist die Philosophie das allgemeinste Wissen, dessen Hauptsätze also nicht Folgerungen aus einem andern, noch allgemeineren, seyn können. Der Satz vom Widerspruch setzt bloß die Uebereinstimmung der Begriffe fest; giebt aber nicht selbst Begriffe. Der Satz vom Grund erklärt Verbindungen der Erscheinungen, nicht diese selbst: daher kann Philosophie nicht darauf ausgehen, eine *causa efficiens* oder eine *causa finalis* der ganzen Welt zu suchen. Die gegenwärtige wenigstens sucht keineswegs, WOHER oder WOZU die Welt dasei; sondern bloß, WAS die Welt ist. Das Warum aber ist hier dem Was untergeordnet: denn es gehört schon zur Welt, da es allein durch die Form ihrer Erscheinung, den Satz vom Grund, entsteht und nur insofern Bedeutung und Gültigkeit hat. Zwar könnte man sagen, daß Was die Welt sei, ein Jeder ohne weitere Hülfe erkenne; da er das Subjekt des Erkennens, dessen Vorstellung sie ist, selbst ist: auch wäre dies insoweit wahr. Allein jene Erkenntniß ist eine anschauliche, ist *in concreto*: dieselbe *in abstracto* wiederzugeben, das successive, wandelbare Anschauen und überhaupt alles Das, was der weite Begriff GEFÜHL umfaßt und bloß negativ, als nicht abstraktes, deutliches Wissen bezeichnet, eben zu einem solchen, zu einem bleibenden Wissen zu erheben, ist die Aufgabe der Philosophie. Sie muß demnach eine Aussage *in abstracto* vom Wesen der gesammten Welt seyn, vom Ganzen wie von allen Theilen. Um aber dennoch nicht in eine endlose Menge von einzelnen Urtheilen sich zu verlieren, muß sie sich der Abstraktion bedienen und alles Einzelne im Allgemeinen denken, seine Verschiedenheiten aber auch wieder im Allgemeinen: daher wird sie theils trennen, theils vereinigen, um alles Mannigfaltige der Welt überhaupt, seinem Wesen nach, in wenige abstrakte Begriffe zusammengefaßt, dem Wissen zu überliefern. Durch jene Begriffe, in welchen sie das Wesen der Welt fixirt, muß jedoch, wie das Allgemeine, auch das ganz Einzelne erkannt werden, die Erkenntniß beider also auf das Genaueste verbunden seyn: daher die Fähigkeit zur Philosophie eben darin besteht, worin Plato sie setzte, im Erkennen des Einen im Vielen und des Vielen im Einen. Die Philosophie wird demnach eine Summe sehr allgemeiner Urtheile seyn, deren Erkenntnißgrund unmittelbar die Welt selbst in ihrer Gesammtheit ist, ohne irgend etwas auszuschließen: also Alles, was im menschlichen Bewußtseyn sich vorfindet: sie wird seyn EINE VOLLSTÄNDIGE WIEDERHOLUNG, GLEICHSAM ABSPIEGELUNG DER WELT IN ABSTRAKTEN BEGRIFFEN, welche allein möglich ist durch Vereinigung des wesentlich Identischen in EINEN Begriff und Aussonderung des Verschiedenen zu einem andern. Diese Aufgabe setzte schon Bako von Verulam der Philosophie, indem er sagte: *ea demum vera est philosophia, quae mundi ipsius voces fidelissime reddit, et veluti dictante mundo conscripta est, et nihil aliud est, quam ejusdem* simulacrum et reflectio, *neque addit quidquam de proprio, sed tantum iterat et resonat. (de augm. scient., L. 2, c. 13).* Wir nehmen jedoch dieses in einem ausgedehnteren Sinn, als Bako damals denken konnte.

Die Uebereinstimmung, welche alle Seiten und Theile der Welt, eben weil sie zu einem Ganzen gehören, mit einander haben, muß auch in jenem abstrakten Abbilde der Welt sich wiederfinden. Demnach könnte in jener Summe von Urtheilen das eine aus dem andern gewissermaaßen abgeleitet werden und zwar immer wechselseitig. Doch müssen sie hiezu für's Erste daseyn und also zuvor, als unmittelbar durch die Erkenntniß der Welt *in concreto* begründet, aufgestellt werden, um so mehr, als alle unmittelbare Begründung sicherer ist, als die mittelbare: ihre Harmonie zu einander, vermöge welcher sie sogar zur Einheit EINES Gedankens zusammenfließen, und welche entspringt aus der Harmonie und Einheit der anschaulichen Welt selbst, die ihr gemeinsamer Erkenntnißgrund ist, wird daher nicht als das Erste zu ihrer Begründung gebraucht werden; sondern nur noch als Bekräftigung ihrer Wahrheit hinzukommen. – Diese Aufgabe selbst kann erst durch ihre Auflösung vollkommen deutlich werden*.

§. 16.

Nach dieser ganzen Betrachtung der Vernunft, als einer dem Menschen allein eigenen, besonderen Erkenntnißkraft, und der durch sie herbeigeführten, der menschlichen Natur eigenthümlichen Leistungen und Phänomene, bliebe mir jetzt noch übrig von der Vernunft zu reden, sofern sie die Handlungen der Menschen leitet, also in dieser Rücksicht PRAKTISCH genannt werden kann. Allein das hier zu Erwähnende hat größtentheils seine Stelle an einem andern Orte gefunden, nämlich im Anhang zu dieser Schrift, wo das Daseyn der von Kant so genannten praktischen Vernunft zu bestreiten war, welche er (freilich sehr bequem) als unmittelbare Quelle aller

* Hiezu Kap. 17 des zweiten Bandes.

Tugend und als den Sitz eines absoluten (d.h. vom Himmel gefallenen) SOLL darstellt. Die ausführliche und gründliche Widerlegung dieses Kantischen Princips der Moral habe ich später geliefert, in den »Grundproblemen der Ethik«. – Ich habe deshalb hier nur noch Weniges über den wirklichen Einfluß der Vernunft, im wahren Sinne dieses Worts, auf das Handeln zu sagen. Schon am Eingang unserer Betrachtung der Vernunft haben wir im Allgemeinen bemerkt, wie sehr das Thun und der Wandel des Menschen von dem des Thieres sich unterscheidet, und daß dieser Unterschied doch allein als Folge der Anwesenheit abstrakter Begriffe im Bewußtseyn anzusehen ist. Der Einfluß dieser auf unser ganzes Daseyn ist so durchgreifend und bedeutend, daß er uns zu den Thieren gewissermaaßen in das Verhältniß setzt, welches die sehenden Thiere zu den augenlosen (gewisse Larven, Würmer und Zoophyten) haben: letztere erkennen durch das Getast allein das ihnen im Raum unmittelbar Gegenwärtige, sie Berührende; die Sehenden dagegen einen weiten Kreis von Nahem und Fernem. Ebenso nun beschränkt die Abwesenheit der Vernunft die Thiere auf die ihnen in der Zeit unmittelbar gegenwärtigen anschaulichen Vorstellungen, d.i. realen Objekte: wir hingegen, vermöge der Erkenntniß *in abstracto*, umfassen, neben der engen wirklichen Gegenwart, noch die ganze Vergangenheit und Zukunft, nebst dem weiten Reiche der Möglichkeit: wir übersehen das Leben frei nach allen Seiten, weit hinaus über die Gegenwart und Wirklichkeit. Was also im Raum und für die sinnliche Erkenntniß das Auge ist, das ist gewissermaaßen in der Zeit und für die innere Erkenntniß die Vernunft. Wie aber die Sichtbarkeit der Gegenstände ihren Werth und Bedeutung doch nur dadurch hat, daß sie die Fühlbarkeit derselben verkündigt, so liegt der ganze Werth der abstrakten Erkenntniß immer in ihrer Beziehung auf die anschauliche. Daher auch legt der natürliche Mensch immer viel mehr Werth auf das unmittelbar und anschaulich Erkannte, als auf die abstrakten Begriffe, das bloß Gedachte: er zieht die empirische Erkenntniß der logischen vor. Umgekehrt aber sind diejenigen gesinnt, welche mehr in Worten, als Thaten leben, mehr in Papier und Bücher, als in die wirkliche Welt gesehen haben, und die in ihrer größten Ausartung zu Pedanten und Buchstabenmenschen werden. Daraus allein ist es begreiflich, wie Leibniz nebst Wolf und allen ihren Nachfolgern, so weit sich verirren konnten, nach dem Vorgange des Duns Skotus, die anschauliche Erkenntniß für eine nur verworrene abstrakte zu erklären! Zur Ehre Spinozas muß ich erwähnen, daß sein richtigerer Sinn umgekehrt alle Gemeinbegriffe für entstanden aus der Verwirrung des anschaulich Erkannten erklärt hat. *(Eth. II, prop. 40, Schol. 1.)* – Aus jener verkehrten Gesinnung ist es auch entsprungen, daß man in der Mathematik die ihr eigenthümliche Evidenz verwarf, um allein die logische gelten zu lassen; daß man überhaupt jede nicht abstrakte Erkenntniß unter dem weiten Raum Gefühl begriff und gering schätzte; daß endlich die Kantische Ethik den reinen, unmittelbar bei Erkenntniß der Umstände ansprechenden und zum Rechtthun und Wohlthun leitenden guten Willen als bloßes Gefühl und Aufwallung für werth- und verdienstlos erklärte, und nur dem aus abstrakten Maximen hervorgegangenen Handeln moralischen Werth zuerkennen wollte.

Die allseitige Uebersicht des Lebens im Ganzen, welche der Mensch durch die Vernunft vor dem Thiere voraus hat, ist auch zu vergleichen mit einem geometrischen, farblosen, abstrakten, verkleinerten Grundriß seines Lebensweges. Er verhält sich damit zum Thiere, wie der Schiffer, welcher mittelst Seekarte, Kompaß und Quadrant seine Fahrt und jedesmalige Stelle auf dem Meer genau weiß, zum unkundigen Schiffsvolk, das nur die Wellen und den Himmel sieht. Daher ist es betrachtungswerth, ja wunderbar, wie der Mensch, neben seinem Leben *in concreto*, immer noch ein zweites *in abstracto* führt. Im ersten ist er allen Stürmen der Wirklichkeit und dem Einfluß der Gegenwart Preis gegeben, muß streben, leiden, sterben, wie das Thier. Sein Leben *in abstracto* aber, wie es vor seinem vernünftigen Besinnen steht, ist die stille Abspiegelung des ersten und der Welt worin er lebt, ist jener eben erwähnte verkleinerte Grundriß. Hier im Gebiet der ruhigen Ueberlegung erscheint ihm kalt, farblos und für den Augenblick fremd, was ihn dort ganz besitzt und heftig bewegt: hier ist er bloßer Zuschauer und Beobachter. In diesem Zurückziehen in die Reflexion gleicht er einem Schauspieler, der seine Scene gespielt hat und bis er wieder auftreten muß, unter den Zuschauern seinen Platz nimmt, von wo aus er was immer auch vorgehen möge, und wäre es die Vorbereitung zu seinem Tode (im Stück), gelassen ansieht, darauf aber wieder hingeht und thut und leidet wie er muß. Aus diesem doppelten Leben geht jene von der thierischen Gedankenlosigkeit sich so sehr unterscheidende menschliche Gelassenheit hervor, mit welcher Einer, nach vorhergegangener Ueberlegung, gefaßtem Entschluß oder erkannter Nothwendigkeit, das für ihn Wichtigste, oft Schrecklichste kaltblütig über sich ergehen läßt, oder vollzieht: Selbstmord, Hinrichtung, Zweikampf, lebensgefährliche Wagstücke jeder Art und überhaupt Dinge, gegen welche seine ganze thierische Natur sich empört. Da sieht man dann, in welchem Maaße die Vernunft der thierischen Natur Herr wird, und ruft dem Starken zu: *σιδηρειον νυ τοι ἠτορ! (ferreum certe tibi cor!) Il. 24, 521.* Hier, kann man wirklich sagen, äußert sich die Vernunft PRAKTISCH: also überall, wo das Thun von der Vernunft geleitet wird, wo die Motive abstrakte Begriffe sind, wo nicht anschauliche, einzelne Vorstellungen, noch der Eindruck des Augenblicks, welcher das Thier leitet, das Bestimmende ist, da zeigt sich PRAKTISCHE VERNUNFT. Daß aber dieses gänzlich verschieden und unabhängig ist vom ethischen Werthe des Handelns, daß vernünftig Handeln und tugendhaft Handeln zwei ganz verschiedene Dinge sind, daß Vernunft sich ebenso wohl mit großer Bosheit, als mit großer Güte im Verein findet und der einen wie der andern durch ihren Beitritt erst große Wirksamkeit verleiht, daß sie zur methodischen, konsequenten Ausführung des edeln, wie des schlechten Vorsatzes, der klugen, wie der unverständigen Maxime, gleich bereit und dienstbar ist, welches eben ihre weibliche, empfangende und aufbewahrende, nicht selbst erzeugende Natur so mit sich bringt, – dieses Alles habe ich im Anhange ausführlich auseinandergesetzt, und durch Beispiele erläutert. Das dort Gesagte stände hier an seinem eigentlichen Platz, hat indessen, wegen der Polemik gegen Kants vorgebliche praktische Vernunft, dorthin verlegt werden müssen; wohin ich deshalb von hier wieder verweise.

Die vollkommenste Entwickelung der PRAKTISCHEN VERNUNFT, im wahren und ächten Sinne des Worts, der höchste Gipfel, zu dem der Mensch durch den bloßen Gebrauch seiner Vernunft gelangen kann, und auf welchem sein Unterschied vom Thiere sich am deutlichsten zeigt, ist als Ideal dargestellt im STOISCHEN WEISEN. Denn die Stoische Ethik ist ursprünglich und wesentlich gar nicht Tugendlehre, sondern bloß Anweisung zum vernünftigen Leben, dessen Ziel und Zweck Glück durch Geistesruhe ist. Der tugendhafte Wandel findet sich dabei gleichsam nur *per accidens*, als Mittel, nicht als Zweck ein. Daher ist die Stoische Ethik, ihrem ganzen Wesen und Gesichtspunkt nach, grundverschieden von den unmittelbar auf Tugend dringenden ethischen Systemen, als da sind die Lehren der Veden, des Platon, des Christenthums und Kants. Der Zweck der Stoischen Ethik ist Glück: *τελος το ευδαιμονειν (virtutes omnes finem habere beatitudinem)* heißt es in der Darstellung der Stoa bei Stobäos. (*Ecl., L. II, c. 7, p. 114*, und ebenfalls *p. 138.*) Jedoch weist die Stoische Ethik nach, daß das Glück im innern Frieden und in der Ruhe des Geistes (*αταραξια*) allein sicher zu finden sei, und diese wieder allein durch Tugend zu erreichen: eben dieses nur bedeutet der Ausdruck, daß Tugend höchstes Gut sei. Wenn nun aber freilich allmälig der Zweck über das Mittel vergessen und die Tugend auf eine Weise empfohlen wird, die ein ganz anderes Interesse, als das des eigenen Glückes verräth, indem es diesem zu deutlich widerspricht; so ist dies eine von den Inkonsequenzen, durch welche in jedem System die unmittelbar erkannte, oder wie man sagt gefühlte Wahrheit auf den rechten Weg zurückleitet, den Schlüssen Gewalt anthuend; wie man dies z. B. deutlich sieht in der Ethik des Spinoza, welche aus dem egoistischen *suum utile quaerere*, durch handgreifliche Sophismen, reine Tugendlehre ableitet. Nach Dem, wie ich den Geist der Stoischen Ethik aufgefaßt habe, liegt ihr Ursprung in dem Gedanken, ob das große Vorrecht des Menschen, die Vernunft, welche ihm mittelbar, durch planmäßiges Handeln und was aus diesem hervorgeht, so sehr das Leben und dessen Lasten erleichtert, nicht auch fähig wäre, unmittelbar, d.h. durch bloße Erkenntniß, ihn den Leiden und Quaalen aller Art, welche sein Leben füllen, auf ein Mal zu entziehen, entweder ganz, oder doch beinahe ganz. Man hielt es dem Vorzug der Vernunft nicht angemessen, daß das mit ihr begabte Wesen, welches durch dieselbe eine Unendlichkeit von Dingen und Zuständen umfaßt und übersieht, dennoch durch die Gegenwart und durch die Vorfälle, welche die wenigen Jahre eines so kurzen, flüchtigen, ungewissen Lebens enthalten können, so heftigen Schmerzen, so großer Angst und Leiden, die aus dem ungestümen Drang des Begehrens und Fliehens hervorgehen, Preis gegeben seyn sollte, und meinte, die gehörige Anwendung der Vernunft müßte den Menschen darüber hinwegheben, ihn unverwundbar machen können. Daher sagte Antisthenes: *Δει κτασθαι νουν, η βροχον (aut mentem parandam, aut laqueum. Plut. de stoic. repugn., c. 14)*, d.h. das Leben ist so voller Plagen und Hudeleien, daß man entweder, mittelst berichtigter Gedanken, sich darüber hinaussetzen, oder es verlassen muß. Man sah ein, daß die Entbehrung, das Leiden, nicht unmittelbar und nothwendig hervorging aus dem Nicht-haben; sondern erst aus dem Haben-wollen und doch nicht haben; daß also dieses Haben-wollen die nothwendige Bedingung ist, unter der allein das Nicht-haben zur Entbehrung wird, und den Schmerz erzeugt. *Ου πενια λυπην εργαζεται, αλλα επιθυμια (non paupertas dolorem efficit, sed cupiditas), Epict. fragm. 25.* Man erkannte zudem aus Erfahrung, daß bloß die Hoffnung, der Anspruch es ist, der den Wunsch gebiert und nährt; daher uns weder die vielen, Allen gemeinsamen und unvermeidlichen Uebel, noch die unerreichbaren Güter beunruhigen und plagen; sondern allein das unbedeutende Mehr und Weniger des dem Menschen Ausweichbaren und Erreichbaren; ja, daß nicht nur das absolut, sondern auch schon das relativ Unerreichbare, oder Unvermeidliche, uns ganz ruhig läßt; daher die Uebel, welche unserer Individualität einmal beigegeben sind, oder die Güter, welche ihr nothwendig versagt bleiben müssen, mit Gleichgültigkeit betrachtet werden, und daß, dieser menschlichen Eigenthümlichkeit zufolge, jeder Wunsch bald erstirbt, und also keinen Schmerz mehr erzeugen kann, wenn nur keine Hoffnung ihm Nahrung giebt. Aus diesem allen ergab sich, daß alles Glück nur auf dem Verhältniß beruht zwischen unseren Ansprüchen und dem, was wir erhalten: wie groß oder klein die beiden Größen dieses Verhältnisses sind, ist einerlei, und das Verhältniß kann sowohl durch Verkleinerung der ersten Größe, als durch Vergrößerung der zweiten hergestellt werden: und ebenso, daß alles Leiden eigentlich hervorgeht aus dem Misverhältniß dessen, was wir fordern und erwarten, mit dem, was uns wird, welches Misverhältniß aber offenbar nur in der Erkenntniß liegt*, und durch bessere Einsicht völlig gehoben werden könnte. Daher sagte Chrysippos: *δει ζην κατ̕ εμπειριαν των φυσει συμβαινοντων (Stob. Ecl., L. II, c. 7, p. 134)*, d.h. man soll leben mit gehöriger Kenntniß des Hergangs der Dinge in der Welt. Denn so oft ein Mensch irgendwie aus der Fassung kommt, durch ein Unglück zu Boden geschlagen wird, oder sich erzürnt, oder verzagt; so zeigt er eben dadurch, daß er die Dinge anders findet, als er sie erwartete, folglich daß er im Irrthum befangen war, die Welt und das Leben nicht kannte, nicht wußte, wie durch Zufall die leblose Natur, durch entgegengesetzte Zwecke, auch durch Bosheit, die belebte den Willen des Einzelnen bei jedem Schritte durchkreuzt: er hat also entweder seine Vernunft nicht gebraucht, um zu einem allgemeinen Wissen dieser Beschaffenheit des Lebens zu kommen, oder auch es fehlt ihm an Urtheilskraft, wenn, was er im Allgemeinen weiß, er doch im Einzelnen nicht wiedererkennt und deshalb davon überrascht und aus der Fassung gebracht wird**. So auch ist jede lebhafte Freude ein Irrthum, ein Wahn, weil kein erreichter Wunsch dauernd befriedigen kann, auch weil jeder Besitz und jedes Glück nur vom Zufall auf unbestimmte Zeit geliehen ist, und daher in der nächsten Stunde wieder zurückgefordert werden kann. Jeder Schmerz aber beruht auf dem Verschwinden eines solchen Wahns: beide also entstehen aus fehlerhafter Erkenntniß: dem Weisen bleibt daher Jubel wie Schmerz immer fern, und keine Begebenheit stört seine *αταραξια*.

Diesem Geist und Zweck der Stoa gemäß, fängt EPIKTET damit an und kommt beständig darauf zurück, als auf den Kern seiner Weisheit, daß man wohl bedenken und unterscheiden solle, was

* *Omnes perturbationes judicio censent fieri et opinione. Cic. Tusc., 4, 6. / Ταρασσει τους ανθρωπους ου τα πραγματα, αλλα τα περι των πραγματων δογματα. (Perturbant homines non res ipsae, sed de rebus opiniones.) Epictet., c. V.*

** *Τουτο γαρ εστι το αιτιον τοις ανθρωποις παντων των κακων, το τας προληψεις τας κοινας μη δυνασθαι εφαρμοζειν ταις επι μερους. (Haec est causa mortalibus omnium malorum, non posse communes notiones aptare singularibus.) Epict. dissert., III, 26.*

von uns abhängt und was nicht, daher auf Letzteres durchaus nicht Rechnung machen; wodurch man zuverlässig frei bleiben wird von allem Schmerz, Leiden und Angst. Was nun aber von uns abhängt, ist allein der Wille: und hier geschieht nun ein allmäliger Uebergang zur Tugendlehre, indem bemerkt wird, daß, wie die von uns nicht abhängige Außenwelt Glück und Unglück bestimmt, so aus dem Willen innere Zufriedenheit oder Unzufriedenheit mit uns selbst hervorgehe. Nachher aber ward gefragt, ob man den beiden ersteren oder den beiden letzteren die Namen *bonum et malum* beilegen solle? Das war eigentlich willkürlich und beliebig und that nichts zur Sache. Aber dennoch stritten hierüber unaufhörlich die Stoiker mit Peripatetikern und Epikuräern, unterhielten sich mit der unstatthaften Vergleichung zweier völlig inkommensurabeler Größen und den daraus hervorgehenden, entgegengesetzten, paradoxen Aussprüchen, die sie einander zuwarfen. Eine interessante Zusammenstellung dieser, von der stoischen Seite aus, liefern uns die *Paradoxa* des Cicero.

ZENON, der Stifter, scheint ursprünglich einen etwas andern Gang genommen zu haben. Der Ausgangspunkt war bei ihm dieser: daß man zur Erlangung des höchsten Gutes, d.h. der Glücksäligkeit durch Geistesruhe, übereinstimmend mit sich selbst leben solle. *(ὁμολογουμενως ζην· τουτο δ' εστι καθ' ἑνα λογον και συμφωνον ζην. – Consonanter vivere: hoc est secundum unam rationem et concordem sibi vivere. Stob. Ecl. eth., L. II, c. 7, p. 132.* Imgleichen: *αρετην διαθεσιν ειναι ψυχης συμφωνον ἑαυτῃ περι ὁλον τον βιον. Virtutem esse animi affectionem secum per totam vitam consentientem, ibid., p. 104.)* Nun war aber dieses allein dadurch möglich, daß man durchaus VERNÜNFTIG, nach Begriffen, nicht nach wechselnden Eindrücken und Launen sich bestimmte; da aber nur die Maxime unsers Handelns, nicht der Erfolg, noch die äußern Umstände, in unserer Gewalt sind: so mußte man, um immer konsequent bleiben zu können, allein jene, nicht diese sich zum Zwecke machen; wodurch wieder die Tugendlehre eingeleitet wird.

Aber schon den unmittelbaren Nachfolgern des Zenon schien sein Moralprincip – übereinstimmend zu leben – zu formal und inhaltsleer. Sie gaben ihm daher materialen Gehalt, durch den Zusatz: »übereinstimmend mit der Natur zu leben« (*ὁμολογουμενως τῃ φυσει ζῃν.*); welches, wie Stobäos a.a.O. berichtet, zuerst vom Kleanthes hinzugesetzt wurde und die Sache sehr ins Weite schob, durch die große Sphäre des Begriffs und die Unbestimmtheit des Ausdrucks. Denn Kleanthes meinte die gesammte allgemeine Natur, Chrysippos aber die menschliche Natur insbesondere *(Diog. Laërt., 7, 89)*. Das dieser letzteren allein Angemessene sollte nachher die Tugend seyn, wie den thierischen Naturen Befriedigung thierischer Triebe, wodurch wieder gewaltsam zur Tugendlehre eingelenkt, und, es mochte biegen oder brechen, die Ethik durch die Physik begründet werden sollte. Denn die Stoiker giengen überall auf Einheit des Princips: wie denn auch Gott und die Welt bei ihnen durchaus nicht zweierlei war.

Die Stoische Ethik, im Ganzen genommen, ist in der That ein sehr schätzbarer und achtungswerther Versuch, das große Vorrecht des Menschen, die Vernunft, zu einem wichtigen und heilbringenden Zweck zu benutzen, nämlich um ihn über die Leiden und Schmerzen, welchen jedes Leben anheimgefallen ist, hinauszuheben, durch eine Anweisung

»Qua ratione queas traducere leniter aevum:
Ne te semper inops agitet vexetque cupido,
Ne pavor et rerum mediocriter utilium spes.«

und ihn eben dadurch im höchsten Grade der Würde theilhaft zu machen, welche ihm, als vernünftigem Wesen, im Gegensatz des Thieres zusteht, und von der in diesem Sinn allerdings die Rede seyn kann, nicht in einem andern. – Diese meine Ansicht der Stoischen Ethik brachte es mit sich, daß sie hier, bei Darstellung dessen, was die Vernunft ist und zu leisten vermag, erwähnt werden mußte. So sehr aber auch jener Zweck, durch Anwendung der Vernunft und durch eine bloß vernünftige Ethik in gewissem Grade erreichbar ist, wie denn auch die Erfahrung zeigt, daß jene rein vernünftigen Charaktere, die man gemeinhin praktische Philosophen nennt – und mit Recht, weil, wie der eigentliche d.i. der theoretische Philosoph das Leben in den Begriff überträgt, sie den Begriff ins Leben übertragen, – wohl die glücklichsten sind; so fehlt dennoch sehr viel, daß etwas Vollkommenes in dieser Art zu Stande kommen und wirklich die richtig gebrauchte Vernunft uns aller Last und allen Leiden des Lebens entziehen und zur Glücksäligkeit führen könnte. Es liegt vielmehr ein vollkommener Widerspruch darin, leben zu wollen ohne zu leiden, welchen daher auch das oft gebrauchte Wort »seeliges Leben« in sich trägt: dieses wird demjenigen gewiß einleuchtend seyn, der meine folgende Darstellung bis ans Ende gefaßt haben wird. Dieser Widerspruch offenbart sich auch schon in jener Ethik der reinen Vernunft selbst, dadurch, daß der Stoiker genöthigt ist, seiner Anweisung zum glücksäligen Leben (denn das bleibt seine Ethik immer) eine Empfehlung des Selbstmordes einzuflechten (wie sich unter dem prächtigen Schmuck und Geräth orientalischer Despoten auch ein kostbares Fläschchen mit Gift findet), für den Fall nämlich, wo die Leiden des Körpers, die sich durch keine Sätze und Schlüsse wegphilosophiren lassen, überwiegend und unheilbar sind, sein alleiniger Zweck, Glücksäligkeit, also doch vereitelt ist, und nichts bleibt, um dem Leiden zu entgehen, als der Tod, der aber dann gleichgültig, wie jede andere Arzenei, zu nehmen ist. Hier wird ein starker Gegensatz offenbar, zwischen der Stoischen Ethik und allen jenen oben erwähnten, welche Tugend an sich und unmittelbar, auch mit den schwersten Leiden, zum Zweck machen und nicht wollen, daß man, um dem Leiden zu entfliehen, das Leben endige; obgleich keine von ihnen allen den wahren Grund zur Verwerfung des Selbstmordes auszusprechen wußte, sondern sie mühsam allerhand Scheingründe zusammensuchen: im vierten Buch wird jener Grund im Zusammenhang unserer Betrachtung sich ergeben. Aber obiger Gegensatz offenbart und bestätigt eben den wesentlichen, im Grundprincip liegenden Unterschied zwischen der Stoa, die eigentlich doch nur ein besonderer Eudämonismus ist, und jenen erwähnten Lehren, obgleich beide oft in den Resultaten zusammentreffen und scheinbare Verwandtschaft haben. Der oben erwähnte innere Widerspruch aber, mit welchem die Stoische Ethik, selbst in ihrem Grundgedanken, behaftet ist, zeigt sich ferner auch darin, daß ihr Ideal, der Stoische Weise, in ihrer Darstellung selbst, nie Leben oder innere poetische Wahrheit gewinnen konnte, sondern ein hölzerner, steifer Gliedermann bleibt, mit dem man nichts anfangen kann, der selbst nicht weiß wohin mit seiner Weisheit, dessen vollkommene Ruhe, Zufriedenheit, Glücksäligkeit dem Wesen der Menschheit geradezu widerspricht und uns zu keiner anschaulichen Vorstellung davon kommen läßt. Wie ganz anders erscheinen, neben ihn gestellt, die Weltüberwinder und freiwilligen Büßer, welche die Indische Weisheit uns aufstellt und wirklich hervorgebracht hat, oder gar der Heiland des Christenthums, jene vortreffliche Gestalt, voll tiefen Lebens, von größter poetischer Wahrheit und höchster Bedeutsamkeit, die jedoch, bei vollkommner Tugend, Heiligkeit und Erhabenheit, im Zustande des höchsten Leidens vor uns steht*.

* Hiezu Kap. 16 des zweiten Bandes.

ZWEITES BUCH.

DER WELT ALS WILLE

ERSTE BETRACHTUNG:

Die Objektivation des Willens.

Nos habitat, non tartara, sed nec sidera coeli:
Spiritus, in nobis qui viget, illa facit.

§. 17.

Wir haben im ersten Buche die Vorstellung nur als solche, also nur der allgemeinen Form nach, betrachtet. Zwar, was die abstrakte Vorstellung, den Begriff, betrifft, so wurde diese uns auch ihrem Gehalt nach bekannt, sofern sie nämlich allen Gehalt und Bedeutung allein hat durch ihre Beziehung auf die anschauliche Vorstellung, ohne welche sie werth- und inhaltslos wäre. Gänzlich also auf die anschauliche Vorstellung hingewiesen, werden wir verlangen, auch ihren Inhalt, ihre näheren Bestimmungen und die Gestalten, welche sie uns vorführt, kennen zu lernen. Besonders wird uns daran gelegen seyn, über ihre eigentliche Bedeutung einen Aufschluß zu erhalten, über jene ihre sonst nur gefühlte Bedeutung, vermöge welcher diese Bilder nicht, wie es außerdem seyn müßte, völlig fremd und nichtssagend an uns vorüberziehen, sondern unmittelbar uns ansprechen, verstanden werden und ein Interesse erhalten, welches unser ganzes Wesen in Anspruch nimmt.

Wir richten unsern Blick auf die Mathematik, die Naturwissenschaft und die Philosophie, von welchen jede uns hoffen läßt, daß sie einen Theil des gewünschten Aufschlusses geben werde. – Nun finden wir aber zuvörderst die Philosophie als ein Ungeheuer mit vielen Köpfen, deren jeder eine andere Sprache redet. Zwar sind sie über den hier angeregten Punkt, die Bedeutung jener anschaulichen Vorstellung, nicht alle uneinig unter einander: denn, mit Ausnahme der Skeptiker und Idealisten, reden die anderen, der Hauptsache nach, ziemlich übereinstimmend von einem Objekt, welches der Vorstellung zum Grunde läge, und welches zwar von der Vorstellung seinem ganzen Seyn und Wesen nach verschieden, dabei ihr aber doch in allen Stücken so ähnlich, wie ein Ei dem andern wäre. Uns wird aber damit nicht geholfen seyn: denn wir wissen solches Objekt von der Vorstellung gar nicht zu unterscheiden; sondern finden, daß beide nur Eines und das Selbe sind, da alles Objekt immer und ewig ein Subjekt voraussetzt und daher doch Vorstellung bleibt; wie wir denn auch das Objektseyn als zur allgemeinsten Form der Vorstellung, welche eben das Zerfallen in Objekt und Subjekt ist, gehörig, erkannt haben. Zudem ist der Satz vom Grund, auf den man sich dabei beruft, uns ebenfalls nur Form der Vorstellung, nämlich die gesetzmäßige Verbindung einer Vorstellung mit einer andern, nicht aber die Verbindung der gesammten, endlichen oder endlosen Reihe der Vorstellungen mit etwas, das gar nicht Vorstellung wäre, also auch gar nicht vorstellbar seyn kann. – Von Skeptikern aber und Idealisten ist oben, bei Erörterung des Streites über die Realität der Außenwelt, geredet worden.

Suchen wir nun um die gewünschte nähere Kenntniß jener uns nur ganz allgemein, der bloßen Form nach, bekannt gewordenen anschaulichen Vorstellung bei der Mathematik nach; so wird uns diese von jenen Vorstellungen nur reden, sofern sie Zeit und Raum füllen, d.h. sofern sie Größen sind. Sie wird das Wieviel und Wiegroß höchst genau angeben: da aber dieses immer nur relativ, d.h. eine Vergleichung einer Vorstellung mit anderen, und zwar nur in jener einseitigen Rücksicht auf Größe ist; so wird auch dieses nicht die Auskunft seyn, die wir hauptsächlich suchen.

Blicken wir endlich auf das weite, in viele Felder getheilte Gebiet der Naturwissenschaft, so können wir zuvörderst zwei Hauptabtheilungen derselben unterscheiden. Sie ist entweder Beschreibung von Gestalten, welche ich MORPHOLOGIE, oder Erklärung der Veränderungen, welche ich AETIOLOGIE nenne. Erstere betrachtet die bleibenden Formen, letztere die wandelnde Materie, nach den Gesetzen ihres Uebergangs aus einer Form in die andere. Erstere ist das, was man, wenn gleich uneigentlich, Naturgeschichte nennt, in seinem ganzen Umfange: besonders als Botanik und Zoologie lehrt sie uns die verschiedenen, beim unaufhörlichen Wechsel der Individuen, bleibenden, organischen und dadurch fest bestimmten Gestalten kennen, welche einen großen Theil des Inhalts der anschaulichen Vorstellung ausmachen: sie werden von ihr klassificirt, gesondert, vereinigt, nach natürlichen und künstlichen Systemen geordnet, unter Begriffe gebracht, welche eine Uebersicht und Kenntniß aller möglich machen. Es wird ferner auch eine durch alle gehende, unendlich nüancirte Analogie derselben im Ganzen und in den Theilen nachgewiesen *(unité de plan)*, vermöge welcher sie sehr mannigfaltigen Variationen auf ein nicht mitgegebenes Thema gleichen. Der Uebergang der Materie in jene Gestalten, d.h. die Entstehung der Individuen, ist kein递 Haupttheil der Betrachtung, da jedes Individuum aus dem ihm gleichen durch Zeugung hervorgeht, welche, überall gleich geheimnißvoll, sich bis jetzt der deutlichen Erkenntniß entzieht: das Wenige aber, was man davon weiß, findet seine Stelle in der Physiologie, die schon der ätiologischen Naturwissenschaft angehört. Zu dieser neigt sich auch schon die der Hauptsache nach zur Morphologie gehörende Mineralogie hin, besonders da, wo sie Geologie wird. Eigentliche Aetiologie sind nun alle die Zweige der Naturwissenschaft, welchen die Erkenntniß der Ursach und Wirkung überall die Hauptsache ist: diese lehren, wie, gemäß einer unfehlbaren Regel, auf EINEN Zustand der Materie nothwendig ein bestimmter anderer folgt; wie eine bestimmte Veränderung nothwendig eine andere, bestimmte, bedingt und herbeiführt: welche Nachweisung ERKLÄRUNG genannt wird. Hier finden wir nun hauptsächlich Mechanik, Physik, Chemie, Physiologie.

Wenn wir uns aber ihrer Belehrung hingeben, so werden wir bald gewahr, daß die Auskunft, welche wir hauptsächlich suchen, uns von der Aetiologie so wenig, als von der Morphologie zu Theil wird. Diese letztere führt uns unzählige, unendlich mannigfaltige und doch durch eine unverkennbare Familienähnlichkeit verwandte Gestalten vor, für uns Vorstellungen, die auf diesem Wege uns ewig fremd bleiben und, wenn bloß so betrachtet, gleich unverstandenen Hieroglyphen vor uns stehen. – Die Aetiologie hingegen lehrt uns, daß, nach dem Gesetze von Ursach und Wirkung, dieser bestimmte Zustand der Materie jenen andern herbeiführt, und damit hat sie ihn erklärt und das Ihrige gethan. Indessen thut sie im Grunde nichts weiter, als daß sie die gesetzmäßige Ordnung, nach der die Zustände in Raum und Zeit eintreten, nachweist und für alle Fälle lehrt, welche Erscheinung zu dieser Zeit, an diesem Orte, nothwendig eintreten muß: sie bestimmt ihnen also ihre Stelle in Zeit und Raum, nach einem Gesetz, dessen bestimmten Inhalt die Erfahrung gelehrt hat, dessen allgemeine Form und Nothwendigkeit jedoch unabhängig von ihr uns bewußt ist. Ueber das innere Wesen irgend einer jener Erscheinungen erhalten wir dadurch aber nicht den mindesten Aufschluß: dieses wird NATURKRAFT genannt und liegt außerhalb des Gebiets der ätiologischen Erklärung, welche die unwandelbare Konstanz des Eintritts der Aeußerung einer solchen Kraft, so oft die ihr bekannten Bedingungen dazu da sind, NATURGESETZ nennt. Dieses Naturgesetz, diese Bedingungen, dieser Eintritt, in Bezug auf bestimmten Ort zu bestimmter Zeit, sind aber Alles was sie weiß und je wissen kann. Die Kraft selbst, die sich äußert, das innere Wesen der nach jenen Gesetzen eintretenden Erscheinungen, bleibt ihr ewig ein Geheimniß, ein ganz Fremdes und Unbekanntes, sowohl bei der einfachsten, wie bei der komplicirtesten Erscheinung. Denn, wiewohl die Aetiologie bis jetzt ihren Zweck am vollkommensten in der Mechanik, am unvollkommensten in der Physiologie erreicht hat; so ist dennoch die Kraft, vermöge welcher ein Stein zur Erde fällt, oder ein Körper den andern fortstößt, ihrem innern Wesen nach, uns nicht minder fremd und geheimnißvoll, als die, welche die Bewegungen und das Wachsthum eines Thieres hervorbringt. Die Mechanik setzt Materie, Schwere, Undurchdringlichkeit, Mittheilbarkeit der Bewegung durch Stoß, Starrheit u.s.w. als unergründlich voraus, nennt sie Naturkräfte, ihr nothwendiges und regelmäßiges Erscheinen unter gewissen Bedingungen Naturgesetz, und danach erst fängt sie ihre Erklärung an, welche darin besteht, daß sie treu und mathematisch genau angiebt, wie, wo, wann jede Kraft sich äußert, und daß sie jede ihr vorkommende Erscheinung auf eine jener Kräfte zurückführt. Ebenso machen es Physik, Chemie, Physiologie in ihrem Gebiet, nur daß sie noch viel mehr voraussetzen und weniger leisten. Demzufolge wäre auch die vollkommenste ätiologische Erklärung der gesammten Natur eigentlich nie mehr, als ein Verzeichniß der unerklärlichen Kräfte, und eine sichere Angabe der Regel, nach welcher die Erscheinungen derselben in Zeit und Raum eintreten, sich succediren, einander Platz machen: aber das innere Wesen der also erscheinenden Kräfte müßte sie, weil das Gesetz dem sie folgt nicht dahin führt, stets unerklärt lassen, und bei der Erscheinung und deren Ordnung stehen bleiben. Sie wäre insofern dem Durchschnitt eines Marmors zu vergleichen, welcher vielerlei Adern neben einander zeigt, nicht aber den Lauf jener Adern im Innern des Marmors bis zu jener Fläche erkennen läßt. Oder wenn ich mir ein scherzhaftes Gleichniß, weil es frappanter ist, erlauben darf, – bei der vollendeten Aetiologie der ganzen Natur müßte dem philosophischen Forscher doch immer so zu Muthe seyn, wie Jemandem, der, er wüßte gar nicht wie, in eine ihm gänzlich unbekannte Gesellschaft gerathen wäre, von deren Mitgliedern, der Reihe nach, ihm immer eines das andere als seinen Freund und Vetter präsentirte und so hinlänglich bekannt machte: er selbst aber hätte unterdessen, indem er jedesmal sich über den Präsentirten zu freuen versicherte, stets die Frage auf den Lippen: »Aber wie Teufel komme ich denn zu der ganzen Gesellschaft?«

Also auch die Aetiologie kann uns nimmermehr über jene Erscheinungen, welche wir nur als unsere Vorstellungen kennen, den erwünschten, uns hierüber hinausführenden Aufschluß geben. Denn nach allen ihren Erklärungen, stehen sie noch als bloße Vorstellungen, deren Bedeutung wir nicht verstehen, völlig fremd vor uns. Die ursächliche Verknüpfung giebt bloß die Regel und relative Ordnung ihres Eintritts in Raum und Zeit an, lehrt uns aber das, was also eintritt, nicht näher kennen. Zudem hat das Gesetz der Kausalität selbst nur Gültigkeit für Vorstellungen, für Objekte einer bestimmten Klasse, unter deren Voraussetzung es allein Bedeutung hat: es ist also, wie diese Objekte selbst, immer nur in Beziehung auf das Subjekt, also bedingterweise da; weshalb es auch ebenso wohl wenn man vom Subjekt ausgeht, d.h. *a priori*, als wenn man vom Objekt ausgeht, d.h. *a posteriori*, erkannt wird, wie eben Kant uns gelehrt hat.

Was aber uns jetzt zum Forschen antreibt, ist eben, daß es uns nicht genügt zu wissen, daß wir Vorstellungen haben, daß sie solche und solche sind, und nach diesen und jenen Gesetzen, deren allgemeiner Ausdruck allemal der Satz vom Grunde ist, zusammenhängen. Wir wollen die Bedeutung jener Vorstellung wissen: wir fragen, ob diese Welt nichts weiter, als Vorstellung sei; in welchem Falle sie wie ein wesenloser Traum, oder ein gespensterhaftes Luftgebilde, an uns vorüberziehen müßte, nicht unserer Beachtung werth; oder aber ob sie noch etwas Anderes, noch etwas außerdem ist, und was sodann dieses sei. Soviel ist gleich gewiß, daß dieses Nachgefragte etwas von der Vorstellung völlig und seinem ganzen Wesen nach Grundverschiedenes seyn muß, dem daher auch ihre Formen und ihre Gesetze völlig fremd seyn müssen; daß man daher, von der Vorstellung aus, zu ihm nicht am Leitfaden derjenigen Gesetze gelangen kann, die nur Objekte, Vorstellungen, unter einander verbinden; welches die Gestaltungen des Satzes vom Grunde sind.

Wir sehen schon hier, daß VON AUSSEN dem Wesen der Dinge nimmermehr beizukommen ist: wie immer man auch forschen mag, so gewinnt man nichts, als Bilder und Namen. Man gleicht Einem, der um ein Schloß herumgeht, vergeblich einen Eingang suchend und einstweilen die Fassaden skitzirend. Und doch ist dies der Weg, den alle Philosophen vor mir gegangen sind.

§. 18.

In der That würde die nachgeforschte Bedeutung der mir lediglich als meine Vorstellung gegenüberstehenden Welt, oder der Uebergang von ihr, als bloßer Vorstellung des erkennenden Subjekts, zu dem, was sie noch außerdem seyn mag, nimmermehr zu finden seyn, wenn der Forscher selbst nichts weiter als das rein erkennende Subjekt (geflügelter Engelskopf ohne Leib) wäre. Nun aber wurzelt er selbst in jener Welt, findet sich nämlich in ihr als INDIVIDUUM, d.h. sein Erkennen, welches der bedingende Träger der ganzen Welt als Vorstellung ist, ist dennoch durchaus vermittelt durch einen Leib, dessen Affektionen, wie gezeigt, dem Verstande der Ausgangspunkt der Anschauung jener Welt sind. Dieser Leib ist dem rein erkennenden Subjekt als solchem eine Vorstellung wie jede andere, ein Objekt unter Objekten: die Bewegungen, die

Aktionen desselben sind ihm in soweit nicht anders, als wie die Veränderungen aller anderen anschaulichen Objekte bekannt, und wären ihm ebenso fremd und unverständlich, wenn die Bedeutung derselben ihm nicht etwan auf eine ganz andere Art enträthselt wäre. Sonst sähe er sein Handeln auf dargebotene Motive mit der Konstanz eines Naturgesetzes erfolgen, eben wie die Veränderungen anderer Objekte auf Ursachen, Reize, Motive. Er würde aber den Einfluß der Motive nicht näher verstehen, als die Verbindung jeder andern ihm erscheinenden Wirkung mit ihrer Ursache. Er würde dann das innere, ihm unverständliche Wesen jener Aeußerungen und Handlungen seines Leibes, eben auch eine Kraft, eine Qualität, oder einen Charakter, nach Belieben, nennen, aber weiter keine Einsicht darin haben. Diesem allen nun aber ist nicht so: vielmehr ist dem als Individuum erscheinenden Subjekt des Erkennens das Wort des Räthsels gegeben: und dieses Wort heißt WILLE. Dieses, und dieses allein, giebt ihm den Schlüssel zu seiner eigenen Erscheinung, offenbart ihm die Bedeutung, zeigt ihm das innere Getriebe seines Wesens, seines Thuns, seiner Bewegungen. Dem Subjekt des Erkennens, welches durch seine Identität mit dem Leibe als Individuum auftritt, ist dieser Leib auf zwei ganz verschiedene Weisen gegeben: einmal als Vorstellung in verständiger Anschauung, als Objekt unter Objekten, und den Gesetzen dieser unterworfen; sodann aber auch zugleich auf eine ganz andere Weise, nämlich als jenes Jedem unmittelbar Bekannte, welches das Wort WILLE bezeichnet. Jeder wahre Akt seines Willens ist sofort und unausbleiblich auch eine Bewegung seines Leibes: er kann den Akt nicht wirklich wollen, ohne zugleich wahrzunehmen, daß er als Bewegung des Leibes erscheint. Der Willensakt und die Aktion des Leibes sind nicht zwei objektiv erkannte verschiedene Zustände, die das Band der Kausalität verknüpft, stehen nicht im Verhältniß der Ursache und Wirkung; sondern sie sind Eines und das Selbe, nur auf zwei gänzlich verschiedene Weisen gegeben: einmal ganz unmittelbar und einmal in der Anschauung für den Verstand. Die Aktion des Leibes ist nichts Anderes, als der objektivirte, d.h. in die Anschauung getretene Akt des Willens. Weiterhin wird sich uns zeigen, daß dieses von jeder Bewegung des Leibes gilt, nicht bloß von der auf

Motive, sondern auch von der auf bloße Reize erfolgenden unwillkürlichen, ja, daß der ganze Leib nichts Anderes, als der objektivirte, d.h. zur Vorstellung gewordene Wille ist; welches alles sich im weitern Verfolg ergeben und deutlich werden wird. Ich werde daher den Leib, welchen ich im vorigen Buche und in der Abhandlung über den Satz vom Grunde, nach dem dort mit Absicht einseitig genommenen Standpunkt (dem der Vorstellung), das UNMITTELBARE OBJEKT hieß, hier, in einer andern Rücksicht, die OBJEKTITÄT DES WILLENS nennen. Auch kann man daher in gewissem Sinne sagen: der Wille ist die Erkenntniß *a priori* des Leibes, und der Leib die Erkenntniß *a posteriori* des Willens. – Willensbeschlüsse, die sich auf die Zukunft beziehen, sind bloße Ueberlegungen der Vernunft, über das, was man dereinst wollen wird, nicht eigentliche Willensakte: nur die Ausführung stempelt den Entschluß, der bis dahin immer nur noch veränderlicher Vorsatz ist und nur in der Vernunft, *in abstracto* existirt. In der Reflexion allein ist Wollen und Thun verschieden: in der Wirklichkeit sind sie Eins. Jeder wahre, ächte, unmittelbare Akt des Willens ist sofort und unmittelbar auch erscheinender Akt des Leibes: und diesem entsprechend ist andererseits jede Einwirkung auf den Leib sofort und unmittelbar auch Einwirkung auf den Willen: sie heißt als solche Schmerz, wenn sie dem Willen zuwider; Wohlbehagen, Wollust, wenn sie ihm gemäß ist. Die Gradationen beider sind sehr verschieden. Man hat aber gänzlich Unrecht, wenn man Schmerz und Wollust Vorstellungen nennt: das sind sie keineswegs, sondern unmittelbare Affektionen des Willens, in seiner Erscheinung, dem Leibe: ein erzwungenes augenblickliches Wollen oder Nichtwollen des Eindrucks, den dieser erleidet. Unmittelbar als bloße Vorstellungen zu betrachten und daher von dem eben Gesagten auszunehmen, sind nur gewisse wenige Eindrücke auf den Leib, die den Willen nicht anregen und durch welche allein der Leib unmittelbares Objekt des Erkennens ist, da er als Anschauung im Verstande schon mittelbares Objekt, gleich allen anderen, ist. Das hier Gemeinte sind nämlich die Affektionen der rein objektiven Sinne, des Gesichts, Gehörs und Getastes, wiewohl auch nur, sofern diese Organe auf die ihnen besonders eigenthümliche, specifische, naturgemäße

Weise afficirt werden, welche eine so äußerst schwache Anregung der gesteigerten und specifisch modificirten Sensibilität dieser Theile ist, daß sie nicht den Willen afficirt; sondern, durch keine Anregung desselben gestört, nur dem Verstande die Data liefert, aus denen die Anschauung wird. Jede stärkere, oder anderartige Affektion jener Sinneswerkzeuge ist aber schmerzhaft, d.h. dem Willen entgegen, zu dessen Objektität also auch sie gehören. – Nervenschwäche äußert sich darin, daß die Eindrücke, welche bloß den Grad von Stärke haben sollten, der hinreicht sie zu Datis für den Verstand zu machen, den höhern Grad erreichen, auf welchem sie den Willen bewegen, d.h. Schmerz oder Wohlgefühl erregen, wiewohl öfterer Schmerz, der aber zum Theil dumpf und undeutlich ist, daher nicht nur einzelne Töne und starkes Licht schmerzlich empfinden läßt, sondern auch im Allgemeinen krankhafte hypochondrische Stimmung veranlaßt, ohne deutlich erkannt zu werden. – Ferner zeigt sich die Identität des Leibes und Willens unter anderm auch darin, daß jede heftige und übermäßige Bewegung des Willens, d.h. jeder Affekt, ganz unmittelbar den Leib und dessen inneres Getriebe erschüttert und den Gang seiner vitalen Funktionen stört. Dies findet man speciell ausgeführt im »Willen in der Natur«, S. 27 der zweiten Auflage.

Endlich ist die Erkenntniß, welche ich von meinem Willen habe, obwohl eine unmittelbare, doch von der meines Leibes nicht zu trennen. Ich erkenne meinen Willen nicht im Ganzen, nicht als Einheit, nicht vollkommen seinem Wesen nach, sondern ich erkenne ihn allein in seinen einzelnen Akten, also in der Zeit, welche die Form der Erscheinung meines Leibes, wie jedes Objekts ist: daher ist der Leib Bedingung der Erkenntniß meines Willens. Diesen Willen ohne meinen Leib kann ich demnach eigentlich nicht vorstellen. In der Abhandlung über den Satz vom Grund ist zwar der Wille, oder vielmehr das Subjekt des Wollens, als eine besondere Klasse der Vorstellungen oder Objekte aufgestellt: allein schon daselbst sahen wir dieses Objekt mit dem Subjekt zusammenfallen, d.h. eben aufhören Objekt zu seyn: wir nannten dort dieses Zusammenfallen das Wunder κατ' ἐξοχην: gewissermaaßen ist die ganze gegenwärtige Schrift die Erklärung desselben. – Sofern ich meinen Willen eigentlich als Objekt erkenne, erkenne ich ihn als Leib: dann bin ich aber wieder bei der in jener Abhandlung aufgestellten ersten Klasse der Vorstellungen, d.h. bei den realen Objekten. Wir werden im weitern Fortgang mehr und mehr einsehen, daß jene erste Klasse der Vorstellungen ihren Aufschluß, ihre Enträthselung, eben nur findet an der dort aufgestellten vierten Klasse, welche nicht mehr eigentlich als Objekt dem Subjekt gegenüberstehen wollte, und daß wir, Dem entsprechend, aus dem die vierte Klasse beherrschenden Gesetz der Motivation, das innere Wesen des in der ersten Klasse geltenden Gesetzes der Kausalität, und dessen was diesem gemäß geschieht, verstehen lernen müssen.

Die nun vorläufig dargestellte Identität des Willens und des Leibes kann nur, wie hier, und zwar zum ersten Male, geschehen ist und im weitern Fortgang mehr und mehr geschehen soll, nachgewiesen, d.h. aus dem unmittelbaren Bewußtseyn, aus der Erkenntniß *in concreto*, zum Wissen der Vernunft erhoben, oder in die Erkenntniß *in abstracto* übertragen werden: hingegen kann sie ihrer Natur nach niemals bewiesen, d.h. als mittelbare Erkenntniß aus einer andern unmittelbarern abgeleitet werden, eben weil sie selbst die unmittelbarste ist, und wenn wir sie nicht als solche auffassen und festhalten, werden wir vergebens erwarten, sie irgend mittelbar, als abgeleitete Erkenntniß wiederzuerhalten. Sie ist eine Erkenntniß ganz eigener Art, deren Wahrheit eben deshalb nicht einmal eigentlich unter eine der vier Rubriken gebracht werden kann, in welche ich in der Abhandlung über den Satz vom Grund, §. 29 ff., alle Wahrheit getheilt habe, nämlich in logische, empirische, metaphysische und metalogische: denn sie ist nicht, wie alle jene, die Beziehung einer abstrakten Vorstellung auf eine andere Vorstellung, oder auf die nothwendige Form des intuitiven, oder des abstrakten Vorstellens; sondern sie ist die Beziehung eines Urtheils auf das Verhältniß, welches eine anschauliche Vorstellung, der Leib, zu dem hat, was gar nicht Vorstellung ist, sondern ein von dieser *toto genere* Verschiedenes: Wille. Ich möchte darum diese Wahrheit vor allen andern auszeichnen und sie κατ' εξοχην PHILOSOPHISCHE WAHRHEIT nennen. Den Ausdruck derselben kann man verschiedentlich wenden, und sagen: mein Leib und mein Wille sind Eines; – oder was ich als anschauliche Vorstellung meinen Leib nenne, nenne ich, sofern ich desselben auf eine ganz verschiedene, keiner andern zu vergleichende Weise mir bewußt bin, meinen Willen; – oder, mein Leib ist die Objektität meines Willens; – oder, abgesehen davon, daß mein Leib meine Vorstellung ist, ist er nur noch mein Wille; u.s.w.*.

§. 19.

Wenn wir im ersten Buche, mit innerm Widerstreben, den eigenen Leib, wie alle übrigen Objekte dieser anschaulichen Welt, für bloße Vorstellung des erkennenden Subjekts erklärten; so ist es uns nunmehr deutlich geworden, was im Bewußtseyn eines Jeden, die Vorstellung des eigenen Leibes von allen anderen, dieser übrigens ganz gleichen, unterscheidet, nämlich dies, daß der Leib noch in einer ganz andern, *toto genere* verschiedenen Art im Bewußtseyn vorkommt, die man durch das Wort Wille bezeichnet, und daß eben diese doppelte Erkenntniß, die wir vom eigenen Leibe haben, uns über ihn selbst, über sein Wirken und Bewegen auf Motive, wie auch über sein Leiden durch äußere Einwirkung, mit Einem Wort, über das, was er, nicht als Vorstellung, sondern außerdem, also an sich ist, denjenigen Aufschluß giebt, welchen wir über das Wesen, Wirken und Leiden aller andern realen Objekte unmittelbar nicht haben.

Das erkennende Subjekt ist eben durch diese besondere Beziehung auf den einen Leib, der ihm, außer derselben betrachtet, nur eine Vorstellung gleich allen übrigen ist, Individuum. Die Beziehung aber, vermöge welcher das erkennende Subjekt Individuum ist, ist ebendeshalb nur zwischen ihm und einer einzigen unter allen seinen Vorstellungen, daher es nur dieser einzigen nicht bloß als einer Vorstellung, sondern zugleich in ganz anderer Art, nämlich als eines Willens, sich bewußt ist. Da aber, wenn es von jener besondern Beziehung, von jener zwiefachen und ganz hetero-

* Hiezu Kap. 18 des zweiten Bandes.

genen Erkenntniß des Einen und Nämlichen, abstrahirt; dann jenes Eine, der Leib, eine Vorstellung gleich allen andern ist: so muß, um sich hierüber zu orientiren, das erkennende Individuum entweder annehmen, daß das Unterscheidende jener einen Vorstellung bloß darin liegt, daß seine Erkenntniß nur zu jener einen Vorstellung in dieser doppelten Beziehung steht, nur in dieses EINE anschauliche Objekt ihm auf zwei Weisen zugleich die Einsicht offen steht, daß dies aber nicht durch einen Unterschied dieses Objekts von allen anderen, sondern nur durch einen Unterschied des Verhältnisses seiner Erkenntniß zu diesem einen Objekt, von dem, so es zu allen anderen hat, zu erklären ist; oder auch es muß annehmen, daß dieses eine Objekt wesentlich von allen anderen verschieden ist, ganz allein unter allen zugleich Wille und Vorstellung ist, die übrigen hingegen bloße Vorstellung, d.h. bloße Phantome sind, sein Leib also das einzige wirkliche Individuum in der Welt, d.h. die einzige Willenserscheinung und das einzige unmittelbare Objekt des Subjekts. – Daß die anderen Objekte, als bloße VORSTELLUNGEN betrachtet, seinem Leibe gleich sind, d.h. wie dieser den (nur als Vorstellung selbst möglicherweise vorhandenen) Raum füllen, und auch wie dieser im Raume wirken, dies ist zwar beweisbar gewiß, aus dem für Vorstellungen *a priori* sichern Gesetz der Kausalität, welches keine Wirkung ohne Ursache zuläßt: aber, abgesehen davon, daß sich von der Wirkung nur auf eine Ursache überhaupt, nicht auf eine gleiche Ursache schließen läßt; so ist man hiemit immer noch im Gebiet der bloßen Vorstellung, für die allein das Gesetz der Kausalität gilt, und über welches hinaus es nie führen kann. Ob aber die dem Individuo nur als Vorstellungen bekannten Objekte, dennoch, gleich seinem eigenen Leibe, Erscheinungen eines Willens sind; dies ist, wie bereits im vorigen Buche ausgesprochen, der eigentliche Sinn der Frage nach der Realität der Außenwelt: dasselbe zu leugnen, ist der Sinn des THEORETISCHEN EGOISMUS, der eben dadurch alle Erscheinungen, außer seinem eigenen Individuum, für Phantome hält, wie der praktische Egoismus genau das Selbe in praktischer Hinsicht thut, nämlich nur die eigene Person als eine wirklich solche, alle übrigen aber als bloße Phantome ansieht und behandelt. Der theoretische Egoismus ist zwar durch

Beweise nimmermehr zu widerlegen: dennoch ist er zuverlässig in der Philosophie nie anders, denn als skeptisches Sophisma, d.h. zum Schein gebraucht worden. Als ernstliche Ueberzeugung hingegen könnte er allein im Tollhause gefunden werden: als solche bedürfte es dann gegen ihn nicht sowohl eines Beweises, als einer Kur. Daher wir uns insofern auf ihn nicht weiter einlassen, sondern ihn allein als die letzte Feste des Skeptizismus, der immer polemisch ist, betrachten. Bringt nun also unsere stets an Individualität gebundene und eben hierin ihre Beschränkung habende Erkenntniß es nothwendig mit sich, daß Jeder nur Eines SEYN, hingegen alles andere ERKENNEN kann, welche Beschränkung eben eigentlich das Bedürfniß der Philosophie erzeugt; so werden wir, die wir eben deshalb durch Philosophie die Schranken unserer Erkenntniß zu erweitern streben, jenes sich uns hier entgegenstellende skeptische Argument des theoretischen Egoismus ansehen als eine kleine Gränzfestung, die zwar auf immer unbezwinglich ist, deren Besatzung aber durchaus auch nie aus ihr herauskann, daher man ihr vorbeigehen und ohne Gefahr sie im Rücken liegen lassen darf.

Wir werden demzufolge die nunmehr zur Deutlichkeit erhobene doppelte, auf zwei völlig heterogene Weisen gegebene Erkenntniß, welche wir vom Wesen und Wirken unseres eigenen Leibes haben, weiterhin als einen Schlüssel zum Wesen jeder Erscheinung in der Natur gebrauchen und alle Objekte, die nicht unser eigener Leib, daher nicht auf doppelte Weise, sondern allein als Vorstellungen unserm Bewußtseyn gegeben sind, eben nach Analogie jenes Leibes beurtheilen und daher annehmen, daß, wie sie einerseits, ganz so wie er, Vorstellung und darin mit ihm gleichartig sind, auch andererseits, wenn man ihr Daseyn als Vorstellung des Subjekts bei Seite setzt, das dann noch übrig Bleibende, seinem innern Wesen nach, das selbe seyn muß, als was wir an uns WILLE nennen. Denn welche andere Art von Daseyn oder Realität sollten wir der übrigen Körperwelt beilegen? woher die Elemente nehmen, aus der wir eine solche zusammensetzten? Außer dem Willen und der Vorstellung ist uns gar nichts bekannt, noch denkbar. Wenn wir der Körperwelt, welche unmittelbar nur in unserer Vorstellung dasteht, die größte uns bekannte Realität beilegen wollen; so geben wir ihr die Realität, welche für Jeden sein eigener Leib hat: denn der ist Jedem das Realste. Aber wenn wir nun die Realität dieses Leibes und seiner Aktionen analysiren, so treffen wir, außerdem daß er unsere Vorstellung ist, nichts darin an, als den Willen: damit ist selbst seine Realität erschöpft. Wir können daher eine anderweitige Realität, um sie der Körperwelt beizulegen, nirgends finden. Wenn also die Körperwelt noch etwas mehr seyn soll, als bloß unsere Vorstellung, so müssen wir sagen, daß sie außer der Vorstellung, also an sich und ihrem innersten Wesen nach, Das sei, was wir in uns selbst unmittelbar als Willen finden. Ich sage, ihrem innersten Wesen nach: dieses Wesen des Willens aber haben wir zuvörderst näher kennen zu lernen, damit wir Das, was nicht ihm selbst, sondern schon seiner, viele Grade habenden Erscheinung angehört, von ihm zu unterscheiden wissen: dergleichen ist z. B. das Begleitetseyn von Erkenntniß und das dadurch bedingte Bestimmtwerden durch Motive: dieses gehört, wie wir im weitern Fortgang einsehen werden, nicht seinem Wesen, sondern bloß seiner deutlichen Erscheinung als Thier und Mensch an. Wenn ich daher sagen werde: die Kraft, welche den Stein zur Erde treibt, ist ihrem Wesen nach, an sich und außer aller Vorstellung, Wille; so wird man diesem Satz nicht die tolle Meinung unterlegen, daß der Stein sich nach einem erkannten Motive bewegt, weil im Menschen der Wille also erscheint*. – Nunmehr aber wollen wir das bis hieher vorläufig und allgemein Dargestellte ausführlicher und deutlicher nachweisen, begründen und in seinem ganzen Umfang entwickeln**.

---

* Wir werden also keineswegs dem Bako v. Verulam beistimmen, wenn er *(de augm. scient. L. 4 in fine)* meint, daß alle mechanischen und physischen Bewegungen der Körper erst nach vorhergegangener Perception in diesen Körpern erfolgten; obgleich eine Ahndung der Wahrheit auch diesem falschen Satz das Daseyn gab. Ebenso verhält es sich mit Kepplers Behauptung, in seiner Abhandlung *de planeta Martis*, daß die Planeten Erkenntniß haben müßten, um ihre elliptischen Bahnen so richtig zu treffen und die Schnelligkeit ihrer Bewegung so abzumessen, daß die Triangel der Fläche ihrer Bahn stets der Zeit proportional bleiben, in welcher sie deren Basis durchlaufen.

** Hiezu Kap. 19 des zweiten Bandes.

§. 20.

Als des eigenen Leibes Wesen an sich, als dasjenige, was dieser Leib ist, außerdem daß er Objekt der Anschauung, Vorstellung ist, giebt, wie gesagt, der WILLE zunächst sich kund in den willkürlichen Bewegungen dieses Leibes, sofern diese nämlich nichts Anderes sind, als die Sichtbarkeit der einzelnen Willensakte, mit welchen sie unmittelbar und völlig zugleich eintreten, als Ein und dasselbe mit ihnen, nur durch die Form der Erkennbarkeit, in die sie übergegangen, d.h. Vorstellung geworden sind, von ihnen unterschieden.

Diese Akte des Willens haben aber immer noch einen Grund außer sich, in den Motiven. Jedoch bestimmen diese nie mehr, als das was ich zu DIESER Zeit, an DIESEM Ort, unter DIESEN Umständen will; nicht aber DASS ich überhaupt will, noch WAS ich überhaupt will, d.h. die Maxime, welche mein gesammtes Wollen charakterisirt. Daher ist mein Wollen nicht seinem ganzen Wesen nach aus den Motiven zu erklären; sondern diese bestimmen bloß seine Aeußerung im gegebenen Zeitpunkt, sind bloß der Anlaß, bei dem sich mein Wille zeigt: dieser selbst hingegen liegt außerhalb des Gebietes des Gesetzes der Motivation: nur seine Erscheinung in jedem Zeitpunkt ist durch dieses nothwendig bestimmt. Lediglich unter Voraussetzung meines empirischen Charakters ist das Motiv hinreichender Erklärungsgrund meines Handelns: abstrahire ich aber von meinem Charakter und frage dann, warum ich überhaupt dieses und nicht jenes will; so ist keine Antwort darauf möglich, weil eben nur die ERSCHEINUNG des Willens dem Satze vom Grunde unterworfen ist, nicht aber er selbst, der insofern GRUNDLOS zu nennen ist. Hiebei setze ich theils Kants Lehre vom empirischen und intelligibeln Charakter, wie auch meine in den »Grundproblemen der Ethik«, S. 48–58, und wieder S. 178 ff. der ersten Auflage, dahin gehörigen Erörterungen voraus, theils werden wir im vierten Buch ausführlicher davon zu reden haben. Für jetzt habe ich nur darauf aufmerksam zu machen, daß das Begründetseyn einer Erscheinung durch die andere, hier also der That durch das Motiv, gar nicht damit streitet, daß ihr Wesen an sich Wille ist, der selbst keinen Grund hat, indem der Satz vom Grunde, in allen seinen Gestalten, bloß Form der Erkenntniß ist, seine Gültigkeit sich also bloß auf die Vorstellung, die Erscheinung, die Sichtbarkeit des Willens erstreckt, nicht auf diesen selbst, der sichtbar wird.

Ist nun jede Aktion meines Leibes Erscheinung eines Willensaktes, in welchem sich, unter gegebenen Motiven, mein Wille selbst überhaupt und im Ganzen, also mein Charakter, wieder ausspricht; so muß auch die unumgängliche Bedingung und Voraussetzung jener Aktion Erscheinung des Willens seyn: denn sein Erscheinen kann nicht von etwas abhängen, das nicht unmittelbar und allein durch ihn, das mithin für ihn nur zufällig wäre, wodurch sein Erscheinen selbst nur zufällig würde: jene Bedingung aber ist der ganze Leib selbst. Dieser selbst also muß schon Erscheinung des Willens seyn, und muß zu meinem Willen im Ganzen, d.h. zu meinem intelligibeln Charakter, dessen Erscheinung in der Zeit mein empirischer Charakter ist, sich so verhalten, wie die einzelne Aktion des Leibes zum einzelnen Akte des Willens. Also muß der ganze Leib nichts Anderes seyn, als mein sichtbar gewordener Wille, muß mein Wille selbst seyn, sofern dieser anschauliches Objekt, Vorstellung der ersten Klasse ist. – Als Bestätigung hievon ist bereits angeführt, daß jede Einwirkung auf meinen Leib sofort und unmittelbar auch meinen Willen affizirt und in dieser Hinsicht Schmerz oder Wollust, im niedrigeren Grade angenehme oder unangenehme Empfindung heißt, und auch, daß umgekehrt jede heftige Bewegung des Willens, also Affekt und Leidenschaft, den Leib erschüttert und den Lauf seiner Funktionen stört. – Zwar läßt sich, wenn gleich sehr unvollkommen, von der Entstehung, und etwas besser von der Entwickelung und Erhaltung meines Leibes auch ätiologisch eine Rechenschaft geben, welche eben die Physiologie ist: allein diese erklärt ihr Thema gerade nur so, wie die Motive das Handeln erklären. So wenig daher die Begründung der einzelnen Handlung durch das Motiv und die nothwendige Folge derselben aus diesem damit streitet, daß die Handlung überhaupt und ihrem Wesen nach nur Erscheinung eines an sich selbst grundlosen Willens ist; ebenso wenig thut die physiologische Erklärung der Funktionen des Leibes der philosophischen Wahrheit Eintrag, daß das ganze Daseyn dieses Leibes und die gesammte Reihe seiner Funktionen nur die Objektivirung eben jenes Willens ist, der in desselben Leibes äußerlichen Aktionen nach Maaßgabe der Motive erscheint. Sucht doch die Physiologie auch sogar eben diese äußerlichen Aktionen, die unmittelbar willkürlichen Bewegungen, auf Ursachen im Organismus zurückzuführen, z.B. die Bewegung des Muskels zu erklären aus einem Zufluß von Säften (»wie die Zusammenziehung eines Strickes der naß wird« sagt Reil, in seinem Archiv für Physiologie, Bd. 6, S. 153): allein gesetzt, man käme wirklich zu einer gründlichen Erklärung dieser Art, so würde dies doch nie die unmittelbar gewisse Wahrheit aufheben, daß jede willkürliche Bewegung *(functiones animales)* Erscheinung eines Willensaktes ist. Ebenso wenig nun kann je die physiologische Erklärung des vegetativen Lebens *(functiones naturales, vitales)*, und gediehe sie auch noch so weit, die Wahrheit aufheben, daß dieses ganze, sich so entwickelnde thierische Leben selbst Erscheinung des Willens ist. Ueberhaupt kann ja, wie oben erörtert worden, jede ätiologische Erklärung nie mehr angeben, als die nothwendig bestimmte Stelle in Zeit und Raum einer einzelnen Erscheinung, ihren nothwendigen Eintritt daselbst nach einer festen Regel: hingegen bleibt das innere Wesen jeder Erscheinung auf diesem Wege immer unergründlich, und wird von jeder ätiologischen Erklärung vorausgesetzt und bloß bezeichnet durch die Namen Kraft, oder Naturgesetz, oder, wenn von Handlungen die Rede ist, Charakter, Wille. – Obgleich also jede einzelne Handlung, unter Voraussetzung des bestimmten Charakters, nothwendig bei dargebotenem Motiv erfolgt, und obgleich das Wachsthum, der Ernährungsproceß und sämmtliche Veränderungen im thierischen Leibe nach nothwendig wirkenden Ursachen (Reizen) vor sich gehen; so ist dennoch die ganze Reihe der Handlungen, folglich auch jede einzelne, und ebenso auch deren Bedingung, der ganze Leib selbst, der sie vollzieht, folglich auch der Proceß durch den und in dem er besteht – nichts Anderes, als die Erscheinung des Willens, die Sichtbarwerdung, OBJEKTITÄT DES WILLENS. Hierauf beruht die vollkommene

Angemessenheit des menschlichen und thierischen Leibes zum menschlichen und thierischen Willen überhaupt, derjenigen ähnlich, aber sie weit übertreffend, die ein absichtlich verfertigtes Werkzeug zum Willen des Verfertigers hat, und dieserhalb erscheinend als Zweckmäßigkeit, d.i. die teleologische Erklärbarkeit des Leibes. Die Theile des Leibes müssen deshalb den Hauptbegehrungen, durch welche der Wille sich manifestirt, vollkommen entsprechen, müssen der sichtbare Ausdruck derselben seyn: Zähne, Schlund und Darmkanal sind der objektivirte Hunger; die Genitalien der objektivirte Geschlechtstrieb; die greifenden Hände, die raschen Füße entsprechen dem schon mehr mittelbaren Streben des Willens, welches sie darstellen. Wie die allgemeine menschliche Form dem allgemeinen menschlichen Willen, so entspricht dem individuell modifizirten Willen, dem Charakter des Einzelnen, die individuelle Korporisation, welche daher durchaus und in allen Theilen charakteristisch und ausdrucksvoll ist. Es ist sehr bemerkenswerth, daß dieses schon Parmenides, in folgenden von Aristoteles *(Metaph. III, 5)* angeführten Versen ausgesprochen hat:

Ως γαρ ἑκαστος εχει κρασιν μελεων πολυκαμπτων,
Τως νοος ανθρωποισι παρεστηκεν· το γαρ αυτο
Εστιν, ὁπερ φρονεει, μελεων φυσις ανθρωποισι,
Και πασιν και παντι· το γαρ πλεον εστι νοημα.

*(Ut enim cuique complexio membrorum flexibilium se habet, ita mens hominibus adest: idem namque est, quod sapit, membrorum natura hominibus, et omnibus et omni: quod enim plus est, intelligentia est.)**

§. 21.

Wem nun, durch alle diese Betrachtungen, auch *in abstracto*, mithin deutlich und sicher, die Erkenntniß geworden ist, welche *in concreto* Jeder unmittelbar, d.h. als Gefühl besitzt, daß nämlich das Wesen

* Hiezu Kap. 20 des zweiten Bandes; wie auch, in meiner Schrift »Ueber den Willen in der Natur«, die Rubriken »Physiologie« und »Vergleichende Anatomie«, woselbst das hier nur Angedeutete seine gründliche Ausführung erhalten hat.

an sich seiner eigenen Erscheinung, welche als Vorstellung sich ihm sowohl durch seine Handlungen, als durch das bleibende Substrat dieser, seinen Leib, darstellt, sein WILLE ist, der das Unmittelbarste seines Bewußtseyns ausmacht, als solches aber nicht völlig in die Form der Vorstellung, in welcher Objekt und Subjekt sich gegenüber stehen, eingegangen ist; sondern auf eine unmittelbare Weise, in der man Subjekt und Objekt nicht ganz deutlich unterscheidet, sich kund giebt, jedoch auch nicht im Ganzen, sondern nur in seinen einzelnen Akten dem Individuo selbst kenntlich wird: – wer, sage ich, mit mir diese Ueberzeugung gewonnen hat, dem wird sie, ganz von selbst, der Schlüssel werden zur Erkenntniß des innersten Wesens der gesammten Natur, indem er sie nun auch auf alle jene Erscheinungen überträgt, die ihm nicht, wie seine eigene, in unmittelbarer Erkenntniß neben der mittelbaren, sondern bloß in letzterer, also bloß einseitig, als VORSTELLUNG allein, gegeben sind. Nicht allein in denjenigen Erscheinungen, welche seiner eigenen ganz ähnlich sind, in Menschen und Thieren, wird er als ihr innerstes Wesen jenen nämlichen Willen anerkennen; sondern die fortgesetzte Reflexion wird ihn dahin leiten, auch die Kraft, welche in der Pflanze treibt und vegetirt, ja, die Kraft durch welche der Krystall anschießt, die, welche den Magnet zum Nordpol wendet, die, deren Schlag ihm aus der Berührung heterogener Metalle entgegenfährt, die, welche in den Wahlverwandtschaften der Stoffe als Fliehen und Suchen, Trennen und Vereinen erscheint, ja, zuletzt sogar die Schwere, welche in aller Materie so gewaltig strebt, den Stein zur Erde und die Erde zur Sonne zieht, – diese Alle nur in der Erscheinung für verschieden, ihrem innern Wesen nach aber als das Selbe zu erkennen, als jenes ihm unmittelbar so intim und besser als alles Andere Bekannte, was da, wo es am deutlichsten hervortritt, WILLE heißt. Diese Anwendung der Reflexion ist es allein, welche uns nicht mehr bei der Erscheinung stehen bleiben läßt, sondern hinüberführt zum DING AN SICH. Erscheinung heißt Vorstellung, und weiter nichts: alle Vorstellung, welcher Art sie auch sei, alles OBJEKT, ist ERSCHEINUNG. DING AN SICH aber ist allein der WILLE: als solcher ist er durchaus nicht Vorstellung, sondern *toto genere* von ihr verschieden: er ist es, wovon alle Vorstellung, alles Objekt, die Erscheinung, die Sichtbarkeit, die OBJEKTITÄT ist. Er ist das Innerste, der Kern jedes Einzelnen und ebenso des Ganzen: er erscheint in jeder blindwirkenden Naturkraft: er auch erscheint im überlegten Handeln des Menschen; welcher beiden große Verschiedenheit doch nur den Grad des Erscheinens, nicht das Wesen des Erscheinenden trifft.

§. 22.

Dieses DING AN SICH (wir wollen den Kantischen Ausdruck als stehende Formel beibehalten), welches als solches nimmermehr Objekt ist, eben weil alles Objekt schon wieder seine bloße Erscheinung, nicht mehr es selbst ist, mußte, wenn es dennoch objektiv gedacht werden sollte, Namen und Begriff von einem Objekt borgen, von etwas irgendwie objektiv Gegebenem, folglich von einer seiner Erscheinungen: aber diese durfte, um als Verständigungspunkt zu dienen, keine andere seyn, als unter allen seinen Erscheinungen die vollkommenste, d.h. die deutlichste, am meisten entfaltete, vom Erkennen unmittelbar beleuchtete: diese aber eben ist des Menschen WILLE. Man hat jedoch wohl zu bemerken, daß wir hier allerdings nur eine *denominatio a potiori* gebrauchen, durch welche eben deshalb der Begriff Wille eine größere Ausdehnung erhält, als er bisher hatte. Erkenntniß des Identischen in verschiedenen Erscheinungen und des Verschiedenen in ähnlichen ist eben, wie Platon so oft bemerkt, Bedingung zur Philosophie. Man hatte aber bis jetzt die Identität des Wesens jeder irgend strebenden und wirkenden Kraft in der Natur mit dem Willen nicht erkannt, und daher die mannigfaltigen Erscheinungen, welche nur verschiedene Species desselben Genus sind, nicht dafür angesehen, sondern als heterogen betrachtet: deswegen konnte auch kein Wort zur Bezeichnung des Begriffs dieses Genus vorhanden seyn. Ich benenne daher das Genus nach der vorzüglichsten Species, deren uns näher liegende, unmittelbare Erkenntniß zur mittelbaren Erkenntniß aller anderen führt. Daher aber würde in einem immerwährenden Mißverständniß befangen bleiben, wer nicht fähig wäre, die hier geforderte

Erweiterung des Begriffs zu vollziehen, sondern bei dem Worte WILLE immer nur noch die bisher allein damit bezeichnete eine Species, den vom Erkennen geleiteten und ausschließlich nach Motiven, ja wohl gar nur nach abstrakten Motiven, also unter Leitung der Vernunft sich äußernden Willen verstehen wollte, welcher, wie gesagt, nur die deutlichste Erscheinung des Willens ist. Das uns unmittelbar bekannte innerste Wesen eben dieser Erscheinung müssen wir nun in Gedanken rein aussondern, es dann auf alle schwächeren, undeutlicheren Erscheinungen desselben Wesens übertragen, wodurch wir die verlangte Erweiterung des Begriffs Wille vollziehen. – Auf die entgegengesetzte Weise würde mich aber der mißverstehen, der etwan meinte, es sei zuletzt einerlei, ob man jenes Wesen an sich aller Erscheinung durch das Wort Wille, oder durch irgend ein anderes bezeichnete. Dies würde der Fall seyn, wenn jenes Ding an sich etwas wäre, auf dessen Existenz wir bloß SCHLÖSSEN und es so allein mittelbar und bloß *in abstracto* erkennten: dann könnte man es allerdings nennen wie man wollte: der Name stände als bloßes Zeichen einer unbekannten Größe da. Nun aber bezeichnet das Wort WILLE, welches uns, wie ein Zauberwort, das innerste Wesen jedes Dinges in der Natur aufschließen soll, keineswegs eine unbekannte Größe, ein durch Schlüsse erreichtes Etwas; sondern ein durchaus unmittelbar Erkanntes und so sehr Bekanntes, daß wir, was Wille sei, viel besser wissen und verstehen, als sonst irgend etwas, was immer es auch sei. – Bisher subsumirte man den Begriff WILLE unter den Begriff KRAFT: dagegen mache ich es gerade umgekehrt und will jede Kraft in der Natur als Wille gedacht wissen. Man glaube ja nicht, daß dies Wortstreit, oder gleichgültig sei: vielmehr ist es von der allerhöchsten Bedeutsamkeit und Wichtigkeit. Denn dem Begriffe KRAFT liegt, wie allen anderen, zuletzt die anschauliche Erkenntniß der objektiven Welt, d.h. die Erscheinung, die Vorstellung, zum Grunde, und daraus ist er geschöpft. Er ist aus dem Gebiet abstrahirt, wo Ursach und Wirkung herrscht, also aus der anschaulichen Vorstellung, und bedeutet eben das Ursachseyn der Ursache, auf dem Punkt, wo es ätiologisch durchaus nicht weiter erklärlich, sondern eben die nothwendige Voraussetzung aller ätiologischen Erklärung ist. Hingegen der Begriff WILLE ist der einzige, unter allen möglichen, welcher seinen Ursprung NICHT in der Erscheinung, NICHT in bloßer anschaulicher Vorstellung hat, sondern aus dem Innern kommt, aus dem unmittelbarsten Bewußtseyn eines Jeden hervorgeht, in welchem dieser sein eigenes Individuum, seinem Wesen nach, unmittelbar, ohne alle Form, selbst ohne die von Subjekt und Objekt, erkennt und zugleich selbst ist, da hier das Erkennende und das Erkannte zusammenfallen. Führen wir daher den Begriff der KRAFT auf den des WILLENS zurück, so haben wir in der That ein Unbekannteres auf ein unendlich Bekannteres, ja, auf das einzige uns wirklich unmittelbar und ganz und gar Bekannte zurückgeführt und unsere Erkenntniß um ein sehr großes erweitert. Subsumiren wir hingegen, wie bisher geschah, den Begriff WILLE unter den der KRAFT; so begeben wir uns der einzigen unmittelbaren Erkenntniß, die wir vom innern Wesen der Welt haben, indem wir sie untergehen lassen in einen aus der Erscheinung abstrahirten Begriff, mit welchem wir daher nie über die Erscheinung hinauskönnen.

§. 23.

Der WILLE als Ding an sich ist von seiner Erscheinung gänzlich verschieden und völlig frei von allen Formen derselben, in welche er eben erst eingeht, indem er erscheint, die daher nur seine OBJEKTITÄT betreffen, ihm selbst fremd sind. Schon die allgemeinste Form aller Vorstellung, die des Objekts für ein Subjekt, trifft ihn nicht; noch weniger die dieser untergeordneten, welche insgesammt ihren gemeinschaftlichen Ausdruck im Satz vom Grunde haben, wohin bekanntlich auch Zeit und Raum gehören, und folglich auch die durch diese allein bestehende und möglich gewordene Vielheit. In dieser letztern Hinsicht werde ich, mit einem aus der alten eigentlichen Scholastik entlehnten Ausdruck, Zeit und Raum das *principium individuationis* nennen, welches ich ein für alle Mal zu merken bitte. Denn Zeit und Raum allein sind es, mittelst welcher das dem Wesen und dem Begriff nach Gleiche und Eine doch als verschieden, als Vielheit neben und nach einander erscheint: sie sind folglich das *principium individuationis*, der Gegenstand so vieler Grübeleien und Streitigkeiten der Scholastiker, welche man im Suarez *(Disp. 5, sect. 3)* beisammen findet. – Der Wille als Ding an sich liegt, dem Gesagten zufolge, außerhalb des Gebietes des Satzes vom Grund in allen seinen Gestaltungen, und ist folglich schlechthin grundlos, obwohl jede seiner Erscheinungen durchaus dem Satz vom Grunde unterworfen ist: er ist ferner frei von aller VIELHEIT, obwohl seine Erscheinungen in Zeit und Raum unzählig sind: er selbst ist Einer: jedoch nicht wie ein Objekt Eines ist, dessen Einheit nur im Gegensatz der möglichen Vielheit erkannt wird: noch auch wie ein Begriff Eins ist, der nur durch Abstraktion von der Vielheit entstanden ist: sondern er ist Eines als das, was außer Zeit und Raum, dem *principio individuationis*, d.i. der Möglichkeit der Vielheit, liegt. Erst wenn uns dieses alles durch die folgende Betrachtung der Erscheinungen und verschiedenen Manifestationen des Willens völlig deutlich geworden seyn wird, werden wir den Sinn der Kantischen Lehre völlig verstehen, daß Zeit, Raum und Kausalität nicht dem Dinge an sich zukommen, sondern nur Formen des Erkennens sind.

Die Grundlosigkeit des Willens hat man auch wirklich da erkannt, wo er sich am deutlichsten manifestirt, als Wille des Menschen, und diesen frei, unabhängig genannt. Sogleich hat man aber auch, über die Grundlosigkeit des Willens selbst, die Nothwendigkeit, der seine Erscheinung überall unterworfen ist, übersehen, und die Thaten für frei erklärt, was sie nicht sind, da jede einzelne Handlung aus der Wirkung des Motivs auf den Charakter mit strenger Nothwendigkeit folgt. Alle Nothwendigkeit ist, wie schon gesagt, Verhältniß der Folge zum Grunde und durchaus nichts weiter. Der Satz vom Grunde ist allgemeine Form aller Erscheinung, und der Mensch in seinem Thun muß, wie jede andere Erscheinung, ihm unterworfen seyn. Weil aber im Selbstbewußtseyn der Wille unmittelbar und an sich erkannt wird, so liegt auch in diesem Bewußtseyn das der Freiheit. Allein es wird übersehen, daß das Individuum, die Person, nicht Wille als Ding an sich, sondern schon ERSCHEINUNG des Willens ist, als solche schon determinirt und in die Form der Erscheinung, den Satz vom Grund, eingegangen. Daher kommt die wunderliche Thatsache, daß Jeder sich *a priori* für ganz frei, auch in seinen einzelnen Handlungen, hält und meint, er könne jeden Augenblick einen andern Lebenswandel anfangen, welches hieße ein Anderer werden. Allein *a posteriori*, durch die Erfahrung, findet er zu seinem Erstaunen, daß er nicht frei ist, sondern der Nothwendigkeit unterworfen, daß er aller Vorsätze und Reflexionen ungeachtet, sein Thun nicht ändert, und vom Anfang seines Lebens bis zum Ende denselben von ihm selbst mißbilligten Charakter durchführen und gleichsam die übernommene Rolle bis zu Ende spielen muß. Ich kann diese Betrachtung hier nicht weiter ausführen, da sie als ethisch an eine andere Stelle dieser Schrift gehört. Hier wünsche ich inzwischen nur darauf hinzuweisen, daß die ERSCHEINUNG des an sich grundlosen Willens doch als solche dem Gesetz der Nothwendigkeit, d.i. dem Satz vom Grunde, unterworfen ist; damit wir an der Nothwendigkeit, mit welcher die Erscheinungen der Natur erfolgen, keinen Anstoß nehmen, in ihnen die Manifestationen des Willens zu erkennen.

Man hat bisher für Erscheinungen des Willens nur diejenigen Veränderungen angesehen, die keinen andern Grund, als ein Motiv, d.h. eine Vorstellung haben; daher man in der Natur allein dem Menschen und allenfalls den Thieren einen Willen beilegte; weil das Erkennen, das Vorstellen, allerdings, wie ich an einem andern Orte schon erwähnt habe, der ächte und ausschließende Charakter der Thierheit ist. Allein daß der Wille auch da wirkt, wo keine Erkenntniß ihn leitet, sehen wir zu allernächst an dem Instinkt und den Kunsttrieben der Thiere*. Daß sie Vorstellungen und Erkenntniß haben, kommt hier gar nicht in Betracht, da der Zweck, zu dem sie gerade so hinwirken, als wäre er ein erkanntes Motiv, von ihnen ganz unerkannt bleibt; daher ihr Handeln hier ohne Motiv geschieht, nicht von der Vorstellung geleitet ist und uns zuerst und am deutlichsten zeigt, wie der Wille auch ohne alle Erkenntniß thätig ist. Der einjährige Vogel hat keine Vorstellung von den Eiern, für die er ein Nest baut; die junge Spinne nicht von dem Raube, zu dem sie ein Netz wirkt; noch der Ameisenlöwe von der Ameise,

* Von diesen handelt speciell Kap. 27 des zweiten Bandes.

der er zum ersten Male eine Grube gräbt; die Larve des Hirschschröters beißt das Loch im Holze, wo sie ihre Verwandelung bestehen will, noch einmal so groß, wenn sie ein männlicher, als wenn sie ein weiblicher Käfer werden will, im ersten Fall um Platz für Hörner zu haben, von denen sie noch keine Vorstellung hat. In solchem Thun dieser Thiere ist doch offenbar, wie in ihrem übrigen Thun, der Wille thätig: aber er ist in blinder Thätigkeit, die zwar von Erkenntniß begleitet, aber nicht von ihr geleitet ist. Haben wir nun einmal die Einsicht erlangt, daß Vorstellung als Motiv keine nothwendige und wesentliche Bedingung der Thätigkeit des Willens ist; so werden wir das Wirken des Willens nun auch leichter in Fällen wiedererkennen, wo es weniger augenfällig ist, und dann z.B. so wenig das Haus der Schnecke einem ihr selbst fremden, aber von Erkenntniß geleiteten Willen zuschreiben, als das Haus, welches wir selbst bauen, durch einen andern Willen als unsern eigenen ins Daseyn tritt; sondern wir werden beide Häuser für Werke des in beiden Erscheinungen sich objektivirenden Willens erkennen, der in uns nach Motiven, in der Schnecke aber noch blind, als nach Außen gerichteter Bildungstrieb wirkt. Auch in uns wirkt der selbe Wille vielfach blind: in allen den Funktionen unseres Leibes, welche keine Erkenntniß leitet, in allen seinen vitalen und vegetativen Prozessen, Verdauung, Blutumlauf, Sekretion, Wachsthum, Reproduktion. Nicht nur die Aktionen des Leibes, sondern er selbst ganz und gar ist, wie oben nachgewiesen, Erscheinung des Willens, objektivirter Wille, konkreter Wille: alles was in ihm vorgeht, muß daher durch Wille vorgehen, obwohl hier dieser Wille nicht von Erkenntniß geleitet ist, nicht nach Motiven sich bestimmt, sondern, blind wirkend, nach Ursachen, die in diesem Fall REIZE heißen.

Ich nenne nämlich URSACH, im engsten Sinne des Worts, denjenigen Zustand der Materie, der, indem er einen andern mit Nothwendigkeit herbeiführt, selbst eine ebenso große Veränderung erleidet, wie die ist, welche er verursacht, welches durch die Regel »Wirkung und Gegenwirkung sind sich gleich« ausgedrückt wird. Ferner wächst, bei der eigentlichen Ursach, die Wirkung genau in eben dem Verhältniß wie die Ursach, die Gegenwirkung also wieder auch; so daß, wenn einmal die Wirkungsart bekannt ist, aus dem Grade der Intensität der Ursach der Grad der Wirkung sich messen und berechnen läßt, und so auch umgekehrt. Solche eigentlich sogenannte Ursachen wirken in allen Erscheinungen des Mechanismus, Chemismus u.s.w., kurz, bei allen Veränderungen unorganischer Körper. Ich nenne dagegen REIZ diejenige Ursach, die selbst keine ihrer Wirkung angemessene Gegenwirkung erleidet, und deren Intensität durchaus nicht dem Grade nach parallel geht mit der Intensität der Wirkung, welche daher nicht nach jener gemessen werden kann: vielmehr kann eine kleine Vermehrung des Reizes eine sehr große in der Wirkung veranlassen, oder auch umgekehrt die vorherige Wirkung ganz aufheben u.s.w. Dieser Art ist alle Wirkung auf organische Körper als solche: auf Reize also, nicht auf bloße Ursachen, gehen alle eigentlich organischen und vegetativen Veränderungen im thierischen Leibe vor. Der Reiz aber, wie überhaupt jede Ursach, und ebenso das Motiv, bestimmt nie mehr, als den Eintrittspunkt der Aeußerung jeder Kraft in Zeit und Raum, nicht das innere Wesen der sich äußernden Kraft selbst, welches wir, unserer vorhergegangenen Ableitung gemäß, für Wille erkennen, dem wir daher sowohl die bewußtlosen, als die bewußten Veränderungen des Leibes zuschreiben. Der Reiz hält das Mittel, macht den Uebergang zwischen dem Motiv, welches die durch das Erkennen hindurchgegangene Kausalität ist, und der Ursach im engsten Sinn. In den einzelnen Fällen liegt er bald dem Motiv, bald der Ursach näher, ist indessen doch noch immer von beiden zu unterscheiden: so geschieht z.B. das Steigen der Säfte in den Pflanzen auf Reiz und ist nicht aus bloßen Ursachen, nach den Gesetzen der Hydraulik, noch der Haarröhrchen, zu erklären: dennoch wird es wohl von diesen unterstützt und ist überhaupt der rein ursächlichen Veränderung schon sehr nahe. Hingegen sind die Bewegungen des *Hedysarum gyrans* und der *Mimosa pudica*, obwohl noch auf bloße Reize erfolgend, dennoch schon denen auf Motive sehr ähnlich und scheinen fast den Uebergang machen zu wollen. Die Verengerung der Pupille bei vermehrtem Lichte geschieht auf Reiz, aber geht schon über in die Bewegung auf Motiv; da sie geschieht, weil das zu starke Licht die Retina schmerzlich affiziren würde und wir, dies zu vermeiden, die Pupille zusammenziehen. – Der Anlaß der Erektion ist ein Motiv, da er eine Vorstellung ist; er wirkt jedoch mit der Nothwendigkeit eines Reizes: d.h. ihm kann nicht widerstanden werden, sondern man muß ihn entfernen, um ihn unwirksam zu machen. Ebenso verhält es sich mit ekelhaften Gegenständen, welche Neigung zum Erbrechen erregen. Als ein wirkliches Mittelglied ganz anderer Art zwischen der Bewegung auf Reiz und dem Handeln nach einem erkannten Motiv haben wir soeben den Instinkt der Thiere betrachtet. Noch als ein anderes Mittelglied dieser Art könnte man versucht werden das Athemholen anzusehen: man hat nämlich gestritten, ob es zu den willkürlichen oder zu den unwillkürlichen Bewegungen gehöre, d.h. eigentlich ob es auf Motiv, oder Reiz erfolge, danach es sich vielleicht für ein Mittelding zwischen beiden erklären ließe. Marshall Hall *(»On the diseases of the nervous system«, §. 293 sq.)* erklärt es für eine gemischte Funktion, da es unter dem Einfluß theils der Cerebral- (willkürlichen) theils der Spinal- (unwillkürlichen) Nerven steht. Indessen müssen wir es zuletzt doch den auf Motiv erfolgenden Willensäußerungen beizählen: denn andere Motive, d.h. bloße Vorstellungen, können den Willen bestimmen es zu hemmen oder zu beschleunigen, und es hat, wie jede andere willkürliche Handlung, den Schein, daß man es ganz unterlassen könnte und frei ersticken. Dies könnte man auch in der That, sobald irgend ein anderes Motiv so stark den Willen bestimmte, daß es das dringende Bedürfniß nach Luft überwöge. Nach Einigen soll Diogenes wirklich auf diese Weise seinem Leben ein Ende gemacht haben *(Diog. Laert. VI, 76)*. Auch Neger sollen dies gethan haben. (F.B. Osiander, »Ueber den Selbstmord« [1813], S. 170–180). Wir hätten daran ein starkes Beispiel vom Einfluß abstrakter Motive, d.h. von der Uebermacht des eigentlich vernünftigen Wollens über das bloß thierische. Für das wenigstens theilweise Bedingtseyn des Athmens durch cerebrale Thätigkeit spricht die Thatsache, daß Blausäure zunächst dadurch tödtet, daß sie das Gehirn lähmt und so mittelbar das Athmen hemmt: wird aber dieses künstlich unterhalten, bis jene Betäubung des Gehirns vorüber ist, so tritt gar kein Tod ein. Zugleich giebt uns hier beiläufig das Athemholen das augenfälligste Beispiel davon, daß Motive mit eben so großer Nothwendigkeit, wie Reize und bloße Ursachen im engsten Sinne wirken, und eben nur durch entgegengesetzte Motive, wie Druck durch Gegendruck, außer Wirksamkeit gesetzt werden können: denn beim Athmen ist der Schein des Unterlassenkönnens ungleich schwächer, als bei anderen auf Motive erfolgenden Bewegungen; weil das Motiv dort sehr dringend, sehr nah, seine Befriedigung, wegen der Unermüdlichkeit der sie vollziehenden Muskeln, sehr leicht, ihr in der Regel nichts entgegenstehend und das Ganze durch die älteste Gewohnheit des Individuums unterstützt ist. Und doch wirken eigentlich alle Motive mit der selben Nothwendigkeit. Die Erkenntniß, daß die Nothwendigkeit den Bewegungen auf Motive mit denen auf Reize gemeinschaftlich ist, wird uns die Einsicht erleichtern, daß auch Das, was im organischen Leibe auf Reize und völlig gesetzmäßig vor sich geht, dennoch seinem innern Wesen nach Wille ist, der zwar nie an sich, aber in allen seinen Erscheinungen dem Satz vom Grund, d.h. der Nothwendigkeit unterworfen ist*. Wir werden demnach nicht dabei stehen bleiben, die Thiere, wie in ihrem Handeln, so auch in ihrem ganzen Daseyn, Korporisation und Organisation als Willenserscheinungen zu erkennen; sondern werden diese uns allein gegebene unmittelbare Erkenntniß des Wesens an sich der Dinge auch auf die Pflanzen übertragen, deren sämmtliche Bewegungen auf Reize erfolgen, da die Abwesenheit der Erkenntniß und der durch diese bedingten Bewegung auf Motive allein den wesentlichen Unterschied zwischen Thier und Pflanze ausmacht. Wir werden also was für die Vorstellung als Pflanze, als bloße Vegetation, blind treibende Kraft erscheint, seinem Wesen an sich nach, für Willen ansprechen und für eben Das erkennen, was die Basis unserer eigenen Erscheinung ausmacht, wie sie sich in unserm Thun und auch schon im ganzen Daseyn unseres Leibes selbst ausspricht.

Es bleibt uns nur noch der letzte Schritt zu thun übrig, die Aus-

---

* Diese Erkenntniß wird durch meine Preisschrift über die Freiheit des Willens völlig festgestellt, woselbst (S. 30–44 der »Grundprobleme der Ethik«) daher auch das Verhältniß zwischen Ursache, Reiz und Motiv seine ausführliche Erörterung erhalten hat.

dehnung unserer Betrachtungsweise auch auf alle jene Kräfte, welche in der Natur nach allgemeinen, unveränderlichen Gesetzen wirken, denen gemäß die Bewegungen aller der Körper erfolgen, welche, ganz ohne Organe, für den Reiz keine Empfänglichkeit und für das Motiv keine Erkenntniß haben. Wir müssen also den Schlüssel zum Verständniß des Wesens an sich der Dinge, welchen uns die unmittelbare Erkenntniß unseres eigenen Wesens allein geben konnte, auch an diese Erscheinungen der unorganischen Welt legen, die von allen im weitesten Abstande von uns stehen. – Wenn wir sie nun mit forschendem Blicke betrachten, wenn wir den gewaltigen, unaufhaltsamen Drang sehen, mit dem die Gewässer der Tiefe zueilen, die Beharrlichkeit, mit welcher der Magnet sich immer wieder zum Nordpol wendet, die Sehnsucht, mit der das Eisen zu ihm fliegt, die Heftigkeit, mit welcher die Pole der Elektricität zur Wiedervereinigung streben, und welche, gerade wie die der menschlichen Wünsche, durch Hindernisse gesteigert wird; wenn wir den Krystall schnell und plötzlich anschießen sehen, mit so viel Regelmäßigkeit der Bildung, die offenbar nur eine von Erstarrung ergriffene und festgehaltene ganz entschiedene und genau bestimmte Bestrebung nach verschiedenen Richtungen ist; wenn wir die Auswahl bemerken, mit der die Körper, durch den Zustand der Flüssigkeit in Freiheit gesetzt und den Banden der Starrheit entzogen, sich suchen und fliehen, vereinigen und trennen; wenn wir endlich ganz unmittelbar fühlen, wie eine Last, deren Streben zur Erdmasse unser Leib hemmt, auf diesen unablässig drückt und drängt, ihre einzige Bestrebung verfolgend; – so wird es uns keine große Anstrengung der Einbildungskraft kosten, selbst aus so großer Entfernung unser eigenes Wesen wiederzuerkennen, jenes Nämliche, das in uns beim Lichte der Erkenntniß seine Zwecke verfolgt, hier aber, in den schwächsten seiner Erscheinungen, nur blind, dumpf, einseitig und unveränderlich strebt, jedoch, weil es überall Eines und das Selbe ist, – so gut wie die erste Morgendämmerung mit den Strahlen des vollen Mittags den Namen des Sonnenlichts theilt, – auch hier wie dort den Namen WILLE führen muß, welcher Das bezeichnet, was das Seyn an sich jedes Dinges in der Welt und der alleinige Kern jeder Erscheinung ist.

Der Abstand jedoch, ja der Schein einer gänzlichen Verschiedenheit zwischen den Erscheinungen der unorganischen Natur und dem Willen, den wir als das Innere unseres eigenen Wesens wahrnehmen, entsteht vorzüglich aus dem Kontrast zwischen der völlig bestimmten Gesetzmäßigkeit in der einen und der scheinbar regellosen Willkür in der andern Art der Erscheinung. Denn im Menschen tritt die Individualität mächtig hervor: ein Jeder hat einen eigenen Charakter: daher hat auch das selbe Motiv nicht auf Alle die gleiche Gewalt, und tausend Nebenumstände, die in der weiten Erkenntnißsphäre des Individuums Raum haben, aber Andern unbekannt bleiben, modificiren seine Wirkung; weshalb sich aus dem Motiv allein die Handlung nicht vorherbestimmen läßt, weil der andere Faktor fehlt, die genaue Kenntniß des individuellen Charakters und der ihn begleitenden Erkenntniß. Hingegen zeigen die Erscheinungen der Naturkräfte hier das andere Extrem: sie wirken nach allgemeinen Gesetzen, ohne Abweichung, ohne Individualität, nach offen darliegenden Umständen, der genauesten Vorherbestimmung unterworfen, und die selbe Naturkraft äußert sich in den Millionen ihrer Erscheinungen genau auf gleiche Weise. Wir müssen, um diesen Punkt aufzuklären, um die Identität des EINEN und untheilbaren Willens in allen seinen so verschiedenen Erscheinungen, in den schwächsten, wie in den stärksten, nachzuweisen, zuvörderst das Verhältniß betrachten, welches der Wille als Ding an sich zu seiner Erscheinung, d.h. die Welt als Wille zur Welt als Vorstellung hat, wodurch sich uns der beste Weg öffnen wird zu einer tiefer gehenden Erforschung des gesammten in diesem zweiten Buch behandelten Gegenstandes*.

§. 24.

Wir haben von dem großen Kant gelernt, daß Zeit, Raum und Kausalität, ihrer ganzen Gesetzmäßigkeit und der Möglichkeit aller

* Hiezu Kap. 23 des zweiten Bandes, imgleichen, in meiner Schrift »Ueber den Willen in der Natur«, das Kapitel »Pflanzenphysiologie« und das für den Kern meiner Metaphysik überaus wichtige Kapitel »Physische Astronomie«.

ihrer Formen nach, in unserm Bewußtseyn vorhanden sind, ganz unabhängig von den Objekten, die in ihnen erscheinen, die ihren Inhalt ausmachen, oder mit anderen Worten: daß sie eben sowohl, wenn man vom Subjekt, als wenn man vom Objekt ausgeht, gefunden werden können; daher man sie mit gleichem Recht Anschauungsweisen des Subjekts, oder auch Beschaffenheiten des Objekts, SOFERN ES OBJEKT (bei Kant: Erscheinung) d.h. VORSTELLUNG ist, nennen kann. Auch kann man jene Formen ansehen als die untheilbare Gränze zwischen Objekt und Subjekt: daher zwar alles Objekt in ihnen erscheinen muß, aber auch das Subjekt, unabhängig vom erscheinenden Objekt, sie vollständig besitzt und übersieht. – Sollten nun aber die in diesen Formen erscheinenden Objekte nicht leere Phantome seyn; sondern eine Bedeutung haben: so müßten sie auf etwas deuten, der Ausdruck von etwas seyn, das nicht wieder wie sie selbst Objekt, Vorstellung, ein nur relativ, nämlich für ein Subjekt, Vorhandenes wäre; sondern welches ohne solche Abhängigkeit von einem ihm als wesentliche Bedingung Gegenüberstehenden und dessen Formen existirte, d.h. eben KEINE VORSTELLUNG, sondern ein DING AN SICH wäre. Demnach ließe sich wenigstens fragen: sind jene Vorstellungen, jene Objekte, noch etwas außerdem und abgesehen davon, daß sie Vorstellungen, Objekte des Subjekts sind? Und was alsdann wären sie in diesem Sinn? Was ist jene ihre andere von der Vorstellung *toto genere* verschiedene Seite? Was ist das Ding an sich? – DER WILLE: ist unsere Antwort gewesen, die ich jedoch für jetzt bei Seite setze.

Was auch immer das Ding an sich sei, so hat Kant richtig geschlossen, daß Zeit, Raum und Kausalität (die wir späterhin als Gestaltungen des Satzes vom Grunde, und diesen als allgemeinen Ausdruck der Formen der Erscheinung erkannt haben) nicht Bestimmungen desselben seyn, sondern ihm erst zukommen konnten, nachdem und sofern es Vorstellung geworden, d.h. nur seiner Erscheinung angehörten, nicht ihm selbst. Denn da das Subjekt sie aus sich selbst, unabhängig von allem Objekt, vollständig erkennt und konstruirt; so müssen sie dem VORSTELLUNGSEYN als solchem anhängen, nicht Dem, was Vorstellung wird. Sie müssen die Form der Vorstellung als solcher, nicht aber Eigenschaften Dessen seyn, was diese Form angenommen hat. Sie müssen schon mit dem bloßen Gegensatz von Subjekt und Objekt (nicht im Begriff, sondern in der That) gegeben seyn, folglich nur die nähere Bestimmung der Form der Erkenntniß überhaupt seyn, deren allgemeinste Bestimmung jener Gegensatz selbst ist. Was nun in der Erscheinung, im Objekt, wiederum durch Zeit, Raum und Kausalität bedingt ist, indem es nur mittelst derselben vorgestellt werden kann, nämlich VIELHEIT, durch das Neben- und Nacheinander, WECHSEL UND DAUER, durch das Gesetz der Kausalität, und die nur unter Voraussetzung der Kausalität vorstellbare Materie, endlich alles wieder nur mittelst dieser Vorstellbare, – dieses Alles insgesammt ist Dem, DAS da erscheint, DAS in die Form der Vorstellung eingegangen ist, wesentlich nicht eigen, sondern hängt nur dieser Form selbst an. Umgekehrt aber wird Dasjenige in der Erscheinung, was NICHT durch Zeit, Raum und Kausalität bedingt, noch auf diese zurückzuführen, noch nach diesen zu erklären ist, gerade Das seyn, worin sich unmittelbar das Erscheinende, das Ding an sich kund giebt. Diesem zufolge wird nun die vollkommenste Erkennbarkeit, d.h. die größte Klarheit, Deutlichkeit und erschöpfende Ergründlichkeit, nothwendig Dem zukommen, was der Erkenntniß ALS SOLCHER eigen ist, also der FORM der Erkenntniß; nicht aber Dem, was an sich NICHT Vorstellung, NICHT Objekt, erst durch das Eingehen in diese Formen erkennbar, d.h. Vorstellung, Objekt, geworden ist. Nur Das also, was allein abhängt vom Erkanntwerden, vom Vorstellungseyn überhaupt und als solchem (nicht von Dem, was erkannt wird, und erst zur Vorstellung geworden ist), was daher Allem, das erkannt wird, ohne Unterschied zukommt, was eben deswegen so gut wenn man vom Subjekt, als wenn man vom Objekt ausgeht, gefunden wird, – Dies allein wird ohne Rückhalt eine genügende, völlig erschöpfende bis auf den letzten Grund klare Erkenntniß gewähren können. Dieses aber besteht in nichts Anderem, als in den uns *a priori* bewußten Formen aller Erscheinung, die sich gemeinschaftlich als Satz vom Grunde aussprechen lassen, dessen auf die anschauliche Erkenntniß (mit der wir hier es ausschließlich zu thun haben) sich beziehenden Gestalten Zeit, Raum und Kausalität sind. Auf sie allein gegründet ist die gesammte reine Mathematik und die reine Naturwissenschaft *a priori*. Nur in diesen Wissenschaften daher findet die Erkenntniß keine Dunkelheit, stößt nicht auf das Unergründliche (Grundlose d.i. Wille), auf das nicht weiter Abzuleitende; in welcher Hinsicht auch Kant, wie gesagt, jene Erkenntnisse vorzugsweise, ja ausschließlich, nebst der Logik, Wissenschaften nennen wollte. Andererseits aber zeigen uns diese Erkenntnisse weiter nichts, als bloße Verhältnisse, Relationen einer Vorstellung zur andern, Form, ohne allen Inhalt. Jeder Inhalt, den sie bekommen, jede Erscheinung, die jene Formen füllt, enthält schon etwas nicht mehr vollständig seinem ganzen Wesen nach Erkennbares, nicht mehr durch ein Anderes ganz und gar zu Erklärendes, also etwas Grundloses, wodurch sogleich die Erkenntniß an Evidenz verliert und die vollkommene Durchsichtigkeit einbüßt. Dieses der Ergründung sich Entziehende aber ist eben das Ding an sich, ist dasjenige, was wesentlich nicht Vorstellung, nicht Objekt der Erkenntniß ist; sondern erst indem es in jene Form eingieng, erkennbar geworden ist. Die Form ist ihm ursprünglich fremd, und es kann nie ganz Eins mit ihr werden, kann nie auf die bloße Form zurückgeführt, und, da diese der Satz vom Grund ist, also nicht vollständig ERGRÜNDET werden. Wenn daher auch alle Mathematik uns erschöpfende Erkenntniß giebt von Dem, was an den Erscheinungen Größe, Lage, Zahl, kurz, räumliches und zeitliches Verhältniß ist, wenn alle Aetiologie uns die gesetzmäßigen Bedingungen, unter denen die Erscheinungen, mit allen ihren Bestimmungen, in Zeit und Raum eintreten, vollständig angiebt, bei dem Allen aber doch nicht mehr lehrt, als jedesmal warum eine jede bestimmte Erscheinung gerade jetzt hier und gerade hier jetzt sich zeigen muß; so dringen wir mit deren Hülfe doch nimmermehr in das innere Wesen der Dinge, so bleibt dennoch immer Etwas, daran sich keine Erklärung wagen darf, sondern das sie immer voraussetzt, nämlich die Kräfte der Natur, die bestimmte Wirkungsart der Dinge, die Qualität, der Charakter jeder Erscheinung, das Grundlose, was nicht von der Form der Erscheinung, dem Satz vom Grunde, abhängt, dem diese Form an sich fremd ist, das aber in sie eingegangen ist, und nun nach ihrem Gesetz hervortritt, welches Gesetz aber eben auch nur das Hervortreten bestimmt, nicht Das, WAS hervortritt, nur das Wie, nicht das Was der Erscheinung, nur die Form, nicht den Inhalt. – Mechanik, Physik, Chemie lehren die Regeln und Gesetze, nach denen die Kräfte der Undurchdringlichkeit, Schwere, Starrheit, Flüssigkeit, Kohäsion, Elasticität, Wärme, Licht, Wahlverwandtschaften, Magnetismus, Elektricität u.s.w. wirken, d.h. das Gesetz, die Regel, welche diese Kräfte in Hinsicht auf ihren jedesmaligen Eintritt in Zeit und Raum beobachten: die Kräfte selbst aber bleiben dabei, wie man sich auch geberden mag, *qualitates occultae*. Denn es ist eben das Ding an sich, welches, indem es erscheint, jene Phänomene darstellt, von ihnen selbst gänzlich verschieden, zwar in seiner Erscheinung dem Satz vom Grund, als der Form der Vorstellung, völlig unterworfen, selbst aber nie auf diese Form zurückzuführen, und daher nicht ätiologisch bis auf das Letzte zu erklären, nicht jemals vollständig zu ergründen; zwar völlig begreiflich, sofern es jene Form angenommen hat, d.h. sofern es Erscheinung ist; seinem innern Wesen nach aber durch jene Begreiflichkeit nicht im Mindesten erklärt. Daher, je mehr Nothwendigkeit eine Erkenntniß mit sich führt, je mehr in ihr von Dem ist, was sich gar nicht anders denken und vorstellen läßt – wie z.B. die räumlichen Verhältnisse –, je klärer und genügender sie daher ist; desto weniger rein objektiven Gehalt hat sie, oder desto weniger eigentliche Realität ist in ihr gegeben: und umgekehrt, je Mehreres in ihr als rein zufällig aufgefaßt werden muß, je Mehreres sich uns als bloß empirisch gegeben aufdringt; desto mehr eigentlich Objektives und wahrhaft Reales ist in solcher Erkenntniß; aber auch zugleich desto mehr Unerklärliches, d.h. aus Anderm nicht weiter Ableitbares.

Freilich hat zu allen Zeiten eine ihr Ziel verkennende Aetiologie dahin gestrebt, alles organische Leben auf Chemismus, oder Elektricität, allen Chemismus, d.i. Qualität, wieder auf Mechanismus (Wirkung durch die Gestalt der Atome), diesen aber wieder theils auf den Gegenstand der Phoronomie, d.i. Zeit und Raum zur Möglichkeit der Bewegung vereint, theils auf den der bloßen Geometrie, d.i. Lage im Raum, zurückzuführen (ungefähr so, wie man, mit Recht, die Abnahme einer Wirkung nach dem Quadrat der Entfernung und die Theorie des Hebels rein geometrisch construirt): die Geometrie läßt sich endlich in Arithmetik auflösen, welche die, wegen Einheit der Dimension, faßlichste, übersehbarste, bis aufs Letzte ergründliche Gestaltung des Satzes vom Grunde ist. Belege zu der hier allgemein bezeichneten Methode sind: des Demokritos Atome, des Cartesius Wirbel, die mechanische Physik des LESAGE, welcher, gegen Ende des vorigen Jahrhunderts, sowohl die chemischen Affinitäten, als auch die Gravitation mechanisch, durch Stoß und Druck zu erklären suchte, wie des Näheren zu ersehen aus dem *»Lucrèce Neutonien«*; auch Reils Form und Mischung als Ursache des thierischen Lebens tendirt dahin: ganz dieser Art ist endlich der eben jetzt, in der Mitte des 19. Jahrhunderts wieder aufgewärmte, aus Unwissenheit sich original dünkende, rohe Materialismus, welcher zunächst, unter stupider Ableugnung der Lebenskraft, die Erscheinungen des Lebens aus physikalischen und chemischen Kräften erklären, diese aber wieder aus dem mechanischen Wirken der Materie, Lage, Gestalt und Bewegung erträumter Atome entstehen lassen und so alle Kräfte der Natur auf Stoß und Gegenstoß zurückführen möchte, als welche sein »Ding an sich« sind. Demgemäß soll dann sogar das Licht das mechanische Vibriren, oder gar Unduliren, eines imaginären und zu diesem Zweck postulirten Aethers seyn, welcher, wenn angelangt, auf der Retina trommelt, wo dann z. B. 483 Billionen Trommelschläge in der Sekunde Roth, und 727 Billionen Violett geben u. s. f.: die Farbeblinden wären dann wohl Solche, welche die Trommelschläge nicht zählen können: nicht wahr? Dergleichen krasse, mechanische, demokritische, plumpe und wahrhaft knollige Theorien sind ganz der Leute würdig, die, funfzig Jahre nach dem Erscheinen der Goetheschen Farbenlehre, noch an Neutons homogene Lichter glauben und sich nicht schämen es zu sagen. Sie werden erfahren, daß was man dem Kinde (dem Demokrit) nachsieht, dem Manne nicht verziehen wird. Sie könnten sogar einst schmählich enden: aber dann schleicht Jeder davon, und thut als wäre er nicht dabei gewesen. Wir werden auf diese falsche Zurückführung ursprünglicher Naturkräfte auf einander bald nochmals zu reden kommen: hier nur soviel. Gesetzt dieses gienge so an, so wäre freilich Alles erklärt und ergründet, ja zuletzt auf ein Rechnungsexempel zurückgeführt, welches dann das Allerheiligste im Tempel der Weisheit wäre, zu welchem der Satz vom Grunde am Ende glücklich geleitet hätte. Aber aller Inhalt der Erscheinung wäre verschwunden, und bloße Form übrig geblieben: Das, WAS da erscheint, wäre zurückgeführt auf Das, WIE es erscheint, und dieses WIE wäre das auch *a priori* Erkennbare, daher ganz abhängig vom Subjekt, daher allein für dasselbe, daher endlich bloßes Phantom, Vorstellung und Form der Vorstellung durch und durch: nach keinem Ding an sich könnte gefragt werden. – Es wäre demnach, gesetzt dies gienge so an, dann wirklich die ganze Welt aus dem Subjekt abgeleitet und in der That Das geleistet, was Fichte durch seine Windbeuteleien zu leisten SCHEINEN wollte. – Nun aber geht es nicht so an: Phantasien, Sophistikationen, Luftschlösser hat man in jener Art zu Stande gebracht, keine Wissenschaft. Es ist gelungen, und gab, so oft es gelang, einen wahren Fortschritt, die vielen und mannigfaltigen Erscheinungen in der Natur auf einzelne ursprüngliche Kräfte zurückzuführen: man hat mehrere, Anfangs für verschieden gehaltene Kräfte und Qualitäten eine aus der andern abgeleitet (z. B. den Magnetismus aus der Elektricität) und so ihre Zahl vermindert: die Aetiologie wird am Ziele seyn, wenn sie alle ursprünglichen Kräfte der Natur als solche erkannt und aufgestellt, und ihre Wirkungsarten, d. h. die Regel, nach der, am Leitfaden der Kausalität, ihre Erscheinungen in Zeit und Raum eintreten und sich unter einander ihre Stelle bestimmen, festgesetzt haben wird: aber stets werden Urkräfte übrig bleiben, stets wird, als unauflösliches Residuum, ein Inhalt der Erscheinung bleiben, der nicht auf ihre Form zurückzuführen, also nicht nach dem Satz vom Grunde aus etwas Anderem zu erklären ist. – Denn in jedem Ding in der Natur ist etwas, davon kein Grund je angegeben werden kann, keine Erklärung möglich, keine Ursache weiter zu suchen ist: es ist die specifische Art seines Wirkens, d. h. eben die Art seines Daseyns, sein Wesen. Zwar von jeder einzelnen Wirkung des Dinges ist eine Ursach nachzuweisen, aus welcher folgt, daß es gerade jetzt, gerade hier wirken mußte: aber davon daß es überhaupt und gerade so wirkt, nie. Hat es keine anderen Eigenschaften, ist es ein Sonnenstäubchen, so zeigt es wenigstens als Schwere und Undurchdringlichkeit jenes unergründliche Etwas: dieses aber, sage ich, ist ihm, was dem Menschen sein WILLE ist, und ist, so wie dieser, seinem innern Wesen nach, der Erklärung nicht unterworfen, ja, ist an sich mit diesem identisch. Wohl läßt sich für jede Aeußerung des Willens, für jeden einzelnen Akt desselben zu dieser Zeit, an diesem Ort, ein Motiv nachweisen, auf welches er, unter Voraussetzung des Charakters des Menschen, nothwendig erfolgen mußte. Aber daß er diesen Charakter hat, daß er überhaupt will, daß von mehreren Motiven gerade dieses und kein anderes, ja, daß irgend eines seinen Willen bewegt, davon ist kein Grund je anzugeben. Was dem Menschen sein unergründlicher, bei aller Erklärung seiner Thaten aus Motiven vorausgesetzter Charakter ist; eben das ist jedem unorganischen Körper seine wesentliche Qualität, die Art seines Wirkens, deren Aeußerungen hervorgerufen werden durch Einwirkung von Außen, während hingegen sie selbst durch nichts außer ihr bestimmt, also auch nicht erklärlich ist: ihre einzelnen Erscheinungen, durch welche allein sie sichtbar wird, sind dem Satz vom Grund unterworfen: sie selbst ist grundlos. Schon die Scholastiker hatten Dies im Wesentlichen richtig erkannt und als *forma substantialis* bezeichnet. (Worüber Suarez, *Disput. metaph., disp. XV, sect. 1.)*

Es ist ein ebenso großer, wie gewöhnlicher Irrthum, daß die häufigsten, allgemeinsten und einfachsten Erscheinungen es wären, die wir am besten verständen; da sie doch vielmehr nur diejenigen sind, an deren Anblick und unsere Unwissenheit darüber wir uns am meisten gewöhnt haben. Es ist uns ebenso unerklärlich, daß ein Stein zur Erde fällt, als daß ein Thier sich bewegt. Man hat, wie oben erwähnt, vermeint, daß man, von den allgemeinsten Naturkräften (z.B. Gravitation, Kohäsion, Undurchdringlichkeit) ausgehend, aus ihnen die seltener und nur unter kombinirten Umständen wirkenden (z.B. chemische Qualität, Elektricität, Magnetismus) erklären, zuletzt aus diesen wieder den Organismus und das Leben der Thiere, ja des Menschen Erkennen und Wollen verstehen würde. Man fügte sich stillschweigend darin, von lauter *qualitates occultae* auszugehen, deren Aufhellung ganz aufgegeben wurde, da man über ihnen zu bauen, nicht sie zu unterwühlen vorhatte. Dergleichen kann, wie gesagt, nicht gelingen. Aber abgesehen davon, so stände solches Gebäude immer in der Luft. Was helfen Erklärungen, die zuletzt auf ein eben so Unbekanntes, als das erste Problem war, zurückführen? Versteht man aber am Ende vom innern Wesen jener allgemeinen Naturkräfte mehr, als vom innern Wesen eines Thieres? Ist nicht eines so unerforscht, wie das andere? Unergründlich, weil es grundlos, weil es der Inhalt, das Was der Erscheinung ist, das nie auf ihre Form, auf das Wie, auf den Satz vom Grunde, zurückgeführt werden kann. Wir aber, die wir hier nicht Aetiologie, sondern Philosophie, d.i. nicht relative, sondern unbedingte Erkenntniß vom Wesen der Welt beabsichtigen, schlagen den entgegengesetzten Weg ein und gehen von Dem, was uns unmittelbar, was uns am vollständigsten bekannt und ganz und gar vertraut ist, was uns am nächsten liegt, aus, um Das zu verstehen, was uns nur entfernt, einseitig und mittelbar bekannt ist: und aus der mächtigsten, bedeutendesten, deutlichsten Erscheinung wollen wir die unvollkommenere, schwächere verstehen lernen. Mir ist von allen Dingen, meinen eigenen Leib ausgenommen, nur EINE Seite bekannt, die der Vorstellung: ihr inneres Wesen bleibt mir verschlossen und ein tiefes Geheimniß, auch wenn ich alle Ursachen kenne, auf die ihre Veränderungen erfolgen. Nur aus der Vergleichung mit Dem, was in mir vorgeht, wenn, indem ein Motiv mich bewegt, mein Leib eine Aktion ausübt, was das innere Wesen meiner eigenen durch äußere Gründe bestimmten Veränderungen ist, kann ich Einsicht erhalten in die Art und Weise, wie jene leblosen Körper sich auf Ursachen verändern, und so verstehen, was ihr inneres Wesen sei, von dessen Erscheinen mir die Kenntniß der Ursache die bloße Regel des Eintritts in Zeit und Raum angiebt und weiter nichts. Dies kann ich darum, weil mein Leib das einzige Objekt ist, von dem ich nicht bloß die EINE Seite, die der Vorstellung, kenne, sondern auch die zweite, welche WILLE heißt. Statt also zu glauben, ich würde meine eigene Organisation, dann mein Erkennen und Wollen und meine Bewegung auf Motive, besser verstehen, wenn ich sie nur zurückführen könnte auf Bewegung aus Ursachen, durch Elektricität, durch Chemismus, durch Mechanismus; muß ich, sofern ich Philosophie, nicht Aetiologie suche, umgekehrt auch die einfachsten und gemeinsten Bewegungen des unorganischen Körpers, die ich auf Ursachen erfolgen sehe, zuvörderst ihrem innern Wesen nach verstehen lernen aus meiner eigenen Bewegung auf Motive, und die unergründlichen Kräfte, welche sich in allen Körpern der Natur äußern, für der Art nach als identisch mit Dem erkennen, was in mir der Wille ist, und für nur dem Grade nach davon verschieden. Dies heißt: die in der Abhandlung über den Satz vom Grund aufgestellte vierte Klasse der Vorstellungen muß mir der Schlüssel werden zur Erkenntniß des innern Wesens der ersten Klasse, und aus dem Gesetz der Motivation muß ich das Gesetz der Kausalität, seiner innern Bedeutung nach, verstehen lernen.

Spinoza sagt *(epist. 62)*, daß der durch einen Stoß in die Luft fliegende Stein, wenn er Bewußtseyn hätte, meinen würde, aus seinem eigenen Willen zu fliegen. Ich setze nur noch hinzu, daß der Stein Recht hätte. Der Stoß ist für ihn, was für mich das Motiv, und was bei ihm als Kohäsion, Schwere, Beharrlichkeit im angenommenen Zustande erscheint, ist, dem innern Wesen nach, das Selbe, was ich in mir als Willen erkenne, und was, wenn auch bei ihm die Erkenntniß hinzuträte, auch er als Willen erkennen würde. Spinoza, an jener Stelle, hatte sein Augenmerk auf die Nothwendigkeit, mit welcher der Stein fliegt, gerichtet und will sie, mit Recht, übertragen auf die Nothwendigkeit des einzelnen Willensaktes einer Person. Ich hingegen betrachte das innere Wesen, welches aller realen Nothwendigkeit (d.i. Wirkung aus Ursache), als ihre Voraussetzung, erst Bedeutung und Gültigkeit ertheilt, beim Menschen Charakter, beim Stein Qualität heißt, in beiden aber das Selbe ist, da wo es unmittelbar erkannt wird, WILLE genannt, und welches im Stein den schwächsten, im Menschen den stärksten Grad der Sichtbarkeit, Objektität, hat. – Dieses im Streben aller Dinge mit unserm Wollen Identische hat sogar der heilige Augustinus, mit richtigem Gefühl, erkannt, und ich kann mich nicht entbrechen, seinen naiven Ausdruck der Sache herzusetzen: *Si pecora essemus, carnalem vitam et quod secundum sensum ejusdem est amaremus, idque esset sufficiens bonum nostrum, et secundum hoc si esset nobis bene, nihil aliud quaereremus. Item, si arbores essemus, nihil quidem sentientes motu amare possemus: verumtamen id quasi* appetere *videremur, quo fera-*

cius essemus, uberiusque fructuosae. Si essemus lapides, aut fluctus, aut ventus, aut flamma, vel quid ejusmodi, sine ullo quidem sensu atque vita, non tamen nobis deesset quasi quidam nostrorum locorum atque ordinis appetitus. *Nam velut* amores *corporum momenta sunt ponderum, sive deorsum gravitate, sive sursum levitate nitantur: ita enim corpus pondere, sicut animus amore fertur quocunque fertur (de civ. Dei, XI, 28).*

Noch verdient bemerkt zu werden, daß schon EULER einsah, das Wesen der Gravitation müsse zuletzt auf eine den Körpern eigenthümliche »Neigung und Begierde« (also Willen) zurückgeführt werden (im 68. Briefe an die Prinzessin). Sogar macht gerade Dies ihn dem Begriffe der Gravitation, wie er bei Neuton dasteht, abhold, und er ist geneigt, eine Modifikation desselben, gemäß der frühern Kartesianischen Theorie zu versuchen, also die Gravitation aus dem Stoße eines Aethers auf die Körper abzuleiten, als welches »vernünftiger und den Leuten, die helle und begreifliche Grundsätze lieben«, angemessener wäre. Die Attraktion will er als *qualitas occulta* aus der Physik verbannt sehen. Dies ist eben nur der todten Naturansicht, welche, als Korrelat der immateriellen Seele, zu Eulers Zeit herrschte, gemäß: allein es ist beachtenswerth in Hinsicht auf die von mir aufgestellte Grundwahrheit, welche nämlich schon damals dieser feine Kopf aus der Ferne durchschimmern sehend, bei Zeiten umzukehren sich beeilte und nun, in seiner Angst, alle damaligen Grundansichten gefährdet zu sehen, sogar beim alten, bereits abgethanen Absurden Schutz suchte.

§. 25.

Wir wissen, daß die VIELHEIT überhaupt nothwendig durch Zeit und Raum bedingt und nur in ihnen denkbar ist, welche wir in dieser Hinsicht das *principium individuationis* nennen. Zeit und Raum aber haben wir als Gestaltungen des Satzes vom Grunde erkannt, in welchem Satz alle unsere Erkenntniß *a priori* ausgedrückt ist, die aber, wie oben auseinandergesetzt, eben als solche, nur der Erkennbarkeit der Dinge, nicht ihnen selbst zukommt, d.h. nur unsere Erkenntnißform, nicht Eigenschaft des Dinges an sich ist, welches als solches frei ist von aller Form der Erkenntniß, auch von der allgemeinsten, der des Objektseyns für das Subjekt, d.h. etwas von der Vorstellung ganz und gar Verschiedenes ist. Ist nun dieses Ding an sich, wie ich hinlänglich nachgewiesen und einleuchtend gemacht zu haben glaube, DER WILLE; so liegt er, als solcher und gesondert von seiner Erscheinung betrachtet, außer der Zeit und dem Raum, und kennt demnach keine Vielheit, ist folglich EINER; doch, wie schon gesagt, nicht wie ein Individuum, noch wie ein Begriff Eins ist; sondern wie etwas, dem die Bedingung der Möglichkeit der Vielheit, das *principium individuationis*, fremd ist. Die Vielheit der Dinge in Raum und Zeit, welche sämmtlich seine OBJEKTITÄT sind, trifft daher ihn nicht und er bleibt, ihrer ungeachtet, untheilbar. Nicht ist etwan ein kleinerer Theil von ihm im Stein, ein größerer im Menschen: da das Verhältniß von Theil und Ganzem ausschließlich dem Raume angehört und keinen Sinn mehr hat, sobald man von dieser Anschauungsform abgegangen ist; sondern auch das Mehr und Minder trifft nur die Erscheinung, d.i. die Sichtbarkeit, die Objektivation: von dieser ist ein höherer Grad in der Pflanze, als im Stein; im Thier ein höherer, als in der Pflanze: ja, sein Hervortreten in die Sichtbarkeit, seine Objektivation, hat so unendliche Abstufungen, wie zwischen der schwächsten Dämmerung und dem hellsten Sonnenlicht, dem stärksten Ton und dem leisesten Nachklange sind. Wir werden weiter unten auf die Betrachtung dieser Grade der Sichtbarkeit, die zu seiner Objektivation, zum Abbilde seines Wesens gehören, zurückkommen. Noch weniger aber, als die Abstufungen seiner Objektivation ihn selbst unmittelbar treffen, trifft ihn die Vielheit der Erscheinungen auf diesen verschiedenen Stufen, d.i. die Menge der Individuen jeder Form, oder der einzelnen Aeußerungen jeder Kraft; da diese Vielheit unmittelbar durch Zeit und Raum bedingt ist, in die er selbst nie eingeht. Er offenbart sich ebenso ganz und ebenso sehr in EINER Eiche, wie in Millionen: ihre Zahl, ihre Vervielfältigung in Raum und Zeit hat gar keine Bedeutung in Hinsicht auf ihn, sondern nur in Hinsicht auf die Vielheit der in Raum und Zeit erkennenden und selbst darin vervielfachten und zerstreuten Individuen, deren Vielheit aber selbst wieder auch nur seine Erscheinung, nicht ihn angeht. Daher könnte man auch behaupten, daß wenn, *per impossibile*, ein einziges Wesen, und wäre es das geringste, gänzlich vernichtet würde, mit ihm die ganze Welt untergehen müßte. Im Gefühl hievon sagt der große Mystiker Angelus Silesius:

> »Ich weiß, daß ohne mich Gott nicht ein Nu kann leben:
> Werd' ich zunicht; er muß von Noth den Geist aufgeben.«

Man hat auf mancherlei Weise versucht, die unermeßliche Größe des Weltgebäudes der Fassungskraft eines Jeden näher zu bringen, und dann Anlaß zu erbaulichen Betrachtungen daher genommen, wie etwan über die relative Kleinheit der Erde und gar des Menschen; dann wieder im Gegensatz hievon, über die Größe des Geistes in diesem so kleinen Menschen, der jene Weltgröße herausbringen, begreifen, ja messen kann, u. dgl. m. Alles gut! Inzwischen ist mir, bei Betrachtung der Unermeßlichkeit der Welt, das Wichtigste Dieses, daß das Wesen an sich, dessen Erscheinung die Welt ist, – was immer es auch seyn möchte, – doch nicht sein wahres Selbst solchergestalt im gränzenlosen Raum auseinandergezogen und zertheilt haben kann, sondern diese unendliche Ausdehnung ganz allein seiner Erscheinung angehört, es selbst hingegen in jeglichem Dinge der Natur, in jedem Lebenden, ganz und ungetheilt gegenwärtig ist; daher eben man nichts verliert, wenn man bei irgend einem Einzelnen stehen bleibt, und auch die wahre Weisheit nicht dadurch zu erlangen ist, daß man die gränzenlose Welt ausmißt, oder, was noch zweckmäßiger wäre, den endlosen Raum persönlich durchflöge; sondern vielmehr dadurch, daß man irgend ein Einzelnes ganz erforscht, indem man das wahre und eigentliche Wesen desselben vollkommen erkennen und verstehen zu lernen sucht.

Demgemäß wird Folgendes, was sich hier jedem Schüler des Platon schon von selbst aufgedrungen hat, im nächsten Buch der Gegenstand einer ausführlichen Betrachtung seyn, nämlich daß jene verschiedenen Stufen der Objektivation des Willens, welche, in zahllosen Individuen ausgedrückt, als die unerreichten Musterbilder dieser, oder als die ewigen Formen der Dinge dastehen, nicht selbst in Zeit und Raum, das Medium der Individuen, eintretend; sondern fest stehend, keinem Wechsel unterworfen, immer seiend, nie geworden; während jene entstehen und vergehen, immer werden und nie sind; daß, sage ich, diese STUFEN DER OBJEKTIVATION DES WILLENS nichts Anderes als PLATONS IDEEN sind. Ich erwähne es hier vorläufig, um fortan das Wort IDEE in diesem Sinne gebrauchen zu können, welches also bei mir immer in seiner ächten und ursprünglichen, von Platon ihm ertheilten Bedeutung zu verstehen ist und dabei durchaus nicht zu denken an jene abstrakten Produktionen der scholastisch dogmatisirenden Vernunft, zu deren Bezeichnung Kant jenes von Platon schon in Besitz genommene und höchst zweckmäßig gebrauchte Wort, ebenso unpassend, wie unrechtmäßig gemißbraucht hat. Ich verstehe also unter IDEE jede bestimmte und feste STUFE DER OBJEKTIVATION DES WILLENS, sofern er Ding an sich und daher der Vielheit fremd ist, welche Stufen zu den einzelnen Dingen sich allerdings verhalten, wie ihre ewigen Formen, oder ihre Musterbilder. Den kürzesten und bündigsten Ausdruck jenes berühmten Platonischen Dogmas giebt uns Diogenes Laertius *(III, 12)*: *ὁ Πλατων φησι, εν τῃ φυσει τας ιδεας ἑσταναι, καθαπερ παραδειγματα· τα δ'αλλα ταυταις εοικεναι, τουτων ὁμοιωματα καθεστωτα. (Plato ideas in natura velut exemplaria dixit subsistere; cetera his esse similia, ad istarum similitudinem consistentia.)* Von jenem Kantischen Mißbrauch nehme ich weiter keine Notiz: das Nöthige darüber steht im Anhang.

§. 26.

Als die niedrigste Stufe der Objektivation des Willens stellen sich die allgemeinsten Kräfte der Natur dar, welche theils in jeder Materie ohne Ausnahme erscheinen, wie Schwere, Undurchdringlichkeit, theils sich unter einander in die überhaupt vorhandene Materie getheilt haben, so daß einige über diese, andere über jene, eben dadurch specifisch verschiedene Materie herrschen, wie Starrheit, Flüssigkeit, Elasticität, Elektricität, Magnetismus, chemische Eigenschaften und Qualitäten jeder Art. Sie sind an sich unmittelbare Erscheinungen des Willens, so gut wie das Thun des Menschen, sind als solche grundlos, wie der Charakter des Menschen, nur ihre einzelnen Erscheinungen sind dem Satz vom Grund unterworfen, wie die Handlungen des Menschen, sie selbst hingegen können niemals weder Wirkung noch Ursache heißen, sondern sind die vorhergegangenen und vorausgesetzten Bedingungen aller Ursachen und Wirkungen, durch welche ihr eigenes Wesen sich entfaltet und offenbart. Es ist deshalb unverständig, nach einer Ursache der Schwere, der Elektricität zu fragen: dies sind ursprüngliche Kräfte, deren Aeußerungen zwar nach Ursach und Wirkung vor sich gehen, so daß jede einzelne Erscheinung derselben eine Ursache hat, die selbst wieder eben eine solche einzelne Erscheinung ist und die Bestimmung giebt, daß hier jene Kraft sich äußern, in Zeit und Raum hervortreten mußte; keineswegs aber ist die Kraft selbst Wirkung einer Ursache, noch auch Ursache einer Wirkung. – Daher ist es auch falsch zu sagen: »die Schwere ist Ursache, daß der Stein fällt«; vielmehr ist die Nähe der Erde hier die Ursache, indem diese den Stein zieht. Nehmt die Erde weg, und der Stein wird nicht fallen, obgleich die Schwere geblieben ist. Die Kraft selbst liegt ganz außerhalb der Kette der Ursachen und Wirkungen, welche die Zeit voraussetzt, indem sie nur in Bezug auf diese Bedeutung hat: jene aber liegt auch außerhalb der Zeit. Die einzelne Veränderung hat immer wieder eine ebenso einzelne Veränderung, nicht aber die Kraft, zur Ursache, deren Aeußerung sie ist. Denn Das eben, was einer Ursache, so unzählige Male sie eintreten mag, immer die Wirksamkeit verleiht, ist eine Naturkraft, ist als solche grundlos, d.h. liegt ganz außerhalb der Kette der Ursachen und überhaupt des Gebietes des Satzes vom Grunde, und wird philosophisch erkannt als unmittelbare Objektität des Willens, der das An-sich der gesammten Natur ist; in der Aetiologie, hier Physik, aber nachgewiesen, als ursprüngliche Kraft, d.i. *qualitas occulta.*

Auf den obern Stufen der Objektität des Willens sehen wir die Individualität bedeutend hervortreten, besonders beim Menschen, als die große Verschiedenheit individueller Charaktere, d.h. als vollständige Persönlichkeit, schon äußerlich ausgedrückt durch stark gezeichnete individuelle Physiognomie, welche die gesammte Korporisation mitbegreift. Diese Individualität hat bei weitem in solchem Grade kein Thier; sondern nur die obern Thiere haben einen Anstrich davon, über den jedoch der Gattungscharakter noch ganz und gar vorherrscht, eben deshalb auch nur wenig Individualphysiognomie. Je weiter abwärts, desto mehr verliert sich jede Spur von Individualcharakter in den allgemeinen der Species, deren Physiognomie auch allein übrig bleibt. Man kennt den psychologischen Charakter der Gattung, und weiß daraus genau, was vom Individuo zu erwarten steht; da hingegen in der Menschenspecies jedes Individuum für sich studirt und ergründet seyn will, was, um mit einiger Sicherheit sein Verfahren zum voraus zu bestimmen, wegen der erst mit der Vernunft eingetretenen Möglichkeit der Verstellung, von der größten Schwierigkeit ist. Wahrscheinlich hängt es mit diesem Unterschiede der Menschengattung von allen anderen zusammen, daß die Furchen und Windungen des Gehirns, welche bei den Vögeln noch ganz fehlen und bei den Nagethieren noch sehr schwach sind, selbst bei den obern Thieren weit symmetrischer an beiden Seiten und konstanter bei jedem Individuo die selben sind, als beim Menschen*. Ferner ist es als ein Phänomen jenes den Menschen von allen Thieren unterscheidenden eigentlichen Individualcharakters anzusehen, daß bei den Thieren der Geschlechtstrieb seine Befriedigung ohne merkliche Auswahl sucht, während diese Auswahl beim Menschen, und zwar auf eine von aller Reflexion unabhängige, instinktmäßige Weise, so hoch getrieben wird, daß sie bis zur gewaltigen Leidenschaft steigt. Während nun also jeder Mensch als eine besonders bestimmte und charakterisirte Erscheinung des Willens, sogar gewissermaaßen als eine eigene Idee anzusehen ist, bei den Thieren aber dieser Individualcharakter im Ganzen fehlt, indem nur noch die Species eine eigenthümliche Bedeutung hat, und seine Spur immer mehr verschwindet, je weiter sie vom Menschen abstehen, die Pflanzen endlich gar keine andere Eigenthümlichkeiten des Individuums mehr haben, als solche, die sich aus äußern günstigen oder ungünstigen Einflüssen des Bodens und Klimas und anderen Zufälligkeiten vollkommen erklären lassen; so verschwindet endlich im unorga-

* Wenzel, *De structura cerebri hominis et brutorum* 1812, Kap. 3. – Cuvier, *Leçons d'anat. comp. leçon 9, art. 4 u. 5.* – Vicq d'Azyr, *Hist. de l'acad. d. sc. de Paris* 1783, S. 470 u. 483.

nischen Reiche der Natur gänzlich alle Individualität. Bloß der Krystall ist noch gewissermaaßen als Individuum anzusehen: er ist eine Einheit des Strebens nach bestimmten Richtungen, von der Erstarrung ergriffen, die dessen Spur bleibend macht: er ist zugleich ein Aggregat aus seiner Kerngestalt, durch eine Idee zur Einheit verbunden, ganz so wie der Baum ein Aggregat ist aus der einzelnen treibenden Faser, die sich in jeder Rippe des Blattes, jedem Blatt, jedem Ast darstellt, wiederholt und gewissermaaßen jedes von diesen als ein eigenes Gewächs ansehen läßt, das sich parasitisch vom größern nährt, so daß der Baum, ähnlich dem Krystall, ein systematisches Aggregat von kleinen Pflanzen ist, wiewohl erst das Ganze die vollendete Darstellung einer untheilbaren Idee, d.i. dieser bestimmten Stufe der Objektivation des Willens ist. Die Individuen derselben Gattung von Krystallen können aber keinen andern Unterschied haben, als den äußere Zufälligkeiten herbeiführen: man kann sogar jede Gattung nach Belieben zu großen, oder kleinen Krystallen anschießen machen. Das Individuum aber als solches, d.h. mit Spuren eines individuellen Charakters, findet sich durchaus nicht mehr in der unorganischen Natur. Alle ihre Erscheinungen sind Aeußerungen allgemeiner Naturkräfte, d.h. solcher Stufen der Objektivation des Willens, welche sich durchaus nicht (wie in der organischen Natur) durch die Vermittelung der Verschiedenheit der Individualitäten, die das Ganze der Idee theilweise aussprechen, objektiviren; sondern sich allein in der Species und diese in jeder einzelnen Erscheinung ganz und ohne alle Abweichung darstellen. Da Zeit, Raum, Vielheit und Bedingtseyn durch Ursache nicht dem Willen, noch der Idee (der Stufe der Objektivation des Willens), sondern nur den einzelnen Erscheinungen dieser angehören; so muß in allen Millionen Erscheinungen einer solchen Naturkraft, z.B. der Schwere, oder der Elektricität, sie als solche sich ganz genau auf gleiche Weise darstellen, und bloß die äußern Umstände können die Erscheinung modificiren. Diese Einheit ihres Wesens in allen ihren Erscheinungen, diese unwandelbare Konstanz des Eintritts derselben, sobald, am Leitfaden der Kausalität, die Bedingungen dazu vorhanden sind, heißt ein NATURGESETZ. Ist ein solches durch Erfahrung einmal bekannt, so läßt sich die Erscheinung der Naturkraft, deren Charakter in ihm ausgesprochen und niedergelegt ist, genau vorherbestimmen und berechnen. Diese Gesetzmäßigkeit der Erscheinungen der untern Stufen der Objektivation des Willens ist es aber eben, die ihnen ein so verschiedenes Ansehen giebt von den Erscheinungen des selben Willens auf den höheren, d.i. deutlicheren Stufen seiner Objektivation, in Thieren, Menschen und deren Thun, wo das stärkere oder schwächere Hervortreten des individuellen Charakters und das Bewegtwerden durch Motive, welche, weil in der Erkenntniß liegend, dem Zuschauer oft verborgen bleiben, das Identische des innern Wesens beider Arten von Erscheinungen bisher gänzlich hat verkennen lassen.

Die Unfehlbarkeit der Naturgesetze hat, wenn man von der Erkenntniß des Einzelnen, nicht von der der Idee ausgeht, etwas Ueberraschendes, ja, bisweilen fast Schaudererregendes. Man könnte sich wundern, daß die Natur ihre Gesetze auch nicht ein einziges Mal vergißt: daß z.B. wenn es einmal einem Naturgesetz gemäß ist, daß beim Zusammentreffen gewisser Stoffe, unter bestimmten Bedingungen, eine chemische Verbindung, Gasentwicklung, Verbrennung Statt habe; nun auch, wenn die Bedingungen zusammentreffen, sei es durch unsere Veranstaltung, oder ganz und gar durch Zufall (wo die Pünktlichkeit durch das Unerwartete desto überraschender ist), heute so gut wie vor tausend Jahren, sofort und ohne Aufschub die bestimmte Erscheinung eintritt. Am lebhaftesten empfinden wir dieses Wunderbare bei seltenen, nur unter sehr kombinirten Umständen erfolgenden, unter diesen aber uns vorherverkündeten Erscheinungen: so z.B. daß, wenn gewisse Metalle, unter einander und mit einer gesäuerten Feuchtigkeit abwechselnd, sich berühren, Silberblättchen, zwischen die Extremitäten dieser Verkettung gebracht, plötzlich in grüne Flammen aufgehen müssen: oder daß unter gewissen Bedingungen der harte Diamant sich in Kohlensäure verwandelt. Es ist die geistermäßige Allgegenwart der Naturkräfte, die uns alsdann überrascht, und was uns bei den alltäglichen Erscheinungen nicht mehr einfällt, bemerken wir hier, nämlich wie zwischen Ursach und Wirkung der Zusammenhang eigentlich so geheimnißvoll ist, wie der, welchen man dichtet zwischen einer Zauberformel und dem Geist, der durch sie herbeigerufen nothwendig erscheint. Hingegen, wenn wir in die philosophische Erkenntniß eingedrungen sind, daß eine Naturkraft eine bestimmte Stufe der Objektivation des Willens ist, d.h. Desjenigen, was auch wir als unser innerstes Wesen erkennen, und daß dieser Wille an sich selbst und unterschieden von seiner Erscheinung und deren Formen, außer der Zeit und dem Raume liegt, und daher die durch diese bedingte Vielheit nicht ihm, noch unmittelbar der Stufe seiner Objektivation, d.i. der Idee, sondern erst den Erscheinungen dieser zukommt, das Gesetz der Kausalität aber nur in Beziehung auf Zeit und Raum Bedeutung hat, indem es nämlich in diesen den vervielfachten Erscheinungen der verschiedenen Ideen, in welchen der Wille sich manifestirt, ihre Stelle bestimmt, die Ordnung regelnd, in der sie eintreten müssen; – wenn uns, sage ich, in dieser Erkenntniß der innere Sinn der großen Lehre Kants aufgegangen ist, daß Raum, Zeit und Kausalität nicht dem Dinge an sich, sondern nur der Erscheinung zukommen, nur Formen unserer Erkenntniß, nicht Beschaffenheiten des Dinges an sich sind; dann werden wir einsehen, daß jenes Erstaunen über die Gesetzmäßigkeit und Pünktlichkeit des Wirkens einer Naturkraft, über die vollkommene Gleichheit aller ihrer Millionen Erscheinungen, über die Unfehlbarkeit des Eintritts derselben, in der That dem Erstaunen eines Kindes, oder eines Wilden zu vergleichen ist, der zum ersten Mal durch ein Glas mit vielen Facetten etwan eine Blume betrachtend, sich wundert über die vollkommene Gleichheit der unzähligen Blumen, die er sieht, und einzeln die Blätter einer jeder derselben zählt.

Jede allgemeine ursprüngliche Naturkraft ist also in ihrem innern Wesen nichts Anderes, als die Objektivation des Willens auf einer niedrigen Stufe: wir nennen eine jede solche Stufe eine ewige Idee, in Platons Sinn. Das Naturgesetz aber ist die Beziehung der Idee auf die Form ihrer Erscheinung. Diese Form ist Zeit, Raum und Kausalität, welche nothwendigen und unzertrennlichen Zusammenhang und Beziehung auf einander haben. Durch Zeit und Raum vervielfältigt sich die Idee in unzählige Erscheinungen: die Ordnung aber, nach welcher diese in jene Formen der Mannigfaltigkeit eintreten, ist fest bestimmt durch das Gesetz der Kausalität: dieses ist gleichsam die Norm der Gränzpunkte jener Erscheinungen verschiedener Ideen, nach welcher Raum, Zeit und Materie an sie vertheilt sind. Diese Norm bezieht sich daher nothwendig auf die Identität der gesammten vorhandenen Materie, welche das gemeinsame Substrat aller jener verschiedenen Erscheinungen ist. Wären diese nicht alle an jene gemeinsame Materie gewiesen, in deren Besitz sie sich zu theilen haben; so bedürfte es nicht eines solchen Gesetzes, ihre Ansprüche zu bestimmen: sie könnten alle zugleich und neben einander den unendlichen Raum, eine unendliche Zeit hindurch, füllen. Nur also weil alle jene Erscheinungen der ewigen Ideen an eine und die selbe Materie gewiesen sind, mußte eine Regel ihres Ein- und Austritts seyn: sonst würde keine der andern Platz machen. Diesergestalt ist das Gesetz der Kausalität wesentlich verbunden mit dem der Beharrlichkeit der Substanz: beide erhalten bloß von einander wechselseitig Bedeutung: ebenso aber auch wieder verhalten sich zu ihnen Raum und Zeit. Denn die bloße Möglichkeit entgegengesetzter Bestimmungen an der selben Materie ist die Zeit: die bloße Möglichkeit des Beharrens der selben Materie unter allen entgegengesetzten Bestimmungen ist der Raum. Darum erklärten wir im vorigen Buche die Materie als die Vereinigung von Zeit und Raum; welche Vereinigung sich zeigt als Wechsel der Accidenzien beim Beharren der Substanz, wovon die allgemeine Möglichkeit eben die Kausalität, oder das Werden ist. Wir sagten daher auch, die Materie sei durch und durch Kausalität. Wir erklärten den Verstand als das subjektive Korrelat der Kausalität, und sagten, die Materie (also die gesammte Welt als Vorstellung) sei nur für den Verstand da, er sei ihre Bedingung, ihr Träger, als ihr nothwendiges Korrelat. Dieses alles hier nur zur beiläufigen Erinnerung an Das, was im ersten Buche ausgeführt ist. Die Beachtung der innern Uebereinstimmung beider Bücher wird zu ihrem völligen Verständniß erfordert: da, was in der wirklichen Welt unzertrennlich vereint ist, als ihre zwei Seiten, Wille und Vorstellung, durch diese zwei Bücher aus einander gerissen worden, um jedes isolirt desto deutlicher zu erkennen.

Es möchte vielleicht nicht überflüssig seyn, durch ein Beispiel noch deutlicher zu machen, wie das Gesetz der Kausalität nur in Beziehung auf Zeit und Raum und die, in der Vereinigung beider bestehende, Materie Bedeutung hat; indem es die Gränzen bestimmt, welchen gemäß die Erscheinungen der Naturkräfte sich in den Besitz jener theilen, während die ursprünglichen Naturkräfte selbst, als unmittelbare Objektivationen des Willens, der als Ding an sich dem Satz vom Grunde nicht unterworfen ist, außerhalb jener Formen liegen, innerhalb welcher allein jede ätiologische Erklärung Gültigkeit und Bedeutung hat und eben deshalb nie zum innern Wesen der Natur führen kann. – Denken wir uns, zu diesem Zweck, etwan eine nach Gesetzen der Mechanik konstruirte Maschine. Eiserne Gewichte geben durch ihre Schwere den Anfang der Bewegung; kupferne Räder widerstehen durch ihre Starrheit, stoßen und heben einander und die Hebel vermöge ihrer Undurchdringlichkeit u.s.f. Hier sind Schwere, Starrheit, Undurchdringlichkeit ursprüngliche, unerklärte Kräfte: bloß die Bedingungen unter denen, und die Art und Weise, wie sie sich äußern, hervortreten, bestimmte Materie, Zeit und Ort beherrschen, giebt die Mechanik an. Es kann jetzt etwan ein starker Magnet auf das Eisen der Gewichte wirken, die Schwere überwältigen: die Bewegung der Maschine stockt und die Materie ist sofort der Schauplatz einer ganz andern Naturkraft, von der die ätiologische Erklärung ebenfalls nichts weiter, als die Bedingungen ihres Eintritts angiebt, des Magnetismus. Oder aber es werden nunmehr die kupfernen Scheiben jener Maschine auf Zinkplatten gelegt, gesäuerte Feuchtigkeit dazwischen geleitet: sogleich ist die selbe Materie der Maschine einer andern ursprünglichen Kraft, dem Galvanismus anheimgefallen, der nun nach seinen Gesetzen sie beherrscht, durch seine Erscheinungen an ihr sich offenbart, von welchen die Aetiologie auch nicht mehr, als die Umstände, unter denen, und die Gesetze, nach welchen sie sich zeigen, angeben kann. Jetzt lassen wir die Temperatur wachsen, reinen Sauerstoff hinzutreten: die ganze Maschine verbrennt: d.h. abermals hat eine gänzlich verschiedene Naturkraft, der Chemismus, zu dieser Zeit, an diesem Ort, unweigerlichen Anspruch an jene Materie, und offenbart sich an ihr als Idee, als bestimmte Stufe der Objektivation des Willens. – Der dadurch entstandene Metallkalk verbinde sich nun mit einer Säure: ein Salz entsteht, Krystalle schießen an: sie sind die Erscheinung einer andern Idee, die selbst wieder ganz unergründlich ist, während der Eintritt ihrer Erscheinung von jenen Bedingungen abhing, welche die Aetiologie anzugeben weiß. Die Krystalle verwittern, vermischen sich mit anderen Stoffen, eine Vegetation erhebt sich aus ihnen: eine neue Willenserscheinung: – und so ließe sich ins Unendliche die nämliche beharrende Materie verfolgen, und zusehen, wie bald diese, bald jene Naturkraft ein Recht auf sie gewinnt und es unausbleiblich ergreift, um hervorzutreten und ihr Wesen zu offenbaren. Die Bestimmung dieses Rechts, den Punkt in der Zeit und dem Raume, wo es gültig wird, giebt das Gesetz der Kausalität an; aber auch nur bis dahin geht die auf dasselbe gegründete Erklärung. Die Kraft selbst ist Erscheinung des Willens und als solche nicht den Gestaltungen des Satzes vom Grunde unterworfen, d.h. grundlos. Sie liegt außer aller Zeit, ist allgegenwärtig und scheint gleichsam beständig auf den Eintritt der Umstände zu harren, unter denen sie hervortreten und sich einer bestimmten Materie, mit Verdrängung der bis dahin diese beherrschenden Kräfte, bemächtigen kann. Alle Zeit ist nur für ihre Erscheinung da, ihr selbst ohne Bedeutung: Jahrtausende schlummern die chemischen Kräfte in einer Materie, bis die Berührung der Reagenzien sie frei macht: dann erscheinen sie: aber die Zeit ist nur für diese Erscheinung, nicht für die Kräfte selbst da. Jahrtausende schlummert der Galvanismus im Kupfer und Zink, und sie liegen ruhig neben dem Silber, welches, sobald alle drei, unter den erforderten Bedingungen sich berühren, in Flammen aufgehen muß. Selbst im organischen Reiche sehen wir ein trockenes Saamenkorn, dreitausend Jahre lang die schlummernde Kraft bewahren, welche, beim endlichen Eintritt der günstigen Umstände, als Pflanze emporsteigt*.

---

*Am 16. Sept. 1840 zeigte, im litterarischen und wissenschaftlichen Institut der Londoner City, Herr Pettigrew, bei einer Vorlesung über Aegyptische Alterthümer, Weizenkörner vor, die Sir G. Wilkinson in einem Grabe bei Theben gefunden hatte, woselbst solche dreißig Jahrhunderte gelegen haben müssen. Sie wurden in einer hermetisch versiegelten Vase gefunden. Zwölf Körner hatte er gesäet und daraus eine Pflanze erhalten, welche fünf Fuß hoch gewachsen und deren Saamen jetzt vollkommen reif war. Aus den *Times* v. 21. Sept. 1840. – Desgleichen producirte in der medicinisch-botanischen Gesellschaft zu London, im

Ist uns nun durch diese Betrachtung der Unterschied deutlich geworden zwischen der Naturkraft und allen ihren Erscheinungen; haben wir eingesehen, daß jene der Wille selbst auf dieser bestimmten Stufe seiner Objektivation ist; den Erscheinungen allein aber, durch Zeit und Raum, Vielheit zukommt, und das Gesetz der Kausalität nichts Anderes, als die Bestimmung der Stelle in Jenen für die einzelnen Erscheinungen ist; dann werden wir auch die vollkommene Wahrheit und den tiefen Sinn der Lehre des MALLEBRANCHE von den gelegentlichen Ursachen, *causes occasionelles*, erkennen. Es ist sehr der Mühe werth, diese seine Lehre, wie er sie in den *Recherches de la vérité*, zumal im dritten Kapitel des zweiten Theils des sechsten Buchs und in den hinten angehängten *éclaircissements* zu diesem Kapitel, vorträgt, mit meiner gegenwärtigen Darstellung zu vergleichen und die vollkommenste Uebereinstimmung beider Lehren, bei so großer Verschiedenheit des Gedankenganges, wahrzunehmen. Ja, ich muß es bewundern, wie Mallebranche, gänzlich befangen in den positiven Dogmen, welche ihm sein Zeitalter unwiderstehlich aufzwang, dennoch, in solchen Banden, unter solcher Last, so glücklich, so richtig die Wahrheit traf und sie mit eben jenen Dogmen, wenigstens mit der Sprache derselben, zu vereinigen wußte.

Denn die Gewalt der Wahrheit ist unglaublich groß und von unsäglicher Ausdauer. Wir finden ihre häufigen Spuren wieder in allen, selbst den bizarrsten, ja absurdesten Dogmen verschiedener Zeiten und Länder, zwar oft in sonderbarer Gesellschaft, in wunderlicher Vermischung, aber doch zu erkennen. Sie gleicht sodann

---

Jahr 1830, Herr Haulton eine knollige Wurzel, welche sich in der Hand einer Aegyptischen Mumie gefunden hatte, der sie aus einer religiösen Rücksicht mochte beigegeben seyn, und die mithin wenigstens 2000 Jahre alt war. Er hatte sie in einen Blumentopf gepflanzt, wo sie sogleich gewachsen war und grünte. Dieses wird aus dem *Medical Journal* von 1830 angeführt im *Journal of the Royal Institution of Great-Britain*, Oktober 1830, S. 196. – »Im Garten des Herrn Grimstone, vom Herbarium, Highgate, in London, steht jetzt eine Erbsenpflanze in voller Frucht, welche hervorgegangen ist aus einer Erbse, die Herr Pettigrew und die Beamten des Brittischen Museums einer Vase entnommen haben, welche sich in einem Aegyptischen Sarkophage vorgefunden hatte, woselbst sie 2844 Jahre gelegen haben muß.« – Aus den *Times* v. 16. August 1844. – Ja, die in Kalkstein gefundenen, lebendigen Kröten führen zu der Annahme, daß selbst das thierische Leben einer solchen Suspension auf Jahrtausende fähig ist, wenn diese durch den Winterschlaf eingeleitet und durch besondere Umstände erhalten wird.

einer Pflanze, welche unter einem Haufen großer Steine keimt, aber dennoch zum Lichte heranklimmt, sich durcharbeitend, mit vielen Umwegen und Krümmungen, verunstaltet, verblaßt, verkümmert; – aber dennoch zum Lichte.

Allerdings hat Mallebranche Recht: jede natürliche Ursache ist nur Gelegenheitsursache, giebt nur Gelegenheit, Anlaß zur Erscheinung jenes einen und untheilbaren Willens, der das An-sich aller Dinge ist und dessen stufenweise Objektivirung diese ganze sichtbare Welt. Nur das Hervortreten, das Sichtbarwerden an diesem Ort, zu dieser Zeit, wird durch die Ursache herbeigeführt und ist insofern von ihr abhängig, nicht aber das Ganze der Erscheinung, nicht ihr inneres Wesen: dieses ist der Wille selbst, auf den der Satz vom Grunde keine Anwendung findet, der mithin grundlos ist. Kein Ding in der Welt hat eine Ursache seiner Existenz schlechthin und überhaupt; sondern nur eine Ursache, aus der es gerade hier und gerade jetzt da ist. Warum ein Stein jetzt Schwere, jetzt Starrheit, jetzt Elektricität, jetzt chemische Eigenschaften zeigt, das hängt von Ursachen, von äußern Einwirkungen ab und ist aus diesen zu erklären: jene Eigenschaften selbst aber, also sein ganzes Wesen, welches aus ihnen besteht, und folglich sich auf alle jene angegebenen Weisen äußert, daß er also überhaupt ein solcher ist, wie er ist, daß er überhaupt existirt, das hat keinen Grund, sondern ist die Sichtbarwerdung des grundlosen Willens. Also alle Ursache ist Gelegenheitsursache. So haben wir es gefunden in der erkenntnißlosen Natur: gerade so aber ist es auch da, wo nicht mehr Ursachen und Reize, sondern Motive es sind, die den Eintrittspunkt der Erscheinungen bestimmen, also im Handeln der Thiere und Menschen. Denn hier wie dort ist es ein und derselbe Wille, welcher erscheint, in den Graden seiner Manifestation höchst verschieden, in den Erscheinungen dieser vervielfacht und in Hinsicht auf diese dem Satz vom Grunde unterworfen, an sich frei von dem allen. Die Motive bestimmen nicht den Charakter des Menschen, sondern nur die Erscheinung dieses Charakters, also die Thaten; die äußere Gestalt seines Lebenslaufs, nicht dessen innere Bedeutung und Gehalt: diese gehen hervor aus dem Charakter, der die unmittelbare Erscheinung des Willens, also grundlos ist. Warum der Eine boshaft, der Andere gut ist, hängt nicht von Motiven und äußerer Einwirkung, etwan von Lehren und Predigten ab, und ist schlechthin in diesem Sinne unerklärlich. Aber ob ein Böser seine Bosheit zeigt in kleinlichen Ungerechtigkeiten, feigen Ränken, niedrigen Schurkereien, die er im engen Kreise seiner Umgebungen ausübt, oder ob er als ein Eroberer Völker unterdrückt, eine Welt in Jammer stürzt, das Blut von Millionen vergießt: dies ist die äußere Form seiner Erscheinung, das Unwesentliche derselben, und hängt ab von den Umständen, in die ihn das Schicksal setzte, von den Umgebungen, von den äußern Einflüssen, von den Motiven; aber nie ist seine Entscheidung auf diese Motive aus ihnen erklärlich: sie geht hervor aus dem Willen, dessen Erscheinung dieser Mensch ist. Davon im vierten Buch. Die Art und Weise, wie der Charakter seine Eigenschaften entfaltet, ist ganz der zu vergleichen, wie jeder Körper der erkenntnißlosen Natur die seinigen zeigt. Das Wasser bleibt Wasser, mit seinen ihm inwohnenden Eigenschaften; ob es aber als stiller See seine Ufer spiegelt, oder ob es schäumend über Felsen stürzt, oder, künstlich veranlaßt, als langer Strahl in die Höhe spritzt: das hängt von den äußern Ursachen ab: Eines ist ihm so natürlich wie das Andere; aber je nachdem die Umstände sind, wird es das Eine oder Andere zeigen, zu Allem gleich sehr bereit, in jedem Fall jedoch seinem Charakter getreu und immer nur diesen offenbarend. So wird sich auch jeder menschliche Charakter unter allen Umständen offenbaren: aber die Erscheinungen, die daraus hervorgehen, werden seyn, je nachdem die Umstände waren.

§. 27.

Wenn es nun aus allen vorhergehenden Betrachtungen über die Kräfte der Natur und die Erscheinungen derselben uns deutlich geworden ist, wie weit die Erklärung aus Ursachen gehen kann und wo sie aufhören muß, wenn sie nicht in das thörichte Bestreben verfallen will, den Inhalt aller Erscheinungen auf ihre bloße Form zurückzuführen, wo denn am Ende nichts als Form übrig bliebe; so werden wir nunmehr auch im Allgemeinen bestimmen können, was von aller Aetiologie zu fordern ist. Sie hat zu allen Erscheinungen in der Natur die Ursachen aufzusuchen, d.h. die Umstände, unter denen sie allezeit eintreten: dann aber hat sie die unter mannigfaltigen Umständen vielgestalteten Erscheinungen zurückzuführen auf Das, was in aller Erscheinung wirkt und bei der Ursach vorausgesetzt wird, auf ursprüngliche Kräfte der Natur, richtig unterscheidend ob eine Verschiedenheit der Erscheinung von einer Verschiedenheit der Kraft, oder nur von Verschiedenheit der Umstände, unter denen die Kraft sich äußert, herrührt, und gleich sehr sich hütend, für Erscheinung verschiedener Kräfte zu halten, was Aeußerung einer und derselben Kraft, bloß unter verschiedenen Umständen, ist, als umgekehrt, für Aeußerungen Einer Kraft zu halten, was ursprünglich verschiedenen Kräften angehört. Hiezu gehört nun unmittelbar Urtheilskraft; daher so wenige Menschen fähig sind, in der Physik die Einsicht, alle aber die Erfahrung zu erweitern. Trägheit und Unwissenheit machen geneigt, sich zu früh auf ursprüngliche Kräfte zu berufen: dies zeigt sich mit einer der Ironie gleichenden Uebertreibung in den Entitäten und Quidditäten der Scholastiker. Ich wünsche nichts weniger, als die Wiedereinführung derselben begünstigt zu haben. Man darf, statt eine physikalische Erklärung zu geben, sich so wenig auf die Objektivation des Willens berufen, als auf die Schöpferkraft Gottes. Denn die Physik verlangt Ursachen: der Wille aber ist nie Ursache: sein Verhältniß zur Erscheinung ist durchaus nicht nach dem Satz vom Grunde; sondern was an sich Wille ist, ist andererseits als Vorstellung da, d.h. ist Erscheinung: als solche befolgt es die Gesetze, welche die Form der Erscheinung ausmachen: da muß z.B. jede Bewegung, obwohl sie allemal Willenserscheinung ist, dennoch eine Ursache haben, aus der sie in Beziehung auf bestimmte Zeit und Ort, d.h. nicht im Allgemeinen, ihrem innern Wesen nach, sondern als EINZELNE Erscheinung zu erklären ist. Diese Ursache ist eine mechanische beim Stein, ist ein Motiv bei der Bewegung des Menschen: aber fehlen kann sie nie. Hingegen das Allgemeine, das gemeinsame Wesen aller Erscheinungen einer bestimmten Art, Das, ohne dessen Voraussetzung die Erklärung aus der Ursache weder Sinn noch Bedeutung hätte, das ist die allgemeine Naturkraft, die in der Physik als *qualitas occulta* stehen bleiben muß, eben weil hier die ätiologische Erklärung zu Ende ist und die metaphysische anfängt. Die Kette der Ursachen und Wirkungen wird aber nie durch eine ursprüngliche Kraft, auf die man sich zu berufen hätte, abgebrochen, läuft nicht etwan auf diese, als auf ihr erstes Glied zurück; sondern das nächste Glied der Kette, so gut als das entfernteste, setzt schon die ursprüngliche Kraft voraus, und könnte sonst nichts erklären. Eine Reihe von Ursachen und Wirkungen kann die Erscheinung der verschiedenartigsten Kräfte seyn, deren successiver Eintritt in die Sichtbarkeit durch sie geleitet wird, wie ich es oben am Beispiel einer metallenen Maschine erläutert habe: aber die Verschiedenheit dieser ursprünglichen, nicht aus einander abzuleitenden Kräfte unterbricht keineswegs die Einheit jener Kette von Ursachen und den Zusammenhang zwischen allen ihren Gliedern. Die Aetiologie der Natur und die Philosophie der Natur thun einander nie Abbruch; sondern gehen neben einander, den selben Gegenstand aus verschiedenem Gesichtspunkte betrachtend. Die Aetiologie giebt Rechenschaft von den Ursachen, welche die einzelne zu erklärende Erscheinung nothwendig herbeiführten, und zeigt, als die Grundlage aller ihrer Erklärungen, die allgemeinen Kräfte auf, welche in allen diesen Ursachen und Wirkungen thätig sind, bestimmt diese Kräfte genau, ihre Zahl, ihre Unterschiede, und dann alle Wirkungen, in denen jede Kraft, nach Maaßgabe der Verschiedenheit der Umstände, verschieden hervortritt, immer ihrem eigenthümlichen Charakter gemäß, den sie nach einer unfehlbaren Regel entfaltet, welche ein NATURGESETZ heißt. Sobald die Physik dies Alles in jeder Hinsicht vollständig geleistet haben wird, hat sie ihre Vollendung erreicht: dann ist keine Kraft in der unorganischen Natur mehr unbekannt und keine Wirkung mehr da, welche nicht als Erscheinung einer jener Kräfte, unter bestimmten Umständen, gemäß einem Naturgesetze, nachgewiesen wäre. Dennoch bleibt ein Naturgesetz bloß die der Natur abgemerkte Regel, nach der sie, unter bestimmten Umständen, sobald diese eintreten, jedes Mal verfährt: daher kann man allerdings das Naturgesetz definiren als eine allgemein ausgesprochene Thatsache, *un fait généralisé*; wonach denn eine vollständige Darlegung aller Naturgesetze doch nur ein kompletes Thatsachenregister wäre. – Die Betrachtung der gesammten Natur wird sodann durch die MORPHOLOGIE vollendet, welche alle bleibenden Gestalten der organischen Natur aufzählt, vergleicht und ordnet: über die Ursache des Eintritts der einzelnen Wesen hat sie wenig zu sagen, da solche bei allen die Zeugung ist, deren Theorie für sich geht, und in seltenen Fällen die *generatio aequivoca*. Zu dieser letztern gehört aber, streng genommen, auch die Art, wie alle niedrigen Stufen der Objektität des Willens, also die physischen und chemischen Erscheinungen, im Einzelnen hervortreten, und die Angabe der Bedingungen zu diesem Hervortreten ist eben jene Aufgabe der Aetiologie. Die Philosophie hingegen betrachtet überall, also auch in der Natur, nur das Allgemeine: die ursprünglichen Kräfte selbst sind hier ihr Gegenstand, und sie erkennt in ihnen die verschiedenen Stufen der Objektivation des Willens, der das innere Wesen, das An-sich dieser Welt ist, welche sie, wenn sie von jenem absieht, für die bloße Vorstellung des Subjekts erklärt. – Wenn nun aber die Aetiologie, statt der Philosophie vorzuarbeiten und ihren Lehren Anwendung durch Belege zu liefern, vielmehr meint, es sei ihr Ziel, alle ursprünglichen Kräfte wegzuleugnen, bis etwan auf EINE, die allgemeinste, z.B. Undurchdringlichkeit, welche sie von Grund aus zu verstehen sich einbildet und demnach auf sie alle anderen gewaltsam zurückzuführen sucht; so entzieht sie sich ihre eigene Grundlage, und kann nur Irrthum statt Wahrheit geben. Der Gehalt der Natur wird jetzt durch die Form verdrängt, den einwirkenden Umständen wird Alles, dem innern Wesen der Dinge nichts zugeschrieben. Gelänge es wirklich auf dem Wege, so würde, wie schon gesagt, zuletzt ein Rechnungsexempel das Räthsel der Welt lösen. Diesen Weg aber geht man, wenn, wie schon erwähnt, alle physiologische Wirkung auf Form und Mischung, also etwan auf Elektricität, diese wieder auf Chemismus, dieser aber auf Mechanismus zurückgeführt werden soll. Letzteres war z.B. der Fehler des Cartesius und aller Atomistiker, welche die Bewegung der Weltkörper auf den Stoß eines Fluidums, und die Qualitäten auf den Zusammenhang und die Gestalt der Atome zurückführten und dahin arbeiteten, alle Erscheinungen der Natur für bloße Phänomene der Undurchdringlichkeit und Kohäsion zu erklären. Obgleich man davon zurückgekommen ist, so thun doch auch dasselbe in unsern Tagen die elektrischen, chemischen und mechanischen Physiologen, welche hartnäckig das ganze Leben und alle Funktionen des Organismus aus der »Form und Mischung« seiner Bestandtheile erklären wollen. Daß das Ziel der physiologischen Erklärung die Zurückführung des organischen Lebens auf die allgemeinen Kräfte, welche die Physik betrachtet, sei, findet man noch ausgesprochen in Meckels Archiv für Physiologie, 1820, Bd. 5, S. 185. – Auch LAMARCK, in seiner *Philosophie zoologique*, Bd. 2, Kap. 3, erklärt das Leben für eine bloße Wirkung der Wärme und Elektricität: *le calorique et la matière électrique suffisent parfaitement pour composer ensemble cette cause essentielle de la vie* (S. 16). Danach wären eigentlich Wärme und Elektricität das Ding an sich und die Thier- und Pflanzenwelt dessen Erscheinung. Das Absurde dieser Meinung tritt S. 306 ff. jenes Werkes grell hervor. Es ist allbekannt, daß in neuester Zeit alle jene so oft explodirten Ansichten mit erneuerter Dreistigkeit wieder aufgetreten sind. Ihnen liegt, wenn man es genau betrachtet, zuletzt die Voraussetzung zum Grunde, daß der Organismus nur ein Aggregat von Erscheinungen physischer, chemischer und mechanischer Kräfte sei, die hier, zufällig zusammengekommen, den Organismus zu Stande brächten, als ein Naturspiel ohne weitere Bedeutung. Der Organismus eines Thieres, oder des Menschen, wäre demnach, philosophisch betrachtet, nicht Darstellung einer eigenen Idee, d. h. nicht selbst unmittelbar Objektität des Willens, auf einer bestimmten höhern Stufe; sondern in ihm erschienen nur jene Ideen, welche in der Elektricität, im Chemismus, im Mechanismus den Willen objektiviren: der Organismus wäre daher aus dem Zusammentreffen dieser Kräfte so zufällig zusammengeblasen, wie die Gestalten von Menschen und Thieren aus Wolken oder Stalaktiten, daher an sich weiter nicht interessant. – Wir werden indessen sogleich sehen, inwiefern dennoch jene Anwendung physischer und chemischer Erklärungsarten auf den Organismus innerhalb gewisser Gränzen gestattet und brauchbar seyn möchte; indem ich darlegen werde, daß die Lebenskraft die Kräfte der unorganischen Natur allerdings benutzt und gebraucht, jedoch keineswegs aus ihnen besteht; so wenig wie der Schmid aus Hammer und Ambos. Daher wird nie auch nur das so höchst einfache Pflanzenleben aus ihnen, etwan aus der Haarröhrchenkraft und der Endosmose, erklärt werden können, geschweige das thierische Leben. Folgende Betrachtung bahnt uns den Weg zu jener ziemlich schwierigen Erörterung.

Es ist zwar, allem Gesagten zufolge, eine Verirrung der Naturwissenschaft, wenn sie die höheren Stufen der Objektität des Willens zurückführen will auf niedere; da das Verkennen und Leugnen ursprünglicher und für sich bestehender Naturkräfte eben so fehlerhaft ist, wie die grundlose Annahme eigenthümlicher Kräfte, wo bloß eine besondere Erscheinungsart schon bekannter Statt findet. Mit Recht sagt daher Kant, es sei ungereimt, auf einen Neuton des Grashalms zu hoffen, d.h. auf Denjenigen, der den Grashalm zurückführte auf Erscheinungen physischer und chemischer Kräfte, deren zufälliges Konkrement, also ein bloßes Naturspiel, er mithin wäre, in welchem keine eigenthümliche Idee erschiene, d.h. der Wille sich nicht auf einer höhern und besondern Stufe unmittelbar offenbarte; sondern eben nur so, wie in den Erscheinungen der unorganischen Natur, und zufällig in dieser Form. Die Scholastiker, welche Dergleichen keineswegs verstattet hätten, würden ganz recht gesagt haben, es wäre ein gänzliches Wegleugnen der *forma substantialis* und ein Herabwürdigen derselben zur *forma accidentalis*. Denn des Aristoteles *forma substantialis* bezeichnet genau Das, was ich den Grad der Objektivation des Willens in einem Dinge nenne. – Andererseits nun aber ist nicht zu übersehen, daß in allen Ideen, d.h. in allen Kräften der unorganischen und allen Gestalten der organischen Natur, EINER UND DERSELBE WILLE es ist, der sich offenbart, d.h. in die Form der Vorstellung, in die OBJEKTITÄT, eingeht. Seine Einheit muß sich daher auch durch eine innere Verwandtschaft zwischen allen seinen Erscheinungen zu erkennen geben. Diese nun offenbart sich auf den höheren Stufen seiner Objektität, wo die ganze Erscheinung deutlicher ist, also im Pflanzen- und Thierreich, durch die allgemein durchgreifende Analogie aller Formen, den Grundtypus, der in allen Erscheinungen sich wiederfindet: dieser ist deshalb das leitende Princip der vortrefflichen, in diesem Jahrhundert von den Franzosen ausgegangenen, zoologischen Systeme geworden und wird am vollständigsten in der vergleichenden Anatomie nachgewiesen, als *l'unité de plan, l'uniformité de l'élément anatomique*. Ihn aufzufinden ist auch ein Hauptgeschäft, oder doch gewiß die löblichste Bestrebung der Naturphilosophen der Schellingischen Schule gewesen, welche sogar darin manches Verdienst haben; wenn gleich in vielen Fällen ihre Jagd nach Analogien in der Natur zur bloßen Witzelei ausartet. Mit Recht aber haben sie jene allgemeine Verwandtschaft und Familienähnlichkeit auch in den Ideen der unorganischen Natur nachgewiesen, z.B. zwischen Elektricität und Magnetismus, deren Identität später konstatirt wurde, zwischen chemischer Anziehung und Schwere u.dgl.m. Sie haben besonders darauf aufmerksam gemacht, daß die POLARITÄT, d.h. das Auseinandertreten einer Kraft in zwei qualitativ verschiedene, entgegengesetzte und zur Wiedervereinigung strebende Thätigkeiten, welches sich meistens auch räumlich durch ein Auseinandergehen in entgegengesetzte Richtungen offenbart, ein Grundtypus fast aller Erscheinungen der Natur, vom Magnet und Krystall bis zum Menschen ist. In China ist jedoch diese Erkenntniß seit den ältesten Zeiten gangbar, in der Lehre vom Gegensatz des YIN und YANG. – Ja, weil eben alle Dinge der Welt die Objektität des einen und selben Willens, folglich dem innern Wesen nach identisch sind; so muß nicht nur jene unverkennbare Analogie zwischen ihnen seyn und in jedem Unvollkommeneren sich schon die Spur, Andeutung, Anlage des zunächst liegenden Vollkommeneren zeigen; sondern auch, weil alle jene Formen doch nur der Welt als VORSTELLUNG angehören, so läßt sich sogar annehmen, daß schon in den allgemeinsten Formen der Vorstellung, in diesem eigentlichen Grundgerüst der erscheinenden Welt, also in Raum und Zeit, der Grundtypus, die Andeutung, Anlage alles Dessen, was die Formen füllt, aufzufinden und nachzuweisen sei. Es scheint eine dunkle Erkenntniß hievon gewesen zu seyn, welche der Kabbala und aller mathematischen Philosophie der Pythagoreer, auch der Chinesen, im Y-king, den Ursprung gab: und auch in jener Schellingischen Schule finden wir, bei ihren mannigfaltigen Bestrebungen die

Analogie zwischen allen Erscheinungen der Natur an das Licht zu ziehen, auch manche, wiewohl unglückliche Versuche, aus den bloßen Gesetzen des Raumes und der Zeit Naturgesetze abzuleiten. Indessen kann man nicht wissen, wie weit einmal ein genialer Kopf beide Bestrebungen realisiren wird.

Wenn nun gleich der Unterschied zwischen Erscheinung und Ding an sich nie aus den Augen zu lassen ist, und daher die Identität des in allen Ideen objektivirten Willens nie (weil er bestimmte Stufen seiner Objektität hat) verdreht werden darf zu einer Identität der einzelnen Ideen selbst, in denen er erscheint, und daher z.B. nimmermehr die chemische, oder elektrische Anziehung zurückgeführt werden darf auf die Anziehung durch Schwere, wenn gleich ihre innere Analogie erkannt wird und die ersteren gleichsam als höhere Potenzen dieser letzteren angesehen werden können; ebenso wenig, als die innere Analogie des Baues aller Thiere berechtigt, die Arten zu vermischen und zu identifiziren und etwan die vollkommeneren für Spielarten der unvollkommeneren zu erklären; wenn also endlich auch die physiologischen Funktionen nie auf chemische oder physische Prozesse zurückzuführen sind, so kann man doch, zur Rechtfertigung dieses Verfahrens innerhalb gewisser Schranken, Folgendes mit vieler Wahrscheinlichkeit annehmen.

Wenn von den Erscheinungen des Willens, auf den niedrigeren Stufen seiner Objektivation, also im Unorganischen, mehrere unter einander in Konflikt gerathen, indem jede, am Leitfaden der Kausalität, sich der vorhandenen Materie bemächtigen will; so geht aus diesem Streit die Erscheinung einer höhern Idee hervor, welche die vorhin dagewesenen unvollkommeneren alle überwältigt, jedoch so, daß sie das Wesen derselben auf eine untergeordnete Weise bestehen läßt, indem sie ein Analogon davon in sich aufnimmt; welcher Vorgang eben nur aus der Identität des erscheinenden Willens in allen Ideen und aus seinem Streben zu immer höherer Objektivation begreiflich ist. Wir sehen daher z.B. im Festwerden der Knochen ein unverkennbares Analogon der Krystallisation, als welche ursprünglich den Kalk beherrschte, obgleich die Ossifikation nie auf Krystallisation zurückzuführen ist. Schwächer zeigt sich die Analogie im Festwerden des Fleisches. So auch ist die Mischung der Säfte im thierischen Körper und die Sekretion ein Analogon der chemischen Mischung und Abscheidung, sogar wirken die Gesetze dieser dabei noch fort, aber untergeordnet, sehr modifizirt, von einer höhern Idee überwältigt; daher bloß chemische Kräfte, außerhalb des Organismus, nie solche Säfte liefern werden; sondern

> *Encheiresin naturae* nennt es die Chemie,
> Spottet ihrer selbst und weiß nicht wie.

Die aus solchem Siege über mehrere niedere Ideen, oder Objektivationen des Willens, hervorgehende vollkommenere gewinnt, eben dadurch, daß sie von jeder überwältigten, ein höher potenzirtes Analogon in sich aufnimmt, einen ganz neuen Charakter: der Wille objektivirt sich auf eine neue deutlichere Art: es entsteht, ursprünglich durch *generatio aequivoca*, nachher durch Assimilation an den vorhandenen Keim, organischer Saft, Pflanze, Thier, Mensch. Also aus dem Streit niedrigerer Erscheinungen geht die höhere, sie alle verschlingende, aber auch das Streben aller in höherm Grade verwirklichende hervor. – Es herrscht demnach schon hier das Gesetz: *serpens, nisi serpentem comederit, non fit draco.*

Ich wollte, daß es mir möglich gewesen wäre, durch die Klarheit der Darstellung, die dem Stoffe anhängende Dunkelheit dieser Gedanken zu überwinden: allein ich sehe gar wohl, daß die eigene Betrachtung des Lesers mir sehr zu Hülfe kommen muß, wenn ich nicht unverstanden bleiben, oder mißverstanden werden soll. – Der gegebenen Ansicht gemäß, wird man zwar im Organismus die Spuren chemischer und physischer Wirkungsarten nachweisen, aber nie ihn aus diesen erklären können; weil er keineswegs ein durch das vereinigte Wirken solcher Kräfte, also zufällig hervorgebrachtes Phänomen ist, sondern eine höhere Idee, welche sich jene niedrigeren durch ÜBERWÄLTIGENDE ASSIMILATION unterworfen hat; weil der in allen Ideen sich objektivirende EINE Wille, indem er zur höchstmöglichen Objektivation strebt, hier die niedern Stufen seiner Erscheinung, nach einem Konflikt derselben, aufgiebt, um auf einer höhern desto mächtiger zu erscheinen. Kein Sieg ohne

Kampf: indem die höhere Idee, oder Willensobjektivation, nur durch Ueberwältigung der niedrigeren hervortreten kann, erleidet sie den Widerstand dieser, welche, wenn gleich zur Dienstbarkeit gebracht, doch immer noch streben, zur unabhängigen und vollständigen Aeußerung ihres Wesens zu gelangen. Wie der Magnet, der ein Eisen gehoben hat, einen fortdauernden Kampf mit der Schwere unterhält, welche, als die niedrigste Objektivation des Willens, ein ursprünglicheres Recht auf die Materie jenes Eisens hat, in welchem steten Kampf der Magnet sich sogar stärkt, indem der Widerstand ihn gleichsam zu größerer Anstrengung reizt; ebenso unterhält jede und auch die Willenserscheinung, welche sich im menschlichen Organismus darstellt, einen dauernden Kampf gegen die vielen physischen und chemischen Kräfte, welche, als niedrigere Ideen, ein früheres Recht auf jene Materie haben. Daher sinkt der Arm, den man eine Weile, mit Ueberwältigung der Schwere, gehoben gehalten: daher ist das behagliche Gefühl der Gesundheit, welches den Sieg der Idee des sich seiner bewußten Organismus über die physischen und chemischen Gesetze, welche ursprünglich die Säfte des Leibes beherrschen, ausdrückt, doch so oft unterbrochen, ja eigentlich immer begleitet von einer gewissen, größern oder kleinern Unbehaglichkeit, welche aus dem Widerstand jener Kräfte hervorgeht, und wodurch schon der vegetative Theil unseres Lebens mit einem leisen Leiden beständig verknüpft ist. Daher auch deprimirt die Verdauung alle animalischen Funktionen, weil sie die ganze Lebenskraft in Anspruch nimmt zur Ueberwältigung chemischer Naturkräfte durch die Assimilation. Daher also überhaupt die Last des physischen Lebens, die Nothwendigkeit des Schlafes und zuletzt des Todes, indem endlich, durch Umstände begünstigt, jene unterjochten Naturkräfte dem, selbst durch den steten Sieg ermüdeten, Organismus die ihnen entrissene Materie wieder abgewinnen, und zur ungehinderten Darstellung ihres Wesens gelangen. Man kann daher auch sagen, daß jeder Organismus die Idee, deren Abbild er ist, nur darstellt nach Abzug des Theiles seiner Kraft, welche verwendet wird auf Ueberwältigung der niedrigeren Ideen, die ihm die Materie streitig machen. Dieses scheint dem Jakob Böhm vorgeschwebt zu haben, wenn er irgendwo sagt, alle Leiber der Menschen und Thiere, ja alle Pflanzen seien eigentlich halb todt. Jenachdem nun dem Organismus die Ueberwältigung jener, die tieferen Stufen der Objektität des Willens ausdrückenden Naturkräfte mehr oder weniger gelingt, wird er zum vollkommeneren oder unvollkommeneren Ausdruck seiner Idee, d.h. steht näher oder ferner dem Ideal, welchem in seiner Gattung die Schönheit zukommt.

So sehen wir in der Natur überall Streit, Kampf und Wechsel des Sieges, und werden eben darin weiterhin die dem Willen wesentliche Entzweiung mit sich selbst deutlicher erkennen. Jede Stufe der Objektivation des Willens macht der andern die Materie, den Raum, die Zeit streitig. Beständig muß die beharrende Materie die Form wechseln, indem, am Leitfaden der Kausalität, mechanische, physische, chemische, organische Erscheinungen, sich gierig zum Hervortreten drängend, einander die Materie entreißen, da jede ihre Idee offenbaren will. Durch die gesammte Natur läßt sich dieser Streit verfolgen, ja, sie besteht eben wieder nur durch ihn: *ει γαϱ μη ην το νειϰος εν τοις πϱαγμασιν, ἑν αν ην ἁπαντα, ὡς φησιν Εμπεδοϰλης· (nam si non inesset in rebus contentio, unum omnia essent, ut ait Empedocles. Arist. Metaph. B., 5)*: ist doch dieser Streit selbst nur die Offenbarung der dem Willen wesentlichen Entzweiung mit sich selbst. Die deutlichste Sichtbarkeit erreicht dieser allgemeine Kampf in der Thierwelt, welche die Pflanzenwelt zu ihrer Nahrung hat, und in welcher selbst wieder jedes Thier die Beute und Nahrung eines andern wird, d.h. die Materie, in welcher seine Idee sich darstellte, zur Darstellung einer andern abtreten muß, indem jedes Thier sein Daseyn nur durch die beständige Aufhebung eines fremden erhalten kann; so daß der Wille zum Leben durchgängig an sich selber zehrt und in verschiedenen Gestalten seine eigene Nahrung ist, bis zuletzt das Menschengeschlecht, weil es alle anderen überwältigt, die Natur für ein Fabrikat zu seinem Gebrauch ansieht, dasselbe Geschlecht jedoch auch, wie wir im vierten Buche finden werden, in sich selbst jenen Kampf, jene Selbstentzweiung des Willens zur furchtbarsten Deutlichkeit offenbart, und *homo homini lupus* wird. Inzwischen werden wir denselben Streit, dieselbe Ueberwältigung ebensowohl auf den niedrigen

Stufen der Objektität des Willens wiedererkennen. Viele Insekten (besonders die Ichneumoniden) legen ihre Eier auf die Haut, ja, in den Leib der Larven anderer Insekten, deren langsame Zerstörung das erste Werk der auskriechenden Brut ist. Der junge Armpolyp, der aus dem alten als ein Zweig herauswächst und sich später von ihm abtrennt, kämpft, während er noch an jenem festsitzt, schon mit ihm um die sich darbietende Beute, so daß einer sie dem andern aus dem Maule reißt (*Trembley, Polypod.* II, S. 110, u. III, S. 165). In dieser Art liefert aber das grellste Beispiel die Bulldogs-Ameise *(bulldog-ant)* in Australien: nämlich wenn man sie durchschneidet, beginnt ein Kampf zwischen dem Kopf- und dem Schwanztheil: jener greift diesen mit seinem Gebiß an, und dieser wehrt sich tapfer, durch Stechen auf jenen: der Kampf pflegt eine halbe Stunde zu dauern, bis sie sterben, oder von anderen Ameisen weggeschleppt werden. Der Vorgang findet jedes Mal Statt. (Aus einem Briefe von Howitt, im *W. Journal*, abgedruckt in Galignani's *Messenger*, vom 17. Nov. 1855.) An den Ufern des Missouri sieht man bisweilen eine mächtige Eiche von einer riesenhaften wilden Weinrebe, am Stamm und allen Aesten, so umwunden, gefesselt und geschnürt, daß sie, wie erstickt, verwelken muß. Das Selbe zeigt sich sogar auf den niedrigsten Stufen, z. B. wo durch organische Assimilation Wasser und Kohle in Pflanzensaft, oder Pflanze oder Brod in Blut verwandelt wird, und so überall, wo mit Beschränkung der chemischen Kräfte auf eine untergeordnete Wirkungsart, animalische Sekretion vor sich geht; dann auch in der unorganischen Natur, wann z. B. anschießende Krystalle sich begegnen, kreuzen und gegenseitig so stören, daß sie nicht die rein auskrystallisirte Form zeigen können, wie denn fast jede Druse das Abbild eines solchen Streites des Willens auf jener so niedrigen Stufe seiner Objektivation ist; oder auch wann ein Magnet dem Eisen die Magneticität aufzwingt, um seine Idee auch hier darzustellen; oder auch wann der Galvanismus die Wahlverwandtschaften überwältigt, die festesten Verbindungen zersetzt, die chemischen Gesetze so sehr aufhebt, daß die Säure eines am negativen Pol zersetzten Salzes zum positiven Pol muß, ohne mit den Alkalien, durch die sie unterwegs geht, sich verbinden, oder nur den Lakmus, welchen sie antrifft, röthen zu dürfen. Im Großen zeigt es sich in dem Verhältniß zwischen Centralkörper und Planet: dieser, obgleich in entschiedener Abhängigkeit, widersteht noch immer, gleichwie die chemischen Kräfte im Organismus; woraus dann die beständige Spannung zwischen Centripetal- und Centrifugalkraft hervorgeht, welche das Weltgebäude in Bewegung erhält und selbst schon ein Ausdruck ist jenes allgemeinen der Erscheinung des Willens wesentlichen Kampfes, den wir eben betrachten. Denn da jeder Körper als Erscheinung eines Willens angesehen werden muß, Wille aber nothwendig als ein Streben sich darstellt; so kann der ursprüngliche Zustand jedes zur Kugel geballten Weltkörpers nicht Ruhe seyn, sondern Bewegung, Streben vorwärts in den unendlichen Raum, ohne Rast und Ziel. Diesem steht weder das Gesetz der Trägheit, noch das der Kausalität entgegen: denn da, nach jenem, die Materie als solche gegen Ruhe und Bewegung gleichgültig ist, so kann Bewegung, so gut wie Ruhe, ihr ursprünglicher Zustand seyn; daher, wenn wir sie in Bewegung vorfinden, wir ebenso wenig berechtigt sind vorauszusetzen, daß derselben ein Zustand der Ruhe vorhergegangen sei, und nach der Ursache des Eintritts der Bewegung zu fragen, als umgekehrt, wenn wir sie in Ruhe fänden, wir eine dieser vorhergegangene Bewegung vorauszusetzen und nach der Ursach ihrer Aufhebung zu fragen hätten. Daher ist kein erster Anstoß für die Centrifugalkraft zu suchen, sondern sie ist, bei den Planeten, nach Kants und Laplaces Hypothese, Ueberbleibsel der ursprünglichen Rotation des Centralkörpers, von welchem jene sich, bei dessen Zusammenziehung, getrennt haben. Diesem selbst aber ist Bewegung wesentlich: er rotirt noch immer und fliegt zugleich dahin im endlosen Raum, oder cirkulirt vielleicht um einen größern, uns unsichtbaren Centralkörper. Diese Ansicht stimmt gänzlich überein mit der Muthmaaßung der Astronomen von einer Centralsonne, wie auch mit dem wahrgenommenen Fortrücken unseres ganzen Sonnensystems, vielleicht auch des ganzen Sternhaufens, dem unsere Sonne angehört, daraus endlich auf ein allgemeines Fortrücken aller Fixsterne, mit sammt der Centralsonne, zu schließen ist, welches freilich im unendlichen Raum alle Bedeutung verliert (da Bewegung im absoluten Raum von der Ruhe sich nicht unterscheidet) und eben hiedurch, wie schon unmittelbar durch das Streben und Fliegen ohne Ziel, zum Ausdruck jener Nichtigkeit, jener Ermangelung eines letzten Zweckes wird, welche wir, am Schlusse dieses Buches, dem Streben des Willens in allen seinen Erscheinungen werden zuerkennen müssen; daher eben auch wieder endloser Raum und endlose Zeit die allgemeinsten und wesentlichsten Formen seiner gesammten Erscheinung seyn mußten, als welche sein ganzes Wesen auszudrücken da ist. – Wir können endlich den in Betrachtung genommenen Kampf aller Willenserscheinungen gegen einander sogar schon in der bloßen Materie, als solcher betrachtet, wiedererkennen, sofern nämlich das Wesen ihrer Erscheinung von Kant richtig ausgesprochen ist als Repulsiv- und Attraktivkraft; so daß schon sie nur in einem Kampf entgegenstrebender Kräfte ihr Daseyn hat. Abstrahiren wir von aller chemischen Verschiedenheit der Materie, oder denken uns in die Kette der Ursachen und Wirkungen so weit zurück, daß noch keine chemische Differenz da ist; so bleibt uns die bloße Materie, die Welt zu einer Kugel geballt, deren Leben, d. h. Objektivation des Willens, nun jener Kampf zwischen Attraktions- und Repulsionskraft ausmacht, jene als Schwere, von allen Seiten zum Centrum drängend, diese als Undurchdringlichkeit, sei es durch Starrheit oder Elasticität, jener widerstrebend, welcher stete Drang und Widerstand als die Objektität des Willens auf der alleruntersten Stufe betrachtet werden kann und schon dort dessen Charakter ausdrückt.

So sähen wir denn hier, auf der untersten Stufe, den Willen sich darstellen als einen blinden Drang, ein finsteres, dumpfes Treiben, fern von aller unmittelbaren Erkennbarkeit. Es ist die einfachste und schwächste Art seiner Objektivation. Als solcher blinder Drang und erkenntnißloses Streben erscheint er aber noch in der ganzen unorganischen Natur, in allen den ursprünglichen Kräften, welche aufzusuchen und ihre Gesetze kennen zu lernen, Physik und Chemie beschäftigt sind, und jede von welchen sich uns in Millionen ganz gleichartiger und gesetzmäßiger, keine Spur von individuellem Charakter ankündigender Erscheinungen darstellt, sondern bloß vervielfältigt durch Zeit und Raum, d.i. durch das *principium individuationis*, wie ein Bild durch die Facetten eines Glases vervielfältigt wird.

Von Stufe zu Stufe sich deutlicher objektivirend, wirkt dennoch auch im Pflanzenreich, wo nicht mehr eigentliche Ursachen, sondern Reize das Band seiner Erscheinungen sind, der Wille doch noch völlig erkenntnißlos, als finstere treibende Kraft, und so endlich auch noch im vegetativen Theil der thierischen Erscheinung, in der Hervorbringung und Ausbildung jedes Thieres und in der Unterhaltung der innern Oekonomie desselben, wo immer nur noch bloße Reize seine Erscheinung nothwendig bestimmen. Die immer höher stehenden Stufen der Objektität des Willens führen endlich zu dem Punkt, wo das Individuum, welches die Idee darstellt, nicht mehr durch bloße Bewegung auf Reize seine zu assimilirende Nahrung erhalten konnte; weil solcher Reiz abgewartet werden muß, hier aber die Nahrung eine specieller bestimmte ist, und bei der immer mehr angewachsenen Mannigfaltigkeit der Erscheinungen das Gedränge und Gewirre so groß geworden ist, daß sie einander stören, und der Zufall, von dem das durch bloße Reize bewegte Individuum seine Nahrung erwarten muß, zu ungünstig seyn würde. Die Nahrung muß daher aufgesucht, ausgewählt werden, von dem Punkt an, wo das Thier dem Ei oder Mutterleibe, in welchem es erkenntnißlos vegetirte, sich entwunden hat. Dadurch wird hier die Bewegung auf Motive und wegen dieser die Erkenntniß nothwendig, welche also eintritt als ein auf dieser Stufe der Objektivation des Willens erfordertes Hülfsmittel, *μηχανη*, zur Erhaltung des Individuums und Fortpflanzung des Geschlechts. Sie tritt hervor, repräsentirt durch das Gehirn oder ein größeres Ganglion, eben wie jede andere Bestrebung oder Bestimmung des sich objektivirenden Willens durch ein Organ repräsentirt ist, d.h. für die Vorstellung sich als ein Organ darstellt*. – Allein mit diesem Hülfsmittel, dieser *μηχανη*, steht nun, mit einem Schlage, die WELT ALS VORSTELLUNG da, mit allen ihren Formen, Objekt und Subjekt, Zeit, Raum, Vielheit und Kausalität. Die Welt zeigt jetzt die zweite Seite. Bisher bloß WILLE, ist sie nun zugleich VORSTEL-

* Hiezu Kap. 22 des zweiten Bandes; wie auch in meiner Schrift »Ueber den Willen in der Natur«, S. 54 ff. u. S. 70–79 der ersten, oder S. 46 ff. u. S. 63–72 der zweiten Auflage.

LUNG, Objekt des erkennenden Subjekts. Der Wille, der bis hieher im Dunkeln, höchst sicher und unfehlbar, seinen Trieb verfolgte, hat sich auf dieser Stufe ein Licht angezündet, als ein Mittel, welches nothwendig wurde, zur Aufhebung des Nachtheils, der aus dem Gedränge und der komplicirten Beschaffenheit seiner Erscheinungen eben den vollendetesten erwachsen würde. Die bisherige unfehlbare Sicherheit und Gesetzmäßigkeit, mit welcher er in der unorganischen und bloß vegetativen Natur wirkte, beruhte darauf, daß er allein in seinem ursprünglichen Wesen, als blinder Drang, Wille, thätig war, ohne Beihülfe, aber auch ohne Störung von einer zweiten ganz andern Welt, der Welt als Vorstellung, welche zwar nur das Abbild seines eigenen Wesens, aber doch ganz anderer Natur ist und jetzt eingreift in den Zusammenhang seiner Erscheinungen. Dadurch hört nunmehr die unfehlbare Sicherheit derselben auf. Die Thiere sind schon dem Schein, der Täuschung ausgesetzt. Sie haben indessen bloß anschauliche Vorstellungen, keine Begriffe, keine Reflexion, sind daher an die Gegenwart gebunden, können nicht die Zukunft berücksichtigen. – Es scheint als ob diese vernunftlose Erkenntniß nicht in allen Fällen hinreichend zu ihrem Zweck gewesen sei und bisweilen gleichsam einer Nachhülfe bedurft habe. Denn es bietet sich uns die sehr merkwürdige Erscheinung dar, daß das blinde Wirken des Willens und das von der Erkenntniß erleuchtete, in zwei Arten von Erscheinungen, auf eine höchst überraschende Weise, eines in das Gebiet des andern hinübergreifen. Einmal nämlich finden wir, mitten unter dem von der anschaulichen Erkenntniß und ihren Motiven geleiteten Thun der Thiere, ein ohne diese, also mit der Nothwendigkeit des blindwirkenden Willens vollzogenes, in den Kunsttrieben, welche, durch kein Motiv, noch Erkenntniß geleitet, das Ansehen haben, als brächten sie ihre Werke sogar auf abstrakte, vernünftige Motive zu Stande. Der andere diesem entgegengesetzte Fall ist der, wo umgekehrt das Licht der Erkenntniß in die Werkstätte des blindwirkenden Willens eindringt und die vegetativen Funktionen des menschlichen Organismus beleuchtet: im magnetischen Hellsehen. – Endlich nun da, wo der Wille zum höchsten Grade seiner Objektivation gelangt ist, reicht die den Thieren aufgegangene Erkenntniß des Verstandes, dem die Sinne die Data liefern, woraus bloße Anschauung, die an die Gegenwart gebunden ist, hervorgeht, nicht mehr zu: das komplicirte, vielseitige, bildsame, höchst bedürftige und unzähligen Verletzungen ausgesetzte Wesen, der Mensch, mußte, um bestehen zu können, durch eine doppelte Erkenntniß erleuchtet werden, gleichsam eine höhere Potenz der anschaulichen Erkenntniß mußte zu dieser hinzutreten, eine Reflexion jener: die Vernunft als das Vermögen abstrakter Begriffe. Mit dieser war Besonnenheit da, enthaltend Ueberblick der Zukunft und Vergangenheit, und, in Folge derselben, Ueberlegung, Sorge, Fähigkeit des prämeditirten, von der Gegenwart unabhängigen Handelns, endlich auch völlig deutliches Bewußtseyn der eigenen Willensentscheidungen als solcher. Trat nun schon mit der bloß anschauenden Erkenntniß die Möglichkeit des Scheines und der Täuschung ein, wodurch die vorige Unfehlbarkeit im erkenntnißlosen Treiben des Willens aufgehoben wurde, deshalb Instinkt und Kunsttrieb, als erkenntnißlose Willensäußerungen, mitten unter den von Erkenntniß geleiteten, ihm zu Hülfe kommen mußten; so geht mit dem Eintritt der Vernunft jene Sicherheit und Untrüglichkeit der Willensäußerungen (welche am andern Extrem, in der unorganischen Natur, sogar als strenge Gesetzmäßigkeit erscheint) fast ganz verloren: der Instinkt tritt völlig zurück, die Ueberlegung, welche jetzt Alles ersetzen soll, gebiert (wie im ersten Buche ausgeführt) Schwanken und Unsicherheit: der Irrthum wird möglich, welcher in vielen Fällen die adäquate Objektivation des Willens durch Thaten hindert. Denn, wenn gleich der Wille schon im Charakter seine bestimmte und unveränderliche Richtung genommen hat, welcher entsprechend das Wollen selbst unfehlbar, nach Anlaß der Motive, eintritt; so kann doch der Irrthum die Aeußerungen desselben verfälschen, indem dann Wahnmotive gleich wirklichen einfließen und diese aufheben*: so z.B. wenn Superstition eingebildete Motive unterschiebt, die den Menschen zu einer Handlungsweise zwingen, welche der Art, wie sein Wille, unter den vorhandenen Umständen, sich sonst äußern würde, gerade

* Die Scholastiker sagten daher recht gut: *Causa finalis movet non secundum suum esse reale, sed secundum esse cognitum*. Siehe Suarez, *Disp. metaph. disp. XXIII, sect. 7 et 8*.

entgegengesetzt sind: Agamemnon schlachtet seine Tochter; ein Geizhals spendet Almosen, aus reinem Egoismus, in der Hoffnung dereinstiger hundertfacher Wiedererstattung, u.s.f.

Die Erkenntniß überhaupt, vernünftige sowohl als bloß anschauliche, geht also ursprünglich aus dem Willen selbst hervor, gehört zum Wesen der höhern Stufen seiner Objektivation, als eine bloße *μηχανη*, ein Mittel zur Erhaltung des Individuums und der Art, so gut wie jedes Organ des Leibes. Ursprünglich also zum Dienste des Willens, zur Vollbringung seiner Zwecke bestimmt, bleibt sie ihm auch fast durchgängig gänzlich dienstbar: so in allen Thieren und in beinahe allen Menschen. Jedoch werden wir im dritten Buche sehen, wie in einzelnen Menschen die Erkenntniß sich dieser Dienstbarkeit entziehen, ihr Joch abwerfen und frei von allen Zwecken des Wollens rein für sich bestehen kann, als bloßer klarer Spiegel der Welt, woraus die Kunst hervorgeht; endlich im vierten Buch, wie durch diese Art der Erkenntniß, wenn sie auf den Willen zurückwirkt, die Selbstaufhebung desselben eintreten kann, d.i. die Resignation, welche das letzte Ziel, ja, das innerste Wesen aller Tugend und Heiligkeit, und die Erlösung von der Welt ist.

§. 28.

Wir haben die große Mannigfaltigkeit und Verschiedenheit der Erscheinungen betrachtet, in denen der Wille sich objektivirt; ja, wir haben ihren endlosen und unversöhnlichen Kampf gegen einander gesehen. Dennoch ist, unserer ganzen bisherigen Darstellung zufolge, der Wille selbst, als Ding an sich, keineswegs begriffen in jener Vielheit, jenem Wechsel. Die Verschiedenheit der (Platonischen) Ideen, d.i. Abstufungen der Objektivation, die Menge der Individuen, in welchen jede von diesen sich darstellt, der Kampf der Formen um die Materie: dies Alles trifft nicht ihn, sondern ist nur die Art und Weise seiner Objektivation, und hat nur durch diese eine mittelbare Relation zu ihm, vermöge welcher es zum Ausdruck seines Wesens für die Vorstellung gehört. Wie eine Zauberlaterne viele und mannigfaltige Bilder zeigt, es aber nur eine und dieselbe Flamme ist, welche ihnen allen die Sichtbarkeit ertheilt; so ist in allen mannigfaltigen Erscheinungen, welche neben einander die Welt füllen, oder nach einander als Begebenheiten sich verdrängen, doch nur der EINE WILLE das Erscheinende, dessen Sichtbarkeit, Objektität das Alles ist, und der unbewegt bleibt mitten in jenem Wechsel: er allein ist das Ding an sich: alles Objekt aber ist Erscheinung, Phänomen, in Kants Sprache zu reden. – Obgleich im Menschen, als (Platonischer) Idee, der Wille seine deutlichste und vollkommenste Objektivation findet; so konnte dennoch diese allein sein Wesen nicht ausdrücken. Die Idee des Menschen durfte, um in der gehörigen Bedeutung zu erscheinen, nicht allein und abgerissen sich darstellen, sondern mußte begleitet seyn von der Stufenfolge abwärts durch alle Gestaltungen der Thiere, durch das Pflanzenreich, bis zum Unorganischen: sie alle erst ergänzen sich zur vollständigen Objektivation des Willens; sie werden von der Idee des Menschen so vorausgesetzt, wie die Blüthen des Baumes Blätter, Aeste, Stamm und Wurzel voraussetzen: sie bilden eine Pyramide, deren Spitze der Mensch ist. Auch kann man, wenn man an Vergleichungen Wohlgefallen hat, sagen: ihre Erscheinung begleitet die des Menschen so nothwendig, wie das volle Licht begleitet ist von den allmäligen Gradationen aller Halbschatten, durch die es sich in die Finsterniß verliert: oder auch man kann sie den Nachhall des Menschen nennen und sagen: Thier und Pflanze sind die herabsteigende Quint und Terz des Menschen, das unorganische Reich ist die untere Oktav. Die ganze Wahrheit dieses letzten Gleichnisses wird uns aber erst deutlich werden, wenn wir, im folgenden Buche, die tiefe Bedeutsamkeit der Musik zu ergründen suchen und sich uns zeigen wird, wie die durch hohe leichtbewegliche Töne im Zusammenhang fortschreitende Melodie, in gewissem Sinn, als das durch Reflexion Zusammenhang habende Leben und Streben des Menschen darstellend, anzusehen ist, wo dann dagegen die unzusammenhängenden Ripienstimmen und der schwerbewegliche Baß, aus denen die zur Vollständigkeit der Musik nothwendige Harmonie hervorgeht, die übrige thierische und erkenntnißlose Natur abbilden. Doch davon an seinem Orte, wo es nicht mehr so paradox klingen wird. – Wir finden aber auch jene

INNERE, von der adäquaten Objektität des Willens unzertrennliche NOTHWENDIGKEIT der Stufenfolge seiner Erscheinungen, in dem Ganzen dieser selbst, durch eine ÄUSSERE NOTHWENDIGKEIT ausgedrückt, durch diejenige nämlich, vermöge welcher der Mensch zu seiner Erhaltung der Thiere bedarf, diese stufenweise eines des andern, dann auch der Pflanzen, welche wieder des Bodens bedürfen, des Wassers, der chemischen Elemente und ihrer Mischungen, des Planeten, der Sonne, der Rotation und des Umlaufs um diese, der Schiefe der Ekliptik u.s.f. – Im Grunde entspringt dies daraus, daß der Wille an sich selber zehren muß, weil außer ihm nichts da ist und er ein hungriger Wille ist. Daher die Jagd, die Angst und das Leiden.

Wie die Erkenntniß der Einheit des Willens, als Dinges an sich, in der unendlichen Verschiedenheit und Mannigfaltigkeit der Erscheinungen, allein den wahren Aufschluß giebt über jene wundersame, unverkennbare Analogie aller Produktionen der Natur, jene Familienähnlichkeit, die sie als Variationen des selben, nicht mitgegebenen Themas betrachten läßt; so wird gleichermaaßen durch die deutlich und tief gefaßte Erkenntniß jener Harmonie, jenes wesentlichen Zusammenhanges aller Theile der Welt, jener Nothwendigkeit ihrer Abstufung, welche wir soeben betrachtet haben, sich uns eine wahre und genügende Einsicht öffnen in das innere Wesen und die Bedeutung der unleugbaren ZWECKMÄSSIGKEIT aller organischen Naturprodukte, die wir sogar *a priori* bei der Betrachtung und Beurtheilung derselben voraussetzen.

Diese ZWECKMÄSSIGKEIT ist doppelter Art: theils eine INNERE, d.h. eine so geordnete Uebereinstimmung aller Theile eines einzelnen Organismus, daß die Erhaltung desselben und seiner Gattung daraus hervorgeht, und daher als Zweck jener Anordnung sich darstellt. Theils aber ist die Zweckmäßigkeit eine ÄUSSERE, nämlich ein Verhältniß der unorganischen Natur zu der organischen überhaupt, oder auch einzelner Theile der organischen Natur zu einander, welches die Erhaltung der gesammten organischen Natur, oder auch einzelner Thiergattungen, möglich macht und daher als Mittel zu diesem Zweck unserer Beurtheilung entgegentritt.

Die innere Zweckmässigkeit tritt nun folgendermaaßen in den Zusammenhang unserer Betrachtung. Wenn, dem Bisherigen zufolge, alle Verschiedenheiten der Gestalten in der Natur und alle Vielheit der Individuen nicht dem Willen, sondern nur seiner Objektität und der Form dieser angehört; so folgt nothwendig, daß er untheilbar und in jeder Erscheinung ganz gegenwärtig ist, wiewohl die Grade seiner Objektivation, die (Platonischen) Ideen, sehr verschieden sind. Wir können, zu leichterer Faßlichkeit, diese verschiedenen Ideen als einzelne und an sich einfache Willensakte betrachten, in denen sein Wesen sich mehr oder weniger ausdrückt: die Individuen aber sind wieder Erscheinungen der Ideen, also jener Akte, in Zeit und Raum und Vielheit. – Nun behält, auf den niedrigsten Stufen der Objektität, ein solcher Akt (oder eine Idee) auch in der Erscheinung seine Einheit bei; während er auf den höhern Stufen, um zu erscheinen, einer ganzen Reihe von Zuständen und Entwickelungen in der Zeit bedarf, welche alle zusammengenommen erst den Ausdruck seines Wesens vollenden. So z.B. hat die Idee, welche sich in irgend einer allgemeinen Naturkraft offenbart, immer nur eine einfache Aeußerung, wenn gleich diese nach Maaßgabe der äußeren Verhältnisse sich verschieden darstellt: sonst könnte auch ihre Identität gar nicht nachgewiesen werden, welches eben geschieht durch Absonderung der bloß aus den äußeren Verhältnissen entspringenden Verschiedenheit. Ebenso hat der Krystall nur eine Lebensäußerung, sein Anschießen, welche nachher an der erstarrten Form, dem Leichnam jenes momentanen Lebens, ihren völlig hinreichenden und erschöpfenden Ausdruck hat. Schon die Pflanze aber drückt die Idee, deren Erscheinung sie ist, nicht mit einem Male und durch eine einfache Aeußerung aus, sondern in einer Succession von Entwickelungen ihrer Organe, in der Zeit. Das Thier entwickelt nicht nur auf gleiche Weise, in einer Succession oft sehr verschiedener Gestalten (Metamorphose) seinen Organismus; sondern diese Gestalt selbst, obwohl schon Objektität des Willens auf dieser Stufe, reicht doch nicht hin zur vollständigen Darstellung seiner Idee, vielmehr wird diese erst ergänzt durch die Handlungen des Thieres, in denen sein empirischer Charakter, welcher in der ganzen Species derselbe ist, sich ausspricht und erst die vollständige Offenbarung der Idee ist, wobei sie den bestimmten Organismus als Grundbedingung voraussetzt. Beim Menschen ist schon in jedem Individuo der empirische Charakter ein eigenthümlicher (ja, wie wir im vierten Buche sehen werden, bis zur völligen Aufhebung des Charakters der Species, nämlich durch Selbstaufhebung des ganzen Wollens). Was, durch die nothwendige Entwickelung in der Zeit und das dadurch bedingte Zerfallen in einzelne Handlungen, als empirischer Charakter erkannt wird, ist, mit Abstraktion von dieser zeitlichen Form der Erscheinung, der INTELLIGIBLE CHARAKTER, nach dem Ausdrucke Kants, der in der Nachweisung dieser Unterscheidung und Darstellung des Verhältnisses zwischen Freiheit und Nothwendigkeit, d.h. eigentlich zwischen dem Willen als Ding an sich und seiner Erscheinung in der Zeit, sein unsterbliches Verdienst besonders herrlich zeigt*. Der intelligible Charakter fällt also mit der Idee, oder noch eigentlicher mit dem ursprünglichen Willensakt, der sich in ihr offenbart, zusammen: insofern ist also nicht nur der empirische Charakter jedes Menschen, sondern auch der jeder Thierspecies, ja jeder Pflanzenspecies und sogar jeder ursprünglichen Kraft der unorganischen Natur, als Erscheinung eines intelligibeln Charakters, d.h. eines außerzeitlichen untheilbaren Willensaktes anzusehen. – Beiläufig möchte ich hier aufmerksam machen auf die Naivetät, mit der jede Pflanze ihren ganzen Charakter durch die bloße Gestalt ausspricht und offen darlegt, ihr ganzes Seyn und Wollen offenbart, wodurch die Physiognomien der Pflanzen so interessant sind; während das Thier, um seiner Idee nach erkannt zu werden, schon in seinem Thun und Treiben beobachtet, der Mensch vollends erforscht und versucht seyn will, da ihn Vernunft der Verstellung in hohem Grade fähig macht. Das Thier ist um ebenso viel naiver als der Mensch, wie die Pflanze naiver ist als das Thier. Im Thiere sehen wir den Willen zum Leben gleichsam nackter, als im Menschen, wo er mit so vieler Erkenntniß überkleidet und zudem

* Siehe »Kritik der reinen Vernunft, Auflösung der kosmol. Ideen von der Totalität der Ableitung der Weltbegebenheiten«, S. 560–586 der fünften u. S. 532 ff. der ersten Auflage, und »Kritik der praktischen Vernunft«, vierte Auflage, S. 169–179. Rosenkranz' Ausgabe, S. 224 ff. Vergl. meine Abhandlung über den Satz vom Grunde, §. 43.

durch die Fähigkeit der Verstellung verhüllt ist, daß sein wahres Wesen fast nur zufällig und stellenweise zum Vorschein kommt. Ganz nackt, aber auch viel schwächer, zeigt er sich in der Pflanze, als bloßer, blinder Drang zum Daseyn, ohne Zweck und Ziel. Denn diese offenbart ihr ganzes Wesen dem ersten Blick und mit vollkommener Unschuld, die nicht darunter leidet, daß sie die Genitalien, welche bei allen Thieren den verstecktesten Platz erhalten haben, auf ihrem Gipfel zur Schau trägt. Diese Unschuld der Pflanze beruht auf ihrer Erkenntnißlosigkeit: nicht im Wollen, sondern im Wollen mit Erkenntniß liegt die Schuld. Jede Pflanze erzählt nun zunächst von ihrer Heimath, dem Klima derselben und der Natur des Bodens, dem sie entsprossen ist. Daher erkennt selbst der wenig Geübte leicht, ob eine exotische Pflanze der tropischen, oder der gemäßigten Zone angehöre, und ob sie im Wasser, im Sumpfe, auf Bergen, oder auf der Haide wachse. Außerdem aber spricht jede Pflanze noch den speciellen Willen ihrer Gattung aus und sagt etwas, das sich in keiner andern Sprache ausdrücken läßt. – Aber jetzt zur Anwendung des Gesagten auf die teleologische Betrachtung der Organismen, sofern sie ihre innere Zweckmäßigkeit betrifft. Wenn in der unorganischen Natur die überall als ein einziger Willensakt zu betrachtende Idee sich auch nur in einer einzigen und immer gleichen Aeußerung offenbart, und man daher sagen kann, daß hier der empirische Charakter unmittelbar der Einheit des intelligibeln theilhaft ist, gleichsam mit ihm zusammenfällt, weshalb hier keine innere Zweckmäßigkeit sich zeigen kann; wenn dagegen alle Organismen, durch eine Succession von Entwickelungen nach einander, welche durch eine Mannigfaltigkeit verschiedener Theile neben einander bedingt ist, ihre Idee darstellen, also die Summe der Aeußerungen ihres empirischen Charakters erst in der Zusammenfassung Ausdruck des intelligibeln ist; so hebt dieses nothwendige Nebeneinander der Theile und Nacheinander der Entwickelung doch nicht die Einheit der erscheinenden Idee, des sich äußernden Willensaktes, auf: vielmehr findet diese Einheit nunmehr ihren Ausdruck an der nothwendigen Beziehung und Verkettung jener Theile und Entwickelungen mit einander, nach dem Gesetz der Kausalität. Da es der einzige und untheilbare und eben dadurch ganz mit sich selbst übereinstimmende Wille ist, der sich in der ganzen Idee, als wie in einem Akt offenbart; so muß seine Erscheinung, obwohl in eine Verschiedenheit von Theilen und Zuständen auseinandertretend, doch in einer durchgängigen Uebereinstimmung derselben jene Einheit wieder zeigen: dies geschieht durch eine nothwendige Beziehung und Abhängigkeit aller Theile von einander, wodurch auch in der Erscheinung die Einheit der Idee wiederhergestellt wird. Demzufolge erkennen wir nun jene verschiedenen Theile und Funktionen des Organismus wechselseitig als Mittel und Zweck von einander, den Organismus selbst aber als den letzten Zweck aller. Folglich ist sowohl das Auseinandertreten der an sich einfachen Idee in die Vielheit der Theile und der Zustände des Organismus einerseits, als die Wiederherstellung ihrer Einheit durch die nothwendige Verknüpfung jener Theile und Funktionen, dadurch daß sie Ursach und Wirkung, also Mittel und Zweck, von einander sind, andererseits, nicht dem erscheinenden Willen als solchem, dem Dinge an sich, sondern nur seiner Erscheinung in Raum, Zeit und Kausalität (lauter Gestalten des Satzes vom Grunde, der Form der Erscheinung) eigenthümlich und wesentlich. Sie gehören der Welt als Vorstellung, nicht der Welt als Wille an: sie gehören zur Art und Weise, wie der Wille Objekt, d.i. Vorstellung wird, auf dieser Stufe seiner Objektität. Wer in den Sinn dieser vielleicht etwas schwierigen Erörterung eingedrungen ist, wird nunmehr recht eigentlich die Lehre Kants verstehen, welche dahin geht, daß sowohl die Zweckmäßigkeit des Organischen, als auch die Gesetzmäßigkeit des Unorganischen, allererst von unserm Verstande in die Natur hineingebracht wird, daher beide nur der Erscheinung, nicht dem Dinge an sich zukommen. Die oben erwähnte Verwunderung, über die unfehlbare Konstanz der Gesetzmäßigkeit der unorganischen Natur ist im Wesentlichen dieselbe mit der, über die Zweckmäßigkeit der organischen Natur: denn in beiden Fällen überrascht uns nur der Anblick der ursprünglichen Einheit der Idee, welche, für die Erscheinung, die Form der Vielheit und Verschiedenheit angenommen hatte*.

* Vergleiche »Ueber den Willen in der Natur«, am Schlusse der Rubrik »Vergleichende Anatomie«.

Was nun, nach der oben gemachten Eintheilung, die zweite Art der Zweckmäßigkeit, die ÄUSSERE betrifft, welche sich nicht in der innern Oekonomie der Organismen, sondern in der Unterstützung und Hülfe zeigt, welche sie von Außen, sowohl von der unorganischen Natur, als einer vom andern erhalten; so findet dieselbe ihre Erklärung im Allgemeinen ebenfalls in der eben aufgestellten Erörterung, indem ja die ganze Welt, mit allen ihren Erscheinungen, die Objektität des einen und untheilbaren Willens ist, die Idee, welche sich zu allen andern Ideen verhält, wie die Harmonie zu den einzelnen Stimmen, daher jene Einheit des Willens sich auch in der Uebereinstimmung aller Erscheinungen desselben zu einander zeigen muß. Allein wir können diese Einsicht zu viel größerer Deutlichkeit erheben, wenn wir auf die Erscheinungen jener äußern Zweckmäßigkeit und Uebereinstimmung der verschiedenen Theile der Natur zu einander etwas näher eingehen, welche Erörterung zugleich auch auf die vorhergehende Licht zurückwerfen wird. Wir werden aber dahin am besten durch Betrachtung folgender Analogie gelangen.

Der Charakter jedes einzelnen Menschen kann, sofern er durchaus individuell und nicht ganz in dem der Species begriffen ist, als eine besondere Idee, entsprechend einem eigenthümlichen Objektivationsakt des Willens, angesehen werden. Dieser Akt selbst wäre dann sein intelligibler Charakter, sein empirischer aber die Erscheinung desselben. Der empirische Charakter ist ganz und gar durch den intelligibeln, welcher grundloser, d.h. als Ding an sich dem Satz vom Grund (der Form der Erscheinung) nicht unterworfener Wille ist, bestimmt. Der empirische Charakter muß in einem Lebenslauf das Abbild des intelligibeln liefern, und kann nicht anders ausfallen, als das Wesen dieses es erfordert. Allein diese Bestimmung erstreckt sich nur auf das Wesentliche, nicht auf das Unwesentliche des demnach erscheinenden Lebenslaufes. Zu diesem Unwesentlichen gehört die nähere Bestimmung der Begebenheiten und Handlungen, welche der Stoff sind, an dem der empirische Charakter sich zeigt. Diese werden von äußeren Umständen bestimmt, welche die Motive abgeben, auf welche der Charakter seiner Natur gemäß reagirt, und da sie sehr verschieden seyn können, so wird sich nach ihrem Einfluß die äußere Gestaltung der Erscheinung des empirischen Charakters, also die bestimmte faktische oder historische Gestaltung des Lebenslaufes, richten müssen. Diese wird sehr verschieden ausfallen können, wenn gleich das Wesentliche dieser Erscheinung, ihr Inhalt, derselbe bleibt: so z.B. ist es unwesentlich, ob man um Nüsse oder Kronen spielt: ob man aber beim Spiel betrügt, oder ehrlich zu Werk geht, das ist das Wesentliche: dieses wird durch den intelligibeln Charakter, jenes durch äußern Einfluß bestimmt. Wie das selbe Thema sich in hundert Variationen darstellen kann, so der selbe Charakter in hundert sehr verschiedenen Lebensläufen. So verschiedenartig aber auch der äußere Einfluß seyn kann, so muß dennoch, wie er auch ausfalle, der sich im Lebenslauf ausdrückende empirische Charakter den intelligibeln genau objektiviren, indem er seine Objektivation dem vorgefundenen Stoffe faktischer Umstände anpaßt. – Etwas jenem Einfluß äußerer Umstände auf den im Wesentlichen durch den Charakter bestimmten Lebenslauf Analoges haben wir nun anzunehmen, wenn wir uns denken wollen, wie der Wille, im ursprünglichen Akt seiner Objektivation, die verschiedenen Ideen bestimmt, in denen er sich objektivirt, d.h. die verschiedenen Gestalten von Naturwesen aller Art, in welche er seine Objektivation vertheilt und die deswegen nothwendig eine Beziehung zu einander in der Erscheinung haben müssen. Wir müssen annehmen, daß zwischen allen jenen Erscheinungen des EINEN Willens ein allgemeines gegenseitiges sich Anpassen und Bequemen zu einander Statt fand, wobei aber, wie wir bald deutlicher sehen werden, alle Zeitbestimmung auszulassen ist, da die Idee außer der Zeit liegt. Demnach mußte jede Erscheinung sich den Umgebungen, in die sie eintrat, anpassen, diese aber wieder auch jener, wenn solche gleich in der Zeit eine viel spätere Stelle einnimmt; und überall sehen wir diesen *consensus naturae*. Angemessen darum ist jede Pflanze ihrem Boden und Himmelsstrich, jedes Thier seinem Element und der Beute, die seine Nahrung werden soll, ist auch irgendwie einigermaaßen geschützt gegen seinen natürlichen Verfolger; angemessen ist das Auge dem Licht und seiner Brechbarkeit, die Lunge und das Blut der Luft, die Schwimmblase dem

Wasser, das Auge des Seehundes dem Wechsel seines Mediums, die wasserhaltigen Zellen im Magen des Kameels der Dürre Afrikanischer Wüsten, das Segel des Nautilus dem Winde, der sein Schiffchen treiben soll, und so bis auf die speciellsten und erstaunlichsten äußeren Zweckmäßigkeiten herab*. Nun aber ist hiebei von allen Zeitverhältnissen zu abstrahiren, da solche nur die Erscheinung der Idee, nicht diese selbst betreffen können. Demgemäß ist jene Erklärungsart auch rückwärts zu gebrauchen und nicht nur anzunehmen, daß jede Species sich nach den vorgefundenen Umständen bequemte, sondern diese in der Zeit vorhergegangenen Umstände selbst ebenso Rücksicht nahmen auf die dereinst noch kommenden Wesen. Denn es ist ja der eine und selbe Wille, der sich in der ganzen Welt objektivirt: er kennt keine Zeit, da diese Gestalt des Satzes vom Grunde nicht ihm, noch seiner ursprünglichen Objektität, den Ideen, angehört; sondern nur der Art und Weise, wie diese von den selbst vergänglichen Individuen erkannt werden, d.h. der Erscheinung der Ideen. Daher ist bei unserer gegenwärtigen Betrachtung der Art, wie die Objektivation des Willens sich in die Ideen vertheilt, die Zeitfolge ganz ohne Bedeutung, und die Ideen, deren Erscheinungen, dem Gesetz der Kausalität, dem sie als solche unterworfen sind, gemäß, früher in die Zeitfolge eintraten, haben dadurch kein Vorrecht vor denen, deren Erscheinung später eintritt, welche vielmehr gerade die vollkommensten Objektivationen des Willens sind, denen sich die früheren eben so sehr anpassen mußten, wie diese jenen. Also der Lauf der Planeten, die Neigung der Ekliptik, die Rotation der Erde, die Vertheilung des festen Landes und des Meeres, die Atmosphäre, das Licht, die Wärme und alle ähnlichen Erscheinungen, welche in der Natur das sind, was in der Harmonie der Grundbaß, bequemten sich ahndungsvoll den kommenden Geschlechtern lebender Wesen, deren Träger und Erhalter sie werden sollten. Eben so bequemte sich der Boden der Ernährung der Pflanzen, diese der Ernährung der Thiere, diese der Ernährung anderer Thiere, ebenso wohl als umgekehrt alle diese wieder jenen. Alle Theile der Natur kommen sich entgegen, weil

---

* Siehe »Ueber den Willen in der Natur«, die Rubrik »Vergleichende Anatomie«.

EIN Wille es ist, der in ihnen allen erscheint, die Zeitfolge aber seiner ursprünglichen und allein ADÄQUATEN OBJEKTITÄT (diesen Ausdruck erklärt das folgende Buch), den Ideen, ganz fremd ist. Noch jetzt, da die Geschlechter sich nur zu erhalten, nicht mehr zu entstehen haben, sehen wir hin und wieder eine solche sich auf das Zukünftige erstreckende, eigentlich von der Zeitfolge gleichsam abstrahirende Vorsorge der Natur, ein Sichbequemen dessen was da ist, nach dem was noch kommen soll. So baut der Vogel das Nest für die Jungen, welche er noch nicht kennt; der Biber errichtet einen Bau, dessen Zweck ihm unbekannt ist; die Ameise, der Hamster, die Biene sammeln Vorräthe zu dem ihnen unbekannten Winter; die Spinne, der Ameisenlöwe errichten, wie mit überlegter List, Fallen für den künftigen, ihnen unbekannten Raub; die Insekten legen ihre Eier dahin, wo die künftige Brut künftig Nahrung findet. Wann, um die Blüthezeit, die weibliche Blume der diöcistischen Valisneria die Spiralwindungen ihres Stängels, von denen sie bisher an den Grund des Wassers gehalten wurde, entwickelt und dadurch auf die Oberfläche hinaufsteigt, genau dann reißt die auf dem Grunde des Wassers an einem kurzen Stängel wachsende männliche Blume sich von diesem ab und gelangt so, mit Aufopferung ihres Lebens, auf die Oberfläche, woselbst sie umherschwimmend die weibliche Blume aufsucht, welche sodann, nach geschehener Befruchtung, sich wieder durch Kontraktion ihrer Spirale zurückzieht auf den Grund, woselbst die Frucht sich ausbildet*. Auch hier muß ich nochmals der Larve des männlichen Hirschschröters gedenken, die das Loch im Holze zu ihrer Metamorphose noch einmal so groß beißt, als die weibliche, um Raum für die künftigen Hörner zu gewinnen. Ueberhaupt also giebt uns der Instinkt der Thiere die beste Erläuterung zur übrigen Teleologie der Natur. Denn wie der Instinkt ein Handeln ist, gleich dem nach einem Zweckbegriff, und doch ganz ohne denselben; so ist alles Bilden der Natur gleich dem nach einem Zweckbegriff, und doch ganz ohne denselben. Denn in der äußern, wie in der innern Teleologie der Natur ist, was wir als Mittel und Zweck denken müssen,

---

* *Chatin, sur la Valisneria spiralis*, in den *Comptes rendus de l'acad. d. sc.*, Nr. 13, 1855.

überall nur die für unsere Erkenntnißweise in Raum und Zeit auseinandergetretene ERSCHEINUNG DER EINHEIT DES MIT SICH SELBST SOWEIT ÜBEREINSTIMMENDEN EINEN WILLENS.

Inzwischen kann das aus dieser Einheit entspringende sich wechselseitige Anpassen und Sichbequemen der Erscheinungen dennoch nicht den oben dargestellten, im allgemeinen Kampf der Natur erscheinenden innern Widerstreit tilgen, der dem Willen wesentlich ist. Jene Harmonie geht nur so weit, daß sie den BESTAND der Welt und ihrer Wesen möglich macht, welche daher ohne sie längst untergegangen wären. Daher erstreckt sie sich nur auf den Bestand der Species und der allgemeinen Lebensbedingungen, nicht aber auf den der Individuen. Wenn demnach, vermöge jener Harmonie und Akkomodation, die SPECIES im Organischen und die ALLGEMEINEN NATURKRÄFTE im Unorganischen neben einander bestehen, sogar sich wechselseitig unterstützen; so zeigt sich dagegen der innere Widerstreit des durch alle jene Ideen objektivirten Willens im unaufhörlichen Vertilgungskriege der INDIVIDUEN jener Species und im beständigen Ringen der ERSCHEINUNGEN jener Naturkräfte mit einander, wie oben ausgeführt worden. Der Tummelplatz und der Gegenstand dieses Kampfs ist die Materie, welche sie wechselseitig einander zu entreißen streben, wie auch Raum und Zeit, deren Vereinigung durch die Form der Kausalität eigentlich die Materie ist, wie im ersten Buche dargethan*.

§. 29.

Ich beschließe hier den zweiten Haupttheil meiner Darstellung, in der Hoffnung, daß, soweit es bei der allerersten Mittheilung eines noch nie dagewesenen Gedankens, der daher von den Spuren der Individualität, in welcher zuerst er sich erzeugte, nicht ganz frei seyn kann, – möglich ist, es mir gelungen sei, die deutliche Gewißheit mitzutheilen, daß diese Welt, in der wir leben und sind, ihrem ganzen Wesen nach, durch und durch WILLE und zugleich durch

* Hiezu Kap. 26 u. 27 des zweiten Bandes.

und durch VORSTELLUNG ist; daß diese Vorstellung schon als solche eine Form voraussetzt, nämlich Objekt und Subjekt, mithin relativ ist; und wenn wir fragen, was nach Aufhebung dieser Form und aller ihr untergeordneten, die der Satz vom Grund ausdrückt, noch übrig bleibt; dieses als ein von der Vorstellung *toto genere* Verschiedenes, nichts Anderes seyn kann, als WILLE, der sonach das eigentliche DING AN SICH ist. Jeder findet sich selbst als diesen Willen, in welchem das innere Wesen der Welt besteht, so wie er sich auch als das erkennende Subjekt findet, dessen Vorstellung die ganze Welt ist, welche insofern nur in Bezug auf sein Bewußtseyn, als ihren nothwendigen Träger, ein Daseyn hat. Jeder ist also in diesem doppelten Betracht die ganze Welt selbst, der Mikrokosmos, findet beide Seiten derselben ganz und vollständig in sich selbst. Und was er so als sein eigenes Wesen erkennt, dasselbe erschöpft auch das Wesen der ganzen Welt, des Makrokosmos: auch sie also ist, wie er selbst, durch und durch Wille, und durch und durch Vorstellung, und nichts bleibt weiter übrig. So sehen wir hier die Philosophie des Thales, die den Makrokosmos, und die des Sokrates, die den Mikrokosmos betrachtete, zusammenfallen, indem das Objekt beider sich als das Selbe aufweist. – Größere Vollständigkeit aber und dadurch auch größere Sicherheit wird die gesammte in den zwei ersten Büchern mitgetheilte Erkenntniß gewinnen, durch die noch folgenden zwei Bücher, in denen hoffentlich auch manche Frage, welche bei unserer bisherigen Betrachtung deutlich oder undeutlich sich aufgeworfen haben mag, ihre genügende Antwort finden wird.

Inzwischen mag EINE solche Frage noch eigens erörtert werden, da sie eigentlich nur aufgeworfen werden kann, solange man noch nicht ganz in den Sinn der bisherigen Darstellung eingedrungen ist, und eben insofern zur Erläuterung derselben dienen kann. Es ist folgende. Jeder Wille ist Wille nach Etwas, hat ein Objekt, ein Ziel seines Wollens: was will denn zuletzt, oder wonach strebt jener Wille, der uns als das Wesen an sich der Welt dargestellt wird? – Diese Frage beruht, wie so viele andere, auf Verwechselung des Dinges an sich mit der Erscheinung. Auf diese allein, nicht auf jenes erstreckt sich der Satz vom Grunde, dessen Gestaltung auch das Gesetz der Motivation ist. Ueberall läßt sich nur von Erscheinungen als solchen, von einzelnen Dingen, ein Grund angeben, nie vom Willen selbst, noch von der Idee, in der er sich adäquat objektivirt. So ist von jeder einzelnen Bewegung, oder überhaupt Veränderung in der Natur, eine Ursache zu suchen, d.h. ein Zustand, welcher diese nothwendig herbeiführte; nie aber von der Naturkraft selbst, die sich in jener und in unzähligen gleichen Erscheinungen offenbart: und es ist daher wahrer Unverstand, aus Mangel an Besonnenheit entsprungen, wenn gefragt wird nach einer Ursache der Schwere, der Elektricität u.s.w. Nur etwan, wenn man dargethan hätte, daß Schwere, Elektricität, nicht ursprüngliche eigenthümliche Naturkräfte, sondern nur Erscheinungsweisen einer allgemeineren, schon bekannten Naturkraft wären, ließe sich fragen nach der Ursache, welche macht, daß diese Naturkraft hier die Erscheinung der Schwere, der Elektricität, hervorbringe. Alles Dieses ist oben weitläufig auseinandergesetzt. Ebenso nun hat jeder einzelne Willensakt eines erkennenden Individuums (welches selbst nur Erscheinung des Willens als Dinges an sich ist) nothwendig ein Motiv, ohne welches jener Akt nie einträte: aber wie die materielle Ursache bloß die Bestimmung enthält, daß zu dieser Zeit, an diesem Ort, an dieser Materie, eine Aeußerung dieser oder jener Naturkraft eintreten muß; so bestimmt auch das Motiv nur den Willensakt eines erkennenden Wesens, zu dieser Zeit, an diesem Ort, unter diesen Umständen, als ein ganz Einzelnes; keineswegs aber daß jenes Wesen überhaupt will und auf diese Weise will: dies ist Aeußerung seines intelligibeln Charakters, der, als der Wille selbst, das Ding an sich, grundlos ist, als außer dem Gebiet des Satzes vom Grunde liegend. Daher hat auch jeder Mensch beständig Zwecke und Motive, nach denen er sein Handeln leitet, und weiß von seinem einzelnen Thun allezeit Rechenschaft zu geben: aber wenn man ihn fragte, warum er überhaupt will, oder warum er überhaupt daseyn will; so würde er keine Antwort haben, vielmehr würde ihm die Frage ungereimt erscheinen: und hierin eben spräche sich eigentlich das Bewußtseyn aus, daß er selbst nichts, als Wille ist, dessen Wollen überhaupt sich also von selbst versteht und nur in seinen einzelnen Akten, für jeden Zeitpunkt, der nähern Bestimmung durch Motive bedarf.

In der That gehört Abwesenheit alles Zieles, aller Gränzen, zum Wesen des Willens an sich, der ein endloses Streben ist. Dies wurde bereits oben, bei Erwähnung der Centrifugalkraft berührt: auch offenbart es sich am einfachsten auf der allerniedrigsten Stufe der Objektität des Willens, nämlich in der Schwere, deren beständiges Streben, bei offenbarer Unmöglichkeit eines letzten Zieles, vor Augen liegt. Denn wäre auch, nach ihrem Willen, alle existirende Materie in einen Klumpen vereinigt; so würde im Innern desselben die Schwere, zum Mittelpunkte strebend, noch immer mit der Undurchdringlichkeit, als Starrheit oder Elasticität, kämpfen. Das Streben der Materie kann daher stets nur gehemmt, nie und nimmer erfüllt oder befriedigt werden. So aber gerade verhält es sich mit allem Streben aller Erscheinungen des Willens. Jedes erreichte Ziel ist wieder Anfang einer neuen Laufbahn, und so ins Unendliche. Die Pflanze erhöht ihre Erscheinung vom Keim durch Stamm und Blatt zur Blüthe und Frucht, welche wieder nur der Anfang eines neuen Keimes ist, eines neuen Individuums, das abermals die alte Bahn durchläuft, und so durch unendliche Zeit. Ebenso ist der Lebenslauf des Thieres: die Zeugung ist der Gipfel desselben, nach dessen Erreichung das Leben des ersten Individuums schnell oder langsam sinkt, während ein neues der Natur die Erhaltung der Species verbürgt und die selbe Erscheinung wiederholt. Ja, als die bloße Erscheinung dieses beständigen Dranges und Wechsels ist auch die stete Erneuerung der Materie jedes Organismus anzusehen, welche die Physiologen jetzt aufhören für nothwendigen Ersatz des bei der Bewegung verbrauchten Stoffes zu halten, da die mögliche Abnutzung der Maschine durchaus kein Aequivalent seyn kann für den beständigen Zufluß durch die Ernährung: ewiges Werden, endloser Fluß, gehört zur Offenbarung des Wesens des Willens. Das Selbe zeigt sich endlich auch in den menschlichen Bestrebungen und Wünschen, welche ihre Erfüllung immer als letztes Ziel des Wollens uns vorgaukeln; sobald sie aber erreicht sind, sich nicht mehr ähnlich sehen und daher bald vergessen, antiquirt und eigentlich immer, wenn gleich nicht eingeständlich, als verschwundene Täuschungen bei Seite gelegt werden; glücklich genug, wenn noch etwas zu wünschen und zu streben übrig blieb, damit das Spiel des steten Ueberganges vom Wunsch zur Befriedigung und von dieser zum neuen Wunsch, dessen rascher Gang Glück, der langsame Leiden heißt, unterhalten werde, und nicht in jenes Stocken gerathe, das sich als furchtbare, lebenserstarrende Langeweile, mattes Sehnen ohne bestimmtes Objekt, ertödtender *languor* zeigt. – Diesem allen zufolge, weiß der Wille, wo ihn Erkenntniß beleuchtet, stets was er jetzt, was er hier will; nie aber was er überhaupt will: jeder einzelne Akt hat einen Zweck; das gesammte Wollen keinen: eben wie jede einzelne Naturerscheinung zu ihrem Eintritt an diesem Ort, zu dieser Zeit, durch eine zureichende Ursache bestimmt wird, nicht aber die in ihr sich manifestirende Kraft überhaupt eine Ursache hat, da solche Erscheinungsstufe des Dinges an sich, des grundlosen Willens ist. – Die einzige Selbsterkenntniß des Willens im Ganzen aber ist die Vorstellung im Ganzen, die gesammte anschauliche Welt. Sie ist seine Objektität, seine Offenbarung, sein Spiegel. Was sie in dieser Eigenschaft aussagt, wird der Gegenstand unserer fernern Betrachtung seyn*.

* Hiezu Kap. 28 des zweiten Bandes.

DRITTES BUCH.

DER WELT ALS VORSTELLUNG

ZWEITE BETRACHTUNG:

Die Vorstellung,
unabhängig vom Satze des Grundes:
die platonische Idee:
Das Objekt der Kunst.

Τί τὸὂ μὲν ἀεὶ, γένεσιν δέ οὐκ ἔχον; καὶ τί τὸ γιγνόμενον μὲν καὶ ἀπολλύμενον, ὄντως δὲ οὐδέποτε ὄν;
ΠΛΑΤΩΝ.

§. 30.

Nachdem wir die im ersten Buch als bloße VORSTELLUNG, Objekt für ein Subjekt, dargestellte Welt im zweiten Buch von ihrer andern Seite betrachtet und gefunden haben, daß diese WILLE sei, welcher allein als dasjenige sich ergab, was jene Welt noch außer der Vorstellung ist; so nannten wir, dieser Erkenntniß gemäß, die Welt als Vorstellung, sowohl im Ganzen als in ihren Theilen, die OBJEKTITÄT DES WILLENS, welches demnach besagt: der Objekt, d.i. Vorstellung, gewordene Wille. Wir erinnern uns nun ferner, daß solche Objektivation des Willens viele, aber bestimmte Stufen hatte, auf welchen, mit gradweise steigender Deutlichkeit und Vollendung, das Wesen des Willens in die Vorstellung trat, d.h. sich als Objekt darstellte. In diesen Stufen erkannten wir schon dort Platons Ideen wieder, sofern nämlich jene Stufen eben die bestimmten Species, oder die ursprünglichen, nicht wechselnden Formen und Eigenschaften aller natürlichen, sowohl unorganischen, als organischen Körper, wie auch die nach Naturgesetzen sich offenbarenden allgemeinen Kräfte sind. Diese Ideen also insgesammt stellen sich in unzähligen Individuen und Einzelnheiten dar, als deren Vorbild sie sich zu diesen ihren Nachbildern verhalten. Die Vielheit solcher Individuen ist durch Zeit und Raum, das Entstehen und Vergehen derselben durch Kausalität allein vorstellbar, in welchen Formen allen wir nur die verschiedenen Gestaltungen des Satzes vom Grunde erkennen, der das letzte Princip aller Endlichkeit, aller Individuation und die allgemeine Form der Vorstellung, wie sie in die Erkenntniß des Individuums als solchen fällt, ist. Die Idee hingegen geht in jenes Princip nicht ein: daher ihr weder Vielheit noch Wechsel zukommt. Während die Individuen, in denen sie sich darstellt, unzählige sind und unaufhaltsam werden und vergehen, bleibt sie unverändert als die eine und selbe stehen, und der Satz vom Grunde hat für sie keine Bedeutung. Da dieser nun aber die Form ist, unter der alle Erkenntniß des Subjekts steht, sofern dieses als INDIVIDUUM erkennt; so werden die Ideen auch ganz außerhalb der Erkenntnißsphäre desselben als solchen liegen. Wenn daher die Ideen Objekt der Erkenntniß werden sollen; so wird dies nur unter Aufhebung der Individualität im erkennenden Subjekt geschehen können. Die näheren und ausführlichen Erklärungen hierüber sind nunmehr was uns zunächst beschäftigen wird.

§. 31.

Zuvor jedoch noch folgende sehr wesentliche Bemerkung. Ich hoffe, daß es mir im vorhergehenden Buche gelungen ist, die Ueberzeugung hervorzubringen, daß Dasjenige, was in der Kantischen Philosophie das DING AN SICH genannt wird und daselbst als eine so bedeutende, aber dunkle und paradoxe Lehre auftritt, besonders aber durch die Art, wie Kant es einführte, nämlich durch den Schluß vom Begründeten auf den Grund, als ein Stein des Anstoßes, ja, als die schwache Seite seiner Philosophie befunden ward, daß, sage ich, dieses, wenn man auf dem ganz andern Wege, den wir gegangen sind, dazu gelangt, nichts Anderes ist, als der WILLE, in der auf die angegebene Weise erweiterten und bestimmten Sphäre dieses Begriffs. Ich hoffe ferner, daß man, nach dem Vorgetragenen, kein Bedenken hegen wird, in den bestimmten Stufen der Objektivation jenes, das Ansich der Welt ausmachenden Willens, Dasjenige wiederzuerkennen, was Platon die EWIGEN IDEEN, oder die unveränderlichen Formen (*ειδη̃*) nannte, welche, als das hauptsächliche, aber zugleich dunkelste und paradoxeste Dogma seiner Lehre anerkannt, ein Gegenstand des Nachdenkens, des Streites, des Spottes und der Verehrung so vieler und verschieden gesinnter Köpfe in einer Reihe von Jahrhunderten gewesen sind.

Ist uns nun der Wille das DING AN SICH, die IDEE aber die unmittelbare Objektität jenes Willens auf einer bestimmten Stufe; so finden wir Kants Ding an sich und Platons Idee, die ihm allein *οντως ον* ist, diese beiden großen dunkeln Paradoxen, der beiden größten Philosophen des Occidents, – zwar nicht als identisch, aber doch als sehr nahe verwandt und nur durch eine einzige Bestimmung unterschieden. Beide große Paradoxa sind sogar, eben weil sie, bei allem innern Einklang und Verwandtschaft, durch die außerordentlich verschiedenen Individualitäten ihrer Urheber, so höchst verschieden lauten, der beste Kommentar wechselseitig eines des andern, indem sie zwei ganz verschiedenen Wegen gleichen, die zu EINEM Ziele führen. – Dies läßt sich mit Wenigem deutlich machen. Nämlich was KANT sagt, ist, dem Wesentlichen nach, Folgendes: »Zeit, Raum und Kausalität sind nicht Bestimmungen des Dinges an sich; sondern gehören nur seiner Erscheinung an, indem sie nichts, als Formen unserer Erkenntniß sind. Da nun aber alle Vielheit und alles Entstehen und Vergehen allein durch Zeit, Raum und Kausalität möglich sind; so folgt, daß auch jene allein der Erscheinung, keineswegs dem Dinge an sich anhängen. Weil unsere Erkenntniß aber durch jene Formen bedingt ist; so ist die gesammte Erfahrung nur Erkenntniß der Erscheinung, nicht des Dinges an sich: daher auch können ihre Gesetze nicht auf das Ding an sich geltend gemacht werden. Selbst auf unser eigenes Ich erstreckt sich das Gesagte, und wir erkennen es nur als Erscheinung, nicht nach dem, was es an sich seyn mag.« Dieses ist, in der betrachteten wichtigen Rücksicht, der Sinn und Inhalt der Lehre Kants. – Platon nun aber sagt: »Die Dinge dieser Welt, welche unsere Sinne wahrnehmen, haben gar kein wahres Seyn: SIE WERDEN IMMER, SIND ABER NIE: sie haben nur ein relatives Seyn, sind insgesammt nur in und durch ihr Verhältniß zu einander: man kann daher ihr ganzes Daseyn ebenso wohl ein Nichtseyn nennen. Sie sind folglich auch nicht Objekte einer eigentlichen Erkenntniß *(επιστημη)*: denn nur von dem, was an und für sich und immer auf gleiche Weise ist, kann es eine solche geben: sie hingegen sind nur das Objekt eines durch Empfindung veranlaßten Dafürhaltens (*δοξα μετ' αισθησεως αλογου*). So lange wir nun auf ihre Wahrnehmung beschränkt sind, gleichen wir Menschen, die in einer finstern Höhle so fest gebunden säßen, daß sie auch den Kopf nicht drehen könnten, und nichts sähen, als beim Lichte eines hinter ihnen brennenden Feuers, an der Wand ihnen gegenüber, die Schattenbilder wirklicher Dinge, welche zwischen ihnen und dem Feuer vorübergeführt würden, und auch sogar von einander, ja jeder von sich selbst, eben nur die Schatten auf jener Wand. Ihre Weisheit aber wäre, die aus Erfahrung erlernte Reihenfolge jener Schatten vorher zu sagen. Was nun hingegen allein wahrhaft Seiend *(οντως ον)* genannt werden kann, weil es IMMER IST, ABER NIE WIRD, NOCH VERGEHT: das sind die realen Urbilder jener Schattenbilder: es sind die ewigen Ideen, die Urformen aller Dinge. Ihnen kommt KEINE VIELHEIT zu: denn jedes ist seinem Wesen nach nur Eines, indem es das Urbild selbst ist, dessen Nachbilder, oder Schatten, alle ihm gleichnamige, einzelne, vergängliche Dinge derselben Art sind. Ihnen kommt auch KEIN ENTSTEHEN UND VERGEHEN zu: denn sie sind wahrhaft seiend, nie aber werdend, noch untergehend, wie ihre hinschwindenden Nachbilder. (In diesen beiden verneinenden Bestimmungen ist aber nothwendig als Voraussetzung enthalten, daß Zeit, Raum und Kausalität für sie keine Bedeutung noch Gültigkeit haben, und sie nicht in diesen dasind.) Von ihnen allein daher giebt es eine eigentliche Erkenntniß, da das Objekt einer solchen nur Das seyn kann, was immer und in jedem Betracht (also an sich) ist; nicht Das, was ist, aber auch wieder nicht ist, je nachdem man es ansieht.« – Dies ist Platons Lehre. Es ist offenbar und bedarf keiner weitern Nachweisung, daß der innere Sinn beider Lehren ganz derselbe ist, daß beide die sichtbare Welt für eine Erscheinung erklären, die an sich nichtig ist und nur durch das in ihr sich Ausdrückende (dem Einen das Ding an sich, dem Andern die Idee) Bedeutung und geborgte Realität hat; welchem letzteren, wahrhaft Seienden aber, beiden Lehren zufolge, alle, auch die allgemeinsten und wesentlichsten Formen jener Erscheinung durchaus fremd sind. Kant hat, um diese Formen zu verneinen, sie unmittelbar selbst in abstrakten Ausdrücken gefaßt und geradezu Zeit, Raum und Kausalität, als bloße Formen der Erscheinung, dem Ding an sich abgesprochen: Platon dagegen ist nicht bis zum obersten Ausdruck gelangt, und hat jene Formen nur mittelbar seinen Ideen abgesprochen, indem er Das, was allein durch jene Formen möglich ist, von den Ideen verneint, nämlich Vielheit des Gleichartigen, Entstehen und Vergehen. Zum Ueberfluß jedoch will ich jene merkwürdige und wichtige Uebereinstimmung noch durch ein Beispiel anschaulich machen. Es stehe ein Thier vor uns, in voller Lebensthätigkeit. Platon wird sagen: »Dieses Thier hat keine wahrhafte Existenz, sondern nur eine scheinbare, ein beständiges Werden, ein relatives Daseyn, welches ebenso wohl ein Nichtseyn, als ein Seyn heißen kann. Wahrhaft seiend ist allein die Idee, die sich in jenem Thier abbildet, oder das Thier an sich selbst *(αυτο το ϑηϱιον)*, welches von nichts abhängig, sondern an und für sich ist *(καϑ' ἑαυτο, αει ὡς αυτως)*, nicht geworden, nicht endend, sondern immer auf gleiche Weise *(αει ον, και μηδεποτε ουτε γιγνομενον, ουτε απολλυμενον)*. Sofern wir nun in diesem Thiere seine Idee erkennen, ist es ganz einerlei und ohne Bedeutung, ob wir dies Thier jetzt vor uns haben, oder seinen vor tausend Jahren lebenden Vorfahr, ferner auch ob es hier oder in einem fernen Lande ist, ob es in dieser oder jener Weise, Stellung, Handlung sich darbietet, ob es endlich dieses, oder irgend ein anderes Individuum seiner Art ist: dieses Alles ist nichtig und geht nur die Erscheinung an: die Idee des Thieres allein hat wahrhaftes Seyn und ist Gegenstand wirklicher Erkenntniß.« – So Platon. Kant würde etwan sagen: »Dieses Thier ist eine Erscheinung in Zeit, Raum und Kausalität, welche sämmtlich die in unserm Erkenntnißvermögen liegenden Bedingungen *a priori* der Möglichkeit der Erfahrung sind, nicht Bestimmungen des Dinges an sich. Daher ist dieses Thier, wie wir es zu dieser bestimmten Zeit, an diesem gegebenen Ort, als ein im Zusammenhang der Erfahrung, d.h. an der Kette von Ursachen und Wirkungen, gewordenes und ebenso nothwendig vergängliches Individuum wahrnehmen, kein Ding an sich, sondern eine nur in Beziehung auf unsere Erkenntniß gültige Erscheinung. Um es nach dem, was es an sich seyn mag, folglich unabhängig von allen in der Zeit, dem Raum und der Kausalität liegenden Bestimmungen zu erkennen, wäre eine andere Erkenntnißweise, als die uns allein mögliche, durch Sinne und Verstand, erfordert.«

Um Kants Ausdruck dem Platonischen noch näher zu bringen, könnte man auch sagen: Zeit, Raum und Kausalität sind diejenige Einrichtung unsers Intellekts, vermöge deren das eigentlich allein vorhandene EINE Wesen jeglicher Art sich uns darstellt als eine Vielheit gleichartiger, stets von Neuem entstehender und vergehender Wesen, in endloser Succession. Die Auffassung der Dinge mittelst und gemäß besagter Einrichtung ist die IMMANENTE; diejenige hingegen, die des Bewandnisses, welches es damit hat, sich bewußt wird, ist die TRANSSCENDENTALE. Diese empfängt man *in abstracto* durch die Kritik der reinen Vernunft: aber ausnahmsweise kann sie sich auch intuitiv einstellen. Dieses Letztere ist mein Zusatz, welchen ich eben durch gegenwärtiges dritte Buch zu erläutern bemüht bin.

Hätte man jemals Kants Lehre, hätte man seit Kant den Platon eigentlich verstanden und gefaßt, hätte man treu und ernst dem innern Sinn und Gehalt der Lehren beider großer Meister nachgedacht, statt mit den Kunstausdrücken des einen um sich zu werfen und den Stil des andern zu parodiren; es hätte nicht fehlen können, daß man längst gefunden hätte, wie sehr die beiden großen Weisen übereinstimmen und die reine Bedeutung, der Zielpunkt beider Lehren, durchaus derselbe ist. Nicht nur hätte man dann nicht den Platon beständig mit Leibniz, auf welchem sein Geist durchaus nicht ruhte, oder gar mit einem noch lebenden bekannten Herrn* verglichen, als wollte man die Manen des großen Denkers der Vorzeit verspotten; sondern überhaupt wäre man alsdann viel weiter gekommen als man ist, oder vielmehr man wäre nicht so schmachvoll weit zurückgeschritten, wie man in diesen letzten vierzig Jahren ist: man hätte sich nicht heute von diesem, morgen von einem andern Windbeutel naseführen lassen und nicht das sich so bedeutend ankündigende 19. Jahrhundert in Deutschland mit philosophischen Possenspielen eröffnet, die man über Kants Grabe aufführte (wie die Alten bisweilen bei der Leichenfeier der Ihrigen), unter dem gerechten Spott anderer Nationen, da den ernsthaften und sogar steifen Deutschen Dergleichen am wenigsten kleidet. Aber so klein ist das eigentliche Publikum ächter Philosophen, daß selbst die Schüler, die verstehen, ihnen nur sparsam von den Jahrhunderten gebracht werden. – *Εισι δη ναρθηκοφοροι μεν πολλοι, βακχοι δε γε παυροι.* *(Thyrsigeri quidem multi, Bacchi vero pauci.)*

---

* F. H. Jacobi.

Ἡ ατιμια φιλοσοφια δια ταυτα προσπεπτωκεν, ὁτι ου κατ' αξιαν αυτης ἁπτονται· ου γαρ νοθους εδει ἁπτεσθαι, αλλα γνησιους. (Eam ob rem philosophia in infamiam incidit, quod non pro dignitate ipsam attingunt: neque enim a spuriis, sed a legitimis erat attrectanda.) Plat.

Man ging den Worten nach, den Worten: »Vorstellungen *a priori*, unabhängig von der Erfahrung bewußte Formen des Anschauens und Denkens, Urbegriffe des reinen Verstandes«, u.s.w. – und fragte nun ob Platons Ideen, die ja auch Urbegriffe und ferner auch Erinnerungen aus einer dem Leben vorhergegangenen Anschauung der wahrhaft seienden Dinge seyn sollen, etwan das Selbe wären mit Kants Formen des Anschauens und Denkens, die *a priori* in unserm Bewußtseyn liegen: diese zwei ganz heterogenen Lehren, die Kantische von den Formen, welche die Erkenntniß des Individuums auf die Erscheinung beschränken, und die Platonische von den Ideen, deren Erkenntniß eben jene Formen ausdrücklich verneint, – diese insofern diametral entgegengesetzten Lehren, da sie in ihren Ausdrücken sich ein wenig ähneln, verglich man aufmerksam, berathschlagte und stritt über ihre Einerleiheit, fand dann zuletzt, daß sie doch nicht das Selbe wären, und schloß, daß Platons Ideenlehre und Kants Vernunftkritik gar keine Uebereinstimmung hätten*. Aber genug davon.

§. 32.

In Folge unserer bisherigen Betrachtungen ist uns, bei aller innern Uebereinstimmung zwischen Kant und Platon, und der Identität des Zieles, das beiden vorschwebte, oder der Weltanschauung, die sie zum Philosophiren aufregte und leitete, dennoch Idee und Ding an sich nicht schlechthin Eines und dasselbe: vielmehr ist uns die Idee nur die unmittelbare und daher adäquate Objektität des Dinges an sich, welches selbst aber der WILLE ist, der Wille, sofern er noch nicht objektivirt, noch nicht Vorstellung geworden ist. Denn das Ding an sich soll, eben nach Kant, von allen dem Erkennen als

* Man sehe z. B. »Immanuel Kant, ein Denkmal von Fr. Bouterweck«, S. 49, – und Buhles »Geschichte der Philosophie«, Bd. 6, S. 802 – 815 u. 823.

solchen anhängenden Formen frei seyn: und es ist nur (wie im Anhange gezeigt wird) ein Fehler Kants, daß er zu diesen Formen nicht, vor allen anderen, das Objekt-für-ein-Subjekt-seyn zählte, da eben dieses die erste und allgemeinste Form aller Erscheinung, d.i. Vorstellung, ist; daher er seinem Ding an sich das Objektseyn ausdrücklich hätte absprechen sollen, welches ihn vor jener großen, früh aufgedeckten Inkonsequenz bewahrt hätte. Die Platonische Idee hingegen ist nothwendig Objekt, ein Erkanntes, eine Vorstellung, und eben dadurch, aber auch nur dadurch, vom Ding an sich verschieden. Sie hat bloß die untergeordneten Formen der Erscheinung, welche alle wir unter dem Satz vom Grunde begreifen, abgelegt, oder vielmehr ist noch nicht in sie eingegangen; aber die erste und allgemeinste Form hat sie beibehalten, die der Vorstellung überhaupt, des Objektseyns für ein Subjekt. Die dieser untergeordneten Formen (deren allgemeiner Ausdruck der Satz vom Grunde ist) sind es, welche die Idee zu einzelnen und vergänglichen Individuen vervielfältigen, deren Zahl, in Beziehung auf die Idee völlig gleichgültig ist. Der Satz vom Grund ist also wieder die Form, in welche die Idee eingeht, indem sie in die Erkenntniß des Subjekts als Individuums fällt. Das einzelne, in Gemäßheit des Satzes vom Grunde erscheinende Ding ist also nur eine mittelbare Objektivation des Dinges an sich (welches der Wille ist), zwischen welchem und ihm noch die Idee steht, als die alleinige unmittelbare Objektität des Willens, indem sie keine andere dem Erkennen als solchem eigene Form angenommen hat, als die der Vorstellung überhaupt, d.i. des Objektseyns für ein Subjekt. Daher ist auch sie allein die möglichst ADÄQUATE OBJEKTITÄT des Willens oder Dinges an sich, ist selbst das ganze Ding an sich, nur unter der Form der Vorstellung: und hierin liegt der Grund der großen Uebereinstimmung zwischen Platon und Kant, obgleich, der größten Strenge nach, Das, wovon beide reden, nicht das Selbe ist. Die einzelnen Dinge aber sind keine ganz adäquate Objektität des Willens, sondern diese ist hier schon getrübt durch jene Formen, deren gemeinschaftlicher Ausdruck der Satz vom Grunde ist, welche aber Bedingung der Erkenntniß sind, wie sie dem Individuo als solchem möglich ist. – Wir würden in der That, wenn es erlaubt ist, aus einer unmöglichen Voraussetzung zu folgern, gar nicht mehr einzelne Dinge, noch Begebenheiten, noch Wechsel, noch Vielheit erkennen, sondern nur Ideen, nur die Stufenleiter der Objektivation jenes einen Willens, des wahren Dinges an sich, in reiner ungetrübter Erkenntniß auffassen, und folglich würde unsere Welt ein *Nunc stans* seyn; wenn wir nicht, als Subjekt des Erkennens, zugleich Individuen wären, d.h. unsere Anschauung nicht vermittelt wäre durch einen Leib, von dessen Affektionen sie ausgeht, und welcher selbst nur konkretes Wollen, Objektität des Willens, also Objekt unter Objekten ist und als solches, so wie er in das erkennende Bewußtseyn kommt, dieses nur in den Formen des Satzes vom Grunde kann, folglich die Zeit und alle anderen Formen, die jener Satz ausdrückt, schon voraussetzt und dadurch einführt. Die Zeit ist bloß die vertheilte und zerstükkelte Ansicht, welche ein individuelles Wesen von den Ideen hat, die außer der Zeit, mithin EWIG sind: daher sagt Plato, die Zeit sei das bewegte Bild der Ewigkeit: *αιωνος εικων κινητη ὁ χρονος**.

§. 33.

Da wir nun also als Individuen keine andere Erkenntniß haben, als die dem Satz vom Grunde unterworfen ist, diese Form aber die Erkenntniß der Ideen ausschließt; so ist gewiß, daß wenn es möglich ist, daß wir uns von der Erkenntniß einzelner Dinge zu der der Ideen erheben, solches nur geschehen kann dadurch, daß im Subjekt eine Veränderung vorgeht, welche jenem großen Wechsel der ganzen Art des Objekts entsprechend und analog ist, und vermöge welcher das Subjekt, sofern es eine Idee erkennt, nicht mehr Individuum ist.

Es ist uns aus dem vorigen Buch erinnerlich, daß das Erkennen überhaupt selbst zur Objektivation des Willens auf ihren höheren Stufen gehört, und die Sensibilität, Nerven, Gehirn, eben nur, wie andere Theile des organischen Wesens, Ausdruck des Willens in diesem Grade seiner Objektität sind und daher die durch sie ent-

* Hiezu Kap. 29 des zweiten Bandes.

stehende Vorstellung auch ebenso zu seinem Dienste bestimmt ist, als ein Mittel *(μηχανη)* zur Erreichung seiner jetzt komplicirteren *(πολυτελεστερα)* Zwecke, zur Erhaltung eines vielfache Bedürfnisse habenden Wesens. Ursprünglich also und ihrem Wesen nach ist die Erkenntniß dem Willen durchaus dienstbar, und wie das unmittelbare Objekt, welches mittelst Anwendung des Gesetzes der Kausalität ihr Ausgangspunkt wird, nur objektivirter Wille ist, so bleibt auch alle dem Satze vom Grunde nachgehende Erkenntniß in einer näheren oder entfernteren Beziehung zum Willen. Denn das Individuum findet seinen Leib als ein Objekt unter Objekten, zu denen allen derselbe mannigfaltige Verhältnisse und Beziehungen nach dem Satz vom Grunde hat, deren Betrachtung also immer, auf näherem oder fernerem Wege, zu seinem Leibe, also zu seinem Willen, zurückführt. Da es der Satz vom Grunde ist, der die Objekte in diese Beziehung zum Leibe und dadurch zum Willen stellt; so wird die diesem dienende Erkenntniß auch einzig bestrebt seyn, von den Objekten eben die durch den Satz vom Grunde gesetzten Verhältnisse kennen zu lernen, also ihren mannigfaltigen Beziehungen in Raum, Zeit und Kausalität nachgehen. Denn nur durch diese ist das Objekt dem Individuo INTERESSANT, d.h. hat ein Verhältniß zum Willen. Daher erkennt denn auch die dem Willen dienende Erkenntniß von den Objekten eigentlich nichts weiter, als ihre Relationen, erkennt die Objekte nur, sofern sie zu dieser Zeit, an diesem Ort, unter diesen Umständen, aus diesen Ursachen, mit diesen Wirkungen dasind, mit Einem Wort, als einzelne Dinge: und höbe man alle diese Relationen auf, so wären ihr auch die Objekte verschwunden, eben weil sie übrigens nichts an ihnen erkannte. – Wir dürfen auch nicht verhehlen, daß Das, was die Wissenschaften an den Dingen betrachten, im Wesentlichen gleichfalls nichts Anderes als alles Jenes ist, nämlich ihre Relationen, die Verhältnisse der Zeit, des Raumes, die Ursachen natürlicher Veränderungen, die Vergleichung der Gestalten, Motive der Begebenheiten, also lauter Relationen. Was sie von der gemeinen Erkenntniß unterscheidet, ist bloß ihre Form, das Systematische, die Erleichterung der Erkenntniß durch Zusammenfassung alles Einzelnen, mittelst Unterordnung der Begriffe, ins Allgemeine, und dadurch erlangte Vollständigkeit derselben. Alle Relation hat selbst nur ein relatives Daseyn: z.B. alles Seyn in der Zeit ist auch wieder ein Nichtseyn: denn die Zeit ist eben nur dasjenige, wodurch dem selben Dinge entgegengesetzte Bestimmungen zukommen können: daher ist jede Erscheinung in der Zeit eben auch wieder nicht: denn was ihren Anfang von ihrem Ende trennt, ist eben nur Zeit, ein wesentlich Hinschwindendes, Bestandloses und Relatives, hier Dauer genannt. Die Zeit ist aber die allgemeinste Form aller Objekte der im Dienste des Willens stehenden Erkenntniß und der Urtypus der übrigen Formen derselben.

Dem Dienste des Willens bleibt nun die Erkenntniß in der Regel immer unterworfen, wie sie ja zu diesem Dienste hervorgegangen, ja dem Willen gleichsam so entsprossen ist, wie der Kopf dem Rumpf. Bei den Thieren ist diese Dienstbarkeit der Erkenntniß unter dem Willen gar nie aufzuheben. Bei den Menschen tritt solche Aufhebung nur als Ausnahme ein, wie wir sogleich näher betrachten werden. Dieser Unterschied zwischen Mensch und Thier ist äußerlich ausgedrückt durch die Verschiedenheit des Verhältnisses des Kopfes zum Rumpf. Bei den unteren Thieren sind beide noch ganz verwachsen: bei allen ist der Kopf zur Erde gerichtet, wo die Objekte des Willens liegen: selbst bei den oberen sind Kopf und Rumpf noch viel mehr Eines, als beim Menschen, dessen Haupt dem Leibe frei aufgesetzt erscheint, nur von ihm getragen, nicht ihm dienend. Diesen menschlichen Vorzug stellt im höchsten Grade der Apoll von Belvedere dar: das weitumherblickende Haupt des Musengottes steht so frei auf den Schultern, daß es dem Leibe ganz entwunden, der Sorge für ihn nicht mehr unterthan erscheint.

§. 34.

Der, wie gesagt, mögliche, aber nur als Ausnahme zu betrachtende Uebergang von der gemeinen Erkenntniß einzelner Dinge zur Erkenntniß der Idee geschieht plötzlich, indem die Erkenntniß sich vom Dienste des Willens losreißt, eben dadurch das Subjekt aufhört ein bloß individuelles zu seyn und jetzt reines, willenloses

Subjekt der Erkenntniß ist, welches nicht mehr, dem Satze vom Grunde gemäß, den Relationen nachgeht; sondern in fester Kontemplation des dargebotenen Objekts, außer seinem Zusammenhange mit irgend andern, ruht und darin aufgeht.

Dieses bedarf, um deutlich zu werden, nothwendig einer ausführlichen Auseinandersetzung, über deren Befremdendes man sich einstweilen hinauszusetzen hat, bis es, nach Zusammenfassung des ganzen in dieser Schrift mitzutheilenden Gedankens, von selbst verschwunden ist.

Wenn man, durch die Kraft des Geistes gehoben, die gewöhnliche Betrachtungsart der Dinge fahren läßt, aufhört, nur ihren Relationen zu einander, deren letztes Ziel immer die Relation zum eigenen Willen ist, am Leitfaden der Gestaltungen des Satzes vom Grunde, nachzugehen, also nicht mehr das Wo, das Wann, das Warum und das Wozu an den Dingen betrachtet; sondern einzig und allein das WAS; auch nicht das abstrakte Denken, die Begriffe der Vernunft, das Bewußtseyn einnehmen läßt; sondern, statt alles diesen, die ganze Macht seines Geistes der Anschauung hingiebt, sich ganz in diese versenkt und das ganze Bewußtseyn ausfüllen läßt durch die ruhige Kontemplation des gerade gegenwärtigen natürlichen Gegenstandes, sei es eine Landschaft, ein Baum, ein Fels, ein Gebäude oder was auch immer; indem man nach einer sinnvollen Deutschen Redensart, sich gänzlich in diesen Gegenstand VERLIERT, d.h. eben sein Individuum, seinen Willen, vergißt und nur noch als reines Subjekt, als klarer Spiegel des Objekts bestehend bleibt; so daß es ist, als ob der Gegenstand allein da wäre, ohne Jemanden, der ihn wahrnimmt, und man also nicht mehr den Anschauenden von der Anschauung trennen kann, sondern beide Eines geworden sind, indem das ganze Bewußtseyn von einem einzigen anschaulichen Bilde gänzlich gefüllt und eingenommen ist; wenn also solchermaaßen das Objekt aus aller Relation zu etwas außer ihm, das Subjekt aus aller Relation zum Willen getreten ist: dann ist, was also erkannt wird, nicht mehr das einzelne Ding als solches; sondern es ist die IDEE, die ewige Form, die unmittelbare Objektität des Willens auf dieser Stufe: und eben dadurch ist zugleich der in dieser Anschauung Begriffene nicht mehr Individuum: denn das Individuum hat sich eben in solche Anschauung verloren: sondern er ist REINES, willenloses, schmerzloses, zeitloses SUBJEKT DER ERKENNTNISS. Dieses für sich jetzt so Auffallende, (von dem ich sehr wohl weiß, daß es den von Thomas Paine herrührenden Ausspruch, *du sublime au ridicule il n'y a qu'un pas*, bestätigt) wird durch das Folgende nach und nach deutlicher und weniger befremdend werden. Es war es auch, was dem Spinoza vorschwebte, als er niederschrieb: *mens aeterna est, quatenus res sub aeternitatis specie concipit (Eth. V, pr. 31, schol.)**. In solcher Kontemplation nun wird mit Einem Schlage das einzelne Ding zur IDEE seiner Gattung und das anschauende Individuum zum REINEN SUBJEKT DES ERKENNENS. Das Individuum als solches erkennt nur einzelne Dinge; das reine Subjekt des Erkennens nur Ideen. Denn das Individuum ist das Subjekt des Erkennens in seiner Beziehung auf eine bestimmte einzelne Erscheinung des Willens, und dieser dienstbar. Diese einzelne Willenserscheinung ist als solche dem Satz vom Grunde, in allen seinen Gestaltungen, unterworfen: alle auf dasselbe sich beziehende Erkenntniß folgt daher auch dem Satz vom Grunde, und zum Behuf des Willens taugt auch keine andere als diese, welche immer nur Relationen zum Objekt hat. Das erkennende Individuum als solches und das von ihm erkannte einzelne Ding sind immer irgendwo, irgendwann und Glieder in der Kette der Ursachen und Wirkungen. Das reine Subjekt der Erkenntniß und sein Korrelat, die Idee, sind aus allen jenen Formen des Satzes vom Grunde herausgetreten: die Zeit, der Ort, das Individuum, welches erkennt, und das Individuum, welches erkannt wird, haben für sie keine Bedeutung. Allererst indem auf die beschriebene Weise ein erkennendes Individuum sich zum reinen Subjekt des Erkennens und eben damit das betrachtete Objekt zur Idee erhebt, tritt die WELT ALS VORSTELLUNG gänzlich und rein hervor, und geschieht die vollkommene Objektivation des Willens, da allein die Idee seine ADÄQUATE OBJEKTITÄT ist. Diese schließt Objekt und

---

* Auch empfehle ich was er ebendaselbst *L. II, prop. 40, schol. 2*, imgleichen *L. V, prop. 25 bis 38*, über die *cognitio tertii generis, sive intuitiva* sagt, zur Erläuterung der hier in Rede stehenden Erkenntnißweise nachzulesen, und zwar ganz besonders *prop. 29, schol.*; *prop. 36, schol.* und *prop. 38 demonstr. et schol.*

Subjekt auf gleiche Weise in sich, da solche ihre einzige Form sind: in ihr halten sich aber beide ganz das Gleichgewicht: und wie das Objekt auch hier nichts als die Vorstellung des Subjekts ist, so ist auch das Subjekt, indem es im angeschauten Gegenstand ganz aufgeht, dieser Gegenstand selbst geworden, indem das ganze Bewußtseyn nichts mehr ist, als dessen deutlichstes Bild. Dieses Bewußtseyn eben, indem man sämmtliche Ideen, oder Stufen der Objektität des Willens, der Reihe nach, durch dasselbe durchgehend sich denkt, macht eigentlich die ganze WELT ALS VORSTELLUNG aus. Die einzelnen Dinge aller Zeiten und Räume sind nichts, als die durch den Satz vom Grund (die Form der Erkenntniß der Individuen als solcher) vervielfältigten und dadurch in ihrer reinen Objektität getrübten Ideen. Wie, indem die Idee hervortritt, in ihr Subjekt und Objekt nicht mehr zu unterscheiden sind, weil erst indem sie sich gegenseitig vollkommen erfüllen und durchdringen, die Idee, die adäquate Objektität des Willens, die eigentliche Welt als Vorstellung, ersteht; ebenso sind auch das dabei erkennende und das erkannte Individuum, als Dinge an sich, nicht unterschieden. Denn sehen wir von jener eigentlichen WELT ALS VORSTELLUNG gänzlich ab, so bleibt nichts übrig, denn DIE WELT ALS WILLE. Der Wille ist das Ansich der Idee, die ihn vollkommen objektivirt; er auch ist das Ansich des einzelnen Dinges und des dasselbe erkennenden Individuums, die ihn unvollkommen objektiviren. Als Wille, außer der Vorstellung und allen ihren Formen, ist er einer und derselbe im kontemplirten Objekt und im Individuo, welches sich an dieser Kontemplation emporschwingend als reines Subjekt seiner bewußt wird: jene beiden sind daher an sich nicht unterschieden: denn an sich sind sie der Wille, der hier sich selbst erkennt, und nur als die Art und Weise wie ihm diese Erkenntniß wird, d.h. nur in der Erscheinung, ist, vermöge ihrer Form, des Satzes vom Grund, Vielheit und Verschiedenheit. So wenig ich ohne das Objekt, ohne die Vorstellung, erkennendes Subjekt bin, sondern bloßer blinder Wille; ebenso wenig ist ohne mich, als Subjekt des Erkennens, das erkannte Ding Objekt, sondern bloßer Wille, blinder Drang. Dieser Wille ist an sich, d.h. außer der Vorstellung, mit dem meinigen Einer und derselbe: nur in der Welt als

Vorstellung, deren Form allemal wenigstens Subjekt und Objekt ist, treten wir aus einander als erkanntes und erkennendes Individuum. Sobald das Erkennen, die Welt als Vorstellung, aufgehoben ist, bleibt überhaupt nichts übrig, als bloßer Wille, blinder Drang. Daß er Objektität erhalte, zur Vorstellung werde, setzt, mit Einem Schlage, sowohl Subjekt als Objekt: daß aber diese Objektität rein, vollkommen, adäquate Objektität des Willens sei, setzt das Objekt als Idee, frei von den Formen des Satzes vom Grunde, und das Subjekt als reines Subjekt der Erkenntniß, frei von Individualität und Dienstbarkeit dem Willen.

Wer nun besagtermaaßen sich in die Anschauung der Natur so weit vertieft und verloren hat, daß er nur noch als rein erkennendes Subjekt da ist, wird eben dadurch unmittelbar inne, daß er als solches die Bedingung, also der Träger, der Welt und alles objektiven Daseyns ist, da dieses nunmehr als von dem seinigen abhängig sich darstellt. Er zieht also die Natur in sich hinein, so daß er sie nur noch als ein Accidenz seines Wesens empfindet. In diesem Sinne sagt BYRON:

Are not the mountains, waves and skies, a part
*Of me and of my soul, as I of them?**

Wie aber sollte, wer dieses fühlt, sich selbst, im Gegensatz der unvergänglichen Natur, für absolut vergänglich halten? Ihn wird vielmehr das Bewußtseyn dessen ergreifen, was der Upanischad des Veda ausspricht: *Hae omnes creaturae in totum ego sum, et praeter me aliud ens non est. (Oupnekhat, I, 122.)***

§. 35.

Um eine tiefere Einsicht in das Wesen der Welt zu erlangen, ist unumgänglich nöthig, daß man unterscheiden lerne den Willen als Ding an sich von seiner adäquaten Objektität, sodann die verschiedenen Stufen, auf welchen diese deutlicher und vollendeter hervor-

---

* Sind Berge, Wellen, Himmel, nicht ein Theil
Von mir und meiner Seele, ich von ihnen?

** Hiezu Kap. 30 des zweiten Bandes.

tritt, d.i. die Ideen selbst, von der bloßen Erscheinung der Ideen in den Gestaltungen des Satzes vom Grunde, der befangenen Erkenntnißweise der Individuen. Dann wird man dem Platon beistimmen, wenn er nur den Ideen eigentliches Seyn beilegt, hingegen den Dingen in Raum und Zeit, dieser für das Individuum realen Welt, nur eine scheinbare, traumartige Existenz zuerkennt. Dann wird man einsehen, wie die eine und selbe Idee sich in so vielen Erscheinungen offenbart und den erkennenden Individuen ihr Wesen nur stückweise, eine Seite nach der andern, darbietet. Man wird dann auch die Idee selbst unterscheiden von der Art und Weise wie ihre Erscheinung in die Beobachtung des Individuums fällt, jene für wesentlich, diese für unwesentlich erkennen. Wir wollen dieses im Geringsten und dann im Größten beispielsweise betrachten. – Wann die Wolken ziehen, sind die Figuren, welche sie bilden, ihnen nicht wesentlich, sind für sie gleichgültig: aber daß sie als elastischer Dunst, vom Stoß des Windes zusammengepreßt, weggetrieben, ausgedehnt, zerrissen werden; dies ist ihre Natur, ist das Wesen der Kräfte, die sich in ihnen objektiviren, ist die Idee: nur für den individuellen Beobachter sind die jedesmaligen Figuren. – Dem Bach, der über Steine abwärts rollt, sind die Strudel, Wellen, Schaumgebilde, die er sehen läßt, gleichgültig und unwesentlich: daß er der Schwere folgt, sich als unelastische, gänzlich verschiebbare, formlose, durchsichtige Flüssigkeit verhält; dies ist sein Wesen, dies ist, WENN ANSCHAULICH erkannt, die Idee: nur für uns, solange wir als Individuen erkennen, sind jene Gebilde. – Das Eis an der Fensterscheibe schießt an nach den Gesetzen der Krystallisation, die das Wesen der hier hervortretenden Naturkraft offenbaren, die Idee darstellen; aber die Bäume und Blumen, die es dabei bildet, sind unwesentlich und nur für uns da. – Was in Wolken, Bach und Krystall erscheint, ist der schwächste Nachhall jenes Willens, der vollendeter in der Pflanze, noch vollendeter im Thier, am vollendetesten im Menschen hervortritt. Aber nur das WESENTLICHE aller jener Stufen seiner Objektivation macht die IDEE aus: hingegen die Entfaltung dieser, indem sie in den Gestaltungen des Satzes vom Grunde auseinandergezogen wird zu mannigfaltigen und vielseitigen Erscheinungen; dieses ist der Idee unwesentlich, liegt bloß in der Erkenntnißweise des Individuums und hat auch nur für dieses Realität. Das Selbe nun gilt nothwendig auch von der Entfaltung derjenigen Idee, welche die vollendeteste Objektität des Willens ist: folglich ist die Geschichte des Menschengeschlechts, das Gedränge der Begebenheiten, der Wechsel der Zeiten, die vielgestalteten Formen des menschlichen Lebens in verschiedenen Ländern und Jahrhunderten, dieses Alles ist nur die zufällige Form der Erscheinung der Idee, gehört nicht dieser selbst, in der allein die adäquate Objektität des Willens liegt, sondern nur der Erscheinung an, die in die Erkenntniß des Individuums fällt, und ist der Idee selbst so fremd, unwesentlich und gleichgültig, wie den Wolken die Figuren, die sie darstellen, dem Bach die Gestalt seiner Strudel und Schaumgebilde, dem Eise seine Bäume und Blumen.

Wer dieses wohl gefaßt hat und den Willen von der Idee, und diese von ihrer Erscheinung zu unterscheiden weiß, dem werden die Weltbegebenheiten nur noch sofern sie die Buchstaben sind, aus denen die Idee des Menschen sich lesen läßt, Bedeutung haben, nicht aber an und für sich. Er wird nicht mit den Leuten glauben, daß die Zeit etwas wirklich Neues und Bedeutsames hervorbringe, daß durch sie oder in ihr etwas schlechthin Reales zum Daseyn gelange, oder gar sie selbst als ein Ganzes Anfang und Ende, Plan und Entwickelung habe, und etwan zum letzten Ziel die höchste Vervollkommnung (nach ihren Begriffen) des letzten, dreißig Jahre lebenden Geschlechts. Daher wird er so wenig mit Homer einen ganzen Olymp voll Götter zur Lenkung jener Zeitbegebenheiten bestellen, als mit Ossian die Figuren der Wolken für individuelle Wesen halten, da, wie gesagt, Beides, in Bezug auf die darin erscheinende Idee, gleich viel Bedeutung hat. In den mannigfaltigen Gestalten des Menschenlebens und dem unaufhörlichen Wechsel der Begebenheiten wird er als das Bleibende und Wesentliche nur die Idee betrachten, in welcher der Wille zum Leben seine vollkommenste Objektität hat, und welche ihre verschiedenen Seiten zeigt in den Eigenschaften, Leidenschaften, Irrthümern und Vorzügen des Menschengeschlechts, in Eigennutz, Haß, Liebe, Furcht, Kühnheit, Leichtsinn, Stumpfheit, Schlauheit, Witz, Genie u.s.w., welche alle, zu tausendfältigen Gestalten (Individuen) zusammenlaufend und gerinnend, fortwährend die große und die kleine Weltgeschichte aufführen, wobei es an sich gleichviel ist, ob, was sie in Bewegung setzt, Nüsse oder Kronen sind. Er wird endlich finden, daß es in der Welt ist, wie in den Dramen des Gozzi, in welchen allen immer die selben Personen auftreten, mit gleicher Absicht und gleichem Schicksal: die Motive und Begebenheiten freilich sind in jedem Stücke andere; aber der Geist der Begebenheiten ist der selbe: die Personen des einen Stücks wissen auch nichts von den Vorgängen im andern, in welchem doch sie selbst agirten: daher ist, nach allen Erfahrungen der früheren Stücke, doch Pantalone nicht behender oder freigebiger, Tartaglia nicht gewissenhafter, Brighella nicht beherzter und Kolombine nicht sittsamer geworden. –

Gesetzt es würde uns einmal ein deutlicher Blick in das Reich der Möglichkeit und über alle Ketten der Ursachen und Wirkungen gestattet, es träte der Erdgeist hervor und zeigte uns in einem Bilde die vortrefflichsten Individuen, Welterleuchter und Helden, die der Zufall vor der Zeit ihrer Wirksamkeit zerstört hat, – dann die großen Begebenheiten, welche die Weltgeschichte geändert und Perioden der höchsten Kultur und Aufklärung herbeigeführt haben würden, die aber das blindeste Ungefähr, der unbedeutendeste Zufall, bei ihrer Entstehung hemmte, endlich die herrlichen Kräfte großer Individuen, welche ganze Weltalter befruchtet haben würden, die sie aber, durch Irrthum oder Leidenschaft verleitet, oder durch Nothwendigkeit gezwungen, an unwürdigen und unfruchtbaren Gegenständen nutzlos verschwendeten, oder gar spielend vergeudeten: – sähen wir das Alles, wir würden schaudern und wehklagen über die verlorenen Schätze ganzer Weltalter. Aber der Erdgeist würde lächeln und sagen: »Die Quelle, aus der die Individuen und ihre Kräfte fließen, ist unerschöpflich und unendlich wie Zeit und Raum: denn jene sind, eben wie diese Formen aller Erscheinung, doch auch nur Erscheinung, Sichtbarkeit des Willens. Jene unendliche Quelle kann kein endliches Maaß erschöpfen: daher steht jeder im Keime erstickten Begebenheit, oder Werk, zur Wiederkehr noch immer die unverminderte Unendlichkeit offen. In dieser Welt der Erscheinung ist so wenig wahrer Verlust, als wahrer Gewinn möglich. Der Wille allein ist: er, das Ding an sich, er, die Quelle aller jener Erscheinungen. Seine Selbsterkenntniß und darauf sich entscheidende Bejahung oder Verneinung ist die einzige Begebenheit an sich.« – *

§. 36.

Dem Faden der Begebenheiten geht die Geschichte nach: sie ist pragmatisch, sofern sie dieselben nach dem Gesetze der Motivation ableitet, welches Gesetz den erscheinenden Willen da bestimmt, wo er von der Erkenntniß beleuchtet ist. Auf den niedrigeren Stufen seiner Objektität, wo er noch ohne Erkenntniß wirkt, betrachtet die Gesetze der Veränderungen seiner Erscheinungen die Naturwissenschaft als Aetiologie, und das Bleibende an ihnen als Morphologie, welche ihr fast unendliches Thema sich durch Hülfe der Begriffe erleichtert, das Allgemeine zusammenfassend, um das Besondere daraus abzuleiten. Endlich die bloßen Formen, in welchen, für die Erkenntniß des Subjekts als Individuums, die Ideen zur Vielheit auseinandergezogen erscheinen, also Zeit und Raum, betrachtet die Mathematik. Diese alle, deren gemeinsamer Name Wissenschaft ist, gehen also dem Satz vom Grunde in seinen verschiedenen Gestaltungen nach, und ihr Thema bleibt die Erscheinung, deren Gesetze, Zusammenhang und daraus entstehende Verhältnisse. – Welche Erkenntnißart nun aber betrachtet jenes außer und unabhängig von aller Relation bestehende, allein eigentlich Wesentliche der Welt, den wahren Gehalt ihrer Erscheinungen, das keinem Wechsel Unterworfene und daher für alle Zeit mit gleicher Wahrheit Erkannte, mit Einem Wort, die IDEEN, welche die unmittelbare und adäquate Objektität des Dinges an sich, des Willens, sind? – Es ist die KUNST, das Werk des Genius. Sie wiederholt die durch reine Kontemplation aufgefaßten ewigen Ideen, das Wesentliche und Bleibende aller Erscheinungen der Welt,

* Dieser letzte Satz kann ohne Bekanntschaft mit dem folgenden Buch nicht verstanden werden.

und je nachdem der Stoff ist, in welchem sie wiederholt, ist sie bildende Kunst, Poesie oder Musik. Ihr einziger Ursprung ist die Erkenntniß der Ideen; ihr einziges Ziel Mittheilung dieser Erkenntniß. – Während die Wissenschaft, dem rast- und bestandlosen Strom vierfach gestalteter Gründe und Folgen nachgehend, bei jedem erreichten Ziel immer wieder weiter gewiesen wird und nie ein letztes Ziel, noch völlige Befriedigung finden kann, so wenig als man durch Laufen den Punkt erreicht, wo die Wolken den Horizont berühren; so ist dagegen die Kunst überall am Ziel. Denn sie reißt das Objekt ihrer Kontemplation heraus aus dem Strome des Weltlaufs und hat es isolirt vor sich: und dieses Einzelne, was in jenem Strom ein verschwindend kleiner Theil war, wird ihr ein Repräsentant des Ganzen, ein Aequivalent des in Raum und Zeit unendlich Vielen: sie bleibt daher bei diesem Einzelnen stehen: das Rad der Zeit hält sie an: die Relationen verschwinden ihr: nur das Wesentliche, die Idee, ist ihr Objekt. – Wir können sie daher geradezu bezeichnen ALS DIE BETRACHTUNGSART DER DINGE UNABHÄNGIG VOM SATZE DES GRUNDES, im Gegensatz der gerade diesem nachgehenden Betrachtung, welche der Weg der Erfahrung und Wissenschaft ist. Diese letztere Art der Betrachtung ist einer unendlichen, horizontal laufenden Linie zu vergleichen; die erstere aber der sie in jedem beliebigen Punkte schneidenden senkrechten. Die dem Satz vom Grunde nachgehende ist die vernünftige Betrachtungsart, welche im praktischen Leben, wie in der Wissenschaft, allein gilt und hilft: die vom Inhalt jenes Satzes wegsehende ist die geniale Betrachtungsart, welche in der Kunst allein gilt und hilft. Die erstere ist die Betrachtungsart des Aristoteles; die zweite ist im Ganzen die des Platon. Die erstere gleicht dem gewaltigen Sturm, der ohne Anfang und Ziel dahinfährt, Alles beugt, bewegt, mit sich fortreißt; die zweite dem ruhigen Sonnenstrahl, der den Weg dieses Sturmes durchschneidet, von ihm ganz unbewegt. Die erstere gleicht den unzähligen, gewaltsam bewegten Tropfen des Wasserfalls, die stets wechselnd, keinen Augenblick rasten: die zweite dem auf diesem tobenden Gewühl stille ruhenden Regenbogen. – Nur durch die oben beschriebene, im Objekt ganz aufgehende, reine Kontemplation werden Ideen aufgefaßt, und das Wesen des GENIUS besteht eben in der überwiegenden Fähigkeit zu solcher Kontemplation: da nun diese ein gänzliches Vergessen der eigenen Person und ihrer Beziehungen verlangt; so ist GENIALITÄT nichts Anderes, als die vollkommenste OBJEKTIVITÄT, d.h. objektive Richtung des Geistes, entgegengesetzt der subjektiven, auf die eigene Person, d.i. den Willen, gehenden. Demnach ist Genialität die Fähigkeit, sich rein anschauend zu verhalten, sich in die Anschauung zu verlieren und die Erkenntniß, welche ursprünglich nur zum Dienste des Willens da ist, diesem Dienste zu entziehen, d.h. sein Interesse, sein Wollen, seine Zwecke, ganz aus den Augen zu lassen, sonach seiner Persönlichkeit sich auf eine Zeit völlig zu entäußern, um als REIN ERKENNENDES SUBJEKT, klares Weltauge, übrig zu bleiben: und dieses nicht auf Augenblicke: sondern so anhaltend und mit so viel Besonnenheit, als nöthig ist, um das Aufgefaßte durch überlegte Kunst zu wiederholen und »was in schwankender Erscheinung schwebt, zu befestigen in dauernden Gedanken«. – Es ist als ob, damit der Genius in einem Individuo hervortrete, diesem ein Maaß der Erkenntnißkraft zugefallen seyn müsse, welches das zum Dienste eines individuellen Willens erforderliche weit übersteigt; welcher frei gewordene Ueberschuß der Erkenntniß, jetzt zum willensreinen Subjekt, zum hellen Spiegel des Wesens der Welt wird. – Daraus erklärt sich die Lebhaftigkeit bis zur Unruhe in genialen Individuen, indem die Gegenwart ihnen selten genügen kann, weil sie ihr Bewußtseyn nicht ausfüllt: dieses giebt ihnen jene rastlose Strebsamkeit, jenes unaufhörliche Suchen neuer und der Betrachtung würdiger Objekte, dann auch jenes fast nie befriedigte Verlangen nach ihnen ähnlichen, ihnen gewachsenen Wesen, denen sie sich mittheilen könnten; während der gewöhnliche Erdensohn, durch die gewöhnliche Gegenwart ganz ausgefüllt und befriedigt, in ihr aufgeht, und dann auch seines Gleichen überall findend, jene besondere Behaglichkeit im Alltagsleben hat, die dem Genius versagt ist. – Man hat als einen wesentlichen Bestandtheil der Genialität die Phantasie erkannt, ja, sie sogar bisweilen für mit jener identisch gehalten: ersteres mit Recht; letzteres mit Unrecht. Da die Objekte des Genius als solchen die ewigen Ideen, die beharrenden wesentlichen Formen der Welt und aller ihrer Erscheinungen sind, die Erkenntniß der Idee aber nothwendig anschaulich, nicht abstrakt ist; so würde die Erkenntniß des Genius beschränkt seyn auf die Ideen der seiner Person wirklich gegenwärtigen Objekte und abhängig von der Verkettung der Umstände, die ihm jene zuführten, wenn nicht die Phantasie seinen Horizont weit über die Wirklichkeit seiner persönlichen Erfahrung erweiterte und ihn in den Stand setzte, aus dem Wenigen, was in seine wirkliche Apperception gekommen, alles Uebrige zu konstruiren und so fast alle möglichen Lebensbilder an sich vorübergehen zu lassen. Zudem sind die wirklichen Objekte fast immer nur sehr mangelhafte Exemplare der in ihnen sich darstellenden Idee: daher der Genius der Phantasie bedarf, um in den Dingen nicht Das zu sehen, was die Natur wirklich gebildet hat, sondern was sie zu bilden sich bemühte, aber, wegen des im vorigen Buche erwähnten Kampfes ihrer Formen unter einander, nicht zu Stande brachte. Wir werden hierauf unten, bei Betrachtung der Bildhauerei, zurückkommen. Die Phantasie also erweitert den Gesichtskreis des Genius über die seiner Person sich in der Wirklichkeit darbietenden Objekte, sowohl der Qualität, als der Quantität nach. Dieserwegen nun ist ungewöhnliche Stärke der Phantasie Begleiterin, ja Bedingung der Genialität. Nicht aber zeugt umgekehrt jene von dieser; vielmehr können selbst höchst ungeniale Menschen viel Phantasie haben. Denn wie man ein wirkliches Objekt auf zweierlei entgegengesetzte Weisen betrachten kann: rein objektiv, genial, die Idee desselben erfassend; oder gemein, bloß in seinen dem Satz vom Grund gemäßen Relationen zu anderen Objekten und zum eigenen Willen; so kann man auch eben so ein Phantasma auf beide Weisen anschauen: in der ersten Art betrachtet, ist es ein Mittel zur Erkenntniß der Idee, deren Mittheilung das Kunstwerk ist: im zweiten Fall wird das Phantasma verwendet, Luftschlösser zu bauen, die der Selbstsucht und der eigenen Laune zusagen, momentan täuschen und ergötzen; wobei von den so verknüpften Phantasmen eigentlich immer nur ihre Relationen erkannt werden. Der dieses Spiel Treibende ist ein Phantast: er wird leicht die Bilder, mit denen er sich einsam ergötzt, in die Wirklichkeit mischen und dadurch für diese untauglich werden: er wird die Gaukeleien seiner Phantasie vielleicht niederschreiben, wo sie die gewöhnlichen Romane aller Gattungen geben, die seines Gleichen und das große Publikum unterhalten, indem die Leser sich an die Stelle des Helden träumen und dann die Darstellung sehr »gemüthlich« finden.

Der gewöhnliche Mensch, diese Fabrikwaare der Natur, wie sie solche täglich zu Tausenden hervorbringt, ist, wie gesagt, einer in jedem Sinn völlig uninteressirten Betrachtung, welches die eigentliche Beschaulichkeit ist, wenigstens durchaus nicht anhaltend fähig: er kann seine Aufmerksamkeit auf die Dinge nur insofern richten, als sie irgend eine, wenn auch nur sehr mittelbare Beziehung auf seinen Willen haben. Da in dieser Hinsicht, welche immer nur die Erkenntniß der Relationen erfordert, der abstrakte Begriff des Dinges hinlänglich und meistens selbst tauglicher ist; so weilt der gewöhnliche Mensch nicht lange bei der bloßen Anschauung, heftet daher seinen Blick nicht lange auf einen Gegenstand; sondern sucht bei Allem, was sich ihm darbietet, nur schnell den Begriff, unter den es zu bringen ist, wie der Träge den Stuhl sucht, und dann interessirt es ihn nicht weiter. Daher wird er so schnell mit Allem fertig, mit Kunstwerken, schönen Naturgegenständen und dem eigentlich überall bedeutsamen Anblick des Lebens in allen seinen Scenen. Er aber weilt nicht: nur seinen Weg im Leben sucht er, allenfalls auch Alles, was irgend einmal sein Weg werden könnte, also topographische Notizen im weitesten Sinn: mit der Betrachtung des Lebens selbst als solchen verliert er keine Zeit. Der Geniale dagegen, dessen Erkenntnißkraft, durch ihr Uebergewicht, sich dem Dienste seines Willens, auf einen Theil seiner Zeit, entzieht, verweilt bei der Betrachtung des Lebens selbst, strebt die Idee jedes Dinges zu erfassen, nicht dessen Relationen zu anderen Dingen: darüber vernachlässigt er häufig die Betrachtung seines eigenen Weges im Leben, und geht solchen daher meistens ungeschickt genug. Während dem gewöhnlichen Menschen sein Erkenntnißvermögen die Laterne ist, die seinen Weg beleuchtet, ist es dem Genialen die Sonne, welche die Welt offenbar macht. Diese so verschiedene Weise in das Leben hineinzusehen, wird bald sogar im Aeußern Beider sichtbar. Der Blick des Menschen, in welchem der Genius lebt und wirkt, zeichnet ihn leicht aus, indem er, lebhaft und fest zugleich, den Charakter der Beschaulichkeit, der Kontemplation trägt; wie wir an den Bildnissen der wenigen genialen Köpfe, welche die Natur unter den zahllosen Millionen dann und wann hervorgebracht hat, sehen können: hingegen wird im Blicke der Anderen, wenn er nicht, wie meistens, stumpf oder nüchtern ist, leicht der wahre Gegensatz der Kontemplation sichtbar, das Spähen. Demzufolge besteht der »geniale Ausdruck« eines Kopfes darin, daß ein entschiedenes Uebergewicht des Erkennens über das Wollen darin sichtbar ist, folglich auch ein Erkennen ohne alle Beziehung auf ein Wollen, d.i. ein REINES ERKENNEN, sich darin ausdrückt. Hingegen ist bei Köpfen, wie sie in der Regel sind, der Ausdruck des Wollens vorherrschend, und man sieht, daß das Erkennen immer erst auf Antrieb des Wollens in Thätigkeit geräth, also bloß auf Motive gerichtet ist.

Da die geniale Erkenntniß, oder Erkenntniß der Idee, diejenige ist, welche dem Satz vom Grunde nicht folgt, hingegen die, welche ihm folgt, im Leben Klugheit und Vernünftigkeit ertheilt und die Wissenschaften zu Stande bringt; so werden geniale Individuen mit den Mängeln behaftet seyn, welche die Vernachlässigung der letztern Erkenntnißweise nach sich zieht. Jedoch ist hiebei die Einschränkung zu merken, daß was ich in dieser Hinsicht anführen werde, sie nur trifft insofern und während sie in der genialen Erkenntnißweise wirklich begriffen sind, was keineswegs in jedem Augenblick ihres Lebens der Fall ist, da die große, wiewohl spontane Anspannung, welche zur willensfreien Auffassung der Ideen erfordert wird, nothwendig wieder nachläßt und große Zwischenräume hat, in welchen Jene, sowohl in Hinsicht auf Vorzüge als auf Mängel, den gewöhnlichen Menschen ziemlich gleich stehen. Man hat dieserhalb von jeher das Wirken des Genius als eine Inspiration, ja wie der Name selbst bezeichnet, als das Wirken eines vom Individuo selbst verschiedenen übermenschlichen Wesens angesehen, das nur periodisch jenes in Besitz nimmt. Die Abneigung genialer Individuen, die Aufmerksamkeit auf den Inhalt des Satzes vom Grunde zu richten, wird sich zuerst in Hinsicht auf den Grund des Seyns zeigen, als Abneigung gegen Mathematik, deren Betrachtung auf die allgemeinsten Formen der Erscheinung, Raum und Zeit, welche selbst nur Gestaltungen des Satzes vom Grunde sind, geht und daher ganz das Gegentheil derjenigen Betrachtung ist, die gerade nur den Inhalt der Erscheinung, die sich darin aussprechende Idee, aufsucht, von allen Relationen absehend. Außerdem wird noch die logische Behandlung der Mathematik dem Genius widerstehen, da diese, die eigentliche Einsicht verschließend, nicht befriedigt, sondern eine bloße Verkettung von Schlüssen, nach dem Satz des Erkenntnißgrundes darbietend, von allen Geisteskräften am meisten das Gedächtniß in Anspruch nimmt, um nämlich immer alle die früheren Sätze, darauf man sich beruft, gegenwärtig zu haben. Auch hat die Erfahrung bestätigt, daß große Genien in der Kunst zur Mathematik keine Fähigkeit haben: nie war ein Mensch zugleich in beiden sehr ausgezeichnet. Alfieri erzählt, daß er sogar nie nur den vierten Lehrsatz des Eukleides begreifen gekonnt. Goethen ist der Mangel mathematischer Kenntniß zur Genüge vorgeworfen worden von den unverständigen Gegnern seiner Farbenlehre: freilich hier, wo es nicht auf Rechnen und Messen nach hypothetischen Datis, sondern auf unmittelbare Verstandeserkenntniß der Ursache und Wirkung ankam, war jener Vorwurf so ganz queer und am unrechten Ort, daß jene ihren totalen Mangel an Urtheilskraft dadurch eben so sehr, als durch ihre übrigen Midas-Aussprüche an den Tag gelegt haben. Daß noch heute, fast ein halbes Jahrhundert nach dem Erscheinen der Goethe'schen Farbenlehre, sogar in Deutschland, die Neutonischen Flausen ungestört im Besitz der Lehrstühle bleiben und man fortfährt, ganz ernsthaft von den sieben homogenen Lichtern und ihrer verschiedenen Brechbarkeit zu reden, – wird einst unter den großen intellektualen Charakterzügen der Menschheit überhaupt und der Deutschheit insbesondere aufgezählt werden. – Aus demselben oben angegebenen Grunde erklärt sich die eben so bekannte Thatsache, daß umgekehrt, ausgezeichnete Mathematiker wenig Empfänglichkeit für die Werke der schönen Kunst haben, was sich besonders naiv ausspricht in der bekannten Anekdote von jenem französischen Mathematiker, der nach Durchlesung der Iphigenia des Racine achselzuckend fragte: *Qu'est-ce-que cela prouve?* – Da ferner scharfe Auffassung der Beziehungen gemäß dem Gesetze der

Kausalität und Motivation eigentlich die Klugheit ausmacht, die geniale Erkenntniß aber nicht auf die Relationen gerichtet ist; so wird ein Kluger, sofern und während er es ist, nicht genial, und ein Genialer, sofern und während er es ist, nicht klug seyn. – Endlich steht überhaupt die anschauliche Erkenntniß, in deren Gebiet die Idee durchaus liegt, der vernünftigen oder abstrakten, welche der Satz vom Grunde des Erkennens leitet, gerade entgegen. Auch findet man bekanntlich selten große Genialität mit vorherrschender Vernünftigkeit gepaart, vielmehr sind umgekehrt geniale Individuen oft heftigen Affekten und unvernünftigen Leidenschaften unterworfen. Der Grund hievon ist dennoch nicht Schwäche der Vernunft, sondern theils ungewöhnliche Energie der ganzen Willenserscheinung, die das geniale Individuum ist, und welche sich durch Heftigkeit aller Willensakte äußert, theils Uebergewicht der anschauenden Erkenntniß durch Sinne und Verstand über die abstrakte, daher entschiedene Richtung auf das Anschauliche, dessen bei ihnen höchst energischer Eindruck die farblosen Begriffe so sehr überstrahlt, daß nicht mehr diese, sondern jener das Handeln leitet, welches eben dadurch unvernünftig wird: demnach ist der Eindruck der Gegenwart auf sie sehr mächtig, reißt sie hin zum Unüberlegten, zum Affekt, zur Leidenschaft. Daher auch, und überhaupt weil ihre Erkenntniß sich zum Theil dem Dienste des Willens entzogen hat, werden sie im Gespräche nicht sowohl an die Person denken, zu der, sondern mehr an die Sache, wovon sie reden, die ihnen lebhaft vorschwebt: daher werden sie für ihr Interesse zu objektiv urtheilen oder erzählen, nicht verschweigen, was klüger verschwiegen bliebe u.s.w. Daher endlich sind sie zu Monologen geneigt und können überhaupt mehrere Schwächen zeigen, die sich wirklich dem Wahnsinn nähern. Daß Genialität und Wahnsinn eine Seite haben, wo sie an einander gränzen, ja in einander übergehen, ist oft bemerkt und sogar die dichterische Begeisterung eine Art Wahnsinn genannt worden: *amabilis insania* nennt sie Horaz *(Od. III, 4)* und »holder Wahnsinn« Wieland im Eingang zum »Oberon«. Selbst Aristoteles soll, nach Seneka's Anführung *(de tranq. animi, 15, 16)*, gesagt haben: *Nullum magnum ingenium sine mixtura dementiae fuit.* Platon drückt es, im oben angeführten Mythos von der finstern Höhle *(de Rep. 7)*, dadurch aus, daß er sagt: Diejenigen, welche außerhalb der Höhle das wahre Sonnenlicht und die wirklich seienden Dinge (die Ideen) geschaut haben, können nachmals in der Höhle, weil ihre Augen der Dunkelheit entwöhnt sind, nicht mehr sehen, die Schattenbilder da unten nicht mehr recht erkennen, und werden deshalb, bei ihren Mißgriffen, von den Anderen verspottet, die nie aus dieser Höhle und von diesen Schattenbildern fortkamen. Auch sagt er im Phädros (S. 317) geradezu, daß ohne einen gewissen Wahnsinn kein ächter Dichter seyn könne, ja (S. 327) daß Jeder, welcher in den vergänglichen Dingen die ewigen Ideen erkennt, als wahnsinnig erscheine. Auch Cicero führt an: *Negat enim, sine furore, Democritus, quemquam poëtam magnum esse posse; quod idem dicit Plato (de divin. 1, 37)*. Und endlich sagt Pope:

Great wits to madness sure are near allied,
*And thin partitions do their bounds divide**.

Besonders lehrreich in dieser Hinsicht ist Goethe's »Torquato Tasso«, in welchem er uns nicht nur das Leiden, das wesentliche Märtyrerthum des Genius als solchen, sondern auch dessen stetigen Uebergang zum Wahnsinn vor die Augen stellt. Endlich wird die Thatsache der unmittelbaren Berührung zwischen Genialität und Wahnsinn durch die Biographien sehr genialer Menschen, z.B. Rousseau's, Byron's, Alfieri's, und durch Anekdoten aus dem Leben anderer bestätigt; theils muß ich andererseits erwähnen, bei häufiger Besuchung der Irrenhäuser, einzelne Subjekte von unverkennbar großen Anlagen gefunden zu haben, deren Genialität deutlich durch den Wahnsinn durchblickte, welcher hier aber völlig die Oberhand erhalten hatte. Dieses kann nun nicht dem Zufall zugeschrieben werden, weil einerseits die Anzahl der Wahnsinnigen verhältnißmäßig sehr klein ist, andererseits aber ein geniales Individuum eine über alle gewöhnliche Schätzung seltene und nur als die größte Ausnahme in der Natur hervortretende Erscheinung ist; wovon man sich allein dadurch überzeugen kann, daß man die wirklich großen

* Dem Wahnsinn ist der große Geist verwandt,
Und Beide trennt nur eine dünne Wand.

Genien, welche das ganze kultivirte Europa in der ganzen alten und neuen Zeit hervorgebracht hat, wohin aber allein diejenigen zu rechnen sind, welche Werke lieferten, die durch alle Zeiten einen bleibenden Werth für die Menschheit behalten haben, – daß man, sage ich, diese Einzelnen aufzählt und ihre Zahl vergleicht mit den 250 Millionen, welche, sich alle dreißig Jahre erneuernd, beständig in Europa leben. Ja, ich will nicht unerwähnt lassen, daß ich einige Leute von zwar nicht bedeutender, aber doch entschiedener, geistiger Ueberlegenheit gekannt habe, die zugleich einen leisen Anstrich von Verrücktheit verriethen. Danach möchte es scheinen, daß jede Steigerung des Intellekts über das gewöhnliche Maaß hinaus, als eine Abnormität, schon zum Wahnsinn disponirt. Inzwischen will ich über den rein intellektuellen Grund jener Verwandtschaft zwischen Genialität und Wahnsinn meine Meinung möglichst kurz vortragen, da diese Erörterung allerdings zur Erklärung des eigentlichen Wesens der Genialität, d.h. derjenigen Geisteseigenschaft, welche allein ächte Kunstwerke schaffen kann, beitragen wird. Dies macht aber eine kurze Erörterung des Wahnsinnes selbst nothwendig*.

Eine klare und vollständige Einsicht in das Wesen des Wahnsinnes, ein richtiger und deutlicher Begriff Desjenigen, was eigentlich den Wahnsinnigen vom Gesunden unterscheidet, ist, meines Wissens, noch immer nicht gefunden. – Weder Vernunft, noch Verstand kann den Wahnsinnigen abgesprochen werden: denn sie reden und vernehmen, sie schließen oft sehr richtig; auch schauen sie in der Regel das Gegenwärtige ganz richtig an und sehen den Zusammenhang zwischen Ursache und Wirkung ein. Visionen, gleich Fieberphantasien, sind kein gewöhnliches Symptom des Wahnsinnes: das Delirium verfälscht die Anschauung, der Wahnsinn die Gedanken. Meistens nämlich irren die Wahnsinnigen durchaus nicht in der Kenntniß des unmittelbar GEGENWÄRTIGEN; sondern ihr Irrereden bezieht sich immer auf das ABWESENDE und VERGANGENE, und nur dadurch auf dessen Verbindung mit dem Gegenwärtigen. Daher nun scheint mir ihre Krankheit besonders das GEDÄCHTNISS zu treffen; zwar nicht so, daß es ihnen ganz fehlte:

* Hiezu Kap. 31 des zweiten Bandes.

denn Viele wissen Vieles auswendig und erkennen bisweilen Personen, die sie lange nicht gesehen, wieder; sondern vielmehr so, daß der Faden des Gedächtnisses zerrissen, der fortlaufende Zusammenhang desselben aufgehoben und keine gleichmäßig zusammenhängende Rückerinnerung der Vergangenheit möglich ist. Einzelne Scenen der Vergangenheit stehen richtig da, so wie die einzelne Gegenwart; aber in ihrer Rückerinnerung sind Lücken, welche sie dann mit Fiktionen ausfüllen, die entweder, stets die selben, zu fixen Ideen werden: dann ist es fixer Wahn, Melancholie; oder jedesmal andere sind, augenblickliche Einfälle: dann heißt es Narrheit, *fatuitas*. Dieserhalb ist es so schwer, einem Wahnsinnigen, bei seinem Eintritt ins Irrenhaus, seinen frühern Lebenslauf abzufragen. Immer mehr nun vermischt sich in seinem Gedächtnisse Wahres mit Falschem. Obgleich die unmittelbare Gegenwart richtig erkannt wird, so wird sie verfälscht durch den fingirten Zusammenhang mit einer gewähnten Vergangenheit: sie halten daher sich selbst und Andere für identisch mit Personen, die bloß in ihrer fingirten Vergangenheit liegen, erkennen manche Bekannte gar nicht wieder, und haben so, bei richtiger Vorstellung des gegenwärtigen Einzelnen, lauter falsche Relationen desselben zum Abwesenden. Erreicht der Wahnsinn einen hohen Grad, so entsteht völlige Gedächtnißlosigkeit, weshalb dann der Wahnsinnige durchaus keiner Rücksicht auf irgend etwas Abwesendes, oder Vergangenes fähig ist, sondern ganz allein durch die augenblickliche Laune, in Verbindung mit den Fiktionen, welche in seinem Kopf die Vergangenheit füllen, bestimmt wird: man ist alsdann bei ihm, wenn man ihm nicht stets die Uebermacht vor Augen hält, keinen Augenblick vor Mißhandlung, oder Mord gesichert. – Die Erkenntniß des Wahnsinnigen hat mit der des Thieres dies gemein, daß beide auf das Gegenwärtige beschränkt sind: aber was sie unterscheidet ist dieses: das Thier hat eigentlich gar keine Vorstellung von der Vergangenheit als solcher, obwohl dieselbe durch das Medium der Gewohnheit auf das Thier wirkt, daher z.B. der Hund seinen frühern Herrn auch nach Jahren wiederkennt, d.h. von dessen Anblick den gewohnten Eindruck erhält; aber von der seitdem verflossenen Zeit hat er doch keine Rückerinnerung: der Wahnsinnige dagegen trägt in seiner Vernunft auch immer eine Vergangenheit *in abstracto* herum, aber eine falsche, die nur für ihn existirt und dies entweder allezeit, oder auch nur eben jetzt: der Einfluß dieser falschen Vergangenheit verhindert nun auch den Gebrauch der richtig erkannten Gegenwart, den doch das Thier macht. Daß heftiges geistiges Leiden, unerwartete entsetzliche Begebenheiten häufig Wahnsinn veranlassen, erkläre ich mir folgendermaßen. Jedes solches Leiden ist immer als wirkliche Begebenheit auf die Gegenwart beschränkt, also nur vorübergehend und insofern noch immer nicht übermäßig schwer: überschwänglich groß wird es erst, sofern es bleibender Schmerz ist: aber als solcher ist es wieder allein ein Gedanke und liegt daher im GEDÄCHTNISS: wenn nun ein solcher Kummer, ein solches schmerzliches Wissen, oder Andenken, so quaalvoll ist, daß es schlechterdings unerträglich fällt, und das Individuum ihm unterliegen würde, – dann greift die dermaaßen geängstigte Natur zum WAHNSINN als zum letzten Rettungsmittel des Lebens: der so sehr gepeinigte Geist zerreißt nun gleichsam den Faden seines Gedächtnisses, füllt die Lücken mit Fiktionen aus und flüchtet so sich von dem seine Kräfte übersteigenden geistigen Schmerz zum Wahnsinn, – wie man ein vom Brande ergriffenes Glied abnimmt und es durch ein hölzernes ersetzt. – Als Beispiel betrachte man den rasenden Ajax, den König Lear und die Ophelia: denn die Geschöpfe des ächten Genius, auf welche allein man sich hier, als allgemein bekannt, berufen kann, sind wirklichen Personen an Wahrheit gleich zu setzen: übrigens zeigt auch die häufige wirkliche Erfahrung hier durchaus das Selbe. Ein schwaches Analogon jener Art des Ueberganges vom Schmerz zum Wahnsinn ist dieses, daß wir Alle oft ein peinigendes Andenken, das uns plötzlich einfällt, wie mechanisch, durch irgend eine laute Aeußerung oder Bewegung zu verscheuchen, uns selbst davon abzulenken, mit Gewalt uns zu zerstreuen suchen. –

Sehen wir nun angegebenermaaßen den Wahnsinnigen das einzelne Gegenwärtige, auch manches einzelne Vergangene, richtig erkennen, aber den Zusammenhang, die Relationen verkennen und daher irren und irrereden; so ist eben dieses der Punkt seiner Berührung mit dem genialen Individuo: denn auch dieses, da es die Erkenntniß der Relationen, welches die gemäß dem Satze des

Grundes ist, verläßt, um in den Dingen nur ihre Ideen zu sehen und zu suchen, ihr sich anschaulich aussprechendes eigentliches Wesen zu ergreifen, in Hinsicht auf welches EIN Ding seine ganze Gattung repräsentirt und daher, wie Goethe sagt, ein Fall für Tausende gilt, – auch der Geniale läßt darüber die Erkenntniß des Zusammenhangs der Dinge aus den Augen: das einzelne Objekt seiner Beschauung, oder die übermäßig lebhaft von ihm aufgefaßte Gegenwart, erscheinen in so hellem Licht, daß gleichsam die übrigen Glieder der Kette, zu der sie gehören, dadurch in Dunkel zurücktreten, und dies giebt eben Phänomene, die mit denen des Wahnsinns eine längst erkannte Aehnlichkeit haben. Was im einzelnen vorhandenen Dinge nur unvollkommen und durch Modifikationen geschwächt da ist, steigert die Betrachtungsweise des Genius zur Idee davon, zum Vollkommenen: er sieht daher überall Extreme, und eben dadurch geräth sein Handeln auf Extreme: er weiß das rechte Maaß nicht zu treffen, ihm fehlt die Nüchternheit, und das Resultat ist das besagte. Er erkennt die Ideen vollkommen, aber nicht die Individuen. Daher kann, wie man bemerkt hat, ein Dichter DEN Menschen tief und gründlich kennen, DIE Menschen aber sehr schlecht; er ist leicht zu hintergehen und ein Spiel in der Hand des Listigen*.

§. 37.

Obgleich nun, unserer Darstellung zufolge, der Genius in der Fähigkeit besteht, unabhängig vom Satze des Grundes und daher, statt der einzelnen Dinge, welche ihr Daseyn nur in der Relation haben, die Ideen derselben zu erkennen und diesen gegenüber selbst das Korrelat der Idee, also nicht mehr Individuum, sondern reines Subjekt des Erkennens zu seyn; so muß dennoch diese Fähigkeit, in geringerem und verschiedenem Grade auch allen Menschen einwohnen; da sie sonst eben so wenig fähig wären die Werke der Kunst zu genießen, als sie hervorzubringen, und überhaupt für das Schöne und Erhabene durchaus keine Empfänglichkeit besitzen, ja diese Worte für

* Hiezu Kap. 32 des zweiten Bandes.

sie keinen Sinn haben könnten. Wir müssen daher in allen Menschen, wenn es nicht etwan welche giebt, die durchaus keines ästhetischen Wohlgefallens fähig sind, jenes Vermögen in den Dingen ihre Ideen zu erkennen, und eben damit sich ihrer Persönlichkeit augenblicklich zu entäußern, als vorhanden annehmen. Der Genius hat vor ihnen nur den viel höhern Grad und die anhaltendere Dauer jener Erkenntnißweise voraus, welche ihn bei derselben die Besonnenheit behalten lassen, die erfordert ist, um das so Erkannte in einem willkürlichen Werk zu wiederholen, welche Wiederholung das Kunstwerk ist. Durch dasselbe theilt er die aufgefaßte Idee den Anderen mit. Diese bleibt daher unverändert und die selbe: daher ist das ästhetische Wohlgefallen wesentlich Eines und dasselbe, es mag durch ein Werk der Kunst, oder unmittelbar durch die Anschauung der Natur und des Lebens hervorgerufen seyn. Das Kunstwerk ist bloß ein Erleichterungsmittel derjenigen Erkenntniß, in welcher jenes Wohlgefallen besteht. Daß aus dem Kunstwerk die Idee uns leichter entgegentritt, als unmittelbar aus der Natur und der Wirklichkeit, kommt daher, daß der Künstler, der nur die Idee, nicht mehr die Wirklichkeit erkannte, in seinem Werk auch nur die Idee rein wiederholt hat, sie ausgesondert hat aus der Wirklichkeit, mit Auslassung aller störenden Zufälligkeiten. Der Künstler läßt uns durch seine Augen in die Welt blicken. Daß er diese Augen hat, daß er das Wesentliche, außer allen Relationen liegende der Dinge erkennt, ist eben die Gabe des Genius, das Angeborene; daß er aber im Stande ist, auch uns diese Gabe zu leihen, uns seine Augen aufzusetzen: dies ist das Erworbene, das Technische der Kunst. Dieserhalb nun wird, nachdem ich im Vorhergehenden das innere Wesen der ästhetischen Erkenntnißart in seinen allgemeinsten Grundlinien dargestellt habe, die jetzt folgende nähere philosophische Betrachtung des Schönen und Erhabenen Beide in der Natur und in der Kunst zugleich erörtern, ohne diese weiter zu trennen. Was im Menschen vorgeht, wann ihn das Schöne, wann ihn das Erhabene rührt, werden wir zunächst betrachten: ob er diese Rührung unmittelbar aus der Natur, aus dem Leben schöpft, oder nur durch die Vermittelung der Kunst ihrer theilhaft wird, begründet keinen wesentlichen, sondern nur einen äußerlichen Unterschied.

§. 38.

Wir haben in der ästhetischen Betrachtungsweise ZWEI UNZERTRENNLICHE BESTANDTHEILE gefunden: die Erkenntniß des Objekts, nicht als einzelnen Dinges, sondern als Platonischer IDEE, d.h. als beharrender Form dieser ganzen Gattung von Dingen; sodann das Selbstbewußtseyn des Erkennenden, nicht als Individuums, sondern als REINEN, WILLENLOSEN SUBJEKTS DER ERKENNTNISS. Die Bedingung, unter welcher beide Bestandtheile immer vereint eintreten, war das Verlassen der an den Satz vom Grund gebundenen Erkenntnißweise, welche hingegen zum Dienste des Willens, wie auch zur Wissenschaft, die allein taugliche ist. – Auch das WOHLGEFALLEN, das durch die Betrachtung des Schönen erregt wird, werden wir aus jenen beiden Bestandtheilen hervorgehen sehen, und zwar bald mehr aus dem einen, bald mehr aus dem andern, je nachdem der Gegenstand der ästhetischen Kontemplation ist.

Alles WOLLEN entspringt aus Bedürfniß, also aus Mangel, also aus Leiden. Diesem macht die Erfüllung ein Ende; jedoch gegen einen Wunsch, der erfüllt wird, bleiben wenigstens zehn versagt: ferner, das Begehren dauert lange, die Forderungen gehen ins Unendliche; die Erfüllung ist kurz und kärglich gemessen. Sogar aber ist die endliche Befriedigung selbst nur scheinbar: der erfüllte Wunsch macht gleich einem neuen Platz: jener ist ein erkannter, dieser noch ein unerkannter Irrthum. Dauernde, nicht mehr weichende Befriedigung kann kein erlangtes Objekt des Wollens geben: sondern es gleicht immer nur dem Almosen, das dem Bettler zugeworfen, sein Leben heute fristet, um seine Quaal auf Morgen zu verlängern. – Darum nun, solange unser Bewußtseyn von unserm Willen erfüllt ist, solange wir dem Drange der Wünsche, mit seinem steten Hoffen und Fürchten, hingegeben sind, solange wir Subjekt des Wollens sind, wird uns nimmermehr dauerndes Glück, noch Ruhe. Ob wir jagen, oder fliehen, Unheil fürchten, oder nach Genuß streben, ist im Wesentlichen einerlei: die Sorge für den stets fordernden Willen, gleichviel in welcher Gestalt, erfüllt und bewegt fortdauernd das Bewußtseyn; ohne Ruhe aber ist durchaus kein wahres Wohlseyn möglich. So liegt das Subjekt des Wollens beständig auf dem drehenden Rade des Ixion, schöpft immer im Siebe der Danaiden, ist der ewig schmachtende Tantalus.

Wann aber äußerer Anlaß, oder innere Stimmung, uns plötzlich aus dem endlosen Strome des Wollens heraushebt, die Erkenntniß dem Sklavendienste des Willens entreißt, die Aufmerksamkeit nun nicht mehr auf die Motive des Wollens gerichtet wird, sondern die Dinge frei von ihrer Beziehung auf den Willen auffaßt, also ohne Interesse, ohne Subjektivität, rein objektiv sie betrachtet, ihnen ganz hingegeben, sofern sie bloß Vorstellungen, nicht sofern sie Motive sind: dann ist die auf jenem ersten Wege des Wollens immer gesuchte, aber immer entfliehende Ruhe mit einem Male von selbst eingetreten, und uns ist völlig wohl. Es ist der schmerzenslose Zustand, den Epikuros als das höchste Gut und als den Zustand der Götter pries: denn wir sind, für jenen Augenblick, des schnöden Willensdranges entledigt, wir feiern den Sabbath der Zuchthausarbeit des Wollens, das Rad des Ixion steht still.

Dieser Zustand ist aber eben der, welchen ich oben beschrieb als erforderlich zur Erkenntniß der Idee, als reine Kontemplation, Aufgehen in der Anschauung, Verlieren ins Objekt, Vergessen aller Individualität, Aufhebung der dem Satz vom Grunde folgenden und nur Relationen fassenden Erkenntnißweise, wobei zugleich und unzertrennlich das angeschaute einzelne Ding zur Idee seiner Gattung, das erkennende Individuum zum reinen Subjekt des willenlosen Erkennens sich erhebt, und nun Beide als solche nicht mehr im Strome der Zeit und aller anderen Relationen stehen. Es ist dann einerlei, ob man aus dem Kerker, oder aus dem Palast die Sonne untergehen sieht.

Innere Stimmung, Uebergewicht des Erkennens über das Wollen, kann unter jeder Umgebung diesen Zustand hervorrufen. Dies zeigen uns jene trefflichen Niederländer, welche solche rein objektive Anschauung auf die unbedeutendesten Gegenstände richteten und ein dauerndes Denkmal ihrer Objektivität und Geistesruhe im STILLLEBEN hinstellten, welches der ästhetische

Beschauer nicht ohne Rührung betrachtet, da es ihm den ruhigen, stillen, willensfreien Gemüthszustand des Künstlers vergegenwärtigt, der nöthig war, um so unbedeutende Dinge so objektiv anzuschauen, so aufmerksam zu betrachten und diese Anschauung so besonnen zu wiederholen: und indem das Bild auch ihn zur Theilnahme an solchen Zustand auffordert, wird seine Rührung oft noch vermehrt durch den Gegensatz der eigenen, unruhigen, durch heftiges Wollen getrübten Gemüthsverfassung, in der er sich eben befindet. Im selben Geiste haben oft Landschaftsmaler, besonders Ruisdael, höchst unbedeutende landschaftliche Gegenstände gemalt, und dadurch die selbe Wirkung noch erfreulicher hervorgebracht.

So viel leistet ganz allein die innere Kraft eines künstlerischen Gemüthes: aber erleichtert und von Außen befördert wird jene rein objektive Gemüthsstimmung durch entgegenkommende Objekte, durch die zu ihrem Anschauen einladende, ja sich aufdringende Fülle der schönen Natur. Ihr gelingt es, so oft sie mit einem Male unserm Blicke sich aufthut, fast immer, uns, wenn auch nur auf Augenblicke, der Subjektivität, dem Sklavendienste des Willens zu entreißen und in den Zustand des reinen Erkennens zu versetzen. Darum wird auch der von Leidenschaften, oder Noth und Sorge Gequälte durch einen einzigen freien Blick in die Natur so plötzlich erquickt, erheitert und aufgerichtet: der Sturm der Leidenschaften, der Drang des Wunsches und der Furcht und alle Quaal des Wollens sind dann sogleich auf eine wundervolle Art beschwichtigt. Denn in dem Augenblicke, wo wir, vom Wollen losgerissen, uns dem reinen willenlosen Erkennen hingegeben haben, sind wir gleichsam in eine andere Welt getreten, wo Alles, was unsern Willen bewegt und dadurch uns so heftig erschüttert, nicht mehr ist. Jenes Freiwerden der Erkenntniß hebt uns aus dem Allen eben so sehr und ganz heraus, wie der Schlaf und der Traum: Glück und Unglück sind verschwunden: wir sind nicht mehr das Individuum, es ist vergessen, sondern nur noch reines Subjekt der Erkenntniß: wir sind nur noch da als das EINE Weltauge, was aus allen erkennenden Wesen blickt, im Menschen allein aber völlig frei vom Dienste des Willens werden kann, wodurch aller Unterschied der Individualität so gänzlich verschwindet, daß es alsdann einerlei ist, ob das schauende Auge einem mächtigen König, oder einem gepeinigten Bettler angehört. Denn weder Glück noch Jammer wird über jene Gränze mit hinüber genommen. So nahe liegt uns beständig ein Gebiet, auf welchem wir allem unserm Jammer gänzlich entronnen sind; aber wer hat die Kraft, sich lange darauf zu erhalten? Sobald irgend eine Beziehung eben jener also rein angeschauten Objekte zu unserm Willen, zu unserer Person, wieder ins Bewußtseyn tritt, hat der Zauber ein Ende: wir fallen zurück in die Erkenntniß, welche der Satz vom Grunde beherrscht, erkennen nun nicht mehr die Idee, sondern das einzelne Ding, das Glied einer Kette, zu der auch wir gehören, und wir sind allem unserm Jammer wieder hingegeben. – Die meisten Menschen stehen, weil ihnen Objektivität, d.i. Genialität, gänzlich abgeht, fast immer auf diesem Standpunkt. Daher sind sie nicht gern allein mit der Natur: sie brauchen Gesellschaft, wenigstens ein Buch. Denn ihr Erkennen bleibt dem Willen dienstbar: sie suchen daher an den Gegenständen nur die etwanige Beziehung auf ihren Willen, und bei Allem, was keine solche Beziehung hat, ertönt in ihrem Innern, gleichsam wie ein Grundbaß, ein beständiges, trostloses »Es hilft mir nichts«: dadurch erhält in der Einsamkeit auch die schönste Umgebung ein ödes, finsteres, fremdes, feindliches Ansehen für sie.

Jene Seeligkeit des willenlosen Anschauens ist es endlich auch, welche über die Vergangenheit und Entfernung einen so wundersamen Zauber verbreitet und sie in so sehr verschönerndem Lichte uns darstellt, durch eine Selbsttäuschung. Denn indem wir längst vergangene Tage, an einem fernen Orte verlebt, uns vergegenwärtigen, sind es die Objekte allein, welche unsere Phantasie zurückruft, nicht das Subjekt des Willens, das seine unheilbaren Leiden damals eben so wohl mit sich herumtrug, wie jetzt: aber diese sind vergessen, weil sie seitdem schon oft andern Platz gemacht haben. Nun wirkt die objektive Anschauung in der Erinnerung eben so, wie die gegenwärtige wirken würde, wenn wir es über uns vermöchten, uns willensfrei ihr hinzugeben. Daher kommt es, daß besonders wann mehr als gewöhnlich irgend eine Noth uns beängstiget, die plötzliche Erinnerung an Scenen der Vergangenheit und Entfernung wie ein verlorenes Paradies an uns vorüberfliegt. Bloß das Objektive, nicht das Individuell-Subjektive ruft die Phantasie zurück, und wir bilden uns ein, daß jenes Objektive damals eben so rein, von keiner Beziehung auf den Willen getrübt vor uns gestanden habe, wie jetzt sein Bild in der Phantasie: da doch vielmehr die Beziehung der Objekte auf unser Wollen uns damals Quaal schuf, so gut wie jetzt. Wir können durch die gegenwärtigen Objekte eben so wohl, wie durch die entfernten, uns allen Leiden entziehen, sobald wir uns zur rein objektiven Betrachtung derselben erheben und so die Illusion hervorzubringen vermögen, daß allein jene Objekte, nicht wir selbst gegenwärtig wären: dann werden wir, des leidigen Selbst entledigt, als reines Subjekt des Erkennens mit jenen Objekten völlig Eins, und so fremd unsere Noth ihnen ist, so fremd ist sie, in solchen Augenblicken, uns selbst. Die Welt als Vorstellung ist dann allein noch übrig, und die Welt als Wille ist verschwunden.

Durch alle diese Betrachtungen wünsche ich deutlich gemacht zu haben, welcher Art und wie groß der Antheil sei, den am ästhetischen Wohlgefallen die subjektive Bedingung desselben hat, nämlich die Befreiung des Erkennens vom Dienste des Willens, das Vergessen seines Selbst als Individuums und die Erhöhung des Bewußtseyns zum reinen, willenlosen, zeitlosen, von allen Relationen unabhängigen Subjekt des Erkennens. Mit dieser subjektiven Seite der ästhetischen Beschauung tritt als nothwendiges Korrelat immer zugleich die objektive Seite derselben ein, die intuitive Auffassung der Platonischen Idee. Bevor wir uns aber zur nähern Betrachtung dieser und zu den Leistungen der Kunst in Beziehung auf dieselbe wenden, ist es zweckmäßiger, noch etwas bei der subjektiven Seite des ästhetischen Wohlgefallens zu verweilen, um deren Betrachtung durch die Erörterung des von ihr allein abhängigen und durch eine Modifikation derselben entstehenden Eindrucks des Erhabenen zu vollenden. Danach wird unsere Untersuchung des ästhetischen Wohlgefallens, durch die Betrachtung der objektiven Seite desselben, ihre ganze Vollständigkeit erhalten.

Dem Bisherigen aber gehören zuvor noch folgende Bemerkungen an. Das Licht ist das Erfreulichste der Dinge: es ist das Symbol alles Guten und Heilbringenden geworden. In allen Religionen bezeichnet es das ewige Heil, und die Finsterniß die Verdammniß. Ormuzd wohnt im reinsten Lichte, Ahriman in ewiger Nacht. In Dante's Paradiese sieht es ungefähr aus wie im Vauxhall zu London, indem alle seeligen Geister daselbst als Lichtpunkte erscheinen, die sich zu regelmäßigen Figuren zusammenstellen. Die Abwesenheit des Lichtes macht uns unmittelbar traurig; seine Wiederkehr beglückt: die Farben erregen unmittelbar ein lebhaftes Ergötzen, welches, wenn sie transparent sind, den höchsten Grad erreicht. Dies Alles kommt allein daher, daß das Licht das Korrelat und die Bedingung der vollkommensten anschaulichen Erkenntnißweise ist, der einzigen, die unmittelbar durchaus nicht den Willen affizirt. Denn das Sehen ist gar nicht, wie die Affektion der anderen Sinne, an sich, unmittelbar und durch seine sinnliche Wirkung, einer Annehmlichkeit oder Unannehmlichkeit der EMPFINDUNG im Organ fähig, d.h. hat keine unmittelbare Verbindung mit dem Willen: sondern erst die im Verstande entspringende Anschauung kann eine solche haben, die dann in der Relation des Objekts zum Willen liegt. Schon beim Gehör ist dies anders: Töne können unmittelbar Schmerz erregen und auch unmittelbar sinnlich, ohne Bezug auf Harmonie oder Melodie, angenehm seyn. Das Getast, als mit dem Gefühl des ganzen Leibes Eines, ist diesem unmittelbaren Einfluß auf den Willen noch mehr unterworfen: doch giebt es noch ein schmerz- und wollustloses Tasten. Gerüche aber sind immer angenehm oder unangenehm: Geschmäcke noch mehr. Die beiden letzteren Sinne sind also am meisten mit dem Willen inquinirt: daher sind sie immer die unedelsten und von Kant die subjektiven Sinne genannt worden. Die Freude über das Licht ist also in der That nur die Freude über die objektive Möglichkeit der reinsten und vollkommensten anschaulichen Erkenntnißweise und als solche daraus abzuleiten, daß das reine von allem Wollen befreite und entledigte Erkennen höchst erfreulich ist und schon als solches einen großen Antheil am ästhetischen Genusse hat. – Aus dieser Ansicht des Lichtes ist wieder die unglaublich große Schönheit abzuleiten, die wir der Abspiegelung der Objekte im Wasser zuerkennen. Jene leichteste, schnellste, feinste Art der Einwirkung von Körpern auf einander, sie, der auch wir die bei weitem vollkommenste und reinste unserer Wahrnehmungen verdanken: die Einwirkung mittelst zurückgeworfener Lichtstrahlen: diese wird uns hier ganz deutlich, übersehbar und vollständig, in Ursache und Wirkung, und zwar im Großen, vor die Augen gebracht: daher unsere ästhetische Freude darüber, welche, der Hauptsache nach, ganz im subjektiven Grunde des ästhetischen Wohlgefallens wurzelt und Freude über das reine Erkennen und seine Wege ist*.

§. 39.

An alle diese Betrachtungen nun, welche den subjektiven Theil des ästhetischen Wohlgefallens hervorheben sollen, also dieses Wohlgefallen, sofern es Freude über das bloße, anschauliche Erkennen als solches, im Gegensatz des Willens, ist, – schließt sich, als unmittelbar damit zusammenhängend, folgende Erklärung derjenigen Stimmung, welche man das Gefühl des ERHABENEN genannt hat.

Es ist schon oben bemerkt, daß das Versetzen in den Zustand des reinen Anschauens am leichtesten eintritt, wenn die Gegenstände demselben entgegenkommen, d.h. durch ihre mannigfaltige und zugleich bestimmte und deutliche Gestalt leicht zu Repräsentanten ihrer Ideen werden, worin eben die Schönheit, im objektiven Sinne, besteht. Vor Allem hat die schöne Natur diese Eigenschaft und gewinnt dadurch selbst dem Unempfindlichsten wenigstens ein flüchtiges ästhetisches Wohlgefallen ab: ja, es ist so auffallend, wie besonders die Pflanzenwelt zur ästhetischen Betrachtung auffordert und sich gleichsam derselben aufdringt, daß man sagen möchte, dieses Entgegenkommen stände damit in Verbindung, daß diese organischen Wesen nicht selbst, wie die thierischen Leiber, unmittelbares Objekt der Erkenntniß sind, daher sie des fremden verständigen Individuums bedürfen, um aus der Welt des blinden Wollens in die der Vorstellung einzutreten, weshalb sie gleichsam

* Hiezu Kap. 33 des zweiten Bandes.

nach diesem Eintritt sich sehnten, um wenigstens mittelbar zu erlangen, was ihnen unmittelbar versagt ist. Ich lasse übrigens diesen gewagten und vielleicht an Schwärmerei gränzenden Gedanken ganz und gar dahingestellt seyn, da nur eine sehr innige und hingebende Betrachtung der Natur ihn erregen oder rechtfertigen kann*. Solange nun dieses Entgegenkommen der Natur, die Bedeutsamkeit und Deutlichkeit ihrer Formen, aus denen die in ihnen individualisirten Ideen uns leicht ansprechen, es ist, die uns aus der dem Willen dienstbaren Erkenntniß bloßer Relationen in die ästhetische Kontemplation versetzt und eben damit zum willensfreien Subjekt des Erkennens erhebt: so lange ist es bloß das SCHÖNE, was auf uns wirkt, und Gefühl der Schönheit was erregt ist. Wenn nun aber eben jene Gegenstände, deren bedeutsame Gestalten uns zu ihrer reinen Kontemplation einladen, gegen den menschlichen Willen überhaupt, wie er in seiner Objektität, dem menschlichen Leibe, sich darstellt, ein feindliches Verhältniß haben, ihm entgegen sind, durch ihre allen Widerstand aufhebende Uebermacht ihn bedrohen, oder vor ihrer unermeßlichen Größe ihn bis zum Nichts verkleinern; der Betrachter aber dennoch nicht auf dieses sich aufdringende feindliche Verhältniß zu seinem Willen seine Aufmerksamkeit richtet; sondern, obwohl es wahrnehmend und anerkennend, sich mit Bewußtseyn davon abwendet, indem er sich von seinem Willen und dessen Verhältnissen gewaltsam losreißt und allein der Erkenntniß hingegeben, eben jene dem Willen furchtbaren Gegenstände als reines willensloses Subjekt des Erkennens ruhig kontemplirt, ihre jeder Relation fremde Idee allein auffassend, daher gerne bei ihrer Betrachtung weilend, folglich eben dadurch über sich selbst, seine Person, sein Wollen und alles Wollen hinausgehoben wird: – dann erfüllt ihn das Gefühl des ERHABENEN, er ist im Zustand der Erhebung, und deshalb nennt man auch den solchen Zustand veranlassenden Gegenstand ERHABEN. Was

* Um so mehr erfreut und überrascht mich jetzt, 40 Jahre nachdem ich obigen Gedanken so schüchtern und zaudernd hingeschrieben habe, die Entdeckung, daß schon der heilige Augustinus ihn ausgesprochen hat: *Arbusta formas suas varias, quibus mundi hujus visibilis structura formosa est, sentiendas sensibus praebent; ut, pro eo quod* nosse *non possunt, quasi* innotescere *velle videantur. (De civ. Dei, XI, 27.)*

also das Gefühl des Erhabenen von dem des Schönen unterscheidet, ist dieses: beim Schönen hat das reine Erkennen ohne Kampf die Oberhand gewonnen, indem die Schönheit des Objekts, d.h. dessen die Erkenntniß seiner Idee erleichternde Beschaffenheit, den Willen und die seinem Dienste fröhnende Erkenntniß der Relationen, ohne Widerstand und daher unmerklich aus dem Bewußtseyn entfernte und dasselbe als reines Subjekt des Erkennens übrig ließ, so daß selbst keine Erinnerung an den Willen nachbleibt: hingegen bei dem Erhabenen ist jener Zustand des reinen Erkennens allererst gewonnen durch ein bewußtes und gewaltsames Losreißen von den als ungünstig erkannten Beziehungen desselben Objekts zum Willen, durch ein freies, von Bewußtseyn begleitetes Erheben über den Willen und die auf ihn sich beziehende Erkenntniß. Diese Erhebung muß mit Bewußtseyn nicht nur gewonnen, sondern auch erhalten werden und ist daher von einer steten Erinnerung an den Willen begleitet, doch nicht an ein einzelnes, individuelles Wollen, wie Furcht oder Wunsch, sondern an das menschliche Wollen überhaupt, sofern es durch seine Objektität, den menschlichen Leib, allgemein ausgedrückt ist. Träte ein realer einzelner Willensakt ins Bewußtseyn, durch wirkliche, persönliche Bedrängniß und Gefahr vom Gegenstande; so würde der also wirklich bewegte individuelle Wille alsbald die Oberhand gewinnen, die Ruhe der Kontemplation unmöglich werden, der Eindruck des Erhabenen verloren gehen, indem er der Angst Platz macht, in welcher das Streben des Individuums, sich zu retten, jeden andern Gedanken verdrängte. – Einige Beispiele werden sehr viel beitragen, diese Theorie des Aesthetisch-Erhabenen deutlich zu machen und außer Zweifel zu setzen; zugleich werden sie die Verschiedenheit der Grade jenes Gefühls des Erhabenen zeigen. Denn da dasselbe mit dem des Schönen in der Hauptbestimmung, dem reinen, willensfreien Erkennen und der mit demselben nothwendig eintretenden Erkenntniß der außer aller durch den Satz des Grundes bestimmten Relation stehenden Ideen, Eines ist und nur durch einen Zusatz, nämlich die Erhebung über das erkannte feindliche Verhältniß eben des kontemplirten Objekts zum Willen überhaupt, sich vom Gefühl des Schönen unterscheidet; so entstehen, je nachdem dieser Zusatz stark, laut, dringend, nah, oder nur schwach, fern, bloß angedeutet ist, mehrere Grade des Erhabenen, ja, Uebergänge des Schönen zum Erhabenen. Ich halte es der Darstellung angemessener, diese Uebergänge und überhaupt die schwächeren Grade des Eindrucks des Erhabenen zuerst in Beispielen vor die Augen zu bringen, obwohl Diejenigen, deren ästhetische Empfänglichkeit überhaupt nicht sehr groß und deren Phantasie nicht lebhaft ist, bloß die später folgenden Beispiele der höheren, deutlicheren Grade jenes Eindrucks verstehen werden, an welche allein sie sich daher zu halten und die zuerst anzuführenden Beispiele der sehr schwachen Grade des besagten Eindrucks auf sich beruhen zu lassen haben.

Wie der Mensch zugleich ungestümer und finsterer Drang des Wollens (bezeichnet durch den Pol der Genitalien als seinen Brennpunkt) und ewiges, freies, heiteres Subjekt des reinen Erkennens (bezeichnet durch den Pol des Gehirns) ist; so ist, diesem Gegensatz entsprechend, die Sonne zugleich Quelle des LICHTES, der Bedingung zur vollkommensten Erkenntnißart, und eben dadurch des erfreulichsten der Dinge, – und Quelle der WÄRME, der ersten Bedingung alles Lebens, d.i. aller Erscheinung des Willens auf den höheren Stufen derselben. Was daher für den Willen die Wärme, das ist für die Erkenntniß das Licht. Das Licht ist eben daher der größte Demant in der Krone der Schönheit und hat auf die Erkenntniß jedes schönen Gegenstandes den entschiedensten Einfluß: seine Anwesenheit überhaupt ist unerläßliche Bedingung; seine günstige Stellung erhöht auch die Schönheit des Schönsten. Vor allem Andern aber wird das Schöne der Baukunst durch seine Gunst erhöht, durch welche jedoch selbst das Unbedeutendeste zum schönsten Gegenstande wird. – Sehen wir nun im strengen Winter, bei der allgemeinen Erstarrung der Natur, die Strahlen der niedrig stehenden Sonne von steinernen Massen zurückgeworfen, wo sie erleuchten, ohne zu wärmen, also nur der reinsten Erkenntnißweise, nicht dem Willen günstig sind; so versetzt die Betrachtung der schönen Wirkung des Lichtes auf diese Massen, uns, wie alle Schönheit, in den Zustand des reinen Erkennens, der jedoch hier durch die leise Erinnerung an den Mangel der Erwärmung durch eben jene Strahlen, also des belebenden Princips, schon ein gewisses Erheben über das Interesse des Willens verlangt, eine leise Aufforderung zum Verharren im reinen Erkennen, mit Abwendung von allem Wollen, enthält, eben dadurch aber ein Uebergang vom Gefühl des Schönen zu dem des Erhabenen ist. Es ist der schwächste Anhauch des Erhabenen am Schönen, welches letztere selbst hier nur in geringem Grade hervortritt. Ein fast noch eben so schwaches Beispiel ist folgendes.

Versetzen wir uns in eine sehr einsame Gegend, mit unbeschränktem Horizont, unter völlig wolkenlosem Himmel, Bäume und Pflanzen in ganz unbewegter Luft, keine Thiere, keine Menschen, keine bewegte Gewässer, die tiefste Stille; – so ist solche Umgebung wie ein Aufruf zum Ernst, zur Kontemplation, mit Losreißung von allem Wollen und dessen Dürftigkeit: eben dieses aber giebt schon einer solchen, bloß einsamen und tiefruhenden Umgebung einen Anstrich des Erhabenen. Denn weil sie für den des steten Strebens und Erreichens bedürftigen Willen keine Objekte darbietet, weder günstige noch ungünstige, so bleibt nur der Zustand der reinen Kontemplation übrig, und wer dieser nicht fähig ist, wird der Leere des nichtbeschäftigten Willens, der Quaal der Langenweile, mit beschämender Herabsetzung Preis gegeben. Sie giebt insofern ein Maaß unseres eigenen intellektualen Werthes, für welchen überhaupt der Grad unserer Fähigkeit zum Ertragen, oder Lieben der Einsamkeit ein guter Maaßstab ist. Die geschilderte Umgebung giebt also ein Beispiel des Erhabenen in niedrigem Grad, indem in ihr dem Zustand des reinen Erkennens, in seiner Ruhe und Allgenugsamkeit, als Kontrast, eine Erinnerung an die Abhängigkeit und Armsäligkeit des eines steten Treibens bedürftigen Willens beigemischt ist. – Dies ist die Gattung des Erhabenen, welche dem Anblick der endlosen Prärien im Innern Nord-Amerikas nachgerühmt wird.

Lassen wir nun aber eine solche Gegend auch der Pflanzen entblößt seyn und nur nackte Felsen zeigen; so wird, durch die gänzliche Abwesenheit des zu unserer Subsistenz nöthigen Organischen, der Wille schon geradezu beängstigt: die Oede gewinnt einen furchtbaren Charakter; unsere Stimmung wird mehr tragisch: die Erhebung zum reinen Erkennen geschieht mit entschiedenerem Losreißen vom Interesse des Willens, und indem wir im Zustande des reinen Erkennens beharren, tritt das Gefühl des Erhabenen deutlich hervor.

In noch höherem Grade kann es folgende Umgebung veranlassen. Die Natur in stürmischer Bewegung; Helldunkel, durch drohende schwarze Gewitterwolken; ungeheure, nackte, herabhängende Felsen, welche durch ihre Verschränkung die Aussicht verschließen; rauschende schäumende Gewässer; gänzliche Oede; Wehklage der durch die Schluchten streichenden Luft. Unsere Abhängigkeit, unser Kampf mit der feindlichen Natur, unser darin gebrochener Wille, tritt uns jetzt anschaulich vor Augen: so lange aber nicht die persönliche Bedrängniß die Oberhand gewinnt, sondern wir in ästhetischer Beschauung bleiben, blickt durch jenen Kampf der Natur, durch jenes Bild des gebrochenen Willens, das reine Subjekt des Erkennens durch und faßt ruhig, unerschüttert, nicht mitgetroffen *(unconcerned)*, an eben den Gegenständen, welche dem Willen drohend und furchtbar sind, die Ideen auf. In diesem Kontrast eben liegt das Gefühl des Erhabenen.

Aber noch mächtiger wird der Eindruck, wenn wir den Kampf der empörten Naturkräfte im Großen vor Augen haben, wenn in jener Umgebung ein fallender Strom durch sein Toben uns die Möglichkeit die eigene Stimme zu hören benimmt; – oder wenn wir am weiten, im Sturm empörten Meere stehen: häuserhohe Wellen steigen und sinken, gewaltsam gegen schroffe Uferklippen geschlagen, spritzen sie den Schaum hoch in die Luft, der Sturm heult, das Meer brüllt, Blitze aus schwarzen Wolken zucken und Donnerschläge übertönen Sturm und Meer. Dann erreicht im unerschütterten Zuschauer dieses Auftritts die Duplicität seines Bewußtseyns die höchste Deutlichkeit: er empfindet sich zugleich als Individuum, als hinfällige Willenserscheinung, die der geringste Schlag jener Kräfte zertrümmern kann, hülflos gegen die gewaltige Natur, abhängig, dem Zufall Preis gegeben, ein verschwindendes Nichts, ungeheuren Mächten gegenüber; und dabei nun zugleich als ewiges ruhiges Subjekt des Erkennens, welches, als Bedingung des Objekts, der Träger eben dieser ganzen Welt ist und der furchtbare Kampf der Natur nur seine Vorstellung, es selbst in ruhiger Auffassung der Ideen, frei und fremd allem Wollen und allen Nöthen. Es ist der volle Eindruck des Erhabenen. Hier veranlaßt ihn der Anblick einer dem Individuo Vernichtung drohenden, ihm ohne allen Vergleich überlegenen Macht.

Auf ganz andere Weise kann er entstehen bei der Vergegenwärtigung einer bloßen Größe in Raum und Zeit, deren Unermeßlichkeit das Individuum zu Nichts verkleinert. Wir können die erstere Art das Dynamisch-, die zweite das Mathematisch-Erhabene nennen, Kants Benennungen und seine richtige Eintheilung beibehaltend, obgleich wir in der Erklärung des innern Wesens jenes Eindrucks ganz von ihm abweichen und weder moralischen Reflexionen, noch Hypostasen aus der scholastischen Philosophie einen Antheil dabei zugestehen.

Wenn wir uns in die Betrachtung der unendlichen Größe der Welt in Raum und Zeit verlieren, den verflossenen Jahrtausenden und den kommenden nachsinnen, – oder auch, wenn der nächtliche Himmel uns zahllose Welten wirklich vor Augen bringt, und so die Unermeßlichkeit der Welt auf das Bewußtseyn eindringt, – so fühlen wir uns selbst zu Nichts verkleinert, fühlen uns als Individuum, als belebter Leib, als vergängliche Willenserscheinung, wie ein Tropfen im Ocean, dahin schwinden, ins Nichts zerfließen. Aber zugleich erhebt sich gegen solches Gespenst unserer eigenen Nichtigkeit, gegen solche lügende Unmöglichkeit, das unmittelbare Bewußtseyn, daß alle diese Welten ja nur in unserer Vorstellung dasind, nur als Modifikationen des ewigen Subjekts des reinen Erkennens, als welches wir uns finden, sobald wir die Individualität vergessen, und welches der nothwendige, der bedingende Träger aller Welten und aller Zeiten ist. Die Größe der Welt, die uns vorher beunruhigte, ruht jetzt in uns: unsere Abhängigkeit von ihr wird aufgehoben durch ihre Abhängigkeit von uns. – Dieses Alles kommt jedoch nicht sofort in die Reflexion, sondern zeigt sich als ein nur gefühltes Bewußtseyn, daß man, in irgend einem Sinne (den allein die Philosophie deutlich macht), mit der Welt Eines ist und daher durch ihre Unermeßlichkeit nicht niedergedrückt, sondern gehoben wird. Es ist das gefühlte Bewußtseyn Dessen, was die Upanischaden der Veden in so mannigfaltigen

Wendungen wiederholt aussprechen, vorzüglich in dem schon oben beigebrachten Spruch: *Hae omnes creaturae in totum ego sum, et praeter me aliud ens non est* (*Oupnek'hat*, Bd. 1, S. 122). Es ist Erhebung über das eigene Individuum, Gefühl des Erhabenen.

Auf eine ganz unmittelbare Weise erhalten wir diesen Eindruck des Mathematisch-Erhabenen schon durch einen Raum, der zwar gegen das Weltgebäude betrachtet klein ist, der aber dadurch daß er uns unmittelbar ganz wahrnehmbar geworden ist, nach allen drei Dimensionen mit seiner ganzen Größe auf uns wirkt, welche hinreicht, das Maaß unsers eigenen Leibes fast unendlich klein zu machen. Dies kann ein für die Wahrnehmung leerer Raum nie, daher nie ein offener, sondern nur ein durch die Begränzung nach allen Dimensionen unmittelbar wahrnehmbarer, also ein sehr hohes und großes Gewölbe, wie das der Peterskirche in Rom, oder der Paulskirche in London. Das Gefühl des Erhabenen entsteht hier durch das Innewerden des verschwindenden Nichts unseres eigenen Leibes vor einer Größe, die andererseits selbst wieder nur in unserer Vorstellung liegt und deren Träger wir als erkennendes Subjekt sind, also hier wie überall durch den Kontrast der Unbedeutsamkeit und Abhängigkeit unseres Selbst als Individuums, als Willenserscheinung, gegen das Bewußtseyn unserer als reinen Subjekts des Erkennens. Selbst das Gewölbe des gestirnten Himmels wirkt, wenn es ohne Reflexion betrachtet wird, nur eben so wie jenes steinerne Gewölbe, und nicht mit seiner wahren, sondern nur mit seiner scheinbaren Größe. – Manche Gegenstände unserer Anschauung erregen den Eindruck des Erhabenen dadurch, daß, sowohl vermöge ihrer räumlichen Größe, als ihres hohen Alters, also ihrer zeitlichen Dauer, wir ihnen gegenüber uns zu Nichts verkleinert fühlen, und dennoch im Genusse ihres Anblicks schwelgen: der Art sind sehr hohe Berge, Aegyptische Pyramiden, kolossale Ruinen von hohem Alterthume.

Ja, auch auf das Ethische läßt unsere Erklärung des Erhabenen sich übertragen, nämlich auf Das, was man als den erhabenen Charakter bezeichnet. Auch dieser nämlich entspringt daraus, daß der Wille nicht erregt wird durch Gegenstände, welche allerdings geeignet wären, ihn zu erregen; sondern das Erkennen auch dabei die

Oberhand behält. Ein solcher Charakter wird demnach die Menschen rein objektiv betrachten, nicht aber nach den Beziehungen, welche sie zu seinem Willen haben könnten: er wird z.B. ihre Fehler, sogar ihren Haß und ihre Ungerechtigkeit gegen ihn selbst, bemerken, ohne dadurch seinerseits zum Haß erregt zu werden; er wird ihr Glück ansehen, ohne Neid zu empfinden; er wird ihre guten Eigenschaften erkennen, ohne jedoch nähere Verbindung mit ihnen zu wünschen; er wird die Schönheit der Weiber wahrnehmen, ohne ihrer zu begehren. Sein persönliches Glück oder Unglück wird ihn nicht stark affiziren, vielmehr wird er seyn, wie Hamlet den Horatio beschreibt:

for thou hast been
As one, in suffering all, that suffers nothing;
A man, that fortune's buffets and rewards
*Hast ta'en with equal thanks. etc. (A. 3. sc. 2.)**

Denn er wird in seinem eigenen Lebenslauf und dessen Unfällen weniger sein individuelles, als das Loos der Menschheit überhaupt erblicken, und demnach sich dabei mehr erkennend als leidend verhalten.

§. 40.

Weil die Gegensätze sich erläutern, mag hier die Bemerkung ihre Stelle finden, daß das eigentliche Gegentheil des Erhabenen etwas ist, was man auf den ersten Blick wohl nicht dafür erkennt: das REIZENDE. Ich verstehe aber hierunter Dasjenige, was den Willen, dadurch daß es ihm die Gewährung, die Erfüllung, unmittelbar vorhält, aufregt. – Entstand das Gefühl des Erhabenen dadurch, daß ein dem Willen geradezu ungünstiger Gegenstand Objekt der reinen Kontemplation wird, die dann nur durch eine stete Abwendung vom Willen und Erhebung über sein Interesse erhalten wird, welches eben die Erhabenheit der Stimmung ausmacht; so zieht

* Denn du warst stets als hättest,
Indem dich Alles traf, du nichts zu leiden:
Des Schicksals Schläge und Geschenke hast
Mit gleichem Dank du hingenommen, u. s. w.

dagegen das Reizende den Beschauer aus der reinen Kontemplation, die zu jeder Auffassung des Schönen erfordert ist, herab, indem es seinen Willen, durch demselben unmittelbar zusagende Gegenstände, nothwendig aufreizt, wodurch der Betrachter nicht mehr reines Subjekt des Erkennens bleibt, sondern zum bedürftigen, abhängigen Subjekt des Wollens wird. – Daß man gewöhnlich jedes Schöne von der heitern Art reizend nennt, ist ein, durch Mangel an richtiger Unterscheidung, zu weit gefaßter Begriff, den ich ganz bei Seite setzen, ja mißbilligen muß. – Im angegebenen und erklärten Sinn aber, finde ich im Gebiete der Kunst nur zwei Arten des Reizenden und beide ihrer unwürdig. Die eine, recht niedrige, im Stillleben der Niederländer, wenn es sich dahin verirrt, daß die dargestellten Gegenstände Eßwaaren sind, die durch ihre täuschende Darstellung nothwendig den Appetit darauf erregen, welches eben eine Aufregung des Willens ist, die jeder ästhetischen Kontemplation des Gegenstandes ein Ende macht. Gemaltes Obst ist noch zulässig, da es als weitere Entwickelung der Blume und durch Form und Farbe als ein schönes Naturprodukt sich darbietet, ohne daß man geradezu genöthigt ist, an seine Eßbarkeit zu denken; aber leider finden wir oft, mit täuschender Natürlichkeit, aufgetischte und zubereitete Speisen, Austern, Heringe, Seekrebse, Butterbrod, Bier, Wein u.s.w., was ganz verwerflich ist. – In der Historienmalerei und Bildhauerei besteht das Reizende in nackten Gestalten, deren Stellung, halbe Bekleidung und ganze Behandlungsart darauf hinzielt im Beschauer Lüsternheit zu erregen, wodurch die rein ästhetische Betrachtung sogleich aufgehoben, also dem Zweck der Kunst entgegengearbeitet wird. Dieser Fehler entspricht ganz und gar dem soeben an den Niederländern gerügten. Die Antiken sind, bei aller Schönheit und völliger Nacktheit der Gestalten, fast immer davon frei, weil der Künstler selbst mit rein objektivem, von der idealen Schönheit erfülltem Geiste sie schuf, nicht im Geiste subjektiver, schnöder Begierde. – Das Reizende ist also in der Kunst überall zu vermeiden.

Es giebt auch ein Negativ-Reizendes, welches noch verwerflicher, als das eben erörterte Positiv-Reizende ist: und dieses ist das Ekelhafte. Eben wie das eigentlich Reizende erweckt es den Willen des Beschauers und zerstört dadurch die rein ästhetische Betrachtung. Aber es ist ein heftiges Nichtwollen, ein Widerstreben, was dadurch angeregt wird: es erweckt den Willen, indem es ihm Gegenstände seines Abscheus vorhält. Daher hat man von je erkannt, daß es in der Kunst durchaus unzulässig sei, wo doch selbst das Häßliche, solange es nicht ekelhaft ist, an der rechten Stelle gelitten werden kann, wie wir weiter unten sehen werden.

§. 41.

Der Gang unserer Betrachtung hat es nothwendig gemacht, die Erörterung des Erhabenen hier einzuschalten, wo die des Schönen erst zur Hälfte, bloß ihrer einen, der subjektiven, Seite nach vollendet war. Denn eben nur eine besondere Modifikation dieser subjektiven Seite war es, die das Erhabene vom Schönen unterschied. Ob nämlich der Zustand des reinen willenlosen Erkennens, den jede ästhetische Kontemplation voraussetzt und fordert, sich, indem das Objekt dazu einlud und hinzog, ohne Widerstand, durch bloßes Verschwinden des Willens aus dem Bewußtseyn, wie von selbst einfand; oder ob derselbe erst errungen ward durch freie bewußte Erhebung über den Willen, zu welchem der kontemplirte Gegenstand selbst ein ungünstiges, feindliches Verhältniß hat, welchem nachzuhängen die Kontemplation aufheben würde; – dies ist der Unterschied zwischen dem Schönen und dem Erhabenen. Im Objekte sind beide nicht wesentlich unterschieden: denn in jedem Falle ist das Objekt der ästhetischen Betrachtung nicht das einzelne Ding, sondern die in demselben zur Offenbarung strebende Idee, d.h. adäquate Objektität des Willens auf einer bestimmten Stufe: ihr nothwendiges, wie sie selbst, dem Satz vom Grunde entzogenes Korrelat ist das reine Subjekt des Erkennens, wie das Korrelat des einzelnen Dinges das erkennende Individuum ist, welche beide im Gebiete des Satzes vom Grunde liegen.

Indem wir einen Gegenstand SCHÖN nennen, sprechen wir dadurch aus, daß er Objekt unserer ästhetischen Betrachtung ist, welches zweierlei in sich schließt, einerseits nämlich, daß sein Anblick uns OBJEKTIV macht, d.h. daß wir in der Betrachtung desselben nicht mehr unserer als Individuen, sondern als reinen willenlosen Subjekts des Erkennens uns bewußt sind; und andererseits, daß wir im Gegenstande nicht das einzelne Ding, sondern eine Idee erkennen, welches nur geschehen kann, sofern unsere Betrachtung des Gegenstandes nicht dem Satz vom Grunde hingegeben ist, nicht seiner Beziehung zu irgend etwas außer ihm (welche zuletzt immer mit Beziehungen auf unser Wollen zusammenhängt) nachgeht, sondern auf dem Objekte selbst ruhet. Denn die Idee und das reine Subjekt des Erkennens treten als nothwendige Korrelata immer zugleich ins Bewußtseyn, bei welchem Eintritt auch aller Zeitunterschied sogleich verschwindet, da beide dem Satz vom Grunde in allen seinen Gestaltungen völlig fremd sind und außerhalb der durch ihn gesetzten Relationen liegen, dem Regenbogen und der Sonne zu vergleichen, die an der steten Bewegung und Succession der fallenden Tropfen keinen Theil haben. Daher, wenn ich z.B. einen Baum ästhetisch, d.h. mit künstlerischen Augen betrachte, also nicht ihn, sondern seine Idee erkenne, es sofort ohne Bedeutung ist, ob es dieser Baum oder sein vor tausend Jahren blühender Vorfahr ist, und eben so ob der Betrachter dieses, oder irgend ein anderes, irgendwann und irgendwo lebendes Individuum ist; mit dem Satz vom Grunde ist das einzelne Ding und das erkennende Individuum aufgehoben und nichts bleibt übrig, als die Idee und das reine Subjekt des Erkennens, welche zusammen die adäquate Objektität des Willens auf dieser Stufe ausmachen. Und nicht allein der Zeit, sondern auch dem Raum ist die Idee enthoben: denn nicht die mir vorschwebende räumliche Gestalt, sondern der Ausdruck, die reine Bedeutung derselben, ihr innerstes Wesen, das sich mir aufschließt und mich anspricht, ist eigentlich die Idee und kann ganz das Selbe seyn, bei großem Unterschied der räumlichen Verhältnisse der Gestalt.

Da nun einerseits jedes vorhandene Ding rein objektiv und außer aller Relation betrachtet werden kann; da ferner auch andererseits in jedem Dinge der Wille, auf irgend einer Stufe seiner Objektität, erscheint, und dasselbe sonach Ausdruck einer Idee ist; so ist auch jedes Ding SCHÖN. – Daß auch das Unbedeutendeste die rein objektive und willenlose Betrachtung zuläßt und dadurch sich als schön bewährt, bezeugt das schon oben (§. 38) in dieser Hinsicht erwähnte Stillleben der Niederländer. Schöner ist aber Eines als das Andere dadurch, daß es jene rein objektive Betrachtung erleichtert, ihr entgegenkommt, ja gleichsam dazu zwingt, wo wir es dann sehr schön nennen. Dies ist der Fall theils dadurch, daß es als einzelnes Ding, durch das sehr deutliche, rein bestimmte, durchaus bedeutsame Verhältniß seiner Theile die Idee seiner Gattung rein ausspricht und durch in ihm vereinigte Vollständigkeit aller seiner Gattung möglichen Aeußerungen die Idee derselben vollkommen offenbart, so daß es dem Betrachter den Uebergang vom einzelnen Ding zur Idee und eben damit auch den Zustand der reinen Beschaulichkeit sehr erleichtert; theils liegt jener Vorzug besonderer Schönheit eines Objekts darin, daß die Idee selbst, die uns aus ihm anspricht, eine hohe Stufe der Objektität des Willens und daher durchaus bedeutend und vielsagend sey. Darum ist der Mensch vor allem Andern schön und die Offenbarung seines Wesens das höchste Ziel der Kunst. Menschliche Gestalt und menschlicher Ausdruck sind das bedeutendeste Objekt der bildenden Kunst, so wie menschliches Handeln das bedeutendeste Objekt der Poesie. – Es hat aber dennoch jedes Ding seine eigenthümliche Schönheit: nicht nur jedes Organische und in der Einheit einer Individualität sich darstellende; sondern auch jedes Unorganische, Formlose, ja jedes Artefakt. Denn alle diese offenbaren die Ideen, durch welche der Wille sich auf den untersten Stufen objektivirt, geben gleichsam die tiefsten, verhallenden Baßtöne der Natur an. Schwere, Starrheit, Flüssigkeit, Licht u.s w. sind die Ideen, welche sich in Felsen, Gebäuden, Gewässern aussprechen. Die schöne Gartenkunst und Baukunst können nichts weiter, als ihnen helfen, jene ihre Eigenschaften deutlich, vielseitig und vollständig zu entfalten, ihnen Gelegenheit geben, sich rein auszusprechen, wodurch sie eben zur ästhetischen Beschauung auffordern und dieselbe erleichtern. Dies leisten dagegen schlechte Gebäude und Gegenden, welche die Natur vernachlässigte oder die Kunst verdarb, wenig oder gar nicht: dennoch können auch aus ihnen jene allgemeinen Grundideen der Natur nicht ganz verschwinden. Den sie suchenden Betrachter sprechen sie auch hier an, und selbst schlechte Gebäude u. dgl. sind noch einer ästhetischen Betrachtung fähig: die Ideen der allgemeinsten Eigenschaften ihres Stoffes sind noch in ihnen erkennbar, nur daß die ihnen künstlich gegebene Form kein Erleichterungsmittel, ja vielmehr ein Hinderniß ist, das die ästhetische Betrachtung erschwert. Auch Artefakta dienen folglich dem Ausdruck von Ideen: nur ist es nicht die Idee des Artefakts, die aus ihnen spricht, sondern die Idee des Materials, dem man diese künstliche Form gab. In der Sprache der Scholastiker läßt sich dieses sehr bequem mit zwei Worten ausdrücken, nämlich im Artefakt spricht sich die Idee seiner *forma substantialis*, nicht die seiner *forma accidentalis* aus, welche letztere auf keine Idee, sondern nur auf einen menschlichen Begriff, von dem sie ausgegangen, leitet. Es versteht sich, daß hier mit dem Artefakt ausdrücklich kein Werk der bildenden Kunst gemeint ist. Uebrigens verstanden die Scholastiker in der That unter *forma substantialis* Dasjenige, was ich den Grad der Objektivation des Willens in einem Dinge nenne. Wir werden sogleich, bei Betrachtung der schönen Baukunst, auf den Ausdruck der Idee des Materials zurückkommen. – Unserer Ansicht zufolge können wir nun aber nicht dem Platon beistimmen, wenn er *(De Rep., X, p. 284–285, et Parmen., p. 79, ed. Bip.)* behauptet, Tisch und Stuhl drückten die Ideen Tisch und Stuhl aus; sondern wir sagen, daß sie die Ideen ausdrücken, die schon in ihrem bloßen Material als solchem sich aussprechen. Nach dem Aristoteles (*Metaph., XI,* Kap. 3) hätte jedoch Plato selbst nur von den Naturwesen Ideen statuirt: *ὁ Πλατων εφη, ὁτι ειδη εστιν ὁποσα φυσει. (Plato dixit, quod ideae eorum sunt, quae natura sunt)* und Kap. 5 wird gesagt, daß es, nach den Platonikern, keine Ideen von Haus und Ring gebe. Jedenfalls haben schon Platons nächste Schüler, wie uns Alkinoos *(introductio in Platonicam philosophiam,* Kap. 9) berichtet, geleugnet, daß es Ideen von Artefakten gäbe. Dieser sagt nämlich: *Ὁριζονται δε την ιδεαν, παραδειγμα των κατα φυσιν αιωνιον. Ουτε γαρ τοις πλειστοις των απο Πλατωνος αρεσκει, των τεχνικων ειναι ιδεας, οἱον ασπιδος η λυρας, ουτε μην των παρα φυσιν, οἱον πυρετου και χολερας, ουτε των κατα μερος, οἱν Σωκρατους και Πλατωνος, αλλ' ουτε των ευτελων τινος, ὁιον ρυπου και καρφους, ουτε των προς τι, οἱον μειζονος και ὑπερεχοντος· ειναι γαρ τας ιδεας νοησεις θεου αιωνιους τε και αυτοτελεις. – (Definiunt autem* ideam *exemplar aeternum eorum, quae secundum naturam existunt. Nam plurimis ex iis, qui Platonem secuti sunt, minime placuit, arte factorum ideas esse, ut clypei atque lyrae; neque rursus eorum, quae praeter naturam, ut febris et cholerae; neque particularium, ceu Socratis et Platonis; neque etiam rerum vilium, veluti sordium et festucae; neque relationum, ut majoris et excedentis: esse namque ideas intellectiones dei aeternas, ac seipsis perfectas.)* – Bei dieser Gelegenheit mag noch ein anderer Punkt erwähnt werden, in welchem unsere Ideenlehre von der des Platon gar sehr abweicht. Er lehrt nämlich (*De Rep.*, X, S.288), daß der Gegenstand, den die schöne Kunst darzustellen beabsichtigt, das Vorbild der Malerei und Poesie, nicht die Idee wäre, sondern das einzelne Ding. Unsere ganze bisherige Auseinandersetzung behauptet gerade das Gegentheil, und Platons Meinung wird uns hierin um so weniger irre machen, als dieselbe die Quelle eines der größten und anerkannten Fehler jenes großen Mannes ist, nämlich seiner Geringschätzung und Verwerfung der Kunst, besonders der Poesie: sein falsches Urtheil über diese knüpft er unmittelbar an die angeführte Stelle.

§. 42.

Ich kehre zu unserer Auseinandersetzung des ästhetischen Eindrucks zurück. Die Erkenntniß des Schönen setzt zwar immer rein erkennendes Subjekt und erkannte Idee als Objekt zugleich und unzertrennlich. Dennoch aber wird die Quelle des ästhetischen Genusses bald mehr in der Auffassung der erkannten Idee liegen, bald mehr in der Seeligkeit und Geistesruhe des von allem Wollen und dadurch von aller Individualität und der aus ihr hervorgehenden Pein befreiten reinen Erkennens: und zwar wird dieses Vorherrschen des einen oder des andern Bestandtheils des ästhetischen Genusses davon abhängen, ob die intuitiv aufgefaßte Idee eine höhere oder niedere Stufe der Objektität des Willens ist. So wird bei ästhetischer Betrachtung (in der Wirklichkeit, oder durch das Medium der Kunst) der schönen Natur im Anorganischen und Vegetabilischen und der Werke der schönen Baukunst, der Genuß des reinen willenlosen Erkennens überwiegend seyn, weil die hier aufgefaßten Ideen nur niedrige Stufen der Objektität des Willens, daher nicht Erscheinungen von tiefer Bedeutsamkeit und vielsagendem Inhalt sind. Hingegen wird, wenn Thiere und Menschen der Gegenstand der ästhetischen Betrachtung oder Darstellung sind, der Genuß mehr in der objektiven Auffassung dieser Ideen, welche die deutlichsten Offenbarungen des Willens sind, bestehen; weil solche die größte Mannigfaltigkeit der Gestalten, Reichthum und tiefe Bedeutsamkeit der Erscheinungen darlegen und uns am vollkommensten das Wesen des Willens offenbaren, sei es in seiner Heftigkeit, Schrecklichkeit, Befriedigung, oder in seiner Brechung (letzteres in den tragischen Darstellungen), endlich sogar in seiner Wendung oder Selbstaufhebung, welche besonders das Thema der Christlichen Malerei ist; wie überhaupt die Historienmalerei und das Drama die Idee des vom vollen Erkennen beleuchteten Willens zum Objekt haben. – Wir wollen nunmehr die Künste einzeln durchgehen, wodurch eben die aufgestellte Theorie des Schönen Vollständigkeit und Deutlichkeit erhalten wird.

§. 43.

Die Materie als solche kann nicht Darstellung einer Idee seyn. Denn sie ist, wie wir im ersten Buche fanden, durch und durch Kausalität: ihr Seyn ist lauter Wirken. Kausalität aber ist Gestaltung des Satzes vom Grunde: Erkenntniß der Idee hingegen schließt wesentlich den Inhalt jenes Satzes aus. Auch fanden wir im zweiten Buch die Materie als das gemeinsame Substrat aller einzelnen Erscheinungen der Ideen, folglich als das Verbindungsglied zwischen der Idee und der Erscheinung oder dem einzelnen Ding. Also aus dem einen sowohl, als aus dem andern Grunde kann die Materie für sich keine Idee darstellen. *A posteriori* aber bestätigt sich dieses dadurch, daß von der Materie als solcher gar keine anschauliche Vorstellung, sondern nur ein abstrakter Begriff möglich ist: in jener nämlich stellen allein die Formen und Qualitäten sich dar, deren Trägerin die Materie ist, und in welchen allen sich Ideen offenbaren. Dieses entspricht auch Dem, daß Kausalität (das ganze Wesen der Materie) für sich nicht anschaulich darstellbar ist, sondern allein eine bestimmte Kausalverknüpfung. – Dagegen muß andererseits jede ERSCHEINUNG einer Idee, da sie als solche eingegangen ist in die Form des Satzes vom Grund, oder in das *principium individuationis,* an der Materie, als Qualität derselben, sich darstellen. Insofern ist also, wie gesagt, die Materie das Bindungsglied zwischen der Idee und dem *principio individuationis*, welches die Form der Erkenntniß des Individuums, oder der Satz vom Grund ist. – Platon hat daher ganz richtig neben der Idee und ihrer Erscheinung, dem einzelnen Dinge, welche beide sonst alle Dinge der Welt unter sich begreifen, nur noch die Materie als ein drittes, von beiden Verschiedenes aufgestellt (*Timaeus,* S. 345). Das Individuum ist, als Erscheinung der Idee, immer Materie. Auch ist jede Qualität der Materie immer Erscheinung einer Idee, und als solche auch einer ästhetischen Betrachtung, d.i. Erkenntniß der in ihr sich darstellenden Idee, fähig. Dies gilt nun selbst von den allgemeinsten Qualitäten der Materie, ohne welche sie nie ist, und deren Ideen die schwächste Objektität des Willens sind. Solche sind: Schwere, Kohäsion, Starrheit, Flüssigkeit, Reaktion gegen das Licht u.s.f.

Wenn wir nun die BAUKUNST, bloß als schöne Kunst, abgesehen von ihrer Bestimmung zu nützlichen Zwecken, in welchen sie dem Willen, nicht der reinen Erkenntniß dient und also nicht mehr Kunst in unserm Sinne ist, betrachten; so können wir ihr keine andere Absicht unterlegen, als die, einige von jenen Ideen, welche die niedrigsten Stufen der Objektität des Willens sind, zu deutlicher Anschaulichkeit zu bringen: nämlich Schwere, Kohäsion, Starrheit, Härte, diese allgemeinen Eigenschaften des Steines, diese ersten, einfachsten, dumpfesten Sichtbarkeiten des Willens, Grundbaßtöne der Natur; und dann neben ihnen das Licht, welches in vielen Stücken ein Gegensatz jener ist. Selbst auf dieser tiefen Stufe der Objektität des Willens sehen wir schon sein Wesen sich in Zwietracht offenbaren: denn eigentlich ist der Kampf zwischen Schwere und Starrheit der alleinige ästhetische Stoff der schönen Architektur: ihn auf mannigfaltige Weise vollkommen deutlich hervortreten zu lassen, ist ihre Aufgabe. Sie löst solche, indem sie jenen unvertilgbaren Kräften den kürzesten Weg zu ihrer Befriedigung benimmt und sie durch einen Umweg hinhält, wodurch der Kampf verlängert und das unerschöpfliche Streben beider Kräfte auf mannigfaltige Weise sichtbar wird. – Die ganze Masse des Gebäudes würde, ihrer ursprünglichen Neigung überlassen, einen bloßen Klumpen darstellen, so fest als möglich dem Erdkörper verbunden, zu welchem die Schwere, als welche hier der Wille erscheint, unablässig drängt, während die Starrheit, ebenfalls Objektität des Willens, widersteht. Aber eben diese Neigung, dieses Streben, wird von der Baukunst an der unmittelbaren Befriedigung verhindert und ihm nur eine mittelbare, auf Umwegen, gestattet. Da kann nun z.B. das Gebälk nur mittelst der Säule die Erde drükken; das Gewölbe muß sich selbst tragen und nur durch Vermittelung der Pfeiler kann es sein Streben zur Erdmasse hin befriedigen u.s.f. Aber eben auf diesen erzwungenen Umwegen, eben durch diese Hemmungen entfalten sich auf das deutlichste und mannigfaltigste jene der rohen Steinmasse inwohnenden Kräfte: und weiter kann der rein ästhetische Zweck der Baukunst nicht gehen. Daher liegt allerdings die Schönheit eines Gebäudes in der augenfälligen Zweckmäßigkeit jedes Theiles, nicht zum äußern willkürlichen Zweck des Menschen (insofern gehört das Werk der nützlichen Baukunst an); sondern unmittelbar zum Bestande des Ganzen, zu welchem die Stelle, Größe und Form jedes Theiles ein so nothwendiges Verhältniß haben muß, daß, wo möglich, wenn irgend ein Theil weggezogen würde, das Ganze einstürzen müßte. Denn nur indem jeder Theil soviel trägt, als er füglich kann, und jeder gestützt ist gerade da und gerade so sehr, als er muß, entfaltet sich jenes Widerspiel, jener Kampf zwischen Starrheit und Schwere, welche das Leben, die Willensäußerungen des Steines ausmachen, zur vollkommensten Sichtbarkeit, und es offenbaren sich deutlich diese tiefsten Stufen der Objektität des Willens. Ebenso muß auch die Gestalt jedes Theiles bestimmt seyn durch seinen Zweck und sein Verhältniß zum Ganzen, nicht durch Willkür. Die Säule ist die allereinfachste, bloß durch den Zweck bestimmte Form der Stütze: die gewundene Säule ist geschmacklos: der viereckige Pfeiler ist in der That weniger einfach, wiewohl zufällig leichter zu machen, als die runde Säule. Eben so sind die Formen von Fries, Balken, Bogen, Kuppel durch ihren unmittelbaren Zweck ganz und gar bestimmt und erklären dadurch sich selbst. Die Verzierungen der Kapitelle u.s.w. gehören der Skulptur, nicht der Architektur an, von der sie, als hinzukommender Schmuck, bloß zugelassen werden und auch wegfallen könnten. – Dem Gesagten gemäß ist es zum Verständniß und ästhetischen Genuß eines Werkes der Architektur unumgänglich nöthig, von seiner Materie, nach ihrem Gewicht, ihrer Starrheit und Kohäsion, eine unmittelbare, anschauliche Kenntniß zu haben, und unsere Freude an einem solchen Werke würde plötzlich sehr verringert werden, durch die Eröffnung, daß Bimmstein das Baumaterial sei: denn da würde es uns wie eine Art Scheingebäude vorkommen. Fast eben so würde die Nachricht wirken, daß es nur von Holz sei, während wir Stein voraussetzten; eben weil dies nunmehr das Verhältniß zwischen Starrheit und Schwere, und dadurch die Bedeutung und Nothwendigkeit aller Theile, ändert und verschiebt, da jene Naturkräfte am hölzernen Gebäude viel schwächer sich offenbaren. Daher auch kann aus Holz eigentlich kein Werk der schönen Baukunst werden, so sehr dasselbe auch alle Formen annimmt: dies ist ganz allein durch unsere Theorie erklärlich. Wenn man aber vollends uns sagte, das Gebäude, dessen Anblick uns erfreut, bestehe aus ganz verschiedenen Materien, von sehr ungleicher Schwere und Konsistenz, die aber durch das Auge nicht zu unterscheiden wären; so würde dadurch das ganze Gebäude uns so ungenießbar, wie ein Gedicht in einer uns unbekannten Sprache. Dieses Alles beweist eben, daß die Baukunst nicht bloß mathematisch wirkt, sondern dynamisch, und daß was durch sie zu uns redet, nicht etwan bloße Form und Symmetrie, sondern vielmehr jene Grundkräfte der Natur sind, jene ersten Ideen, jene niedrigsten Stufen der Objektität des Willens. – Die Regelmäßigkeit des Gebäudes und seiner Theile wird theils durch die unmittelbare Zweckmäßigkeit jedes Gliedes zum Bestande des Ganzen herbeigeführt, theils dient sie, die Uebersicht und das Verständniß des Ganzen zu erleichtern, theils endlich tragen die regelmäßigen Figuren, indem sie die Gesetzmäßigkeit des

Raumes als solchen offenbaren, zur Schönheit bei. Dies Alles ist aber nur von untergeordnetem Werth und Nothwendigkeit und keineswegs die Hauptsache, da sogar die Symmetrie nicht unnachläßlich erfordert ist, indem ja auch Ruinen noch schön sind.

Eine ganz besondere Beziehung haben nun noch die Werke der Baukunst zum Lichte: sie gewinnen doppelte Schönheit im vollen Sonnenschein, den blauen Himmel zum Hintergrund, und zeigen wieder eine ganz andere Wirkung im Mondenschein. Daher auch bei Aufführung eines schönen Werkes der Baukunst immer besondere Rücksicht auf die Wirkungen des Lichtes und auf die Himmelsgegenden genommen wird. Dieses Alles hat seinen Grund zwar großentheils darin, daß helle und scharfe Beleuchtung alle Theile und ihre Verhältnisse erst recht sichtbar macht: außerdem aber bin ich der Meinung, daß die Baukunst, so wie Schwere und Starrheit, auch zugleich das diesen ganz entgegengesetzte Wesen des Lichtes zu offenbaren bestimmt ist. Indem nämlich das Licht von den großen, undurchsichtigen, scharfbegränzten und mannigfach gestalteten Massen aufgefangen, gehemmt, zurückgeworfen wird, entfaltet es seine Natur und Eigenschaften am reinsten und deutlichsten, zum großen Genuß des Beschauers, da das Licht das erfreulichste der Dinge ist, als die Bedingung und das objektive Korrelat der vollkommensten anschaulichen Erkenntnißweise.

Weil nun die Ideen, welche durch die Baukunst zur deutlichen Anschauung gebracht werden, die niedrigsten Stufen der Objektität des Willens sind und folglich die objektive Bedeutsamkeit Dessen, was uns die Baukunst offenbart, verhältnißmäßig gering ist; so wird der ästhetische Genuß beim Anblick eines schönen und günstig beleuchteten Gebäudes, nicht so sehr in der Auffassung der Idee, als in dem mit dieser Auffassung gesetzten subjektiven Korrelat derselben liegen, also überwiegend darin bestehen, daß an diesem Anblick der Beschauer von der Erkenntnißart des Individuums, die dem Willen dient und dem Satz vom Grunde nachgeht, losgerissen und emporgehoben wird zu der des reinen willensfreien Subjekts des Erkennens; also in der reinen, von allem Leiden des Wollens und der Individualität befreiten Kontemplation selbst. – In dieser Hinsicht ist der Gegensatz der Architektur und das andere Extrem in der Reihe der schönen Künste das Drama, welches die allerbedeutsamsten Ideen zur Erkenntniß bringt, daher im ästhetischen Genuß desselben die objektive Seite durchaus überwiegend ist.

Die Baukunst hat von den bildenden Künsten und der Poesie das Unterscheidende, daß sie nicht ein Nachbild, sondern die Sache selbst giebt: nicht wiederholt sie, wie jene, die erkannte Idee, wodurch der Künstler dem Beschauer seine Augen leiht; sondern hier stellt der Künstler dem Beschauer bloß das Objekt zurecht, erleichtert ihm die Auffassung der Idee, dadurch daß er das wirkliche individuelle Objekt zum deutlichen und vollständigen Ausdruck seines Wesens bringt.

Die Werke der Baukunst werden sehr selten, gleich den übrigen Werken der schönen Kunst, zu rein ästhetischen Zwecken aufgeführt: vielmehr werden diese anderen, der Kunst selbst fremden, nützlichen Zwecken untergeordnet, und da besteht denn das große Verdienst des Baukünstlers darin, die rein ästhetischen Zwecke, in jener ihrer Unterordnung unter fremdartige, doch durchzusetzen und zu erreichen, indem er sie auf mannigfaltige Weise dem jedesmaligen willkürlichen Zwecke geschickt anpaßt, und richtig beurtheilt, welche ästhetisch-architektonische Schönheit sich mit einem Tempel, welche mit einem Palast, welche mit einem Zeughause u.s.w. verträgt und vereinigen läßt. Je mehr ein rauhes Klima jene Forderungen des Bedürfnisses, der Nützlichkeit vermehrt, sie fester bestimmt und unerläßlicher vorschreibt, desto weniger Spielraum hat das Schöne in der Baukunst. Im milden Klima Indiens, Aegyptens, Griechenlands und Roms, wo die Forderungen der Nothwendigkeit geringer und loser bestimmt waren, konnte die Baukunst ihre ästhetischen Zwecke am freiesten verfolgen: unter dem nordischen Himmel wurden ihr diese sehr verkümmert: hier, wo Kasten, spitze Dächer und Thürme die Forderung waren, mußte die Baukunst, da sie ihre eigene Schönheit nur in sehr engen Schranken entfalten durfte, sich zum Ersatz desto mehr mit dem von der Skulptur geborgten Schmucke zieren, wie an der Gothischen schönen Baukunst zu sehen.

Muß nun diesergestalt die Baukunst, durch die Forderungen der

Nothwendigkeit und Nützlichkeit, große Beschränkungen leiden; so hat sie andererseits an eben diesen eine kräftige Stütze, da sie, bei dem Umfange und der Kostbarkeit ihrer Werke und der engen Sphäre ihrer ästhetischen Wirkungsart, sich als bloß schöne Kunst gar nicht erhalten könnte, wenn sie nicht zugleich als nützliches und nothwendiges Gewerbe einen festen und ehrenvollen Platz unter den menschlichen Handtierungen hätte. Der Mangel dieses letztern eben ist es, der eine andere Kunst verhindert, ihr als Schwester zur Seite zu stehen, obgleich dieselbe, in ästhetischer Rücksicht, ganz eigentlich ihr als Seitenstück beizuordnen ist: ich meyne die schöne Wasserleitungskunst. Denn was die Baukunst für die Idee der Schwere, wo diese mit der Starrheit verbunden erscheint, leistet, dasselbe leistet jene für dieselbe Idee, da, wo ihr die Flüssigkeit, d.h. Formlosigkeit, leichteste Verschiebbarkeit, Durchsichtigkeit, beigesellt ist. Schäumend und brausend über Felsen stürzende Wasserfälle, still zerstäubende Katarakte, als hohe Wassersäulen emporstrebende Springbrunnen und klarspiegelnde Seen offenbaren die Ideen der flüssigen schweren Materie gerade so, wie die Werke der Baukunst die Ideen der starren Materie entfalten. An der nützlichen Wasserleitungskunst findet die schöne keine Stütze; da die Zwecke dieser sich mit den ihrigen, in der Regel, nicht vereinigen lassen, sondern dies nur ausnahmsweise Statt findet, z.B. in der *Cascata di Trevi* zu Rom*.

§. 44.

Was für jene untersten Stufen der Objektität des Willens die zwei erwähnten Künste leisten, das leistet für die höhere Stufe der vegetabilischen Natur gewissermaaßen die schöne Gartenkunst. Die landschaftliche Schönheit eines Fleckes beruht großentheils auf der Mannigfaltigkeit der auf ihm sich beisammenfindenden natürlichen Gegenstände, und sodann darauf, daß diese sich rein aussondern, deutlich hervortreten und doch in passender Verbindung

* Hiezu Kap. 35 des zweiten Bandes.

und Abwechselung sich darstellen. Diese beiden Bedingungen sind es, denen die schöne Gartenkunst nachhilft: jedoch ist sie ihres Stoffes lange nicht so sehr Meister, wie die Baukunst des ihrigen, und daher ihre Wirkung beschränkt. Das Schöne, was sie vorzeigt, gehört fast ganz der Natur: sie selbst hat wenig dazu gethan: und andererseits kann sie gegen die Ungunst der Natur sehr wenig ausrichten, und wo ihr diese nicht vor- sondern entgegenarbeitet, sind ihre Leistungen gering.

Sofern also die Pflanzenwelt, welche ohne Vermittelung der Kunst sich überall zum ästhetischen Genusse anbietet, Objekt der Kunst ist, gehört sie hauptsächlich der Landschaftsmalerei an. Im Gebiete dieser liegt mit ihr auch die ganze übrige erkenntnißlose Natur. – Beim Stillleben und gemalter bloßer Architektur, Ruinen, Kirche von Innen u. dgl. ist die subjektive Seite des ästhetischen Genusses die überwiegende: d.h. unsere Freude daran liegt nicht hauptsächlich in der Auffassung der dargestellten Ideen unmittelbar, sondern mehr im subjektiven Korrelat dieser Auffassung, in dem reinen willenlosen Erkennen; da, indem der Maler uns die Dinge durch seine Augen sehen läßt, wir hier zugleich eine Mitempfindung und das Nachgefühl der tiefen Geistesruhe und des gänzlichen Schweigens des Willens erhalten, welche nöthig waren, um die Erkenntniß so ganz in jene leblosen Gegenstände zu versenken und sie mit solcher Liebe, d.h. hier mit solchem Grade der Objektivität, aufzufassen. – Die Wirkung der eigentlichen Landschaftsmalerei ist nun zwar im Ganzen auch noch von dieser Art: allein weil die dargestellten Ideen, als höhere Stufen der Objektität des Willens, schon bedeutsamer und vielsagender sind; so tritt die objektive Seite des ästhetischen Wohlgefallens schon mehr hervor und hält der subjektiven das Gleichgewicht. Das reine Erkennen als solches ist nicht mehr ganz die Hauptsache; sondern mit gleicher Macht wirkt die erkannte Idee, die Welt als Vorstellung auf einer bedeutenden Stufe der Objektivation des Willens.

Aber eine noch viel höhere Stufe offenbart die Thiermalerei und Thierbildhauerei, von welcher letzteren wir bedeutende antike Ueberreste haben, z.B. Pferde, in Venedig, auf *Monte cavallo*, auf den Elginschen Reliefs, auch zu Florenz, in Bronce und Marmor, ebendaselbst der antike Eber, die heulenden Wölfe, ferner die Löwen am Arsenal zu Venedig, auch im Vatikan ein ganzer Saal voll meist antiker Thiere u.s.w. Bei diesen Darstellungen erhält nun die objektive Seite des ästhetischen Wohlgefallens ein entschiedenes Uebergewicht über die subjektive. Die Ruhe des diese Ideen erkennenden Subjekts, das den eigenen Willen beschwichtigt hat, ist zwar, wie bei jeder ästhetischen Betrachtung, vorhanden: aber ihre Wirkung wird nicht empfunden: denn uns beschäftigt die Unruhe und Heftigkeit des dargestellten Willens. Es ist jenes Wollen, welches auch unser Wesen ausmacht, das uns hier vor Augen tritt, in Gestalten, in denen seine Erscheinung nicht, wie in uns, durch die Besonnenheit beherrscht und gemildert ist, sondern sich in stärkern Zügen und mit einer Deutlichkeit, die an das Grotteske und Monstrose streift, darstellt, dafür aber auch ohne Verstellung, naiv und offen, frei zu Tage liegend, worauf gerade unser Interesse an den Thieren beruht. Das Charakteristische der Gattungen trat schon bei der Darstellung der Pflanzen hervor, zeigte sich jedoch nur in den Formen: hier wird es viel bedeutender und spricht sich nicht nur in der Gestalt, sondern in Handlung, Stellung und Geberde aus, obwohl immer nur noch als Charakter der Art, nicht des Individuums. – Dieser Erkenntniß der Ideen höherer Stufen, welche wir in der Malerei durch fremde Vermittelung empfangen, können wir auch unmittelbar theilhaft werden, durch rein kontemplative Anschauung der Pflanzen und Beobachtung der Thiere, und zwar letzterer in ihrem freien, natürlichen und behaglichen Zustande. Die objektive Betrachtung ihrer mannigfaltigen, wundersamen Gestalten und ihres Thuns und Treibens ist eine lehrreiche Lektion aus dem großen Buche der Natur, ist eine Entzifferung der wahren *Signatura rerum**: wir sehen in ihr die vielfachen Grade und Weisen der Manifestation des Willens, welcher, in allen Wesen der Eine und selbe, überall das Selbe will, was eben als Leben, als

---

* Jakob Böhm, in seinem Buche *de Signatura rerum,* Kap. 1, §. 15, 16, 17, sagt: »Und ist kein Ding in der Natur, es offenbart seine innere Gestalt auch äußerlich: denn das Innerliche arbeitet stets zur Offenbarung. – – – Ein jedes Ding hat seinen Mund zur Offenbarung. – – – Und das ist die Natursprache, darin jedes Ding aus seiner Eigenschaft redet und sich immer selber offenbart und darstellt. – – – Denn ein jedes Ding offenbart seine Mutter, die die ESSENZ UND DEN WILLEN zur Gestaltniß also giebt.«

Daseyn, sich objektivirt, in so endloser Abwechselung, so verschiedenen Gestalten, die alle Akkomodationen zu den verschiedenen äußeren Bedingungen sind, vielen Variationen desselben Themas zu vergleichen. Sollten wir aber dem Betrachter den Aufschluß über ihr inneres Wesen auch für die Reflexion und in Einem Worte mittheilen; so würden wir am besten jene Sanskrit-Formel, die in den heiligen Büchern der Hindu so oft vorkommt und *Mahavakya*, d.h. das große Wort, genannt wird, dazu gebrauchen können: »*Tat twam asi*«, das heißt: »dieses Lebende bist du.«

§. 45.

Die Idee, in welcher der Wille den höchsten Grad seiner Objektivation erreicht, unmittelbar anschaulich darzustellen, ist endlich die große Aufgabe der Historienmalerei und der Skulptur. Die objektive Seite der Freude am Schönen ist hier durchaus überwiegend und die subjektive in den Hintergrund getreten. Ferner ist zu beachten, daß noch auf der nächsten Stufe unter dieser, in der Thiermalerei, das Charakteristische völlig Eins mit dem Schönen ist: der am meisten charakteristische Löwe, Wolf, Pferd, Schaaf, Stier, war auch allemal der schönste. Der Grund hievon ist, daß die Thiere nur Gattungscharakter, keinen Individualcharakter haben. Bei der Darstellung des Menschen sondert sich nun aber der Gattungscharakter vom Charakter des Individuums: jener heißt nun Schönheit (gänzlich im objektiven Sinn), dieser aber behält den Namen Charakter oder Ausdruck bei, und es tritt die neue Schwierigkeit ein, beide zugleich im nämlichen Individuo vollkommen darzustellen.

Menschliche Schönheit ist ein objektiver Ausdruck, welcher die vollkommenste Objektivation des Willens auf der höchsten Stufe seiner Erkennbarkeit bezeichnet, die Idee des Menschen überhaupt, vollständig ausgedrückt in der angeschauten Form. So sehr hier aber auch die objektive Seite des Schönen hervortritt; so bleibt die subjektive doch ihre stete Begleiterin: und eben weil kein Objekt uns so schnell zum rein ästhetischen Anschauen hinreißt, wie das schönste Menschenantlitz und Gestalt, bei deren Anblick uns augenblicklich ein unaussprechliches Wohlgefallen ergreift und über uns selbst und Alles was uns quält hinaushebt; so ist dieses nur dadurch möglich, daß diese allerdeutlichste und reinste Erkennbarkeit des Willens uns auch am leichtesten und schnellsten in den Zustand des reinen Erkennens versetzt, in welchem unsere Persönlichkeit, unser Wollen mit seiner steten Pein, verschwindet, so lange die rein ästhetische Freude anhält: daher sagt Goethe: »Wer die menschliche Schönheit erblickt, den kann nichts Uebles anwehen: er fühlt sich mit sich selbst und mit der Welt in Uebereinstimmung.« – Daß nun der Natur eine schöne Menschengestalt gelingt, müssen wir daraus erklären, daß der Wille, indem er sich auf dieser höchsten Stufe in einem Individuo objektivirt, durch glückliche Umstände und seine Kraft, alle die Hindernisse und den Widerstand vollkommen besiegt, welche ihm die Willenserscheinungen niedriger Stufen entgegensetzen, dergleichen die Naturkräfte sind, welchen er die Allen angehörende Materie immer erst abgewinnen und entreißen muß. Ferner hat die Erscheinung des Willens auf den obern Stufen immer die Mannigfaltigkeit in ihrer Form: schon der Baum ist nur ein systematisches Aggregat der zahllos wiederholten sprossenden Fasern: diese Zusammensetzung nimmt höher herauf immer mehr zu, und der menschliche Körper ist ein höchst kombinirtes System ganz verschiedener Theile, deren jeder ein dem Ganzen untergeordnetes, aber doch auch eigenthümliches Leben, *vita propria*, hat: daß nun alle diese Theile gerade auf die gehörige Weise dem Ganzen untergeordnet und einander nebengeordnet seien, harmonisch zur Darstellung des Ganzen konspiriren, nichts übermäßig, nichts verkümmert sei; – dies Alles sind die seltenen Bedingungen, deren Resultat die Schönheit, der vollkommen ausgeprägte Gattungscharakter ist. – So die Natur. Wie aber die Kunst? – Man meint, durch Nachahmung der Natur. – Woran soll aber der Künstler ihr gelungenes und nachzuahmendes Werk erkennen und es unter den mißlungenen herausfinden; wenn er nicht VOR DER ERFAHRUNG das Schöne anticipirt? Hat überdies auch jemals die Natur einen in allen Theilen vollkommen schönen Menschen hervorgebracht? – Da hat man gemeint, der Künstler müsse die an viele Menschen einzeln vertheilten schönen Theile zusammensuchen und aus ihnen ein schönes Ganzes zusammensetzen: eine verkehrte und besinnungslose Meinung. Denn es frägt sich abermals, woran soll er erkennen, daß gerade diese Formen die schönen sind und jene nicht? – Auch sehen wir, wie weit in der Schönheit die alten deutschen Maler durch Nachahmung der Natur gekommen sind. Man betrachte ihre nackten Figuren. – Rein *a posteriori* und aus bloßer Erfahrung ist gar keine Erkenntniß des Schönen möglich: sie ist immer, wenigstens zum Theil, *a priori*, wiewohl von ganz anderer Art, als die uns *a priori* bewußten Gestaltungen des Satzes vom Grunde. Diese betreffen die allgemeine Form der Erscheinung als solcher, wie sie die Möglichkeit der Erkenntniß überhaupt begründet, das allgemeine, ausnahmslose WIE des Erscheinens, und aus dieser Erkenntniß geht Mathematik und reine Naturwissenschaft hervor; jene andere Erkenntnißart *a priori* hingegen, welche die Darstellung des Schönen möglich macht, betrifft, statt der Form, den Inhalt der Erscheinungen, statt des WIE, das WAS des Erscheinens. Daß wir Alle die menschliche Schönheit erkennen, wenn wir sie sehen, im ächten Künstler aber dies mit solcher Klarheit geschieht, daß er sie zeigt, wie er sie nie gesehen hat, und die Natur in seiner Darstellung übertrifft; dies ist nur dadurch möglich, daß der Wille, dessen adäquate Objektivation, auf ihrer höchsten Stufe, hier beurtheilt und gefunden werden soll, ja WIR SELBST sind. Dadurch allein haben wir in der That eine Anticipation Dessen, was die Natur (die ja eben der Wille ist, der unser eigenes Wesen ausmacht) darzustellen sich bemüht; welche Anticipation im ächten Genius von dem Grade der Besonnenheit begleitet ist, daß er, indem er im einzelnen Dinge dessen IDEE erkennt, gleichsam die NATUR AUF HALBEM WORTE VERSTEHT und nun rein ausspricht, was sie nur stammelt, daß er die Schönheit der Form, welche ihr in tausend Versuchen mißlingt, dem harten Marmor aufdrückt, sie der Natur gegenüberstellt, ihr gleichsam zurufend: »Das war es, was du sagen wolltest!« und »Ja, Das war es!« hallt es aus dem Kenner wieder. – Nur so konnte der geniale Grieche den Urtypus der menschlichen Gestalt finden und ihn als Kanon der Schule der Skulptur aufstellen; und auch allein vermöge einer solchen Anticipation ist es uns Allen möglich, das Schöne da, wo es der Natur im Einzelnen wirklich gelungen ist, zu erkennen. Diese Anticipation ist das IDEAL: es ist die IDEE, sofern sie, wenigstens zur Hälfte, *a priori* erkannt ist und, indem sie als solche dem *a posteriori* durch die Natur Gegebenen ergänzend entgegenkommt, für die Kunst praktisch wird. Die Möglichkeit solcher Anticipation des Schönen *a priori* im Künstler, wie seiner Anerkennung *a posteriori* im Kenner, liegt darin, daß Künstler und Kenner das Ansich der Natur, der sich objektivirende Wille, selbst sind. Denn nur vom Gleichen, wie Empedokles sagte, wird das Gleiche erkannt: nur Natur kann sich selbst verstehen; nur Natur wird sich selbst ergründen: aber auch nur vom Geist wird der Geist vernommen*.

Die verkehrte Meinung, daß die Griechen das aufgestellte Ideal menschlicher Schönheit ganz empirisch, durch Zusammenlesen einzelner schöner Theile, hier ein Knie, dort einen Arm entblößend und merkend, aufgefunden hätten, hat übrigens eine ihr ganz analoge im Betreff der Dichtkunst, nämlich die Annahme, daß z.B. Shakespeare die unzählig mannigfaltigen, so wahren, so gehaltenen, so aus der Tiefe herausgearbeiteten Charaktere in seinen Dramen, aus seiner eigenen Erfahrung im Weltleben sich gemerkt und dann wiedergegeben hätte. Die Unmöglichkeit und Absurdität solcher Annahme bedarf keiner Auseinandersetzung: es ist offenbar, daß der Genius, wie er die Werke der bildenden Kunst nur durch eine ahndende Anticipation des Schönen hervorbringt, so die Werke der Dichtkunst nur durch eine eben solche Anticipation des Charakteristischen; wenn gleich beide der Erfahrung bedürfen, als eines Schemas, woran allein jenes ihnen *a priori* dunkel Bewußte zur vollen Deutlichkeit hervorgerufen wird und die Möglichkeit besonnener Darstellung nunmehr eintritt.

Menschliche Schönheit wurde oben erklärt als die vollkommenste Objektivation des Willens auf der höchsten Stufe seiner Erkenn-

* Der letzte Satz ist die Verdeutschung des *il n'y a que l'esprit qui sente l'esprit* des Helvetius, welches ich in der ersten Ausgabe nicht anzumerken brauchte. Aber seitdem ist durch den verdummenden Einfluß der Hegelschen Afterweisheit die Zeit so heruntergebracht und so roh geworden, daß Mancher wohl gar wähnen könnte, auch hier werde auf den Gegensatz von »Geist und Natur« angespielt: daher ich genöthigt bin, mich gegen das Unterschieben solcher Pöbelphilosopheme ausdrücklich zu verwahren.

barkeit. Sie drückt sich aus durch die Form: und diese liegt im Raum allein und hat keine nothwendige Beziehung auf die Zeit, wie z.B. die Bewegung eine hat. Wir können insofern sagen: die adäquate Objektivation des Willens durch eine bloß räumliche Erscheinung ist Schönheit, im objektiven Sinn. Die Pflanze ist keine andere, als eine solche bloß räumliche Erscheinung des Willens; da keine Bewegung und folglich keine Beziehung auf die Zeit (abgesehen von ihrer Entwickelung) zum Ausdruck ihres Wesens gehört: ihre bloße Gestalt spricht ihr ganzes Wesen aus und legt es offen dar. Thier und Mensch aber bedürfen zur vollständigen Offenbarung des in ihnen erscheinenden Willens noch einer Reihe von Handlungen, wodurch jene Erscheinung in ihnen eine unmittelbare Beziehung auf die Zeit erhält. Dies Alles ist schon im vorigen Buch erörtert worden: an unsere gegenwärtige Betrachtung knüpft es sich durch Folgendes. Wie die bloß räumliche Erscheinung des Willens diesen auf jeder bestimmten Stufe vollkommen oder unvollkommen objektiviren kann, was eben Schönheit oder Häßlichkeit ausmacht; so kann auch die zeitliche Objektivation des Willens, d.i. die Handlung und zwar die unmittelbare, also die Bewegung, dem Willen, der sich in ihr objektivirt, rein und vollkommen entsprechen, ohne fremde Beimischung, ohne Ueberflüssiges, ohne Ermangelndes, nur gerade den bestimmten jedesmaligen Willensakt ausdrückend; – oder auch dies Alles sich umgekehrt verhalten. Im ersten Fall geschieht die Bewegung mit Grazie; im andern ohne solche. Wie also Schönheit die entsprechende Darstellung des Willens überhaupt durch seine bloß räumliche Erscheinung ist; so ist Grazie die entsprechende Darstellung des Willens durch seine zeitliche Erscheinung, d.h. der vollkommen richtige und angemessene Ausdruck jedes Willensaktes, durch die ihn objektivirende Bewegung und Stellung. Da Bewegung und Stellung den Leib schon voraussetzen; so ist Winckelmanns Ausdruck sehr richtig und treffend, wenn er sagt: »Die Grazie ist das eigenthümliche Verhältniß der handelnden Person zur Handlung.« (Werke, Bd. 1, S. 258.) Es ergiebt sich von selbst, daß Pflanzen zwar Schönheit, aber keine Grazie beigelegt werden kann, es sei denn im figürlichen Sinn; Thieren und Menschen aber beides, Schönheit und

Grazie. Die Grazie besteht, dem Gesagten zufolge, darin, daß jede Bewegung und Stellung auf die leichteste, angemessenste und bequemste Art ausgeführt werde und sonach der rein entsprechende Ausdruck ihrer Absicht, oder des Willensaktes sei, ohne Ueberflüssiges, was als zweckwidriges, bedeutungsloses Handtieren oder verdrehte Stellung, ohne Ermangelndes, was als hölzerne Steifheit sich darstellt. Die Grazie setzt ein richtiges Ebenmaaß aller Glieder, einen regelrechten, harmonischen Körperbau, als ihre Bedingung, voraus; da nur mittelst dieser die vollkommene Leichtigkeit und augenscheinliche Zweckmäßigkeit in allen Stellungen und Bewegungen möglich ist: also ist die Grazie nie ohne einen gewissen Grad der Schönheit des Körpers. Beide vollkommen und im Verein sind die deutlichste Erscheinung des Willens auf der obersten Stufe seiner Objektivation.

Es gehört, wie oben erwähnt, zum Auszeichnenden der Menschheit, daß bei ihr der Charakter der Gattung und der des Individuums auseinandertreten, so daß, wie im vorigen Buch gesagt, jeder Mensch gewissermaaßen eine ganz eigenthümliche Idee darstellt. Die Künste daher, deren Zweck die Darstellung der Idee der Menschheit ist, haben neben der Schönheit, als dem Charakter der Gattung, noch den Charakter des Individuums, welcher vorzugsweise CHARAKTER genannt wird, zur Aufgabe; diesen jedoch auch nur wieder, sofern er nicht als etwas Zufälliges, dem Individuo in seiner Einzelnheit ganz und gar Eigenthümliches anzusehen ist, sondern als eine gerade in diesem Individuo besonders hervortretende Seite der Idee der Menschheit, zu deren Offenbarung die Darstellung desselben daher zweckdienlich ist. Also muß der Charakter, obzwar als solcher individuell, dennoch idealisch, d.h. mit Hervorhebung seiner Bedeutsamkeit in Hinsicht auf die Idee der Menschheit überhaupt (zu deren Objektivirung er auf seine Weise beiträgt) aufgefaßt und dargestellt werden: außerdem ist die Darstellung Porträt, Wiederholung des Einzelnen als solchen, mit allen Zufälligkeiten. Und selbst auch das Porträt soll, wie Winckelmann sagt, das Ideal des Individuums seyn.

Jener idealisch aufzufassende CHARAKTER, der die Hervorhebung einer eigenthümlichen Seite der Idee der Menschheit ist, stellt sich nun sichtbar dar, theils durch die bleibende Physiognomie und Korporisation, theils durch vorübergehenden Affekt und Leidenschaft, Modifikation des Erkennens und Wollens gegenseitig durch einander, welches alles sich in Miene und Bewegung ausdrückt. Da das Individuum immer der Menschheit angehört und andererseits die Menschheit sich immer im Individuo und sogar mit eigenthümlicher idealer Bedeutsamkeit desselben offenbart; so darf weder die Schönheit durch den Charakter, noch dieser durch jene aufgehoben werden: weil Aufhebung des Gattungscharakters durch den des Individuums Karikatur, und Aufhebung des Individuellen durch den Gattungscharakter Bedeutungslosigkeit geben würde. Daher wird die Darstellung, indem sie auf Schönheit ausgeht, welches hauptsächlich die Skulptur thut, dennoch diese (d.i. den Gattungscharakter) immer in etwas durch den individuellen Charakter modifiziren und die Idee der Menschheit immer auf eine bestimmte, individuelle Weise, eine besondere Seite derselben hervorhebend, ausdrücken; weil das menschliche Individuum als solches gewissermaaßen die Dignität einer eigenen Idee hat und der Idee der Menschheit es eben wesentlich ist, daß sie sich in Individuen von eigenthümlicher Bedeutsamkeit darstellt. Daher finden wir in den Werken der Alten die von ihnen deutlich aufgefaßte Schönheit nicht durch eine einzige, sondern durch viele, verschiedenen Charakter tragende Gestalten ausgedrückt, gleichsam immer von einer andern Seite gefaßt, und demzufolge anders dargestellt im Apoll, anders im Bakchus, anders im Herkules, anders im Antinous: ja, das Charakteristische kann das Schöne beschränken und endlich sogar bis zur Häßlichkeit hervortreten, im trunkenen Silen, im Faun u.s.w. Geht aber das Charakteristische bis zur wirklichen Aufhebung des Charakters der Gattung, also bis zum Unnatürlichen; so wird es Karikatur. – Noch viel weniger aber, als die Schönheit, darf die Grazie durch das Charakteristische beeinträchtigt werden: welche Stellung und Bewegung auch der Ausdruck des Charakters erfordert; so muß sie doch auf die der Person angemessenste, zweckmäßigste, leichteste Weise vollzogen werden. Dies wird nicht nur der Bildhauer und Maler, sondern auch jeder gute Schauspieler beobachten: sonst entsteht auch hier Karikatur, als Verzerrung, Verrenkung.

In der Skulptur bleiben Schönheit und Grazie die Hauptsache. Der eigentliche Charakter des Geistes, hervortretend in Affekt, Leidenschaft, Wechselspiel des Erkennens und Wollens, durch den Ausdruck des Gesichts und der Geberde allein darstellbar, ist vorzüglich Eigenthum der MALEREI. Denn obwohl Augen und Farbe, welche außer dem Gebiet der Skulptur liegen, viel zur Schönheit beitragen; so sind sie doch für den Charakter noch weit wesentlicher. Ferner entfaltet sich die Schönheit vollständiger der Betrachtung aus mehreren Standpunkten: hingegen kann der Ausdruck, der Charakter, auch aus EINEM Standpunkt vollkommen aufgefaßt werden.

Weil Schönheit offenbar der Hauptzweck der Skulptur ist, hat LESSING die Thatsache, daß der LAOKOON NICHT SCHREIET, daraus zu erklären gesucht, daß das Schreien mit der Schönheit nicht zu vereinigen sei. Da dem Lessing dieser Gegenstand das Thema, oder wenigstens der Anknüpfungspunkt, eines eigenen Buches ward, auch vor und nach ihm so Vieles über denselben geschrieben ist; so möge es mir vergönnt seyn, hier episodisch meine Meinung darüber vorzutragen, obwohl eine so specielle Erörterung nicht eigentlich in den Zusammenhang unserer durchaus auf das Allgemeine gerichteten Betrachtung gehört.

§. 46.

Daß Laokoon, in der berühmten Gruppe, nicht schreiet, ist offenbar, und die allgemeine, immer wiederkehrende Befremdung darüber muß daher rühren, daß in seiner Lage wir alle schreien würden: und so fordert es auch die Natur; da bei dem heftigsten physischen Schmerz und plötzlich eingetretener größter körperlicher Angst, alle Reflexion, die etwan ein schweigendes Dulden herbeiführen könnte, gänzlich aus dem Bewußtseyn verdrängt wird, und die Natur sich durch Schreien Luft macht, wodurch sie zugleich den Schmerz und die Angst ausdrückt, den Retter herbeiruft und den Angreifer schreckt. Schon Winckelmann vermißte daher den Ausdruck des Schreiens: aber indem er die Rechtfertigung des Künstlers suchte, machte er eigentlich den Laokoon zu einem Stoiker, der es seiner Würde nicht gemäß hält, *secundum naturam* zu schreien, sondern zu seinem Schmerz sich noch den nutzlosen Zwang auflegt, die Aeußerungen desselben zu verbeißen: Winckelmann sieht daher in ihm »den geprüften Geist eines großen Mannes, welcher mit Martern ringt und den Ausdruck der Empfindung zu unterdrücken und in sich zu verschließen sucht: er bricht nicht in lautes Geschrei aus, wie beim Virgil, sondern es entsteigen ihm nur bange Seufzer«, u.s.w., (Werke, Bd.7, S.98. – Dasselbe ausführlicher Bd.6, S.104 fg.) Diese Meinung Winckelmanns kritisirte nun Lessing in seinem Laokoon und verbesserte sie auf die oben angegebene Weise: an die Stelle des psychologischen Grundes setzte er den rein ästhetischen, daß die Schönheit, das Princip der alten Kunst, den Ausdruck des Schreiens nicht zulasse. Ein anderes Argument, welches er hinzufügt, daß nämlich nicht ein ganz vorübergehender und keiner Dauer fähiger Zustand im unbeweglichen Kunstwerk dargestellt werden dürfe, hat hundert Beispiele von vortrefflichen Figuren gegen sich, die in ganz flüchtigen Bewegungen, tanzend, ringend, haschend u.s.w. festgehalten sind. Ja, Goethe in dem Aufsatz über den Laokoon, welcher die Propyläen eröffnet (S.8), hält die Wahl eines solchen ganz vorübergehenden Moments geradezu für nothwendig. – In unsern Tagen entschied nun Hirt (Horen, 1797, zehntes St.), Alles auf die höchste Wahrheit des Ausdrucks zurückführend, die Sache dahin, daß Laokoon nicht schreiet, weil er, schon im Begriff am Stickfluß zu sterben, nicht mehr schreien kann. Zuletzt hat Fernow (Römische Studien, Bd.1, S.426 fg.) alle jene drei Meinungen erörtert und abgewogen, selbst jedoch keine neue hinzugethan, sondern jene drei vermittelt und vereinigt.

Ich kann nicht umhin mich zu verwundern, daß so nachdenkende und scharfsichtige Männer mühsam unzulängliche Gründe aus der Ferne herbeiziehen, psychologische, ja physiologische Argumente ergreifen, um eine Sache zu erklären, deren Grund ganz nahe liegt und dem Unbefangenen gleich offenbar ist, – und besonders daß Lessing, welcher der richtigen Erklärung so nahe kam, dennoch den eigentlichen Punkt keineswegs getroffen hat.

Vor aller psychologischen und physiologischen Untersuchung, ob Laokoon in seiner Lage schreien wird oder nicht, welches ich übrigens ganz und gar bejahen würde, ist in Hinsicht auf die Gruppe zu entscheiden, daß das Schreien in ihr nicht dargestellt werden durfte, allein aus dem Grunde, weil die Darstellung desselben gänzlich außer dem Gebiete der Skulptur liegt. Man konnte nicht aus Marmor einen schreienden Laokoon hervorbringen, sondern nur einen den Mund aufreißenden und zu schreien sich fruchtlos bemühenden, einen Laokoon, dem die Stimme im Halse stecken geblieben, *vox faucibus haesit.* Das Wesen, und folglich auch die Wirkung des Schreiens auf den Zuschauer, liegt ganz allein im Laut, nicht im Mundaufsperren. Dieses letztere, das Schreien nothwendig begleitende Phänomen muß erst durch den dadurch hervorgebrachten Laut motivirt und gerechtfertigt werden: dann ist es, als für die Handlung charakteristisch, zulässig, ja nothwendig, wenn es gleich der Schönheit Abbruch thut. Allein in der bildenden Kunst, der die Darstellung des Schreiens selbst ganz fremd und unmöglich ist, das gewaltsame, alle Züge und den übrigen Ausdruck störende Mittel zum Schreien, das Mundaufsperren darzustellen, wäre wirklich unverständig; weil man dann das im Uebrigen viele Aufopferungen fordernde Mittel vor die Augen brächte, während der Zweck desselben, das Schreien selbst, zusammt dessen Wirkung auf das Gemüth, ausbliebe. Ja, was noch mehr ist, man brächte dadurch den jedesmal lächerlichen Anblick einer ohne Wirkung bleibenden Anstrengung hervor, wirklich dem zu vergleichen, welchen sich ein Spaaßvogel verschaffte, indem er dem schlafenden Nachtwächter das Horn mit Wachs fest verstopfte, ihn dann mit Feuergeschrei weckte und sich an dessen fruchtlosen Anstrengungen zum Blasen ergötzte. – Wo hingegen die Darstellung des Schreiens im Gebiet der darstellenden Kunst liegt, ist es durchaus zulässig, weil es der Wahrheit dient, d.i. der vollständigen Darstellung der Idee. So in der Dichtkunst, welche zur anschaulichen Darstellung die Phantasie des Lesers in Anspruch nimmt: daher schreit bei Virgil der Laokoon wie ein Stier, der sich losgerissen, nachdem ihn die Axt getroffen: daher läßt Homer *(Il., XX, 48–53)* den Mars und die Minerva ganz entsetzlich schreien, ihrer Götterwürde sowohl, als Götterschönheit unbeschadet. Ebenso in der Schauspielkunst: Laokoon auf der Bühne mußte schlechterdings schreien; auch läßt Sophokles den Philoktet schreien, und er wird auf der alten Bühne allerdings wirklich geschrien haben. Als eines ganz ähnlichen Falles, erinnere ich mich in London den berühmten Schauspieler KEMBLE, in einem aus dem Deutschen übersetzten Stück, Pizarro, den Amerikaner Rolla darstellen gesehen zu haben, einen Halbwilden, aber von sehr edlem Charakter: dennoch, als er verwundet wurde, schrie er laut und heftig auf, was von großer und vortrefflicher Wirkung war, weil es, als höchst charakteristisch, zur Wahrheit viel beitrug. – Hingegen ein gemalter oder steinerner stummer Schreier wäre noch viel lächerlicher, als gemalte Musik, die schon in Goethes Propyläen gerügt wird; da das Schreien dem übrigen Ausdruck und der Schönheit viel mehr Abbruch thut, als die Musik, welche meistens nur Hände und Arme beschäftigt und als eine die Person charakterisirende Handlung anzusehen ist, ja insofern ganz füglich gemalt werden kann, sobald sie nur keine gewaltsame Bewegung des Körpers, oder Verziehung des Mundes erfordert: so z.B. die heilige Cäcilia an der Orgel, Raphaels Violinspieler in der Gallerie Sciarra zu Rom u.a.m. – Weil nun also, wegen der Gränzen der Kunst, der Schmerz des Laokoon nicht durch Schreien ausgedrückt werden durfte, mußte der Künstler jeden andern Ausdruck desselben in Bewegung setzen: dies hat er in der höchsten Vollendung geleistet, wie es Winckelmann (Werke, Bd. 6, S. 104 fg.) so meisterhaft schildert, dessen vortreffliche Beschreibung daher ihren vollen Werth und Wahrheit behält, sobald man nur vom Unterlegen Stoischer Gesinnung abstrahirt*.

§. 47.

Weil Schönheit nebst Grazie der Hauptgegenstand der Skulptur ist, liebt sie das Nackte, und leidet Bekleidung nur sofern diese die Formen nicht verbirgt. Sie bedient sich der Draperie nicht als einer

* Auch diese Episode hat ihre Ergänzung im Kap. 36 des zweiten Bandes erhalten.

Verhüllung, sondern als einer mittelbaren Darstellung der Form, welche Darstellungsweise den Verstand sehr beschäftigt, indem er zur Anschauung der Ursache, nämlich der Form des Körpers, nur durch die allein unmittelbar gegebene Wirkung, den Faltenwurf, gelangt. Sonach ist in der Skulptur die Draperie gewissermaaßen Das, was in der Malerei die Verkürzung ist. Beide sind Andeutungen, aber nicht symbolische, sondern solche, welche, wenn sie gelungen sind, den Verstand unmittelbar zwingen, das Angedeutete, ebenso als ob es wirklich gegeben wäre, anzuschauen.

Es sei mir erlaubt, hier beiläufig ein die redenden Künste betreffendes Gleichniß einzuschalten. Nämlich, wie die schöne Körperform bei der leichtesten, oder bei gar keiner Bekleidung am vortheilhaftesten sichtbar ist, und daher ein sehr schöner Mensch, wenn er zugleich Geschmack hätte und auch demselben folgen dürfte, am liebsten beinahe nackt, nur nach Weise der Antiken bekleidet, gehen würde; – ebenso nun wird jeder schöne und gedankenreiche Geist sich immer auf die natürlichste, unumwundenste, einfachste Weise ausdrücken, bestrebt, wenn es irgend möglich ist, seine Gedanken Andern mitzutheilen, um dadurch die Einsamkeit, die er in einer Welt wie diese empfinden muß, sich zu erleichtern: umgekehrt nun aber wird Geistesarmuth, Verworrenheit, Verschrobenheit sich in die gesuchtesten Ausdrücke und dunkelsten Redensarten kleiden, um so in schwierige und pomphafte Phrasen kleine, winzige, nüchterne, oder alltägliche Gedanken zu verhüllen, Demjenigen gleich, der, weil ihm die Majestät der Schönheit abgeht, diesen Mangel durch die Kleidung ersetzen will und unter barbarischem Putz, Flittern, Federn, Krausen, Puffen und Mantel, die Winzigkeit oder Häßlichkeit seiner Person zu verstecken sucht. So verlegen wie dieser, wenn er nackt gehen sollte, wäre mancher Autor, wenn man ihn zwänge, sein so pomphaftes, dunkles Buch in dessen kleinen, klaren Inhalt zu übersetzen.

§. 48.

Die HISTORIENMALEREI hat nun neben der Schönheit und Grazie noch den Charakter zum Hauptgegenstand, worunter überhaupt zu verstehen ist die Darstellung des Willens auf der höchsten Stufe seiner Objektivation, wo das Individuum, als Hervorhebung einer besondern Seite der Idee der Menschheit, eigenthümliche Bedeutsamkeit hat und diese nicht durch die bloße Gestalt allein, sondern durch Handlung jeder Art und die sie veranlassenden und begleitenden Modifikationen des Erkennens und Wollens, sichtbar in Miene und Geberde, zu erkennen giebt. Indem die Idee der Menschheit in diesem Umfange dargestellt werden soll, muß die Entfaltung ihrer Vielseitigkeit in bedeutungsvollen Individuen vor die Augen gebracht werden, und diese wieder können in ihrer Bedeutsamkeit nur durch mannigfaltige Scenen, Vorgänge und Handlungen sichtbar gemacht werden. Diese ihre unendliche Aufgabe löst nun die Historienmalerei dadurch, daß sie Lebensscenen jeder Art, von großer und geringer Bedeutsamkeit, vor die Augen bringt. Weder irgend ein Individuum, noch irgend eine Handlung kann ohne Bedeutung seyn: in allen und durch alle entfaltet sich mehr und mehr die Idee der Menschheit. Darum ist durchaus kein Vorgang des Menschenlebens von der Malerei auszuschließen. Man thut folglich den vortrefflichen Malern der Niederländischen Schule großes Unrecht, wenn man bloß ihre technische Fertigkeit schätzt, im Uebrigen aber verachtend auf sie herabsieht, weil sie meistens Gegenstände aus dem gemeinen Leben darstellten, man hingegen nur die Vorfälle aus der Weltgeschichte, oder Biblischen Historie für bedeutsam hält. Man sollte zuvörderst bedenken, daß die innere Bedeutsamkeit einer Handlung von der äußern ganz verschieden ist und beide oft getrennt von einander einhergehen. Die äußere Bedeutsamkeit ist die Wichtigkeit einer Handlung in Beziehung auf die Folgen derselben für und in der wirklichen Welt; also nach dem Satz vom Grunde. Die innere Bedeutsamkeit ist die Tiefe der Einsicht in die Idee der Menschheit, welche sie eröffnet, indem sie die seltener hervortretenden Seiten jener Idee an das Licht zieht, dadurch, daß sie deutlich und entschieden sich aussprechende Individualitäten, mittelst zweckmäßig gestellter Umstände, ihre Eigenthümlichkeiten entfalten läßt. Nur die innere Bedeutsamkeit gilt in der Kunst: die äußere gilt in der Geschichte. Beide sind völlig unabhängig von einander, können zusammen eintreten, aber auch jede allein erscheinen. Eine für die Geschichte höchst bedeutende Handlung kann an innerer Bedeutsamkeit eine sehr alltägliche und gemeine seyn: und umgekehrt kann eine Scene aus dem alltäglichen Leben von großer innerer Bedeutsamkeit seyn, wenn in ihr menschliche Individuen und menschliches Thun und Wollen, bis auf die verborgensten Falten, in einem hellen und deutlichen Lichte erscheinen. Auch kann, bei sehr verschiedener äußerer Bedeutsamkeit, die innere die gleiche und selbe seyn, so z.B. es für diese gleich gelten, ob Minister über der Landkarte um Länder und Völker streiten, oder Bauern in der Schenke über Spielkarten und Würfeln sich gegenseitig ihr Recht darthun wollen; wie es gleichviel ist, ob man mit goldenen, oder mit hölzernen Figuren Schach spielt. Außerdem sind die Scenen und Vorgänge, welche das Leben so vieler Millionen von Menschen ausmachen, ihr Thun und Treiben, ihre Noth und ihre Freude, schon deshalb wichtig genug, um Gegenstand der Kunst zu seyn, und müssen, durch ihre reiche Mannigfaltigkeit, Stoff genug geben zur Entfaltung der vielseitigen Idee der Menschheit. Sogar erregt die Flüchtigkeit des Augenblicks, welchen die Kunst in einem solchen Bilde (heut zu Tage *genre*-Bild genannt) fixirt hat, eine leise, eigenthümliche Rührung: denn die flüchtige Welt, welche sich unaufhörlich umgestaltet, in einzelnen Vorgängen, die doch das Ganze vertreten, festzuhalten im dauernden Bilde, ist eine Leistung der Malerkunst, durch welche sie die Zeit selbst zum Stillstande zu bringen scheint, indem sie das Einzelne zur Idee seiner Gattung erhebt. Endlich haben die geschichtlichen und nach Außen bedeutenden Vorwürfe der Malerei oft den Nachtheil, daß gerade das Bedeutsame derselben nicht anschaulich darstellbar ist, sondern hinzugedacht werden muß. In dieser Hinsicht muß überhaupt die nominale Bedeutung des Bildes von der realen unterschieden werden: jene ist die äußere, aber nur als Begriff hinzukommende Bedeutung; diese die Seite der Idee der Menschheit, welche durch das Bild für die Anschauung offenbar wird. Z.B. jene sei Moses von der Aegyptischen Prinzessin gefunden; ein für die Geschichte höchst wichtiger Moment: die reale Bedeutung hingegen, das der Anschauung wirklich Gegebene, ist ein Findelkind von einer vornehmen Frau aus seiner schwimmenden Wiege gerettet; ein Vorfall, der sich öfter ereignet haben mag. Das Kostüm allein kann hier jenen bestimmten historischen Fall dem Gelehrten kenntlich machen; aber das Kostüm ist nur für die nominale Bedeutung gültig, für die reale aber gleichgültig: denn diese letztere kennt nur den Menschen als solchen, nicht die willkürlichen Formen. Aus der Geschichte genommene Vorwürfe haben vor den aus der bloßen Möglichkeit genommenen und daher nicht individuell, sondern nur generell zu benennenden, nichts voraus: denn das eigentlich Bedeutsame in jenen ist doch nicht das Individuelle, nicht die einzelne Begebenheit als solche, sondern das Allgemeine in ihr, die Seite der Idee der Menschheit, die sich durch sie ausspricht. Andererseits sind aber auch bestimmte historische Gegenstände deshalb keineswegs zu verwerfen: nur geht die eigentlich künstlerische Ansicht derselben, sowohl im Maler als im Betrachter, nie auf das individuell Einzelne in ihnen, was eigentlich das Historische ausmacht, sondern auf das Allgemeine, das sich darin ausspricht, auf die Idee. Auch sind nur solche historische Gegenstände zu wählen, wo die Hauptsache wirklich darstellbar ist und nicht bloß hinzugedacht werden muß: sonst entfernt sich die nominale Bedeutung zu sehr von der realen: das bei dem Bilde bloß Gedachte wird das Wichtigste und thut dem Angeschauten Abbruch. Wenn schon auf der Bühne es nicht taugt, daß (wie im französischen Trauerspiele) die Hauptsache hinter der Scene vorgeht; so ist es im Bilde offenbar ein noch weit größerer Fehler. Entschieden nachtheilig wirken historische Vorwürfe nur dann, wann sie den Maler auf ein willkürlich und nicht nach Kunstzwecken, sondern nach anderen gewähltes Feld beschränken, vollends aber wann dieses Feld an malerischen und bedeutenden Gegenständen arm ist, wenn es z.B. die Geschichte eines kleinen, abgesonderten, eigensinnigen, hierarchisch d.h. durch Wahn beherrschten, von den gleichzeitigen großen Völkern des Orients und Occidents verachteten Winkelvolks ist, wie die Juden. – Da einmal zwischen uns und allen alten Völkern die Völkerwanderung so liegt, wie zwischen der jetzigen Erdoberfläche und jener, deren Organisationen sich uns nur versteinert zeigen, der einstige Wechsel des Meeresbettes; so ist es überhaupt als ein großes Unglück anzusehen, daß das Volk, dessen gewesene Kultur der unserigen hauptsächlich zur Unterlage dienen sollte, nicht etwan die Inder, oder die Griechen, oder auch nur die Römer waren, sondern gerade diese Juden. Besonders aber war es für die genialen Maler Italiens, im 15. und 16. Jahrhundert, ein schlimmer Stern, daß sie in dem engen Kreise, an den sie für die Wahl der Vorwürfe willkürlich gewiesen waren, zu Miseren aller Art greifen mußten: denn das Neue Testament ist, seinem historischen Theile nach, für die Malerei fast noch ungünstiger als das Alte, und die darauf folgende Geschichte der Märtyrer und Kirchenlehrer gar ein unglücklicher Gegenstand. Jedoch hat man von den Bildern, deren Gegenstand das Geschichtliche, oder Mythologische des Judenthums und Christenthums ist, gar sehr diejenigen zu unterscheiden, in welchen der eigentliche, d.h. der ethische Geist des Christenthums für die Anschauung offenbart wird, durch Darstellung von Menschen, welche dieses Geistes voll sind. Diese Darstellungen sind in der That die höchsten und bewunderungswürdigsten Leistungen der Malerkunst: auch sind sie nur den größten Meistern dieser Kunst, besonders dem Raphael und dem Correggio, diesem zumal in seinen früheren Bildern, gelungen. Gemälde dieser Art sind eigentlich gar nicht den historischen beizuzählen: denn sie stellen meistens keine Begebenheit, keine Handlung dar; sondern sind bloße Zusammenstellungen von Heiligen, dem Erlöser selbst, oft noch als Kind, mit seiner Mutter, Engeln u.s.w. In ihren Mienen, besonders den Augen, sehen wir den Ausdruck, den Wiederschein, der vollkommensten Erkenntniß, derjenigen nämlich, welche nicht auf einzelne Dinge gerichtet ist, sondern die Ideen, also das ganze Wesen der Welt und des Lebens, vollkommen aufgefaßt hat, welche Erkenntniß in ihnen auf den Willen zurückwirkend, nicht, wie jene andere, MOTIVE für denselben liefert, sondern im Gegentheil ein QUIETIV alles Wollens geworden ist, aus welchem die vollkommene Resignation, die der innerste Geist des Christenthums wie der Indischen Weisheit ist, das Aufgeben alles Wollens, die Zurückwendung, Aufhebung des Willens und mit ihm des ganzen Wesens dieser Welt, also die Erlösung, hervorgegangen ist. So sprachen jene ewig preiswürdigen Meister der Kunst durch ihre Werke die höchste Weisheit anschaulich aus. Und hier ist der Gipfel aller Kunst, welche, nachdem sie den Willen, in seiner adäquaten Objektität, den Ideen, durch alle Stufen verfolgt hat, von den niedrigsten, wo ihn Ursachen, dann wo ihn Reize und endlich wo ihn Motive so mannigfach bewegen und sein Wesen entfalten, nunmehr endigt mit der Darstellung seiner freien Selbstaufhebung durch das eine große Quietiv, welches ihm aufgeht aus der vollkommensten Erkenntniß seines eigenen Wesens*.

§. 49.

Allen unsern bisherigen Betrachtungen über die Kunst liegt überall die Wahrheit zum Grunde, daß das Objekt der Kunst, dessen Darstellung der Zweck des Künstlers ist, dessen Erkenntniß folglich seinem Werk als Keim und Ursprung vorhergehen muß, – eine IDEE, in Platons Sinne, ist und durchaus nichts Anderes: nicht das einzelne Ding, das Objekt der gemeinen Auffassung; auch nicht der Begriff, das Objekt des vernünftigen Denkens und der Wissenschaft. Obgleich Idee und Begriff etwas Gemeinsames haben, darin, daß beide als Einheiten eine Vielheit wirklicher Dinge vertreten; so wird doch die große Verschiedenheit beider, aus dem was im ersten Buch über den Begriff und im gegenwärtigen über die Idee gesagt ist, deutlich und einleuchtend genug geworden seyn. Daß jedoch auch schon Platon diesen Unterschied rein aufgefaßt habe, will ich keineswegs behaupten: vielmehr sind manche seiner Beispiele von Ideen und seiner Erörterungen über dieselben bloß auf Begriffe anwendbar. Wir lassen inzwischen dieses auf sich

* Diese Stelle setzt zu ihrem Verständniß das folgende Buch ganz und gar voraus.

beruhen und gehen unsern eigenen Weg, erfreut, so oft wir die Spur eines großen und edlen Geistes betreten, jedoch nicht seine Fußstapfen, sondern unser Ziel verfolgend. – Der BEGRIFF ist abstrakt, diskursiv, innerhalb seiner Sphäre völlig unbestimmt, nur ihrer Gränze nach bestimmt, Jedem der nur Vernunft hat erreichbar und faßlich, durch Worte ohne weitere Vermittelung mittheilbar, durch seine Definition ganz zu erschöpfen. Die IDEE dagegen, allenfalls als adäquater Repräsentant des Begriffs zu definiren, ist durchaus anschaulich und, obwohl eine unendliche Menge einzelner Dinge vertretend, dennoch durchgängig bestimmt: vom Individuo als solchem wird sie nie erkannt, sondern nur von dem, der sich über alles Wollen und alle Individualität zum reinen Subjekt des Erkennens erhoben hat: also ist sie nur dem Genius und sodann Dem, welcher durch, meistens von den Werken des Genius veranlaßte, Erhöhung seiner reinen Erkenntnißkraft, in einer genialen Stimmung ist, erreichbar: daher ist sie nicht schlechthin, sondern nur bedingt mittheilbar, indem die aufgefaßte und im Kunstwerk wiederholte Idee Jeden nur nach Maaßgabe seines eigenen intellektualen Werthes anspricht; weshalb gerade die vortrefflichsten Werke jeder Kunst, die edelsten Erzeugnisse des Genius, der stumpfen Majorität der Menschen ewig verschlossene Bücher bleiben müssen und ihr unzugänglich sind, durch eine weite Kluft von ihr getrennt, gleich wie der Umgang der Fürsten dem Pöbel unzugänglich ist. Zwar lassen auch die Plattesten die anerkannt großen Werke auf Autorität gelten, um nämlich ihre eigene Schwäche nicht zu verrathen: doch bleiben sie im Stillen stets bereit, ihr Verdammungsurtheil darüber auszusprechen, sobald man sie hoffen läßt, daß sie es können, ohne sich bloß zu stellen, wo dann ihr lang verhaltener Haß gegen alles Große und Schöne, das sie nie ansprach und eben dadurch demüthigte, und gegen die Urheber desselben, sich freudig Luft macht. Denn überhaupt um fremden Werth willig und frei anzuerkennen und gelten zu lassen, muß man eigenen haben. Hierauf gründet sich die Nothwendigkeit der Bescheidenheit bei allem Verdienst, wie auch der unverhältnißmäßig laute Ruhm dieser Tugend, welche allein, aus allen ihren Schwestern, von Jedem der es wagt einen irgendwie ausgezeichneten

Mann zu preisen, jedesmal seinem Lobe angehängt wird, um zu versöhnen und den Zorn der Werthlosigkeit zu stillen. Was ist denn Bescheidenheit Anderes, als geheuchelte Demuth, mittelst welcher man, in einer von niederträchtigem Neide strotzenden Welt, für Vorzüge und Verdienste die Verzeihung Derer erbetteln will, die keine haben? Denn wer sich keine anmaaßt, weil er wirklich keine hat, ist nicht bescheiden, sondern nur ehrlich.

Die IDEE ist die, vermöge der Zeit- und Raumform unserer intuitiven Apprehension, in die Vielheit zerfallene Einheit: hingegen der BEGRIFF ist die, mittelst der Abstraktion unserer Vernunft, aus der Vielheit wieder hergestellte Einheit: sie kann bezeichnet werden als *unitas post rem*, jene als *unitas ante rem*. Endlich kann man den Unterschied zwischen Begriff und Idee noch gleichnißweise ausdrücken, indem man sagt: der BEGRIFF gleicht einem todten Behältniß, in welchem, was man hineingelegt hat, wirklich neben einander liegt, aus welchem sich aber auch nicht mehr herausnehmen läßt (durch analytische Urtheile), als man hineingelegt hat (durch synthetische Reflexion): die IDEE hingegen entwickelt in Dem, welcher sie gefaßt hat, Vorstellungen, die in Hinsicht auf den ihr gleichnamigen Begriff neu sind: sie gleicht einem lebendigen, sich entwickelnden, mit Zeugungskraft begabten Organismus, welcher hervorbringt, was nicht in ihm eingeschachtelt lag.

Allem Gesagten zufolge ist nun der Begriff, so nützlich er für das Leben, und so brauchbar, nothwendig und ergiebig er für die Wissenschaft ist, für die Kunst ewig unfruchtbar. Hingegen ist die aufgefaßte Idee die wahre und einzige Quelle jedes ächten Kunstwerkes. In ihrer kräftigen Ursprünglichkeit wird sie nur aus dem Leben selbst, aus der Natur, aus der Welt geschöpft, und auch nur von dem ächten Genius, oder von dem für den Augenblick bis zur Genialität Begeisterten. Nur aus solcher unmittelbaren Empfängniß entstehen ächte Werke, die unsterbliches Leben in sich tragen. Eben weil die Idee anschaulich ist und bleibt, ist sich der Künstler der Absicht und des Zieles seines Werkes nicht *in abstracto* bewußt; nicht ein Begriff, sondern eine Idee schwebt ihm vor: daher kann er von seinem Thun keine Rechenschaft geben: er arbeitet, wie die Leute sich ausdrücken, aus bloßem Gefühl und unbewußt, ja instinktmäßig. Hingegen Nachahmer, Manieristen, *imitatores, servum pecus*, gehen in der Kunst vom Begriff aus: sie merken sich was an ächten Werken gefällt und wirkt, machen sich es deutlich, fassen es im Begriff, also abstrakt, auf, und ahmen es nun, offen oder versteckt, mit kluger Absichtlichkeit nach. Sie saugen, gleich parasitischen Pflanzen, ihre Nahrung aus fremden Werken, und tragen, gleich den Polypen, die Farbe ihrer Nahrung. Ja, man könnte, im Vergleichen noch weiter gehend, behaupten, sie glichen Maschinen, die, was man hineinlegt, zwar sehr fein zerhacken und durch einander mengen, aber nie verdauen können, so daß sich die fremden Bestandtheile noch immer wiederfinden, aus der Mischung hervorsuchen und sondern ließen: der Genius allein gliche dagegen dem organischen, assimilirenden, umwandelnden und producirenden Leibe. Denn er wird von den Vorgängern und ihren Werken zwar erzogen und gebildet; aber befruchtet wird er nur vom Leben und der Welt selbst unmittelbar, durch den Eindruck des Anschaulichen: daher schadet auch die höchste Bildung doch nie seiner Originalität. Alle Nachahmer, alle Manieristen fassen das Wesen fremder musterhafter Leistungen im Begriffe auf; aber Begriffe können nie einem Werke inneres Leben ertheilen. Das Zeitalter, d.h. die jedesmalige stumpfe Menge, kennt selbst nur Begriffe und klebt daran, nimmt daher manierirte Werke mit schnellem und lautem Beifall auf: dieselben Werke sind aber nach wenig Jahren schon ungenießbar, weil der Zeitgeist, d.h. die herrschenden Begriffe, sich geändert haben, auf denen allein jene wurzeln konnten. Nur die ächten Werke, welche aus der Natur, dem Leben, unmittelbar geschöpft sind, bleiben, wie diese selbst, ewig jung und stets urkräftig. Denn sie gehören keinem Zeitalter, sondern der Menschheit an: und wie sie eben deshalb von ihrem eigenen Zeitalter, welchem sich anzuschmiegen sie verschmähten, lau aufgenommen, und, weil sie die jedesmalige Verirrung desselben mittelbar und negativ aufdeckten, spät und ungern anerkannt wurden; so können sie dafür auch nicht veralten, sondern sprechen auch in der spätesten Zeit immer noch frisch und immer wieder neu an: dann sind sie auch dem Uebersehen- und Verkanntwerden nicht ferner ausgesetzt, da sie gekrönt und sanktionirt dastehen durch den Beifall der wenigen urtheilsfähigen Köpfe, die einzeln und sparsam in den Jahrhunderten erscheinen* und ihre Stimmen ablegen, deren langsam wachsende Summe die Autorität begründet, welche ganz allein jener Richterstuhl ist, den man meint, wenn man an die Nachwelt appellirt. Jene successiv erscheinenden Einzelnen sind es ganz allein: denn die Masse und Menge der Nachwelt wird allezeit ebenso verkehrt und stumpf seyn und bleiben, wie die Masse und Menge der Mitwelt allezeit war und allezeit ist. – Man lese die Klagen großer Geister, aus jedem Jahrhundert, über ihre Zeitgenossen: stets lauten sie wie von heute; weil das Geschlecht immer das selbe ist. Zu jeder Zeit und in jeder Kunst vertritt Manier die Stelle des Geistes, der stets nur das Eigenthum Einzelner ist: die Manier aber ist das alte, abgelegte Kleid der zuletzt dagewesenen und erkannten Erscheinung des Geistes. Dem Allen gemäß wird, in der Regel, der Beifall der Nachwelt nicht anders, als auf Kosten des Beifalls der Mitwelt erworben; und umgekehrt**.

§. 50.

Wenn nun der Zweck aller Kunst Mittheilung der aufgefaßten Idee ist, welche eben in solcher Vermittelung durch den Geist des Künstlers, in der sie von allem Fremdartigen gesäubert und isolirt erscheint, nunmehr auch Dem faßlich wird, der schwächere Empfänglichkeit und keine Produktivität hat; wenn ferner das Ausgehen vom Begriff in der Kunst verwerflich ist, so werden wir es nicht billigen können, wenn man ein Kunstwerk absichtlich und eingeständlich zum Ausdruck eines Begriffes bestimmt: dieses ist der Fall in der Allegorie. Eine Allegorie ist ein Kunstwerk, welches etwas Anderes bedeutet, als es darstellt. Aber das Anschauliche, folglich auch die Idee, spricht unmittelbar und ganz vollkommen sich selbst aus, und bedarf nicht der Vermittelung eines Andern, wodurch es angedeutet werde. Was also, auf diese Weise, durch ein ganz Anderes angedeutet und repräsentirt wird, weil es

* *Apparent rari, nantes in gurgite vasto.*

** Hiezu Kap. 34 des zweiten Bandes.

nicht selbst vor die Anschauung gebracht werden kann, ist allemal ein Begriff. Durch die Allegorie soll daher immer ein Begriff bezeichnet und folglich der Geist des Beschauers von der dargestellten anschaulichen Vorstellung weg, auf eine ganz andere, abstrakte, nicht anschauliche, geleitet werden, die völlig außer dem Kunstwerke liegt: hier soll also Bild oder Statue leisten, was die Schrift, nur viel vollkommener, leistet. Was nun wir für den Zweck der Kunst erklären, Darstellung der nur anschaulich aufzufassenden Idee, ist hier nicht der Zweck. Für das, was aber hier beabsichtigt wird, ist auch gar keine große Vollendung des Kunstwerks erforderlich; sondern es reicht hin, daß man sehe, was das Ding seyn soll, da, sobald dies gefunden ist, der Zweck erreicht ist und der Geist nun auf eine ganz anderartige Vorstellung, auf einen abstrakten Begriff geführt wird, welcher das vorgesetzte Ziel war. Allegorien in der bildenden Kunst sind folglich nichts Anderes, als Hieroglyphen: der Kunstwerth, den sie übrigens als anschauliche Darstellungen haben mögen, kommt ihnen nicht als Allegorien, sondern anderweitig zu. Daß die Nacht von Correggio, der Genius des Ruhmes von Hannibal Caracci, die Horen von Poussin, sehr schöne Bilder sind, ist ganz davon zu trennen, daß sie Allegorien sind. Als Allegorien leisten sie nicht mehr, als eine Inschrift, ja eher weniger. Wir werden hier wieder an die oben gemachte Unterscheidung zwischen der realen und der nominalen Bedeutung eines Bildes erinnert. Die nominale ist hier eben das Allegorische als solches, z.B. der Genius des Ruhmes; die reale das wirklich Dargestellte: hier ein schöner geflügelter Jüngling, von schönen Knaben umflogen: dies spricht eine Idee aus: diese reale Bedeutung wirkt aber nur solange man die nominale, allegorische vergißt: denkt man an diese, so verläßt man die Anschauung, und ein abstrakter Begriff beschäftigt den Geist: der Uebergang von der Idee zum Begriff ist aber immer ein Fall. Ja, jene nominale Bedeutung, jene allegorische Absicht, thut oft der realen Bedeutung, der anschaulichen Wahrheit, Eintrag: so z.B. die widernatürliche Beleuchtung in der Nacht von Correggio, die, so schön auch ausgeführt, doch bloß allegorisch motivirt und real unmöglich ist. Wenn also ein allegorisches Bild auch Kunstwerth hat, so ist dieser von dem, was es als Allegorie leistet, ganz gesondert und unabhängig: ein solches Kunstwerk dient zweien Zwecken zugleich, nämlich dem Ausdruck eines Begriffes und dem Ausdruck einer Idee: nur letzterer kann Kunstzweck seyn; der andere ist ein fremder Zweck, die spielende Ergötzlichkeit, ein Bild zugleich den Dienst einer Inschrift, als Hieroglyphe, leisten zu lassen, erfunden zu Gunsten Derer, welche das eigentliche Wesen der Kunst nie ansprechen kann. Es ist damit, wie wenn ein Kunstwerk zugleich ein nützliches Werkzeug ist, wo es auch zweien Zwecken dient: z.B. eine Statue, die zugleich Kandelaber oder Karyatide ist, oder ein Bas-Relief, der zugleich der Schild des Achills ist. Reine Freunde der Kunst werden weder das Eine noch das Andere billigen. Zwar kann ein allegorisches Bild auch gerade in dieser Eigenschaft lebhaften Eindruck auf das Gemüth hervorbringen: dasselbe würde dann aber, unter gleichen Umständen, auch eine Inschrift wirken. Z.B. wenn in dem Gemüth eines Menschen der Wunsch nach Ruhm dauernd und fest gewurzelt ist, indem er wohl gar den Ruhm als sein rechtmäßiges Eigenthum ansieht, das ihm nur solange vorenthalten wird, als er noch nicht die Dokumente seines Besitzes producirt hat: und dieser tritt nun vor den Genius des Ruhmes mit seinen Lorbeerkronen; so wird sein ganzes Gemüth dadurch angeregt und seine Kraft zur Thätigkeit aufgerufen: aber dasselbe würde auch geschehen, wenn er plötzlich das Wort »Ruhm« groß und deutlich an der Wand erblickte. Oder wenn ein Mensch eine Wahrheit kund gemacht hat, die entweder als Aussage für das praktische Leben, oder als Einsicht für die Wissenschaft wichtig ist, derselbe aber keinen Glauben fand; so wird ein allegorisches Bild, die Zeit darstellend, wie sie den Schleier aufhebt und nun die nackte Wahrheit sehen läßt, gewaltig auf ihn wirken: aber dasselbe würde auch die Devise »*Le temps découvre la vérité*« leisten. Denn was hier eigentlich wirkt, ist immer nur der abstrakte Gedanke, nicht das Angeschaute.

Ist nun, dem Gesagten gemäß, die Allegorie in der bildenden Kunst ein fehlerhaftes, einem der Kunst ganz fremden Zwecke dienendes Streben; so wird es vollends unerträglich, wenn es so weit abführt, daß die Darstellung gezwungener und gewaltsam herbeigezogener Deuteleien in das Alberne fällt. Dergleichen ist z.B. eine

Schildkröte zur Andeutung weiblicher Eingezogenheit; das Herabblicken der Nemesis in den Busen ihres Gewandes, andeutend, daß sie auch ins Verborgene sieht; die Auslegung des Bellori, daß Hannibal Caracci die Wollust deswegen mit einem gelben Gewande bekleidet hat, weil er andeuten gewollt, daß ihre Freuden bald welken und gelb wie Stroh werden. – Wenn nun gar zwischen dem Dargestellten und dem dadurch angedeuteten Begriff durchaus keine auf Subsumtion unter jenen Begriff, oder auf Ideenassociation gegründete Verbindung ist; sondern Zeichen und Bezeichnetes ganz konventionell, durch positive, zufällig veranlaßte Satzung zusammenhängen: dann nenne ich diese Abart der Allegorie SYMBOL. So ist die Rose Symbol der Verschwiegenheit, der Lorbeer Symbol des Ruhmes, die Palme Symbol des Sieges, die Muschel Symbol der Pilgrimschaft, das Kreuz Symbol der christlichen Religion: dahin gehören auch alle Andeutungen durch bloße Farben unmittelbar, wie Gelb als Farbe der Falschheit, und Blau als Farbe der Treue. Dergleichen Symbole mögen im Leben oft von Nutzen seyn, aber der Kunst ist ihr Werth fremd: sie sind ganz wie Hieroglyphen, oder gar wie Chinesische Wortschrift anzusehen und stehen wirklich in einer Klasse mit den Wappen, mit dem Busch, der ein Wirthshaus andeutet, mit dem Schlüssel, an welchem man die Kammerherren, oder dem Leder, an welchem man die Bergleute erkennt. – Wenn endlich gewisse historische oder mythische Personen, oder personifizirte Begriffe, durch ein für allemal festgesetzte Symbole kenntlich gemacht werden; so wären wohl diese eigentlich EMBLEME zu nennen: dergleichen sind die Thiere der Evangelisten, die Eule der Minerva, der Apfel des Paris, das Anker der Hoffnung u.s.w. Inzwischen versteht man unter Emblemen meistens jene sinnbildlichen, einfachen und durch ein Motto erläuterten Darstellungen, die eine moralische Wahrheit veranschaulichen sollen, davon es große Sammlungen, von J. Camerarius, Alciatus und Anderen, giebt: sie machen den Uebergang zur poetischen Allegorie, davon weiter unten geredet wird. – Die Griechische Skulptur wendet sich an die Anschauung, darum ist sie ÄSTHETISCH; die Hindostanische wendet sich an den Begriff, daher ist sie bloß SYMBOLISCH.

Dieses auf unsere bisherigen Betrachtungen über das innere Wesen der Kunst gegründete und damit genau zusammenhängende Urtheil über die Allegorie ist der Ansicht Winckelmanns gerade entgegengesetzt, welcher, weit entfernt, wie wir, die Allegorie für etwas dem Zweck der Kunst ganz fremdes und ihn oft störendes zu erklären, ihr überall das Wort redet, ja sogar (Werke, Bd. 1, S. 55 fg.) den höchsten Zweck der Kunst in die »Darstellung allgemeiner Begriffe und nichtsinnlicher Dinge« setzt. Es bleibe Jedem überlassen, der einen oder der andern Ansicht beizutreten. Nur wurde mir, bei diesen und ähnlichen, die eigentliche Metaphysik des Schönen betreffenden Ansichten Winckelmanns, die Wahrheit sehr deutlich, daß man die größte Empfänglichkeit und das richtigste Urtheil über das Kunstschöne haben kann, ohne jedoch im Stande zu seyn, vom Wesen des Schönen und der Kunst abstrakte und eigentlich philosophische Rechenschaft zu geben: eben wie man sehr edel und tugendhaft seyn und ein sehr zartes, mit der Genauigkeit einer Goldwaage bei den einzelnen Fällen entscheidendes Gewissen haben kann, ohne deshalb im Stande zu seyn, die ethische Bedeutsamkeit der Handlungen philosophisch zu ergründen und *in abstracto* darzustellen.

Ein ganz anderes Verhältniß hat aber die Allegorie zur Poesie, als zur bildenden Kunst, und wenn gleich hier verwerflich, ist sie dort sehr zulässig und zweckdienlich. Denn in der bildenden Kunst leitet sie vom gegebenen Anschaulichen, dem eigentlichen Gegenstand aller Kunst, zu abstrakten Gedanken; in der Poesie ist aber das Verhältniß umgekehrt: hier ist das in Worten unmittelbar Gegebene der Begriff, und der nächste Zweck ist allemal von diesem auf das Anschauliche zu leiten, dessen Darstellung die Phantasie des Hörers übernehmen muß. Wenn in der bildenden Kunst vom unmittelbar Gegebenen auf ein Anderes geleitet wird, so muß dies immer ein Begriff seyn, weil hier nur das Abstrakte nicht unmittelbar gegeben werden kann; aber ein Begriff darf nie der Ursprung, und seine Mittheilung nie der Zweck eines Kunstwerkes seyn. Hingegen in der Poesie ist der Begriff das Material, das unmittelbar Gegebene, welches man daher sehr wohl verlassen darf, um ein gänzlich verschiedenes Anschauliches hervorzurufen, in welchem das Ziel erreicht wird. Im Zusammenhang einer Dichtung kann mancher Begriff, oder abstrakte Gedanke, unentbehrlich seyn, der gleichwohl an sich und unmittelbar gar keiner Anschaulichkeit fähig ist: dieser wird dann oft durch irgend ein unter ihn zu subsumirendes Beispiel zur Anschaulichkeit gebracht. Solches geschieht schon in jedem tropischen Ausdruck, und geschieht in jeder Metapher, Gleichniß, Parabel und Allegorie, welche alle nur durch die Länge und Ausführlichkeit ihrer Darstellung sich unterscheiden. In den redenden Künsten sind dieserwegen Gleichnisse und Allegorien von trefflicher Wirkung. Wie schön sagt Cervantes vom Schlaf, um auszudrücken, daß er uns allen geistigen und körperlichen Leiden entziehe, »er sei ein Mantel, der den ganzen Menschen bedeckt«. Wie schön drückt Kleist den Gedanken, daß Philosophen und Forscher das Menschengeschlecht aufklären, allegorisch aus, in dem Verse:

»Die, deren nächtliche Lampe den ganzen Erdball erleuchtet.«

Wie stark und anschaulich bezeichnet Homer die unheilbringende Ate, indem er sagt: »sie hat zarte Füße, denn sie betritt nicht den harten Boden, sondern wandelt nur auf den Köpfen der Menschen« *(Il., XIX, 91)*. Wie sehr wirkte die Fabel des Menenius Agrippa vom Magen und den Gliedern auf das ausgewanderte Römische Volk. Wie schön drückt Platons schon erwähnte Allegorie von der Höhle, im Anfang des siebenten Buches der Republik, ein höchst abstraktes philosophisches Dogma aus. Ebenfalls ist als eine tiefsinnige Allegorie von philosophischer Tendenz die Fabel von der Persephone anzusehen, die dadurch, daß sie in der Unterwelt einen Granatapfel kostet, dieser anheimfällt: solches wird besonders einleuchtend durch die allem Lobe unerreichbare Behandlung dieser Fabel, welche Goethe dem Triumph der Empfindsamkeit als Episode eingeflochten hat. Drei ausführliche allegorische Werke sind mir bekannt: ein offenbares und eingeständliches ist der unvergleichliche Criticon des Balthasar Gracian, welcher in einem großen reichen Gewebe an einander geknüpfter, höchst sinnreicher Allegorien besteht, die hier zur heitern Einkleidung moralischer Wahrheiten dienen, welchen er eben dadurch die größte Anschaulichkeit ertheilt und uns durch den Reichthum seiner Erfindungen in Erstaunen setzt. Zwei versteckte aber sind der Don Quijote und Gulliver in Lilliput. Ersterer allegorisirt das Leben jedes Menschen, der nicht, wie die Anderen, bloß sein persönliches Wohl besorgen will, sondern einen objektiven, idealen Zweck verfolgt, welcher sich seines Denkens und Wollens bemächtigt hat; womit er sich dann in dieser Welt freilich sonderbar ausnimmt. Beim Gulliver darf man nur alles Physische geistig nehmen, um zu merken, was der *satirical rogue*, wie ihn Hamlet nennen würde, damit gemeint hat. – Indem nun also der poetischen Allegorie der Begriff immer das Gegebene ist, welches sie durch ein Bild anschaulich machen will, mag sie auch immerhin bisweilen durch ein gemaltes Bild ausgedrückt, oder unterstützt werden: dieses wird darum doch nicht als Werk der bildenden Kunst, sondern nur als bezeichnende Hieroglyphe betrachtet, und macht keinen Anspruch auf malerischen, sondern allein auf poetischen Werth. Solcher Art ist jene schöne allegorische Vignette Lavaters, die auf jeden edlen Verfechter der Wahrheit so herzstärkend wirken muß: eine Hand, die ein Licht haltend von einer Wespe gestochen wird, während oben an der Flamme sich Mücken verbrennen: darunter das Motto:

»Und ob's auch der Mücke den Flügel versengt,
Den Schädel und all sein Gehirnchen zersprengt;
  Licht bleibet doch Licht;
Und wenn auch die grimmigste Wespe mich sticht,
  Ich laß' es doch nicht.«

Hieher gehört ferner jener Grabstein mit dem ausgeblasenen, dampfenden Licht und der Umschrift:

»Wann's aus ist, wird es offenbar,
Ob's Talglicht, oder Wachslicht war.« –

Dieser Art endlich ist ein altdeutscher Stammbaum, auf welchem der letzte Sprößling der hoch hinaufreichenden Familie den Entschluß, sein Leben in gänzlicher Enthaltsamkeit und Keuschheit zu Ende zu führen und daher sein Geschlecht aussterben zu lassen, dadurch ausdrückte, daß er selbst an der Wurzel des vielzweigichten Baumes abgebildet, mit einer Scheere den Baum über sich abschneidet. Dahin gehören überhaupt die oben erwähnten, gewöhnlich Embleme genannten Sinnbilder, welche man auch bezeichnen könnte als kurze gemalte Fabeln mit ausgesprochener Moral. – Allegorien dieser Art sind immer den poetischen, nicht den malerischen beizuzählen und eben dadurch gerechtfertigt: auch bleibt hier die bildliche Ausführung immer Nebensache, und es wird von ihr nicht mehr gefordert, als daß sie die Sache nur kenntlich darstelle. Wie aber in der bildenden Kunst, so auch in der Poesie, geht die Allegorie in das Symbol über, wenn zwischen dem anschaulich Vorgeführten und dem damit bezeichneten Abstrakten kein anderer, als willkürlicher Zusammenhang ist. Weil eben alles Symbolische im Grunde auf Verabredung beruht, so hat unter anderen Nachtheilen das Symbol auch den, daß seine Bedeutung mit der Zeit vergessen wird und es dann ganz verstummt: wer würde wohl, wenn man es nicht wüßte, errathen, warum der Fisch Symbol des Christenthums ist? Nur ein Champolion: denn es ist durch und durch eine phonetische Hieroglyphe. Daher steht jetzt als poetische Allegorie die Offenbarung des Johannes ungefähr so da, wie die Reliefs mit *magnus Deus sol Mithra*, an denen man noch immer auslegt*.

§. 51.

Wenn wir nun mit unseren bisherigen Betrachtungen über die Kunst im Allgemeinen von den bildenden Künsten uns zur POESIE wenden; so werden wir nicht zweifeln, daß auch sie die Absicht hat, die Ideen, die Stufen der Objektivation des Willens, zu offenbaren und sie mit der Deutlichkeit und Lebendigkeit, in welcher das dichterische Gemüth sie auffaßte, dem Hörer mitzutheilen. Ideen sind wesentlich anschaulich: wenn daher in der Poesie das unmittelbar durch Worte Mitgetheilte nur abstrakte Begriffe sind; so ist doch offenbar die Absicht, in den Repräsentanten dieser Begriffe den Hörer die Ideen des Lebens anschauen zu lassen, welches nur durch Beihülfe seiner eigenen Phantasie geschehen kann. Um aber

* Hiezu Kap. 36 des zweiten Bandes.

diese dem Zweck entsprechend in Bewegung zu setzen, müssen die abstrakten Begriffe, welche das unmittelbare Material der Poesie wie der trockensten Prosa sind, so zusammengestellt werden, daß ihre Sphären sich dergestalt schneiden, daß keiner in seiner abstrakten Allgemeinheit beharren kann; sondern statt seiner ein anschaulicher Repräsentant vor die Phantasie tritt, den nun die Worte des Dichters immer weiter nach seiner Absicht modifiziren. Wie der Chemiker aus völlig klaren und durchsichtigen Flüssigkeiten, indem er sie vereinigt, feste Niederschläge erhält; so versteht der Dichter aus der abstrakten, durchsichtigen Allgemeinheit der Begriffe, durch die Art wie er sie verbindet, das Konkrete, Individuelle, die anschauliche Vorstellung, gleichsam zu fällen. Denn nur anschaulich wird die Idee erkannt: Erkenntniß der Idee ist aber der Zweck aller Kunst. Die Meisterschaft in der Poesie, wie in der Chemie, macht fähig, allemal gerade den Niederschlag zu erhalten, welchen man eben beabsichtigt. Diesem Zweck dienen die vielen Epitheta in der Poesie, durch welche die Allgemeinheit jedes Begriffes eingeschränkt wird, mehr und mehr, bis zur Anschaulichkeit. Homer setzt fast zu jedem Hauptwort ein Beiwort, dessen Begriff die Sphäre des erstern Begriffes schneidet und sogleich beträchtlich vermindert, wodurch er der Anschauung schon so viel näher kommt: z. B.

Εν δ' επεσ' Ωκεανῳ λαμπρον φαος ἠελιοιο,
'Ελκον νυκτα μελαιναν επι ζειδωρον αρουραν.
(Occidit vero in Oceanum splendidum lumen solis,
Trahens noctem nigram super almam terram.)

Und

»Ein sanfter Wind vom blauen Himmel weht,
Die Myrte still und hoch der Lorbeer steht,« –

schlägt aus wenigen Begriffen die ganze Wonne des südlichen Klimas vor die Phantasie nieder.

Ein ganz besonderes Hülfsmittel der Poesie sind Rhythmus und Reim. Von ihrer unglaublich mächtigen Wirkung weiß ich keine andere Erklärung zu geben, als daß unsere an die Zeit wesentlich gebundenen Vorstellungskräfte hiedurch eine Eigenthümlichkeit erhalten haben, vermöge welcher wir jedem regelmäßig wiederkehrenden Geräusch innerlich folgen und gleichsam mit einstimmen. Dadurch werden nun Rhythmus und Reim theils ein Bindemittel unserer Aufmerksamkeit, indem wir williger dem Vortrag folgen, theils entsteht durch sie in uns ein blindes, allem Urtheil vorhergängiges Einstimmen in das Vorgetragene, wodurch dieses eine gewisse emphatische, von allen Gründen unabhängige Ueberzeugungskraft erhält.

Vermöge der Allgemeinheit des Stoffes, dessen sich die Poesie, um die Ideen mitzutheilen, bedient, also der Begriffe, ist der Umfang ihres Gebietes sehr groß. Die ganze Natur, die Ideen aller Stufen sind durch sie darstellbar, indem sie, nach Maaßgabe der mitzutheilenden Idee, bald beschreibend, bald erzählend, bald unmittelbar dramatisch darstellend verfährt. Wenn aber, in der Darstellung der niedrigeren Stufen der Objektität des Willens, die bildende Kunst sie meistens übertrifft, weil die erkenntnißlose und auch die bloß thierische Natur in einem einzigen wohlgefaßten Moment fast ihr ganzes Wesen offenbart; so ist dagegen der Mensch, soweit er sich nicht durch seine bloße Gestalt und Ausdruck der Miene, sondern durch eine Kette von Handlungen und sie begleitender Gedanken und Affekte ausspricht, der Hauptgegenstand der Poesie, der es hierin keine andere Kunst gleich thut, weil ihr dabei die Fortschreitung zu Statten kommt, welche den bildenden Künsten abgeht.

Offenbarung derjenigen Idee, welche die höchste Stufe der Objektität des Willens ist, Darstellung des Menschen in der zusammenhängenden Reihe seiner Bestrebungen und Handlungen ist also der große Vorwurf der Poesie. – Zwar lehrt auch Erfahrung, lehrt auch Geschichte den Menschen kennen; jedoch öfter DIE Menschen als DEN Menschen: d.h. sie geben mehr empirische Notizen vom Benehmen der Menschen gegen einander, woraus Regeln für das eigene Verhalten hervorgehen, als daß sie in das innere Wesen des Menschen tiefe Blicke thun ließen. Indessen bleibt auch dieses letztere keineswegs von ihnen ausgeschlossen: jedoch, so oft es das Wesen der Menschheit selbst ist, das in der Geschichte, oder in der eigenen Erfahrung sich uns aufschließt; so haben wir diese, der Historiker jene schon mit künstlerischen Augen, schon poetisch, d.h. der Idee, nicht der Erscheinung, dem innern Wesen, nicht den Relationen nach aufgefaßt. Unumgänglich ist die eigene Erfahrung Bedingung zum Verständniß der Dichtkunst, wie der Geschichte: denn sie ist gleichsam das Wörterbuch der Sprache, welche beide reden. Geschichte aber verhält sich zur Poesie wie Porträtmalerei zur Historienmalerei: jene giebt das im Einzelnen, diese das im Allgemeinen Wahre: jene hat die Wahrheit der Erscheinung, und kann sie aus derselben beurkunden, diese hat die Wahrheit der Idee, die in keiner einzelnen Erscheinung zu finden, dennoch aus allen spricht. Der Dichter stellt mit Wahl und Absicht bedeutende Charaktere in bedeutenden Situationen dar: der Historiker nimmt beide wie sie kommen. Ja, er hat die Begebenheiten und die Personen nicht nach ihrer innern, ächten, die Idee ausdrükkenden Bedeutsamkeit anzusehen und auszuwählen; sondern nach der äußern, scheinbaren, relativen, in Beziehung auf die Verknüpfung, auf die Folgen, wichtigen Bedeutsamkeit. Er darf nichts an und für sich, seinem wesentlichen Charakter und Ausdrucke nach, sondern muß alles nach der Relation, in der Verkettung, im Einfluß auf das Folgende, ja besonders auf sein eigenes Zeitalter betrachten. Darum wird er eine wenig bedeutende, ja an sich gemeine Handlung eines Königs nicht übergehen: denn sie hat Folgen und Einfluß. Hingegen sind an sich höchst bedeutungsvolle Handlungen der Einzelnen, sehr ausgezeichnete Individuen, wenn sie keine Folgen, keinen Einfluß haben, von ihm nicht zu erwähnen. Denn seine Betrachtung geht dem Satz vom Grunde nach und ergreift die Erscheinung, deren Form dieser ist. Der Dichter aber faßt die Idee auf, das Wesen der Menschheit, außer aller Relation, außer aller Zeit, die adäquate Objektität des Dinges an sich auf ihrer höchsten Stufe. Wenn gleich nun auch, selbst bei jener dem Historiker nothwendigen Betrachtungsart, das innere Wesen, die Bedeutsamkeit der Erscheinungen, der Kern aller jener Schaalen, nie ganz verloren gehen kann und wenigstens von Dem, der ihn sucht, sich noch finden und erkennen läßt; so wird dennoch Dasjenige, was an sich, nicht in der Relation, bedeutend ist, die eigentliche Entfaltung der Idee, bei weitem richtiger und deutlicher in der Dichtung sich finden, als in der Geschichte, jener daher, so paradox es klingt, viel mehr eigentliche, ächte, innere Wahrheit beizulegen seyn, als dieser. Denn der Historiker soll der individuellen Begebenheit genau nach dem Leben folgen, wie sie an den vielfach verschlungenen Ketten der Gründe und Folgen sich in der Zeit entwickelt; aber unmöglich kann er hiezu alle Data besitzen, Alles gesehen, oder Alles erkundet haben: er wird jeden Augenblick vom Original seines Bildes verlassen, oder ein falsches schiebt sich ihm unter, und dies so häufig, daß ich glaube annehmen zu dürfen, in aller Geschichte sei des Falschen mehr, als des Wahren. Der Dichter hingegen hat die Idee der Menschheit von irgend einer bestimmten, eben darzustellenden Seite aufgefaßt, das Wesen seines eigenen Selbst ist es, was sich in ihr ihm objektivirt: seine Erkenntniß ist, wie oben bei Gelegenheit der Skulptur auseinandergesetzt, halb *a priori*: sein Musterbild steht vor seinem Geiste, fest, deutlich, hell beleuchtet, kann ihn nicht verlassen: daher zeigt er uns im Spiegel seines Geistes die Idee rein und deutlich, und seine Schilderung ist, bis auf das Einzelne herab, wahr wie das Leben selbst*. Die großen alten Historiker sind daher im Einzelnen, wo die Data sie verlassen, z. B. in den Reden ihrer Helden, Dichter; ja, ihre ganze Behandlungsart des Stoffes nähert sich dem Epischen: dies aber eben giebt ihren

---

* Es versteht sich, daß ich überall ausschließlich von dem so seltenen, großen, ächten Dichter rede und Niemanden weniger meyne, als jenes schaale Volk der mediokren Poeten, Reimschmiede und Mährchenersinner, welches besonders heut zu Tage in Deutschland so sehr wuchert, dem man aber von allen Seiten unaufhörlich in die Ohren rufen sollte:

Mediocribus esse poëtis
Non homines, non Dî, non concessere columnae.

Es ist selbst ernster Berücksichtigung werth, welche Menge eigener und fremder Zeit und Papiers von diesem Schwarm der mediokren Poeten verdorben wird und wie schädlich ihr Einfluß ist, indem das Publikum theils immer nach dem Neuen greift, theils auch sogar zum Verkehrten und Platten, als welches ihm homogener ist, von Natur mehr Neigung hat; daher jene Werke der Mediokren es von den ächten Meisterwerken und seiner Bildung durch dieselben abziehen und zurückhalten, folglich dem günstigen Einfluß der Genien gerade entgegenarbeitend, den Geschmack immer mehr verderben und so die Fortschritte des Zeitalters hemmen. Daher sollten Kritik und Satire, ohne alle Nachsicht und Mitleid, die mediokren Poeten geißeln, bis sie, zu ihrem eigenen Besten, dahin gebracht würden, ihre Muße lieber anzuwenden Gutes zu lesen, als Schlechtes zu schreiben. – Denn wenn selbst den sanften Musengott die Stümperei der Unberufenen in solchen Grimm versetzte, daß er den Marsyas schinden konnte; so sehe ich nicht, worauf die mediokre Poesie ihre Ansprüche an Toleranz gründen will.

Darstellungen Einheit, und läßt sie die innere Wahrheit behalten, selbst da, wo die äußere ihnen nicht zugänglich, oder gar verfälscht war: und verglichen wir vorhin die Geschichte mit der Porträtmalerei, im Gegensatz der Poesie, welche der Historienmalerei entspräche; so finden wir Winckelmanns Ausspruch, daß das Porträt das Ideal des Individuums seyn soll, auch von den alten Historikern befolgt, da sie das Einzelne doch so darstellen, daß die sich darin aussprechende Seite der Idee der Menschheit hervortritt: die neuen dagegen, Wenige ausgenommen, geben meistens nur »ein Kehrichtfaß und eine Rumpelkammer und höchstens eine Haupt- und Staatsaktion«. – Wer also die Menschheit, ihrem innern, in allen Erscheinungen und Entwickelungen identischen Wesen, ihrer Idee nach, erkennen will, dem werden die Werke der großen, unsterblichen Dichter ein viel treueres und deutlicheres Bild vorhalten, als die Historiker je vermögen: denn selbst die besten unter diesen sind als Dichter lange nicht die ersten und haben auch nicht freie Hände. Man kann das Verhältniß beider, in dieser Rücksicht, auch durch folgendes Gleichniß erläutern. Der bloße, reine, nach den Datis allein arbeitende Historiker gleicht Einem, der ohne alle Kenntniß der Mathematik, aus zufällig vorgefundenen Figuren, die Verhältnisse derselben durch Messen erforscht, dessen empirisch gefundene Angabe daher mit allen Fehlern der gezeichneten Figur behaftet ist: der Dichter hingegen gleicht dem Mathematiker, welcher jene Verhältnisse *a priori* konstruirt, in reiner Anschauung, und sie aussagt, nicht wie die gezeichnete Figur sie wirklich hat, sondern wie sie in der Idee sind, welche die Zeichnung versinnlichen soll. – Darum sagt Schiller:

»Was sich nie und nirgends hat begeben,
Das allein veraltet nie.«

Ich muß sogar, in Hinsicht auf die Erkenntniß des Wesens der Menschheit, den Biographien, vornehmlich den Autobiographien, einen größern Werth zugestehen, als der eigentlichen Geschichte, wenigstens wie sie gewöhnlich behandelt wird. Theils nämlich sind bei jenen die Data richtiger und vollständiger zusammenzubringen, als bei dieser; theils agiren in der eigentlichen Geschichte nicht sowohl Menschen, als Völker und Heere, und die Einzelnen, welche noch auftreten, erscheinen in so großer Entfernung, mit so vieler Umgebung und so großem Gefolge, dazu verhüllt in steife Staatskleider oder schwere, unbiegsame Harnische, daß es wahrlich schwer hält, durch alles Dieses hindurch die menschliche Bewegung zu erkennen. Hingegen zeigt das treu geschilderte Leben des Einzelnen, in einer engen Sphäre, die Handlungsweise der Menschen in allen ihren Nüancen und Gestalten, die Trefflichkeit, Tugend, ja die Heiligkeit Einzelner, die Verkehrtheit, Erbärmlichkeit, Tücke der Meisten, die Ruchlosigkeit Mancher. Dabei ist es ja, in der hier allein betrachteten Rücksicht, nämlich in Betreff der innern Bedeutung des Erscheinenden, ganz gleichgültig, ob die Gegenstände, um die sich die Handlung dreht, relativ betrachtet, Kleinigkeiten oder Wichtigkeiten, Bauerhöfe oder Königreiche sind: denn alle diese Dinge, an sich ohne Bedeutung, erhalten solche nur dadurch und insofern, als durch sie der Wille bewegt wird: bloß durch seine Relation zum Willen hat das Motiv Bedeutsamkeit; hingegen die Relation, die es als Ding zu anderen solchen Dingen hat, kommt gar nicht in Betracht. Wie ein Kreis von einem Zoll Durchmesser und einer von 40 Millionen Meilen Durchmesser die selben geometrischen Eigenschaften vollständig haben, so sind die Vorgänge und die Geschichte eines Dorfes und die eines Reiches im Wesentlichen die selben; und man kann am Einen, wie am Andern, die Menschheit studiren und kennen lernen. Auch hat man Unrecht zu meynen, die Autobiographien seien voller Trug und Verstellung. Vielmehr ist das Lügen (obwohl überall möglich) dort vielleicht schwerer, als irgendwo. Verstellung ist am leichtesten in der bloßen Unterredung; ja sie ist, so paradox es klingt, schon in einem Briefe im Grunde schwerer, weil da der Mensch, sich selber überlassen, in sich sieht und nicht nach Außen, das Fremde und Ferne sich schwer nahe bringt und den Maaßstab des Eindrucks auf den Andern nicht vor Augen hat; dieser Andere dagegen, gelassen, in einer dem Schreiber fremden Stimmung, den Brief übersieht, zu wiederholten Malen und verschiedenen Zeiten liest, und so die verborgene Absicht leicht herausfindet. Einen Autor lernt man auch als Menschen am leichtesten aus seinem Buche kennen, weil alle jene Bedingungen hier noch stärker und anhaltender wirken: und in einer Selbstbiographie sich zu verstellen, ist so schwer, daß es vielleicht keine einzige giebt, die nicht im Ganzen wahrer wäre, als jede andere geschriebene Geschichte. Der Mensch, der sein Leben aufzeichnet, überblickt es im Ganzen und Großen, das Einzelne wird klein, das Nahe entfernt sich, das Ferne kommt wieder nah, die Rücksichten schrumpfen ein: er sitzt sich selbst zur Beichte und hat sich freiwillig hingesetzt: der Geist der Lüge faßt ihn hier nicht so leicht: denn es liegt in jedem Menschen auch eine Neigung zur Wahrheit, die bei jeder Lüge erst überwältigt werden muß und die eben hier eine ungemein starke Stellung angenommen hat. Das Verhältniß zwischen Biographie und Völkergeschichte läßt sich durch folgendes Gleichniß anschaulich machen. Die Geschichte zeigt uns die Menschheit, wie uns eine Aussicht von einem hohen Berge die Natur zeigt: wir sehen Vieles auf ein Mal, weite Strecken, große Massen; aber deutlich wird nichts, noch seinem ganzen eigentlichen Wesen nach erkennbar. Dagegen zeigt uns das dargestellte Leben des Einzelnen den Menschen so, wie wir die Natur erkennen, wenn wir zwischen ihren Bäumen, Pflanzen, Felsen und Gewässern umhergehen. Wie aber durch die Landschaftsmalerei, in welcher der Künstler uns durch seine Augen in die Natur blicken läßt, uns die Erkenntniß ihrer Ideen und der zu dieser erforderte Zustand des willenlosen, reinen Erkennens sehr erleichtert wird; so hat für die Darstellung der Ideen, welche wir in Geschichte und Biographie suchen können, die Dichtkunst sehr Vieles vor beiden voraus: denn auch hier hält uns der Genius den verdeutlichenden Spiegel vor, in welchem alles Wesentliche und Bedeutsame zusammengestellt und ins hellste Licht gesetzt uns entgegentritt, das Zufällige und Fremdartige aber ausgeschieden ist*.

Die Darstellung der Idee der Menschheit, welche dem Dichter obliegt, kann er nun entweder so ausführen, daß der Dargestellte zugleich auch der Darstellende ist: dieses geschieht in der lyrischen Poesie, im eigentlichen Liede, wo der Dichtende nur seinen eige-

---

* Hiezu Kap. 38 des zweiten Bandes.

nen Zustand lebhaft anschaut und beschreibt, wobei daher, durch den Gegenstand, dieser Gattung eine gewisse Subjektivität wesentlich ist; – oder aber der Darzustellende ist vom Darstellenden ganz verschieden, wie in allen anderen Gattungen, wo mehr oder weniger der Darstellende hinter dem Dargestellten sich verbirgt und zuletzt ganz verschwindet. In der Romanze drückt der Darstellende seinen eigenen Zustand noch durch Ton und Haltung des Ganzen in etwas aus: viel objektiver als das Lied hat sie daher noch etwas Subjektives, dieses verschwindet schon mehr im Idyll, noch viel mehr im Roman, fast ganz im eigentlichen Epos, und bis auf die letzte Spur endlich im Drama, welches die objektiveste und in mehr als einer Hinsicht vollkommenste, auch schwierigste Gattung der Poesie ist. Die lyrische Gattung ist ebendeshalb die leichteste, und wenn die Kunst sonst nur dem so seltenen ächten Genius angehört, so kann selbst der im Ganzen nicht sehr eminente Mensch, wenn in der That, durch starke Anregung von Außen, irgend eine Begeisterung seine Geisteskräfte erhöht, ein schönes Lied zu Stande bringen: denn es bedarf dazu nur einer lebhaften Anschauung seines eigenen Zustandes im aufgeregten Moment. Dies beweisen viele einzelne Lieder übrigens unbekannt gebliebener Individuen, besonders die Deutschen Volkslieder, von denen wir im »Wunderhorn« eine treffliche Sammlung haben, und eben so unzählige Liebes- und andere Lieder des Volkes in allen Sprachen. Denn die Stimmung des Augenblickes zu ergreifen und im Liede zu verkörpern ist die ganze Leistung dieser poetischen Gattung. Dennoch bildet in der lyrischen Poesie ächter Dichter sich das Innere der ganzen Menschheit ab, und Alles, was Millionen gewesener, seiender, künftiger Menschen, in den selben, weil stets wiederkehrenden, Lagen, empfunden haben und empfinden werden, findet darin seinen entsprechenden Ausdruck. Weil jene Lagen, durch die beständige Wiederkehr, eben wie die Menschheit selbst, als bleibende dastehen und stets die selben Empfindungen hervorrufen, bleiben die lyrischen Produkte ächter Dichter Jahrtausende hindurch richtig, wirksam und frisch. Ist doch überhaupt der Dichter der allgemeine Mensch: Alles, was irgend eines Menschen Herz bewegt hat, und was die menschliche Natur, in irgend einer Lage, aus sich hervortreibt, was irgendwo in einer Menschenbrust wohnt und brütet, – ist sein Thema und sein Stoff; wie daneben auch die ganze übrige Natur. Daher kann der Dichter so gut die Wollust, wie die Mystik besingen, Anakreon, oder Angelus Silesius seyn, Tragödien, oder Komödien schreiben, die erhabene, oder die gemeine Gesinnung darstellen, – nach Laune und Beruf. Demnach darf Niemand dem Dichter vorschreiben, daß er edel und erhaben, moralisch, fromm, christlich, oder Dies oder Das seyn soll, noch weniger ihm vorwerfen, daß er Dies und nicht Jenes sei. Er ist der Spiegel der Menschheit, und bringt ihr was sie fühlt und treibt zum Bewußtseyn.

Betrachten wir nun das Wesen des eigentlichen Liedes näher und nehmen dabei treffliche und zugleich reine Muster zu Beispielen, nicht solche, die sich schon einer andern Gattung, etwan der Romanze, der Elegie, der Hymne, dem Epigramm u.s.w. irgendwie nähern; so werden wir finden, daß das eigenthümliche Wesen des Liedes im engsten Sinne folgendes ist. – Es ist das Subjekt des Willens, d.h. das eigene Wollen, was das Bewußtseyn des Singenden füllt, oft als ein entbundenes, befriedigtes Wollen (Freude), wohl noch öfter aber als ein gehemmtes (Trauer), immer als Affekt, Leidenschaft, bewegter Gemüthszustand. Neben diesem jedoch und zugleich damit wird durch den Anblick der umgebenden Natur der Singende sich seiner bewußt als Subjekts des reinen, willenlosen Erkennens, dessen unerschütterliche, seelige Ruhe nunmehr in Kontrast tritt mit dem Drange des immer beschränkten, immer noch dürftigen Wollens: die Empfindung dieses Kontrastes, dieses Wechselspieles ist eigentlich was sich im Ganzen des Liedes ausspricht und was überhaupt den lyrischen Zustand ausmacht. In diesem tritt gleichsam das reine Erkennen zu uns heran, um uns vom Wollen und seinem Drange zu erlösen: wir folgen; doch nur auf Augenblicke: immer von Neuem entreißt das Wollen, die Erinnerung an unsere persönliche Zwecke, uns der ruhigen Beschauung; aber auch immer wieder entlockt uns dem Wollen die nächste schöne Umgebung, in welcher sich die reine willenslose Erkenntniß uns darbietet. Darum geht im Liede und der lyrischen Stimmung das Wollen (das persönliche Interesse der Zwecke) und das reine Anschauen der sich darbietenden Umgebung wundersam gemischt durch einander: es werden Beziehungen zwischen beiden gesucht und imaginirt; die subjektive Stimmung, die Affektion des Willens, theilt der angeschauten Umgebung und diese wiederum jener ihre Farbe im Reflex mit: von diesem ganzen so gemischten und getheilten Gemüthszustande ist das ächte Lied der Abdruck. – Um sich diese abstrakte Zergliederung eines von aller Abstraktion sehr fernen Zustandes an Beispielen faßlich zu machen, kann man jedes der unsterblichen Lieder Goethes zur Hand nehmen: als besonders deutlich zu diesem Zweck will ich nur einige empfehlen: »Schäfers Klagelied«, »Willkommen und Abschied«, »An den Mond«, »Auf dem See«, »Herbstgefühl«, auch sind ferner die eigentlichen Lieder im »Wunderhorn« vortreffliche Beispiele: ganz besonders jenes, welches anhebt: »O Bremen, ich muß dich nun lassen.« – Als eine komische, richtig treffende Parodie des lyrischen Charakters ist mir ein Lied von Voß merkwürdig, in welchem er die Empfindung eines betrunkenen, vom Thurm herabfallenden Bleideckers schildert, der im Vorbeifallen die seinem Zustande sehr fremde, also der willensfreien Erkenntniß angehörige Bemerkung macht, daß die Thurmuhr eben halb zwölf weist. – Wer die dargelegte Ansicht des lyrischen Zustandes mit mir theilt, wird auch zugeben, daß derselbe eigentlich die anschauliche und poetische Erkenntniß jenes in meiner Abhandlung über den Satz vom Grunde aufgestellten, auch in dieser Schrift schon erwähnten Satzes sei, daß die Identität des Subjekts des Erkennens mit dem des Wollens, das Wunder *κατ' εξοχην* genannt werden kann; so daß die poetische Wirkung des Liedes zuletzt eigentlich auf der Wahrheit jenes Satzes beruht. – Im Verlaufe des Lebens treten jene beiden Subjekte, oder, popular zu reden, Kopf und Herz, immer mehr aus einander: immer mehr sondert man seine subjektive Empfindung von seiner objektiven Erkenntniß. Im Kinde sind Beide noch ganz verschmolzen: es weiß sich von seiner Umgebung kaum zu unterscheiden, es verschwimmt mit ihr. Im Jüngling wirkt alle Wahrnehmung zunächst Empfindung und Stimmung, ja vermischt sich mit dieser; wie dies Byron sehr schön ausdrückt:

I live not in myself, but I become
Portion of that around me; and to me
*High mountains are a feeling**.

Eben daher haftet der Jüngling so sehr an der anschaulichen Außenseite der Dinge; eben daher taugt er nur zur lyrischen Poesie, und erst der Mann zur dramatischen. Den Greis kann man sich höchstens noch als Epiker denken, wie Ossian, Homer: denn Erzählen gehört zum Charakter des Greises.

In den mehr objektiven Dichtungsarten, besonders dem Roman, Epos und Drama, wird der Zweck, die Offenbarung der Idee der Menschheit, besonders durch zwei Mittel erreicht: durch richtige und tiefgefaßte Darstellung bedeutender Charaktere und durch Erfindung bedeutsamer Situationen, an denen sie sich entfalten. Denn wie dem Chemiker nicht nur obliegt, die einfachen Stoffe und ihre Hauptverbindungen rein und ächt darzustellen; sondern auch, sie dem Einfluß solcher Reagenzien auszusetzen, an welchen ihre Eigenthümlichkeiten deutlich und auffallend sichtbar werden; ebenso liegt dem Dichter ob, nicht nur bedeutsame Charaktere wahr und treu, wie die Natur selbst, uns vorzuführen; sondern er muß, damit sie uns kenntlich werden, sie in solche Situationen bringen, in welchen ihre Eigenthümlichkeiten sich gänzlich entfalten und sie sich deutlich, in scharfen Umrissen darstellen, welche daher bedeutsame Situationen heißen. Im wirklichen Leben und in der Geschichte führt der Zufall nur selten Situationen von dieser Eigenschaft herbei, und sie stehen dort einzeln, verloren und verdeckt durch die Menge des Unbedeutsamen. Die durchgängige Bedeutsamkeit der Situationen soll den Roman, das Epos, das Drama vom wirklichen Leben unterscheiden, ebenso sehr, als die Zusammenstellung und Wahl bedeutsamer Charaktere: bei beiden ist aber die strengste Wahrheit unerläßliche Bedingung ihrer Wirkung, und Mangel an Einheit in den Charakteren, Widerspruch derselben gegen sich selbst, oder gegen das Wesen der Menschheit überhaupt, wie auch Unmöglichkeit, oder ihr

* Nicht in mir selbst leb' ich allein; ich werde
Ein Theil von dem, was mich umgiebt, und mir
Sind hohe Berge ein Gefühl.

nahe kommende Unwahrscheinlichkeit in den Begebenheiten, sei es auch nur in Nebenumständen, beleidigen in der Poesie ebenso sehr, wie verzeichnete Figuren, oder falsche Perspektive, oder fehlerhafte Beleuchtung in der Malerei: denn wir verlangen, dort wie hier, den treuen Spiegel des Lebens, der Menschheit, der Welt, nur verdeutlicht durch die Darstellung und bedeutsam gemacht durch die Zusammenstellung. Da der Zweck aller Künste nur einer ist, Darstellung der Ideen, und ihr wesentlicher Unterschied nur darin liegt, welche Stufe der Objektivation des Willens die darzustellende Idee ist, wonach sich wieder das Material der Darstellung bestimmt; so lassen sich auch die von einander entferntesten Künste durch Vergleichung an einander erläutern. So z.B. um die Ideen, welche sich im Wasser aussprechen, vollständig aufzufassen, ist es nicht hinreichend, es im ruhigen Teich und im ebenmäßig fließenden Strome zu sehen; sondern jene Ideen entfalten sich ganz erst dann, wann das Wasser unter allen Umständen und Hindernissen erscheint, die auf dasselbe wirkend, es zur vollen Aeußerung aller seiner Eigenschaften veranlassen. Darum finden wir es schön, wenn es herabstürzt, braust, schäumt, wieder in die Höhe springt, oder wenn es fallend zerstäubt, oder endlich, künstlich gezwungen, als Strahl emporstrebt: so unter verschiedenen Umständen sich verschieden bezeigend, behauptet es aber immer getreulich seinen Charakter: es ist ihm eben so natürlich aufwärts zu spritzen, als spiegelnd zu ruhen; es ist zum Einen wie zum Anderen gleich bereit, sobald die Umstände eintreten. Was nun der Wasserkünstler an der flüssigen Materie leistet, das leistet der Architekt an der starren, und eben dieses der epische oder dramatische Dichter an der Idee der Menschheit. Entfaltung und Verdeutlichung der im Objekt jeder Kunst sich aussprechenden Idee, des auf jeder Stufe sich objektivirenden Willens, ist der gemeinsame Zweck aller Künste. Das Leben des Menschen, wie es in der Wirklichkeit sich meistens zeigt, gleicht dem Wasser, wie es sich meistens zeigt, in Teich und Fluß: aber im Epos, Roman und Trauerspiel werden ausgewählte Charaktere in solche Umstände versetzt, an welchen sich alle ihre Eigenthümlichkeiten entfalten, die Tiefen des menschlichen Gemüths sich aufschließen und in außerordentlichen und bedeutungsvollen Handlungen sichtbar werden. So objektivirt die Dichtkunst die Idee des Menschen, welcher es eigenthümlich ist, sich in höchst individuellen Charakteren darzustellen.

Als der Gipfel der Dichtkunst, sowohl in Hinsicht auf die Größe der Wirkung, als auf die Schwierigkeit der Leistung, ist das Trauerspiel anzusehen und ist dafür anerkannt. Es ist für das Ganze unserer gesammten Betrachtung sehr bedeutsam und wohl zu beachten, daß der Zweck dieser höchsten poetischen Leistung die Darstellung der schrecklichen Seite des Lebens ist, daß der namenlose Schmerz, der Jammer der Menschheit, der Triumph der Bosheit, die höhnende Herrschaft des Zufalls und der rettungslose Fall der Gerechten und Unschuldigen uns hier vorgeführt werden: denn hierin liegt ein bedeutsamer Wink über die Beschaffenheit der Welt und des Daseyns. Es ist der Widerstreit des Willens mit sich selbst, welcher hier, auf der höchsten Stufe seiner Objektität, am vollständigsten entfaltet, furchtbar hervortritt. Am Leiden der Menschheit wird er sichtbar, welches nun herbeigeführt wird, theils durch Zufall und Irrthum, die als Beherrscher der Welt, und durch ihre bis zum Schein der Absichtlichkeit gehende Tücke als Schicksal personifizirt, auftreten; theils geht er aus der Menschheit selbst hervor, durch die sich kreuzenden Willensbestrebungen der Individuen, durch die Bosheit und Verkehrtheit der Meisten. Ein und derselbe Wille ist es, der in ihnen allen lebt und erscheint, dessen Erscheinungen aber sich selbst bekämpfen und sich selbst zerfleischen. In diesem Individuo tritt er gewaltig, in jenem schwächer hervor, hier mehr, dort minder zur Besinnung gebracht und gemildert durch das Licht der Erkenntniß, bis endlich, im Einzelnen, diese Erkenntniß, geläutert und gesteigert durch das Leiden selbst, den Punkt erreicht, wo die Erscheinung, der Schleier der Maja, sie nicht mehr täuscht, die Form der Erscheinung, das *principium individuationis*, von ihr durchschaut wird, der auf diesem beruhende Egoismus eben damit erstirbt, wodurch nunmehr die vorhin so gewaltigen Motive ihre Macht verlieren, und statt ihrer die vollkommene Erkenntniß des Wesens der Welt, als Quietiv des Willens wirkend, die Resignation herbeiführt, das Aufgeben, nicht bloß des Lebens, sondern des ganzen Willens zum Leben selbst. So sehen wir im

Trauerspiel zuletzt die Edelsten, nach langem Kampf und Leiden, den Zwecken, die sie bis dahin so heftig verfolgten, und allen den Genüssen des Lebens auf immer entsagen, oder es selbst willig und freudig aufgeben: so den standhaften Prinzen des Calderon; so das Gretchen im »Faust«; so den Hamlet, dem sein Horatio willig folgen möchte, welchen aber jener bleiben und noch eine Weile in dieser rauhen Welt mit Schmerzen athmen heißt, um Hamlets Schicksal aufzuklären und dessen Andenken zu reinigen; – so auch die Jungfrau von Orleans, die Braut von Messina: sie alle sterben durch Leiden geläutert, d.h. nachdem der Wille zu leben zuvor in ihnen erstorben ist; im »Mohammed« von Voltaire spricht sich Dieses sogar wörtlich aus in den Schlußworten, welche die sterbende Palmira dem Mohammed zuruft: »Die Welt ist für Tyrannen: Lebe Du!« – Hingegen beruht die Forderung der sogenannten poetischen Gerechtigkeit auf gänzlichem Verkennen des Wesens des Trauerspiels, ja selbst des Wesens der Welt. Mit Dreistigkeit tritt sie in ihrer ganzen Plattheit auf in den Kritiken, welche *Dr.* Samuel Johnson zu den einzelnen Stücken Shakespeares geliefert hat, indem er recht naiv über die durchgängige Vernachlässigung derselben klagt; welche allerdings vorhanden ist: denn was haben die Ophelien, die Desdemonen, die Kordelien verschuldet? – Aber nur die platte, optimistische, protestantisch-rationalistische, oder eigentlich jüdische Weltansicht wird die Forderung der poetischen Gerechtigkeit machen und an deren Befriedigung ihre eigene finden. Der wahre Sinn des Trauerspiels ist die tiefere Einsicht, daß was der Held abbüßt nicht seine Partikularsünden sind, sondern die Erbsünde, d.h. die Schuld des Daseyns selbst:

> *Pues el delito mayor*
> *Del hombre es haber nacido.*
> (Da die größte Schuld des Menschen
> Ist, daß er geboren ward.)

Wie Calderon es geradezu ausspricht.

Die Behandlungsart des Trauerspiels näher betreffend, will ich mir nur eine Bemerkung erlauben. Darstellung eines großen Unglücks ist dem Trauerspiel allein wesentlich. Die vielen verschiedenen Wege aber, auf welchen es vom Dichter herbeigeführt wird, lassen sich unter drei Artbegriffe bringen. Es kann nämlich geschehen durch außerordentliche, an die äußersten Gränzen der Möglichkeit streifende Bosheit eines Charakters, welcher der Urheber des Unglücks wird; Beispiele dieser Art sind: Richard III., Jago im »Othello«, Shylok im »Kaufmann von Venedig«, Franz Moor, Phädra des Euripides, Kreon in der »Antigone«, u. dgl. m. Es kann ferner geschehen durch blindes Schicksal, d.i. Zufall und Irrthum: von dieser Art ist ein wahres Muster der König Oedipus des Sophokles, auch die Trachinerinnen, und überhaupt gehören die meisten Tragödien der Alten hieher: unter den Neuern sind Beispiele: »Romeo und Juliet«, »Tankred« von Voltaire, »Die Braut von Messina«. Das Unglück kann aber endlich auch herbeigeführt werden durch die bloße Stellung der Personen gegen einander, durch die Verhältnisse; so daß es weder eines ungeheuren Irrthums, oder eines unerhörten Zufalls, noch auch eines die Gränzen der Menschheit im Bösen erreichenden Charakters bedarf; sondern Charaktere wie sie in moralischer Hinsicht gewöhnlich sind, unter Umständen, wie sie häufig eintreten, sind so gegen einander gestellt, daß ihre Lage sie zwingt, sich gegenseitig, wissend und sehend, das größte Unheil zu bereiten, ohne daß dabei das Unrecht auf irgend einer Seite ganz allein sei. Diese letztere Art scheint mir den beiden anderen weit vorzuziehen: denn sie zeigt uns das größte Unglück nicht als eine Ausnahme, nicht als etwas durch seltene Umstände, oder monstrose Charaktere Herbeigeführtes, sondern als etwas aus dem Thun und den Charakteren der Menschen leicht und von selbst, fast als wesentlich Hervorgehendes, und führt es eben dadurch furchtbar nahe an uns heran. Und wenn wir in den beiden anderen Arten das ungeheuere Schicksal und die entsetzliche Bosheit als schreckliche, aber nur aus großer Ferne von uns drohende Mächte erblicken, denen wir selbst wohl entgehen dürften, ohne zur Entsagung zu flüchten; so zeigt uns die letzte Gattung jene Glück und Leben zerstörenden Mächte von der Art, daß auch zu uns ihnen der Weg jeden Augenblick offen steht, und das größte Leiden herbeigeführt durch Verflechtungen, deren Wesentliches auch unser Schicksal annehmen könnte, und durch Handlungen, die auch wir vielleicht zu begehen fähig wären und also nicht über

Unrecht klagen dürften: dann fühlen wir schaudernd uns schon mitten in der Hölle. Die Ausführung in dieser letztern Art hat aber auch die größte Schwierigkeit; da man darin mit dem geringsten Aufwand von Mitteln und Bewegungsursachen, bloß durch ihre Stellung und Vertheilung die größte Wirkung hervorzubringen hat: daher ist selbst in vielen der besten Trauerspiele diese Schwierigkeit umgangen. Als ein vollkommenes Muster dieser Art ist jedoch ein Stück anzuführen, welches von mehreren andern desselben großen Meisters in anderer Hinsicht weit übertroffen wird: es ist »Clavigo«. »Hamlet« gehört gewissermaaßen hierher, wenn man nämlich bloß auf sein Verhältniß zum Laërtes und zur Ophelia sieht; auch hat »Wallenstein« diesen Vorzug; »Faust« ist ganz dieser Art, wenn man bloß die Begebenheit mit dem Gretchen und ihrem Bruder, als die Haupthandlung, betrachtet; ebenfalls der »Cid« des Corneille, nur daß diesem der tragische Ausgang fehlt, wie ihn hingegen das analoge Verhältniß des Max zur Thekla hat*.

§. 52.

Nachdem wir nun im Bisherigen alle schönen Künste, in derjenigen Allgemeinheit, die unserm Standpunkt angemessen ist, betrachtet haben, anfangend von der schönen Baukunst, deren Zweck als solcher die Verdeutlichung der Objektivation des Willens auf der niedrigsten Stufe seiner Sichtbarkeit ist, wo er sich als dumpfes, erkenntnißloses, gesetzmäßiges Streben der Masse zeigt und doch schon Selbstentzweiung und Kampf offenbart, nämlich zwischen Schwere und Starrheit; – und unsere Betrachtung beschließend mit dem Trauerspiel, welches, auf der höchsten Stufe der Objektivation des Willens, eben jenen seinen Zwiespalt mit sich selbst, in furchtbarer Größe und Deutlichkeit uns vor die Augen bringt; – so finden wir, daß dennoch eine schöne Kunst von unserer Betrachtung ausgeschlossen geblieben ist und bleiben mußte, da im systematischen Zusammenhang unserer Darstel-

* Hiezu Kap. 37 des zweiten Bandes.

lung gar keine Stelle für sie passend war: es ist die Musik. Sie steht ganz abgesondert von allen andern. Wir erkennen in ihr nicht die Nachbildung, Wiederholung irgend einer Idee der Wesen in der Welt: dennoch ist sie eine so große und überaus herrliche Kunst, wirkt so mächtig auf das Innerste des Menschen, wird dort so ganz und so tief von ihm verstanden, als eine ganz allgemeine Sprache, deren Deutlichkeit sogar die der anschaulichen Welt selbst übertrifft; – daß wir gewiß mehr in ihr zu suchen haben, als ein *exercitium arithmeticae occultum nescientis se numerare animi*, wofür sie Leibniz ansprach* und dennoch ganz Recht hatte, sofern er nur ihre unmittelbare und äußere Bedeutung, ihre Schale betrachtete. Wäre sie jedoch nichts weiter, so müßte die Befriedigung, welche sie gewährt, der ähnlich seyn, die wir beim richtigen Aufgehen eines Rechnungsexempels empfinden, und könnte nicht jene innige Freude seyn, mit der wir das tiefste Innere unseres Wesens zur Sprache gebracht sehen. Auf unserm Standpunkte daher, wo die ästhetische Wirkung unser Augenmerk ist, müssen wir ihr eine viel ernstere und tiefere, sich auf das innerste Wesen der Welt und unseres Selbst beziehende Bedeutung zuerkennen, in Hinsicht auf welche die Zahlenverhältnisse, in die sie sich auflösen läßt, sich nicht als das Bezeichnete, sondern selbst erst als das Zeichen verhalten. Daß sie zur Welt, in irgend einem Sinne, sich wie Darstellung zum Dargestellten, wie Nachbild zum Vorbilde verhalten muß, können wir aus der Analogie mit den übrigen Künsten schließen, denen allen dieser Charakter eigen ist, und mit deren Wirkung auf uns die ihrige im Ganzen gleichartig, nur stärker, schneller, nothwendiger, unfehlbarer ist. Auch muß jene ihre nachbildliche Beziehung zur Welt eine sehr innige, unendlich wahre und richtig treffende seyn, weil sie von Jedem augenblicklich verstanden wird und eine gewisse Unfehlbarkeit dadurch zu erkennen giebt, daß ihre Form sich auf ganz bestimmte, in Zahlen auszudrückende Regeln zurückführen läßt, von denen sie gar nicht abweichen kann, ohne gänzlich aufzuhören Musik zu seyn. – Dennoch liegt der Vergleichungspunkt zwischen der Musik und der Welt, die Hinsicht, in welcher

---

* *Leibnitii epistolae, collectio Kortholti: ep. 154.*

jene zu dieser im Verhältniß der Nachahmung oder Wiederholung steht, sehr tief verborgen. Man hat die Musik zu allen Zeiten geübt, ohne hierüber sich Rechenschaft geben zu können: zufrieden, sie unmittelbar zu verstehen, thut man Verzicht auf ein abstraktes Begreifen dieses unmittelbaren Verstehens selbst.

Indem ich meinen Geist dem Eindruck der Tonkunst, in ihren mannigfaltigen Formen, gänzlich hingab, und dann wieder zur Reflexion und zu dem in gegenwärtiger Schrift dargelegten Gange meiner Gedanken zurückkehrte, ward mir ein Aufschluß über ihr inneres Wesen und über die Art ihres, der Analogie nach nothwendig vorauszusetzenden, nachbildlichen Verhältnisses zur Welt, welcher mir selbst zwar völlig genügend und für mein Forschen befriedigend ist, auch wohl Demjenigen, der mir bisher gefolgt wäre und meiner Ansicht der Welt beigestimmt hätte, ebenso einleuchtend seyn wird; welchen Aufschluß jedoch zu beweisen, ich als wesentlich unmöglich erkenne; da er ein Verhältniß der Musik, als einer Vorstellung, zu Dem, was wesentlich nie Vorstellung seyn kann, annimmt und festsetzt, und die Musik als Nachbild eines Vorbildes, welches selbst nie unmittelbar vorgestellt werden kann, angesehen haben will. Ich kann deshalb nichts weiter thun, als hier am Schlusse dieses der Betrachtung der Künste hauptsächlich gewidmeten dritten Buches, jenen mir genügenden Aufschluß über die wunderbare Kunst der Töne vortragen, und muß die Beistimmung, oder Verneinung meiner Ansicht der Wirkung anheimstellen, welche auf jeden Leser theils die Musik, theils der ganze und eine von mir in dieser Schrift mitgetheilte Gedanke hat. Ueberdies halte ich es, um der hier zu gebenden Darstellung der Bedeutung der Musik mit ächter Ueberzeugung seinen Beifall geben zu können, für nothwendig, daß man oft mit anhaltender Reflexion auf dieselbe der Musik zuhöre, und hiezu wieder ist erforderlich, daß man mit dem ganzen von mir dargestellten Gedanken schon sehr vertraut sei.

Die adäquate Objektivation des Willens sind die (Platonischen) Ideen; die Erkenntniß dieser durch Darstellung einzelner Dinge (denn solche sind die Kunstwerke selbst doch immer) anzuregen (welches nur unter einer diesem entsprechenden Veränderung im erkennenden Subjekt möglich ist), ist der Zweck aller andern Künste. Sie alle objektiviren also den Willen nur mittelbar, nämlich mittelst der Ideen: und da unsere Welt nichts Anderes ist, als die Erscheinung der Ideen in der Vielheit, mittelst Eingang in das *principium individuationis* (die Form der dem Individuo als solchem möglichen Erkenntniß); so ist die Musik, da sie die Ideen übergeht, auch von der erscheinenden Welt ganz unabhängig, ignorirt sie schlechthin, könnte gewissermaaßen, auch wenn die Welt gar nicht wäre, doch bestehen: was von den anderen Künsten sich nicht sagen läßt. Die Musik ist nämlich eine so UNMITTELBARE Objektivation und Abbild des ganzen WILLENS, wie die Welt selbst es ist, ja wie die Ideen es sind, deren vervielfältigte Erscheinung die Welt der einzelnen Dinge ausmacht. Die Musik ist also keineswegs, gleich den anderen Künsten, das Abbild der Ideen; sondern ABBILD DES WILLENS SELBST, dessen Objektität auch die Ideen sind: deshalb eben ist die Wirkung der Musik so sehr viel mächtiger und eindringlicher, als die der anderen Künste: denn diese reden nur vom Schatten, sie aber vom Wesen. Da es inzwischen der selbe Wille ist, der sich sowohl in den Ideen, als in der Musik, nur in jedem von beiden auf ganz verschiedene Weise, objektivirt; so muß, zwar durchaus keine unmittelbare Aehnlichkeit, aber doch ein Parallelismus, eine Analogie seyn zwischen der Musik und zwischen den Ideen, deren Erscheinung in der Vielheit und Unvollkommenheit die sichtbare Welt ist. Die Nachweisung dieser Analogie wird als Erläuterung das Verständniß dieser durch die Dunkelheit des Gegenstandes schwierigen Erklärung erleichtern.

Ich erkenne in den tiefsten Tönen der Harmonie, im Grundbaß, die niedrigsten Stufen der Objektivation des Willens wieder, die unorganische Natur, die Masse des Planeten. Alle die hohen Töne, leicht beweglich und schneller verklingend, sind bekanntlich anzusehen als entstanden durch die Nebenschwingungen des tiefen Grundtones, bei dessen Anklang sie immer zugleich leise miterklingen, und es ist Gesetz der Harmonie, daß auf eine Baßnote nur diejenigen hohen Töne treffen dürfen, die wirklich schon von selbst mit ihr zugleich ertönen (ihre *sons harmoniques*) durch die Nebenschwingungen. Dieses ist nun dem analog, daß die gesammten Körper und Organisationen der Natur angesehen werden müssen als entstanden durch die stufenweise Entwickelung aus der Masse des Planeten: diese ist, wie ihr Träger, so ihre Quelle: und das selbe Verhältniß haben die höhern Töne zum Grundbaß. – Die Tiefe hat eine Gränze, über welche hinaus kein Ton mehr hörbar ist: dies entspricht dem, daß keine Materie ohne Form und Qualität wahrnehmbar ist, d.h. ohne Aeußerung einer nicht weiter erklärbaren Kraft, in der eben sich eine Idee ausspricht, und allgemeiner, daß keine Materie ganz willenlos seyn kann: also wie vom Ton als solchem ein gewisser Grad der Höhe unzertrennlich ist, so von der Materie ein gewisser Grad der Willensäußerung. – Der Grundbaß ist uns also in der Harmonie, was in der Welt die unorganische Natur, die roheste Masse, auf der Alles ruht und aus der sich Alles erhebt und entwickelt. – Nun ferner in den gesammten die Harmonie hervorbringenden Ripienstimmen, zwischen dem Basse und der leitenden, die Melodie singenden Stimme, erkenne ich die gesammte Stufenfolge der Ideen wieder, in denen der Wille sich objektivirt. Die dem Baß näher stehenden sind die niedrigeren jener Stufen, die noch unorganischen, aber schon mehrfach sich äußernden Körper: die höher liegenden repräsentiren mir die Pflanzen- und die Thierwelt. – Die bestimmten Intervalle der Tonleiter sind parallel den bestimmten Stufen der Objektivation des Willens, den bestimmten Species in der Natur. Das Abweichen von der arithmetischen Richtigkeit der Intervalle, durch irgend eine Temperatur, oder herbeigeführt durch die gewählte Tonart, ist analog dem Abweichen des Individuums vom Typus der Species: ja die unreinen Mißtöne, die kein bestimmtes Intervall geben, lassen sich den monstrosen Mißgeburten zwischen zwei Thierspecies, oder zwischen Mensch und Thier, vergleichen. – Allen diesen Baß- und Ripienstimmen, welche die HARMONIE ausmachen, fehlt nun aber jener Zusammenhang in der Fortschreitung, den allein die obere, die Melodie singende Stimme hat, welche auch allein sich schnell und leicht in Modulationen und Läufen bewegt, während jene alle nur eine langsamere Bewegung, ohne einen in jeder für sich bestehenden Zusammenhang, haben. Am schwerfälligsten bewegt sich der tiefe Baß, der Repräsentant der rohesten

Masse: sein Steigen und Fallen geschieht nur in großen Stufen, in Terzen, Quarten, Quinten, nie um EINEN Ton; er wäre denn ein, durch doppelten Kontrapunkt, versetzter Baß. Diese langsame Bewegung ist ihm auch physisch wesentlich: ein schneller Lauf oder Triller in der Tiefe läßt sich nicht einmal imaginiren. Schneller, jedoch noch ohne melodischen Zusammenhang und sinnvolle Fortschreitung, bewegen sich die höhern Ripienstimmen, welche der Thierwelt parallel laufen. Der unzusammenhängende Gang und die gesetzmäßige Bestimmung aller Ripienstimmen ist dem analog, daß in der ganzen unvernünftigen Welt, vom Krystall bis zum vollkommensten Thier, kein Wesen ein eigentlich zusammenhängendes Bewußtseyn hat, welches sein Leben zu einem sinnvollen Ganzen machte, auch keines eine Succession geistiger Entwickelungen erfährt, keines durch Bildung sich vervollkommnet, sondern Alles gleichmäßig zu jeder Zeit dasteht, wie es seiner Art nach ist, durch festes Gesetz bestimmt. – Endlich in der MELODIE, in der hohen, singenden, das Ganze leitenden und mit ungebundener Willkür in ununterbrochenem, bedeutungsvollem Zusammenhange EINES Gedankens vom Anfang bis zum Ende fortschreitenden, ein Ganzes darstellenden Hauptstimme, erkenne ich die höchste Stufe der Objektivation des Willens wieder, das besonnene Leben und Streben des Menschen. Wie er allein, weil er vernunftbegabt ist, stets vor- und rückwärts sieht, auf den Weg seiner Wirklichkeit und der unzähligen Möglichkeiten, und so einen besonnenen und dadurch als Ganzes zusammenhängenden Lebenslauf vollbringt: – dem also entsprechend, hat die MELODIE allein bedeutungsvollen, absichtsvollen Zusammenhang vom Anfang bis zum Ende. Sie erzählt folglich die Geschichte des von der Besonnenheit beleuchteten Willens, dessen Abdruck in der Wirklichkeit die Reihe seiner Thaten ist; aber sie sagt mehr, sie erzählt seine geheimste Geschichte, malt jede Regung, jedes Streben, jede Bewegung des Willens, alles Das, was die Vernunft unter den weiten und negativen Begriff Gefühl zusammenfaßt und nicht weiter in ihre Abstraktionen aufnehmen kann. Daher auch hat es immer geheißen, die Musik sei die Sprache des Gefühls und der Leidenschaft, so wie Worte die Sprache der Vernunft: schon Platon erklärt sie als *ἡ των μελων κινησις μεμιμημενη, εν τοις παθημασιν ὁταν ψυχη γινηται (melodiarum motus, animi affectus imitans), De leg.* VII, und auch Aristoteles sagt: *δια τι οἱ ρυθμοι και τα μελη, φωνη ουσα, ηθεσιν εοικε; (cur numeri musici et modi, qui voces sunt, moribus similes sese exhibent?), Probl. c. 19.*

Wie nun das Wesen des Menschen darin besteht, daß sein Wille strebt, befriedigt wird und von Neuem strebt, und so immerfort, ja, sein Glück und Wohlseyn nur Dieses ist, daß jener Uebergang vom Wunsch zur Befriedigung und von dieser zum neuen Wunsch rasch vorwärts geht, da das Ausbleiben der Befriedigung Leiden, das des neuen Wunsches leeres Sehnen, *languor*, Langeweile ist; so ist, Dem entsprechend, das Wesen der Melodie ein stetes Abweichen, Abirren vom Grundton, auf tausend Wegen, nicht nur zu den harmonischen Stufen, zur Terz und Dominante, sondern zu jedem Ton, zur dissonanten Septime und zu den übermäßigen Stufen, aber immer folgt ein endliches Zurückkehren zum Grundton: auf allen jenen Wegen drückt die Melodie das vielgestaltete Streben des Willens aus, aber immer auch, durch das endliche Wiederfinden einer harmonischen Stufe, und noch mehr des Grundtones, die Befriedigung. Die Erfindung der Melodie, die Aufdeckung aller tiefsten Geheimnisse des menschlichen Wollens und Empfindens in ihr, ist das Werk des Genius, dessen Wirken hier augenscheinlicher, als irgendwo, fern von aller Reflexion und bewußter Absichtlichkeit liegt und eine Inspiration heißen könnte. Der Begriff ist hier, wie überall in der Kunst, unfruchtbar: der Komponist offenbart das innerste Wesen der Welt und spricht die tiefste Weisheit aus, in einer Sprache, die seine Vernunft nicht versteht; wie eine magnetische Somnambule Aufschlüsse giebt über Dinge, von denen sie wachend keinen Begriff hat. Daher ist in einem Komponisten, mehr als in irgend einem andern Künstler, der Mensch vom Künstler ganz getrennt und unterschieden. Sogar bei der Erklärung dieser wunderbaren Kunst zeigt der Begriff seine Dürftigkeit und seine Schranken: ich will indessen unsere Analogie durchzuführen suchen. – Wie nun schneller Uebergang vom Wunsch zur Befriedigung und von dieser zum neuen Wunsch, Glück und Wohlseyn ist, so sind rasche Melodien, ohne große Abirrungen, fröhlich;

langsame, auf schmerzliche Dissonanzen gerathende und erst durch viele Takte sich wieder zum Grundton zurückwindende sind, als analog der verzögerten, erschwerten Befriedigung, traurig. Die Verzögerung der neuen Willensregung, der *languor*, würde keinen andern Ausdruck haben können, als den angehaltenen Grundton, dessen Wirkung bald unerträglich wäre: diesem nähern sich schon sehr monotone, nichtssagende Melodien. Die kurzen, faßlichen Sätze rascher Tanzmusik scheinen nur vom leicht zu erreichenden, gemeinen Glück zu reden; dagegen das *Allegro maestoso*, in großen Sätzen, langen Gängen, weiten Abirrungen, ein größeres, edleres Streben, nach einem fernen Ziel, und dessen endliche Erreichung bezeichnet. Das *Adagio* spricht vom Leiden eines großen und edlen Strebens, welches alles kleinliche Glück verschmäht. Aber wie wundervoll ist die Wirkung von *Moll* und *Dur*! Wie erstaunlich, daß der Wechsel eines halben Tones, der Eintritt der kleinen Terz, statt der großen, uns sogleich und unausbleiblich ein banges, peinliches Gefühl aufdringt, von welchem uns das *Dur* wieder ebenso augenblicklich erlöst. Das *Adagio* erlangt im *Moll* den Ausdruck des höchsten Schmerzes, wird zur erschütterndesten Wehklage. Tanzmusik in *Moll* scheint das Verfehlen des kleinlichen Glückes, das man lieber verschmähen sollte, zu bezeichnen, scheint vom Erreichen eines niedrigen Zweckes unter Mühsäligkeiten und Plackereien zu reden. – Die Unerschöpflichkeit möglicher Melodien entspricht der Unerschöpflichkeit der Natur an Verschiedenheit der Individuen, Physiognomien und Lebensläufen. Der Uebergang aus einer Tonart in eine ganz andere, da er den Zusammenhang mit dem Vorhergegangenen ganz aufhebt, gleicht dem Tode, sofern in ihm das Individuum endet; aber der Wille, der in diesem erschien, nach wie vor lebt, in andern Individuen erscheinend, deren Bewußtseyn jedoch mit dem des erstern keinen Zusammenhang hat.

Man darf jedoch bei der Nachweisung aller dieser vorgeführten Analogien nie vergessen, daß die Musik zu ihnen kein direktes, sondern nur ein mittelbares Verhältniß hat; da sie nie die Erscheinung, sondern allein das innere Wesen, das Ansich aller Erscheinung, den Willen selbst, ausspricht. Sie drückt daher nicht diese oder jene einzelne und bestimmte Freude, diese oder jene Betrübniß, oder Schmerz, oder Entsetzen, oder Jubel, oder Lustigkeit, oder Gemüthsruhe aus; sondern DIE Freude, DIE Betrübniß, DEN Schmerz, DAS Entsetzen, DEN Jubel, DIE Lustigkeit, DIE Gemüthsruhe SELBST, gewissermaaßen *in abstracto*, das Wesentliche derselben, ohne alles Beiwerk, also auch ohne die Motive dazu. Dennoch verstehen wir sie, in dieser abgezogenen Quintessenz, vollkommen. Hieraus entspringt es, daß unsere Phantasie so leicht durch sie erregt wird und nun versucht, jene ganz unmittelbar zu uns redende, unsichtbare und doch so lebhaft bewegte Geisterwelt zu gestalten und sie mit Fleisch und Bein zu bekleiden, also dieselbe in einem analogen Beispiel zu verkörpern. Dies ist der Ursprung des Gesanges mit Worten und endlich der Oper, – welche eben deshalb diese untergeordnete Stellung nie verlassen sollten, um sich zur Hauptsache und die Musik zum bloßen Mittel ihres Ausdrucks zu machen, als welches ein großer Mißgriff und eine arge Verkehrtheit ist. Denn überall drückt die Musik nur die Quintessenz des Lebens und seiner Vorgänge aus, nie diese selbst, deren Unterschiede daher auf jene nicht allemal einfließen. Gerade diese ihr ausschließlich eigene Allgemeinheit, bei genauester Bestimmtheit, giebt ihr den hohen Werth, welchen sie als Panakeion aller unserer Leiden hat. Wenn also die Musik zu sehr sich den Worten anzuschließen und nach den Begebenheiten zu modeln sucht, so ist sie bemüht, eine Sprache zu reden, welche nicht die ihrige ist. Von diesem Fehler hat Keiner sich so rein gehalten, wie ROSSINI: daher spricht seine Musik so deutlich und rein ihre EIGENE Sprache, daß sie der Worte gar nicht bedarf und daher auch mit bloßen Instrumenten ausgeführt ihre volle Wirkung thut.

Diesem allen zufolge können wir die erscheinende Welt, oder die Natur, und die Musik als zwei verschiedene Ausdrücke der selben Sache ansehen, welche selbst daher das allein Vermittelnde der Analogie Beider ist, dessen Erkenntniß erfordert wird, um jene Analogie einzusehen. Die Musik ist demnach, wenn als Ausdruck der Welt angesehen, eine im höchsten Grad allgemeine Sprache, die sich sogar zur Allgemeinheit der Begriffe ungefähr verhält wie diese zu den einzelnen Dingen. Ihre Allgemeinheit ist aber keineswegs jene leere Allgemeinheit der Abstraktion, sondern ganz anderer Art, und ist verbunden mit durchgängiger deutlicher Bestimmtheit. Sie gleicht hierin den geometrischen Figuren und den Zahlen, welche als die allgemeinen Formen aller möglichen Objekte der Erfahrung und auf alle *a priori* anwendbar, doch nicht abstrakt, sondern anschaulich und durchgängig bestimmt sind. Alle möglichen Bestrebungen, Erregungen und Aeußerungen des Willens, alle jene Vorgänge im Innern des Menschen, welche die Vernunft in den weiten negativen Begriff Gefühl wirft, sind durch die unendlich vielen möglichen Melodien auszudrücken, aber immer in der Allgemeinheit bloßer Form, ohne den Stoff, immer nur nach dem Ansich, nicht nach der Erscheinung, gleichsam die innerste Seele derselben, ohne Körper. Aus diesem innigen Verhältniß, welches die Musik zum wahren Wesen aller Dinge hat, ist auch Dies zu erklären, daß wenn zu irgend einer Scene, Handlung, Vorgang, Umgebung, eine passende Musik ertönt, diese uns den geheimsten Sinn derselben aufzuschließen scheint und als der richtigste und deutlichste Kommentar dazu auftritt; imgleichen, daß es Dem, der sich dem Eindruck einer Symphonie ganz hingiebt, ist, als sähe er alle möglichen Vorgänge des Lebens und der Welt an sich vorüberziehen: dennoch kann er, wenn er sich besinnt, keine Aehnlichkeit angeben zwischen jenem Tonspiel und den Dingen, die ihm vorschwebten. Denn die Musik ist, wie gesagt, darin von allen anderen Künsten verschieden, daß sie nicht Abbild der Erscheinung, oder richtiger, der adäquaten Objektität des Willens, sondern unmittelbar Abbild des Willens selbst ist und also zu allem Physischen der Welt das Metaphysische, zu aller Erscheinung das Ding an sich darstellt. Man könnte demnach die Welt ebenso wohl verkörperte Musik, als verkörperten Willen nennen: daraus also ist es erklärlich, warum Musik jedes Gemälde, ja jede Scene des wirklichen Lebens und der Welt, sogleich in erhöhter Bedeutsamkeit hervortreten läßt; freilich um so mehr, je analoger ihre Melodie dem innern Geiste der gegebenen Erscheinung ist. Hierauf beruht es, daß man ein Gedicht als Gesang, oder eine anschauliche Darstellung als Pantomime, oder beides als Oper der Musik unterlegen kann. Solche einzelne Bilder des Menschenlebens, der allgemeinen Sprache der Musik untergelegt, sind nie mit durchgängiger Nothwendigkeit ihr verbunden, oder entsprechend; sondern sie stehen zu ihr nur im Verhältniß eines beliebigen Beispiels zu einem allgemeinen Begriff: sie stellen in der Bestimmtheit der Wirklichkeit Dasjenige dar, was die Musik in der Allgemeinheit bloßer Form aussagt. Denn die Melodien sind gewissermaaßen, gleich den allgemeinen Begriffen, ein Abstraktum der Wirklichkeit. Diese nämlich, also die Welt der einzelnen Dinge, liefert das Anschauliche, das Besondere und Individuelle, den einzelnen Fall, sowohl zur Allgemeinheit der Begriffe, als zur Allgemeinheit der Melodien, welche beide Allgemeinheiten einander aber in gewisser Hinsicht entgegengesetzt sind; indem die Begriffe nur die allererst aus der Anschauung abstrahirten Formen, gleichsam die abgezogene äußere Schaale der Dinge enthalten, also ganz eigentlich Abstrakta sind; die Musik hingegen den innersten aller Gestaltung vorhergängigen Kern, oder das Herz der Dinge giebt. Dies Verhältniß ließe sich recht gut in der Sprache der Scholastiker ausdrücken, indem man sagte: die Begriffe sind die *universalia post rem*, die Musik aber giebt die *universalia ante rem*, und die Wirklichkeit die *universalia in re*. Dem allgemeinen Sinn der einer Dichtung beigegebenen Melodie könnten noch andere, ebenso beliebig gewählte Beispiele des in ihr ausgedrückten Allgemeinen in gleichem Grade entsprechen: daher paßt die selbe Komposition zu vielen Strophen, daher auch das *Vaudeville*. Daß aber überhaupt eine Beziehung zwischen einer Komposition und einer anschaulichen Darstellung möglich ist, beruht, wie gesagt, darauf, daß beide nur ganz verschiedene Ausdrücke des selben innern Wesens der Welt sind. Wann nun im einzelnen Fall eine solche Beziehung wirklich vorhanden ist, also der Komponist die Willensregungen, welche den Kern einer Begebenheit ausmachen, in der allgemeinen Sprache der Musik auszusprechen gewußt hat: dann ist die Melodie des Liedes, die Musik der Oper ausdrucksvoll. Die vom Komponisten aufgefundene Analogie zwischen jenen beiden muß aber aus der unmittelbaren Erkenntniß des Wesens der Welt, seiner Vernunft unbewußt, hervorgegangen und darf nicht, mit bewußter Absichtlichkeit, durch Begriffe vermittelte Nachahmung seyn: sonst spricht die Musik nicht das innere Wesen, den Willen selbst aus; sondern ahmt nur seine Erscheinung ungenügend nach; wie dies alle eigentlich nachbildende Musik thut, z. B. »Die Jahreszeiten« von Haydn, auch seine Schöpfung in vielen Stellen, wo Erscheinungen der anschaulichen Welt unmittelbar nachgeahmt sind; so auch in allen Bataillenstücken: welches gänzlich zu verwerfen ist.

Das unaussprechlich Innige aller Musik, vermöge dessen sie als ein so ganz vertrautes und doch ewig fernes Paradies an uns vorüberzieht, so ganz verständlich und doch so unerklärlich ist, beruht darauf, daß sie alle Regungen unseres innersten Wesens wiedergiebt, aber ganz ohne die Wirklichkeit und fern von ihrer Quaal. Imgleichen ist der ihr wesentliche Ernst, welcher das Lächerliche aus ihrem unmittelbar eigenen Gebiet ganz ausschließt, daraus zu erklären, daß ihr Objekt nicht die Vorstellung ist, in Hinsicht auf welche Täuschung und Lächerlichkeit allein möglich sind; sondern ihr Objekt unmittelbar der Wille ist und dieser wesentlich das Allerernsteste, als wovon Alles abhängt. – Wie inhaltsreich und bedeutungsvoll ihre Sprache sei, bezeugen sogar die Repetitionszeichen, nebst dem *Da capo*, als welche bei Werken in der Wortsprache unerträglich wären, bei jener hingegen sehr zweckmäßig und wohlthuend sind: denn um es ganz zu fassen, muß man es zwei Mal hören.

Wenn ich nun in dieser ganzen Darstellung der Musik bemüht gewesen bin, deutlich zu machen, daß sie in einer höchst allgemeinen Sprache das innere Wesen, das Ansich der Welt, welches wir, nach seiner deutlichsten Aeußerung, unter dem Begriff Willen denken, ausspricht, in einem einartigen Stoff, nämlich bloßen Tönen, und mit der größten Bestimmtheit und Wahrheit; wenn ferner, meiner Ansicht und Bestrebung nach, die Philosophie nichts Anderes ist, als eine vollständige und richtige Wiederholung und Aussprechung des Wesens der Welt, in sehr allgemeinen Begriffen, da nur in solchen eine überall ausreichende und anwendbare Uebersicht jenes ganzen Wesens möglich ist; so wird wer mir gefolgt und in meine Denkungsart eingegangen ist, es nicht so sehr paradox finden, wenn ich sage, daß gesetzt es gelänge eine vollkommen richtige, vollständige und in das Einzelne gehende Erklärung der

Musik, also eine ausführliche Wiederholung dessen was sie ausdrückt in Begriffen zu geben, diese sofort auch eine genügende Wiederholung und Erklärung der Welt in Begriffen, oder einer solchen ganz gleichlautend, also die wahre Philosophie seyn würde, und daß wir folglich den oben angeführten Ausspruch Leibnizens, der auf einem niedrigeren Standpunkt ganz richtig ist, im Sinn unserer höheren Ansicht der Musik folgendermaaßen parodiren können: *Musica est exercitium metaphysices occultum nescientis se philosophari animi*. Denn *scire*, wissen, heißt überall in abstrakte Begriffe abgesetzt haben. Da nun aber ferner, vermöge der vielfältig bestätigten Wahrheit des Leibnizischen Ausspruchs, die Musik, abgesehen von ihrer ästhetischen oder innern Bedeutung, und bloß äußerlich und rein empirisch betrachtet, nichts Anderes ist, als das Mittel, größere Zahlen und zusammengesetztere Zahlenverhältnisse, die wir sonst nur mittelbar, durch Auffassung in Begriffen, erkennen können, unmittelbar und *in concreto* aufzufassen; so können wir nun durch Vereinigung jener beiden so verschiedenen und doch richtigen Ansichten der Musik, uns einen Begriff von der Möglichkeit einer Zahlenphilosophie machen, dergleichen die des Pythagoras und auch die der Chinesen im Y-king war, und sodann nach diesem Sinn jenen Spruch der Pythagoreer deuten, welchen Sextus Empirikus *(adv. Math., L. VII)* anführt: *τῳ αϱιϑμῳ δε τα παντ' επεοικεν (numero cuncta assimilantur)*. Und wenn wir endlich diese Ansicht an unsere obige Deutung der Harmonie und Melodie bringen, so werden wir eine bloße Moralphilosophie ohne Erklärung der Natur, wie sie Sokrates einführen wollte, einer Melodie ohne Harmonie, welche Rousseau ausschließlich wollte, ganz analog finden, und im Gegensatz hievon wird eine bloße Physik und Metaphysik ohne Ethik einer bloßen Harmonie ohne Melodie entsprechen. – An diese beiläufigen Betrachtungen sei es mir vergönnt, noch einige die Analogie der Musik mit der erscheinenden Welt betreffende Bemerkungen zu knüpfen. Wir fanden im vorigen Buche, daß die höchste Stufe der Objektivation des Willens, der Mensch, nicht allein und abgerissen erscheinen konnte, sondern die unter ihm stehenden Stufen und diese immer wieder die tieferen voraussetzten: ebenso nun ist die Musik, welche, eben wie die Welt, den Willen unmittelbar objektivirt, erst vollkommen in der vollständigen Harmonie. Die hohe leitende Stimme der Melodie bedarf, um ihren ganzen Eindruck zu machen, der Begleitung aller anderen Stimmen, bis zum tiefsten Baß, welcher als der Ursprung aller anzusehen ist: die Melodie greift selbst als integrirender Theil in die Harmonie ein, wie auch diese in jene: und wie nur so, im vollstimmigen Ganzen, die Musik ausspricht, was sie auszusprechen bezweckt, so findet der eine und außerzeitliche Wille seine vollkommene Objektivation nur in der vollständigen Vereinigung aller der Stufen, welche in unzähligen Graden gesteigerter Deutlichkeit sein Wesen offenbaren. – Sehr merkwürdig ist noch folgende Analogie. Wir haben im vorigen Buche gesehen, daß, ungeachtet des Sichanpassens aller Willenserscheinungen zu einander, in Hinsicht auf die Arten, welches die teleologische Betrachtung veranlaßt, dennoch ein nicht aufzuhebender Widerstreit zwischen jenen Erscheinungen als Individuen bleibt, auf allen Stufen derselben sichtbar ist und die Welt zu einem beständigen Kampfplatz aller jener Erscheinungen des einen und selben Willens macht, dessen innerer Widerspruch mit sich selbst dadurch sichtbar wird. Auch diesem sogar ist etwas Entsprechendes in der Musik. Nämlich ein vollkommen reines harmonisches System der Töne ist nicht nur physisch, sondern sogar schon arithmetisch unmöglich. Die Zahlen selbst, durch welche die Töne sich ausdrücken lassen, haben unauflösbare Irrationalitäten: keine Skala läßt sich auch nur ausrechnen, innerhalb welcher jede Quint sich zum Grundton verhielte wie 2 zu 3, jede große Terz wie 4 zu 5, jede kleine Terz wie 5 zu 6 u.s.w. Denn, sind die Töne zum Grundton richtig, so sind sie es nicht mehr zu einander; indem ja z.B. die Quint die kleine Terz der Terz seyn müßte u.s.w.: denn die Töne der Skala sind Schauspielern zu vergleichen, welche bald diese, bald jene Rolle zu spielen haben. Daher also läßt eine vollkommen richtige Musik sich nicht einmal denken, geschweige ausführen; und dieserhalb weicht jede mögliche Musik von der vollkommenen Reinheit ab: sie kann bloß die ihr wesentlichen Dissonanzen, durch Vertheilung derselben an alle Töne, d.i. durch Temperatur, verstecken. Man sehe hierüber Chladni's »Akustik«,

§. 30, und dessen »Kurze Uebersicht der Schall- und Klanglehre«, S. 12*.

Ich hätte noch manches hinzuzufügen über die Art, wie Musik percipirt wird, nämlich einzig und allein in und durch die Zeit, mit gänzlicher Ausschließung des Raumes, auch ohne Einfluß der Erkenntniß der Kausalität, also des Verstandes: denn die Töne machen schon als Wirkung und ohne daß wir auf ihre Ursache, wie bei der Anschauung, zurückgiengen, den ästhetischen Eindruck. – Ich will indessen diese Betrachtungen nicht noch mehr verlängern, da ich vielleicht schon so in diesem dritten Buche Manchem zu ausführlich gewesen bin, oder mich zu sehr auf das Einzelne eingelassen habe. Mein Zweck machte es jedoch nöthig, und man wird es um so weniger mißbilligen, wenn man die selten genugsam erkannte Wichtigkeit und den hohen Werth der Kunst sich vergegenwärtigt, erwägend, daß wenn, nach unserer Ansicht, die gesammte sichtbare Welt nur die Objektivation, der Spiegel des Willens ist, zu seiner Selbsterkenntniß, ja, wie wir bald sehen werden, zur Möglichkeit seiner Erlösung, ihn begleitend; und zugleich, daß die Welt als Vorstellung, wenn man sie abgesondert betrachtet, indem man vom Wollen losgerissen, nur sie allein das Bewußtseyn einnehmen läßt, die erfreulichste und die allein unschuldige Seite des Lebens ist; – wir die Kunst als die höhere Steigerung, die vollkommenere Entwickelung von allen Diesem anzusehen haben, da sie wesentlich eben das Selbe, nur koncentrirter, vollendeter, mit Absicht und Besonnenheit, leistet, was die sichtbare Welt selbst, und sie daher, im vollen Sinne des Wortes, die Blüthe des Lebens genannt werden mag. Ist die ganze Welt als Vorstellung nur die Sichtbarkeit des Willens, so ist die Kunst die Verdeutlichung dieser Sichtbarkeit, die *Camera obscura*, welche die Gegenstände reiner zeigt und besser übersehen und zusammenfassen läßt, das Schauspiel im Schauspiel, die Bühne auf der Bühne im »Hamlet«.

Der Genuß alles Schönen, der Trost, den die Kunst gewährt, der Enthusiasmus des Künstlers, welcher ihn die Mühen des Lebens vergessen läßt, dieser eine Vorzug des Genius vor den Anderen,

---

* Hiezu Kap. 39 des zweiten Bandes.

der ihn für das mit der Klarheit des Bewußtseyns in gleichem Maaße gesteigerte Leiden und für die öde Einsamkeit unter einem heterogenen Geschlechte allein entschädigt, – dieses Alles beruht darauf, daß, wie sich uns weiterhin zeigen wird, das Ansich des Lebens, der Wille, das Daseyn selbst, ein stetes Leiden und theils jämmerlich, theils schrecklich ist; dasselbe hingegen als Vorstellung allein, rein angeschaut, oder durch die Kunst wiederholt, frei von Quaal, ein bedeutsames Schauspiel gewährt. Diese rein erkennbare Seite der Welt und die Wiederholung derselben in irgend einer Kunst ist das Element des Künstlers. Ihn fesselt die Betrachtung des Schauspiels der Objektivation des Willens: bei demselben bleibt er stehen, wird nicht müde es zu betrachten und darstellend zu wiederholen, und trägt derweilen selbst die Kosten der Aufführung jenes Schauspiels, d.h. ist ja selbst der Wille, der sich also objektivirt und in stetem Leiden bleibt. Jene reine, wahre und tiefe Erkenntniß des Wesens der Welt wird ihm nun Zweck an sich: er bleibt bei ihr stehen. Daher wird sie ihm nicht, wie wir es im folgenden Buche bei dem zur Resignation gelangten Heiligen sehen werden, Quietiv des Willens, erlöst ihn nicht auf immer, sondern nur auf Augenblicke vom Leben, und ist ihm so noch nicht der Weg aus demselben, sondern nur einstweilen ein Trost in demselben; bis seine dadurch gesteigerte Kraft, endlich des Spieles müde, den Ernst ergreift. Als Sinnbild dieses Ueberganges kann man die heilige Cäcilie von Rafael betrachten. Zum Ernst also wollen nun auch wir uns im folgenden Buche wenden.

VIERTES BUCH.

DER WELT ALS WILLE

ZWEITE BETRACHTUNG:

Bei erreichter
Selbsterkenntniß
Bejahung und Verneinung
des Willens
zum Leben.

Tempore quo cognitio simul advenit, amor e medio supersurrexit.
Oupnek'hat, studio Anquetil Duperron, vol. II., p. 216.

§. 53.

Der letzte Theil unserer Betrachtung kündigt sich als der ernsteste an, da er die Handlungen der Menschen betrifft, den Gegenstand, der Jeden unmittelbar angeht, Niemanden fremd oder gleichgültig seyn kann, ja, auf welchen alles Andere zu beziehen, der Natur des Menschen so gemäß ist, daß er, bei jeder zusammenhängenden Untersuchung, den auf das Thun sich beziehenden Theil derselben immer als das Resultat ihres gesammten Inhalts, wenigstens sofern ihn derselbe interessirt, betrachten und daher diesem Theil, wenn auch sonst keinem andern, ernsthafte Aufmerksamkeit widmen wird. – In der angegebenen Beziehung würde man, nach der gewöhnlichen Art sich auszudrücken, den jetzt folgenden Theil unserer Betrachtung die praktische Philosophie, im Gegensatz der bisher abgehandelten theoretischen, nennen. Meiner Meinung nach aber ist alle Philosophie immer theoretisch, indem es ihr wesentlich ist, sich, was auch immer der nächste Gegenstand der Untersuchung sei, stets rein betrachtend zu verhalten und zu forschen, nicht vorzuschreiben. Hingegen praktisch zu werden, das Handeln zu leiten, den Charakter umzuschaffen, sind alte Ansprüche, die sie, bei gereifter Einsicht, endlich aufgeben sollte. Denn hier, wo es den Werth oder Unwerth eines Daseyns, wo es Heil oder Verdammniß gilt, geben nicht ihre todten Begriffe den Ausschlag, sondern das innerste Wesen des Menschen selbst, der Dämon, der ihn leitet und der nicht ihn, sondern den er selbst gewählt hat, – wie Platon spricht, – sein intelligibler Charakter, – wie Kant sich ausdrückt. Die Tugend wird nicht gelehrt, so wenig wie der Genius: ja, für sie ist der Begriff so unfruchtbar und nur als Werkzeug zu gebrauchen, wie er es für die Kunst ist. Wir würden daher eben so thöricht seyn, zu erwarten, daß unsere Moralsysteme und Ethiken Tugendhafte, Edle und Heilige, als daß unsere Aesthetiken Dichter, Bildner und Musiker erweckten.

Die Philosophie kann nirgends mehr thun, als das Vorhandene deuten und erklären, das Wesen der Welt, welches *in concreto*, d.h. als Gefühl, Jedem verständlich sich ausspricht, zur deutlichen, abstrakten Erkenntniß der Vernunft bringen, Dieses aber in jeder möglichen Beziehung und von jedem Gesichtspunkt aus. Wie nun Dasselbe, in den drei vorhergegangenen Büchern, in der der Philosophie eigenthümlichen Allgemeinheit, von anderen Gesichtspunkten aus zu leisten gesucht wurde; so soll im gegenwärtigen Buch auf gleiche Weise das Handeln des Menschen betrachtet werden; welche Seite der Welt wohl nicht nur, wie ich vorhin bemerkte, nach subjektivem, sondern auch nach objektivem Urtheil, als die wichtigste von allen befunden werden möchte. Ich werde dabei unserer bisherigen Betrachtungsweise völlig getreu bleiben, auf das bisher Vorgetragene als Voraussetzung mich stützen, ja eigentlich nur den einen Gedanken, welcher der Inhalt dieser ganzen Schrift ist, wie bisher an allen anderen Gegenständen, jetzt eben so am Handeln des Menschen entwickeln und damit das Letzte thun, was ich vermag zu einer möglichst vollständigen Mittheilung desselben.

Der gegebene Gesichtspunkt und die angekündigte Behandlungsweise geben es schon an die Hand, daß man in diesem ethischen Buche keine Vorschriften, keine Pflichtenlehre zu erwarten hat; noch weniger soll ein allgemeines Moral-Princip, gleichsam ein Universal-Recept zur Hervorbringung aller Tugenden angegeben werden. Auch werden wir von keinem »UNBEDINGTEN SOLLEN« reden, weil solches, wie im Anhang ausgeführt, einen Widerspruch enthält, noch auch von einem »Gesetz für die Freiheit«, welches sich im selben Fall befindet. Wir werden überhaupt ganz und gar nicht von Sollen reden: denn so redet man zu Kindern und zu Völkern in ihrer Kindheit, nicht aber zu Denen, welche die ganze Bildung einer mündig gewordenen Zeit sich angeeignet haben. Es ist doch wohl handgreiflicher Widerspruch, den Willen frei zu nennen und doch ihm Gesetze vorzuschreiben, nach denen er wollen soll: – »wollen soll!« – hölzernes Eisen! In Folge unserer ganzen Ansicht aber ist der Wille nicht nur frei, sondern sogar allmächtig: aus ihm ist nicht nur sein Handeln, sondern auch seine Welt; und wie er ist, so erscheint sein Handeln, so erscheint seine Welt: seine Selbsterkenntniß sind Beide und sonst nichts: er bestimmt sich und eben damit Beide: denn außer ihm ist nichts, und sie sind er selbst: nur so ist er wahrhaft autonomisch; nach jeder andern Ansicht aber heteronomisch. Unser philosophisches Bestreben kann bloß dahin gehen, das Handeln des Menschen, die so verschiedenen, ja entgegengesetzten Maximen, deren lebendiger Ausdruck es ist, zu deuten und zu erklären, ihrem innersten Wesen und Gehalt nach, im Zusammenhang mit unserer bisherigen Betrachtung und gerade so, wie wir bisher die übrigen Erscheinungen der Welt zu deuten, ihr innerstes Wesen zur deutlichen, abstrakten Erkenntniß zu bringen gesucht haben. Unsere Philosophie wird dabei dieselbe IMMANENZ behaupten, wie in der ganzen bisherigen Betrachtung: sie wird nicht, Kants großer Lehre zuwider, die Formen der Erscheinung, deren allgemeiner Ausdruck der Satz vom Grunde ist, als einen Springstock gebrauchen wollen, um damit die allein ihnen Bedeutung gebende Erscheinung selbst zu überfliegen und im gränzenlosen Gebiet leerer Fiktionen zu landen. Sondern diese wirkliche Welt der Erkennbarkeit, in der wir sind und die in uns ist, bleibt, wie der Stoff, so auch die Gränze unserer Betrachtung: sie, die so gehaltreich ist, daß auch die tiefste Forschung, deren der menschliche Geist fähig wäre, sie nicht erschöpfen könnte. Weil nun also die wirkliche, erkennbare Welt es auch unsern ethischen Betrachtungen, so wenig als den vorhergegangenen, nie an Stoff und Realität fehlen lassen wird; so werden wir nichts weniger nöthig haben, als zu inhaltsleeren, negativen Begriffen unsere Zuflucht zu nehmen, und dann etwan gar uns selbst glauben zu machen, wir sagten etwas, wenn wir, mit hohen Augenbrauen, vom »Absoluten«, vom »Unendlichen«, vom »Uebersinnlichen«, und was dergleichen bloße Negationen mehr sind *(ουδεν εστι, η το της στερησεως ονομα, μετα αμυδρας επινοιας. – nihil est, nisi negationis nomen, cum obscura notione. Jul. or. 5)*, statt deren man kürzer Wolkenkukuksheim *(νεφελοκοκκυγια)* sagen könnte, redeten: zugedeckte, leere Schüsseln dieser Art werden wir nicht aufzutischen brauchen. – Endlich werden wir auch hier so wenig, wie im Bisherigen, Geschichten erzählen und solche für Philosophie ausgeben. Denn wir sind der Meinung, daß Jeder noch himmelweit von einer philosophischen Erkenntniß der Welt entfernt ist, der vermeint, das Wesen derselben irgendwie, und sei es noch so fein bemäntelt, HISTORISCH fassen zu können; welches aber der Fall ist, sobald in seiner Ansicht des Wesens an sich der Welt irgend ein WERDEN, oder Gewordenseyn, oder Werdenwerden sich vorfindet, irgend ein Früher oder Später die mindeste Bedeutung hat und folglich, deutlich oder versteckt, ein Anfangs- und ein Endpunkt der Welt, nebst dem Wege zwischen beiden gesucht und gefunden wird und das philosophirende Individuum wohl noch gar seine eigene Stelle auf diesem Wege erkennt. Solches HISTORISCHES PHILOSOPHIREN liefert in den meisten Fällen eine Kosmogonie, die viele Varietäten zuläßt, sonst aber auch ein Emanationssystem, Abfallslehre, oder endlich, wenn, aus Verzweiflung über fruchtlose Versuche auf jenen Wegen, auf den letzten Weg getrieben, umgekehrt eine Lehre vom steten Werden, Entsprießen, Entstehen, Hervortreten ans Licht aus dem Dunkeln, dem finstern Grund, Urgrund, Ungrund und was dergleichen Gefasels mehr ist, welches man übrigens am kürzesten abfertigt durch die Bemerkung, daß eine ganze Ewigkeit, d.h. eine unendliche Zeit, bis zum jetzigen Augenblick bereits abgelaufen ist, weshalb Alles, was da werden kann und soll, schon geworden seyn muß. Denn alle solche historische Philosophie, sie mag auch noch so vornehm thun, nimmt, als wäre Kant nie dagewesen, DIE ZEIT für eine Bestimmung der Dinge an sich, und bleibt daher bei dem stehen, was Kant die Erscheinung, im Gegensatz des Dinges an sich, und Platon das Werdende, nie Seyende, im Gegensatz des Seyenden, nie Werdenden nennt, oder endlich was bei den Indern das Gewebe der Maja heißt: es ist eben die dem Satz vom Grunde anheimgegebene Erkenntniß, mit der man nie zum innern Wesen der Dinge gelangt, sondern nur Erscheinungen ins Unendliche verfolgt, sich ohne Ende und Ziel bewegt, dem Eichhörnchen im Rade zu vergleichen, bis man etwan endlich ermüdet, oben oder unten, bei irgend einem beliebigen Punkte stille steht und nun für denselben auch von Andern Respekt ertrotzen will. Die ächte philosophische Betrachtungsweise der Welt, d.h. diejenige, welche uns ihr inneres Wesen erkennen lehrt und so über die Erscheinung hinaus führt, ist gerade die, welche nicht nach dem Woher und Wohin und Warum, sondern immer und überall nur nach dem WAS der Welt frägt, d.h. welche die Dinge nicht nach irgend einer Relation, nicht als werdend und vergehend, kurz, nicht nach einer der vier Gestalten des Satzes vom Grunde betrachtet; sondern umgekehrt, gerade Das, was nach Aussonderung dieser ganzen, jenem Satz nachgehenden Betrachtungsart noch übrig bleibt, das in allen Relationen erscheinende, selbst aber ihnen nicht unterworfene, immer sich gleiche Wesen der Welt, die Ideen derselben, zum Gegenstand hat. Von solcher Erkenntniß geht, wie die Kunst, so auch die Philosophie aus, ja, wie wir in diesem Buche finden werden, auch diejenige Stimmung des Gemüthes, welche allein zur wahren Heiligkeit und zur Erlösung von der Welt führt.

§. 54.

Die drei ersten Bücher werden hoffentlich die deutliche und gewisse Erkenntniß herbeigeführt haben, daß in der Welt als Vorstellung dem Willen sein Spiegel aufgegangen ist, in welchem er sich selbst erkennt, mit zunehmenden Graden der Deutlichkeit und Vollständigkeit, deren höchster der Mensch ist, dessen Wesen aber seinen vollendeten Ausdruck erst durch die zusammenhängende Reihe seiner Handlungen erhält, deren selbstbewußten Zusammenhang die Vernunft, die ihn das Ganze stets *in abstracto* überblikken läßt, möglich macht.

Der Wille, welcher rein an sich betrachtet, erkenntnißlos und nur ein blinder, unaufhaltsamer Drang ist, wie wir ihn noch in der unorganischen und vegetabilischen Natur und ihren Gesetzen, wie auch im vegetativen Theil unseres eigenen Lebens erscheinen sehen, erhält durch die hinzugetretene, zu seinem Dienst entwickelte Welt der Vorstellung die Erkenntniß von seinem Wollen und von dem was es sei, das er will, daß es nämlich nichts Anderes sei, als diese Welt, das Leben, gerade so wie es dasteht. Wir nannten deshalb die erscheinende Welt seinen Spiegel, seine Objektität: und da was der Wille will immer das Leben ist, eben weil dasselbe nichts weiter, als die Darstellung jenes Wollens für die Vorstellung ist; so ist es einerlei und nur ein Pleonasmus, wenn wir statt schlechthin zu sagen, »der Wille«, sagen »der Wille zum Leben«.

Da der Wille das Ding an sich, der innere Gehalt, das Wesentliche der Welt ist; das Leben, die sichtbare Welt, die Erscheinung, aber nur der Spiegel des Willens; so wird diese den Willen so unzertrennlich begleiten, wie den Körper sein Schatten: und wenn Wille da ist, wird auch Leben, Welt daseyn. Dem Willen zum Leben ist also das Leben gewiß, und solange wir von Lebenswillen erfüllt sind, dürfen wir für unser Daseyn nicht besorgt seyn, auch nicht beim Anblick des Todes. Wohl sehen wir das Individuum entstehen und vergehen: aber das Individuum ist nur Erscheinung, ist nur da für die im Satz vom Grunde, dem *principio individuationis*, befangene Erkenntniß: für diese freilich empfängt es sein Leben wie ein Geschenk, geht aus dem Nichts hervor, leidet dann durch den Tod den Verlust jenes Geschenks und geht ins Nichts zurück. Aber wir wollen ja eben das Leben philosophisch, d.h. seinen Ideen nach betrachten, und da werden wir finden, daß weder der Wille, das Ding an sich in allen Erscheinungen, noch das Subjekt des Erkennens, der Zuschauer aller Erscheinungen, von Geburt und von Tod irgend berührt werden. Geburt und Tod gehören eben zur Erscheinung des Willens, also zum Leben, und es ist diesem wesentlich, sich in Individuen darzustellen, welche entstehen und vergehen, als flüchtige, in der Form der Zeit auftretende Erscheinungen Desjenigen, was an sich keine Zeit kennt, aber gerade auf die besagte Weise sich darstellen muß, um sein eigentliches Wesen zu objektiviren. Geburt und Tod gehören auf gleiche Weise zum Leben und halten sich das Gleichgewicht als wechselseitige Bedingungen von einander, oder, wenn man etwan den Ausdruck liebt, als Pole der gesammten Lebenserscheinung. Die weiseste aller Mythologien, die Indische, drückt Dieses dadurch aus, daß sie gerade dem Gotte, welcher die Zerstörung, den Tod, symbolisirt (wie Brama, der sündigste und niedrigste Gott des Trimurtis, die Zeugung, Entstehung, und Wischnu die Erhaltung), daß sie, sage ich, gerade dem Schiwa, zugleich mit dem Halsband von Todtenköpfen, den Lingam zum Attribut giebt, dieses Symbol der Zeugung, welche also hier als Ausgleichung des Todes auftritt, wodurch angedeutet wird, daß Zeugung und Tod wesentliche Korrelate sind, die sich gegenseitig neutralisiren und aufheben. – Ganz die selbe Gesinnung war es, welche Griechen und Römer antrieb, die kostbaren Sarkophage gerade so zu verzieren, wie wir sie noch sehen, mit Festen, Tänzen, Hochzeiten, Jagden, Thierkämpfen, Bakchanalien, also mit Darstellungen des gewaltigsten Lebensdranges, welchen sie nicht nur in solchen Lustbarkeiten, sondern sogar in wollüstigen Gruppen, selbst bis zur Begattung zwischen Satyren und Ziegen, uns vorführen. Der Zweck war offenbar, vom Tode des betrauerten Individuums, mit dem größten Nachdruck auf das unsterbliche Leben der Natur hinzuweisen und dadurch, wenn gleich ohne abstraktes Wissen, anzudeuten, daß die ganze Natur die Erscheinung und auch die Erfüllung des Willens zum Leben ist. Die Form dieser Erscheinung ist Zeit, Raum und Kausalität, mittelst dieser aber Individuation, die es mit sich bringt, daß das Individuum entstehen und vergehen muß, was aber den Willen zum Leben, von dessen Erscheinung das Individuum gleichsam nur ein einzelnes Exempel oder Specimen ist, so wenig anficht, als das Ganze der Natur gekränkt wird durch den Tod eines Individuums. Denn nicht dieses, sondern die Gattung allein ist es, woran der Natur gelegen ist, und auf deren Erhaltung sie mit allem Ernst dringt, indem sie für dieselbe so verschwenderisch sorgt, durch die ungeheure Ueberzahl der Keime und die große Macht des Befruchtungstriebes. Hingegen hat das Individuum für sie keinen Werth und kann ihn nicht haben, da unendliche Zeit, unendlicher Raum und in diesen unendliche Zahl möglicher Individuen ihr Reich sind; daher sie stets bereit ist, das Individuum fallen zu lassen, welches demnach nicht nur auf tausendfache Weise, durch die unbedeutendesten Zufälle dem Untergang ausgesetzt, sondern ihm schon ursprünglich bestimmt ist und ihm von der Natur selbst entgegengeführt wird, von dem Augenblick an, wo es der Erhaltung der Gattung gedient hat. Ganz naiv spricht hiedurch die Natur selbst die große Wahrheit aus, daß nur die Ideen, nicht die Individuen eigentliche Realität haben, d.h. vollkommene Objektität des Willens sind. Da nun der Mensch die Natur selbst, und zwar im höchsten Grade ihres Selbstbewußtseyns ist, die Natur aber nur der objektivirte Wille zum Leben ist; so mag der Mensch, wenn er diesen Gesichtspunkt gefaßt hat und dabei stehen bleibt, allerdings und mit Recht sich über seinen und seiner Freunde Tod trösten, durch den Rückblick auf das unsterbliche Leben der Natur, die er selbst ist. So folglich ist Schiwa mit dem Lingam, so jene antiken Sarkophage zu verstehen, die mit ihren Bildern des glühendesten Lebens dem klagenden Betrachter zurufen: *Natura non contristatur.*

Daß Zeugung und Tod als etwas zum Leben Gehöriges und dieser Erscheinung des Willens Wesentliches zu betrachten sind, geht auch daraus hervor, daß Beide sich uns als die nur höher potenzirten Ausdrücke Dessen, woraus auch das ganze übrige Leben besteht, darstellen. Dieses nämlich ist durch und durch nichts Anderes, als ein steter Wechsel der Materie, unter dem festen Beharren der Form: und eben das ist die Vergänglichkeit der Individuen, bei der Unvergänglichkeit der Gattung. Die beständige Ernährung und Reproduktion ist nur dem Grade nach von der Zeugung, und die beständige Exkretion nur dem Grade nach vom Tode verschieden. Ersteres zeigt sich am einfachsten und deutlichsten bei der Pflanze. Diese ist durch und durch nur die stete Wiederholung des selben Triebes, ihrer einfachsten Faser, die sich zu Blatt und Zweig gruppirt; ist ein systematisches Aggregat gleichartiger, einander tragender Pflanzen, deren beständige Wiedererzeugung ihr einziger Trieb ist: zur vollständigern Befriedigung desselben steigert sie sich, mittelst der Stufenleiter der Metamorphose, endlich bis zur Blüthe und Frucht, jenem Kompendium ihres Daseyns und Strebens, in welchem sie nun auf einem kürzern Wege Das erlangt, was ihr einziges Ziel ist, und nunmehr mit Einem Schlage tausendfach vollbringt, was sie bis dahin im Einzelnen wirkte: Wiederholung ihrer selbst. Ihr Treiben bis zur Frucht verhält sich zu dieser, wie die Schrift zur Buchdruckerei. Offenbar ist es beim Thiere ganz das Selbe. Der Ernährungsproceß ist ein stetes Zeugen, der Zeugungsproceß ein höher potenzirtes Ernähren; die Wollust bei der Zeugung die höher potenzirte Behaglichkeit des Lebensgefühls. Andererseits ist die Exkretion, das stete Aushauchen und Abwerfen von Materie, das Selbe, was in erhöhter Potenz der Tod, der Gegensatz der Zeugung, ist. Wie wir nun hiebei allezeit zufrieden sind, die Form zu erhalten, ohne die abgeworfene Materie zu betrauern; so haben wir uns auf gleiche Weise zu verhalten, wenn im Tode das Selbe in erhöhter Potenz und im Ganzen geschieht, was täglich und stündlich im Einzelnen bei der Exkretion vor sich geht: wie wir beim erstern gleichgültig sind, sollten wir beim andern nicht zurückbeben. Von diesem Standpunkt aus erscheint es daher eben so verkehrt, die Fortdauer seiner Individualität zu verlangen, welche durch andere Individuen ersetzt wird, als den Bestand der Materie seines Leibes, die stets durch neue ersetzt wird: es erscheint eben so thöricht, Leichen einzubalsamiren, als es wäre, seine Auswürfe sorgfältig zu bewahren. Was das an den individuellen Leib gebundene individuelle Bewußtseyn betrifft, so wird es täglich durch den Schlaf gänzlich unterbrochen. Der tiefe Schlaf ist vom Tode, in welchen er oft, z.B. beim Erfrieren, ganz stetig übergeht, für die Gegenwart seiner Dauer, gar nicht verschieden, sondern nur für die Zukunft, nämlich in Hinsicht auf das Erwachen. Der Tod ist ein Schlaf, in welchem die Individualität vergessen wird: alles Andere erwacht wieder, oder vielmehr ist wach geblieben*.

Vor Allem müssen wir deutlich erkennen, daß die Form der Erscheinung des Willens, also die Form des Lebens oder der Realität, eigentlich nur die GEGENWART ist, nicht Zukunft, noch Vergangenheit: diese sind nur im Begriff, sind nur im Zusammenhange

* Auch kann folgende Betrachtung Dem, welchem sie nicht zu subtil ist, dienen, sich deutlich zu machen, daß das Individuum nur die Erscheinung, nicht das Ding an sich ist. Jedes Individuum ist einerseits das Subjekt des Erkennens, d.h. die ergänzende Bedingung der Möglichkeit der ganzen objektiven Welt, und andererseits einzelne Erscheinung des Willens, desselben, der sich in jedem Dinge objektivirt. Aber diese Duplicität unseres Wesens ruht nicht in einer für sich bestehenen Einheit: sonst würden wir uns unserer selbst AN UNS SELBST UND UNABHÄNGIG VON DEN OBJEKTEN DES ERKENNENS UND WOLLENS bewußt werden können: dies können wir aber schlechterdings nicht, sondern sobald wir, um es zu versuchen, in uns gehen und uns, indem wir das Erkennen nach Innen richten, einmal völlig besinnen wollen, so verlieren wir uns in eine bodenlose Leere, finden uns gleich der gläsernen Hohlkugel, aus deren Leere eine Stimme spricht, deren Ursache aber nicht darin anzutreffen ist, und indem wir so uns selbst ergreifen wollen, erhaschen wir, mit Schaudern, nichts, als ein bestandloses Gespenst.

der Erkenntniß da, sofern sie dem Satz vom Grunde folgt. In der Vergangenheit hat kein Mensch gelebt, und in der Zukunft wird nie einer leben; sondern die GEGENWART allein ist die Form alles Lebens, ist aber auch sein sicherer Besitz, der ihm nie entrissen werden kann. Die Gegenwart ist immer da, sammt ihrem Inhalt: Beide stehen fest, ohne zu wanken; wie der Regenbogen auf dem Wasserfall. Denn dem Willen ist das Leben, dem Leben die Gegenwart sicher und gewiß. Freilich, wenn wir zurückdenken an die verflossenen Jahrtausende, an die Millionen von Menschen, die in ihnen lebten; dann fragen wir: Was waren sie? Was ist aus ihnen geworden? – Aber wir dürfen dagegen nur die Vergangenheit unseres eigenen Lebens uns zurückrufen und ihre Scenen lebhaft in der Phantasie erneuern, und nun wieder fragen: Was war dies alles? Was ist aus ihm geworden? – Wie mit ihm, so ist es mit dem Leben jener Millionen. Oder sollten wir meynen, die Vergangenheit erhielte dadurch, daß sie durch den Tod besiegelt ist, ein neues Daseyn? Unsere eigene Vergangenheit, auch die nächste und der gestrige Tag, ist nur noch ein nichtiger Traum der Phantasie, und das Selbe ist die Vergangenheit aller jener Millionen. Was war? Was ist? – Der Wille, dessen Spiegel das Leben ist, und das willensfreie Erkennen, welches in jenem Spiegel ihn deutlich erblickt. Wer Dies noch nicht erkannt hat, oder nicht erkennen will, muß zu jener obigen Frage nach dem Schicksal vergangener Geschlechter, auch noch diese fügen: warum gerade er, der Fragende, so glücklich ist, diese kostbare, flüchtige, allein reale Gegenwart inne zu haben, während jene Hunderte von Menschengeschlechtern, ja auch die Helden und Weisen jener Zeiten, in die Nacht der Vergangenheit gesunken und dadurch zu Nichts geworden sind; er aber, sein unbedeutendes Ich, wirklich da ist? – oder kürzer, wenn gleich sonderbar: warum dies Jetzt, sein Jetzt, – doch gerade jetzt ist und nicht auch schon längst WAR? – Er sieht, indem er so seltsam frägt, sein Daseyn und seine Zeit als unabhängig von einander an und jenes als in diese hineingeworfen: er nimmt eigentlich zwei Jetzt an, eines das dem Objekt, das andere, das dem Subjekt angehört, und wundert sich über den glücklichen Zufall ihres Zusammentreffens. In Wahrheit aber macht (wie in der Abhandlung über den Satz vom Grunde gezeigt ist) nur der Berührungspunkt des Objekts, dessen Form die Zeit ist, mit dem Subjekt, welches keine Gestaltung des Satzes vom Grunde zur Form hat, die Gegenwart aus. Nun ist aber alles Objekt der Wille, sofern er Vorstellung geworden, und das Subjekt ist das nothwendige Korrelat des Objekts; reale Objekte giebt es aber nur in der Gegenwart: Vergangenheit und Zukunft enthalten bloße Begriffe und Phantasmen, daher ist die Gegenwart die wesentliche Form der Erscheinung des Willens und von dieser unzertrennlich. Die Gegenwart allein ist Das, was immer da ist und unverrückbar feststeht. Empirisch aufgefaßt das Flüchtigste von Allem, stellt sie dem metaphysischen Blick, der über die Formen der empirischen Anschauung hinwegsieht, sich als das allein Beharrende dar, das *Nunc stans* der Scholastiker. Die Quelle und der Träger ihres Inhalts ist der Wille zum Leben, oder das Ding an sich, – welches wir sind. Das, was immerfort wird und vergeht, indem es entweder schon gewesen ist, oder noch kommen soll, gehört der Erscheinung als solcher an, vermöge ihrer Formen, welche das Entstehen und Vergehen möglich machen. Demnach denke man: *Quid fuit? – Quod est. – Quid erit? – Quod fuit*; und nehme es im strengen Sinne der Worte. Denn dem Willen ist das Leben, dem Leben die Gegenwart gewiß. Daher auch kann Jeder sagen: »Ich bin ein für alle Mal Herr der Gegenwart, und durch alle Ewigkeit wird sie mich begleiten, wie mein Schatten: demnach wundere ich mich nicht, wo sie nur hergekommen sei, und wie es zugehe, daß sie gerade jetzt sei.« – Wir können die Zeit einem endlos drehenden Kreise vergleichen: die stets sinkende Hälfte wäre die Vergangenheit, die stets steigende die Zukunft; oben aber der untheilbare Punkt, der die Tangente berührt, wäre die ausdehnungslose Gegenwart: wie die Tangente nicht mit fortrollt, so auch nicht die Gegenwart, der Berührungspunkt des Objekts, dessen Form die Zeit ist, mit dem Subjekt, das keine Form hat, weil es nicht zum Erkennbaren gehört, sondern Bedingung alles Erkennbaren ist. Oder: die Zeit gleicht einem unaufhaltsamen Strom, und die Gegenwart einem Felsen, an dem sich jener bricht, aber nicht ihn mit fortreißt. Der Wille, als Ding an sich, ist so wenig, als das Subjekt der Erkenntniß, welches zuletzt doch in gewissem Betracht er selbst oder seine Aeußerung ist, dem Satze vom Grunde unterworfen; und wie dem Willen das Leben, seine eigene Erscheinung, gewiß ist, so ist es auch die Gegenwart, die einzige Form des wirklichen Lebens. Wir haben demnach nicht nach der Vergangenheit vor dem Leben, noch nach der Zukunft nach dem Tode zu forschen: vielmehr haben wir als die einzige Form, in welcher der Wille sich erscheint, die GEGENWART zu erkennen*; sie wird ihm nicht entrinnen, aber er ihr wahrlich auch nicht. Wen daher das Leben, wie es ist, befriedigt, wer es auf alle Weise bejaht, der kann es mit Zuversicht als endlos betrachten und die Todesfurcht als eine Täuschung bannen, welche ihm die ungereimte Furcht eingiebt, er könne der Gegenwart je verlustig werden, und ihm eine Zeit vorspiegelt ohne eine Gegenwart darin: eine Täuschung, welche in Hinsicht auf die Zeit Das ist, was in Hinsicht auf den Raum jene andere, vermöge welcher Jeder, in seiner Phantasie, die Stelle auf der Erdkugel, welche er gerade einnimmt, als das Oben und alles Uebrige als das Unten ansieht: eben so knüpft Jeder die Gegenwart an seine Individualität und meint, mit dieser verlösche alle Gegenwart; Vergangenheit und Zukunft seien nun ohne dieselbe. Wie aber auf der Erdkugel überall oben ist, so ist auch die Form alles Lebens GEGENWART, und den Tod fürchten, weil er uns die Gegenwart entreißt, ist nicht weiser, als fürchten, man könne von der runden Erdkugel, auf welcher man glücklicherweise nun gerade oben steht, hinuntergleiten. Der Objektivation des Willens ist die Form der Gegenwart wesentlich, welche als ausdehnungsloser Punkt die nach beiden Seiten unendliche Zeit schneidet und unverrückbar fest steht, gleich einem immerwährenden Mittag, ohne kühlenden Abend; wie die wirkliche Sonne ohne Unterlaß brennt, während sie nur scheinbar in den Schooß der Nacht sinkt: daher, wenn ein Mensch den Tod als seine Vernichtung fürchtet, es nicht anders ist, als wenn man dächte, die Sonne könne am Abend klagen: »Wehe mir! ich gehe unter in ewige Nacht.«** Hingegen auch umgekehrt:

---

* *Scholastici docuerunt, quod aeternitas non sit temporis sine fine aut principio successio, sed* Nunc stans; *i. e. idem nobis* Nunc *esse, quod erat* Nunc *Adamo: i. e. inter* nunc *et* tunc *nullam esse differentiam.*

Hobbes, *Leviathan, c. 46.*

wen die Lasten des Lebens drücken, wer zwar wohl das Leben möchte und es bejaht, aber die Quaalen desselben verabscheut, und besonders das harte Loos, das gerade ihm zugefallen ist, nicht länger tragen mag: ein solcher hat nicht vom Tode Befreiung zu hoffen und kann sich nicht durch Selbstmord retten; nur mit falschem Scheine lockt ihn der finstere kühle Orkus als Hafen der Ruhe. Die Erde wälzt sich vom Tage in die Nacht; das Individuum stirbt: aber die Sonne selbst brennt ohne Unterlaß ewigen Mittag. Dem Willen zum Leben ist das Leben gewiß: die Form des Lebens ist Gegenwart ohne Ende; gleichviel wie die Individuen, Erscheinungen der Idee, in der Zeit entstehen und vergehen, flüchtigen Träumen zu vergleichen. – Der Selbstmord erscheint uns also schon hier als eine vergebliche und darum thörichte Handlung: wenn wir in unserer Betrachtung weiter vorgedrungen seyn werden, wird er sich uns in einem noch ungünstigern Lichte darstellen.

Die Dogmen wechseln und unser Wissen ist trüglich; aber die Natur irrt nicht: ihr Gang ist sicher und sie verbirgt ihn nicht. Jedes ist ganz in ihr, und sie ist ganz in Jedem. In jedem Thier hat sie ihren Mittelpunkt: es hat seinen Weg sicher ins Daseyn gefunden, wie es ihn sicher hinausfinden wird: inzwischen lebt es furchtlos vor der Vernichtung und unbesorgt, getragen durch das Bewußtseyn, daß es die Natur selbst ist und wie sie unvergänglich. Der Mensch allein trägt in abstrakten Begriffen die Gewißheit seines Todes mit sich herum: diese kann ihn dennoch, was sehr seltsam ist, nur auf einzelne Augenblicke, wo ein Anlaß sie der Phantasie vergegenwärtigt, ängstigen. Gegen die mächtige Stimme der Natur vermag

---

**In Eckermann's »Gesprächen mit Goethe« (zweite Auflage, Bd. 1, S. 154) sagt Goethe: »Unser Geist ist ein Wesen ganz unzerstörbarer Natur: es ist ein Fortwirkendes von Ewigkeit zu Ewigkeit. Es ist der Sonne ähnlich, die bloß unsern irdischen Augen unterzugehen scheint, die aber eigentlich nie untergeht, sondern unaufhörlich fortleuchtet.« – Goethe hat das Gleichniß von mir; nicht etwan ich von ihm. Ohne Zweifel gebraucht er es, in diesem 1824 gehaltenen Gespräch, in Folge einer, vielleicht unbewußten, Reminiscenz obiger Stelle; da solche, mit den selben Worten wie hier, in der ersten Auflage, S. 401, steht; auch ebendaselbst S. 528, wie hier am Schlusse des §. 65, wiederkehrt. Jene erste Auflage war ihm im December 1818 übersandt worden, und im März 1819 ließ er mir nach Neapel, wo ich mich damals befand, seinen Beifall, durch meine Schwester, brieflich berichten, und hatte einen Zettel beigelegt, worauf er die Zahlen einiger Seiten, welche ihm besonders gefallen, angemerkt hatte: also hatte er mein Buch gelesen.

die Reflexion wenig. Auch in ihm, wie im Thiere, das nicht denkt, waltet als dauernder Zustand jene, aus dem innersten Bewußtseyn, daß er die Natur, die Welt selbst ist, entspringende Sicherheit vor, vermöge welcher keinen Menschen der Gedanke des gewissen und nie fernen Todes merklich beunruhigt, sondern jeder dahinlebt, als müsse er ewig leben; was so weit geht, daß sich sagen ließe, keiner habe eine eigentlich lebendige Ueberzeugung von der Gewißheit seines Todes, da sonst zwischen seiner Stimmung und der des verurtheilten Verbrechers kein so großer Unterschied seyn könnte; sondern jeder erkenne zwar jene Gewißheit *in abstracto* und theoretisch an, lege sie jedoch, wie andere theoretische Wahrheiten, die aber auf die Praxis nicht anwendbar sind, bei Seite, ohne sie irgend in sein lebendiges Bewußtseyn aufzunehmen. Wer diese Eigenthümlichkeit der menschlichen Sinnesart wohl beachtet, wird einsehen, daß die psychologischen Erklärungsarten derselben, aus der Gewohnheit und dem Sichzufriedengeben über das Unvermeidliche, keineswegs ausreichen, sondern der Grund derselben der angegebene, tiefer liegende ist. Aus demselben ist es auch zu erklären, warum zu allen Zeiten, bei allen Völkern, Dogmen von irgend einer Art von Fortdauer des Individuums nach dem Tode sich finden und in Ansehen stehen, da doch die Beweise dafür immer höchst unzulänglich seyn mußten, die für das Gegentheil aber stark und zahlreich, ja, dieses eigentlich keines Beweises bedarf, sondern vom gesunden Verstande als Thatsache erkannt wird und als solche bekräftigt durch die Zuversicht, daß die Natur so wenig lügt als irrt, sondern ihr Thun und Wesen offen darlegt, sogar naiv ausspricht, während nur wir selbst es durch Wahn verfinstern, um herauszudeuten was unserer beschränkten Ansicht eben zusagt.

Was aber wir jetzt zum deutlichen Bewußtseyn gebracht haben, daß, wiewohl die einzelne Erscheinung des Willens zeitlich anfängt und zeitlich endet, der Wille selbst, als Ding an sich, hievon nicht getroffen wird, noch auch das Korrelat alles Objekts, das erkennende, nie erkannte Subjekt, und daß dem Willen zum Leben das Leben immer gewiß ist: – dies ist nicht jenen Lehren von der Fortdauer beizuzählen. Denn dem Willen, als Ding an sich betrachtet, wie auch dem reinen Subjekt des Erkennens, dem ewigen Weltauge, kommt so wenig ein Beharren als ein Vergehen zu, da dieses in der Zeit allein gültige Bestimmungen sind, jene aber außer der Zeit liegen. Daher kann der Egoismus des Individuums (dieser einzelnen vom Subjekt des Erkennens beleuchteten Willenserscheinung) für seinen Wunsch, sich eine unendliche Zeit hindurch zu behaupten, aus unserer dargelegten Ansicht so wenig Nahrung und Trost schöpfen, als er es könnte aus der Erkenntniß, daß nach seinem Tode doch die übrige Außenwelt in der Zeit fortbestehen wird, welches nur der Ausdruck eben derselben Ansicht, aber objektiv und daher zeitlich betrachtet, ist. Denn zwar ist Jeder nur als Erscheinung vergänglich, hingegen als Ding an sich zeitlos, also auch endlos; aber auch nur als Erscheinung ist er von den übrigen Dingen der Welt verschieden, als Ding an sich ist er der Wille der in Allem erscheint, und der Tod hebt die Täuschung auf, die sein Bewußtseyn von dem der Uebrigen trennt: dies ist die Fortdauer. Sein Nichtberührtwerden vom Tode, welches ihm nur als Ding an sich zukommt, fällt für die Erscheinung mit der Fortdauer der übrigen Außenwelt zusammen*. Daher auch kommt es, daß das innige und bloß gefühlte Bewußtseyn Dessen, was wir soeben zur deutlichen Erkenntniß erhoben haben, zwar, wie gesagt, verhindert, daß der Gedanke des Todes sogar dem vernünftigen Wesen das Leben nicht vergiftet, indem solches Bewußtseyn die Basis jenes Lebensmuthes ist, der alles Lebendige aufrecht erhält und munter fortleben läßt, als gäbe es keinen Tod, solange nämlich, als es das Leben im Auge hat und auf dieses gerichtet ist; aber hiedurch wird nicht verhindert, daß wann der Tod im Einzelnen und in der Wirklichkeit, oder auch nur in der Phantasie, an das Individuum herantritt und dieses nun ihn ins Auge fassen muß, es nicht von Todesangst ergriffen würde und auf alle Weise zu entfliehen suchte. Denn wie, solange seine Erkenntniß auf das Leben als solches gerichtet war, es in demselben auch die Unvergänglichkeit erkennen mußte,

* Im Veda ist dies dadurch ausgedrückt, daß gesagt wird, indem ein Mensch sterbe, werde seine Sehkraft Eins mit der Sonne, sein Geruch mit der Erde, sein Geschmack mit dem Wasser, sein Gehör mit der Luft, seine Rede mit dem Feuer u. s. w. (*Oupnek'hat,* Bd. 1, S. 249 ff.) – wie auch dadurch, daß, in einer besondern Förmlichkeit, der Sterbende seine Sinne und gesammten Fähigkeiten einzeln seinem Sohne übergiebt, als in welchem sie nun fortleben sollen. (Ebendas., Bd. 2, S. 82 ff.)

so muß, wann der Tod ihm vor die Augen tritt, es diesen erkennen für Das, was er ist, das zeitliche Ende der einzelnen zeitlichen Erscheinung. Was wir im Tode fürchten, ist keineswegs der Schmerz: denn theils liegt dieser offenbar diesseit des Todes; theils fliehen wir oft vor dem Schmerz zum Tode, eben so wohl als wir auch umgekehrt bisweilen den entsetzlichsten Schmerz übernehmen, um nur dem Tode, wiewohl er schnell und leicht wäre, noch eine Weile zu entgehen. Wir unterscheiden also Schmerz und Tod als zwei ganz verschiedene Uebel: was wir im Tode fürchten, ist in der That der Untergang des Individuums, als welcher er sich unverhohlen kund giebt, und da das Individuum der Wille zum Leben selbst in einer einzelnen Objektivation ist, sträubt sich sein ganzes Wesen gegen den Tod. – Wo nun solchermaaßen das Gefühl uns hülflos Preis giebt, kann jedoch die Vernunft eintreten und die widrigen Eindrücke desselben großentheils überwinden, indem sie uns auf einen höhern Standpunkt stellt, wo wir statt des Einzelnen nunmehr das Ganze im Auge haben. Darum könnte eine philosophische Erkenntniß des Wesens der Welt, die bis zu dem Punkt, auf welchem wir jetzt in unserer Betrachtung stehen, gekommen wäre, aber nicht weiter gienge, selbst schon auf diesem Standpunkte die Schrecken des Todes überwinden, in dem Maaß, als im gegebenen Individuum die Reflexion Macht hätte über das unmittelbare Gefühl. Ein Mensch, der die bisher vorgetragenen Wahrheiten seiner Sinnesart fest einverleibt hätte, nicht aber zugleich durch eigene Erfahrung, oder durch eine weitergehende Einsicht, dahin gekommen wäre, in allem Leben dauerndes Leiden als wesentlich zu erkennen; sondern der im Leben Befriedigung fände, dem vollkommen wohl darin wäre, und der, bei ruhiger Ueberlegung, seinen Lebenslauf, wie er ihn bisher erfahren, von endloser Dauer, oder von immer neuer Wiederkehr wünschte, und dessen Lebensmuth so groß wäre, daß er, gegen die Genüsse des Lebens, alle Beschwerde und Pein, der es unterworfen ist, willig und gern mit in den Kauf nähme; ein solcher stände, »mit festen markigen Knochen auf der wohlgeründeten, dauernden Erde« und hätte nichts zu fürchten: gewaffnet mit der Erkenntniß, die wir ihm beilegen, sähe er dem auf den Flügeln der Zeit heraneilenden Tode gleichgültig entgegen, ihn betrachtend als einen falschen Schein, ein ohnmächtiges Gespenst, Schwache zu schrecken, das aber keine Gewalt über den hat, der da weiß, daß ja er selbst jener Wille ist, dessen Objektivation oder Abbild die ganze Welt ist, dem daher das Leben allezeit gewiß bleibt und auch die Gegenwart, die eigentliche, alleinige Form der Erscheinung des Willens, den daher keine unendliche Vergangenheit oder Zukunft, in denen er nicht wäre, schrecken kann, da er diese als das eitle Blendwerk und Gewebe der Maja betrachtet, der daher so wenig den Tod zu fürchten hätte, wie die Sonne die Nacht. – Auf diesen Standpunkt stellt, im Bhagavat Gita, Krischna seinen angehenden Zögling den Ardschun, als dieser beim Anblick der schlagfertigen Heere (auf etwas ähnliche Art wie Xerxes) von Wehmuth ergriffen wird, verzagen und vom Kampfe ablassen will, um den Untergang so vieler Tausende zu verhüten: Krischna stellt ihn auf jenen Standpunkt, und der Tod jener Tausende kann ihn nicht mehr aufhalten: er giebt das Zeichen zur Schlacht. – Diesen Standpunkt auch bezeichnet Goethe's Prometheus, besonders wenn er sagt:

> »Hier sitz ich, forme Menschen
> Nach meinem Bilde,
> Ein Geschlecht, das mir gleich sei,
> Zu leiden, zu weinen,
> Zu genießen und zu freuen sich,
> Und dein nicht zu achten,
> Wie ich!«

Auf diesen Standpunkt könnte auch die Philosophie des Bruno und die des Spinoza denjenigen führen, dem ihre Fehler und Unvollkommenheiten die Ueberzeugung nicht störten oder schwächten. Eine eigentliche Ethik hat die des Bruno nicht, und die in der Philosophie des Spinoza geht gar nicht aus dem Wesen seiner Lehre hervor, sondern ist, obwohl an sich lobenswerth und schön, doch nur mittelst schwacher und handgreiflicher Sophismen daran geheftet. – Auf dem bezeichneten Standpunkt endlich würden wohl viele Menschen stehen, wenn ihre Erkenntniß mit ihrem Wollen gleichen Schritt hielte, d.h. wenn sie im Stande wären, frei von jedem Wahn, sich selbst klar und deutlich zu werden. Denn dieses ist, für die Erkenntniß, der Standpunkt der gänzlichen Bejahung des Willens zum Leben.

Der Wille bejaht sich selbst, besagt: indem in seiner Objektität, d.i. der Welt und dem Leben, sein eigenes Wesen ihm als Vorstellung vollständig und deutlich gegeben wird, hemmt diese Erkenntniß sein Wollen keineswegs; sondern eben dieses so erkannte Leben wird auch als solches von ihm gewollt, wie bis dahin ohne Erkenntniß, als blinder Drang, so jetzt mit Erkenntniß, bewußt und besonnen. – Das Gegentheil hievon, die Verneinung des Willens zum Leben, zeigt sich, wenn auf jene Erkenntniß das Wollen endet, indem sodann nicht mehr die erkannten einzelnen Erscheinungen als Motive des Wollens wirken, sondern die ganze, durch Auffassung der Ideen erwachsene Erkenntniß des Wesens der Welt, die den Willen spiegelt, zum Quietiv des Willens wird und so der Wille frei sich selbst aufhebt. Diese ganz unbekannten und in diesem allgemeinen Ausdruck schwerlich verständlichen Begriffe werden hoffentlich deutlich werden, durch die bald folgende Darstellung der Phänomene, hier Handlungsweisen, in welchen sich einerseits die Bejahung, in ihren verschiedenen Graden, und andererseits die Verneinung ausspricht. Denn beide gehen zwar von der Erkenntniss aus, aber nicht von einer abstrakten, die sich in Worten, sondern von einer lebendigen, die sich durch die That und den Wandel allein ausdrückt und unabhängig bleibt von den Dogmen, welche dabei, als abstrakte Erkenntniß, die Vernunft beschäftigen. Beide darzustellen und zur deutlichen Erkenntniß der Vernunft zu bringen, kann allein mein Zweck seyn, nicht aber eine oder die andere vorzuschreiben oder anzuempfehlen, welches so thöricht wie zwecklos wäre, da der Wille an sich der schlechthin freie, sich ganz allein selbst bestimmende ist und es kein Gesetz für ihn giebt. – Diese Freiheit und ihr Verhältniß zur Nothwendigkeit müssen wir jedoch zuvörderst und ehe wir zur besagten Auseinandersetzung schreiten, erörtern und genauer bestimmen, sodann auch noch über das Leben, dessen Bejahung und Verneinung unser Problem ist, einige allgemeine, auf den Willen und dessen Objekte sich beziehende Betrachtungen anstellen, durch welches Alles wir uns die beabsichtigte Erkenntniß der ethischen Bedeutung der

Handlungsweisen, ihrem innersten Wesen nach, erleichtern werden.

Da, wie gesagt, diese ganze Schrift nur die Entfaltung eines einzigen Gedankens ist; so folgt hieraus, daß alle ihre Theile die innigste Verbindung unter einander haben und nicht bloß ein jeder zum nächstvorhergehenden in nothwendiger Beziehung steht und daher zunächst nur ihn als dem Leser erinnerlich voraussetzt, wie es der Fall ist bei allen Philosophien, die bloß aus einer Reihe von Folgerungen bestehen; sondern daß jeder Theil des ganzen Werks jedem andern verwandt ist und ihn voraussetzt, weshalb verlangt wird, daß dem Leser nicht nur das zunächst Vorhergegangene, sondern auch jedes Frühere erinnerlich sei, so daß er es an das jedesmal Gegenwärtige, soviel Anderes auch dazwischen steht, zu knüpfen vermag; eine Zumuthung, die auch Platon, durch die vielverschlungenen Irrgänge seiner Dialogen, welche erst nach langen Episoden den Hauptgedanken, eben dadurch nun aufgeklärter, wiederaufnehmen, seinem Leser gemacht hat. Bei uns ist diese Zumuthung nothwendig, da die Zerlegung unsers einen und einzigen Gedankens in viele Betrachtungen, zwar zur Mittheilung das einzige Mittel, dem Gedanken selbst aber nicht eine wesentliche, sondern nur eine künstliche Form ist. – Zur Erleichterung der Darstellung und ihrer Auffassung dient die Sonderung von vier Hauptgesichtspunkten, in vier Büchern, und die sorgfältigste Verknüpfung des Verwandten und Homogenen: dennoch läßt der Stoff eine Fortschreitung in gerader Linie, dergleichen die historische ist, durchaus nicht zu, sondern macht eine mehr verschlungene Darstellung und eben diese ein wiederholtes Studium des Buchs nothwendig, durch welches allein der Zusammenhang jedes Theils mit jedem andern deutlich wird und nun erst alle zusammen sich wechselseitig beleuchten und vollkommen hell werden*.

---

* Hiezu Kap. 41–44 des zweiten Bandes.

§. 55.

Daß der Wille als solcher FREI sei, folgt schon daraus, daß er, nach unserer Ansicht, das Ding an sich, der Gehalt aller Erscheinung ist. Diese hingegen kennen wir als durchweg dem Satz vom Grunde unterworfen, in seinen vier Gestaltungen: und da wir wissen, daß Nothwendigkeit durchaus identisch ist mit Folge aus gegebenem Grunde, und beides Wechselbegriffe sind; so ist Alles was zur Erscheinung gehört, d.h. Objekt für das als Individuum erkennende Subjekt ist, einerseits Grund, andererseits Folge, und in dieser letztern Eigenschaft durchweg nothwendig bestimmt, kann daher in keiner Beziehung anders seyn, als es ist. Der ganze Inhalt der Natur, ihre gesammten Erscheinungen, sind also durchaus nothwendig, und die Nothwendigkeit jedes Theils, jeder Erscheinung, jeder Begebenheit, läßt sich jedesmal nachweisen, indem der Grund zu finden seyn muß, von dem sie als Folge abhängt. Dies leidet keine Ausnahme: es folgt aus der unbeschränkten Gültigkeit des Satzes vom Grunde. Andererseits nun aber ist uns diese nämliche Welt, in allen ihren Erscheinungen, Objektität des Willens, welcher, da er nicht selbst Erscheinung, nicht Vorstellung oder Objekt, sondern Ding an sich ist, auch nicht dem Satz vom Grunde, der Form alles Objekts, unterworfen, also nicht als Folge durch einen Grund bestimmt ist, also keine Nothwendigkeit kennt, d.h. FREI ist. Der Begriff der Freiheit ist also eigentlich ein negativer, indem sein Inhalt bloß die Verneinung der Nothwendigkeit, d.h. des dem Satz vom Grund gemäßen Verhältnisses der Folge zu ihrem Grunde ist. – Hier liegt nun aufs Deutlichste vor uns der Einheitspunkt jenes großen Gegensatzes, die Vereinigung der Freiheit mit der Nothwendigkeit, wovon in neuerer Zeit oft, doch, so viel mir bekannt, nie deutlich und gehörig geredet worden. Jedes Ding ist als Erscheinung, als Objekt, durchweg nothwendig: dasselbe ist AN SICH Wille, und dieser ist völlig frei, für alle Ewigkeit. Die Erscheinung, das Objekt, ist nothwendig und unabänderlich in der Verkettung der Gründe und Folgen bestimmt, die keine Unterbrechung haben kann. Das Daseyn überhaupt aber dieses Objekts und die Art seines Daseyns, d.h. die Idee, welche in ihm sich offenbart, oder mit anderen Worten, sein Charakter, ist unmittelbar Erscheinung des Willens. In Gemäßheit der Freiheit dieses Willens, könnte es also überhaupt nicht daseyn, oder auch ursprünglich und wesentlich ein ganz Anderes seyn; wo dann aber auch die ganze Kette, von der es ein Glied ist, die aber selbst Erscheinung desselben Willens ist, eine ganz andere wäre: aber einmal da und vorhanden, ist es in die Reihe der Gründe und Folgen eingetreten, in ihr stets nothwendig bestimmt und kann demnach weder ein Anderes werden, d.h. sich ändern, noch auch aus der Reihe austreten, d.h. verschwinden. Der Mensch ist, wie jeder andere Theil der Natur, Objektität des Willens: daher gilt alles Gesagte auch von ihm. Wie jedes Ding in der Natur seine Kräfte und Qualitäten hat, die auf bestimmte Einwirkung bestimmt reagiren und seinen Charakter ausmachen; so hat auch er seinen CHARAKTER, aus dem die Motive seine Handlungen hervorrufen, mit Nothwendigkeit. In dieser Handlungsweise selbst offenbart sich sein empirischer Charakter, in diesem aber wieder sein intelligibler Charakter, der Wille an sich, dessen determinirte Erscheinung er ist. Aber der Mensch ist die vollkommenste Erscheinung des Willens, welche, um zu bestehen, wie im zweiten Buche gezeigt, von einem so hohen Grade von Erkenntniß beleuchtet werden mußte, daß in dieser sogar eine völlig adäquate Wiederholung des Wesens der Welt, unter der Form der Vorstellung, welches die Auffassung der Ideen, der reine Spiegel der Welt ist, möglich ward, wie wir sie im dritten Buche kennen gelernt haben. Im Menschen also kann der Wille zum völligen Selbstbewußtseyn, zum deutlichen und erschöpfenden Erkennen seines eigenen Wesens, wie es sich in der ganzen Welt abspiegelt, gelangen. Aus dem wirklichen Vorhandenseyn dieses Grades von Erkenntniß geht, wie wir im vorigen Buche sahen, die Kunst hervor. Am Ende unserer ganzen Betrachtung wird sich aber auch ergeben, daß durch die selbe Erkenntniß, indem der Wille sie auf sich selbst bezieht, eine Aufhebung und Selbstverneinung desselben, in seiner vollkommensten Erscheinung, möglich ist: so daß die Freiheit, welche sonst, als nur dem Ding an sich zukommend, nie in der Erscheinung sich zeigen kann, in solchem Fall auch in dieser hervortritt und, indem sie das der Erscheinung zum Grunde liegende Wesen aufhebt, während diese selbst in der Zeit noch fortdauert, einen Widerspruch der Erscheinung mit sich selbst hervorbringt und gerade dadurch die Phänomene der Heiligkeit und Selbstverleugnung darstellt. Jedoch kann dieses Alles erst am Ende dieses Buches ganz verständlich werden. – Vorläufig wird hiedurch nur allgemein angedeutet, wie der Mensch von allen anderen Erscheinungen des Willens sich dadurch unterscheidet, daß die Freiheit, d.h. Unabhängigkeit vom Satze des Grundes, welche nur dem Willen als Ding an sich zukommt und der Erscheinung widerspricht, dennoch bei ihm möglicherweise auch in der Erscheinung eintreten kann, wo sie aber dann nothwendig als ein Widerspruch der Erscheinung mit sich selbst sich darstellt. In diesem Sinne kann nicht nur der Wille an sich, sondern sogar der Mensch allerdings frei genannt und dadurch von allen anderen Wesen unterschieden werden. Wie dies aber zu verstehen sei, kann erst durch alles Nachfolgende deutlich werden, und für jetzt müssen wir noch gänzlich davon absehen. Denn zunächst ist der Irrthum zu verhüten, daß das Handeln des einzelnen, bestimmten Menschen keiner Nothwendigkeit unterworfen, d.h. die Gewalt des Motivs weniger sicher sei, als die Gewalt der Ursache, oder die Folge des Schlusses aus den Prämissen. Die Freiheit des Willens als Dinges an sich geht, sofern wir, wie gesagt, vom obigen immer nur eine Ausnahme betreffenden Fall absehen, keineswegs unmittelbar auf seine Erscheinung über, auch da nicht, wo diese die höchste Stufe der Sichtbarkeit erreicht, also nicht auf das vernünftige Thier mit individuellem Charakter, d.h. die Person. Diese ist nie frei, obwohl sie die Erscheinung eines freien Willens ist: denn eben von dessen freiem Wollen ist sie die bereits determinirte Erscheinung, und indem diese in die Form alles Objekts, den Satz vom Grunde, eingeht, entwickelt sie zwar die Einheit jenes Willens in eine Vielheit von Handlungen, die aber, wegen der außerzeitlichen Einheit jenes Wollens an sich, mit der Gesetzmäßigkeit einer Naturkraft sich darstellt. Da aber dennoch jenes freie Wollen es ist, was in der Person und ihrem ganzen Wandel sichtbar wird, sich zu diesem verhaltend wie der Begriff zur Definition; so ist auch jede einzelne That derselben dem freien Willen zuzuschreiben und kündigt sich dem Bewußtseyn unmittelbar als solche an: daher hält, wie im zweiten Buche gesagt, Jeder *a priori* (d.h. hier nach seinem ursprünglichen Gefühl) sich auch in den einzelnen Handlungen für frei, in dem Sinne, daß ihm, in jedem gegebenen Fall, jede Handlung möglich wäre, und erst *a posteriori*, aus der Erfahrung und dem Nachdenken über die Erfahrung, erkennt er, daß sein Handeln ganz nothwendig hervorgeht aus dem Zusammentreffen des Charakters mit den Motiven. Daher kommt es, daß jeder Roheste, seinem Gefühle folgend, die völlige Freiheit in den einzelnen Handlungen auf das heftigste vertheidigt, während die großen Denker aller Zeiten, ja sogar die tiefsinnigeren Glaubenslehren, sie geleugnet haben. Wem es aber deutlich geworden, daß das ganze Wesen des Menschen Wille und er selbst nur Erscheinung dieses Willens ist, solche Erscheinung aber den Satz vom Grund zur nothwendigen, selbst schon vom Subjekt aus erkennbaren Form hat, die für diesen Fall sich als Gesetz der Motivation gestaltet, dem wird ein Zweifel an der Unausbleiblichkeit der That, bei gegebenem Charakter und vorliegendem Motiv, so vorkommen, wie ein Zweifel an der Uebereinstimmung der drei Winkel des Dreiecks mit zwei rechten. – Die Nothwendigkeit des einzelnen Handelns hat Priestley in seiner »*Doctrine of philosophical necessity*« sehr genügend dargethan; aber das Zusammenbestehen dieser Nothwendigkeit mit der Freiheit des Willens an sich, d.h. außer der Erscheinung, hat zuerst Kant, dessen Verdienst hier besonders groß ist, nachgewiesen*, indem er den Unterschied zwischen intelligiblem und empirischem Charakter aufstellte, welchen ich ganz und gar beibehalte, da ersterer der Wille als Ding an sich, sofern er in einem bestimmten Individuo, in bestimmtem Grade erscheint, letzterer aber diese Erscheinung selbst ist, so wie sie sich in der Handlungsweise, der Zeit nach, und schon in der Korporisation, dem Raume nach, darstellt. Um das Verhältniß beider faßlich zu machen, ist der beste

* »Kritik der reinen Vernunft«, erste Auflage, S. 532–558; fünfte Auflage, S. 560–586; und »Kritik der praktischen Vernunft«, vierte Auflage, S. 169–179. – Rosenkranzische Ausgabe, S. 224–231.

Ausdruck jener schon in der einleitenden Abhandlung gebrauchte, daß der intelligible Charakter jedes Menschen als ein außerzeitlicher, daher untheilbarer und unveränderlicher Willensakt zu betrachten sei, dessen in Zeit und Raum und allen Formen des Satzes vom Grunde entwickelte und auseinandergezogene Erscheinung der empirische Charakter ist, wie er sich in der ganzen Handlungsweise und im Lebenslaufe dieses Menschen erfahrungsmäßig darstellt. Wie der ganze Baum nur die stets wiederholte Erscheinung eines und desselben Triebes ist, der sich am einfachsten in der Faser darstellt und in der Zusammensetzung zu Blatt, Stiel, Ast, Stamm wiederholt und leicht darin zu erkennen ist; so sind alle Thaten des Menschen nur die stets wiederholte, in der Form etwas abwechselnde Aeußerung seines intelligiblen Charakters, und die aus der Summe derselben hervorgehende Induktion giebt seinen empirischen Charakter. – Ich werde hier übrigens nicht Kants meisterhafte Darstellung umarbeitend wiederholen, sondern setze sie als bekannt voraus.

Im Jahr 1840 habe ich das wichtige Kapitel der Willensfreiheit gründlich und ausführlich behandelt, in meiner gekrönten Preisschrift über dieselbe, und habe namentlich den Grund der Täuschung aufgedeckt, in Folge welcher man eine empirisch gegebene absolute Freiheit des Willens, also ein *liberum arbitrium indifferentiae*, im Selbstbewußtseyn, als Thatsache desselben, zu finden vermeint: denn gerade auf diesen Punkt war, sehr einsichtig, die Preisfrage gerichtet. Indem ich also den Leser auf jene Schrift, imgleichen auf §. 10 der mit derselben zusammen, unter dem Titel »Die beiden Grundprobleme der Ethik«, herausgegebenen Preisschrift über die Grundlage der Moral verweise, lasse ich die in der ersten Auflage an dieser Stelle gegebene, noch unvollkommene Darstellung der Nothwendigkeit der Willensakte jetzt ausfallen, und will statt dessen die oben erwähnte Täuschung noch durch eine kurze Auseinandersetzung erläutern, welche das neunzehnte Kapitel unseres zweiten Bandes zu ihrer Voraussetzung hat und daher in der erwähnten Preisschrift nicht gegeben werden konnte.

Abgesehen davon, daß, weil der Wille, als das wahre Ding an sich, ein wirklich Ursprüngliches und Unabhängiges ist, auch im

Selbstbewußtseyn das Gefühl der Ursprünglichkeit und Eigenmächtigkeit seine, obwohl hier schon determinirten Akte begleiten muß, – entsteht der Schein einer empirischen Freiheit des Willens (statt der transscendentalen, die ihm allein beizulegen ist), also einer Freiheit der einzelnen Thaten, aus der im neunzehnten Kapitel des zweiten Bandes, besonders unter Nr. 3, dargelegten gesonderten und subordinirten Stellung des Intellekts gegen den Willen. Der Intellekt nämlich erfährt die Beschlüsse des Willens erst *a posteriori* und empirisch. Demnach hat er, bei einer vorliegenden Wahl, kein Datum darüber, wie der Wille sich entscheiden werde. Denn der intelligible Charakter, vermöge dessen, bei gegebenen Motiven, nur EINE Entscheidung möglich und diese demnach eine nothwendige ist, fällt nicht in die Erkenntniß des Intellekts, sondern bloß der empirische wird ihm, durch seine einzelnen Akte, successiv bekannt. Daher also scheint es dem erkennenden Bewußtseyn (Intellekt), daß, in einem vorliegenden Fall, dem Willen zwei entgegengesetzte Entscheidungen gleich möglich wären. Hiemit aber verhält es sich gerade so, wie wenn man, bei einer senkrecht stehenden, aus dem Gleichgewicht und ins Schwanken gerathenen Stange, sagt »sie kann nach der rechten, oder nach der linken Seite umschlagen«, welches »KANN« doch nur eine subjektive Bedeutung hat und eigentlich besagt »hinsichtlich der uns bekannten Data«: denn objektiv ist die Richtung des Falls schon nothwendig bestimmt, sobald das Schwanken eintritt. So demnach ist auch die Entscheidung des eigenen Willens bloß für seinen Zuschauer, den eigenen Intellekt, indeterminirt, mithin nur relativ und subjektiv, nämlich für das Subjekt des Erkennens; hingegen an sich selbst und objektiv ist, bei jeder dargelegten Wahl, die Entscheidung sogleich determinirt und nothwendig. Nur kommt diese Determination erst durch die erfolgende Entscheidung ins Bewußtseyn. Sogar einen empirischen Beleg hiezu erhalten wir, wann irgend eine schwierige und wichtige Wahl uns vorliegt, jedoch erst unter einer Bedingung, die noch nicht eingetreten ist, sondern bloß zu hoffen steht; so daß wir vor der Hand nichts darin thun können, sondern uns passiv verhalten müssen. Jetzt überlegen wir, wozu wir uns entschließen werden, wann die Umstände eingetreten seyn werden, die uns eine freie Thätigkeit und Entscheidung gestatten. Meistens spricht nun für den einen der Entschlüsse mehr die weitsehende, vernünftige Ueberlegung, für den andern mehr die unmittelbare Neigung. Solange wir, gezwungen, passiv bleiben, scheint die Seite der Vernunft das Uebergewicht behalten zu wollen; allein wir sehen voraus, wie stark die andere Seite ziehen wird, wann die Gelegenheit zum Handeln daseyn wird. Bis dahin sind wir eifrig bemüht, durch kalte Meditation des *pro et contra*, die beiderseitigen Motive ins hellste Licht zu stellen, damit jedes mit seiner ganzen Gewalt auf den Willen wirken könne, wann der Zeitpunkt daseyn wird, und nicht etwan ein Fehler von Seiten des Intellekts den Willen verleite, sich anders zu entscheiden, als er würde, wenn Alles gleichmäßig einwirkte. Dies deutliche Entfalten der gegenseitigen Motive ist nun aber Alles, was der Intellekt bei der Wahl thun kann. Die eigentliche Entscheidung wartet er so passiv und mit derselben gespannten Neugier ab, wie die eines fremden Willens. Ihm müssen daher, von seinem Standpunkt aus, beide Entscheidungen als gleich möglich erscheinen: dies nun eben ist der Schein der empirischen Freiheit des Willens. In die Sphäre des Intellekts tritt die Entscheidung freilich ganz empirisch, als endlicher Ausschlag der Sache; dennoch ist sie hervorgegangen aus der innern Beschaffenheit, dem intelligibeln Charakter, des individuellen Willens, in seinem Konflikt mit gegebenen Motiven, und daher mit vollkommener Nothwendigkeit. Der Intellekt kann dabei nichts weiter thun, als die Beschaffenheit der Motive allseitig und scharf beleuchten; nicht aber vermag er den Willen selbst zu bestimmen; da dieser ihm ganz unzugänglich, ja sogar, wie wir gesehen haben, unerforschlich ist.

Könnte ein Mensch, unter gleichen Umständen, das eine Mal so, das andere Mal anders handeln; so müßte sein Wille selbst sich inzwischen geändert haben und daher in der Zeit liegen, da nur in dieser Veränderung möglich ist: dann aber müßte entweder der Wille eine bloße Erscheinung, oder die Zeit eine Bestimmung des Dinges an sich seyn. Demnach dreht jener Streit über die Freiheit des einzelnen Thuns, über das *liberum arbitrium indifferentiae*, sich eigentlich um die Frage, ob der Wille in der Zeit liege, oder nicht.

Ist er, wie es sowohl Kants Lehre, als meine ganze Darstellung nothwendig macht, das Ding an sich, außer der Zeit und jeder Form des Satzes vom Grunde; so muß nicht allein das Individuum in gleicher Lage stets auf gleiche Weise handeln, und nicht nur jede böse That der feste Bürge für unzählige andere seyn, die es vollbringen MUSS und nicht lassen KANN; sondern es ließe sich auch, wie Kant sagt, wenn nur der empirische Charakter und die Motive vollständig gegeben wären, des Menschen Verhalten, auf die Zukunft, wie eine Sonnen- oder Mondfinsterniß ausrechnen. Wie die Natur konsequent ist, so ist es der Charakter: ihm gemäß muß jede einzelne Handlung ausfallen, wie jedes Phänomen dem Naturgesetz gemäß ausfällt: die Ursache im letztern Fall und das Motiv im erstern sind nur die Gelegenheitsursachen, wie im zweiten Buch gezeigt worden. Der Wille, dessen Erscheinung das ganze Seyn und Leben des Menschen ist, kann sich im einzelnen Fall nicht verleugnen, und was der Mensch im Ganzen will, wird er auch stets im Einzelnen wollen.

Die Behauptung einer empirischen Freiheit des Willens, eines *liberi arbitrii indifferentiae*, hängt auf das Genaueste damit zusammen, daß man das Wesen des Menschen in eine SEELE setzte, die ursprünglich ein ERKENNENDES, ja eigentlich ein abstrakt DENKENDES Wesen wäre und erst in Folge hievon auch ein WOLLENDES, daß man also den Willen sekundärer Natur machte, statt daß, in Wahrheit, die Erkenntniß dies ist. Der Wille wurde sogar als ein Denkakt betrachtet und mit dem Urtheil identifizirt, namentlich bei Cartesius und Spinoza. Danach nun wäre jeder Mensch Das, was er ist, erst in Folge seiner ERKENNTNISS geworden: er käme als moralische Null auf die Welt, erkennte die Dinge in dieser, und beschlösse darauf, Der oder Der zu seyn, so oder so zu handeln, könnte auch, in Folge neuer Erkenntniß, eine neue Handlungsweise ergreifen, also wieder ein Anderer werden. Ferner würde er danach zuvörderst ein Ding für GUT erkennen und in Folge hievon es wollen; statt daß er zuvörderst es WILL und in Folge hievon es GUT nennt. Meiner ganzen Grundansicht zufolge nämlich ist jenes Alles eine Umkehrung des wahren Verhältnisses. Der Wille ist das Erste und Ursprüngliche, die Erkenntniß bloß hinzugekommen, zur Erscheinung des Willens, als ein Werkzeug derselben, gehörig. Jeder Mensch ist demnach Das, was er ist, durch seinen Willen, und sein Charakter ist ursprünglich; da Wollen die Basis seines Wesens ist. Durch die hinzugekommene Erkenntniß erfährt er, im Laufe der Erfahrung, WAS er ist, d.h. er lernt seinen Charakter kennen. Er ERKENNT sich also in Folge und Gemäßheit der Beschaffenheit seines Willens; statt daß er, nach der alten Ansicht, WILL in Folge und Gemäßheit seines Erkennens. Nach dieser dürfte er nur überlegen, WIE er am liebsten seyn möchte, und er wäre es: das ist ihre Willensfreiheit. Sie besteht also eigentlich darin, daß der Mensch sein eigenes Werk ist, am Lichte der Erkenntniß. Ich hingegen sage: er ist sein eigenes Werk vor aller Erkenntniß, und diese kommt bloß hinzu, es zu beleuchten. Darum kann er nicht beschließen, ein Solcher oder Solcher zu seyn, noch auch kann er ein Anderer werden; sondern er IST, ein für alle Mal, und erkennt successive WAS er ist. Bei Jenen WILL er was er erkennt; bei mir ERKENNT er was er will.

Die Griechen nannten den Charakter *ηϑος* und die Aeußerungen desselben, d.i. die Sitten *ηϑη*; dieses Wort kommt aber von *εϑός*, Gewohnheit: sie hatten es gewählt, um die Konstanz des Charakters metaphorisch durch die Konstanz der Gewohnheit auszudrücken. *Το γαρ ηϑος απο του εϑους εχει την επωνυμιαν. ηϑικη γαρ καλειται δια το εϑιζεσϑαι (a voce εϑος, i.e. consuetudo, ηϑος est appellatum: ethica ergo dicta est απο του εϑιζεσϑαι, sive ab assuescendo),* sagt Aristoteles. (*Eth. magna, 1, 6,* S. 1186, und *Eth. Eud.,* S. 1220, und *Eth. Nic.,* S. 1103, *ed. Ber.*). Stobäos führt an: *οἱ δε κατα Ζηνωνα τροπικως· ηϑος εστι πηγη βιου, αφ᾽ ἡς αἱ κατα μερος πραξεις ρεουσι (Stoici autem, Zenonis castra sequentes, metaphorice ethos definiunt vitae fontem, e quo singulae manant actiones.)* II, Kap. 7. – In der Christlichen Glaubenslehre finden wir das Dogma von der Prädestination, in Folge der Gnadenwahl und Ungnadenwahl (Röm. 9, 11-24), offenbar aus der Einsicht entsprungen, daß der Mensch sich nicht ändert; sondern sein Leben und Wandel, d.i. sein empirischer Charakter, nur die Entfaltung des intelligibeln ist, die Entwickelung entschiedener, schon im Kinde erkennbarer, unveränderlicher Anlagen, daher gleichsam schon bei seiner Geburt sein Wandel fest bestimmt ist und sich bis ans Ende im Wesentlichen gleich bleibt. Diesem stimmen auch wir bei; aber freilich die Konsequenzen, welche aus der Vereinigung dieser ganz richtigen Einsicht mit den in der Jüdischen Glaubenslehre vorgefundenen Dogmen hervorgiengen und nun die allergrößte Schwierigkeit, den ewig unauflösbaren Gordischen Knoten gaben, um welchen sich die allermeisten Streitigkeiten der Kirche drehen, – übernehme ich nicht zu vertreten; da dieses sogar dem Apostel Paulus selbst wohl schwerlich gelungen ist, durch sein zu diesem Zweck aufgestelltes Gleichniß vom Töpfer: denn da wäre das Resultat zuletzt doch kein anderes als:

»Es fürchte die Götter
Das Menschengeschlecht!
Sie halten die Herrschaft
In ewigen Händen:
Und können sie brauchen
Wie's ihnen gefällt.« –

Dergleichen Betrachtungen sind aber eigentlich unserm Gegenstande fremd. Vielmehr werden jetzt über das Verhältniß zwischen dem Charakter und dem Erkennen, in welchem alle seine Motive liegen, einige Erörterungen zweckmäßig seyn.

Da die Motive, welche die Erscheinung des Charakters, oder das Handeln, bestimmen, durch das Medium der Erkenntniß auf ihn einwirken, die Erkenntniß aber veränderlich ist, zwischen Irrthum und Wahrheit oft hin und her schwankt, in der Regel jedoch im Fortgange des Lebens immer mehr berichtigt wird, freilich in sehr verschiedenen Graden; so kann die Handlungsweise eines Menschen merklich verändert werden, ohne daß man daraus auf eine Veränderung seines Charakters zu schließen berechtigt wäre. Was der Mensch eigentlich und überhaupt will, die Anstrebung seines innersten Wesens und das Ziel, dem er ihr gemäß nachgeht, Dies können wir durch äußere Einwirkung auf ihn, durch Belehrung, nimmermehr ändern: sonst könnten wir ihn umschaffen. Seneka sagt vortrefflich: *velle non discitur*; wobei er die Wahrheit seinen Stoikern vorzieht, welche lehrten, *διδακτην ειναι την αρετην (doceri posse virtutem)*. Von Außen kann auf den Willen allein durch Motive gewirkt werden. Diese können aber nie den Willen selbst ändern: denn sie selbst haben Macht über ihn nur unter der Voraussetzung, daß er gerade ein solcher ist, wie er ist. Alles, was sie können, ist also, daß sie die Richtung seines Strebens ändern, d.h. machen, daß er Das, was er unveränderlich sucht, auf einem andern Wege suche, als bisher. Daher kann Belehrung, verbesserte Erkenntniß, also Einwirkung von Außen, zwar ihn lehren, daß er in den Mitteln irrte, und kann demnach machen, daß er das Ziel, dem er, seinem innern Wesen gemäß, einmal nachstrebt, auf einem ganz andern Wege, sogar in einem ganz andern Objekt als vorher verfolge: niemals aber kann sie machen, daß er etwas wirklich Anderes wolle, als er bisher gewollt hat; sondern dies bleibt unveränderlich, denn er ist ja nur dieses Wollen selbst, welches sonst aufgehoben werden müßte. Jenes Erstere inzwischen, die Modifikabilität der Erkenntniß und dadurch des Thuns, geht so weit, daß er seinen unveränderlichen Zweck, er sei z.B. Mohammeds Paradies, einmal in der wirklichen Welt, ein ander Mal in einer imaginären Welt zu erreichen sucht, die Mittel hienach abmessend und daher das erste Mal Klugheit, Gewalt und Betrug, das andere Mal Enthaltsamkeit, Gerechtigkeit, Almosen, Wallfahrt nach Mecka anwendend. Sein Streben selbst hat sich aber deshalb nicht geändert, noch weniger er selbst. Wenn also auch allerdings sein Handeln sehr verschieden zu verschiedenen Zeiten sich darstellt, so ist sein Wollen doch ganz dasselbe geblieben. *Velle non discitur.*

Zur Wirksamkeit der Motive ist nicht bloß ihr Vorhandenseyn, sondern auch ihr Erkanntwerden erfordert: denn, nach einem schon einmal erwähnten sehr guten Ausdruck der Scholastiker, *causa finalis movet non secundum suum esse reale; sed secundum esse cognitum.* Damit z.B. das Verhältniß, welches, in einem gegebenen Menschen, Egoismus und Mitleid zu einander haben, hervortrete, ist es nicht hinreichend, daß derselbe etwan Reichthum besitze und fremdes Elend sehe; sondern er muß auch wissen, was sich mit dem Reichthum machen läßt, sowohl für sich, als für Andere; und nicht nur muß fremdes Leiden sich ihm darstellen, sondern er muß auch wissen, was Leiden, aber auch was Genuß sei. Vielleicht wußte er bei einem ersten Anlaß dieses Alles nicht so gut, wie bei einem zweiten; und wenn er nun bei gleichem Anlaß verschieden handelt, so liegt dies nur daran, daß die Umstände eigentlich andere waren, nämlich dem Theil nach, der von seinem Erkennen derselben abhängt, wenn sie gleich dieselben zu seyn scheinen. – Wie das Nichtkennen wirklich vorhandener Umstände ihnen die Wirksamkeit nimmt, so können andererseits ganz imaginäre Umstände wie reale wirken, nicht nur bei einer einzelnen Täuschung, sondern auch im Ganzen und auf die Dauer. Wird z. B. ein Mensch fest überredet, daß jede Wohlthat ihm im künftigen Leben hundertfach vergolten wird; so gilt und wirkt eine solche Ueberzeugung ganz und gar wie ein sicherer Wechsel auf sehr lange Sicht, und er kann aus Egoismus geben, wie er, bei anderer Einsicht, aus Egoismus nehmen würde. Geändert hat er sich nicht: *velle non discitur.* Vermöge dieses großen Einflusses der Erkenntniß auf das Handeln, bei unveränderlichem Willen, geschieht es, daß erst allmälig der Charakter sich entwickelt und seine verschiedenen Züge hervortreten. Daher zeigt er sich in jedem Lebensalter verschieden, und auf eine heftige, wilde Jugend kann ein gesetztes, mäßiges, männliches Alter folgen. Besonders wird das Böse des Charakters mit der Zeit immer mächtiger hervortreten; bisweilen aber auch werden Leidenschaften, denen man in der Jugend nachgab, später freiwillig gezügelt, bloß weil die entgegengesetzten Motive erst jetzt in die Erkenntniß getreten sind. Daher auch sind wir Alle Anfangs unschuldig, welches bloß heißt, daß weder wir, noch Andere das Böse unserer eigenen Natur kennen: erst an den Motiven tritt es hervor, und erst mit der Zeit treten die Motive in die Erkenntniß. Zuletzt lernen wir uns selbst kennen, als ganz Andere, als wofür wir uns *a priori* hielten, und oft erschrecken wir dann über uns selbst.

Reue entsteht nimmermehr daraus, daß (was unmöglich) der Wille, sondern daraus, daß die Erkenntniß sich geändert hat. Das Wesentliche und Eigentliche von Dem, was ich jemals gewollt, muß ich auch noch wollen: denn ich selbst bin dieser Wille, der außer der Zeit und der Veränderung liegt. Ich kann daher nie bereuen, was ich gewollt, wohl aber was ich gethan habe; weil ich, durch falsche Begriffe geleitet, etwas Anderes that, als meinem Willen gemäß war. Die Einsicht hierin, bei richtigerer Erkenntniß, ist die Reue. Dies erstreckt sich nicht etwan bloß auf die Lebensklugheit, auf die Wahl der Mittel und die Beurtheilung der Angemessenheit des Zwecks zu meinem eigentlichen Willen; sondern auch auf das eigentlich Ethische. So kann ich z.B. egoistischer gehandelt haben, als meinem Charakter gemäß ist, irre geführt durch übertriebene Vorstellungen von der Noth, in der ich selbst war, oder auch von der List, Falschheit, Bosheit Anderer, oder auch dadurch, daß ich übereilt, d.h. ohne Ueberlegung handelte, bestimmt, nicht durch *in abstracto* deutlich erkannte, sondern durch bloß anschauliche Motive, durch den Eindruck der Gegenwart und durch den Affekt, den er erregte, und der so stark war, daß ich nicht eigentlich den Gebrauch meiner Vernunft hatte; die Rückkehr der Besinnung ist dann aber auch hier nur berichtigte Erkenntniß, aus welcher Reue hervorgehen kann, die sich dann allemal durch Gutmachen des Geschehenen, so weit es möglich ist, kund giebt. Doch ist zu bemerken, daß man, um sich selbst zu täuschen, sich scheinbare Uebereilungen vorbereitet, die eigentlich heimlich überlegte Handlungen sind. Denn wir betrügen und schmeicheln Niemanden durch so feine Kunstgriffe, als uns selbst. – Auch der umgekehrte Fall des Angeführten kann eintreten: mich kann ein zu gutes Zutrauen zu Anderen, oder Unkenntniß des relativen Werthes der Güter des Lebens, oder irgend ein abstraktes Dogma, den Glauben an welches ich nunmehr verloren habe, verleiten, weniger egoistisch zu handeln, als meinem Charakter gemäß ist, und mir dadurch Reue anderer Art zu bereiten. Immer also ist die Reue berichtigte Erkenntniß des Verhältnisses der That zur eigentlichen Absicht. – Wie dem Willen, sofern er seine Ideen im Raum allein, d.h. durch die bloße Gestalt offenbart, die schon von anderen Ideen, hier Naturkräften, beherrschte Materie sich widersetzt und selten die Gestalt, welche hier zur Sichtbarkeit strebte, vollkommen rein und deutlich, d.h. schön, hervorgehen läßt; so findet ein analoges Hinderniß der in der Zeit allein, d.h. durch Handlungen sich offenbarende Wille, an der Erkenntniß, die ihm selten die Data ganz richtig angiebt, wodurch dann die That nicht ganz genau dem Willen entsprechend ausfällt und daher Reue vorbereitet. Die Reue geht also immer aus berichtigter Erkenntniß, nicht aus der Aenderung des Willens hervor, als welche unmöglich ist. Gewissensangst über das Begangene ist nichts weniger als Reue, sondern Schmerz über die Erkenntniß seiner selbst an sich, d.h. als Wille. Sie beruht gerade auf der Gewißheit, daß man den selben Willen noch immer hat. Wäre er geändert und daher die Gewissensangst bloße Reue, so höbe diese sich selbst auf: denn das Vergangene könnte dann weiter keine Angst erwecken, da es die Aeußerungen eines Willens darstellte, welcher nicht mehr der des Reuigen wäre. Wir werden weiter unten die Bedeutung der Gewissensangst ausführlich erörtern.

Der Einfluß, den die Erkenntniß, als das Medium der Motive, zwar nicht auf den Willen selbst, aber auf sein Hervortreten in den Handlungen hat, begründet auch den Hauptunterschied zwischen dem Thun der Menschen und dem der Thiere, indem die Erkenntnißweise beider verschieden ist. Das Thier nämlich hat nur anschauliche, der Mensch, durch die Vernunft, auch abstrakte Vorstellungen, Begriffe. Obgleich nun Thier und Mensch mit gleicher Nothwendigkeit durch die Motive bestimmt werden, so hat doch der Mensch eine vollkommene Wahlentscheidung vor dem Thiere voraus, welche auch oft für eine Freiheit des Willens in den einzelnen Thaten angesehen worden, obwohl sie nichts Anderes ist, als die Möglichkeit eines ganz durchgekämpften Konflikts zwischen mehreren Motiven, davon das stärkere ihn dann mit Nothwendigkeit bestimmt. Hiezu nämlich müssen die Motive die Form abstrakter Gedanken angenommen haben; weil nur mittelst dieser eine eigentliche Deliberation, d.h. Abwägung entgegengesetzter Gründe zum Handeln, möglich ist. Beim Thier kann die Wahl nur zwischen anschaulich vorliegenden Motiven Statt haben, weshalb dieselbe auf die enge Sphäre seiner gegenwärtigen, anschaulichen Apprehension beschränkt ist. Daher kann die Nothwendigkeit der Bestimmung des Willens durch das Motiv, welche der der Wirkung durch die Ursache gleich ist, allein bei Thieren anschaulich und unmittelbar dargestellt werden, weil hier auch der Zuschauer die Motive so unmittelbar, wie ihre Wirkung vor Augen hat; während beim Menschen die Motive fast immer abstrakte Vorstellungen sind, deren der Zuschauer nicht theilhaft wird, und sogar dem Handelnden selbst die Nothwendigkeit ihres Wirkens sich hinter ihrem Konflikt verbirgt. Denn nur *in abstracto* können mehrere Vorstellungen, als Urtheile und Ketten von Schlüssen, im Bewußtseyn neben einander liegen und dann frei von aller Zeitbestimmung gegen einander wirken, bis das stärkere die übrigen überwältigt und den Willen bestimmt. Dies ist die vollkommene WAHLENTSCHEIDUNG, oder Deliberationsfähigkeit, welche der Mensch vor dem Thiere voraus hat, und wegen welcher man ihm Willensfreiheit beigelegt hat, vermeinend, sein Wollen sei ein bloßes Resultat der Operationen des Intellekts, ohne daß ein bestimmter Trieb demselben zur Basis diene; während, in Wahrheit, die Motivation nur wirkt auf der Grundlage und unter der Voraussetzung seines bestimmten Triebes, welcher bei ihm individuell, d.h. ein Charakter ist. Eine ausführlichere Darstellung jener Deliberationsfähigkeit und der durch sie herbeigeführten Verschiedenheit der menschlichen und thierischen Willkür findet man in den »Beiden Grundproblemen der Ethik« (erste Auflage, S. 35 ff.), worauf ich also hier verweise. Uebrigens gehört diese Deliberationsfähigkeit des Menschen auch zu den Dingen, die sein Daseyn so sehr viel quaalvoller, als das des Thieres machen; wie denn überhaupt unsere größten Schmerzen nicht in der Gegenwart, als anschauliche Vorstellungen oder unmittelbares Gefühl, liegen: sondern in der Vernunft, als abstrakte Begriffe, quälende Gedanken, von denen das allein in der Gegenwart und daher in beneidenswerther Sorglosigkeit lebende Thier völlig frei ist.

Die dargelegte Abhängigkeit der menschlichen Deliberationsfähigkeit vom Vermögen des Denkens *in abstracto*, also auch des Urtheilens und Schließens, scheint es gewesen zu seyn, welche sowohl den Cartesius, als den Spinoza verleitet hat, die Entscheidungen des Willens zu identifiziren mit dem Vermögen zu bejahen und zu verneinen (Urtheilskraft), woraus Cartesius ableitete, daß der, bei ihm indifferent freie, Wille die Schuld auch alles theoretischen Irrthums trage; Spinoza hingegen, daß der Wille durch die Motive, wie das Urtheil durch die Gründe nothwendig bestimmt werde*; welches letztere übrigens seine Richtigkeit

* *Cart, medit. 4 – Spin. Eth., P. II, prop. 48 et 49, caet.*

hat, jedoch als eine wahre Konklusion aus falschen Prämissen auftritt. –

Die nachgewiesene Verschiedenheit der Art wie das Thier, von der wie der Mensch durch die Motive bewegt wird, erstreckt ihren Einfluß auf das Wesen beider sehr weit und trägt das Meiste bei zu dem durchgreifenden und augenfälligen Unterschied des Daseyns beider. Während nämlich das Thier immer nur durch eine anschauliche Vorstellung motivirt wird, ist der Mensch bestrebt diese Art der Motivation gänzlich auszuschließen und allein durch abstrakte Vorstellungen sich bestimmen zu lassen, wodurch er sein Vorrecht der Vernunft zu möglichstem Vortheil benutzt und, unabhängig von der Gegenwart, nicht den vorübergehenden Genuß oder Schmerz wählt oder flieht, sondern die Folgen beider bedenkt. In den meisten Fällen, von den ganz unbedeutenden Handlungen abgesehen, bestimmen uns abstrakte, gedachte Motive, nicht gegenwärtige Eindrücke. Daher ist uns jede einzelne Entbehrung für den Augenblick ziemlich leicht, aber jede Entsagung entsetzlich schwer: denn jene trifft nur die vorübereilende Gegenwart, diese aber die Zukunft und schließt daher unzählige Entbehrungen in sich, deren Aequivalent sie ist. Die Ursache unseres Schmerzes, wie unserer Freude, liegt daher meistens nicht in der realen Gegenwart; sondern bloß in abstrakten Gedanken: diese sind es, welche uns oft unerträglich fallen, Quaalen schaffen, gegen welche alle Leiden der Thierheit sehr klein sind, da über dieselben auch unser eigener physischer Schmerz oft gar nicht empfunden wird, ja, wir bei heftigen geistigen Leiden uns physische verursachen, bloß um dadurch die Aufmerksamkeit von jenen abzulenken auf diese: daher rauft man, im größten geistigen Schmerze, sich die Haare aus, schlägt die Brust, zerfleischt das Antlitz, wälzt sich auf dem Boden; welches Alles eigentlich nur gewaltsame Zerstreuungsmittel von einem unerträglich fallenden Gedanken sind. Eben weil der geistige Schmerz, als der viel größere, gegen den physischen unempfindlich macht, wird dem Verzweifelnden, oder von krankhaftem Unmuth Verzehrten, der Selbstmord sehr leicht, auch wenn er früher, im behaglichen Zustande, vor dem Gedanken daran zurückbebte. Imgleichen reiben die Sorge und Leidenschaft, also das

Gedankenspiel, den Leib öfter und mehr auf, als die physischen Beschwerden. Dem also gemäß sagt Epiktetos mit Recht: *Ταρασσει τους ανθρωπους ου τα πραγματα, αλλα τα περι των πραγματων δογματα (Perturbant homines non res ipsae, sed de rebus decreta) (V.)* und Seneka: *Plura sunt, quae nos terrent, quam quae premunt, et saepius opinione quam re laboramus (Ep. 5).* Auch Eulenspiegel persiflirte die menschliche Natur ganz vortrefflich, indem er bergauf gehend lachte, aber bergab gehend weinte. Ja, Kinder die sich wehe gethan, weinen oft nicht über den Schmerz, sondern erst, wenn man sie beklagt, über den dadurch erregten Gedanken des Schmerzes. So große Unterschiede im Handeln und im Leben fließen aus der Verschiedenheit der thierischen und menschlichen Erkenntnißweise. Ferner ist das Hervortreten des deutlichen und entschiedenen Individualcharakters, der hauptsächlich den Menschen vom Thier, welches fast nur Gattungscharakter hat, unterscheidet, ebenfalls durch die, nur mittelst der abstrakten Begriffe mögliche, Wahl zwischen mehreren Motiven bedingt. Denn allein nach vorhergegangener Wahl sind die in verschiedenen Individuen verschieden ausfallenden Entschlüsse ein Zeichen des individuellen Charakters derselben, der bei Jedem ein anderer ist; während das Thun des Thieres nur von der Gegenwart, oder Abwesenheit des Eindrucks abhängt, vorausgesetzt, daß derselbe überhaupt ein Motiv für seine Gattung ist. Daher endlich ist beim Menschen allein der Entschluß, nicht aber der bloße Wunsch, ein gültiges Zeichen seines Charakters, für ihn selbst und für Andere. Der Entschluß aber wird allein durch die That gewiß, für ihn selbst, wie für Andere. Der Wunsch ist bloß nothwendige Folge des gegenwärtigen Eindrucks, sei es des äußern Reizes, oder der innern vorübergehenden Stimmung, und ist daher so unmittelbar nothwendig und ohne Ueberlegung, wie das Thun der Thiere: daher auch drückt er, eben wie dieses, bloß den Gattungscharakter aus, nicht den individuellen, d.h. deutet bloß an, was DER MENSCH ÜBERHAUPT, nicht was das den Wunsch fühlende INDIVIDUUM zu thun fähig wäre. Die That allein ist, weil sie, schon als menschliche Handlung, immer einer gewissen Ueberlegung bedarf, und weil der Mensch in der Regel seiner Vernunft mächtig, also besonnen ist, d.h. sich nach gedachten abstrakten Motiven entscheidet, der Ausdruck der intelligibeln Maxime seines Handelns, das Resultat seines innersten Wollens, und stellt sich hin als ein Buchstabe zu dem Worte, das seinen empirischen Charakter bezeichnet, welcher selbst nur der zeitliche Ausdruck seines intelligibeln Charakters ist. Daher beschweren, bei gesundem Gemüthe, nur Thaten das Gewissen, nicht Wünsche und Gedanken. Denn nur unsere Thaten halten uns den Spiegel unseres Willens vor. Die schon oben erwähnte, völlig unüberlegt und wirklich im blinden Affekt begangene That ist gewissermaaßen ein Mittelding zwischen bloßem Wunsch und Entschluß: daher kann sie durch wahre Reue, die sich aber auch als That zeigt, wie ein verzeichneter Strich, ausgelöscht werden aus dem Bilde unseres Willens, welches unser Lebenslauf ist. – Uebrigens mag hier, als ein sonderbares Gleichniß, die Bemerkung Platz finden, daß das Verhältniß zwischen Wunsch und That eine ganz zufällige, aber genaue Analogie hat mit dem zwischen elektrischer Vertheilung und elektrischer Mittheilung.

Zufolge dieser gesammten Betrachtung über die Freiheit des Willens und was sich auf sie bezieht, finden wir, obwohl der Wille an sich selbst und außer der Erscheinung frei, ja allmächtig zu nennen ist, denselben in seinen einzelnen, von Erkenntniß beleuchteten Erscheinungen, also in Menschen und Thieren, durch Motive bestimmt, gegen welche der jedesmalige Charakter, immer auf gleiche Weise, gesetzmäßig und nothwendig reagirt. Den Menschen sehen wir, vermöge der hinzugekommenen abstrakten oder Vernunft-Erkenntniß, eine Wahlentscheidung vor dem Thiere voraushaben, die ihn aber nur zum Kampfplatz des Konflikts der Motive macht, ohne ihn ihrer Herrschaft zu entziehen, und daher zwar die Möglichkeit der vollkommenen Aeußerung des individuellen Charakters bedingt, keineswegs aber als Freiheit des einzelnen Wollens, d.h. Unabhängigkeit vom Gesetze der Kausalität anzusehen ist, dessen Nothwendigkeit sich über den Menschen, wie über jede andere Erscheinung erstreckt. Bis auf den angegebenen Punkt also, und nicht weiter, geht der Unterschied, welchen die Vernunft, oder die Erkenntniß mittelst Begriffe, zwischen dem menschlichen Wollen und dem thierischen herbeiführt. Allein welches ganz andere, bei der Thierheit unmögliche Phänomen des menschlichen Willens hervorgehen kann, wenn der Mensch die gesammte, dem Satz vom Grund unterworfene Erkenntniß der einzelnen Dinge als solcher verläßt und mittelst Erkenntniß der Ideen das *principium individuationis* durchschaut, wo alsdann ein wirkliches Hervortreten der eigentlichen Freiheit des Willens als Dinges an sich möglich wird, durch welches die Erscheinung in einen gewissen Widerspruch mit sich selbst tritt, den das Wort Selbstverleugnung bezeichnet, ja zuletzt das Ansich ihres Wesens sich aufhebt: – diese eigentliche und einzige unmittelbare Aeußerung der Freiheit des Willens an sich, auch in der Erscheinung, kann hier noch nicht deutlich dargestellt werden, sondern wird ganz zuletzt der Gegenstand unserer Betrachtung seyn.

Nachdem uns aber, durch die gegenwärtigen Auseinandersetzungen, die Unveränderlichkeit des empirischen Charakters, als welcher die bloße Entfaltung des außerzeitlichen intelligibeln ist, wie auch die Nothwendigkeit, mit der aus seinem Zusammentreffen mit den Motiven die Handlungen hervorgehen, deutlich geworden ist: haben wir zuvörderst eine Folgerung zu beseitigen, welche zu Gunsten der verwerflichen Neigungen sich sehr leicht daraus ziehen ließe. Da nämlich unser Charakter als die zeitliche Entfaltung eines außerzeitlichen und mithin untheilbaren und unveränderlichen Willensaktes, oder eines intelligibeln Charakters, anzusehen ist, durch welchen alles Wesentliche, d.h. der ethische Gehalt unseres Lebenswandels, unveränderlich bestimmt ist und sich demgemäß in seiner Erscheinung, dem empirischen Charakter, ausdrücken muß, während nur das Unwesentliche dieser Erscheinung, die äußere Gestaltung unseres Lebenslaufes, abhängt von den Gestalten, unter welchen die Motive sich darstellen; so könnte man schließen, daß es vergebliche Mühe wäre, an einer Besserung seines Charakters zu arbeiten, oder der Gewalt böser Neigungen zu widerstreben, daher es gerathener wäre, sich dem Unabänderlichen zu unterwerfen und jeder Neigung, sei sie auch böse, sofort zu willfahren. – Allein es hat hiemit ganz und gar dasselbe Bewandtniß, wie mit der Theorie vom unabwendbaren Schicksal, und der daraus gemachten Folgerung, die man *αϱγος λογος*, in neuerer Zeit Türkenglaube, nennt, deren richtige Widerlegung, wie sie Chrysippos gegeben haben soll, Cicero darstellt im Buche *de fato*, Kap. 12, 13.

Obwohl nämlich Alles als vom Schicksal unwiderruflich vorherbestimmt angesehen werden kann, so ist es dies doch eben nur mittelst der Kette der Ursachen. Daher in keinem Fall bestimmt seyn kann, daß eine Wirkung ohne ihre Ursache eintrete. Nicht die Begebenheit schlechthin also ist vorherbestimmt, sondern dieselbe als Erfolg vorhergängiger Ursachen: also ist nicht der Erfolg allein, sondern auch die Mittel, als deren Erfolg er einzutreten bestimmt ist, vom Schicksal beschlossen. Treten demnach die Mittel nicht ein, dann auch sicherlich nicht der Erfolg: beides immer nach der Bestimmung des Schicksals, die wir aber auch immer erst hinterher erfahren.

Wie die Begebenheiten immer dem Schicksal, d.h. der endlosen Verkettung der Ursachen, so werden unsere Thaten immer unserm intelligibeln Charakter gemäß ausfallen: aber wie wir jenes nicht vorherwissen, so ist uns auch keine Einsicht *a priori* in diesen gegeben; sondern nur *a posteriori*, durch die Erfahrung, lernen wir, wie die Anderen, so auch uns selbst kennen. Brachte der intelligible Charakter es mit sich, daß wir einen guten Entschluß nur nach langem Kampf gegen eine böse Neigung fassen konnten; so muß dieser Kampf vorhergehen und abgewartet werden. Die Reflexion über die Unveränderlichkeit des Charakters, über die Einheit der Quelle, aus welcher alle unsere Thaten fließen, darf uns nicht verleiten, zu Gunsten des einen noch des andern Theiles, der Entscheidung des Charakters vorzugreifen: am erfolgenden Entschluß werden wir sehen, welcher Art wir sind, und uns an unsern Thaten spiegeln. Hieraus eben erklärt sich die Befriedigung, oder die Seelenangst, mit der wir auf den zurückgelegten Lebensweg zurücksehen: beide kommen nicht daher, daß jene vergangenen Thaten noch ein Daseyn hätten: sie sind vergangen, gewesen und jetzt nichts mehr; aber ihre große Wichtigkeit für uns kommt aus ihrer Bedeutung, kommt daher, daß diese Thaten der Abdruck des Charakters, der Spiegel des Willens sind, in welchen schauend wir unser innerstes Selbst, den Kern unseres Willens erkennen. Weil wir dies also nicht vorher, sondern erst nachher erfahren, kommt es uns zu, in der Zeit zu streben und zu kämpfen, eben damit das Bild, welches wir durch unsere Thaten wirken, so ausfalle, daß sein Anblick uns möglichst beruhige, nicht beängstige. Die Bedeutung aber solcher Beruhigung, oder Seelenangst, wird, wie gesagt, weiter unten untersucht werden. Hieher gehört hingegen noch folgende, für sich bestehende Betrachtung.

Neben dem intelligibeln und dem empirischen Charakter ist noch ein drittes, von beiden Verschiedenes zu erwähnen, der ERWORBENE CHARAKTER, den man erst im Leben, durch den Weltgebrauch, erhält, und von dem die Rede ist, wenn man gelobt wird als ein Mensch, der Charakter hat, oder getadelt als charakterlos. – Zwar könnte man meynen, daß, da der empirische Charakter, als Erscheinung des intelligibeln, unveränderlich und, wie jede Naturerscheinung, in sich konsequent ist, auch der Mensch ebendeshalb immer sich selbst gleich und konsequent erscheinen müßte und daher nicht nöthig hätte, durch Erfahrung und Nachdenken, sich künstlich einen Charakter zu erwerben. Dem ist aber anders, und wiewohl man immer der Selbe ist, so versteht man jedoch sich selbst nicht jederzeit, sondern verkennt sich oft, bis man die eigentliche Selbstkenntniß in gewissem Grade erworben hat. Der empirische Charakter ist, als bloßer Naturtrieb, an sich unvernünftig: ja, seine Aeußerungen werden noch dazu durch die Vernunft gestört, und zwar um so mehr, je mehr Besonnenheit und Denkkraft der Mensch hat. Denn diese halten ihm immer vor, was DEM MENSCHEN ÜBERHAUPT, als Gattungscharakter, zukommt und im Wollen, wie im Leisten, demselben möglich ist. Hiedurch wird ihm die Einsicht in Dasjenige, was allein von dem Allen er, vermöge seiner Individualität, will und vermag, erschwert. Er findet in sich zu allen, noch so verschiedenen menschlichen Anstrebungen und Kräften die Anlagen; aber der verschiedene Grad derselben in seiner Individualität wird ihm nicht ohne Erfahrung klar: und wenn er nun zwar zu den Bestrebungen greift, die seinem Charakter allein gemäß sind, so fühlt er doch, besonders in einzelnen Momenten und Stimmungen, die Anregung zu gerade entgegengesetzten, damit unvereinbaren, die, wenn er jenen ersteren ungestört nachgehen will, ganz unterdrückt werden müssen. Denn, wie unser physischer Weg auf der Erde immer nur eine Linie, keine Fläche ist; so müssen wir im Leben, wenn wir Eines ergreifen und besitzen wollen, unzähliges Anderes, rechts und links, entsagend, liegen lassen. Können wir uns dazu nicht entschließen, sondern greifen, wie Kinder auf dem Jahrmarkt, nach Allem was im Vorübergehen reizt; dann ist dies das verkehrte Bestreben, die Linie unseres Wegs in eine Fläche zu verwandeln: wir laufen sodann im Zickzack, irrlichterliren hin und her und gelangen zu nichts. – Oder, um ein anderes Gleichniß zu gebrauchen, wie, nach Hobbes' Rechtslehre, ursprünglich Jeder auf jedes Ding ein Recht hat, aber auf keines ein ausschließliches; letzteres jedoch auf einzelne Dinge erlangen kann, dadurch, daß er seinem Recht auf alle übrigen entsagt, wogegen die Anderen in Hinsicht auf das von ihm erwählte das gleiche thun; gerade so ist es im Leben, wo wir irgend eine bestimmte Bestrebung, sei sie nach Genuß, Ehre, Reichthum, Wissenschaft, Kunst, oder Tugend, nur dann recht mit Ernst und mit Glück verfolgen können, wann wir alle ihr fremden Ansprüche aufgeben, auf alles Andere verzichten. Darum ist das bloße Wollen und auch Können an sich noch nicht zureichend, sondern ein Mensch muß auch WISSEN, was er will, und WISSEN, was er kann: erst so wird er Charakter zeigen, und erst dann kann er etwas Rechtes vollbringen. Bevor er dahin gelangt, ist er, ungeachtet der natürlichen Konsequenz des empirischen Charakters, doch charakterlos, und obwohl er im Ganzen sich treu bleiben und seine Bahn durchlaufen muß, von seinem Dämon gezogen; so wird er doch keine schnurgerechte, sondern eine zitternde, ungleiche Linie beschreiben, schwanken, abweichen, umkehren, sich Reue und Schmerz bereiten: dies Alles, weil er, im Großen und Kleinen, so Vieles als dem Menschen möglich und erreichbar vor sich sieht, und doch nicht weiß, was davon allein ihm gemäß und ihm ausführbar, ja, auch nur ihm genießbar ist. Er wird daher Manchen um eine Lage und Verhältnisse beneiden, die doch nur dessen Charakter, nicht dem seinigen, angemessen sind, und in denen er sich unglücklich fühlen würde, wohl gar es nicht einmal aushalten könnte. Denn wie dem Fische nur im Wasser, dem Vogel nur in der Luft, dem Maulwurf nur unter der Erde wohl ist, so jedem Menschen nur in der ihm angemessenen Atmosphäre; wie denn z. B. die Hofluft nicht Jedem respirabel ist. Aus Mangel an genugsamer Einsicht in alles Dieses wird Mancher allerlei mißlingende Versuche machen, wird seinem Charakter im Einzelnen Gewalt anthun, und im Ganzen ihm doch wieder nachgeben müssen: und was er so, gegen seine Natur, mühsam erlangt, wird ihm keinen Genuß geben; was er so erlernt, wird todt bleiben; ja sogar in ethischer Hinsicht wird eine nicht aus reinem, unmittelbarem Antriebe, sondern aus einem Begriff, einem Dogma entsprungene, für seinen Charakter zu edle That, durch nachfolgende egoistische Reue, alles Verdienst verlieren, selbst in seinen eigenen Augen. *Velle non discitur.* Wie wir der Unbiegsamkeit der fremden Charaktere erst durch die Erfahrung inne werden und bis dahin kindisch glauben, durch vernünftige Vorstellungen, durch Bitten und Flehen, durch Beispiel und Edelmuth könnten wir irgend Einen dahin bringen, daß er von seiner Art lasse, seine Handlungsweise ändere, von seiner Denkungsart abgehe, oder gar seine Fähigkeiten erweitere; so geht es uns auch mit uns selbst. Wir müssen erst aus Erfahrung lernen, was wir wollen und was wir können: bis dahin wissen wir es nicht, sind charakterlos und müssen oft durch harte Stöße von außen auf unsern eigenen Weg zurückgeworfen werden. – Haben wir es aber endlich gelernt, dann haben wir erlangt, was man in der Welt Charakter nennt, den ERWORBENEN CHARAKTER. Dieses ist demnach nichts Anderes, als möglichst vollkommene Kenntniß der eigenen Individualität: es ist das abstrakte, folglich deutliche Wissen von den unabänderlichen Eigenschaften seines eigenen empirischen Charakters und von dem Maaß und der Richtung seiner geistigen und körperlichen Kräfte, also von den gesammten Stärken und Schwächen der eigenen Individualität. Dies setzt uns in den Stand, die an sich einmal unveränderliche Rolle der eigenen Person, die wir vorhin regellos naturalisirten, jetzt besonnen und methodisch durchzuführen und die Lücken, welche Launen oder Schwächen darin verursachen, nach Anleitung fester Begriffe auszufüllen. Die durch unsere individuelle Natur ohnehin nothwendige Handlungsweise haben wir jetzt auf deutlich bewußte, uns stets gegenwärtige Maximen gebracht, nach denen wir sie so besonnen durchführen, als wäre es eine erlernte, ohne hiebei je irre zu werden durch den vorübergehenden Einfluß der Stimmung, oder des Eindrucks der Gegenwart, ohne gehemmt zu werden durch das Bittere oder Süße einer im Wege angetroffenen Einzelheit, ohne Zaudern, ohne Schwanken, ohne Inkonsequenzen. Wir werden nun nicht mehr, als Neulinge, warten, versuchen, umhertappen, um zu sehen, was wir eigentlich wollen und was wir vermögen; sondern wir wissen es ein für alle Mal, haben bei jeder Wahl nur allgemeine Sätze auf einzelne Fälle anzuwenden und gelangen gleich zum Entschluß. Wir kennen unsern Willen im Allgemeinen und lassen uns nicht durch Stimmung, oder äußere Aufforderung verleiten, im Einzelnen zu beschließen, was ihm im Ganzen entgegen ist. Wir kennen eben so die Art und das Maaß unserer Kräfte und unserer Schwächen, und werden uns dadurch viele Schmerzen ersparen. Denn es giebt eigentlich gar keinen Genuß anders, als im Gebrauch und Gefühl der eigenen Kräfte, und der größte Schmerz ist wahrgenommener Mangel an Kräften, wo man ihrer bedarf. Haben wir nun erforscht, wo unsere Stärken und wo unsere Schwächen liegen; so werden wir unsere hervorstechenden natürlichen Anlagen ausbilden, gebrauchen, auf alle Weise zu nutzen suchen und immer uns dahin wenden, wo diese taugen und gelten, aber durchaus und mit Selbstüberwindung die Bestrebungen vermeiden, zu denen wir von Natur geringe Anlagen haben; werden uns hüten, Das zu versuchen, was uns doch nicht gelingt. Nur wer dahin gelangt ist, wird stets mit voller Besonnenheit ganz er selbst seyn, und wird nie von sich selbst im Stiche gelassen werden, weil er immer wußte, was er sich selber zumuthen konnte. Er wird alsdann oft der Freude theilhaft werden, seine Stärken zu fühlen, und selten den Schmerz erfahren, an seine Schwächen erinnert zu werden, welches letztere Demüthigung ist, die vielleicht den größten Geistesschmerz verursacht: daher man es viel besser ertragen kann, sein Mißgeschick, als sein Ungeschick deutlich ins Auge zu fassen. – Sind wir nun also vollkommen bekannt mit unseren Stärken und Schwächen; so werden wir auch nicht versuchen, Kräfte zu zeigen, die wir nicht haben, werden nicht mit falscher Münze spielen, weil solche Spiegelfechterei doch endlich ihr Ziel verfehlt. Denn da der ganze Mensch nur die Erscheinung seines Willens ist; so kann nichts verkehrter seyn, als, von der Reflexion ausgehend, etwas Anderes seyn zu wollen, als man ist: denn es ist ein unmittelbarer Widerspruch des Willens mit sich selbst. Nachahmung fremder Eigenschaften und Eigenthümlichkeiten ist viel schimpflicher, als das Tragen fremder Kleider: denn es ist das Urtheil der eigenen Werthlosigkeit von sich selbst ausgesprochen. Kenntniß seiner eigenen Gesinnung und seiner Fähigkeiten jeder Art und ihrer unabänderlichen Gränzen ist in dieser Hinsicht der sicherste Weg, um zur möglichsten Zufriedenheit mit sich selbst zu gelangen. Denn es gilt von den inneren Umständen, was von den äußeren, daß es nämlich für uns keinen wirksamern Trost giebt, als die volle Gewißheit der unabänderlichen Nothwendigkeit. Uns quält ein Uebel, das uns betroffen, nicht so sehr, als der Gedanke an die Umstände, durch die es hätte abgewendet werden können; daher nichts wirksamer zu unserer Beruhigung ist, als das Betrachten des Geschehenen aus dem Gesichtspunkte der Nothwendigkeit, aus welchem alle Zufälle sich als Werkzeuge eines waltenden Schicksals darstellen und wir mithin das eingetretene Uebel als durch den Konflikt innerer und äußerer Umstände unausweichbar herbeigezogen erkennen, also der Fatalismus. Wir jammern und toben auch eigentlich nur so lange, als wir hoffen dadurch entweder auf Andere zu wirken, oder uns selbst zu unerhörter Anstrengung aufzuregen. Aber Kinder und Erwachsene wissen sich sehr wohl zufrieden zu geben, sobald sie deutlich einsehen, daß es durchaus nicht anders ist:

ϑυμὸν ἐνὶ στήϑεσσι φίλον δαμάσαντες ἀνάγκῃ.
(Animo in pectoribus nostro domito necessitate.)

Wir gleichen den eingefangenen Elephanten, die viele Tage entsetzlich toben und ringen, bis sie sehen, daß es fruchtlos ist, und dann plötzlich gelassen ihren Nacken dem Joch bieten, auf immer gebändigt. Wir sind wie der König David, der, so lange sein Sohn noch lebte, unablässig den Jehovah mit Bitten bestürmte und sich verzweifelnd geberdete; sobald aber der Sohn todt war, nicht weiter daran dachte. Daher kommt es, daß unzählige bleibende Uebel, wie Krüppelhaftigkeit, Armuth, niederer Stand, Häßlichkeit, widriger Wohnort, von Unzähligen ganz gleichgültig ertragen und gar nicht mehr gefühlt werden, gleich vernarbten Wunden, bloß weil diese wissen, daß innere oder äußere Nothwendigkeit hier nichts zu ändern übrig läßt; während Glücklichere nicht einsehen, wie man es ertragen kann. Wie nun mit der äußern, so mit der innern Nothwendigkeit versöhnt nichts so fest, als eine deutliche Kenntniß derselben. Haben wir, wie unsere guten Eigenschaften und Stärken, so unsere Fehler und Schwächen ein für alle Mal deutlich erkannt, dem gemäß uns unser Ziel gesteckt und über das Unerreichbare uns zufrieden gegeben; so entgehen wir dadurch am sichersten, so weit es unsere Individualität zuläßt, dem bittersten aller Leiden, der Unzufriedenheit mit uns selbst, welche die unausbleibliche Folge der Unkenntniß der eigenen Individualität, des falschen Dünkels und daraus entstandener Vermessenheit ist. Auf die bittern Kapitel der anempfohlenen Selbsterkenntniß leidet vortreffliche Anwendung der Ovidische Vers:

Optimus ille animi vindex laedentia pectus
Vincula qui rupit, dedoluitque semel.

Soviel über den ERWORBENEN CHARAKTER, der zwar nicht sowohl für die eigentliche Ethik, als für das Weltleben wichtig ist, dessen Erörterung sich jedoch der des intelligibeln und des empirischen Charakters als die dritte Art nebenordnete, über welche ersteren wir uns in eine etwas ausführliche Betrachtung einlassen mußten, um uns deutlich zu machen, wie der Wille in allen seinen Erscheinungen der Nothwendigkeit unterworfen ist, während er dennoch an sich selbst frei, ja allmächtig genannt werden kann.

§. 56.

Diese Freiheit, diese Allmacht, als deren Aeußerung und Abbild die ganze sichtbare Welt, ihre Erscheinung, dasteht und den Gesetzen gemäß, welche die Form der Erkenntniß mit sich bringt, sich fortschreitend entwickelt, – kann nun auch, und zwar da, wo ihr, in ihrer vollendetesten Erscheinung, die vollkommen adäquate Kenntniß ihres eigenen Wesens aufgegangen ist, von Neuem sich äußern, indem sie nämlich entweder auch hier, auf dem Gipfel der Besinnung und des Selbstbewußtseyns, das Selbe will, was sie blind und sich selbst nicht kennend wollte, wo dann die Erkenntniß, wie im Einzelnen, so im Ganzen, für sie stets MOTIV bleibt; oder aber auch umgekehrt, diese Erkenntniß wird ihr ein QUIETIV, welches alles Wollen beschwichtigt und aufhebt. Dies ist die schon oben im Allgemeinen aufgestellte Bejahung und Verneinung des Willens zum Leben, welche, als in Hinsicht auf den Wandel des Individuums allgemeine, nicht einzelne Willensäußerung, nicht die Entwickelung des Charakters störend modifizirt, noch in einzelnen Handlungen ihren Ausdruck findet; sondern entweder durch immer stärkeres Hervortreten der ganzen bisherigen Handlungsweise, oder umgekehrt, durch Aufhebung derselben, lebendig die Maxime ausspricht, welche, nach nunmehr erhaltener Erkenntniß, der Wille frei ergriffen hat. – Die deutlichere Entwickelung von allem Diesen, der Hauptgegenstand dieses letzten Buches, ist uns jetzt durch die dazwischen getretenen Betrachtungen über Freiheit, Nothwendigkeit und Charakter schon etwas erleichtert und vorbereitet: sie wird es aber noch mehr werden, nachdem wir, jene abermals hinausschiebend, zuvörderst unsere Betrachtung auf das Leben selbst, dessen Wollen oder Nichtwollen die große Frage ist, werden gerichtet haben, und zwar so, daß wir im Allgemeinen zu erkennen suchen, was dem Willen selbst, der ja überall dieses Lebens innerstes Wesen ist, eigentlich durch seine Bejahung werde, auf welche Art und wie weit sie ihn befriedigt, ja befriedigen kann; kurz, was wohl im Allgemeinen und Wesentlichen als sein Zustand in dieser seiner eigenen und ihm in jeder Beziehung angehörenden Welt anzusehen sei.

Zuvörderst wünsche ich, daß man hier sich diejenige Betrachtung zurückrufe, mit welcher wir das zweite Buch beschlossen, veranlaßt durch die dort aufgeworfene Frage, nach dem Ziel und Zweck des Willens; statt deren Beantwortung sich uns vor Augen stellte, wie der Wille, auf allen Stufen seiner Erscheinung, von der niedrigsten bis zur höchsten, eines letzten Zieles und Zweckes ganz entbehrt, immer strebt, weil Streben sein alleiniges Wesen ist, dem kein erreichtes Ziel ein Ende macht, das daher keiner endlichen Befriedigung fähig ist, sondern nur durch Hemmung aufgehalten werden kann, an sich aber ins Unendliche geht. Wir sahen dies an der einfachsten aller Naturerscheinungen, der Schwere, die nicht aufhört zu streben und nach einem ausdehnungslosen Mittelpunkt, dessen Erreichung ihre und der Materie Vernichtung wäre, zu drängen, nicht aufhört, wenn auch schon das ganze Weltall zusammengeballt wäre. Wir sehen es in den anderen einfachen Naturerscheinungen: das Feste strebt, sei es durch Schmelzen oder durch Auflösung, nach Flüssigkeit, wo allein seine chemischen Kräfte frei werden: Starrheit ist ihre Gefangenschaft, in der sie von der Kälte gehalten werden. Das Flüssige strebt nach Dunstgestalt, in welche es, sobald es nur von allem Druck befreit ist, sogleich übergeht. Kein Körper ist ohne Verwandtschaft, d.i. ohne Streben, oder ohne Sucht und Begier, wie Jakob Böhme sagen würde. Die Elektricität pflanzt ihre innere Selbstentzweiung ins Unendliche fort, wenn gleich die Masse des Erdballs die Wirkung verschlingt. Der Galvanismus ist, so lange die Säule lebt, ebenfalls ein zwecklos unaufhörlich erneuerter Akt der Selbstentzweiung und Versöhnung. Eben ein solches rastloses, nimmer befriedigtes Streben ist das Daseyn der Pflanze, ein unaufhörliches Treiben, durch immer höher gesteigerte Formen, bis der Endpunkt, das Saamenkorn, wieder der Anfangspunkt wird: dies ins Unendliche wiederholt: nirgends ein Ziel, nirgends endliche Befriedigung, nirgends ein Ruhepunkt. Zugleich werden wir uns aus dem zweiten Buch erinnern, daß überall die mannigfaltigen Naturkräfte und organischen Formen einander die Materie streitig machen, an der sie hervortreten wollen, indem Jedes nur besitzt was es dem Andern entrissen hat, und so ein steter Kampf um Leben und Tod unterhalten wird, aus welchem eben hauptsächlich der Widerstand hervorgeht, durch welchen jenes, das innerste Wesen jedes Dinges ausmachende Streben überall gehemmt wird, vergeblich drängt, doch von seinem Wesen nicht lassen kann, sich durchquält, bis diese Erscheinung untergeht, wo dann andere ihren Platz und ihre Materie gierig ergreifen.

Wir haben längst dieses den Kern und das Ansich jedes Dinges ausmachende Streben als das selbe und nämliche erkannt, was in uns, wo es sich am deutlichsten, am Lichte des vollesten Bewußtseyns manifestirt, Wille heißt. Wir nennen dann seine Hemmung durch ein Hinderniß, welches sich zwischen ihn und sein einstweiliges Ziel stellt, Leiden; hingegen sein Erreichen des Ziels Befriedigung, Wohlseyn, Glück. Wir können diese Benennungen auch auf jene, dem Grade nach schwächern, dem Wesen nach identischen Erscheinungen der erkenntnißlosen Welt übertragen. Diese sehen wir alsdann in stetem Leiden begriffen und ohne bleibendes Glück. Denn alles Streben entspringt aus Mangel, aus Unzufriedenheit mit seinem Zustande, ist also Leiden, so lange es nicht befriedigt ist; keine Befriedigung aber ist dauernd, vielmehr ist sie stets nur der Anfangspunkt eines neuen Strebens. Das Streben sehen wir überall vielfach gehemmt, überall kämpfend; so lange also immer als Leiden: kein letztes Ziel des Strebens, also kein Maaß und Ziel des Leidens.

Was wir aber so nur mit geschärfter Aufmerksamkeit und mit Anstrengung in der erkenntnißlosen Natur entdecken, tritt uns deutlich entgegen in der erkennenden, im Leben der Thierheit, dessen stetes Leiden leicht nachzuweisen ist. Wir wollen aber, ohne auf dieser Zwischenstufe zu verweilen, uns dahin wenden, wo, von der hellsten Erkenntniß beleuchtet, Alles aufs deutlichste hervortritt, im Leben des Menschen. Denn wie die Erscheinung des Willens vollkommener wird, so wird auch das Leiden mehr und mehr offenbar. In der Pflanze ist noch keine Sensibilität, also kein Schmerz: ein gewiß sehr geringer Grad von Leiden wohnt den untersten Thieren, den Infusorien und Radiarien ein: sogar in den Insekten ist die Fähigkeit zu empfinden und zu leiden noch beschränkt: erst mit dem vollkommenen Nervensystem der Wirbelthiere tritt sie in hohem Grade ein, und in immer höherem, je mehr die Intelligenz sich entwickelt. In gleichem Maaße also, wie die Erkenntniß zur Deutlichkeit gelangt, das Bewußtseyn sich steigert, wächst auch die Quaal, welche folglich ihren höchsten Grad im Menschen erreicht, und dort wieder um so mehr, je deutlicher erkennend, je intelligenter der Mensch ist: der, in welchem der Genius lebt, leidet am meisten. In diesem Sinne, nämlich in Beziehung auf den Grad der Erkenntniß überhaupt, nicht auf das bloße abstrakte Wissen, verstehe und gebrauche ich hier jenen Spruch des Koheleth: *Qui auget scientiam, auget et dolorem.* – Dieses genaue Verhältniß zwischen dem Grade des Bewußtseyns und dem des Leidens hat durch eine anschauliche und augenfällige Darstellung überaus schön in einer Zeichnung ausgedrückt jener philosophische Maler, oder malende Philosoph, TISCHBEIN. Die obere Hälfte seines Blattes stellt Weiber dar, denen ihre Kinder entführt werden, und die, in verschiedenen Gruppen und Stellungen, den tiefen mütterlichen Schmerz, Angst, Verzweiflung, mannigfaltig ausdrücken; die untere Hälfte des Blattes zeigt, in ganz gleicher Anordnung und Gruppirung, Schaafe, denen die Lämmer weggenommen werden: so daß jedem menschlichen Kopf, jeder menschlichen Stellung der obern Blatthälfte, da unten ein thierisches Analogon entspricht und man nun deutlich sieht, wie sich der im dumpfen thierischen Bewußtseyn mögliche Schmerz verhält zu der gewaltigen Quaal, welche erst durch die Deutlichkeit der Erkenntniß, die Klarheit des Bewußtseyns, möglich ward.

Wir wollen dieserwegen im MENSCHLICHEN DASEYN das innere und wesentliche Schicksal des Willens betrachten. Jeder wird leicht im Leben des Thieres das Nämliche, nur schwächer, in verschiedenen Graden ausgedrückt wiederfinden und zur Genüge auch an der leidenden Thierheit sich überzeugen können, wie wesentlich ALLES LEBEN LEIDEN ist.

§. 57.

Auf jeder Stufe, welche die Erkenntniß beleuchtet, erscheint sich der Wille als Individuum. Im unendlichen Raum und unendlicher Zeit findet das menschliche Individuum sich als endliche, folglich als eine gegen Jene verschwindende Größe, in sie hineingeworfen und hat, wegen ihrer Unbegränztheit, immer nur ein relatives, nie ein absolutes WANN und WO seines Daseyns: denn sein Ort und seine Dauer sind endliche Theile eines Unendlichen und Gränzenlosen. – Sein eigentliches Daseyn ist nur in der Gegenwart, deren ungehemmte Flucht in die Vergangenheit ein steter Uebergang in den Tod, ein stetes Sterben ist; da sein vergangenes Leben, abgesehen von dessen etwanigen Folgen für die Gegenwart, wie auch von dem Zeugniß über seinen Willen, das darin abgedrückt ist, schon völlig abgethan, gestorben und nichts mehr ist: daher auch es ihm vernünftigerweise gleichgültig seyn muß, ob der Inhalt jener Vergangenheit Quaalen oder Genüsse waren. Die Gegenwart aber wird beständig unter seinen Händen zur Vergangenheit: die Zukunft ist ganz ungewiß und immer kurz. So ist sein Daseyn, schon von der formellen Seite allein betrachtet, ein stetes Hinstürzen der Gegenwart in die todte Vergangenheit, ein stetes Sterben. Sehen wir es nun aber auch von der physischen Seite an; so ist offenbar, daß wie bekanntlich unser Gehen nur ein stets gehemmtes Fallen ist, das Leben unseres Leibes nur ein fortdauernd gehemmtes Sterben, ein immer aufgeschobener Tod ist: endlich ist eben so die Regsamkeit unseres Geistes eine fortdauernd zurückgeschobene Langeweile. Jeder Athemzug wehrt den beständig eindringenden Tod ab, mit welchem wir auf diese Weise in jeder Sekunde kämpfen, und dann wieder, in größeren Zwischenräumen, durch jede Mahlzeit, jeden Schlaf, jede Erwärmung u. s. w. Zuletzt muß er siegen: denn ihm sind wir schon durch die Geburt anheimgefallen, und er spielt nur eine Weile mit seiner Beute, bevor er sie verschlingt. Wir setzen indessen unser Leben mit großem Antheil und vieler Sorgfalt fort, so lange als möglich, wie man eine Seifenblase so lange und so groß als möglich aufbläst, wiewohl mit der festen Gewißheit, daß sie platzen wird.

Sahen wir schon in der erkenntnißlosen Natur das innere Wesen derselben als ein beständiges Streben, ohne Ziel und ohne Rast; so tritt uns bei der Betrachtung des Thieres und des Menschen dieses noch viel deutlicher entgegen. Wollen und Streben ist sein ganzes Wesen, einem unlöschbaren Durst gänzlich zu vergleichen. Die Basis alles Wollens aber ist Bedürftigkeit, Mangel, also Schmerz, dem er folglich schon ursprünglich und durch sein Wesen anheimfällt. Fehlt es ihm hingegen an Objekten des Wollens, indem die zu leichte Befriedigung sie ihm sogleich wieder wegnimmt; so befällt ihn furchtbare Leere und Langeweile: d.h. sein Wesen und sein Daseyn selbst wird ihm zur unerträglichen Last. Sein Leben schwingt also, gleich einem Pendel, hin und her, zwischen dem Schmerz und der Langenweile, welche beide in der That dessen letzte Bestandtheile sind. Dieses hat sich sehr seltsam auch dadurch aussprechen müssen, daß, nachdem der Mensch alle Leiden und Quaalen in die Hölle versetzt hatte, für den Himmel nun nichts übrig blieb, als eben Langeweile.

Das stete Streben aber, welches das Wesen jeder Erscheinung des Willens ausmacht, erhält auf den höheren Stufen der Objektivation seine erste und allgemeinste Grundlage dadurch, daß hier der Wille sich erscheint als ein lebendiger Leib, mit dem eisernen Gebot, ihn zu nähren: und was diesem Gebote die Kraft giebt, ist eben, daß dieser Leib nichts Anderes, als der objektivirte Wille zum Leben selbst ist. Der Mensch, als die vollkommenste Objektivation jenes Willens, ist demgemäß auch das bedürftigste unter allen Wesen: er ist konkretes Wollen und Bedürfen durch und durch, ist ein Konkrement von tausend Bedürfnissen. Mit diesen steht er auf der Erde, sich selber überlassen, über Alles in Ungewißheit, nur nicht über seine Bedürftigkeit und seine Noth: demgemäß füllt die Sorge für die Erhaltung jenes Daseyns, unter so schweren, sich jeden Tag von Neuem meldenden Forderungen, in der Regel, das ganze Menschenleben aus. An sie knüpft sich sodann unmittelbar die zweite Anforderung, die der Fortpflanzung des Geschlechts. Zugleich bedrohen ihn von allen Seiten die verschiedenartigsten Gefahren, denen zu entgehen es beständiger Wachsamkeit bedarf. Mit behutsamem Schritt und ängstlichem Umherspähen verfolgt er seinen Weg, denn tausend Zufälle und tausend Feinde lauern ihm auf. So gieng er in der Wildniß, und so geht er im civilisirten Leben; es giebt für ihn keine Sicherheit:

Qualibus in tenebris vitae, quantisque periclis
Degitur hocc' aevi, quodcunque est!

Lucr., II, 15.

Das Leben der Allermeisten ist auch nur ein steter Kampf um diese Existenz selbst, mit der Gewißheit ihn zuletzt zu verlieren. Was sie aber in diesem so mühsäligen Kampfe ausdauern läßt, ist nicht sowohl die Liebe zum Leben, als die Furcht vor dem Tode, der jedoch als unausweichbar im Hintergrunde steht und jeden Augenblick herantreten kann. – Das Leben selbst ist ein Meer voller Klippen und Strudel, die der Mensch mit der größten Behutsamkeit und Sorgfalt vermeidet, obwohl er weiß, daß, wenn es ihm auch gelingt, mit aller Anstrengung und Kunst sich durchzuwinden, er eben dadurch mit jedem Schritt dem größten, dem totalen, dem unvermeidlichen und unheilbaren Schiffbruch näher kommt, ja gerade auf ihn zusteuert, dem TODE: dieser ist das endliche Ziel der mühsäligen Fahrt und für ihn schlimmer als alle Klippen, denen er auswich.

Nun ist es aber sogleich sehr bemerkenswerth, daß einerseits die Leiden und Quaalen des Lebens leicht so anwachsen können, daß selbst der Tod, in der Flucht vor welchem das ganze Leben besteht, wünschenswerth wird und man freiwillig zu ihm eilt; und andererseits wieder, daß sobald Noth und Leiden dem Menschen eine Rast vergönnen, die Langeweile gleich so nahe ist, daß er des Zeitvertreibes nothwendig bedarf. Was alle Lebenden beschäftigt und in Bewegung erhält, ist das Streben nach Daseyn. Mit dem Daseyn aber, wenn es ihnen gesichert ist, wissen sie nichts anzufangen: daher ist das Zweite, was sie in Bewegung setzt, das Streben, die Last des Daseyns los zu werden, es unfühlbar zu machen, »die Zeit zu tödten«, d.h. der Langenweile zu entgehen. Demgemäß sehen wir, daß fast alle vor Noth und Sorgen geborgene Menschen, nachdem sie nun endlich alle anderen Lasten abgewälzt haben, jetzt sich selbst zur Last sind und nun jede durchgebrachte Stunde für Gewinn achten, also jeden Abzug von eben jenem Leben, zu dessen möglichst langer Erhaltung sie bis dahin alle Kräfte aufboten. Die Langeweile aber ist nichts weniger, als ein gering zu achtendes Uebel: sie malt zuletzt wahre Verzweiflung auf das Gesicht. Sie macht, daß Wesen, welche einander so wenig lieben, wie die Menschen, doch so sehr einander suchen, und wird dadurch die Quelle der Geselligkeit. Auch werden überall gegen sie, wie gegen andere allgemeine Kalamitäten, öffentliche Vorkehrungen getroffen, schon aus Staatsklugheit; weil dieses Uebel, so gut als sein entgegengesetztes Extrem, die Hungersnoth, die Menschen zu den größten Zügellosigkeiten treiben kann: *panem et Circenses* braucht das Volk. Das strenge Philadelphische Pönitenziarsystem macht, mittelst Einsamkeit und Unthätigkeit, bloß die Langeweile zum Strafwerkzeug: und es ist ein so fürchterliches, daß es schon die Züchtlinge zum Selbstmord geführt hat. Wie die Noth die beständige Geißel des Volkes ist, so die Langeweile die der vornehmen Welt. Im bürgerlichen Leben ist sie durch den Sonntag, wie die Noth durch die sechs Wochentage repräsentirt.

Zwischen Wollen und Erreichen fließt nun durchaus jedes Menschenleben fort. Der Wunsch ist, seiner Natur nach, Schmerz: die Erreichung gebiert schnell Sättigung: das Ziel war nur scheinbar: der Besitz nimmt den Reiz weg: unter einer neuen Gestalt stellt sich der Wunsch, das Bedürfniß wieder ein: wo nicht, so folgt Oede, Leere, Langeweile, gegen welche der Kampf ebenso quälend ist, wie gegen die Noth. – Daß Wunsch und Befriedigung sich ohne zu kurze und ohne zu lange Zwischenräume folgen, verkleinert das Leiden, welches Beide geben, zum geringsten Maaße und macht den glücklichsten Lebenslauf aus. Denn Das, was man sonst den schönsten Theil, die reinsten Freuden des Lebens nennen möchte, eben auch nur, weil es uns aus dem realen Daseyn heraushebt und uns in antheilslose Zuschauer desselben verwandelt, also das reine Erkennen, dem alles Wollen fremd bleibt, der Genuß des Schönen, die ächte Freude an der Kunst, dies ist, weil es schon seltene Anlagen erfordert, nur höchst Wenigen und auch diesen nur als ein vorübergehender Traum vergönnt: und dann macht eben diese Wenigen die höhere intellektuelle Kraft für viel größere Leiden empfänglich, als die Stumpferen je empfinden können, und stellt sie überdies einsam unter merklich von ihnen verschiedene Wesen: wodurch sich denn auch Dieses ausgleicht. Dem bei weitem größten Theile der Menschen aber sind die rein intellektuellen Genüsse nicht zugänglich; der Freude, die im reinen Erkennen liegt, sind sie fast ganz unfähig: sie sind gänzlich auf das Wollen verwiesen. Wenn daher irgend etwas ihnen Antheil abgewinnen, ihnen INTERESSANT seyn soll, so muß es (dies liegt auch schon in der Wortbedeutung) irgendwie ihren WILLEN anregen, sei es auch nur durch eine ferne und nur in der Möglichkeit liegende Beziehung auf ihn; er darf aber nie ganz aus dem Spiele bleiben, weil ihr

Daseyn bei Weitem mehr im Wollen als im Erkennen liegt: Aktion und Reaktion ist ihr einziges Element. Die naiven Aeußerungen dieser Beschaffenheit kann man aus Kleinigkeiten und alltäglichen Erscheinungen abnehmen: so z.B. schreiben sie an sehenswerthen Orten, die sie besuchen, ihre Namen hin, um so zu reagiren, um auf den Ort zu wirken, da er nicht auf sie wirkte: ferner können sie nicht leicht ein fremdes, seltenes Thier bloß betrachten, sondern müssen es reizen, necken, mit ihm spielen, um nur Aktion und Reaktion zu empfinden; ganz besonders aber zeigt jenes Bedürfniß der Willensanregung sich an der Erfindung und Erhaltung des Kartenspieles, welches recht eigentlich der Ausdruck der kläglichen Seite der Menschheit ist.

Aber was auch Natur, was auch das Glück gethan haben mag; wer man auch sei, und was man auch besitze; der dem Leben wesentliche Schmerz läßt sich nicht abwälzen:

Πηλειδης δ' ῳμωξεν, ιδων εις ουϱανον ευϱυν.
(Pelides autem ejulavit, intuitus in coelum latum.)

Und wieder:

Ζηνος μεν παις ηα Κϱονιονος, αυταϱ οιζυν
Ειχον απειϱεσιην.
(Jovis quidem filius eram Saturnii; verum aerumnam
Habebam infinitam.)

Die unaufhörlichen Bemühungen, das Leiden zu verbannen, leisten nichts weiter, als daß es seine Gestalt verändert. Diese ist ursprünglich Mangel, Noth, Sorge um die Erhaltung des Lebens. Ist es, was sehr schwer hält, geglückt, den Schmerz in dieser Gestalt zu verdrängen, so stellt er sogleich sich in tausend anderen ein, abwechselnd nach Alter und Umständen, als Geschlechtstrieb, leidenschaftliche Liebe, Eifersucht, Neid, Haß, Angst, Ehrgeiz, Geldgeiz, Krankheit u.s.w. u.s.w. Kann er endlich in keiner andern Gestalt Eingang finden, so kommt er im traurigen, grauen Gewand des Ueberdrusses und der Langenweile, gegen welche dann mancherlei versucht wird. Gelingt es endlich diese zu verscheuchen, so wird es schwerlich geschehen, ohne dabei den Schmerz in einer der vorigen Gestalten wieder einzulassen und so den Tanz von vorne zu beginnen; denn zwischen Schmerz und Langerweile wird jedes

Menschenleben hin und her geworfen. So niederschlagend diese Betrachtung ist, so will ich doch nebenher auf eine Seite derselben aufmerksam machen, aus der sich ein Trost schöpfen, ja vielleicht gar eine Stoische Gleichgültigkeit gegen das vorhandene eigene Uebel erlangen läßt. Denn unsere Ungeduld über dieses entsteht großentheils daraus, daß wir es als zufällig erkennen, als herbeigeführt durch eine Kette von Ursachen, die leicht anders seyn könnte. Denn über die unmittelbar nothwendigen und ganz allgemeinen Uebel, z. B. Nothwendigkeit des Alters und des Todes und vieler täglichen Unbequemlichkeiten, pflegen wir uns nicht zu betrüben. Es ist vielmehr die Betrachtung der Zufälligkeit der Umstände, die gerade auf uns ein Leiden brachten, was diesem den Stachel giebt. Wenn wir nun aber erkannt haben, daß der Schmerz als solcher dem Leben wesentlich und unausweichbar ist, und nichts weiter als seine bloße Gestalt, die Form unter der er sich darstellt, vom Zufall abhängt, daß also unser gegenwärtiges Leiden eine Stelle ausfüllt, in welche, ohne dasselbe, sogleich ein anderes träte, das jetzt von jenem ausgeschlossen wird, daß demnach, im Wesentlichen, das Schicksal uns wenig anhaben kann; so könnte eine solche Reflexion, wenn sie zur lebendigen Ueberzeugung würde, einen bedeutenden Grad Stoischen Gleichmuths herbeiführen und die ängstliche Besorgniß um das eigene Wohl sehr vermindern. In der That aber mag eine so viel vermögende Herrschaft der Vernunft über das unmittelbar gefühlte Leiden selten oder nie sich finden.

Uebrigens könnte man durch jene Betrachtung über die Unvermeidlichkeit des Schmerzes und über das Verdrängen des einen durch den andern und das Herbeiziehen des neuen durch den Austritt des vorigen, sogar auf die paradoxe, aber nicht ungereimte Hypothese geleitet werden, daß in jedem Individuum das Maaß des ihm wesentlichen Schmerzes durch seine Natur ein für alle Mal bestimmt wäre, welches Maaß weder leer bleiben, noch überfüllt werden könnte, wie sehr auch die Form des Leidens wechseln mag. Sein Leiden und Wohlseyn wäre demnach gar nicht von außen, sondern eben nur durch jenes Maaß, jene Anlage, bestimmt, welche zwar durch das physische Befinden einige Ab- und

Zunahme zu verschiedenen Zeiten erfahren möchte, im Ganzen aber doch die selbe bliebe und nichts Anderes wäre, als was man sein Temperament nennt, oder genauer, der Grad in welchem er, wie Platon es im ersten Buch der Republik ausdrückt, *ευκολος* oder *δυσκολος*, d.i. leichten oder schweren Sinnes wäre. – Für diese Hypothese spricht nicht nur die bekannte Erfahrung, daß große Leiden alle kleineren gänzlich unfühlbar machen, und umgekehrt, bei Abwesenheit großer Leiden, selbst die kleinsten Unannehmlichkeiten uns quälen und verstimmen; sondern die Erfahrung lehrt auch, daß, wenn ein großes Unglück, bei dessen bloßen Gedanken wir schauderten, nun wirklich eingetreten ist, dennoch unsere Stimmung, sobald wir den ersten Schmerz überstanden haben, im Ganzen ziemlich unverändert dasteht; und auch umgekehrt, daß nach dem Eintritt eines lang ersehnten Glückes, wir uns im Ganzen und anhaltend nicht merklich wohler und behaglicher fühlen als vorher. Bloß der Augenblick des Eintritts jener Veränderungen bewegt uns ungewöhnlich stark als tiefer Jammer, oder lauter Jubel; aber beide verschwinden bald, weil sie auf Täuschung beruhten. Denn sie entstehen nicht über den unmittelbar gegenwärtigen Genuß oder Schmerz, sondern nur über die Eröffnung einer neuen Zukunft, die darin anticipirt wird. Nur dadurch, daß Schmerz oder Freude von der Zukunft borgten, konnten sie so abnorm erhöht werden, folglich nicht auf die Dauer. – Für die aufgestellte Hypothese, der zufolge, wie im Erkennen, so auch im Gefühl des Leidens oder Wohlseyns ein sehr großer Theil subjektiv und *a priori* bestimmt wäre, können noch als Belege die Bemerkungen angeführt werden, daß der menschliche Frohsinn, oder Trübsinn, augenscheinlich nicht durch äußere Umstände, durch Reichthum oder Stand, bestimmt wird; da wir wenigstens ebenso viele frohe Gesichter unter den Armen, als unter den Reichen antreffen: ferner, daß die Motive, auf welche der Selbstmord erfolgt, so höchst verschieden sind; indem wir kein Unglück angeben können, das groß genug wäre, um ihn nur mit vieler Wahrscheinlichkeit, bei jedem Charakter, herbeizuführen, und wenige, die so klein wären, daß nicht ihnen gleichwiegende ihn schon veranlaßt hätten. Wenn nun gleich der Grad unserer Heiterkeit oder Traurigkeit nicht zu allen

Zeiten der selbe ist; so werden wir, dieser Ansicht zufolge, es nicht dem Wechsel äußerer Umstände, sondern dem des innern Zustandes, des physischen Befindens, zuschreiben. Denn, wann eine wirkliche, wiewohl immer nur temporäre, Steigerung unserer Heiterkeit, selbst bis zur Freudigkeit, eintritt; so pflegt sie ohne allen äußern Anlaß sich einzufinden. Zwar sehen wir oft unsern Schmerz nur aus einem bestimmten äußern Verhältniß hervorgehen, und sind sichtbarlich nur durch dieses gedrückt und betrübt: wir glauben dann, daß wenn nur dieses gehoben wäre, die größte Zufriedenheit eintreten müßte. Allein dies ist Täuschung. Das Maaß unseres Schmerzes und Wohlseyns im Ganzen ist, nach unserer Hypothese, für jeden Zeitpunkt subjektiv bestimmt, und in Beziehung auf dasselbe ist jenes äußere Motiv zur Betrübniß nur was für den Leib ein Vesikatorium, zu dem sich alle, sonst vertheilten bösen Säfte hinziehen. Der in unserm Wesen, für diese Zeitperiode, begründete und daher unabwälzbare Schmerz wäre, ohne jene bestimmte äußere Ursache des Leidens, an hundert Punkten vertheilt und erschiene in Gestalt von hundert kleinen Verdrießlichkeiten und Grillen über Dinge, die wir jetzt ganz übersehen, weil unsere Kapacität für den Schmerz schon durch jenes Hauptübel ausgefüllt ist, welches alles sonst zerstreute Leiden auf einen Punkt koncentrirt hat. Diesem entspricht auch die Beobachtung, daß, wenn eine große, uns beklemmende Besorgniß endlich, durch den glücklichen Ausgang, uns von der Brust gehoben wird, alsbald an ihre Stelle eine andere tritt, deren ganzer Stoff schon vorher da war, jedoch nicht als Sorge ins Bewußtseyn kommen konnte, weil dieses keine Kapacität dafür übrig hatte, weshalb dieser Sorgestoff bloß als dunkle unbemerkte Nebelgestalt an dessen Horizonts äußerstem Ende stehen blieb. Jetzt aber, da Platz geworden, tritt sogleich dieser fertige Stoff heran und nimmt den Thron der herrschenden *(πρυτανευουσα)* Besorgniß des Tages ein: wenn er nun auch, der Materie nach, sehr viel leichter ist, als der Stoff jener verschwundenen Besorgniß; so weiß er doch sich so aufzublähen, daß er ihr an scheinbarer Größe gleichkommt und so als Hauptbesorgniß des Tages den Thron vollkommen ausfüllt.

Unmäßige Freude und sehr heftiger Schmerz finden sich immer

nur in der selben Person ein: denn beide bedingen sich wechselseitig und sind auch gemeinschaftlich durch große Lebhaftigkeit des Geistes bedingt. Beide werden, wie wir so eben fanden, nicht durch das rein Gegenwärtige, sondern durch Anticipation der Zukunft hervorgebracht. Da aber der Schmerz dem Leben wesentlich ist und auch seinem Grade nach durch die Natur des Subjekts bestimmt ist, daher plötzliche Veränderungen, weil sie immer äußere sind, seinen Grad eigentlich nicht ändern können; so liegt dem übermäßigen Jubel oder Schmerz immer ein Irrthum und Wahn zum Grunde: folglich ließen jene beiden Ueberspannungen des Gemüths sich durch Einsicht vermeiden. Jeder unmäßige Jubel *(exultatio, insolens laetitia)* beruht immer auf dem Wahn, etwas im Leben gefunden zu haben, was gar nicht darin anzutreffen ist, nämlich dauernde Befriedigung der quälenden, sich stets neu gebärenden Wünsche, oder Sorgen. Von jedem einzelnen Wahn dieser Art muß man später unausbleiblich zurückgebracht werden und ihn dann, wann er verschwindet, mit ebenso bittern Schmerzen bezahlen, als sein Eintritt Freude verursachte. Er gleicht insofern durchaus einer Höhe, von der man nur durch Fall wieder herab kann; daher man sie vermeiden sollte: und jeder plötzliche, übermäßige Schmerz ist eben nur der Fall von so einer Höhe, das Verschwinden eines solchen Wahnes, und daher durch ihn bedingt. Man könnte folglich beide vermeiden, wenn man es über sich vermöchte, die Dinge stets im Ganzen und in ihrem Zusammenhang völlig klar zu übersehen und sich standhaft zu hüten, ihnen die Farbe wirklich zu leihen, die man wünschte, daß sie hätten. Die Stoische Ethik gieng hauptsächlich darauf aus, das Gemüth von allem solchen Wahn und dessen Folgen zu befreien, und ihm statt dessen unerschütterlichen Gleichmuth zu geben. Von dieser Einsicht ist Horatius erfüllt, in der bekannten Ode:

Aequam memento rebus in arduis
Servare mentem, non secus in bonis
Ab insolenti temperatam
Laetitia. –

Meistens aber verschließen wir uns der, einer bittern Arzenei zu vergleichenden Erkenntniß, daß das Leiden dem Leben wesentlich ist und daher nicht von außen auf uns einströmt, sondern Jeder die unversiegbare Quelle desselben in seinem eigenen Innern herumträgt. Wir suchen vielmehr zu dem nie von uns weichenden Schmerz stets eine äußere einzelne Ursache, gleichsam einen Vorwand; wie der Freie sich einen Götzen bildet, um einen Herrn zu haben. Denn unermüdlich streben wir von Wunsch zu Wunsch, und wenn gleich jede erlangte Befriedigung, soviel sie auch verhieß, uns doch nicht befriedigt, sondern meistens bald als beschämender Irrthum dasteht, sehen wir doch nicht ein, daß wir mit dem Faß der Danaiden schöpfen; sondern eilen zu immer neuen Wünschen:

Sed, dum abest quod avemus, id exsuperare videtur
Caetera; post aliud, quum contigit illud, avemus;
Et sitis aequa tenet vitai semper hiantes. (Lucr., III, 1095.)

So geht es denn entweder ins Unendliche, oder, was seltener ist und schon eine gewisse Kraft des Charakters voraussetzt, bis wir auf einen Wunsch treffen, der nicht erfüllt und doch nicht aufgegeben werden kann: dann haben wir gleichsam was wir suchten, nämlich etwas, das wir jeden Augenblick, statt unseres eigenen Wesens, als die Quelle unserer Leiden anklagen können, und wodurch wir nun mit unserm Schicksal entzweit, dafür aber mit unserer Existenz versöhnt werden, indem die Erkenntniß sich wieder entfernt, daß dieser Existenz selbst das Leiden wesentlich und wahre Befriedigung unmöglich sei. Die Folge dieser letzten Entwickelungsart ist eine etwas melancholische Stimmung, das beständige Tragen eines einzigen, großen Schmerzes und daraus entstehende Geringschätzung aller kleineren Leiden oder Freuden; folglich eine schon würdigere Erscheinung, als das stete Haschen nach immer anderen Truggestalten, welches viel gewöhnlicher ist.

§. 58.

Alle Befriedigung, oder was man gemeinhin Glück nennt, ist eigentlich und wesentlich immer nur NEGATIV und durchaus nie positiv. Es ist nicht eine ursprünglich und von selbst auf uns kommende Beglückung, sondern muß immer die Befriedigung eines

Wunsches seyn. Denn Wunsch, d.h. Mangel, ist die vorhergehende Bedingung jedes Genusses. Mit der Befriedigung hört aber der Wunsch und folglich der Genuß auf. Daher kann die Befriedigung oder Beglückung nie mehr seyn, als die Befreiung von einem Schmerz, von einer Noth: denn dahin gehört nicht nur jedes wirkliche, offenbare Leiden, sondern auch jeder Wunsch, dessen Importunität unsere Ruhe stört, ja sogar auch die ertödtende Langeweile, die uns das Daseyn zur Last macht. – Nun aber ist es so schwer, irgend etwas zu erreichen und durchzusetzen: jedem Vorhaben stehen Schwierigkeiten und Bemühungen ohne Ende entgegen, und bei jedem Schritt häufen sich die Hindernisse. Wann aber endlich Alles überwunden und erlangt ist, so kann doch nie etwas Anderes gewonnen seyn, als daß man von irgend einem Leiden, oder einem Wunsche, befreit ist, folglich nur sich so befindet, wie vor dessen Eintritt. – Unmittelbar gegeben ist uns immer nur der Mangel, d.h. der Schmerz. Die Befriedigung aber und den Genuß können wir nur mittelbar erkennen, durch Erinnerung an das vorhergegangene Leiden und Entbehren, welches bei seinem Eintritt aufhörte. Daher kommt es, daß wir der Güter und Vortheile, die wir wirklich besitzen, gar nicht recht inne werden, noch sie schätzen, sondern nicht anders meynen, als eben es müsse so seyn: denn sie beglücken immer nur negativ, Leiden abhaltend. Erst nachdem wir sie verloren haben, wird uns ihr Werth fühlbar: denn der Mangel, das Entbehren, das Leiden ist das Positive, sich unmittelbar Ankündigende. Daher auch freut uns die Erinnerung überstandener Noth, Krankheit, Mangel u.dgl., weil solche das einzige Mittel die gegenwärtigen Güter zu genießen ist. Auch ist nicht zu leugnen, daß in dieser Hinsicht und auf diesem Standpunkt des Egoismus, der die Form des Lebenwollens ist, der Anblick oder die Schilderung fremder Leiden uns auf eben jenem Wege Befriedigung und Genuß giebt, wie es Lukretius schön und offenherzig ausspricht, im Anfang des zweiten Buches:

Suave, mari magno, turbantibus aequora ventis,
E terra magnum alterius spectare laborem:
Non, quia vexari quemquam est jucunda voluptas;
Sed, quibus ipse malis careas, quia cernere suave est.

Jedoch wird sich uns weiterhin zeigen, daß diese Art der Freude, durch so vermittelte Erkenntniß seines Wohlseyns, der Quelle der eigentlichen positiven Bosheit sehr nahe liegt.

Daß alles Glück nur negativer, nicht positiver Natur ist, daß es eben deshalb nicht dauernde Befriedigung und Beglückung seyn kann, sondern immer nur von einem Schmerz oder Mangel erlöst, auf welchen entweder ein neuer Schmerz, oder auch *languor*, leeres Sehnen und Langeweile folgen muß; dies findet einen Beleg auch in jenem treuen Spiegel des Wesens der Welt und des Lebens, in der Kunst, besonders in der Poesie. Jede epische, oder dramatische Dichtung nämlich kann immer nur ein Ringen, Streben und Kämpfen um Glück, nie aber das bleibende und vollendete Glück selbst darstellen. Sie führt ihren Helden durch tausend Schwierigkeiten und Gefahren bis zum Ziel: sobald es erreicht ist, läßt sie schnell den Vorhang fallen. Denn es bliebe ihr jetzt nichts übrig, als zu zeigen, daß das glänzende Ziel, in welchem der Held das Glück zu finden wähnte, auch ihn nur geneckt hatte, und er nach dessen Erreichung nicht besser daran war, als zuvor. Weil ein ächtes, bleibendes Glück nicht möglich ist, kann es kein Gegenstand der Kunst seyn. Zwar ist der Zweck des Idylls wohl eigentlich die Schilderung eines solchen: allein man sieht auch, daß das Idyll als solches sich nicht halten kann. Immer wird es dem Dichter unter den Händen entweder episch, und ist dann nur ein sehr unbedeutendes Epos, aus kleinen Leiden, kleinen Freuden und kleinen Bestrebungen zusammengesetzt: dies ist der häufigste Fall; oder aber es wird zur bloß beschreibenden Poesie, schildert die Schönheit der Natur, d.h. eigentlich das reine willensfreie Erkennen, welches freilich auch in der That das einzige reine Glück ist, dem weder Leiden noch Bedürfniß vorhergeht, noch auch Reue, Leiden, Leere, Ueberdruß nothwendig folgt: nur kann dieses Glück nicht das ganze Leben füllen, sondern bloß Augenblicke desselben. – Was wir in der Poesie sehen, finden wir in der Musik wieder, in deren Melodie wir ja die allgemein ausgedrückte innerste Geschichte des sich selbst bewußten Willens, das geheimste Leben, Sehnen, Leiden und Freuen, das Ebben und Fluthen des menschlichen Herzens wiedererkannt haben. Die Melodie ist immer ein Abweichen vom Grundton, durch tausend wunderliche Irrgänge, bis zur schmerzlichsten Dissonanz, darauf sie endlich den Grundton wiederfindet, der die Befriedigung und Beruhigung des Willens ausdrückt, mit welchem aber nachher weiter nichts mehr zu machen ist und dessen längeres Anhalten nur lästige und nichtssagende Monotonie wäre, der Langenweile entsprechend.

Alles was diese Betrachtungen deutlich machen sollten, die Unerreichbarkeit dauernder Befriedigung und die Negativität alles Glückes, findet seine Erklärung in Dem, was am Schlusse des zweiten Buches gezeigt ist: daß nämlich der Wille, dessen Objektivation das Menschenleben wie jede Erscheinung ist, ein Streben ohne Ziel und ohne Ende ist. Das Gepräge dieser Endlosigkeit finden wir auch allen Theilen seiner gesammten Erscheinung aufgedrückt, von der allgemeinsten Form dieser, der Zeit und dem Raum ohne Ende an, bis zur vollendetesten aller Erscheinungen, dem Leben und Streben des Menschen. – Man kann drei Extreme des Menschenlebens theoretisch annehmen und sie als Elemente des wirklichen Menschenlebens betrachten. Erstlich, das gewaltige Wollen, die großen Leidenschaften (Radscha-Guna). Es tritt hervor in den großen historischen Charakteren; es ist geschildert im Epos und Drama: es kann sich aber auch in der kleinen Sphäre zeigen, denn die Größe der Objekte mißt sich hier nur nach dem Grade, in welchem sie den Willen bewegen, nicht nach ihren äußeren Verhältnissen. Sodann zweitens das reine Erkennen, das Auffassen der Ideen, bedingt durch Befreiung der Erkenntniß vom Dienste des Willens: das Leben des Genius (Satwa-Guna). Endlich drittens, die größte Lethargie des Willens und damit der an ihn gebundenen Erkenntniß, leeres Sehnen, lebenerstarrende Langeweile (Tama-Guna). Das Leben des Individuums, weit entfernt in einem dieser Extreme zu verharren, berührt sie nur selten, und ist meistens nur ein schwaches und schwankendes Annähern zu dieser oder jener Seite, ein dürftiges Wollen kleinlicher Objekte, stets wiederkehrend und so der Langenweile entrinnend. – Es ist wirklich unglaublich, wie nichtssagend und bedeutungsleer, von außen gesehen, und wie dumpf und besinnungslos, von innen empfunden, das Leben der allermeisten Menschen dahinfließt. Es ist ein mattes

Sehnen und Quälen, ein träumerisches Taumeln durch die vier Lebensalter hindurch zum Tode, unter Begleitung einer Reihe trivialer Gedanken. Sie gleichen Uhrwerken, welche aufgezogen werden und gehen, ohne zu wissen warum; und jedes Mal, daß ein Mensch gezeugt und geboren worden, ist die Uhr des Menschenlebens aufs Neue aufgezogen, um jetzt ihr schon zahllose Male abgespieltes Leierstück abermals zu wiederholen, Satz vor Satz und Takt vor Takt, mit unbedeutenden Variationen. – Jedes Individuum, jedes Menschengesicht und dessen Lebenslauf ist nur ein kurzer Traum mehr des unendlichen Naturgeistes, des beharrlichen Willens zum Leben, ist nur ein flüchtiges Gebilde mehr, das er spielend hinzeichnet auf sein unendliches Blatt, Raum und Zeit, und eine gegen diese verschwindend kleine Weile bestehen läßt, dann auslöscht, neuen Platz zu machen. Dennoch, und hier liegt die bedenkliche Seite des Lebens, muß jedes dieser flüchtigen Gebilde, dieser schaalen Einfälle, vom ganzen Willen zum Leben, in aller seiner Heftigkeit, mit vielen und tiefen Schmerzen und zuletzt mit einem lange gefürchteten, endlich eintretenden bittern Tode bezahlt werden. Darum macht uns der Anblick eines Leichnams so plötzlich ernst.

Das Leben jedes Einzelnen ist, wenn man es im Ganzen und Allgemeinen übersieht und nur die bedeutsamsten Züge heraushebt, eigentlich immer ein Trauerspiel; aber im Einzelnen durchgegangen, hat es den Charakter des Lustspiels. Denn das Treiben und die Plage des Tages, die rastlose Neckerei des Augenblicks, das Wünschen und Fürchten der Woche, die Unfälle jeder Stunde, mittelst des stets auf Schabernack bedachten Zufalls, sind lauter Komödienscenen. Aber die nie erfüllten Wünsche, das vereitelte Streben, die vom Schicksal unbarmherzig zertretenen Hoffnungen, die unsäligen Irrthümer des ganzen Lebens, mit dem steigenden Leiden und Tode am Schlusse, geben immer ein Trauerspiel. So muß, als ob das Schicksal zum Jammer unseres Daseyns noch den Spott fügen gewollt, unser Leben alle Wehen des Trauerspiels enthalten, und wir dabei doch nicht einmal die Würde tragischer Personen behaupten können, sondern, im breiten Detail des Lebens, unumgänglich läppische Lustspielcharaktere seyn.

So sehr nun aber auch große und kleine Plagen jedes Menschenleben füllen und in steter Unruhe und Bewegung erhalten, so vermögen sie doch nicht die Unzulänglichkeit des Lebens zur Erfüllung des Geistes, das Leere und Schaale des Daseyns zu verdecken, oder die Langeweile auszuschließen, die immer bereit ist jede Pause zu füllen, welche die Sorge läßt. Daraus ist es entstanden, daß der menschliche Geist, noch nicht zufrieden mit den Sorgen, Bekümmernissen und Beschäftigungen, die ihm die wirkliche Welt auflegt, sich in der Gestalt von tausend verschiedenen Superstitionen noch eine imaginäre Welt schafft, mit dieser sich dann auf alle Weise zu thun macht und Zeit und Kräfte an ihr verschwendet, sobald die wirkliche ihm die Ruhe gönnen will, für die er gar nicht empfänglich ist. Dieses ist daher auch ursprünglich am meisten der Fall bei den Völkern, welchen die Milde des Himmelsstriches und Bodens das Leben leicht macht, vor allen bei den Hindus, dann bei den Griechen, Römern, und später bei den Italiänern, Spaniern u.s.w. – Dämonen, Götter und Heilige schafft sich der Mensch nach seinem eigenen Bilde; diesen müssen dann unablässig Opfer, Gebete, Tempelverzierungen, Gelübde und deren Lösung, Wallfahrten, Begrüßungen, Schmückung der Bilder u.s.w. dargebracht werden. Ihr Dienst verwebt sich überall mit der Wirklichkeit, ja verdunkelt diese: jedes Ereigniß des Lebens wird dann als Gegenwirkung jener Wesen aufgenommen: der Umgang mit ihnen füllt die halbe Zeit des Lebens aus, unterhält beständig die Hoffnung und wird, durch den Reiz der Täuschung, oft interessanter, als der mit wirklichen Wesen. Er ist der Ausdruck und das Symptom der doppelten Bedürftigkeit des Menschen, theils nach Hülfe und Beistand, und theils nach Beschäftigung und Kurzweil: und wenn er auch dem erstern Bedürfniß oft gerade entgegenarbeitet, indem, bei vorkommenden Unfällen und Gefahren, kostbare Zeit und Kräfte, statt auf deren Abwendung, auf Gebete und Opfer unnütz verwendet werden; so dient er dem zweiten Bedürfniß dafür desto besser, durch jene phantastische Unterhaltung mit einer erträumten Geisterwelt: und dies ist der gar nicht zu verachtende Gewinn aller Superstitionen.

§. 59.

Haben wir nunmehr durch die allerallgemeinsten Betrachtungen, durch Untersuchung der ersten elementaren Grundzüge des Menschenlebens, uns insofern *a priori* überzeugt, daß dasselbe schon der ganzen Anlage nach, keiner wahren Glücksäligkeit fähig, sondern wesentlich ein vielgestaltetes Leiden und ein durchweg unsäliger Zustand ist; so könnten wir jetzt diese Ueberzeugung viel lebhafter in uns erwecken, wenn wir, mehr *a posteriori* verfahrend, auf die bestimmteren Fälle eingehen, Bilder vor die Phantasie bringen und in Beispielen den namenlosen Jammer schildern wollten, den Erfahrung und Geschichte darbieten, wohin man auch blicken und in welcher Rücksicht man auch forschen mag. Allein das Kapitel würde ohne Ende seyn und uns von dem Standpunkt der Allgemeinheit entfernen, welcher der Philosophie wesentlich ist. Zudem könnte man leicht eine solche Schilderung für eine bloße Deklamation über das menschliche Elend, wie sie schon oft dagewesen ist, halten und sie als solche der Einseitigkeit beschuldigen, weil sie von einzelnen Thatsachen ausgienge. Von solchem Vorwurf und Verdacht ist daher unsere ganz kalte und philosophische, vom Allgemeinen ausgehende und *a priori* geführte Nachweisung des im Wesen des Lebens begründeten unumgänglichen Leidens frei. Die Bestätigung *a posteriori* aber ist überall leicht zu haben. Jeder, welcher aus den ersten Jugendträumen erwacht ist, eigene und fremde Erfahrung beachtet, sich im Leben, in der Geschichte der Vergangenheit und des eigenen Zeitalters, endlich in den Werken der großen Dichter umgesehen hat, wird, wenn nicht irgend ein unauslöschlich eingeprägtes Vorurtheil seine Urtheilskraft lähmt, wohl das Resultat erkennen, daß diese Menschenwelt das Reich des Zufalls und des Irrthums ist, die unbarmherzig darin schalten, im Großen, wie im Kleinen, neben welchen aber noch Thorheit und Bosheit die Geißel schwingen: daher es kommt, daß jedes Bessere nur mühsam sich durchdrängt, das Edle und Weise sehr selten zur Erscheinung gelangt und Wirksamkeit oder Gehör findet, aber das

Absurde und Verkehrte im Reiche des Denkens, das Platte und Abgeschmackte im Reiche der Kunst, das Böse und Hinterlistige im Reiche der Thaten, nur durch kurze Unterbrechungen gestört, eigentlich die Herrschaft behaupten; hingegen das Treffliche jeder Art immer nur eine Ausnahme, ein Fall aus Millionen ist, daher auch, wenn es sich in einem dauernden Werke kund gegeben, dieses nachher, nachdem es den Groll seiner Zeitgenossen überlebt hat, isolirt dasteht, aufbewahrt wird, gleich einem Meteorstein, aus einer andern Ordnung der Dinge, als die hier herrschende ist, entsprungen. – Was aber das Leben des Einzelnen betrifft, so ist jede Lebensgeschichte eine Leidensgeschichte: denn jeder Lebenslauf ist, in der Regel, eine fortgesetzte Reihe großer und kleiner Unfälle, die zwar jeder möglichst verbirgt, weil er weiß, daß Andere selten Theilnahme oder Mitleid, fast immer aber Befriedigung durch die Vorstellung der Plagen, von denen sie gerade jetzt verschont sind, dabei empfinden müssen; – aber vielleicht wird nie ein Mensch, am Ende seines Lebens, wenn er besonnen und zugleich aufrichtig ist, wünschen, es nochmals durchzumachen, sondern, eher als das, viel lieber gänzliches Nichtseyn erwählen. Der wesentliche Inhalt des weltberühmten Monologs im »Hamlet« ist, wenn zusammengefaßt, dieser: Unser Zustand ist ein so elender, daß gänzliches Nichtseyn ihm entschieden vorzuziehen wäre. Wenn nun der Selbstmord uns dieses wirklich darböte, so daß die Alternative »Seyn oder Nichtseyn« im vollen Sinn des Wortes vorläge; dann wäre er unbedingt zu erwählen, als eine höchst wünschenswerthe Vollendung *(a consumation devoutly to be wish'd).* Allein in uns ist etwas, das uns sagt, dem sei nicht so; es sei damit nicht aus, der Tod sei keine absolute Vernichtung. – Imgleichen ist, was schon der Vater der Geschichte anführt*, auch wohl seitdem nicht widerlegt worden, daß nämlich kein Mensch existirt hat, der nicht mehr als ein Mal gewünscht hätte, den folgenden Tag nicht zu erleben. Danach möchte die so oft beklagte Kürze des Lebens vielleicht gerade das Beste daran seyn. – Wenn man nun endlich noch Jedem die entsetzlichen Schmerzen und Quaalen, denen sein Leben beständig

* *Herodot,* VII, 46

offen steht, vor die Augen bringen wollte; so würde ihn Grausen ergreifen: und wenn man den verstocktesten Optimisten durch die Krankenhospitäler, Lazarethe und chirurgische Marterkammern, durch die Gefängnisse, Folterkammern und Sklavenställe, über Schlachtfelder und Gerichtsstätten führen, dann alle die finsteren Behausungen des Elends, wo es sich vor den Blicken kalter Neugier verkriecht, ihm öffnen und zum Schluß ihn in den Hungerthurm des Ugolino blicken lassen wollte; so würde sicherlich auch er zuletzt einsehen, welcher Art dieser *meilleur des mondes possibles* ist. Woher denn anders hat DANTE den Stoff zu seiner Hölle genommen, als aus dieser unserer wirklichen Welt? Und doch ist es eine recht ordentliche Hölle geworden. Hingegen als er an die Aufgabe kam, den Himmel und seine Freuden zu schildern, da hatte er eine unüberwindliche Schwierigkeit vor sich; weil eben unsere Welt gar keine Materialien zu so etwas darbietet. Daher blieb ihm nichts übrig, als, statt der Freuden des Paradieses, die Belehrung, die ihm dort von seinem Ahnherrn, seiner Beatrix und verschiedenen Heiligen ertheilt worden, uns wiederzugeben. Hieraus aber erhellt genugsam, welcher Art diese Welt ist. Freilich ist am Menschenleben, wie an jeder schlechten Waare, die Außenseite mit falschem Schimmer überzogen: immer verbirgt sich was leidet; hingegen was Jeder an Prunk und Glanz erschwingen kann, trägt er zur Schau, und je mehr ihm innere Zufriedenheit abgeht, desto mehr wünscht er, in der Meinung Anderer als ein Beglückter dazustehen: so weit geht die Thorheit, und die Meinung Anderer ist ein Hauptziel des Strebens eines Jeden, obgleich die gänzliche Nichtigkeit desselben schon dadurch sich ausdrückt, daß in fast allen Sprachen Eitelkeit, *vanitas*, ursprünglich Leerheit und Nichtigkeit bedeutet. – Allein auch unter allem diesen Blendwerk können die Quaalen des Lebens sehr leicht so anwachsen, und es geschieht ja täglich, daß der sonst über Alles gefürchtete Tod mit Begierde ergriffen wird. Ja, wenn das Schicksal seine ganze Tücke zeigen will, so kann selbst diese Zuflucht dem Leidenden versperrt und er, unter den Händen ergrimmter Feinde, grausamen, langsamen Martern ohne Rettung hingegeben bleiben. Vergebens ruft dann der Gequälte seine Götter um Hülfe an: er bleibt seinem Schicksal ohne Gnade Preis gegeben. Diese Rettungslosigkeit ist aber eben nur der Spiegel der Unbezwinglichkeit seines Willens, dessen Objektität seine Person ist. – So wenig eine äußere Macht diesen Willen ändern oder aufheben kann, so wenig auch kann irgend eine fremde Macht ihn von den Quaalen befreien, die aus dem Leben hervorgehen, welches die Erscheinung jenes Willens ist. Immer ist der Mensch auf sich selbst zurückgewiesen, wie in jeder, so in der Hauptsache. Vergebens macht er sich Götter, um von ihnen zu erbetteln und zu erschmeicheln was nur die eigene Willenskraft herbeizuführen vermag. Hatte das Alte Testament die Welt und den Menschen zum Werk eines Gottes gemacht, so sah das Neue Testament, um zu lehren, daß Heil und Erlösung aus dem Jammer dieser Welt nur von ihr selbst ausgehen kann, sich genöthigt, jenen Gott Mensch werden zu lassen. Des Menschen Wille ist und bleibt es, wovon Alles für ihn abhängt. Saniassis, Märtyrer, Heilige jedes Glaubens und Namens, haben freiwillig und gern jede Marter erduldet, weil in ihnen der Wille zum Leben sich aufgehoben hatte; dann aber war sogar die langsame Zerstörung seiner Erscheinung ihnen willkommen. Doch ich will der fernern Darstellung nicht vorgreifen. – Uebrigens kann ich hier die Erklärung nicht zurückhalten, daß mir der OPTIMISMUS, wo er nicht etwan das gedankenlose Reden Solcher ist, unter deren platten Stirnen nichts als Worte herbergen, nicht bloß als eine absurde, sondern auch als eine wahrhaft RUCHLOSE Denkungsart erscheint, als ein bitterer Hohn über die namenlosen Leiden der Menschheit. – Man denke nur ja nicht etwan, daß die christliche Glaubenslehre dem Optimismus günstig sei; da im Gegentheil in den Evangelien Welt und Uebel beinahe als synonyme Ausdrücke gebraucht werden*.

§. 60.

Nachdem wir nunmehr die beiden Auseinandersetzungen, deren Dazwischentreten nothwendig war, nämlich über die Freiheit des

---

* Hiezu Kap. 46 des zweiten Bandes.

Willens an sich, zugleich mit der Nothwendigkeit seiner Erscheinung, sodann über sein Loos in der sein Wesen abspiegelnden Welt, auf deren Erkenntniß er sich zu bejahen oder zu verneinen hat, vollendet haben; können wir diese Bejahung und Verneinung selbst, die wir oben nur allgemein aussprachen und erklärten, jetzt zu größerer Deutlichkeit erheben, indem wir die Handlungsweisen, in welchen allein sie ihren Ausdruck finden, darstellen und ihrer innern Bedeutung nach betrachten.

Die Bejahung des Willens ist das von keiner Erkenntniß gestörte beständige Wollen selbst, wie es das Leben der Menschen im Allgemeinen ausfüllt. Da schon der Leib des Menschen die Objektität des Willens, wie er auf dieser Stufe und in diesem Individuo erscheint, ist; so ist sein in der Zeit sich entwickelndes Wollen gleichsam die Paraphrase des Leibes, die Erläuterung der Bedeutung des Ganzen und seiner Theile, ist eine andere Darstellungsweise desselben Dinges an sich, dessen Erscheinung auch schon der Leib ist. Daher können wir, statt Bejahung des Willens, auch Bejahung des Leibes sagen. Das Grundthema aller mannigfaltigen Willensakte ist die Befriedigung der Bedürfnisse, welche vom Daseyn des Leibes in seiner Gesundheit unzertrennlich sind, schon in ihm ihren Ausdruck haben und sich zurückführen lassen auf Erhaltung des Individuums und Fortpflanzung des Geschlechts. Allein mittelbar erhalten hiedurch die verschiedenartigsten Motive Gewalt über den Willen und bringen die mannigfaltigsten Willensakte hervor. Jeder von diesen ist nur eine Probe, ein Exempel, des hier erscheinenden Willens überhaupt: welcher Art diese Probe sei, welche Gestalt das Motiv habe und ihr mittheile, ist nicht wesentlich; sondern nur, daß überhaupt gewollt wird, und mit welchem Grade der Heftigkeit, ist hier die Sache. Der Wille kann nur an den Motiven sichtbar werden, wie das Auge nur am Lichte seine Sehkraft äußert. Das Motiv überhaupt steht vor dem Willen als vielgestaltiger Proteus: es verspricht stets völlige Befriedigung, Löschung des Willensdurstes; ist es aber erreicht, so steht es gleich in anderer Gestalt da und bewegt in dieser aufs Neue den Willen, immer seinem Grade der Heftigkeit und seinem Verhältniß zur Erkenntniß gemäß, die eben durch diese Proben und Exempel als empirischer Charakter offenbar werden.

Der Mensch findet, vom Eintritt seines Bewußtseyns an, sich als wollend, und in der Regel bleibt seine Erkenntniß in beständiger Beziehung zu seinem Willen. Er sucht erst die Objekte seines Wollens, dann die Mittel zu diesen, vollständig kennen zu lernen. Jetzt weiß er, was er zu thun hat, und nach anderem Wissen strebt er, in der Regel, nicht. Er handelt und treibt: das Bewußtseyn, immer nach dem Ziele seines Wollens hinzuarbeiten, hält ihn aufrecht und thätig: sein Denken betrifft die Wahl der Mittel. So ist das Leben fast aller Menschen: sie wollen, wissen was sie wollen, streben danach mit so vielem Gelingen, als sie vor Verzweiflung, und so vielem Mißlingen, als sie vor Langerweile und deren Folgen schützt. Daraus geht eine gewisse Heiterkeit, wenigstens Gelassenheit hervor, an welcher Reichthum oder Armuth eigentlich nichts ändern: denn der Reiche und der Arme genießen nicht was sie haben, da dies, wie gezeigt, nur negativ wirkt; sondern was sie durch ihr Treiben zu erlangen hoffen. Sie treiben vorwärts, mit vielem Ernst, ja mit wichtiger Miene: so treiben auch die Kinder ihr Spiel. – Es ist immer eine Ausnahme, wenn so ein Lebenslauf eine Störung erleidet dadurch, daß aus einem vom Dienste des Willens unabhängigen und auf das Wesen der Welt überhaupt gerichteten Erkennen, entweder die ästhetische Aufforderung zur Beschaulichkeit, oder die ethische zur Entsagung hervorgeht. Die Meisten jagt die Noth durchs Leben, ohne sie zur Besinnung kommen zu lassen. Hingegen entzündet sich oft der Wille zu einem die Bejahung des Leibes weit übersteigenden Grade, welchen dann heftige Affekte und gewaltige Leidenschaften zeigen, in welchen das Individuum nicht bloß sein eigenes Daseyn bejaht, sondern das der übrigen verneint und aufzuheben sucht, wo es ihm im Wege steht.

Die Erhaltung des Leibes durch dessen eigene Kräfte ist ein so geringer Grad der Bejahung des Willens, daß, wenn es freiwillig bei ihm bliebe, wir annehmen könnten, mit dem Tode dieses Leibes sei auch der Wille erloschen, der in ihm erschien. Allein schon die Befriedigung des Geschlechtstriebes geht über die Bejahung der eigenen Existenz, die eine so kurze Zeit füllt, hinaus, bejaht das

Leben über den Tod des Individuums, in eine unbestimmte Zeit hinaus. Die Natur, immer wahr und konsequent, hier sogar naiv, legt ganz offen die innere Bedeutung des Zeugungsaktes vor uns dar. Das eigene Bewußtseyn, die Heftigkeit des Triebes, lehrt uns, daß in diesem Akt sich die entschiedenste BEJAHUNG DES WILLENS ZUM LEBEN, rein und ohne weitern Zusatz (etwan von Verneinung fremder Individuen) ausspricht; und nun in der Zeit und Kausalreihe, d.h. in der Natur, erscheint als Folge des Akts ein neues Leben: vor den Erzeuger stellt sich der Erzeugte, in der Erscheinung von jenem verschieden, aber an sich, oder der Idee nach, mit ihm identisch. Daher ist es dieser Akt, durch den die Geschlechter der Lebenden sich jedes zu einem Ganzen verbinden und als solches perpetuiren. Die Zeugung ist in Beziehung auf den Erzeuger nur der Ausdruck, das Symptom, seiner entschiedenen Bejahung des Willens zum Leben: in Beziehung auf den Erzeugten ist sie nicht etwan der Grund des Willens, der in ihm erscheint, da der Wille an sich weder Grund noch Folge kennt; sondern sie ist, wie alle Ursache, nur Gelegenheitsursache der Erscheinung dieses Willens zu dieser Zeit an diesem Ort. Als Ding an sich ist der Wille des Erzeugers und der des Erzeugten nicht verschieden; da nur die Erscheinung, nicht das Ding an sich, dem *principio individuationis* unterworfen ist. Mit jener Bejahung über den eigenen Leib hinaus, und bis zur Darstellung eines neuen, ist auch Leiden und Tod, als zur Erscheinung des Lebens gehörig, aufs Neue mitbejaht und die durch die vollkommenste Erkenntnißfähigkeit herbeigeführte Möglichkeit der Erlösung diesmal für fruchtlos erklärt. Hier liegt der tiefe Grund der Schaam über das Zeugungsgeschäft. – Diese Ansicht ist mythisch dargestellt in dem Dogma der Christlichen Glaubenslehre, daß wir alle des Sündenfalles Adams (der offenbar nur die Befriedigung der Geschlechtslust ist) theilhaft und durch denselben des Leidens und des Todes schuldig sind. Jene Glaubenslehre geht hierin über die Betrachtung nach dem Satz vom Grunde hinaus und erkennt die Idee des Menschen; deren Einheit, aus ihrem Zerfallen in unzählige Individuen, durch das alle zusammenhaltende Band der Zeugung wiederhergestellt wird. Diesem zufolge sieht sie jedes Individuum einerseits als identisch mit dem

Adam, dem Repräsentanten der Bejahung des Lebens, an, und insofern als der Sünde (Erbsünde), dem Leiden und dem Tode anheimgefallen: andererseits zeigt ihr die Erkenntniß der Idee auch jedes Individuum als identisch mit dem Erlöser, dem Repräsentanten der Verneinung des Willens zum Leben, und insofern seiner Selbstaufopferung theilhaft, durch sein Verdienst erlöst, und gerettet aus den Banden der Sünde und des Todes, d.i. der Welt (Röm. 5, 12–21).

Eine andere mythische Darstellung unserer Ansicht von der Geschlechtsbefriedigung als der Bejahung des Willens zum Leben über das individuelle Leben hinaus, als einer erst dadurch konsummirten Anheimfallung an dasselbe, oder gleichsam als einer erneuerten Verschreibung an das Leben, ist der Griechische Mythos von der Proserpina, der die Rückkehr aus der Unterwelt noch möglich war, so lange sie die Früchte der Unterwelt nicht gekostet, die aber durch den Genuß des Granatapfels jener gänzlich anheimfällt. Aus Goethes unvergleichlicher Darstellung dieses Mythos spricht jener Sinn desselben sehr deutlich, besonders wann, sogleich nach dem Genuß des Granatapfels, plötzlich der unsichtbare Chor der Parzen einfällt:

»Du bist unser!
Nüchtern solltest wiederkehren:
Und der Biß des Apfels macht dich unser!«

Bemerkenswerth ist es, daß KLEMENS ALEXANDRINUS *(Strom., III, c. 15)* die Sache durch das selbe Bild und den selben Ausdruck bezeichnet: *Οἱ μεν ευνουχισαντες ἑαυτους απο πασης ἁμαρτιας, δια την βασιλειαν των ουρανων, μακαριοι οὑτοι εισιν, οἱ του κοσμου νηστευοντες. (Qui se castrarunt ab omni peccato, propter regnum coelorum, ii sunt beati, a* mundo jejunantes.*)*

Als die entschiedene, stärkste Bejahung des Lebens bestätigt sich der Geschlechtstrieb auch dadurch, daß er dem natürlichen Menschen, wie dem Thier, der letzte Zweck, das höchste Ziel seines Lebens ist. Selbsterhaltung ist sein erstes Streben, und sobald er für diese gesorgt hat, strebt er nur nach Fortpflanzung des Geschlechts: mehr kann er als bloß natürliches Wesen nicht anstreben. Auch die Natur, deren inneres Wesen der Wille zum Leben selbst ist, treibt mit aller ihrer Kraft den Menschen, wie das Thier, zur Fortpflanzung. Danach hat sie mit dem Individuum ihren Zweck erreicht und ist ganz gleichgültig gegen dessen Untergang, da ihr, als dem Willen zum Leben, nur an der Erhaltung der Gattung gelegen, das Individuum ihr nichts ist. – Weil im Geschlechtstrieb das innere Wesen der Natur, der Wille zum Leben, sich am stärksten ausspricht, sagten die alten Dichter und Philosophen – Hesiodos und Parmenides – sehr bedeutungsvoll, der Eros sei das Erste, das Schaffende, das Princip, aus dem alle Dinge hervorgiengen. (Man sehe *Aristot. Metaph., I, 4.)* Pherekydes hat gesagt: *Εις ερωτα μεταβεβλησθαι τον Δια, μελλοντα δημιουργειν. (Jovem, cum mundum fabricare vellet, in cupidinem sese transformasse.) Proclus ad Plat. Tim., l. III.* – Eine ausführliche Behandlung dieses Gegenstandes haben wir neuerlich erhalten von G.F. Schoemann, »*De cupidine cosmogonico*«, 1852. Auch die Maja der Inder, deren Werk und Gewebe die ganze Scheinwelt ist, wird durch *amor* paraphrasirt.

Die Genitalien sind viel mehr als irgend ein anderes äußeres Glied des Leibes bloß dem Willen und gar nicht der Erkenntniß unterworfen: ja, der Wille zeigt sich hier fast so unabhängig von der Erkenntniß, wie in den, auf Anlaß bloßer Reize, dem vegetativen Leben, der Reproduktion, dienenden Theilen, in welchen der Wille blind wirkt, wie in der erkenntnißlosen Natur. Denn die Zeugung ist nur die auf ein neues Individuum übergehende Reproduktion, gleichsam die Reproduktion auf der zweiten Potenz, wie der Tod nur die Exkretion auf der zweiten Potenz ist. – Diesem allen zufolge sind die Genitalien der eigentliche Brennpunkt des Willens und folglich der entgegengesetzte Pol des Gehirns, des Repräsentanten der Erkenntniß, d.i. der andern Seite der Welt, der Welt als Vorstellung. Jene sind das lebenerhaltende, der Zeit endloses Leben zusichernde Princip; in welcher Eigenschaft sie bei den Griechen im Phallus, bei den Hindu im Lingam verehrt wurden, welche also das Symbol der Bejahung des Willens sind. Die Erkenntniß dagegen giebt die Möglichkeit der Aufhebung des Wollens, der Erlösung durch Freiheit, der Ueberwindung und Vernichtung der Welt.

Wir haben schon am Anfang dieses vierten Buches ausführlich

betrachtet, wie der Wille zum Leben in seiner Bejahung sein Verhältniß zum Tode anzusehen hat, dieser nämlich ihn nicht anficht, weil er als etwas selbst schon im Leben Begriffenes und dazu Gehöriges dasteht, dem sein Gegensatz, die Zeugung, völlig das Gleichgewicht hält und dem Willen zum Leben, trotz dem Tode des Individuums, auf alle Zeit das Leben sichert und verbürgt; welches auszudrücken die Inder dem Todesgott Schiwa den Lingam zum Attribut gaben. Wir haben daselbst auch ausgeführt, wie der mit vollkommener Besonnenheit auf dem Standpunkt entschiedener Bejahung des Lebens Stehende dem Tode furchtlos entgegensieht. Daher hier nichts mehr davon. Ohne klare Besonnenheit stehen die meisten Menschen auf diesem Standpunkt und bejahen fortdauernd das Leben. Als Spiegel dieser Bejahung steht die Welt da, mit unzähligen Individuen, in endloser Zeit und endlosem Raum, und endlosem Leiden, zwischen Zeugung und Tod ohne Ende. – Es ist hierüber jedoch von keiner Seite weiter eine Klage zu erheben: denn der Wille führt das große Trauer- und Lustspiel auf eigene Kosten auf, und ist auch sein eigener Zuschauer. Die Welt ist gerade eine solche, weil der Wille, dessen Erscheinung sie ist, ein solcher ist, weil er so will. Für die Leiden ist die Rechtfertigung die, daß der Wille auch auf diese Erscheinung sich selbst bejaht; und diese Bejahung ist gerechtfertigt und ausgeglichen dadurch, daß er die Leiden trägt. Es eröffnet sich uns schon hier ein Blick auf die EWIGE GERECHTIGKEIT, im Ganzen; wir werden sie weiterhin näher und deutlicher auch im Einzelnen erkennen. Doch wird zuvor noch von der zeitlichen oder menschlichen Gerechtigkeit geredet werden müssen*.

§. 61.

Wir erinnern uns aus dem zweiten Buch, daß in der ganzen Natur, auf allen Stufen der Objektivation des Willens, nothwendig ein beständiger Kampf zwischen den Individuen aller Gattungen war, und eben dadurch sich ein innerer Widerstreit des Willens zum

---

* Hiezu Kap. 45 des zweiten Bandes.

Leben gegen sich selbst ausdrückte. Auf der höchsten Stufe der Objektivation wird, wie alles Andere, auch jenes Phänomen sich in erhöhter Deutlichkeit darstellen und sich daher weiter entziffern lassen. Zu diesem Zweck wollen wir zunächst dem EGOISMUS, als dem Ausgangspunkt alles Kampfes, in seiner Quelle nachspüren.

Wir haben Zeit und Raum, weil nur durch sie und in ihnen Vielheit des Gleichartigen möglich ist, das *principium individuationis* genannt. Sie sind die wesentlichen Formen der natürlichen, d.h. dem Willen entsprossenen Erkenntniß. Daher wird überall der Wille sich in der Vielheit von Individuen erscheinen. Aber diese Vielheit trifft nicht ihn, den Willen als Ding an sich, sondern nur seine Erscheinungen: er ist in jeder von diesen ganz und ungetheilt vorhanden und erblickt um sich herum das zahllos wiederholte Bild seines eigenen Wesens. Dieses selbst aber, also das wirklich Reale, findet er unmittelbar nur in seinem Innern. Daher will Jeder Alles für sich, will Alles besitzen, wenigstens beherrschen, und was sich ihm widersetzt, möchte er vernichten. Hiezu kommt, bei den erkennenden Wesen, daß das Individuum Träger des erkennenden Subjekts und dieses Träger der Welt ist; d.h. daß die ganze Natur außer ihm, also auch alle übrigen Individuen, nur in seiner Vorstellung existiren, er sich ihrer stets nur als seiner Vorstellung, also bloß mittelbar und als eines von seinem eigenen Wesen und Daseyn Abhängigen bewußt ist; da mit seinem Bewußtseyn ihm nothwendig auch die Welt untergeht, d.h. ihr Seyn und Nichtseyn gleichbedeutend und ununterscheidbar wird. Jedes erkennende Individuum ist also in Wahrheit und findet sich als den ganzen Willen zum Leben, oder das Ansich der Welt selbst, und auch als die ergänzende Bedingung der Welt als Vorstellung, folglich als einen Mikrokosmos, der dem Makrokosmos gleich zu schätzen ist. Die immer und überall wahrhafte Natur selbst giebt ihm, schon ursprünglich und unabhängig von aller Reflexion, diese Erkenntniß einfach und unmittelbar gewiß. Aus den angegebenen beiden nothwendigen Bestimmungen nun erklärt es sich, daß jedes in der gränzenlosen Welt gänzlich verschwindende und zu Nichts verkleinerte Individuum dennoch sich zum Mittelpunkt der Welt macht, seine eigene Existenz und Wohlseyn vor allem Andern berücksichtigt, ja, auf dem natürlichen Standpunkte, alles Andere dieser aufzuopfern bereit ist, bereit ist die Welt zu vernichten, um nur sein eigenes Selbst, diesen Tropfen im Meer, etwas länger zu erhalten. Diese Gesinnung ist der EGOISMUS, der jedem Dinge in der Natur wesentlich ist. Eben er aber ist es, wodurch der innere Widerstreit des Willens mit sich selbst zur fürchterlichen Offenbarung gelangt. Denn dieser Egoismus hat seinen Bestand und Wesen in jenem Gegensatz des Mikrokosmos und Makrokosmos, oder darin, daß die Objektivation des Willens das *principium individuationis* zur Form hat und dadurch der Wille in unzähligen Individuen sich auf gleiche Weise erscheint und zwar in jedem derselben nach beiden Seiten (Wille und Vorstellung) ganz und vollständig. Während also jedes sich selber als der ganze Wille und das ganze Vorstellende unmittelbar gegeben ist, sind die übrigen ihm zunächst nur als seine Vorstellungen gegeben; daher geht ihm sein eigenes Wesen und dessen Erhaltung allen anderen zusammen vor. Auf seinen eigenen Tod blickt Jeder als auf der Welt Ende, während er den seiner Bekannten als eine ziemlich gleichgültige Sache vernimmt, wenn er nicht etwan persönlich dabei betheiligt ist. In dem auf den höchsten Grad gesteigerten Bewußtseyn, dem menschlichen, muß, wie die Erkenntniß, der Schmerz, die Freude, so auch der Egoismus den höchsten Grad erreicht haben und der durch ihn bedingte Widerstreit der Individuen auf das entsetzlichste hervortreten. Dies sehen wir denn auch überall vor Augen, im Kleinen wie im Großen, sehen es bald von der schrecklichen Seite, im Leben großer Tyrannen und Bösewichter und in weltverheerenden Kriegen, bald von der lächerlichen Seite, wo es das Thema des Lustspiels ist und ganz besonders im Eigendünkel und Eitelkeit hervortritt, welche, so wie kein Anderer, Rochefoucault aufgefaßt und *in abstracto* dargestellt hat: wir sehen es in der Weltgeschichte und in der eigenen Erfahrung. Aber am deutlichsten tritt es hervor, sobald irgend ein Haufen Menschen von allem Gesetz und Ordnung entbunden ist: da zeigt sich sogleich aufs Deutlichste das *bellum omnium contra omnes*, welches Hobbes, im ersten Kapitel *de cive*, trefflich geschildert hat. Es zeigt sich, wie nicht nur Jeder dem Andern zu entreißen sucht was er selbst haben will; sondern sogar oft Einer, um sein Wohlseyn durch einen unbedeutenden Zuwachs zu vermehren, das ganze Glück oder Leben des Andern zerstört. Dies ist der höchste Ausdruck des Egoismus, dessen Erscheinungen, in dieser Hinsicht, nur noch übertroffen werden von denen der eigentlichen Bosheit, die ganz uneigennützig den Schaden und Schmerz Anderer, ohne allen eigenen Vortheil, sucht; davon bald die Rede seyn wird. – Mit dieser Aufdeckung der Quelle des Egoismus vergleiche man die Darstellung desselben, in meiner Preisschrift über das Fundament der Moral, §. 14.

Eine Hauptquelle des Leidens, welches wir oben als allem Leben wesentlich und unvermeidlich gefunden haben, ist, sobald es wirklich und in bestimmter Gestalt eintritt, jene ERIS, der Kampf aller Individuen, der Ausdruck des Widerspruchs, mit welchem der Wille zum Leben im Innern behaftet ist, und der durch das *principium individuationis* zur Sichtbarkeit gelangt: ihn unmittelbar und grell zu veranschaulichen sind Thierkämpfe das grausame Mittel. In diesem ursprünglichen Zwiespalt liegt eine unversiegbare Quelle des Leidens, trotz den Vorkehrungen, die man dagegen getroffen hat, und welche wir sogleich näher betrachten werden.

§. 62.

Es ist bereits auseinandergesetzt, daß die erste und einfache Bejahung des Willens zum Leben nur Bejahung des eigenen Leibes ist, d.h. Darstellung des Willens durch Akte in der Zeit, in so weit schon der Leib, in seiner Form und Zweckmäßigkeit, denselben Willen räumlich darstellt, und nicht weiter. Diese Bejahung zeigt sich als Erhaltung des Leibes, mittelst Anwendung der eigenen Kräfte desselben. An sie knüpft sich unmittelbar die Befriedigung des Geschlechtstriebes, ja gehört zu ihr, sofern die Genitalien zum Leibe gehören. Daher ist FREIWILLIGE und durch gar kein MOTIV begründete Entsagung der Befriedigung jenes Triebes schon Verneinung des Willens zum Leben, ist eine, auf eingetretene, als QUIETIV wirkende Erkenntniß, freiwillige Selbstaufhebung desselben: demgemäß stellt solche Verneinung des eigenen Leibes sich schon als ein Widerspruch des Willens gegen seine eigene Erscheinung dar. Denn obgleich auch hier der Leib in den Genitalien den Willen zur Fortpflanzung objektivirt, wird diese dennoch nicht gewollt. Eben dieserhalb, nämlich weil sie Verneinung oder Aufhebung des Willens zum Leben ist, ist solche Entsagung eine schwere und schmerzliche Selbstüberwindung; doch davon weiter unten. – Indem nun aber der Wille jene SELBSTBEJAHUNG des eigenen Leibes in unzähligen Individuen neben einander darstellt, geht er, vermöge des Allen eigenthümlichen Egoismus, sehr leicht in einem Individuo über diese Bejahung hinaus, bis zur VERNEINUNG desselben, im andern Individuo erscheinenden Willens. Der Wille des erstern bricht in die Gränze der fremden Willensbejahung ein, indem das Individuum entweder den fremden Leib selbst zerstört oder verletzt, oder aber auch, indem es die Kräfte jenes fremden Leibes SEINEM Willen zu dienen zwingt, statt dem in jenem fremden Leibe selbst erscheinenden Willen; also wenn es dem als fremder Leib erscheinenden Willen die Kräfte dieses Leibes entzieht und dadurch die SEINEM Willen dienende Kraft über die seines eigenen Leibes hinaus vermehrt, folglich seinen eigenen Willen über seinen eigenen Leib hinaus bejaht, mittelst Verneinung des in einem fremden Leibe erscheinenden Willens. – Dieser Einbruch in die Gränze fremder Willensbejahung ist von jeher deutlich erkannt und der Begriff desselben durch das Wort UNRECHT bezeichnet worden. Denn beide Theile erkennen die Sache, zwar nicht wie wir hier in deutlicher Abstraktion, sondern als Gefühl, augenblicklich. Der Unrechtleidende fühlt den Einbruch in die Sphäre der Bejahung seines eigenen Leibes, durch Verneinung derselben von einem fremden Individuo, als einen unmittelbaren und geistigen Schmerz, der ganz getrennt und verschieden ist von dem daneben empfundenen physischen Leiden durch die That, oder Verdruß durch den Verlust. Dem Unrecht-Ausübenden andererseits stellt sich die Erkenntniß, daß er an sich der selbe Wille ist, der auch in jenem Leibe erscheint, und der sich in der einen Erscheinung mit solcher Vehemenz bejaht, daß er, die Gränze des eigenen Leibes und dessen Kräfte überschreitend, zur Verneinung eben dieses Willens in der andern Erscheinung wird, folglich er, als Wille an sich betrachtet, eben durch seine Vehemenz gegen sich selbst streitet, sich selbst zerfleischt; – auch ihm stellt sich, sage ich, diese Erkenntniß augenblicklich, nicht *in abstracto*, sondern als ein dunkles Gefühl dar: und dieses nennt man Gewissensbiß, oder, näher für diesen Fall, Gefühl des AUSGEÜBTEN UNRECHTS.

Das UNRECHT, dessen Begriff wir in der allgemeinsten Abstraktion hiemit analysirt haben, drückt sich *in concreto* am vollendetesten, eigentlichsten und handgreiflichsten aus im Kannibalismus: dieser ist sein deutlichster augenscheinlichster Typus, das entsetzliche Bild des größten Widerstreites des Willens gegen sich selbst, auf der höchsten Stufe seiner Objektivation, welche der Mensch ist. Nächst diesem im Morde, auf dessen Ausübung daher der Gewissensbiß, dessen Bedeutung wir so eben abstrakt und trocken angegeben haben, augenblicklich mit furchtbarer Deutlichkeit folgt, und der Ruhe des Geistes eine auf die ganze Lebenszeit unheilbare Wunde schlägt; indem unser Schauder über den begangenen, wie auch unser Zurückbeben vor dem zu begehenden Mord, der gränzenlosen Anhänglichkeit an das Leben entspricht, von der alles Lebende, eben als Erscheinung des Willens zum Leben, durchdrungen ist. (Uebrigens werden wir weiterhin jenes Gefühl, das die Ausübung des Unrechts und des Bösen begleitet, oder die Gewissensangst, noch ausführlicher zergliedern und zur Deutlichkeit des Begriffs erheben.) Als dem Wesen nach mit dem Morde gleichartig und nur im Grade von ihm verschieden, ist die absichtliche Verstümmelung, oder bloße Verletzung des fremden Leibes anzusehen, ja jeder Schlag. – Ferner stellt das Unrecht sich dar in der Unterjochung des andern Individuums, im Zwange desselben zur Sklaverei; endlich im Angriff des fremden Eigenthums, welcher, sofern dieses als Frucht seiner Arbeit betrachtet wird, mit jener im Wesentlichen gleichartig ist und sich zu ihr verhält, wie die bloße Verletzung zum Mord.

Denn EIGENTHUM, welches OHNE UNRECHT dem Menschen nicht genommen wird, kann, unserer Erklärung des Unrechts zufolge, nur dasjenige seyn, welches durch seine Kräfte bearbeitet ist, durch Entziehung dessen man daher die Kräfte seines Leibes dem in diesem objektivirten Willen entzieht, um sie dem in einem andern Leibe objektivirten Willen dienen zu lassen. Denn nur so bricht der Ausüber des Unrechts, durch Angriff, nicht des fremden Leibes, sondern einer leblosen, von diesem ganz verschiedenen Sache, doch in die Sphäre der fremden Willensbejahung ein, indem mit dieser Sache die Kräfte, die Arbeit des fremden Leibes gleichsam verwachsen und identifizirt sind. Hieraus folgt, daß sich alles ächte, d.h. moralische Eigenthumsrecht ursprünglich einzig und allein auf Bearbeitung gründet; wie man dies auch vor Kant ziemlich allgemein annahm, ja, wie es das älteste aller Gesetzbücher deutlich und schön aussagt: »Weise, welche die Vorzeit kennen, erklären, daß ein bebautes Feld Dessen Eigenthum ist, welcher das Holz ausrottete, es reinigte und pflügte; wie eine Antilope dem ersten Jäger gehört, welcher sie tödtlich verwundete.« – Gesetze des Menu, IX, 44. – Nur aus Kants Altersschwäche ist mir seine ganze Rechtslehre, als eine sonderbare Verflechtung einander herbeiziehender Irrthümer, und auch dieses erklärlich, daß er das Eigenthumsrecht durch erste Besitzergreifung begründen will. Denn wie sollte doch die bloße Erklärung meines Willens, Andere vom Gebrauch einer Sache auszuschließen, sofort auch selbst ein RECHT hiezu geben? Offenbar bedarf sie selbst erst eines Rechtsgrundes; statt daß Kant annimmt, sie sei einer. Und wie sollte doch Derjenige an sich, d.h. moralisch, unrecht handeln, der jene, auf nichts als auf ihre eigene Erklärung gegründeten Ansprüche auf den Alleinbesitz einer Sache nicht achtete? Wie sollte sein Gewissen ihn darüber beunruhigen? da es so klar und leicht einzusehen ist, daß es ganz und gar keine RECHTLICHE BESITZERGREIFUNG geben kann, sondern ganz allein eine rechtliche ANEIGNUNG, BESITZERWERBUNG der Sache, durch Verwendung ursprünglich eigener Kräfte auf sie. Wo nämlich eine Sache, durch irgend eine fremde Mühe, sei diese noch so klein, bearbeitet, verbessert, vor Unfällen geschützt, bewahrt ist, und wäre diese Mühe nur das Abpflücken oder vom Boden Aufheben einer wildgewachsenen Frucht; da entzieht der Angreifer solcher Sache offenbar dem Andern den Erfolg seiner darauf verwendeten Kraft, läßt also den Leib jenes, statt dem eigenen, SEINEM Willen dienen, bejaht seinen eigenen Willen über dessen Erscheinung hinaus, bis zur Verneinung des fremden, d.h.

thut Unrecht*. – Hingegen bloßer Genuß einer Sache, ohne alle Bearbeitung oder Sicherstellung derselben gegen Zerstörung, giebt ebenso wenig ein Recht darauf, wie die Erklärung seines Willens zum Alleinbesitz. Daher, wenn eine Familie auch ein Jahrhundert auf einem Revier allein gejagt hat, ohne jedoch irgend etwas zu dessen Verbesserung gethan zu haben; so kann sie einem fremden Ankömmling, der jetzt eben dort jagen will, es ohne moralisches Unrecht gar nicht wehren. Das sogenannte Präokkupations-Recht also, demzufolge man für den bloßen gehabten Genuß einer Sache, noch obendrein Belohnung, nämlich ausschließliches Recht auf den fernern Genuß fordert, ist moralisch ganz grundlos. Dem sich bloß auf dieses Recht Stützenden könnte der neue Ankömmling mit viel besserem Rechte entgegnen: »Eben weil du schon so lange genossen hast, ist es Recht, daß jetzt auch Andere genießen.« Von jeder Sache, die durchaus keiner Bearbeitung, durch Verbesserung oder Sicherstellung vor Unfällen, fähig ist, giebt es keinen moralisch begründeten Alleinbesitz; es sei denn durch freiwillige Abtretung von Seiten aller Anderen, etwan zur Belohnung anderweitiger Dienste; was aber schon ein durch Konvention geregeltes Gemeinwesen, den Staat, voraussetzt. – Das moralisch begründete Eigenthumsrecht, wie es oben abgeleitet ist, giebt, seiner Natur nach, dem Besitzer eine ebenso uneingeschränkte Macht über die Sache, wie die ist, welche er über seinen eigenen Leib hat; woraus folgt, daß er sein Eigenthum, durch Tausch oder Schenkung, Anderen übertragen kann, welche alsdann, mit dem selben moralischen Rechte wie er, die Sache besitzen.

Die AUSÜBUNG des Unrechts überhaupt betreffend, so geschieht sie entweder durch GEWALT, oder durch LIST; welches in Hinsicht auf das moralisch Wesentliche einerlei ist. Zuvörderst beim Morde ist es moralisch einerlei, ob ich mich des Dolches, oder des Giftes bediene; und auf analoge Weise bei jeder körperlichen Verletzung.

* Es bedarf also zur Begründung des natürlichen Eigenthumsrechtes nicht der Annahme zweier Rechtsgründe neben einander, des auf DETENTION gegründeten, neben dem auf FORMATION gegründeten; sondern letzterer reicht überall aus. Nur ist der Name FORMATION nicht recht passend, da die Verwendung irgend einer Mühe auf eine Sache nicht immer eine Formgebung zu seyn braucht.

Die anderweitigen Fälle des Unrechts sind allemal darauf zurückzuführen, daß ich, als Unrecht ausübend, das fremde Individuum zwinge, statt seinem, meinem Willen zu dienen, statt nach seinem, nach meinem Willen zu handeln. Auf dem Wege der Gewalt erreiche ich dieses durch physische Kausalität; auf dem Wege der List aber mittelst der Motivation, d.h. der durch das Erkennen durchgegangenen Kausalität, folglich dadurch, daß ich seinem Willen SCHEINMOTIVE vorschiebe, vermöge welcher er SEINEM Willen zu folgen glaubend, MEINEM folgt. Da das Medium, in welchem die Motive liegen, die Erkenntniß ist; kann ich jenes nur durch Verfälschung seiner Erkenntniß thun, und diese ist die LÜGE. Sie bezweckt allemal Einwirkung auf den fremden Willen, nicht auf seine Erkenntniß allein, für sich und als solche, sondern auf diese nur als Mittel, nämlich sofern sie seinen Willen bestimmt. Denn mein Lügen selbst, als von meinem Willen ausgehend, bedarf eines Motivs: ein solches aber kann nur der fremde Wille seyn, nicht die fremde Erkenntniß, an und für sich; da sie als solche nie einen Einfluß auf MEINEN Willen haben, daher ihn nie bewegen, nie ein Motiv seiner Zwecke seyn kann: sondern nur das fremde Wollen und Thun kann ein solches seyn, und dadurch, folglich nur mittelbar, die fremde Erkenntniß. Dies gilt nicht nur von allen aus offenbarem Eigennutz entsprungenen Lügen, sondern auch von denen aus reiner Bosheit, die sich an den schmerzlichen Folgen des von ihr veranlaßten fremden Irrthums weiden will, hervorgegangenen. Sogar auch die bloße Windbeutelei bezweckt, mittelst dadurch erhöhter Achtung, oder verbesserter Meinung, von Seiten der Anderen, größern oder leichtern Einfluß auf ihr Wollen und Thun. Das bloße Verweigern einer Wahrheit, d.h. einer Aussage überhaupt, ist an sich kein Unrecht, wohl aber jedes Aufheften einer Lüge. Wer dem verirrten Wanderer den rechten Weg zu zeigen sich weigert, thut ihm kein Unrecht; wohl aber der, welcher ihn auf den falschen hinweist. – Aus dem Gesagten folgt, daß jede LÜGE, eben wie jede Gewaltthätigkeit, als solche UNRECHT ist; weil sie schon als solche zum Zweck hat, die Herrschaft meines Willens auf fremde Individuen auszudehnen, also meinen Willen durch Verneinung des ihrigen zu bejahen, so gut wie die Gewalt. – Die vollkommenste Lüge aber ist der GEBROCHENE VERTRAG; weil hier alle angeführten Bestimmungen vollständig und deutlich beisammen sind. Denn, indem ich einen Vertrag eingehe, ist die fremde verheißene Leistung unmittelbar und eingeständlich das Motiv zur meinigen nunmehr erfolgenden. Die Versprechen werden mit Bedacht und förmlich gewechselt. Die Wahrheit der darin gemachten Aussage eines Jeden steht, der Annahme zufolge, in seiner Macht. Bricht der Andere den Vertrag, so hat er mich getäuscht und, durch Unterschieben bloßer Scheinmotive in meine Erkenntniß, meinen Willen nach seiner Absicht gelenkt, die Herrschaft seines Willens über das fremde Individuum ausgedehnt, also ein vollkommenes Unrecht begangen. Hierauf gründet sich die moralische Rechtmäßigkeit und Gültigkeit der VERTRÄGE.

Unrecht durch Gewalt ist für den Ausüber nicht so SCHIMPFLICH, wie Unrecht durch LIST; weil jenes von physischer Kraft zeugt, welche, unter allen Umständen, dem Menschengeschlechte imponirt; dieses hingegen, durch Gebrauch des Umwegs, Schwäche verräth, und ihn also als physisches und moralisches Wesen zugleich herabsetzt; zudem, weil Lug und Betrug nur dadurch gelingen kann, daß der sie ausübt zu gleicher Zeit selbst Abscheu und Verachtung dagegen äußern muß, um Zutrauen zu gewinnen, und sein Sieg darauf beruht, daß man ihm die Redlichkeit zutraut, die er nicht hat. – Der tiefe Abscheu, den Arglist, Treulosigkeit und Verrath überall erregen, beruht darauf, daß Treue und Redlichkeit das Band sind, welches den in die Vielheit der Individuen zersplitterten Willen doch von außen wieder zur Einheit verbindet und dadurch den Folgen des aus jener Zersplitterung hervorgegangenen Egoismus Schranken setzt. Treulosigkeit und Verrath zerreißen dieses letzte, äußere Band, und geben dadurch den Folgen des Egoismus gränzenlosen Spielraum.

Wir haben im Zusammenhang unserer Betrachtungsweise als den Inhalt des Begriffs UNRECHT gefunden die Beschaffenheit der Handlung eines Individuums, in welcher es die Bejahung des in seinem Leibe erscheinenden Willens soweit ausdehnt, daß solche zur Verneinung des in fremden Leibern erscheinenden Willens wird. Wir haben auch an ganz allgemeinen Beispielen die Gränze nachgewiesen, wo das Gebiet des Unrechts anfängt, indem wir zugleich seine Abstufungen vom höchsten Grade zu den niedrigeren durch wenige Hauptbegriffe bestimmten. Diesem zufolge ist der Begriff UNRECHT der ursprüngliche und positive: der ihm entgegengesetzte des RECHTS ist der abgeleitete und negative. Denn wir müssen uns nicht an die Worte, sondern an die Begriffe halten. In der That würde nie von RECHT geredet worden seyn, gäbe es kein Unrecht. Der Begriff RECHT enthält nämlich bloß die Negation des Unrechts, und ihm wird jede Handlung subsumirt, welche nicht Ueberschreitung der oben dargestellten Gränze, d.h. nicht Verneinung des fremden Willens, zur stärkern Bejahung des eigenen, ist. Jene Gränze theilt daher, in Hinsicht auf eine bloß und rein MORALISCHE Bestimmung, das ganze Gebiet möglicher Handlungen in solche, die Unrecht oder Recht sind. Sobald eine Handlung nicht, auf die oben auseinandergesetzte Weise, in die Sphäre der fremden Willensbejahung, diese verneinend, eingreift, ist sie nicht Unrecht. Daher z.B. das Versagen der Hülfe bei dringender fremder Noth, das ruhige Zuschauen fremden Hungertodes bei eigenem Ueberfluß, zwar grausam und teuflisch, aber nicht Unrecht ist: nur läßt sich mit völliger Sicherheit sagen, daß wer fähig ist, die Lieblosigkeit und Härte bis zu einem solchen Grade zu treiben, auch ganz gewiß jedes Unrecht ausüben wird, sobald seine Wünsche es fordern und kein Zwang es wehrt.

Der Begriff des RECHTS, als der Negation des Unrechts, hat aber seine hauptsächliche Anwendung, und ohne Zweifel auch seine erste Entstehung, gefunden in den Fällen, wo versuchtes Unrecht durch Gewalt abgewehrt wird, welche Abwehrung nicht selbst wieder Unrecht seyn kann, folglich Recht ist; obgleich die dabei ausgeübte Gewaltthätigkeit, bloß an sich und abgerissen betrachtet, Unrecht wäre, und hier nur durch ihr Motiv gerechtfertigt, d.h. zum Recht wird. Wenn ein Individuum in der Bejahung seines eigenen Willens so weit geht, daß es in die Sphäre der meiner Person als solcher wesentlichen Willensbejahung eindringt und damit diese verneint; so ist mein Abwehren jenes Eindringens nur die Verneinung jener Verneinung und insofern von meiner Seite nichts mehr, als die Bejahung des in meinem Leibe wesentlich und ursprünglich erscheinenden und durch dessen bloße Erscheinung schon *implicite* ausgedrückten Willens; folglich nicht Unrecht, mithin RECHT. Dies heißt: ich habe alsdann ein RECHT, jene fremde Verneinung mit der zu ihrer Aufhebung nöthigen Kraft zu verneinen, welches, wie leicht einzusehen, bis zur Tödtung des fremden Individuums gehen kann, dessen Beeinträchtigung, als eindringende äußere Gewalt, mit einer diese etwas überwiegenden Gegenwirkung abgewehrt werden kann, ohne alles Unrecht, folglich mit Recht; weil alles, was von meiner Seite geschieht, immer nur in der Sphäre der meiner Person als solcher wesentlichen und schon durch sie ausgedrückten Willensbejahung liegt (welche der Schauplatz des Kampfes ist), nicht in die fremde eindringt, folglich nur Negation der Negation, also Affirmation, nicht selbst Negation ist. Ich kann also, OHNE UNRECHT, den meinen Willen, wie dieser in meinem Leibe und der Verwendung von dessen Kräften zu dessen Erhaltung, ohne Verneinung irgend eines gleiche Schranken haltenden fremden Willens, erscheint, verneinenden fremden Willen ZWINGEN, von dieser Verneinung abzustehen: d.h. ich habe so weit ein ZWANGSRECHT.

In allen Fällen, wo ich ein Zwangsrecht, ein vollkommenes Recht habe, GEWALT gegen Andere zu gebrauchen, kann ich, nach Maaßgabe der Umstände, ebenso wohl der fremden Gewalt auch die LIST entgegenstellen, ohne Unrecht zu thun, und habe folglich ein wirkliches RECHT ZUR LÜGE, GERADE SO WEIT, WIE ICH ES ZUM ZWANGE HABE. Daher handelt Jemand, der einen ihn durchsuchenden Straßenräuber versichert, er habe nichts weiter bei sich, vollkommen recht: ebenso auch Der, welcher den nächtlich eingedrungenen Räuber durch eine Lüge in einen Keller lockt, wo er ihn einsperrt. Wer von Räubern, z.B. von Barbaresken, gefangen fortgeführt wird, hat das Recht, zu seiner Befreiung, sie nicht nur mit offener Gewalt, sondern auch mit Hinterlist zu tödten. – Darum auch bindet ein durch unmittelbare körperliche Gewaltthätigkeit abgezwungenes Versprechen durchaus nicht; weil der solchen Zwang Erleidende, mit vollem Recht, sich durch Tödtung, geschweige durch Hintergehung, der Gewältiger befreien kann. Wer sein ihm geraubtes Eigenthum nicht durch Gewalt zurücknehmen kann, begeht kein Unrecht, wenn er es sich durch List verschafft. Ja, wenn Jemand mein mir geraubtes Geld verspielt, habe ich das Recht falsche Würfel gegen ihn zu gebrauchen, weil alles was ich ihm abgewinne mir schon gehört. Wer dieses leugnen wollte, müßte noch mehr die Rechtmäßigkeit der Kriegslist leugnen, als welche sogar eine thätliche Lüge und ein Beleg zum Ausspruch der Königin Christine von Schweden ist: »Die Worte der Menschen sind für nichts zu achten, kaum daß man ihren Thaten trauen darf.« – So scharf streift demnach die Gränze des Rechts an die des Unrechts. Uebrigens halte ich es für überflüssig nachzuweisen, daß dieses Alles mit dem oben über die Unrechtmäßigkeit der Lüge, wie der Gewalt, Gesagten völlig übereinstimmt: auch kann es zur Aufklärung der seltsamen Theorien über die Nothlüge dienen*.

Nach allem Bisherigen sind also Unrecht und Recht bloß MORALISCHE Bestimmungen, d.h. solche, welche hinsichtlich der Betrachtung des menschlichen Handelns als solchen, und in Beziehung auf die INNERE BEDEUTUNG DIESES HANDELNS AN SICH, Gültigkeit haben. Diese kündigt sich im Bewußtseyn unmittelbar an, dadurch, daß einerseits das Unrechtthun von einem innern Schmerz begleitet ist, welcher das bloß gefühlte Bewußtseyn des Unrechtausübenden ist von der übermäßigen Stärke der Bejahung des Willens in ihm selbst, die bis zum Grade der Verneinung der fremden Willenserscheinung geht; wie auch, daß er zwar als Erscheinung von dem Unrechtleidenden verschieden, an sich aber mit ihm identisch ist. Die weitere Auseinandersetzung dieser innern Bedeutung aller Gewissensangst kann erst weiter unten folgen. Der Unrechtleidende andererseits ist sich der Verneinung seines Willens, wie dieser schon durch seinen Leib und dessen natürliche Bedürfnisse, zu deren Befriedigung ihn die Natur auf die Kräfte dieses Leibes verweist, ausgedrückt ist, schmerzlich bewußt, und auch zugleich, daß er, ohne Unrecht zu thun, jene Verneinung auf alle Weise abwehren könnte, wenn es ihm nicht an der Macht gebräche. Diese rein moralische Bedeutung ist die einzige, welche Recht und Unrecht für den Menschen als Menschen, nicht

* Die weitere Auseinandersetzung der hier aufgestellten Rechtslehre findet man in meiner Preisschrift »Ueber das Fundament der Moral«, §. 17, S. 221–230 der ersten Auflage.

als Staatsbürger haben, die folglich auch im Naturzustande, ohne alles positive Gesetz, bliebe und welche die Grundlage und den Gehalt alles dessen ausmacht, was man deshalb NATURRECHT genannt hat, besser aber moralisches Recht hieße, da seine Gültigkeit nicht auf das Leiden, auf die äußere Wirklichkeit, sondern nur auf das Thun und die aus diesem dem Menschen erwachsende Selbsterkenntniß seines individuellen Willens, welche GEWISSEN heißt, sich erstreckt, sich aber im Naturzustande nicht in jedem Fall auch nach außen, auf andere Individuen, geltend machen und verhindern kann, daß nicht Gewalt statt des Rechts herrsche. Im Naturzustande hängt es nämlich von Jedem bloß ab, in jedem Fall nicht Unrecht ZU THUN, keineswegs aber in jedem Fall nicht Unrecht ZU LEIDEN, welches von seiner zufälligen äußern Gewalt abhängt. Daher sind die Begriffe Recht und Unrecht zwar auch für den Naturzustand gültig und keineswegs konventionell; aber sie gelten dort bloß als MORALISCHE Begriffe, zur Selbsterkenntniß des eigenen Willens in Jedem. Sie sind nämlich auf der Skala der höchst verschiedenen Grade der Stärke, mit welcher der Wille zum Leben sich in den menschlichen Individuen bejaht, ein fester Punkt, gleich dem Gefrierpunkt auf dem Thermometer, nämlich der Punkt, wo die Bejahung des eigenen Willens zur Verneinung des fremden wird, d.h. den Grad seiner Heftigkeit, vereint mit dem Grad der Befangenheit der Erkenntniß im *principio individuationis* (welches die Form der ganz im Dienste des Willens stehenden Erkenntniß ist), durch Unrechtthun angiebt. Wer nun aber die rein moralische Betrachtung des menschlichen Handelns bei Seite setzen, oder verleugnen, und das Handeln bloß nach dessen äußerer Wirksamkeit und deren Erfolg betrachten will, der kann allerdings, mit HOBBES, Recht und Unrecht für konventionelle, willkürlich angenommene und daher außer dem positiven Gesetz gar nicht vorhandene Bestimmungen erklären, und wir können ihm nie durch äußere Erfahrung das beibringen, was nicht zur äußern Erfahrung gehört; wie wir demselben HOBBES, der jene seine vollendet empirische Denkungsart höchst merkwürdig dadurch charakterisirt, daß er in seinem Buche »*De principiis Geometrarum*« die ganze eigentlich reine Mathematik ableugnet und hartnäckig behauptet, der Punkt habe Ausdehnung und die Linie Breite, doch nie einen Punkt ohne Ausdehnung und eine Linie ohne Breite vorzeigen, also ihm so wenig die Apriorität der Mathematik, als die Apriorität des Rechts beibringen können, weil er sich nun einmal jeder nicht empirischen Erkenntniß verschließt.

Die reine RECHTSLEHRE ist also ein Kapitel der MORAL und bezieht sich direkt bloß auf das THUN, nicht auf das LEIDEN. Denn nur jenes ist Aeußerung des Willens, und diesen allein betrachtet die Moral. Leiden ist bloße Begebenheit: bloß indirekt kann die Moral auch das Leiden berücksichtigen, nämlich allein um nachzuweisen, daß, was bloß geschieht um kein Unrecht zu leiden, kein Unrechtthun ist. – Die Ausführung jenes Kapitels der Moral würde zum Inhalt haben die genaue Bestimmung der Gränze, bis zu welcher ein Individuum in der Bejahung des schon in seinem Leibe objektivirten Willens gehen kann, ohne daß dieses zur Verneinung eben jenes Willens, sofern er in einem andern Individuo erscheint, werde, und sodann auch der Handlungen, welche diese Gränze überschreiten, folglich Unrecht sind und daher auch wieder ohne Unrecht abgewehrt werden können. Immer also bliebe das eigene THUN das Augenmerk der Betrachtung.

In äußerer Erfahrung, als Begebenheit, erscheint nun aber das UNRECHTLEIDEN, und in ihm manifestirt sich, wie gesagt, deutlicher als irgendwo, die Erscheinung des Widerstreits des Willens zum Leben gegen sich selbst, hervorgehend aus der Vielheit der Individuen und dem Egoismus, welche beide durch das *principium individuationis*, welches die Form der Welt als Vorstellung für die Erkenntniß des Individuums ist, bedingt sind. Auch haben wir oben gesehen, daß ein sehr großer Theil des dem menschlichen Leben wesentlichen Leidens an jenem Widerstreit der Individuen seine stets fließende Quelle hat.

Die allen diesen Individuen gemeinsame Vernunft, welche sie nicht, wie die Thiere, bloß den einzelnen Fall, sondern auch das Ganze im Zusammenhang abstrakt erkennen läßt, hat sie nun aber bald die Quelle jenes Leidens einsehen gelehrt und sie auf das Mittel bedacht gemacht, dasselbe zu verringern, oder wo möglich aufzuheben, durch ein gemeinschaftliches Opfer, welches jedoch von dem gemeinschaftlich daraus hervorgehenden Vortheil überwogen wird. So angenehm nämlich auch dem Egoismus des Einzelnen, bei vorkommenden Fällen, das Unrechtthun ist, so hat es jedoch ein nothwendiges Korrelat im Unrechtleiden eines andern Individuums, dem dieses ein großer Schmerz ist. Und indem nun die das Ganze überdenkende Vernunft aus dem einseitigen Standpunkt des Individuums, dem sie angehört, heraustrat und von der Anhänglichkeit an dasselbe sich für den Augenblick los machte, sah sie den Genuß des Unrechtthuns in einem Individuo jedesmal durch einen verhältnißmäßig größern Schmerz im Unrechtleiden des andern überwogen, und fand ferner, daß, weil hier Alles dem Zufall überlassen blieb, Jeder zu befürchten hätte, daß ihm viel seltener der Genuß des gelegentlichen Unrechtthuns, als der Schmerz des Unrechtleidens zu Theil werden würde. Die Vernunft erkannte hieraus, daß, sowohl um das über Alle verbreitete Leiden zu mindern, als um es möglichst gleichförmig zu vertheilen, das beste und einzige Mittel sei, Allen den Schmerz des Unrechtleidens zu ersparen, dadurch, daß auch Alle dem durch das Unrechtthun zu erlangenden Genuß entsagten. – Dieses also von dem, durch den Gebrauch der Vernunft, methodisch verfahrenden und seinen einseitigen Standpunkt verlassenden Egoismus leicht ersonnene und allmälig vervollkommnete Mittel ist der Staatsvertrag oder das Gesetz. Wie ich hier den Ursprung desselben angebe, stellt ihn schon Platon in der Republik dar. In der That ist jener Ursprung der wesentlich einzige und durch die Natur der Sache gesetzte. Auch kann der Staat, in keinem Lande, je einen andern gehabt haben, weil eben erst diese Entstehungsart, dieser Zweck, ihn zum Staat macht; wobei es aber gleichviel ist, ob der in jedem bestimmten Volk ihm vorhergegangene Zustand der eines Haufens von einander unabhängiger Wilden (Anarchie), oder eines Haufens Sklaven war, die der Stärkere nach Willkür beherrscht (Despotie). In beiden Fällen war noch kein Staat da: erst durch jene gemeinsame Uebereinkunft entsteht er, und je nachdem diese Uebereinkunft mehr oder weniger unvermischt ist mit Anarchie oder Despotie, ist auch der Staat vollkommener oder unvollkommener. Die Republiken tendiren zur Anarchie, die Monarchien zur Despotie, der deshalb ersonnene Mittelweg der konstitutionellen Monarchie tendirt zur Herrschaft der Faktionen. Um einen vollkommenen Staat zu gründen, muß man damit anfangen, Wesen zu schaffen, deren Natur es zuläßt, daß sie durchgängig das eigene Wohl dem öffentlichen zum Opfer bringen. Bis dahin aber läßt sich schon etwas dadurch erreichen, daß es EINE Familie giebt, deren Wohl von dem des Landes ganz unzertrennlich ist; so daß sie, wenigstens in Hauptsachen, nie das Eine ohne das Andere befördern kann. Hierauf beruht die Kraft und der Vorzug der erblichen Monarchie.

Gieng nun die Moral ausschließlich auf das Recht- oder Unrecht-THUN, und konnte sie Dem, welcher etwan entschlossen wäre, kein Unrecht zu thun, die Gränze seines Handelns genau bezeichnen; so geht umgekehrt die Staatslehre, die Lehre von der Gesetzgebung, ganz allein auf das Unrecht-LEIDEN, und würde sich nie um das Unrecht-THUN bekümmern, wäre es nicht wegen seines allemal nothwendigen Korrelats, des Unrechtleidens, welches, als der Feind dem sie entgegenarbeitet, ihr Augenmerk ist. Ja, ließe sich ein Unrechtthun denken, mit welchem kein Unrechtleiden von einer andern Seite verknüpft wäre; so würde, konsequent, der Staat es keineswegs verbieten. – Ferner, weil in der MORAL der Wille, die Gesinnung, der Gegenstand der Betrachtung und das allein Reale ist, gilt ihr der feste Wille zum zu verübenden Unrecht, den allein die äußere Macht zurückhält und unwirksam macht, dem wirklich verübten Unrecht ganz gleich, und verdammt den solches Wollenden als ungerecht vor ihrem Richterstuhl. Hingegen den Staat kümmern Wille und Gesinnung, bloß als solche, ganz und gar nicht; sondern allein die THAT (sie sei nun bloß versucht oder ausgeführt) wegen ihres Korrelats, des LEIDENS von der andern Seite: ihm ist also die That, die Begebenheit, das allein Reale: die Gesinnung, die Absicht wird bloß erforscht, sofern aus ihr die Bedeutung der That kenntlich wird. Daher wird der Staat Niemanden verbieten, Mord und Gift gegen einen Andern beständig in Gedanken zu tragen, sobald er nur gewiß weiß, daß die Furcht vor Schwert und Rad die Wirkungen jenes Wollens beständig hemmen werden. Der Staat hat auch keineswegs den thörichten Plan, die Neigung zum Unrechtthun, die böse Gesinnung zu vertilgen; sondern bloß jedem möglichen Motiv zur Ausübung eines Unrechts immer ein überwiegendes Motiv zur Unterlassung desselben, in der unausbleiblichen Strafe, an die Seite zu stellen: demgemäß ist der Kriminalkodex ein möglichst vollständiges Register von Gegenmotiven zu sämmtlichen, als möglich präsumirten, verbrecherischen Handlungen, – Beides *in abstracto*, um vorkommenden Falles die Anwendung *in concreto* zu machen. Die Staatslehre, oder die Gesetzgebung, wird nun, zu diesem ihren Zweck, von der Moral jenes Kapitel, welches die Rechtslehre ist und welches neben der innern Bedeutung des Rechts und des Unrechts, die genaue Gränze zwischen beiden bestimmt, borgen, aber einzig und allein, um dessen Kehrseite zu benutzen und alle die Gränzen, welche die Moral als unüberschreitbar, wenn man nicht Unrecht THUN will, angiebt, von der andern Seite zu betrachten, als die Gränzen, deren Ueberschrittenwerden vom Andern man nicht dulden darf, wenn man nicht Unrecht LEIDEN will, und von denen man also Andere zurückzutreiben ein RECHT hat: daher diese Gränzen nun, von der möglicherweise passiven Seite aus, durch Gesetze verbollwerkt werden. Es ergiebt sich, daß wie man, recht witzig, den Geschichtschreiber einen umgewandten Propheten genannt hat, der Rechtslehrer der umgewandte Moralist ist, und daher auch die Rechtslehre im eigentlichen Sinn, d.h. die Lehre von den RECHTEN, welche man behaupten darf, die umgewandte Moral, in dem Kapitel, wo diese die Rechte lehrt, welche man nicht verletzen darf. Der Begriff des Unrechts und seiner Negation des Rechts, der ursprünglich MORALISCH ist, wird JURIDISCH, durch die Verlegung des Ausgangspunktes von der aktiven auf die passive Seite, also durch Umwendung. Dieses, nebst der Rechtslehre Kants, der aus seinem kategorischen Imperativ die Errichtung des Staats als eine moralische Pflicht sehr fälschlich ableitet, hat dann auch in der neuesten Zeit, hin und wieder, den sehr sonderbaren Irrthum veranlaßt, der Staat sei eine Anstalt zur Beförderung der Moralität, gehe aus dem Streben nach dieser hervor und sei demnach gegen den Egoismus gerichtet. Als ob die innere Gesinnung, welcher allein Moralität oder Immoralität zukommt, der ewig freie Wille, sich von außen modifiziren und durch Einwirkung ändern ließe! Noch verkehrter ist das Theorem, der Staat sei die Bedingung der Freiheit im moralischen Sinne und dadurch der Moralität: da doch die Freiheit jenseit der Erscheinung, geschweige jenseit menschlicher Einrichtungen liegt. Der Staat ist, wie gesagt, so wenig gegen den Egoismus überhaupt und als solchen gerichtet, daß er umgekehrt gerade aus dem sich wohlverstehenden, methodisch verfahrenden, vom einseitigen auf den allgemeinen Standpunkt tretenden und so durch Aufsummirung gemeinschaftlichen Egoismus Aller entsprungen und diesem zu dienen allein da ist, errichtet unter der richtigen Voraussetzung, daß reine Moralität, d.h. Rechthandeln aus moralischen Gründen, nicht zu erwarten ist; außerdem er selbst ja überflüssig wäre. Keineswegs also gegen den Egoismus, sondern allein gegen die nachtheiligen Folgen des Egoismus, welche aus der Vielheit egoistischer Individuen ihnen allen wechselseitig hervorgehen und ihr Wohlseyn stören, ist, dieses Wohlseyn bezweckend, der Staat gerichtet. Daher sagt schon ARISTOTELES *(De Rep., III): Τελος μεν ουν πολεως το ευ ζην· τουτο δε εστιν το ζην ευδαιμονως και καλως. (Finis civitatis est bene vivere, hoc autem est beate et pulchre vivere.)* Auch HOBBES hat diesen Ursprung und Zweck des Staats ganz richtig und vortrefflich auseinandergesetzt; wie denn auch der alte Grundsatz aller Staatsordnung, *salus publica prima lex esto,* denselben bezeichnet. – Wenn der Staat seinen Zweck vollkommen erreicht, wird er die selbe Erscheinung hervorbringen, als wenn vollkommene Gerechtigkeit der Gesinnung allgemein herrschte. Das innere Wesen und der Ursprung beider Erscheinungen wird aber der umgekehrte seyn. Nämlich im letztern Fall wäre es dieser, daß Niemand Unrecht THUN wollte; im erstern aber dieser, daß Niemand Unrecht LEIDEN wollte und die gehörigen Mittel zu diesem Zweck vollkommen angewandt wären. So läßt sich die selbe Linie aus entgegengesetzten Richtungen beschreiben, und ein Raubthier mit einem Maulkorb ist so unschädlich wie ein grasfressendes Thier. – Weiter aber als bis zu diesem Punkt kann es der Staat nicht bringen: er kann also nicht eine Erscheinung zeigen, gleich der, welche aus allgemeinem wechselseitigen Wohlwollen und Liebe entspringen würde. Denn, wie wir eben fanden, daß er, seiner Natur zufolge, ein

Unrechtthun, dem gar kein Unrechtleiden von einer andern Seite entspräche, nicht verbieten würde, und bloß weil dies unmöglich ist, jedes Unrechtthun verwehrt; so würde er umgekehrt, seiner auf das Wohlseyn Aller gerichteten Tendenz gemäß, sehr gern dafür sorgen, daß Jeder Wohlwollen und Werke der Menschenliebe aller Art ERFÜHRE; hätten nicht auch diese ein unumgängliches Korrelat im LEISTEN von Wohlthaten und Liebeswerken, wobei nun aber jeder Bürger des Staats die passive, keiner die aktive Rolle würde übernehmen wollen, und letztere wäre auch aus keinem Grund dem Einen vor dem Andern zuzumuthen. Demnach läßt sich nur das Negative, welches eben das RECHT ist, nicht das Positive, welches man unter dem Namen der Liebespflichten, oder unvollkommenen Pflichten verstanden hat, ERZWINGEN.

Die Gesetzgebung entlehnt, wie gesagt, die reine Rechtslehre, oder die Lehre vom Wesen und den Gränzen des Rechts und des Unrechts, von der Moral, um dieselbe nun zu ihren, der Moral fremden Zwecken, von der Kehrseite anzuwenden und danach positive Gesetzgebung und die Mittel zur Aufrechthaltung derselben, d.h. den Staat, zu errichten. Die positive Gesetzgebung ist also die von der Kehrseite angewandte rein moralische Rechtslehre. Diese Anwendung kann mit Rücksicht auf eigenthümliche Verhältnisse und Umstände eines bestimmten Volks geschehen. Aber nur wenn die positive Gesetzgebung im Wesentlichen durchgängig nach Anleitung der reinen Rechtslehre bestimmt ist und für jede ihrer Satzungen ein Grund in der reinen Rechtslehre sich nachweisen läßt, ist die entstandene Gesetzgebung eigentlich ein POSITIVES RECHT, und der Staat ein RECHTLICHER Verein, STAAT im eigentlichen Sinn des Worts, eine moralisch zulässige, nicht unmoralische Anstalt. Widrigenfalls ist hingegen die positive Gesetzgebung Begründung eines POSITIVEN UNRECHTS, ist selbst ein öffentlich zugestandenes erzwungenes Unrecht. Dergleichen ist jede Despotie, die Verfassung der meisten Mohammedanischen Reiche, dahin gehören sogar manche Theile vieler Verfassungen, z.B. Leibeigenschaft, Frohn u. dgl. m. – Die reine Rechtslehre, oder das Naturrecht, besser moralisches Recht, liegt, obwohl immer durch Umkehrung, jeder rechtlichen positiven Gesetzgebung so zum Grunde, wie die reine Mathematik jedem Zweige der angewandten. Die wichtigsten Punkte der reinen Rechtslehre, wie die Philosophie, zu jenem Zweck, sie der Gesetzgebung zu überliefern hat, sind folgende: 1) Erklärung der innern und eigentlichen Bedeutung und des Ursprungs der Begriffe Unrecht und Recht, und ihrer Anwendung und Stelle in der Moral. 2) Die Ableitung des Eigenthumsrechts. 3) Die Ableitung der moralischen Gültigkeit der Verträge; da diese die moralische Grundlage des Staatsvertrages ist. 4) Die Erklärung der Entstehung und des Zweckes des Staats, des Verhältnisses dieses Zweckes zur Moral und der in Folge dieses Verhältnisses zweckmäßigen Uebertragung der moralischen Rechtslehre, durch Umkehrung, auf die Gesetzgebung. 5) Die Ableitung des Strafrechts. – Der übrige Inhalt der Rechtslehre ist bloße Anwendung jener Principien, nähere Bestimmung der Gränzen des Rechts und des Unrechts, für alle möglichen Verhältnisse des Lebens, welche deshalb unter gewisse Gesichtspunkte und Titel vereinigt und abgetheilt werden. In diesen besonderen Lehren stimmen die Lehrbücher des reinen Rechts alle ziemlich überein: nur in den Principien lauten sie sehr verschieden; weil solche immer mit irgend einem philosophischen System zusammenhängen. Nachdem wir in Gemäßheit des unserigen die vier ersten jener Hauptpunkte kurz und allgemein, doch bestimmt und deutlich erörtert haben, ist noch vom Strafrechte ebenso zu reden.

Kant stellt die grundfalsche Behauptung auf, daß es außer dem Staate kein vollkommenes Eigenthumsrecht gäbe. Unserer obigen Ableitung zufolge giebt es auch im Naturzustande Eigenthum, mit vollkommenem natürlichen, d.h. moralischen Rechte, welches ohne Unrecht nicht verletzt, aber ohne Unrecht auf das äußerste vertheidigt werden kann. Hingegen ist gewiß, daß es außer dem Staate kein Strafrecht giebt. Alles Recht zu strafen ist allein durch das positive Gesetz begründet, welches vor dem Vergehen diesem eine Strafe bestimmt hat, deren Androhung, als Gegenmotiv, alle etwanigen Motive zu jenem Vergehen überwiegen sollte. Dieses positive Gesetz ist anzusehen als von allen Bürgern des Staats sanktionirt und anerkannt. Es gründet sich also auf einen gemeinsamen Vertrag, zu dessen Erfüllung unter allen Umständen, also zur Vollziehung der Strafe auf der einen und zur Duldung derselben von der andern Seite, die Glieder des Staats verpflichtet sind: daher ist die Duldung mit Recht erzwingbar. Folglich ist der unmittelbare ZWECK DER STRAFE im einzelnen Fall ERFÜLLUNG DES GESETZES ALS EINES VERTRAGES. Der einzige Zweck des GESETZES aber ist ABSCHRECKUNG von Beeinträchtigung fremder Rechte: denn damit Jeder vor Unrechtleiden geschützt sei, hat man sich zum Staat vereinigt, dem Unrechtthun entsagt und die Lasten der Erhaltung des Staats auf sich genommen. Das Gesetz also und die Vollziehung desselben, die Strafe, sind wesentlich auf die ZUKUNFT gerichtet, nicht auf die VERGANGENHEIT. Dies unterscheidet STRAFE von RACHE, welche letztere lediglich durch das Geschehene, also das Vergangene als solches, motivirt ist. Alle Vergeltung des Unrechts durch Zufügung eines Schmerzes, ohne Zweck für die Zukunft, ist Rache, und kann keinen andern Zweck haben, als durch den Anblick des fremden Leidens, welches man selbst verursacht hat, sich über das selbst erlittene zu trösten. Solches ist Bosheit und Grausamkeit, und ethisch nicht zu rechtfertigen. Unrecht, das mir Jemand zugefügt, befugt mich keineswegs ihm Unrecht zuzufügen. Vergeltung des Bösen mit Bösem, ohne weitere Absicht, ist weder moralisch, noch sonst, durch irgend einen vernünftigen Grund zu rechtfertigen, und das *jus talionis* als selbständiges, letztes Princip des Strafrechts aufgestellt, ist sinnleer. Daher ist Kants Theorie der Strafe als bloßer Vergeltung, um der Vergeltung Willen, eine völlig grundlose und verkehrte Ansicht. Und doch spukt sie noch immer in den Schriften vieler Rechtslehrer, unter allerlei vornehmen Phrasen, die auf leeren Wortkram hinauslaufen, wie: durch die Strafe werde das Verbrechen gesühnt, oder neutralisirt und aufgehoben, u. dgl. m. Kein Mensch aber hat die Befugniß, sich zum rein moralischen Richter und Vergelter aufzuwerfen und die Missethaten des Andern, durch Schmerzen, welche er ihm zufügt, heimzusuchen, ihm also Buße dafür aufzulegen. Vielmehr wäre Dieses eine höchst vermessene Anmaaßung; daher eben das Biblische: »Mein ist die Rache, spricht der Herr, und ich will vergelten.« Wohl aber hat der Mensch das Recht, für die Sicherheit der Gesellschaft zu sorgen: dies aber kann allein geschehen durch Verpönung aller der Handlungen, die das Wort »kriminell« bezeichnet, um ihnen durch Gegenmotive, welches die angedrohten Strafen sind, vorzubeugen; welche Drohung nur durch Vollziehung, im dennoch vorkommenden Fall, wirksam seyn kann. Daß demnach der Zweck der Strafe, oder genauer des Strafgesetzes, Abschreckung vom Verbrechen sei, ist eine so allgemein anerkannte, ja, von selbst einleuchtende Wahrheit, daß sie in England sogar in der sehr alten Anklagungsformel *(indictment)*, deren sich noch jetzt in Kriminalfällen der Kronadvokat bedient, ausgesprochen ist, indem solche schließt: *if this be proved, you, the said N.N., ought to be punished with pains of law, to deter others from the like crimes, in all time coming**. – Zweck für die Zukunft unterscheidet Strafe von Rache, und diesen hat die Strafe nur dann, wann sie ZUR ERFÜLLUNG EINES GESETZES vollzogen wird, welche, nur eben dadurch als unausbleiblich auch für jeden künftigen Fall sich ankündigend, dem Gesetze die Kraft abzuschrecken erhält, worin eben sein Zweck besteht. – Hier würde nun ein Kantianer unfehlbar einwenden, daß ja, nach dieser Ansicht, der gestrafte Verbrecher, »bloß als MITTEL« gebraucht würde. Aber dieser von allen Kantianern so unermüdlich nachgesprochene Satz, »man dürfe den Menschen immer nur als Zweck, nie als Mittel behandeln«, ist zwar ein bedeutend klingender und daher für alle die, welche gern eine Formel haben mögen, die sie alles fernern Denkens überhebt, überaus geeigneter Satz; aber beim Lichte betrachtet ist es ein höchst vager, unbestimmter, seine Absicht ganz indirekt erreichender Ausspruch, der für jeden Fall seiner Anwendung erst besonderer Erklärung, Bestimmung und Modifikation bedarf, so allgemein genommen aber ungenügend, wenigsagend und noch dazu problematisch ist. Der dem Gesetze zufolge der Todesstrafe anheimgefallene Mörder muß jetzt allerdings und mit vollem Recht als bloßes MITTEL gebraucht werden. Denn die öffentliche Sicherheit, der Hauptzweck des Staats, ist durch ihn gestört, ja sie ist aufgehoben, wenn das Gesetz unerfüllt bleibt: er, sein Leben, seine Person, muß jetzt das MITTEL zur Erfüllung des Gesetzes und dadurch zur Wieder-

* Wenn Dieses bewiesen wird, so müßt ihr, der besagte N. N., die gesetzliche Strafe erleiden, um Andere von ähnlichen Verbrechen, in aller künftigen Zeit, abzuschrecken.

herstellung der öffentlichen Sicherheit seyn, und wird zu solchem gemacht mit allem Recht, zur Vollziehung des Staatsvertrages, der auch von ihm, sofern er Staatsbürger war, eingegangen war, und demzufolge er, um Sicherheit für sein Leben, seine Freiheit und sein Eigenthum zu genießen, auch der Sicherheit Aller sein Leben, seine Freiheit und sein Eigenthum zum Pfande gesetzt hatte, welches Pfand jetzt verfallen ist.

Diese hier aufgestellte, der gesunden Vernunft unmittelbar einleuchtende Theorie der Strafe ist freilich, in der Hauptsache, kein neuer Gedanke, sondern nur ein durch neue Irrthümer beinahe verdrängter, dessen deutlichste Darstellung insofern nöthig war. Dieselbe ist, dem Wesentlichen nach, schon in dem enthalten, was Puffendorf, *»De officio hominis et civis«*, Buch 2, Kap. 13, darüber sagt. Mit ihr stimmt ebenfalls Hobbes überein: *»Leviathan«*, Kap. 15 u. 28. In unsern Tagen hat sie bekanntlich FEUERBACH verfochten. Ja, sie findet sich schon in den Aussprüchen der Philosophen des Alterthums: Platon legt sie deutlich dar im Protagoras (S. 114, *edit. Bip.*) auch im Gorgias (S. 168), endlich im elften Buch von den Gesetzen (S. 165). Seneka spricht Platons Meinung und die Theorie aller Strafe vollkommen aus, in den kurzen Worten: *Nemo prudens punit, quia peccatum est; sed ne peccetur (De Ira, I, 16).*

Wir haben also im Staat das Mittel kennen gelernt, wodurch der mit Vernunft ausgerüstete Egoismus seinen eigenen, sich gegen ihn selbst wendenden schlimmen Folgen auszuweichen sucht, und nun Jeder das Wohl Aller befördert, weil er sein eigenes mit darin begriffen sieht. Erreichte der Staat seinen Zweck vollkommen, so könnte gewissermaaßen, da er, durch die in ihm vereinigten Menschenkräfte, auch die übrige Natur sich mehr und mehr dienstbar zu machen weiß, zuletzt, durch Fortschaffung aller Arten von Uebel, etwas dem Schlaraffenlande sich Annäherndes zu Stande kommen. Allein, theils ist er noch immer sehr weit von diesem Ziel entfernt geblieben; theils würden auch noch immer unzählige, dem Leben durchaus wesentliche Uebel, unter denen, wären sie auch alle fortgeschafft, zuletzt die Langeweile jede von den anderen verlassene Stelle sogleich okkupirt, es nach wie vor im Leiden erhalten; theils ist auch sogar der Zwist der Individuen nie durch den

Staat völlig aufzuheben, da er im Kleinen neckt, wo er im Großen verpönt ist; und endlich wendet sich die aus dem Innern glücklich vertriebene Eris zuletzt nach Außen: als Streit der Individuen durch die Staatseinrichtung verbannt, kommt sie von Außen als Krieg der Völker wieder, und fordert nun im Großen und mit einem Male, als aufgehäufte Schuld, die blutigen Opfer ein, welche man ihr durch kluge Vorkehrung im Einzelnen entzogen hatte. Ja gesetzt, auch dieses Alles wäre endlich, durch eine auf die Erfahrung von Jahrtausenden gestützte Klugheit, überwunden und beseitigt; so würde am Ende die wirkliche Uebervölkerung des ganzen Planeten das Resultat seyn, dessen entsetzliche Uebel sich jetzt nur eine kühne Einbildungskraft zu vergegenwärtigen vermag*.

§. 63.

Wir haben die ZEITLICHE GERECHTIGKEIT, welche im Staat ihren Sitz hat, kennen gelernt, als vergeltend oder strafend, und gesehen, daß eine solche allein durch die Rücksicht auf die ZUKUNFT zur Gerechtigkeit wird; da ohne solche Rücksicht alles Strafen und Vergelten eines Frevels ohne Rechtfertigung bliebe, ja, ein bloßes Hinzufügen eines zweiten Uebels zum Geschehenen wäre, ohne Sinn und Bedeutung. Ganz anders aber ist es mit der EWIGEN GERECHTIGKEIT, welche schon früher erwähnt wurde, und welche nicht den Staat, sondern die Welt beherrscht, nicht von menschlichen Einrichtungen abhängig, nicht dem Zufall und der Täuschung unterworfen, nicht unsicher, schwankend und irrend, sondern unfehlbar, fest und sicher ist. – Der Begriff der Vergeltung schließt schon die Zeit in sich: daher kann die EWIGE GERECHTIGKEIT keine vergeltende seyn, kann also nicht, wie diese, Aufschub und Frist gestatten und, nur mittelst der Zeit die schlimme That mit der schlimmen Folge ausgleichend, der Zeit bedürfen um zu bestehen. Die Strafe muß hier mit dem Vergehen so verbunden seyn, daß beide Eines sind.

---

* Hiezu Kap. 47 des zweiten Bandes.

Δοκειτε πηδᾳν τ' αδικηματ' εις θεους
Πτεροισι, κἀπειτ' εν Διος δελτου πτυχαις
Γραφειν τιν' αυτα, Ζηνα δ' εισορωντα νιν
Θνητοις δικαζειν; Ουδ' ὁ πας ουρανος,
Διος γραφοντος τας βροτων ἁμαρτιας,
Εξαρκεσειεν, ουδ' εκεινος αν σκοπων
Πεμπειν ἑκαστῳ ζημιαν· αλλ' ἡ Δικη
Ενταυθα που 'στιν εγγυς, ει βουλεσθ' ὁρᾳν.
Eurip., ap. Stob. Ecl. 1, c. 4.

(Volare pennis scelera ad aetherias domus
Putatis, illic in Jovis tabularia
Scripto referri; tum Jovem lectis super
Sententiam proferre? – sed mortalium
Facinora coeli, quantaquanta est, regia
Nequit tenere: nec legendis Juppiter
Et puniendis par est. Est tamen ultio,
Et, si intuemur, illa nos habitat prope.)

Daß nun eine solche ewige Gerechtigkeit wirklich im Wesen der Welt liege, wird aus unserm ganzen bisher entwickelten Gedanken Dem, der diesen gefaßt hat, bald vollkommen einleuchtend werden.

Die Erscheinung, die Objektität des einen Willens zum Leben ist die Welt, in aller Vielheit ihrer Theile und Gestalten. Das Daseyn selbst und die Art des Daseyns, in der Gesammtheit, wie in jedem Theil, ist allein aus dem Willen. Er ist frei, er ist allmächtig. In jedem Dinge erscheint der Wille gerade so, wie er sich selbst an sich und außer der Zeit bestimmt. Die Welt ist nur der Spiegel dieses Wollens: und alle Endlichkeit, alle Leiden, alle Quaalen, welche sie enthält, gehören zum Ausdruck dessen, was er will, sind so, weil er so will. Mit dem strengsten Rechte trägt sonach jedes Wesen das Daseyn überhaupt, sodann das Daseyn seiner Art und seiner eigenthümlichen Individualität, ganz wie sie ist und unter Umgebungen wie sie sind, in einer Welt so wie sie ist, vom Zufall und vom Irrthum beherrscht, zeitlich, vergänglich, stets leidend: und in allem was ihm widerfährt, ja nur widerfahren kann, geschieht ihm immer Recht. Denn sein ist der Wille: und wie der Wille ist, so ist die Welt. Die Verantwortlichkeit für das Daseyn und die Beschaffenheit dieser Welt kann nur sie selbst tragen, kein Anderer; denn wie hätte er sie auf sich nehmen mögen? – Will man wissen, was die Menschen, moralisch betrachtet, im Ganzen und Allgemeinen werth sind; so betrachte man ihr Schicksal, im Ganzen und Allgemeinen. Dieses ist Mangel, Elend, Jammer, Quaal und Tod. Die ewige Gerechtigkeit waltet: wären sie nicht, im Ganzen genommen, nichtswürdig; so würde ihr Schicksal, im Ganzen genommen, nicht so traurig seyn. In diesem Sinne können wir sagen: die Welt selbst ist das Weltgericht. Könnte man allen Jammer der Welt in EINE Waagschale legen, und alle Schuld der Welt in die andere; so würde gewiß die Zunge einstehen.

Freilich aber stellt sich der Erkenntniß, so wie sie, dem Willen zu seinem Dienst entsprossen, dem Individuo als solchem wird, die Welt nicht so dar, wie sie dem Forscher zuletzt sich enthüllt, als die Objektität des einen und alleinigen Willens zum Leben, der er selbst ist; sondern den Blick des rohen Individuums trübt, wie die Inder sagen, der Schleier der Maja: ihm zeigt sich, statt des Dinges an sich, nur die Erscheinung, in Zeit und Raum, dem *principio individuationis*, und in den übrigen Gestaltungen des Satzes vom Grunde: und in dieser Form seiner beschränkten Erkenntniß sieht er nicht das Wesen der Dinge, welches Eines ist, sondern dessen Erscheinungen, als gesondert, getrennt, unzählbar, sehr verschieden, ja entgegengesetzt. Da erscheint ihm die Wollust als Eines, und die Quaal als ein ganz Anderes, dieser Mensch als Peiniger und Mörder, jener als Dulder und Opfer, das Böse als Eines und das Uebel als ein Anderes. Er sieht den Einen in Freuden, Ueberfluß und Wollüsten leben, und zugleich vor dessen Thüre den Andern durch Mangel und Kälte quaalvoll sterben. Dann frägt er: wo bleibt die Vergeltung? Und er selbst, im heftigen Willensdrange, der sein Ursprung und sein Wesen ist, ergreift die Wollüste und Genüsse des Lebens, hält sie umklammert fest, und weiß nicht, daß er durch eben diesen Akt seines Willens, alle die Schmerzen und Quaalen des Lebens, vor deren Anblick er schaudert, ergreift und fest an sich drückt. Er sieht das Uebel, er sieht das Böse in der Welt: aber weit entfernt zu erkennen, daß beide nur verschiedene Seiten der Erscheinung des einen Willens zum Leben sind, hält er sie für sehr verschieden, ja ganz entgegengesetzt, und sucht oft durch das

Böse, d.h. durch Verursachung des fremden Leidens, dem Uebel, dem Leiden des eigenen Individuums, zu entgehen, befangen im *principio individuationis*, getäuscht durch den Schleier der Maja. – Denn, wie auf dem tobenden Meere, das, nach allen Seiten unbegränzt, heulend Wasserberge erhebt und senkt, auf einem Kahn ein Schiffer sitzt, dem schwachen Fahrzeug vertrauend; so sitzt, mitten in einer Welt voll Quaalen, ruhig der einzelne Mensch, gestützt und vertrauend auf das *principium individuationis*, oder die Weise wie das Individuum die Dinge erkennt, als Erscheinung. Die unbegränzte Welt, voll Leiden überall, in unendlicher Vergangenheit, in unendlicher Zukunft, ist ihm fremd, ja ist ihm ein Mährchen: seine verschwindende Person, seine ausdehnungslose Gegenwart, sein augenblickliches Behagen, dies allein hat Wirklichkeit für ihn: und dies zu erhalten, thut er Alles, solange nicht eine bessere Erkenntniß ihm die Augen öffnet. Bis dahin lebt bloß in der innersten Tiefe seines Bewußtseyns die ganz dunkle Ahndung, daß ihm jenes Alles doch wohl eigentlich so fremd nicht ist, sondern einen Zusammenhang mit ihm hat, vor welchem das *principium individuationis* ihn nicht schützen kann. Aus dieser Ahndung stammt jenes so unvertilgbare und allen Menschen (ja vielleicht selbst den klügeren Thieren) gemeinsame Grausen, das sie plötzlich ergreift, wenn sie, durch irgend einen Zufall, irre werden am *principio individuationis*, indem der Satz vom Grunde, in irgend einer seiner Gestaltungen, eine Ausnahme zu erleiden scheint: z.B. wenn es scheint, daß irgend eine Veränderung ohne Ursache vor sich gienge, oder ein Gestorbener wieder da wäre, oder sonst irgendwie das Vergangene oder das Zukünftige gegenwärtig, oder das Ferne nah wäre. Das ungeheure Entsetzen über so etwas gründet sich darauf, daß sie plötzlich irre werden an den Erkenntnißformen der Erscheinung, welche allein ihr eigenes Individuum von der übrigen Welt gesondert halten. Diese Sonderung aber eben liegt nur in der Erscheinung und nicht im Dinge an sich: eben darauf beruht die ewige Gerechtigkeit. – In der That steht alles zeitliche Glück und wandelt alle Klugheit – auf untergrabenem Boden. Sie schützen die Person vor Unfällen und verschaffen ihr Genüsse; aber die Person ist bloße Erscheinung, und ihre Verschiedenheit von anderen Individuen und das Freiseyn von den Leiden, welche diese tragen, beruht auf der Form der Erscheinung, dem *principio individuationis*. Dem wahren Wesen der Dinge nach hat Jeder alle Leiden der Welt als die seinigen, ja alle nur möglichen als für ihn wirklich zu betrachten, solange er der feste Wille zum Leben ist, d.h. mit aller Kraft das Leben bejaht. Für die das *principium individuationis* durchschauende Erkenntniß ist ein glückliches Leben in der Zeit, vom Zufall geschenkt, oder ihm durch Klugheit abgewonnen, mitten unter den Leiden unzähliger Anderen, – doch nur der Traum eines Bettlers, in welchem er ein König ist, aber aus dem er erwachen muß, um zu erfahren, daß nur eine flüchtige Täuschung ihn von dem Leiden seines Lebens getrennt hatte.

Dem in der Erkenntniß, welche dem Satz vom Grunde folgt, in dem *principio individuationis*, befangenen Blick entzieht sich die ewige Gerechtigkeit: er vermißt sie ganz, wenn er nicht etwan sie durch Fiktionen rettet. Er sieht den Bösen, nach Unthaten und Grausamkeiten aller Art, in Freuden leben und unangefochten aus der Welt gehen. Er sieht den Unterdrückten ein Leben voll Leiden bis an's Ende schleppen, ohne daß sich ein Rächer, ein Vergelter zeigte. Aber die ewige Gerechtigkeit wird nur Der begreifen und fassen, der über jene am Leitfaden des Satzes vom Grunde fortschreitende und an die einzelnen Dinge gebundene Erkenntniß sich erhebt, die Ideen erkennt, das *principium individuationis* durchschaut, und inne wird, daß dem Dinge an sich die Formen der Erscheinung nicht zukommen. Dieser ist es auch allein, der, vermöge der selben Erkenntniß, das wahre Wesen der Tugend, wie es im Zusammenhang mit der gegenwärtigen Betrachtung sich uns bald aufschließen wird, verstehen kann; wiewohl zur Ausübung derselben diese Erkenntniß *in abstracto* keineswegs erfordert wird. Wer also bis zu der besagten Erkenntniß gelangt ist, dem wird es deutlich, daß, weil der Wille das Ansich aller Erscheinung ist, die über Andere verhängte und die selbsterfahrene Quaal, das Böse und das Uebel, immer nur jenes eine und selbe Wesen treffen; wenn gleich die Erscheinungen, in welchen das Eine und das Andere sich darstellt, als ganz verschiedene Individuen dastehen und sogar durch ferne Zeiten und Räume getrennt sind. Er sieht ein, daß die

Verschiedenheit zwischen Dem, der das Leiden verhängt, und Dem, welcher es dulden muß, nur Phänomen ist und nicht das Ding an sich trifft, welches der in beiden lebende Wille ist, der hier, durch die an seinen Dienst gebundene Erkenntniß getäuscht, sich selbst verkennt, in EINER seiner Erscheinungen gesteigertes Wohlseyn suchend, in der ANDERN großes Leiden hervorbringt und so, im heftigen Drange, die Zähne in sein eigenes Fleisch schlägt, nicht wissend, daß er immer nur sich selbst verletzt, dergestalt, durch das Medium der Individuation, den Widerstreit mit sich selbst offenbarend, welchen er in seinem Innern trägt. Der Quäler und der Gequälte sind Eines. Jener irrt, indem er sich der Quaal, dieser, indem er sich der Schuld nicht theilhaft glaubt. Giengen ihnen Beiden die Augen auf, so würde der das Leid verhängt erkennen, daß er in Allem lebt, was auf der weiten Welt Quaal leidet und, wenn mit Vernunft begabt, vergeblich nachsinnt, warum es zu so großem Leiden, dessen Verschuldung es nicht einsieht, ins Daseyn gerufen ward: und der Gequälte würde einsehen, daß alles Böse, das auf der Welt verübt wird, oder je ward, aus jenem Willen fließt, der auch SEIN Wesen ausmacht, auch in IHM erscheint und er durch diese Erscheinung und ihre Bejahung alle Leiden auf sich genommen hat, die aus solchem Willen hervorgehen, und sie mit Recht erduldet, so lange er dieser Wille ist. – Aus dieser Erkenntniß spricht der ahndungsvolle Dichter Calderon im »Leben ein Traum«:

Pues el delito mayor
Del hombre es haber nacido.
(Denn die größte Schuld des Menschen
Ist, daß er geboren ward.)

Wie sollte es nicht eine Schuld seyn, da nach einem ewigen Gesetze der Tod darauf steht? Calderon hat auch nur das Christliche Dogma von der Erbsünde durch jenen Vers ausgesprochen.

Die lebendige Erkenntniß der ewigen Gerechtigkeit, des Waagebalkens, der das *malum culpae* mit dem *malo poenae* unzertrennlich verbindet, erfordert gänzliche Erhebung über die Individualität und das Princip ihrer Möglichkeit: sie wird daher, wie auch die ihr verwandte und sogleich zu erörternde reine und deutliche Erkenntniß des Wesens aller Tugend, der Mehrzahl der Menschen stets unzugänglich bleiben. – Daher haben die weisen Urväter des Indischen Volkes sie zwar in den, den drei wiedergeborenen Kasten allein erlaubten Veden, oder in der esoterischen Weisheitslehre, direkt, so weit nämlich Begriff und Sprache es fassen und ihre immer noch bildliche, auch rhapsodische Darstellungsweise es zuläßt, ausgesprochen; aber in der Volksreligion, oder exoterischen Lehre, nur mythisch mitgetheilt. Die direkte Darstellung finden wir in den Veden, der Frucht der höchsten menschlichen Erkenntniß und Weisheit, deren Kern in den Upanischaden uns, als das größte Geschenk dieses Jahrhunderts, endlich zugekommen ist, auf mancherlei Weise ausgedrückt, besonders aber dadurch, daß vor den Blick des Lehrlings alle Wesen der Welt, lebende und leblose, der Reihe nach vorübergeführt werden und über jedes derselben jenes zur Formel gewordene und als solche die *Mahavakya* genannte Wort ausgesprochen wird: *Tatoumes*, richtiger *tat twam asi*, welches heißt: »dies bist du«*. – Dem Volke aber wurde jene große Wahrheit, so weit es, in seiner Beschränktheit, sie fassen konnte, in die Erkenntnißweise, welche dem Satz vom Grunde folgt, übersetzt, die zwar, ihrem Wesen nach, jene Wahrheit rein und an sich durchaus nicht aufnehmen kann, sogar im geraden Widerspruch mit ihr steht, allein in der Form des Mythos ein Surrogat derselben empfing, welches als Regulativ für das Handeln hinreichend war, indem es die ethische Bedeutung desselben, in der dieser selbst ewig fremden Erkenntnißweise gemäß dem Satz vom Grunde, doch durch bildliche Darstellung faßlich macht; welches der Zweck aller Glaubenslehren ist, indem sie sämmtlich mythische Einkleidungen der dem rohen Menschensinn unzugänglichen Wahrheit sind. Auch könnte in diesem Sinne jener Mythos, in Kants Sprache, ein Postulat der praktischen Vernunft genannt werden: als ein solches betrachtet aber hat er den großen Vorzug, gar keine Elemente zu enthalten, als die im Reiche der Wirklichkeit vor unseren Augen liegen, und daher alle seine Begriffe mit Anschauungen belegen zu können. Das hier Gemeinte ist der Mythos von der Seelenwanderung. Er lehrt, daß alle Leiden, welche man im Leben über andere Wesen

---

* *Oupnek'hat*, Bd. 1, S. 60 fg.

verhängt, in einem folgenden Leben auf eben dieser Welt, genau durch die selben Leiden wieder abgebüßt werden müssen; welches so weit geht, daß wer nur ein Thier tödtet, einst in der unendlichen Zeit auch als eben ein solches Thier geboren werden und den selben Tod erleiden wird. Er lehrt, daß böser Wandel ein künftiges Leben, auf dieser Welt, in leidenden und verachteten Wesen nach sich zieht, daß man demgemäß sodann wieder geboren wird in niedrigeren Kasten, oder als Weib, oder als Thier, als Paria oder Tschandala, als Aussätziger, als Krokodil u.s.w. Alle Quaalen, die der Mythos droht, belegt er mit Anschauungen aus der wirklichen Welt, durch leidende Wesen, welche auch nicht wissen, wie sie ihre Quaal verschuldet haben, und er braucht keine andere Hölle zu Hülfe zu nehmen. Als Belohnung aber verheißt er dagegen Wiedergeburt in besseren, edleren Gestalten, als Bramane, als Weiser, als Heiliger. Die höchste Belohnung, welche der edelsten Thaten und der völligen Resignation wartet, welche auch dem Weibe wird, das in sieben Leben hinter einander freiwillig auf dem Scheiterhaufen des Gatten starb, nicht weniger auch dem Menschen, dessen reiner Mund nie eine einzige Lüge gesprochen hat, diese Belohnung kann der Mythos in der Sprache dieser Welt nur negativ ausdrücken, durch die so oft vorkommende Verheißung, gar nicht mehr wiedergeboren zu werden: *non adsumes iterum existentiam apparentem:* oder wie die Buddhaisten, welche weder Veda noch Kasten gelten lassen, es ausdrücken: »Du sollst Nirwana erlangen, d.i. einen Zustand, in welchem es vier Dinge nicht giebt: Geburt, Alter, Krankheit und Tod.«

Nie hat ein Mythos und nie wird einer sich der so Wenigen zugänglichen, philosophischen Wahrheit enger anschließen, als diese uralte Lehre des edelsten und ältesten Volkes, bei welchem sie, so entartet es auch jetzt in vielen Stücken ist, doch noch als allgemeiner Volksglaube herrscht und auf das Leben entschiedenen Einfluß hat, heute so gut, wie vor vier Jahrtausenden. Jenes *non plus ultra* mythischer Darstellung haben daher schon Pythagoras und Platon mit Bewunderung aufgefaßt, von Indien, oder Aegypten, herübergenommen, verehrt, angewandt und, wir wissen nicht wie weit, selbst geglaubt. – Wir hingegen schicken nunmehr den Bramanen

Englische *clergymen* und Herrnhuterische Leinweber, um sie aus Mitleid eines bessern zu belehren und ihnen zu bedeuten, daß sie aus Nichts gemacht sind und sich dankbarlich darüber freuen sollen. Aber uns widerfährt was Dem, der eine Kugel gegen einen Felsen abschießt. In Indien fassen unsere Religionen nie und nimmermehr Wurzel: die Urweisheit des Menschengeschlechts wird nicht von den Begebenheiten in Galiläa verdrängt werden. Hingegen strömt Indische Weisheit nach Europa zurück und wird eine Grundveränderung in unserm Wissen und Denken hervorbringen.

§. 64.

Aber von unserer nicht mythischen, sondern philosophischen Darstellung der ewigen Gerechtigkeit wollen wir jetzt zu den dieser verwandten Betrachtungen der ethischen Bedeutsamkeit des Handelns und des Gewissens, welches die bloß gefühlte Erkenntniß jener ist, fortschreiten. – Nur will ich, an dieser Stelle, zuvor noch auf zwei Eigenthümlichkeiten der menschlichen Natur aufmerksam machen, welche beitragen können zu verdeutlichen, wie einem Jeden das Wesen jener ewigen Gerechtigkeit und die Einheit und Identität des Willens in allen seinen Erscheinungen, worauf jene beruht, wenigstens als dunkles Gefühl bewußt ist.

Ganz unabhängig von dem nachgewiesenen Zwecke des Staates bei der Strafe, der das Strafrecht begründet, gewährt es, nachdem eine böse That geschehen, nicht nur dem Gekränkten, den meistens Rachsucht beseelt, sondern auch dem ganz antheilslosen Zuschauer Befriedigung, zu sehen, daß Der, welcher einem Andern einen Schmerz verursachte, gerade dasselbe Maaß des Schmerzes wieder erleide. Mir scheint sich hierin nichts Anderes als eben das Bewußtseyn jener ewigen Gerechtigkeit auszusprechen, welches aber von dem ungeläuterten Sinn sogleich mißverstanden und verfälscht wird, indem er, im *principio individuationis* befangen, eine Amphibolie der Begriffe begeht und von der Erscheinung Das verlangt, was nur dem Dinge an sich zukommt, nicht einsieht, inwiefern an sich der Beleidiger und der Beleidigte Eines sind und das selbe Wesen es ist, was, in seiner eigenen Erscheinung sich selbst nicht wiederkennend, sowohl die Quaal als die Schuld trägt; sondern vielmehr verlangt, am nämlichen Individuo, dessen die Schuld ist, auch die Quaal wiederzusehen. – Daher möchten die Meisten auch fordern, daß ein Mensch, der einen sehr hohen Grad von Bosheit hat, welcher jedoch sich wohl in Vielen, nur nicht mit anderen Eigenschaften wie in ihm gepaart, finden möchte, der nämlich dabei durch ungewöhnliche Geisteskraft Anderen weit überlegen wäre und welcher demzufolge nun unsägliche Leiden über Millionen Andere verhienge, z. B. als Welteroberer, – sie würden fordern, sage ich, daß ein solcher alle jene Leiden irgendwann und irgendwo durch ein gleiches Maaß von Schmerzen abbüßte; weil sie nicht erkennen, wie an sich der Quäler und die Gequälten Eines sind und der selbe Wille, durch welchen diese da sind und leben, es eben auch ist, der in jenem erscheint und gerade durch ihn zur deutlichsten Offenbarung seines Wesens gelangt, und der ebenfalls, wie in den Unterdrückten, so auch im Ueberwältiger leidet, und zwar in diesem in dem Maaße mehr, als das Bewußtseyn höhere Klarheit und Deutlichkeit und der Wille größere Vehemenz hat. – Daß aber die tiefere, im *principio individuationis* nicht mehr befangene Erkenntniß, aus welcher alle Tugend und Edelmuth hervorgehen, jene Vergeltung fordernde Gesinnung nicht mehr hegt, bezeugt schon die Christliche Ethik, welche alle Vergeltung des Bösen mit Bösem schlechthin untersagt und die ewige Gerechtigkeit als in dem von der Erscheinung verschiedenen Gebiet des Dinges an sich walten läßt. (»Die Rache ist mein, Ich will vergelten, spricht der Herr.« Röm. 12, 19.)

Ein viel auffallenderer, aber auch viel seltenerer Zug in der menschlichen Natur, welcher jenes Verlangen, die ewige Gerechtigkeit in das Gebiet der Erfahrung, d.i. der Individuation, zu ziehen, ausspricht, und dabei zugleich ein gefühltes Bewußtseyn andeutet, daß, wie ich es oben ausdrückte, der Wille zum Leben das große Trauer- und Lustspiel auf eigene Kosten aufführt, und daß der selbe und eine Wille in allen Erscheinungen lebt, ein solcher Zug, sage ich, ist folgender. Wir sehen bisweilen einen Menschen über ein großes Unbild, das er erfahren, ja vielleicht nur als Zeuge erlebt hat, so tief empört werden, daß er sein eigenes Leben, mit

Ueberlegung und ohne Rettung, daran setzt, um Rache an dem Ausüber jenes Frevels zu nehmen. Wir sehen ihn etwan einen mächtigen Unterdrücker Jahre lang aufsuchen, endlich ihn morden und dann selbst auf dem Schaffot sterben, wie er vorhergesehen, ja oft gar nicht zu vermeiden suchte, indem sein Leben nur noch als Mittel zur Rache Werth für ihn behalten hatte. – Besonders unter den Spaniern finden sich solche Beispiele*. Wenn wir nun den Geist jener Vergeltungssucht genau betrachten, so finden wir sie sehr verschieden von der gemeinen Rache, die das erlittene Leid durch den Anblick des verursachten mildern will: ja, wir finden, daß was sie bezweckt nicht sowohl Rache als Strafe genannt zu werden verdient: denn in ihr liegt eigentlich die Absicht einer Wirkung auf die Zukunft, durch das Beispiel, und zwar hier ohne allen eigennützigen Zweck, weder für das rächende Individuum, denn es geht dabei unter, noch für eine Gesellschaft, die durch Gesetze sich Sicherheit schafft: denn jene Strafe wird vom Einzelnen, nicht vom Staat, noch zur Erfüllung eines Gesetzes vollzogen, vielmehr trifft sie immer eine That, die der Staat nicht strafen wollte oder konnte und deren Strafe er mißbilligt. Mir scheint es, daß der Unwille, welcher einen solchen Menschen so weit über die Gränzen aller Selbstliebe hinaus treibt, aus dem tiefsten Bewußtseyn entspringt, daß er der ganze Wille zum Leben, der in allen Wesen, durch alle Zeiten erscheint, selbst ist, dem daher die fernste Zukunft wie die Gegenwart auf gleiche Weise angehört und nicht gleichgültig seyn kann: diesen Willen bejahend, verlangt er jedoch, daß in dem Schauspiel, welches sein Wesen darstellt, kein so ungeheures Unbild je wieder erscheine, und will, durch das Beispiel einer Rache, gegen welche es keine Wehrmauer giebt, da Todesfurcht den Rächer nicht abschreckt, jeden künftigen Frevler schrekken. Der Wille zum Leben, obwohl sich noch bejahend, hängt hier nicht mehr an der einzelnen Erscheinung, dem Individuo, sondern umfaßt die Idee des Menschen und will ihre Erscheinung rein erhalten von solchem ungeheuern, empörenden Unbild. Es ist ein

* Jener Spanische Bischof, der im letzten Kriege sich und die Französischen Generäle, an seiner Tafel, zugleich vergiftete, gehört hieher, wie mehrere Thatsachen aus jenem Kriege. Auch findet man Beispiele im Montaigne, Buch 2, Kap. 12.

seltener, bedeutungsvoller, ja erhabener Charakterzug, durch welchen der Einzelne sich opfert, indem er sich zum Arm der ewigen Gerechtigkeit zu machen strebt, deren eigentliches Wesen er noch verkennt.

§. 65.

Durch alle bisherigen Betrachtungen über das menschliche Handeln haben wir die letzte vorbereitet und uns die Aufgabe sehr erleichtert, die eigentliche ethische Bedeutsamkeit des Handelns, welche man im Leben durch die Worte GUT und BÖSE bezeichnet und sich dadurch vollkommen verständigt, zu abstrakter und philosophischer Deutlichkeit zu erheben und als Glied unseres Hauptgedankens nachzuweisen.

Ich will aber zuvörderst jene Begriffe GUT und BÖSE, welche von den philosophischen Schriftstellern unserer Tage, höchst wunderlicher Weise, als einfache, also keiner Analyse fähige Begriffe behandelt werden, auf ihre eigentliche Bedeutung zurückführen; damit man nicht etwan in einem undeutlichen Wahn befangen bleibe, daß sie mehr enthalten, als wirklich der Fall ist, und an und für sich schon alles hier Nöthige besagten. Dies kann ich thun, weil ich selbst so wenig gesonnen bin, in der Ethik hinter dem Worte GUT einen Versteck zu suchen, als ich solchen früher hinter den Worten SCHÖN oder WAHR gesucht habe, um dann etwan durch ein angehängtes »HEIT«, das heut zu Tage eine besondere *σεμνοτης* haben und dadurch in mehreren Fällen aushelfen soll, und durch eine feierliche Miene glauben zu machen, ich hätte durch Aussprechung solcher drei Worte mehr gethan, als drei sehr weite und abstrakte, folglich gar nicht inhaltreiche Begriffe bezeichnen, welche sehr verschiedenen Ursprung und Bedeutung haben. Wem in der That, der sich mit den Schriften unserer Tage bekannt gemacht hat, sind nicht jene drei Worte, auf so treffliche Dinge sie ursprünglich auch weisen, doch endlich zum Ekel geworden, nachdem er tausend Mal sehen mußte, wie jeder zum Denken Unfähigste nur glaubt, mit weitem Munde und der Miene eines begeisterten Schaafes, jene drei Worte vorbringen zu dürfen, um große Weisheit geredet zu haben?

Die Erklärung des Begriffes WAHR ist schon in der Abhandlung über den Satz vom Grunde, Kap. 4, §. 29ff., gegeben. Der Inhalt des Begriffs SCHÖN hat durch unser ganzes drittes Buch zum ersten Mal seine eigentliche Erklärung gefunden. Jetzt wollen wir den Begriff GUT auf seine Bedeutung zurückführen, was mit sehr Wenigem geschehen kann. Dieser Begriff ist wesentlich relativ und bezeichnet die ANGEMESSENHEIT EINES OBJEKTS ZU IRGEND EINER BESTIMMTEN BESTREBUNG DES WILLENS. Also Alles, was dem Willen in irgend einer seiner Aeußerungen zusagt, seinen Zweck erfüllt, das wird durch den Begriff GUT gedacht, so verschieden es auch im Uebrigen seyn mag. Darum sagen wir gutes Essen, gute Wege, gutes Wetter, gute Waffen, gute Vorbedeutung u.s.w., kurz, nennen Alles gut, was gerade so ist, wie wir es eben wollen; daher auch dem Einen gut seyn kann, was dem Andern gerade das Gegentheil davon ist. Der Begriff des Guten zerfällt in zwei Unterarten: nämlich die der unmittelbar gegenwärtigen und die der nur mittelbaren, auf die Zukunft gehenden Befriedigung des jedesmaligen Willens: d.h. das Angenehme und das Nützliche. – Der Begriff des Gegentheils wird, so lange von nichterkennenden Wesen die Rede ist, durch das Wort SCHLECHT, seltener und abstrakter durch UEBEL ausgedrückt, welches also alles dem jedesmaligen Streben des Willens nicht Zusagende bezeichnet. Wie alle anderen Wesen, die in Beziehung zum Willen treten können, hat man nun auch Menschen, die den gerade gewollten Zwecken günstig, förderlich, befreundet waren, GUT genannt, in der selben Bedeutung und immer mit Beibehaltung des Relativen, welches sich z.B. in der Redensart zeigt: »Dieser ist mir gut, dir aber nicht.« Diejenigen aber, deren Charakter es mit sich brachte, überhaupt die fremden Willensbestrebungen als solche nicht zu hindern, vielmehr zu befördern, die also durchgängig hülfreich, wohlwollend, freundlich, wohlthätig waren, sind, wegen dieser Relation ihrer Handlungsweise zum Willen Anderer überhaupt, GUTE Menschen genannt worden. Den entgegengesetzten Begriff bezeichnet man im Deutschen und seit etwan hundert Jahren auch im Französischen, bei erkennenden Wesen (Thieren und Menschen) durch ein anderes Wort als bei erkenntnißlosen, nämlich durch BÖSE, *méchant*, während in fast allen anderen Sprachen dieser Unterschied nicht Statt findet und *κακος, malus, cattivo, bad* von Menschen wie von leblosen Dingen gebraucht werden, welche den Zwecken eines bestimmten individuellen Willens entgegen sind. Also ganz und gar vom passiven Theil des Guten ausgegangen, konnte die Betrachtung erst später auf den aktiven übergehen und die Handlungsweise des GUT genannten Menschen nicht mehr in Bezug auf Andere, sondern auf ihn selbst untersuchen, besonders sich die Erklärung aufgebend, theils der rein objektiven Hochachtung, die sie in Anderen, theils der eigenthümlichen Zufriedenheit mit sich selbst, die sie in ihm offenbar hervorbrachte, da er solche sogar mit Opfern anderer Art erkaufte; so wie auch im Gegentheil des innern Schmerzes, der die böse Gesinnung begleitete, so viel äußere Vortheile sie auch Dem brachte, der sie gehegt. Hieraus entsprangen nun die ethischen Systeme, sowohl philosophische, als auf Glaubenslehren gestützte. Beide suchen stets die Glücksäligkeit mit der Tugend irgendwie in Verbindung zu setzen, die ersteren entweder durch den Satz des Widerspruchs, oder auch durch den des Grundes, Glücksäligkeit also entweder zum Identischen, oder zur Folge der Tugend zu machen, immer sophistisch: die letzteren aber durch Behauptung anderer Welten, als die der Erfahrung möglicherweise bekannte*.

* Hiebei sei es beiläufig bemerkt, daß Das, was jeder positiven Glaubenslehre ihre große Kraft giebt, der Anhaltspunkt, durch welchen sie die Gemüther fest in Besitz nimmt, durchaus ihre ethische Seite ist; wiewohl nicht unmittelbar als solche, sondern indem sie mit dem übrigen, der jedesmaligen Glaubenslehre eigenthümlichen, mythischen Dogma fest verknüpft und verwebt, als allein durch dasselbe erklärbar erscheint; so sehr, daß, obgleich die ethische Bedeutung der Handlungen gar nicht gemäß dem Satz des Grundes erklärbar ist, jeder Mythos aber diesem Satz folgt, dennoch die Gläubigen die ethische Bedeutung des Handelns und ihren Mythos für ganz unzertrennlich, ja schlechthin Eins halten und nun jeden Angriff auf den Mythos für einen Angriff auf Recht und Tugend ansehen. Dies geht so weit, daß bei den monotheistischen Völkern Atheismus, oder Gottlosigkeit, das Synonym von Abwesenheit aller Moralität geworden ist. Den Priestern sind solche Begriffsverwechselungen willkommen, und nur in Folge derselben konnte jenes furchtbare Ungeheuer, der Fanatismus, entstehen, und nicht etwan nur einzelne ausgezeichnet verkehrte und böse Individuen, sondern ganze Völker beherrschen und zuletzt, was zur Ehre der Menschheit nur Ein Mal in ihrer Geschichte dasteht, in diesem Occident sich als Inquisition verkörpern, welche, nach den neuesten endlich authentischen Nachrichten, in Madrid allein (während im übrigen Spanien noch viele solche geistliche Mördergruben waren) in 300 Jahren 300,000 Menschen, Glaubenssachen halber, auf dem Scheiterhaufen qualvoll sterben ließ: woran jeder Eiferer, so oft er laut werden will, sogleich zu erinnern ist.

Hingegen wird, unserer Betrachtung zufolge, sich das innere Wesen der Tugend ergeben als ein Streben in ganz entgegengesetzter Richtung als das nach Glücksäligkeit, d.h. Wohlseyn und Leben.

Dem Obigen zufolge ist das GUTE, seinem Begriffe nach, *των προς τι*, also jedes Gute wesentlich relativ: denn es hat sein Wesen nur in seinem Verhältniß zu einem begehrenden Willen. ABSOLUTES GUT ist demnach ein Widerspruch: höchstes Gut, *summum bonum*, bedeutet das Selbe, nämlich eigentlich eine finale Befriedigung des Willens, nach welcher kein neues Wollen einträte, ein letztes Motiv, dessen Erreichung ein unzerstörbares Genügen des Willens gäbe. Nach unserer bisherigen Betrachtung in diesem vierten Buch ist dergleichen nicht denkbar. Der Wille kann so wenig durch irgend eine Befriedigung aufhören stets wieder von Neuem zu wollen, als die Zeit enden oder anfangen kann: eine dauernde, sein Streben vollständig und auf immer befriedigende Erfüllung giebt es für ihn nicht. Er ist das Faß der Danaiden: es giebt kein höchstes Gut, kein absolutes Gut für ihn; sondern stets nur ein einstweiliges. Wenn es indessen beliebt, um einem alten Ausdruck, den man aus Gewohnheit nicht ganz abschaffen möchte, gleichsam als *emeritus*, ein Ehrenamt zu geben; so mag man, tropischer Weise und bildlich, die gänzliche Selbstaufhebung und Verneinung des Willens, die wahre Willenslosigkeit, als welche allein den Willensdrang für immer stillt und beschwichtigt, allein jene Zufriedenheit giebt, die nicht wieder gestört werden kann, allein welterlösend ist, und von der wir jetzt bald, am Schluß unserer ganzen Betrachtung, handeln werden, – das absolute Gut, das *summum bonum* nennen, und sie ansehen, als das einzige radikale Heilmittel der Krankheit, gegen welche alle anderen Güter, nur Palliativmittel, nur Anodyna sind. In diesem Sinne entspricht das Griechische *τελος*, wie auch *finis bonorum*, der Sache sogar noch besser. – So viel von den Worten GUT und BÖSE; jetzt aber zur Sache.

Wenn ein Mensch, sobald Veranlassung da ist und ihn keine äußere Macht abhält, stets geneigt ist UNRECHT zu thun, nennen wir ihn BÖSE. Nach unserer Erklärung des Unrechts heißt dieses, daß ein solcher nicht allein den Willen zum Leben, wie er in seinem Leibe erscheint, bejaht; sondern in dieser Bejahung so weit geht, daß er den in anderen Individuen erscheinenden Willen verneint; was sich darin zeigt, daß er ihre Kräfte zum Dienste seines Willens verlangt und ihr Daseyn zu vertilgen sucht, wenn sie den Bestrebungen seines Willens entgegenstehen. Die letzte Quelle hievon ist ein hoher Grad des Egoismus, dessen Wesen oben auseinandergesetzt ist. Zweierlei ist hier sogleich offenbar: ERSTLICH, daß in einem solchen Menschen ein überaus heftiger, weit über die Bejahung seines eigenen Leibes hinausgehender Wille zum Leben sich ausspricht; und ZWEITENS, daß seine Erkenntniß, ganz dem Satz vom Grunde hingegeben und im *principio individuationis* befangen, bei dem durch dieses letztere gesetzten gänzlichen Unterschiede zwischen seiner eigenen Person und allen anderen fest stehen bleibt; daher er allein sein eigenes Wohlseyn sucht, vollkommen gleichgültig gegen das aller Anderen, deren Wesen ihm vielmehr völlig fremd ist, durch eine weite Kluft von dem seinigen geschieden, ja, die er eigentlich nur als Larven, ohne alle Realität, ansieht. – Und diese zwei Eigenschaften sind die Grundelemente des bösen Charakters.

Jene große Heftigkeit des Wollens ist nun schon an und für sich und unmittelbar eine stete Quelle des Leidens. Erstlich, weil alles Wollen, als solches, aus dem Mangel, also dem Leiden, entspringt. (Daher ist, wie aus dem dritten Buch erinnerlich, das augenblickliche Schweigen alles Wollens, welches eintritt, sobald wir als reines willenloses Subjekt des Erkennens [Korrelat der Idee] der ästhetischen Betrachtung hingegeben sind, eben schon ein Hauptbestandtheil der Freude am Schönen.) Zweitens, weil, durch den kausalen Zusammenhang der Dinge, die meisten Begehrungen unerfüllt bleiben müssen und der Wille viel öfter durchkreuzt, als befriedigt wird, folglich auch dieserhalb heftiges und vieles Wollen stets heftiges und vieles Leiden mit sich bringt. Denn alles Leiden ist durchaus nichts Anderes, als unerfülltes und durchkreuztes Wollen: und selbst der Schmerz des Leibes, wenn er verletzt oder zerstört wird, ist als solcher allein dadurch möglich, daß der Leib nichts Anderes, als der Objekt gewordene Wille selbst ist. – Dieserhalb nun, weil vieles und heftiges Leiden von vielem und heftigem Wollen unzertrennlich ist, trägt schon der Gesichtsausdruck sehr böser Menschen das Gepräge des innern Leidens: selbst wenn sie alles äußerliche Glück erlangt haben, sehen sie stets unglücklich aus, sobald sie nicht im augenblicklichen Jubel begriffen sind, oder sich verstellen. Aus dieser, ihnen ganz unmittelbar wesentlichen, innern Quaal geht zuletzt sogar die nicht aus dem bloßen Egoismus entsprungene, sondern uneigennützige Freude an fremden Leiden hervor, welche die eigentliche BOSHEIT ist und sich bis zur GRAUSAMKEIT steigert. Dieser ist das fremde Leiden nicht mehr Mittel zur Erlangung der Zwecke des eigenen Willens, sondern Zweck an sich. Die nähere Erklärung dieses Phänomens ist folgende. Weil der Mensch Erscheinung des Willens, von der klarsten Erkenntniß beleuchtet, ist, mißt er die wirkliche und gefühlte Befriedigung seines Willens stets gegen die bloß mögliche ab, welche ihm die Erkenntniß vorhält. Hieraus entspringt der Neid: jede Entbehrung wird unendlich gesteigert durch fremden Genuß, und erleichtert durch das Wissen, daß auch Andere die selbe Entbehrung dulden. Die Uebel, welche Allen gemeinschaftlich und vom Menschenleben unzertrennlich sind, betrüben uns wenig: eben so die, welche dem Klima, dem ganzen Lande angehören. Die Erinnerung an größere Leiden, als die unserigen sind, stillt ihren Schmerz: der Anblick fremder Leiden lindert die eigenen. Wenn nun ein Mensch von einem überaus heftigen Willensdrange erfüllt ist, mit brennender Gier Alles zusammenfassen möchte, um den Durst des Egoismus zu kühlen, und dabei, wie es nothwendig ist, erfahren muß, daß alle Befriedigung nur scheinbar ist, das Erlangte nie leistet, was das Begehrte versprach, nämlich endliche Stillung des grimmigen Willensdranges; sondern durch die Erfüllung der Wunsch nur seine Gestalt ändert und jetzt unter einer andern quält, ja endlich, wenn sie alle erschöpft sind, der Willensdrang selbst, auch ohne erkanntes Motiv, bleibt und sich als Gefühl der entsetzlichsten Oede und Leere, mit heilloser Quaal kund giebt: wenn aus diesem Allen, was bei den gewöhnlichen Graden des Wollens nur in geringerm Maaß empfunden, auch nur den gewöhnlichen Grad trüber Stimmung hervorbringt, bei Jenem, der die bis zur ausgezeichneten Bosheit gehende Erscheinung des Willens ist, nothwendig eine übermäßige innere Quaal, ewige Unruhe, unheilbarer Schmerz erwächst; so sucht er nun indirekt die Linderung, deren er direkt nicht fähig ist, sucht nämlich durch den Anblick des fremden Leidens, welches er zugleich als eine Aeußerung seiner Macht erkennt, das eigene zu mildern. Fremdes Leiden wird ihm jetzt Zweck an sich, ist ihm ein Anblick, an dem er sich weidet: und so entsteht die Erscheinung der eigentlichen Grausamkeit, des Blutdurstes, welche die Geschichte so oft sehen läßt, in den Neronen und Domitianen, in den Afrikanischen Deis, im Robespierre u. s. w.

Mit der Bosheit verwandt ist schon die Rachsucht, die das Böse mit Bösem vergilt, nicht aus Rücksicht auf die Zukunft, welches der Charakter der Strafe ist, sondern bloß wegen des Geschehenen, Vergangenen, als solchen, also uneigennützig, nicht als Mittel, sondern als Zweck, um an der Quaal des Beleidigers, die man selbst verursacht, sich zu weiden. Was die Rache von der reinen Bosheit unterscheidet und in etwas entschuldigt, ist ein Schein des Rechts; sofern nämlich der selbe Akt, der jetzt Rache ist, wenn er gesetzlich, d. h. nach einer vorher bestimmten und bekannten Regel und in einem Verein, der sie sanktionirt hat, verfügt würde, Strafe, also Recht, seyn würde.

Außer dem beschriebenen, mit der Bosheit aus einer Wurzel, dem sehr heftigen Willen, entsprossenen und daher von ihr unabtrennlichen Leiden, ist ihr nun aber noch eine davon ganz verschiedene und besondere Pein beigesellt, welche bei jeder bösen Handlung, diese sei nun bloße Ungerechtigkeit aus Egoismus, oder reine Bosheit, fühlbar wird und, nach der Länge ihrer Dauer, GEWISSENSBISS, oder GEWISSENSANGST heißt. – Wem nun der bisherige Inhalt dieses vierten Buchs, besonders aber die am Anfange desselben auseinandergesetzte Wahrheit, daß dem Willen zum Leben das Leben selbst, als sein bloßes Abbild oder Spiegel, immer gewiß ist, sodann auch die Darstellung der ewigen Gerechtigkeit, – erinnerlich und gegenwärtig sind; der wird finden, daß in Gemäßheit jener Betrachtungen, der Gewissensbiß keine andere, als folgende Bedeutung haben kann, d. h. sein Inhalt, abstrakt ausgedrückt, folgender ist, in welchem man zwei Theile unterscheidet, die aber doch wieder ganz zusammenfallen und als völlig vereint gedacht werden müssen.

So dicht nämlich auch den Sinn des Bösen der Schleier der Maja umhüllt, d. h. so fest er auch im *principio individuationis* befangen ist, demgemäß er seine Person von jeder andern als absolut verschieden und durch eine weite Kluft getrennt ansieht, welche Erkenntniß, weil sie seinem Egoismus allein gemäß und die Stütze desselben ist, er mit aller Gewalt festhält, wie denn fast immer die Erkenntniß vom Willen bestochen ist; so regt sich dennoch, im Innersten seines Bewußtseyns, die geheime Ahndung, daß eine solche Ordnung der Dinge doch nur Erscheinung ist, an sich aber es sich ganz anders verhält, daß, so sehr auch Zeit und Raum ihn von anderen Individuen und deren unzählbaren Quaalen, die sie leiden, ja durch ihn leiden, trennen und sie als ihm ganz fremd darstellen; dennoch an sich und abgesehen von der Vorstellung und ihren Formen der eine Wille zum Leben es ist, der in ihnen allen erscheint, der hier, sich selbst verkennend, gegen sich selbst seine Waffen wendet, und indem er in einer seiner Erscheinungen gesteigertes Wohlseyn sucht, eben dadurch der andern das größte Leiden auflegt, und daß er, der Böse, eben dieser ganze Wille ist, er folglich nicht allein der Quäler, sondern eben er auch der Gequälte, von dessen Leiden ihn nur ein täuschender Traum, dessen Form Raum und Zeit ist, trennt und frei hält, der aber dahinschwindet, und er, der Wahrheit nach, die Wollust mit der Quaal bezahlen muß, und alles Leiden, das er nur als möglich erkennt, ihn als den Willen zum Leben wirklich trifft, indem nur für die Erkenntniß des Individuums, nur mittelst des *principii individuationis*, Möglichkeit und Wirklichkeit, Nähe und Ferne der Zeit und des Raumes, verschieden sind; nicht so an sich. Diese Wahrheit ist es, welche mythisch, d.h. dem Satze vom Grunde angepaßt und dadurch in die Form der Erscheinung übersetzt, durch die Seelenwanderung ausgedrückt wird: ihren von aller Beimischung reinsten Ausdruck aber hat sie eben in jener dunkel gefühlten, aber trostlosen Quaal, die man Gewissensangst nennt. – Diese entspringt aber außerdem noch aus einer ZWEITEN, mit jener ersten genau verbundenen, unmittelbaren Erkenntniß, nämlich der der Stärke, mit welcher im bösen Individuo der Wille zum Leben sich bejaht, welche weit über seine individuelle Erscheinung hinausgeht, bis zur gänzlichen Verneinung des selben, in fremden Individuen erscheinenden Willens. Das innere Entsetzen folglich des Bösewichts über seine eigene That, welches er sich selber zu verhehlen sucht, enthält neben jener Ahndung der Nichtigkeit und bloßen Scheinbarkeit des *principii individuationis* und des durch dasselbe gesetzten Unterschiedes zwischen ihm und Anderen, zugleich auch die Erkenntniß der Heftigkeit seines eigenen Willens, der Gewalt, mit welcher er das Leben gefaßt, sich daran festgesogen hat, eben dieses Leben, dessen schreckliche Seite er in der Quaal der von ihm Unterdrückten vor sich sieht und mit welchem er dennoch so fest verwachsen ist, daß eben dadurch das Entsetzlichste von ihm selbst ausgeht, als Mittel zur völligern Bejahung seines eigenen Willens. Er erkennt sich als concentrirte Erscheinung des Willens zum Leben, fühlt bis zu welchem Grade er dem Leben anheimgefallen ist und damit auch den zahllosen Leiden, die diesem wesentlich sind, da es endlose Zeit und endlosen Raum hat, um den Unterschied zwischen Möglichkeit und Wirklichkeit aufzuheben und alle von ihm für jetzt bloß ERKANNTE Quaalen in EMPFUNDENE zu verwandeln. Die Millionen Jahre steter Wiedergeburt bestehen dabei zwar bloß im Begriff, wie die ganze Vergangenheit und Zukunft allein im Begriff existirt: die erfüllte Zeit, die Form der Erscheinung des Willens ist allein die Gegenwart, und für das Individuum ist die Zeit immer neu: es findet sich stets als neu entstanden. Denn von dem Willen zum Leben ist das Leben unzertrennlich und dessen Form allein das Jetzt. Der Tod (man entschuldige die Wiederholung des Gleichnisses) gleicht dem Untergange der Sonne, die nur scheinbar von der Nacht verschlungen wird, wirklich aber, selbst Quelle alles Lichtes, ohne Unterlaß brennt, neuen Welten neue Tage bringt, allezeit im Aufgange und allezeit im Niedergange. Anfang und Ende trifft nur das Individuum, mittelst der Zeit, der Form dieser Erscheinung für die Vorstellung. Außer der Zeit liegt allein der Wille, Kants Ding an sich, und dessen adäquate Objektität, Platons Idee. Daher giebt Selbstmord keine Rettung: was Jeder im Innersten WILL, das muß er SEYN: und was Jeder IST, das WILL er eben. – Also neben der bloß gefühlten Erkenntniß der Scheinbarkeit und Nichtigkeit der die Individuen absondernden Formen der Vorstellung, ist es die Selbsterkenntniß des eigenen Willens und seines Grades, welche dem Gewissen den Stachel giebt. Der Lebenslauf wirkt das Bild des empirischen Charakters, dessen Original der intelligible ist, und der Böse erschrickt bei diesem Bilde; gleichviel ob es mit großen Zügen gewirkt ist, so daß die Welt seinen Abscheu theilt, oder mit so kleinen, daß er allein es sieht: denn nur ihn betrifft es unmittelbar. Das Vergangene wäre gleichgültig, als bloße Erscheinung, und könnte nicht das Gewissen beängstigen, fühlte sich nicht der Charakter frei von aller Zeit und durch sie unveränderlich, so lange er nicht sich selbst verneint. Darum lasten längst geschehene Dinge immer noch auf dem Gewissen. Die Bitte: »Führe mich nicht in Versuchung«, sagt: »Lass' es mich nicht sehen, wer ich bin.« – An der Gewalt, mit welcher der Böse das Leben bejaht, und die sich ihm darstellt an dem Leiden, welches er über Andere verhängt, ermißt er die Ferne, in welcher von ihm das Aufgeben und Verneinen eben jenes Willens, die einzig mögliche Erlösung von der Welt und ihrer Quaal liegt. Er sieht, wie weit er ihr angehört und wie fest er ihr verbunden ist: das ERKANNTE Leiden Anderer hat ihn nicht bewegen können: dem Leben und dem EMPFUNDENEN Leiden fällt er anheim. Es bleibt dahin gestellt, ob dieses je die Heftigkeit seines Willens brechen und überwinden wird.

Diese Auseinandersetzung der Bedeutung und des innern Wesens des BÖSEN, welche als bloßes Gefühl, d.h. NICHT als deutliche, abstrakte Erkenntniß, der Inhalt der GEWISSENSANGST ist, wird noch mehr Deutlichkeit und Vollständigkeit gewinnen durch die eben so durchgeführte Betrachtung des GUTEN, als Eigenschaft des menschlichen Willens, und zuletzt der gänzlichen Resignation und Heiligkeit, welche aus jener, nachdem solche den höchsten Grad erreicht hat, hervorgeht. Denn die Gegensätze erläutern sich immer wechselseitig, und der Tag offenbart zugleich sich selbst und die Nacht, wie Spinoza vortrefflich gesagt hat.

§. 66.

Eine Moral ohne Begründung, also bloßes Moralisiren, kann nicht wirken; weil sie nicht motivirt. Eine Moral aber, DIE motivirt, kann dies nur durch Einwirkung auf die Eigenliebe. Was nun aber aus dieser entspringt, hat keinen moralischen Werth. Hieraus folgt, daß durch Moral, und abstrakte Erkenntniß überhaupt, keine ächte Tugend bewirkt werden kann; sondern diese aus der intuitiven Erkenntniß entspringen muß, welche im fremden Individuo das selbe Wesen erkennt, wie im eigenen.

Denn die Tugend geht zwar aus der Erkenntniß hervor; aber nicht aus der abstrakten, durch Worte mittheilbaren. Wäre dieses, so ließe sie sich lehren, und indem wir hier ihr Wesen und die ihr zum Grunde liegende Erkenntniß abstrakt aussprechen, hätten wir Jeden, der dies faßt, auch ethisch gebessert. So ist es aber keineswegs. Vielmehr kann man so wenig durch ethische Vorträge oder Predigten einen Tugendhaften zu Stande bringen, als alle Aesthetiken, von der des Aristoteles an, je einen Dichter gemacht haben. Denn für das eigentliche und innere Wesen der Tugend ist der Begriff unfruchtbar, wie er es für die Kunst ist, und kann nur völlig untergeordnet als Werkzeug Dienste bei der Ausführung und Aufbewahrung des anderweitig Erkannten und Beschlossenen leisten. *Velle non discitur.* Auf die Tugend, d.h. auf die Güte der Gesinnung, sind die abstrakten Dogmen in der That ohne Einfluß: die falschen stören sie nicht, und die wahren befördern sie schwerlich. Es wäre auch wahrlich sehr schlimm, wenn die Hauptsache des menschlichen Lebens, sein ethischer, für die Ewigkeit geltender Werth, von etwas abhienge, dessen Erlangung so sehr dem Zufall unterworfen ist, wie Dogmen, Glaubenslehren, Philosopheme. Die Dogmen haben für die Moralität bloß den Werth, daß der aus anderweitiger, bald zu erörternder Erkenntniß schon Tugendhafte an ihnen ein Schema, ein Formular hat, nach welchem er seiner eigenen Vernunft von seinem nichtegoistischen Thun, dessen Wesen sie, d.i. er selbst, nicht BEGREIFT, eine meistens nur fingirte Rechenschaft ablegt, bei welcher er sie gewöhnt hat sich zufrieden zu geben.

Zwar auf das HANDELN, das äußere Thun, können die Dogmen starken Einfluß haben, wie auch Gewohnheit und Beispiel (letztere, weil der gewöhnliche Mensch seinem Urtheil, dessen Schwäche er sich bewußt ist, nicht traut, sondern nur eigener oder fremder Erfahrung folgt); aber damit ist die Gesinnung nicht geändert*.

* Es sind bloße *opera operata*, würde die Kirche sagen, die nichts helfen, wenn nicht die Gnade den Glauben schenkt, der zur Wiedergeburt führt. Davon weiter unten.

Alle abstrakte Erkenntniß giebt nur Motive: Motive aber können, wie oben gezeigt, nur die Richtung des Willens, nie ihn selbst ändern. Alle mittheilbare Erkenntniß kann auf den Willen aber nur als Motiv wirken: wie die Dogmen ihn also auch lenken, so ist dabei dennoch immer Das, was der Mensch eigentlich und überhaupt will, das selbe geblieben: bloß über die Wege, auf welchen es zu erlangen, hat er andere Gedanken erhalten, und imaginäre Motive leiten ihn gleich wirklichen. Daher z. B. ist es in Hinsicht auf seinen ethischen Werth gleich viel, ob er große Schenkungen an Hülflose macht, fest überredet in einem künftigen Leben alles zehnfach wieder zu erhalten, oder ob er die selbe Summe auf Verbesserung eines Landgutes verwendet, das zwar späte, aber desto sicherere und erklecklichere Zinsen tragen wird: – und ein Mörder, so gut wie der Bandit, welcher dadurch einen Lohn erwirbt, ist auch Der, welcher rechtgläubig den Ketzer den Flammen überliefert; ja sogar, nach inneren Umständen, auch Der, welcher die Türken im Gelobten Lande erwürgt, wenn er nämlich, wie auch Jener, es eigentlich darum thut, weil er sich dadurch einen Platz im Himmel zu erwerben vermeint. Denn nur für sich, für ihren Egoismus, wollen ja Diese sorgen, eben wie auch jener Bandit, von dem sie sich nur durch die Absurdität der Mittel unterscheiden. – Von Außen ist, wie schon gesagt, dem Willen immer nur durch Motive beizukommen: diese aber ändern bloß die Art wie er sich äußert, nimmermehr ihn selbst. *Velle non discitur.*

Bei guten Thaten, deren Ausüber sich auf Dogmen beruft, muß man aber immer unterscheiden, ob diese Dogmen auch wirklich das Motiv dazu sind, oder ob sie, wie ich oben sagte, nichts weiter, als die scheinbare Rechenschaft sind, durch die Jener seine eigene Vernunft zu befriedigen sucht, über eine aus ganz anderer Quelle fließende gute That, die er vollbringt, weil er GUT ist, aber nicht gehörig zu erklären versteht, weil er kein Philosoph ist, und dennoch etwas dabei denken möchte. Der Unterschied ist aber sehr schwer zu finden, weil er im Innern des Gemüthes liegt. Daher können wir fast nie das Thun Anderer und selten unser eigenes moralisch richtig beurtheilen. – Die Thaten und Handlungsweisen des Einzelnen und eines Volkes können durch Dogmen, Beispiel und

Gewohnheit sehr modifizirt werden. Aber an sich sind alle Thaten *(opera operata)* bloß leere Bilder, und allein die Gesinnung, welche zu ihnen leitet, giebt ihnen moralische Bedeutsamkeit. Diese aber kann wirklich ganz die selbe seyn, bei sehr verschiedener äußerer Erscheinung. Bei gleichem Grade von Bosheit kann der Eine auf dem Rade, der Andere ruhig im Schooße der Seinigen sterben. Es kann derselbe Grad von Bosheit seyn, der sich bei EINEM Volke in groben Zügen, in Mord und Kannibalismus, beim ANDERN hingegen in Hofintriguen, Unterdrückungen und feinen Ränken aller Art fein und leise *en miniature* ausspricht: das Wesen bleibt das selbe. Es ließe sich denken, daß ein vollkommener Staat, oder sogar vielleicht auch ein vollkommen fest geglaubtes Dogma von Belohnungen und Strafen jenseit des Todes, jedes Verbrechen verhinderte: politisch wäre dadurch viel, moralisch nichts gewonnen, vielmehr nur die Abbildung des Willens durch das Leben gehemmt.

Die ächte Güte der Gesinnung, die uneigennützige Tugend und der reine Edelmuth gehen also nicht von abstrakter Erkenntniß aus, aber doch von Erkenntniß: nämlich von einer unmittelbaren und intuitiven, die nicht wegzuräsonniren und nicht anzuräsonniren ist, von einer Erkenntniß, die eben weil sie nicht abstrakt ist, sich auch nicht mittheilen läßt, sondern Jedem selbst aufgehen muß, die daher ihren eigentlichen adäquaten Ausdruck nicht in Worten findet, sondern ganz allein in Thaten, im Handeln, im Lebenslauf des Menschen. Wir, die wir hier von der Tugend die Theorie suchen und daher auch das Wesen der ihr zum Grunde liegenden Erkenntniß abstrakt auszudrücken haben, werden dennoch in diesem Ausdruck nicht jene Erkenntniß selbst liefern können, sondern nur den Begriff derselben, wobei wir immer vom Handeln, in welchem allein sie sichtbar wird, ausgehen und auf dasselbe, als ihren allein adäquaten Ausdruck verweisen, welchen wir nur deuten und auslegen, d.h. abstrakt aussprechen, was eigentlich dabei vorgeht.

Bevor wir nun, im Gegensatz des dargestellten BÖSEN, von der eigentlichen GÜTE reden, ist, als Zwischenstufe, die bloße Negation des Bösen zu berühren: dieses ist die GERECHTIGKEIT. Was

Recht und Unrecht sei, ist oben hinlänglich auseinandergesetzt: daher wir hier mit Wenigem sagen können, daß Derjenige, welcher jene bloß moralische Gränze zwischen Unrecht und Recht freiwillig anerkennt und sie gelten läßt, auch wo kein Staat oder sonstige Gewalt sie sichert, folglich, unserer Erklärung gemäß, nie in der Bejahung seines eigenen Willens bis zur Verneinung des in einem andern Individuo sich darstellenden geht, – GERECHT ist. Er wird also nicht, um sein eigenes Wohlseyn zu vermehren, Leiden über Andere verhängen: d.h. er wird kein Verbrechen begehen, wird die Rechte, wird das Eigenthum eines Jeden respectiren. – Wir sehen nun, daß einem solchen Gerechten, schon nicht mehr, wie dem Bösen, das *principium individuationis* eine absolute Scheidewand ist, daß er nicht, wie jener, nur seine eigene Willenserscheinung bejaht und alle anderen verneint, daß ihm Andere nicht bloße Larven sind, deren Wesen von dem seinigen ganz verschieden ist; sondern durch seine Handlungsweise zeigt er an, daß er sein eigenes Wesen, nämlich den Willen zum Leben als Ding an sich, auch in der fremden, ihm bloß als Vorstellung gegebenen Erscheinung WIEDERERKENNT, also sich selbst in jener wiederfindet, bis auf einen gewissen Grad, nämlich den des Nicht-Unrechtthuns, d.h. Nichtverletzens. In eben diesem Grade nun durchschaut er das *principium individuationis*, den Schleier der Maja: er setzt sofern das Wesen außer sich dem eigenen gleich: er verletzt es nicht.

In dieser Gerechtigkeit liegt, wenn man auf das Innerste derselben sieht, schon der Vorsatz, in der Bejahung des eigenen Willens nicht so weit zu gehen, daß sie die fremden Willenserscheinungen verneint, indem sie solche jenem zu dienen zwingt. Man wird daher eben so viel Anderen leisten wollen, als man von ihnen genießt. Der höchste Grad dieser Gerechtigkeit der Gesinnung, welcher aber immer schon mit der eigentlichen Güte, deren Charakter nicht mehr bloß negativ ist, gepaart ist, geht so weit, daß man seine Rechte auf ererbtes Eigenthum in Zweifel zieht, den Leib nur durch die eigenen Kräfte, geistige oder körperliche, erhalten will, jede fremde Dienstleistung, jeden Luxus als einen Vorwurf empfindet und zuletzt zur freiwilligen Armuth greift. So sehen wir den PASCAL, als er die asketische Richtung nahm, keine Bedienung mehr leiden wollen, obgleich er Dienerschaft genug hatte: seiner beständigen Kränklichkeit ungeachtet, machte er sein Bett selbst, holte selbst sein Essen aus der Küche u.s.w. (*Vie de Pascal par sa sœur*, S. 19.) Diesem ganz entsprechend wird berichtet, daß manche Hindu, sogar Radschahs, bei vielem Reichthum, diesen nur zum Unterhalt der Ihrigen, ihres Hofes und ihrer Dienerschaft verwenden und mit strenger Skrupulosität die Maxime befolgen, nichts zu essen, als was sie selbst eigenhändig gesäet und geerndtet haben. Ein gewisses Mißverständniß liegt dabei doch zum Grunde: denn der Einzelne kann, gerade weil er reich und mächtig ist, dem Ganzen der menschlichen Gesellschaft so beträchtliche Dienste leisten, daß sie dem ererbten Reichthum gleichwiegen, dessen Sicherung er der Gesellschaft verdankt. Eigentlich ist jene übermäßige Gerechtigkeit solcher Hindu schon mehr als Gerechtigkeit, nämlich wirkliche Entsagung, Verneinung des Willens zum Leben, Askese; von der wir zuletzt reden werden. Hingegen kann umgekehrt reines Nichtsthun und Leben durch die Kräfte Anderer, bei ererbtem Eigenthum, ohne irgend etwas zu leisten, doch schon als moralisch unrecht angesehen werden, wenn es auch nach positiven Gesetzen recht bleiben muß.

Wir haben gefunden, daß die freiwillige Gerechtigkeit ihren innersten Ursprung hat in einem gewissen Grad der Durchschauung des *principii individuationis*, während in diesem der Ungerechte ganz und gar befangen bleibt. Diese Durchschauung kann nicht nur in dem hiezu erforderlichen, sondern auch in höherm Grade Statt haben, welcher zum positiven Wohlwollen und Wohlthun, zur Menschenliebe treibt: und dies kann geschehen, wie stark und energisch an sich selbst auch der in solchem Individuo erscheinende Wille sei. Immer kann die Erkenntniß ihm das Gleichgewicht halten, der Versuchung zum Unrecht widerstehen lehren und selbst jeden Grad von Güte, ja von Resignation hervorbringen. Also ist keineswegs der gute Mensch für eine ursprünglich schwächere Willenserscheinung als der böse zu halten; sondern es ist die Erkenntniß, welche in ihm den blinden Willensdrang bemeistert. Es giebt zwar Individuen, welche bloß scheinen gutmüthig zu seyn, wegen der Schwäche des in ihnen erscheinenden Willens:

was sie sind, zeigt sich aber bald daran, daß sie keiner beträchtlichen Selbstüberwindung fähig sind, um eine gerechte oder gute That auszuführen.

Wenn uns nun aber, als eine seltene Ausnahme, ein Mensch vorkommt, der etwan ein beträchtliches Einkommen besitzt, von diesem aber nur wenig für sich benutzt und alles Uebrige den Nothleidenden giebt, während er selbst viele Genüsse und Annehmlichkeiten entbehrt, und wir das Thun dieses Menschen uns zu verdeutlichen suchen; so werden wir, ganz absehend von den Dogmen, durch welche er etwan selbst sein Thun seiner Vernunft begreiflich machen will, als den einfachsten, allgemeinen Ausdruck und als den wesentlichen Charakter seiner Handlungsweise finden, daß er WENIGER, ALS SONST GESCHIEHT, EINEN UNTERSCHIED MACHT ZWISCHEN SICH UND ANDEREN. Wenn eben dieser Unterschied, in den Augen manches Andern, so groß ist, daß fremdes Leiden dem Boshaften unmittelbare Freude, dem Ungerechten ein willkommenes Mittel zum eigenen Wohlseyn ist; wenn der bloß Gerechte dabei stehen bleibt, es nicht zu verursachen; wenn überhaupt die meisten Menschen unzählige Leiden Anderer in ihrer Nähe wissen und kennen, aber sich nicht entschließen sie zu mildern, weil sie selbst einige Entbehrung dabei übernehmen müßten; wenn also Jedem von diesen Allen ein mächtiger Unterschied obzuwalten scheint zwischen dem eigenen Ich und dem fremden; so ist hingegen jenem Edlen, den wir uns denken, dieser Unterschied nicht so bedeutend; das *principium individuationis*, die Form der Erscheinung, befängt ihn nicht mehr so fest; sondern das Leiden, welches er an Anderen sieht, geht ihn fast so nahe an, wie sein eigenes: er sucht daher das Gleichgewicht zwischen beiden herzustellen, versagt sich Genüsse, übernimmt Entbehrungen, um fremde Leiden zu mildern. Er wird inne, daß der Unterschied zwischen ihm und Anderen, welcher dem Bösen eine so große Kluft ist, nur einer vergänglichen täuschenden Erscheinung angehört: er erkennt, unmittelbar und ohne Schlüsse, daß das Ansich seiner eigenen Erscheinung auch das der fremden ist, nämlich jener Wille zum Leben, welcher das Wesen jeglichen Dinges ausmacht und in Allem lebt; ja, daß dieses sich sogar auf die

Thiere und die ganze Natur erstreckt: daher wird er auch kein Thier quälen*.

Er ist jetzt so wenig im Stande, Andere darben zu lassen, während er selbst Ueberflüssiges und Entbehrliches hat, wie irgend Jemand einen Tag Hunger leiden wird, um am folgenden mehr zu haben, als er genießen kann. Denn Jenem, der die Werke der Liebe übt, ist der Schleier der Maja durchsichtig geworden, und die Täuschung des *principii individuationis* hat ihn verlassen. Sich, sein Selbst, seinen Willen erkennt er in jedem Wesen, folglich auch in dem Leidenden. Die Verkehrtheit ist von ihm gewichen, mit welcher der Wille zum Leben, sich selbst verkennend, hier in Einem Individuo flüchtige, gauklerische Wollüste genießt, und dafür dort in einem ANDERN leidet und darbt, und so Quaal verhängt und Quaal duldet, nicht erkennend, daß er, wie Thyestes, sein eigenes Fleisch gierig verzehrt, und dann hier jammert über unverschuldetes Leid und dort frevelt ohne Scheu vor der Nemesis, immer und immer nur weil er sich selbst verkennt in der fremden Erscheinung, und daher die ewige Gerechtigkeit nicht wahrnimmt, befangen im *principio individuationis*, also überhaupt in jener Erkenntnißart, welche der Satz vom Grunde beherrscht. Von diesem Wahn und Blendwerk der Maja geheilt seyn, und Werke der Liebe üben, ist Eins. Letzteres ist aber unausbleibliches Symptom jener Erkenntniß.

Das Gegentheil der Gewissenspein, deren Ursprung und Bedeutung oben erläutert worden, ist DAS GUTE GEWISSEN, die Befriedigung, welche wir nach jeder uneigennützigen That verspüren. Sie entspringt daraus, daß solche That, wie sie hervorgeht aus dem

* Das Recht des Menschen auf das Leben und die Kräfte der Thiere beruht darauf, daß, weil mit der Steigerung der Klarheit des Bewußtseyns das Leiden sich gleichmäßig steigert, der Schmerz, welchen das Thier durch den Tod, oder die Arbeit leidet, noch nicht so groß ist, wie der, welchen der Mensch durch die bloße Entbehrung des Fleisches, oder der Kräfte des Thieres leiden würde, der Mensch daher in der Bejahung seines Daseyns bis zur Verneinung des Daseyns des Thieres gehen kann, und der Wille zum Leben im Ganzen dadurch weniger Leiden trägt, als wenn man es umgekehrt hielte. Dies bestimmt zugleich den Grad des Gebrauchs, den der Mensch ohne Unrecht von den Kräften der Thiere machen darf, welchen man aber oft überschreitet, besonders bei Lastthieren und Jagdhunden; wogegen daher die Thätigkeit der Thier-Schutz-Gesellschaften besonders gerichtet ist. Auch erstreckt jenes Recht, meiner Ansicht nach, sich nicht auf Vivisektionen, zumal der oberen Thiere. Hingegen leidet das Insekt durch seinen Tod noch nicht so viel, wie der Mensch durch dessen Stich. – Die Hindu sehen dies nicht ein.

unmittelbaren Wiedererkennen unseres eigenen Wesens an sich auch in der fremden Erscheinung, uns auch wiederum die Beglaubigung dieser Erkenntniß giebt, der Erkenntniß, daß unser wahres Selbst nicht bloß in der eigenen Person, dieser einzelnen Erscheinung, da ist, sondern in Allem was lebt. Dadurch fühlt sich das Herz erweitert, wie durch den Egoismus zusammengezogen. Denn wie dieser unsern Antheil koncentrirt auf die einzelne Erscheinung des eigenen Individui, wobei die Erkenntniß uns stets die zahllosen Gefahren, welche fortwährend diese Erscheinung bedrohen, vorhält, wodurch Aengstlichkeit und Sorge der Grundton unserer Stimmung wird; so verbreitet die Erkenntniß, daß alles Lebende eben so wohl unser eigenes Wesen an sich ist, wie die eigene Person, unsern Antheil auf alles Lebende: hiedurch wird das Herz erweitert. Durch den also verminderten Antheil am eigenen Selbst wird die ängstliche Sorge für dasselbe in ihrer Wurzel angegriffen und beschränkt: daher die ruhige, zuversichtliche Heiterkeit, welche tugendhafte Gesinnung und gutes Gewissen giebt, und das deutlichere Hervortreten derselben bei jeder guten That, indem diese den Grund jener Stimmung uns selber beglaubigt. Der Egoist fühlt sich von fremden und feindlichen Erscheinungen umgeben, und alle seine Hoffnung ruht auf dem eigenen Wohl. Der Gute lebt in einer Welt befreundeter Erscheinungen: das Wohl einer jeden derselben ist sein eigenes. Wenn daher gleich die Erkenntniß des Menschenlooses überhaupt seine Stimmung nicht zu einer fröhlichen macht, so giebt die bleibende Erkenntniß seines eigenen Wesens in allem Lebenden ihm doch eine gewisse Gleichmäßigkeit und selbst Heiterkeit der Stimmung. Denn der über unzählige Erscheinungen verbreitete Antheil kann nicht so beängstigen, wie der auf EINE koncentrirte. Die Zufälle, welche die Gesammtheit der Individuen treffen, gleichen sich aus, während die dem Einzelnen begegnenden Glück oder Unglück herbeiführen.

Wenn nun also Andere Moralprincipien aufstellten, die sie als Vorschriften zur Tugend und nothwendig zu befolgende Gesetze hingaben, ich aber, wie schon gesagt, dergleichen nicht kann, indem ich dem ewig freien Willen kein Soll noch Gesetz vorzuhalten habe; so ist dagegen, im Zusammenhange meiner Betrachtung, das jenem Unternehmen gewissermaaßen Entsprechende und Analoge jene rein theoretische Wahrheit, als deren bloße Ausführung auch das Ganze meiner Darstellung angesehen werden kann, daß nämlich der Wille das Ansich jeder Erscheinung, selbst aber, als solches, von den Formen dieser und dadurch von der Vielheit frei ist: welche Wahrheit ich, in Bezug auf das Handeln, nicht würdiger auszudrücken weiß, als durch die schon erwähnte Formel des Veda: »*Tat twam asi!*« (»Dieses bist Du!«) Wer sie mit klarer Erkenntniß und fester inniger Ueberzeugung über jedes Wesen, mit dem er in Berührung kommt, zu sich selber auszusprechen vermag; der ist eben damit aller Tugend und Säligkeit gewiß und auf dem geraden Wege zur Erlösung.

Bevor ich nun aber weiter gehe und, als das Letzte meiner Darstellung zeige, wie die Liebe, als deren Ursprung und Wesen wir die Durchschauung des *principii individuationis* erkennen, zur Erlösung, nämlich zum gänzlichen Aufgeben des Willens zum Leben, d.h. alles Wollens, führt, und auch, wie ein anderer Weg, minder sanft, jedoch häufiger, den Menschen eben dahin bringt, muß zuvor hier ein paradoxer Satz ausgesprochen und erläutert werden, nicht weil er ein solcher, sondern weil er wahr ist und zur Vollständigkeit meines darzulegenden Gedankens gehört. Es ist dieser: »Alle Liebe *(αγαπη, caritas)* ist Mitleid.«

§. 67.

Wir haben gesehen, wie aus der Durchschauung des *principii individuationis* im geringern Grade die Gerechtigkeit, im höhern die eigentliche Güte der Gesinnung hervorgieng, welche sich als reine, d.h. uneigennützige Liebe gegen Andere zeigte. Wo nun diese vollkommen wird, setzt sie das fremde Individuum und sein Schicksal dem eigenen völlig gleich: weiter kann sie nie gehen, da kein Grund vorhanden ist, das fremde Individuum dem eigenen vorzuziehen. Wohl aber kann die Mehrzahl der fremden Individuen, deren ganzes Wohlseyn oder Leben in Gefahr ist, die Rücksicht auf das eigene Wohl des Einzelnen überwiegen. In solchem Falle wird der zur höchsten Güte und zum vollendeten Edelmuth gelangte Charakter sein Wohl und sein Leben gänzlich zum Opfer bringen für das Wohl vieler Anderen: so starb Kodros, so Leonidas, so Regulus, so Decius Mus, so Arnold von Winkelried, so Jeder, der freiwillig und bewußt für die Seinigen, für das Vaterland, in den gewissen Tod geht. Auch steht auf dieser Stufe Jeder, der zur Behauptung Dessen, was der gesammten Menschheit zum Wohle gereicht und rechtmäßig angehört, d.h. für allgemeine, wichtige Wahrheiten und für Vertilgung großer Irrthümer, Leiden und Tod willig übernimmt: so starb Sokrates, so Jordanus Brunus, so fand mancher Held der Wahrheit den Tod auf dem Scheiterhaufen, unter den Händen der Priester.

Nunmehr aber habe ich, in Hinsicht auf das oben ausgesprochene Paradoxon, daran zu erinnern, daß wir früher dem Leben im Ganzen das Leiden wesentlich und von ihm unzertrennlich gefunden haben, und daß wir einsahen, wie jeder Wunsch aus einem Bedürfniß, einem Mangel, einem Leiden hervorgeht, daß daher jede Befriedigung nur ein hinweggenommener Schmerz, kein gebrachtes positives Glück ist, daß die Freuden zwar dem Wunsche lügen, sie wären ein positives Gut, in Wahrheit aber nur negativer Natur sind und nur das Ende eines Uebels. Was daher auch Güte, Liebe und Edelmuth für Andere thun, ist immer nur Linderung ihrer Leiden, und folglich ist was sie bewegen kann zu guten Thaten und Werken der Liebe, immer nur die Erkenntniss des fremden Leidens, aus dem eigenen unmittelbar verständlich und diesem gleichgesetzt. Hieraus aber ergiebt sich, daß die reine Liebe *(αγαπη, caritas)* ihrer Natur nach Mitleid ist; das Leiden, welches sie lindert, mag nun ein großes oder ein kleines, wohin jeder unbefriedigte Wunsch gehört, seyn. Wir werden daher keinen Anstand nehmen, im geraden Widerspruch mit Kant, der alles wahrhaft Gute und alle Tugend allein für solche anerkennen will, wenn sie aus der abstrakten Reflexion und zwar dem Begriffe der Pflicht und des kategorischen Imperativs hervorgegangen ist, und der gefühltes Mitleid für Schwäche, keineswegs für Tugend erklärt, – im geraden Widerspruch mit Kant zu sagen: der bloße Begriff ist für die ächte Tugend so unfruchtbar, wie für die ächte Kunst: alle wahre und reine Liebe ist Mitleid, und jede Liebe, die nicht Mitleid ist, ist Selbstsucht. Selbstsucht ist der *ερως*; Mitleid ist die *αγαπη*. Mischungen von beiden finden häufig Statt. Sogar die ächte Freundschaft ist immer Mischung von Selbstsucht und Mitleid: erstere liegt im Wohlgefallen an der Gegenwart des Freundes, dessen Individualität der unserigen entspricht, und sie macht fast immer den größten Theil aus; Mitleid zeigt sich in der aufrichtigen Theilnahme an seinem Wohl und Wehe und den uneigennützigen Opfern, die man diesem bringt. Sogar Spinoza sagt: *Benevolentia nihil aliud est, quam cupiditas ex commiseratione orta. (Eth. III*, pr.*27, cor.3, schol.)* Als Bestätigung unseres paradoxen Satzes mag man bemerken, daß Ton und Worte der Sprache und Liebkosungen der reinen Liebe ganz zusammenfallen mit dem Tone des Mitleids: beiläufig auch, daß im Italiänischen Mitleid und reine Liebe durch das selbe Wort *pietà* bezeichnet werden.

Auch ist hier die Stelle zur Erörterung einer der auffallendesten Eigenheiten der menschlichen Natur, des WEINENS, welches, wie das Lachen, zu den Aeußerungen gehört, die ihn vom Thiere unterscheiden. Das Weinen ist keineswegs geradezu Aeußerung des Schmerzes: denn bei den wenigsten Schmerzen wird geweint. Meines Erachtens weint man sogar nie unmittelbar über den empfundenen Schmerz, sondern immer nur über dessen Wiederholung in der Reflexion. Man geht nämlich von dem empfundenen Schmerz, selbst wann er körperlich ist, über zu einer bloßen Vorstellung desselben, und findet dann seinen eigenen Zustand so bemitleidenswerth, daß, wenn ein Anderer der Dulder wäre, man voller Mitleid und Liebe ihm helfen zu werden fest und aufrichtig überzeugt ist: nun aber ist man selbst der Gegenstand seines eigenen aufrichtigen Mitleids: mit der hülfreichsten Gesinnung ist man selbst der Hülfsbedürftige, fühlt, daß man mehr duldet, als man einen Andern dulden sehen könnte, und in dieser sonderbar verflochtenen Stimmung, wo das unmittelbar gefühlte Leid erst auf einem doppelten Umwege wieder zur Perception kommt, als fremdes vorgestellt, als solches mitgefühlt und dann plötzlich wieder als unmittelbar eigenes wahrgenommen wird, – schafft sich die Natur durch jenen sonderbaren körperlichen Krampf Erleichterung. – Das WEINEN ist demnach MITLEID MIT SICH SELBST, oder das auf seinen Ausgangspunkt zurückgeworfene Mitleid. Es ist daher durch Fähigkeit zur Liebe und zum Mitleid und durch Phantasie bedingt: daher weder hartherzige, noch phantasielose Menschen leicht weinen, und das Weinen sogar immer als Zeichen eines gewissen Grades von Güte des Charakters angesehen wird und den Zorn entwaffnet, weil man fühlt, daß wer noch weinen kann, auch nothwendig der Liebe, d.h. des Mitleids gegen Andere fähig seyn muß, eben weil dieses, auf die beschriebene Weise, in jene zum Weinen führende Stimmung eingeht. – Ganz der aufgestellten Erklärung gemäß ist die Beschreibung, welche Petrarka, sein Gefühl naiv und wahr aussprechend, vom Entstehen seiner eigenen Thränen macht:

I vo pensando: e nel pensar m' assale
Una pietà si forte di me stesso,
Che mi conduce spesso,
*Ad alto lagrimar, ch' i non soleva**.

Auch bestätigt sich das Gesagte dadurch, daß Kinder, die einen Schmerz erlitten, meistens erst dann weinen, wenn man sie beklagt, also nicht über den Schmerz, sondern über die Vorstellung desselben. – Wann wir nicht durch eigene, sondern durch fremde Leiden zum Weinen bewegt werden; so geschieht dies dadurch, daß wir uns in der Phantasie lebhaft an die Stelle des Leidenden versetzen, oder auch in seinem Schicksal das Loos der ganzen Menschheit und folglich vor Allem unser eigenes erblicken, und also durch einen weiten Umweg immer doch wieder über uns selbst weinen, Mitleid mit uns selbst empfinden. Dies scheint auch ein Hauptgrund des durchgängigen, also natürlichen Weinens bei Todesfällen zu seyn. Es ist nicht sein Verlust, den der Trauernde beweint: solcher egoistischer Thränen würde man sich schämen; statt daß er bisweilen sich schämt, nicht zu weinen. Zunächst beweint er freilich das Loos des Gestorbenen: jedoch weint er auch, wann diesem, nach langen, schweren und unheilbaren Leiden, der Tod eine wünschenswerthe Erlösung war. Hauptsächlich also ergreift ihn Mit-

* Indem ich gedankenvoll wandele, befällt mich ein SO STARKES MITLEID MIT MIR SELBER, daß ich oft laut weinen muß; was ich doch sonst nicht pflegte.

leid über das Loos der gesammten Menschheit, welche der Endlichkeit anheimgefallen ist, der zufolge jedes so strebsame, oft so thatenreiche Leben verlöschen und zu nichts werden muß: in diesem Loose der Menschheit aber erblickt er vor Allem sein eigenes, und zwar um so mehr, je näher ihm der Verstorbene stand, daher am meisten, wenn es sein Vater war. Wenn auch diesem durch Alter und Krankheit das Leben eine Quaal und durch seine Hülflosigkeit dem Sohn eine schwere Bürde war; so weint er doch heftig über den Tod des Vaters: aus dem angegebenen Grunde*.

§. 68.

Nach dieser Abschweifung über die Identität der reinen Liebe mit dem Mitleid, welches letzteren Zurückwendung auf das eigene Individuum das Phänomen des Weinens zum Symptom hat, nehme ich den Faden unserer Auslegung der ethischen Bedeutung des Handelns wieder auf, um nunmehr zu zeigen, wie aus der selben Quelle, aus welcher alle Güte, Liebe, Tugend und Edelmuth entspringt, zuletzt auch dasjenige hervorgeht, was ich die Verneinung des Willens zum Leben nenne.

Wie wir früher Haß und Bosheit bedingt sahen durch den Egoismus und diesen beruhen auf dem Befangenseyn der Erkenntniß im *principio individuationis*; so fanden wir als den Ursprung und das Wesen der Gerechtigkeit, sodann, wann es weiter geht, der Liebe und des Edelmuths, bis zu den höchsten Graden, die Durchschauung jenes *principii individuationis*, welche allein, indem sie den Unterschied zwischen dem eigenen und den fremden Individuen aufhebt, die vollkommene Güte der Gesinnung, bis zur uneigennützigsten Liebe und zur großmüthigsten Selbstaufopferung für Andere, möglich macht und erklärt.

Ist nun aber dieses Durchschauen des *principii individuationis*, diese unmittelbare Erkenntniß der Identität des Willens in allen

* Hiezu Kap. 47 des zweiten Bandes. Es ist wohl kaum nöthig zu erinnern, daß die ganze §§. 61–67 im Umriß aufgestellte Ethik ihre ausführlichere und vollendetere Darstellung erhalten hat in meiner Preisschrift über die Grundlage der Moral.

seinen Erscheinungen, in hohem Grade der Deutlichkeit vorhanden; so wird sie sofort einen noch weiter gehenden Einfluß auf den Willen zeigen. Wenn nämlich vor den Augen eines Menschen jener Schleier der Maja, das *principium individuationis*, so sehr gelüftet ist, daß derselbe nicht mehr den egoistischen Unterschied zwischen seiner Person und der fremden macht, sondern an den Leiden der anderen Individuen so viel Antheil nimmt, wie an seinen eigenen, und dadurch nicht nur im höchsten Grade hülfreich ist, sondern sogar bereit, sein eigenes Individuum zu opfern, sobald mehrere fremde dadurch zu retten sind; dann folgt von selbst, daß ein solcher Mensch, der in allen Wesen sich, sein innerstes und wahres Selbst erkennt, auch die endlosen Leiden alles Lebenden als die seinen betrachten und so den Schmerz der ganzen Welt sich zueignen muß. Ihm ist kein Leiden mehr fremd. Alle Quaalen Anderer, die er sieht und so selten zu lindern vermag, alle Quaalen, von denen er mittelbar Kunde hat, ja die er nur als möglich erkennt, wirken auf seinen Geist, wie seine eigenen. Es ist nicht mehr das wechselnde Wohl und Wehe seiner Person, was er im Auge hat, wie dies bei dem noch im Egoismus befangenen Menschen der Fall ist; sondern, da er das *principium individuationis* durchschaut, liegt ihm alles gleich nahe. Er erkennt das Ganze, faßt das Wesen desselben auf, und findet es in einem steten Vergehen, nichtigem Streben, innerm Widerstreit und beständigem Leiden begriffen, sieht, wohin er auch blickt, die leidende Menschheit und die leidende Thierheit, und eine hinschwindende Welt. Dieses Alles aber liegt ihm jetzt so nahe, wie dem Egoisten nur seine eigene Person. Wie sollte er nun, bei solcher Erkenntniß der Welt, eben dieses Leben durch stete Willensakte bejahen und eben dadurch sich ihm immer fester verknüpfen, es immer fester an sich drücken? Wenn also Der, welcher noch im *principio individuationis*, im Egoismus, befangen ist, nur einzelne Dinge und ihr Verhältniß zu seiner Person erkennt, und jene dann zu immer erneuerten MOTIVEN seines Wollens werden; so wird hingegen jene beschriebene Erkenntniß des Ganzen, des Wesens der Dinge an sich, zum QUIETIV alles und jedes Wollens. Der Wille wendet sich nunmehr vom Leben ab: ihm schaudert jetzt vor dessen Genüssen, in denen er die Bejahung desselben erkennt. Der

Mensch gelangt zum Zustande der freiwilligen Entsagung, der Resignation, der wahren Gelassenheit und gänzlichen Willenslosigkeit. – Wenn uns Anderen, welche noch der Schleier der Maja umfängt, auch zu Zeiten, im schwer empfundenen eigenen Leiden, oder im lebhaft erkannten fremden, die Erkenntniß der Nichtigkeit und Bitterkeit des Lebens nahe tritt, und wir durch völlige und auf immer entschiedene Entsagung den Begierden ihren Stachel abbrechen, allem Leiden den Zugang verschließen, uns reinigen und heiligen möchten; so umstrickt uns doch bald wieder die Täuschung der Erscheinung, und ihre Motive setzen den Willen aufs Neue in Bewegung: wir können uns nicht losreißen. Die Lockungen der Hoffnung, die Schmeichelei der Gegenwart, die Süße der Genüsse, das Wohlseyn, welches unserer Person mitten im Jammer einer leidenden Welt, unter der Herrschaft des Zufalls und des Irrthums, zu Theil wird, zieht uns zu ihr zurück und befestigt aufs Neue die Banden. Darum sagt Jesus: »Es ist leichter, daß ein Ankertau durch ein Nadelöhr gehe, denn daß ein Reicher ins Reich Gottes komme.«

Vergleichen wir das Leben einer Kreisbahn aus glühenden Kohlen, mit einigen kühlen Stellen, welche Bahn wir unablässig zu durchlaufen hätten; so tröstet den im Wahn Befangenen die kühle Stelle, auf der er jetzt eben steht, oder die er nahe vor sich sieht, und er fährt fort die Bahn zu durchlaufen. Jener aber, der, das *principium individuationis* durchschauend, das Wesen der Dinge an sich und dadurch das Ganze erkennt, ist solchen Trostes nicht mehr empfänglich: er sieht sich an allen Stellen zugleich, und tritt heraus. – Sein Wille wendet sich, bejaht nicht mehr sein eigenes, sich in der Erscheinung spiegelndes Wesen, sondern verneint es. Das Phänomen, wodurch dieses sich kund giebt, ist der Uebergang von der Tugend zur Askesis. Nämlich es genügt ihm nicht mehr, Andere sich selbst gleich zu lieben und für sie soviel zu thun, wie für sich; sondern es entsteht in ihm ein Abscheu vor dem Wesen, dessen Ausdruck seine eigene Erscheinung ist, dem Willen zum Leben, dem Kern und Wesen jener als jammervoll erkannten Welt. Er verleugnet daher eben dieses in ihm erscheinende und schon durch seinen Leib ausgedrückte Wesen, und sein Thun straft jetzt seine

Erscheinung Lügen, tritt in offenen Widerspruch mit derselben. Wesentlich nichts Anderes, als Erscheinung des Willens, hört er auf, irgend etwas zu wollen, hütet sich seinen Willen an irgend etwas zu hängen, sucht die größte Gleichgültigkeit gegen alle Dinge in sich zu befestigen. – Sein Leib, gesund und stark, spricht durch Genitalien den Geschlechtstrieb aus; aber er verneint den Willen und straft den Leib Lügen: er will keine Geschlechtsbefriedigung, unter keiner Bedingung. Freiwillige, vollkommene Keuschheit ist der erste Schritt in der Askese oder der Verneinung des Willens zum Leben. Sie verneint dadurch die über das individuelle Leben hinausgehende Bejahung des Willens und giebt damit die Anzeige, daß mit dem Leben dieses Leibes auch der Wille, dessen Erscheinung er ist, sich aufhebt. Die Natur, immer wahr und naiv, sagt aus, daß, wenn diese Maxime allgemein würde, das Menschengeschlecht ausstürbe: und nach Dem, was im zweiten Buch über den Zusammenhang aller Willenserscheinungen gesagt ist, glaube ich annehmen zu können, daß mit der höchsten Willenserscheinung auch der schwächere Wiederschein derselben, die Thierheit, wegfallen würde; wie mit dem vollen Lichte auch die Halbschatten verschwinden. Mit gänzlicher Aufhebung der Erkenntniß schwände dann auch von selbst die übrige Welt in Nichts; da ohne Subjekt kein Objekt. Ich möchte sogar hierauf eine Stelle im Veda beziehen, wo es heißt: »Wie in dieser Welt hungerige Kinder sich um ihre Mutter drängen, so harren alle Wesen des heiligen Opfers.« (*Asiatic researches*, Bd. 8. Colebrooke, *On the Vedas*, der Auszug aus Sama-Veda: steht auch in Colebrooke's *Miscellaneous essays*, Bd. 1, S. 88.) Opfer bedeutet Resignation überhaupt, und die übrige Natur hat ihre Erlösung vom Menschen zu erwarten, welcher Priester und Opfer zugleich ist. Ja, es verdient als höchst merkwürdig angeführt zu werden, daß dieser Gedanke auch von dem bewunderungswürdigen und unabsehbar tiefen Angelus Silesius ausgedrückt worden ist, in dem Verslein, überschrieben »Der Mensch bringt Alles zu Gott«; es lautet:

»Mensch! Alles liebet dich; um dich ist sehr Gedrange:
Es läuft dir Alles zu, daß es zu Gott gelange.«

Aber ein noch größerer Mystiker, Meister Eckhard, dessen wundervolle Schriften durch die Ausgabe von Franz Pfeiffer jetzt endlich (1857) zugänglich geworden sind, sagt daselbst, S. 459, ganz im hier erörterten Sinne: »Ich bewähre dies mit Christo, da er sagt: wenn ich erhöhet werde von der Erde, alle Dinge will ich nach mir ziehen (Joh. 12, 32). So soll der gute Mensch alle Dinge hinauftragen zu Gott, in ihren ersten Ursprung. Dies bewähren uns die Meister, daß alle Kreaturen sind gemacht um des Menschen Willen. Dies prüfet an allen Kreaturen, daß eine Kreatur die andere nützet: das Rind das Gras, der Fisch das Wasser, der Vogel die Luft, das Thier den Wald. So kommen alle Kreaturen dem guten Menschen zu Nutz: eine Kreatur in der andern trägt ein guter Mensch zu Gott.« Er will sagen: dafür, daß der Mensch, in und mit sich selbst, auch die Thiere erlöst, benutzt er sie in diesem Leben. – Sogar scheint mir die schwierige Bibelstelle Röm. 8, 21–24 in diesem Sinne auszulegen zu seyn.

Auch im Buddhaismus fehlt es nicht an Ausdrücken der Sache: z. B. als Buddha, noch als Bodhisatwa, sein Pferd zum letzten Male, nämlich zur Flucht aus der väterlichen Residenz in die Wüste, satteln läßt, spricht er zu demselben den Vers: »Schon lange Zeit bist du im Leben und im Tode da; jetzt aber sollst du aufhören zu tragen und zu schleppen. Nur dies Mal noch, o Kantakana, trage mich von hinnen, und wann ich werde das Gesetz erlangt haben (Buddha geworden seyn), werde ich deiner nicht vergessen.« (*Foe Koue Ki, trad. p. Abel Rémusat,* S. 233.)

Die Askesis zeigt sich sodann ferner in freiwilliger und absichtlicher Armuth, die nicht nur *per accidens* entsteht, indem das Eigenthum weggegeben wird, um fremde Leiden zu mildern, sondern hier schon Zweck an sich ist, dienen soll als stete Mortifikation des Willens, damit nicht die Befriedigung der Wünsche, die Süße des Lebens, den Willen wieder aufrege, gegen welchen die Selbsterkenntniß Abscheu gefaßt hat. Der zu diesem Punkt Gelangte spürt als belebter Leib, als konkrete Willenserscheinung, noch immer die Anlage zum Wollen jeder Art: aber er unterdrückt sie absichtlich, indem er sich zwingt, nichts zu thun von allem was er wohl möchte, hingegen alles zu thun was er nicht möchte, selbst wenn es keinen weitern Zweck hat, als eben den, zur Mortifikation des Willens zu dienen. Da er den in seiner Person erscheinenden Willen selbst verneint, wird er nicht widerstreben, wann ein Anderer das Selbe thut, d.h. ihm Unrecht zufügt: darum ist ihm jedes von außen, durch Zufall oder fremde Bosheit, auf ihn kommende Leiden willkommen, jeder Schaden, jede Schmach, jede Beleidigung: er empfängt sie freudig, als die Gelegenheit sich selber die Gewißheit zu geben, daß er den Willen nicht mehr bejaht, sondern freudig die Partei jedes Feindes der Willenserscheinung, die seine eigene Person ist, ergreift. Er erträgt daher solche Schmach und Leiden mit unerschöpflicher Geduld und Sanftmuth, vergilt das Böse, ohne Ostentation, mit Gutem, und läßt das Feuer des Zornes so wenig, als das der Begierde je in sich wieder erwachen. – Wie den Willen selbst, so mortifizirt er die Sichtbarkeit, die Objektität desselben, den Leib: er nährt ihn kärglich, damit sein üppiges Blühen und Gedeihen nicht auch den Willen, dessen bloßer Ausdruck und Spiegel er ist, neu belebe und stärker anrege. So greift er zum Fasten, ja er greift zur Kasteiung und Selbstpeinigung, um durch stetes Entbehren und Leiden den Willen mehr und mehr zu brechen und zu tödten, den er als die Quelle des eigenen und der Welt leidenden Daseyns erkennt und verabscheut. – Kommt endlich der Tod, der diese Erscheinung jenes Willens auflöst, dessen Wesen hier, durch freie Verneinung seiner selbst, schon längst, bis auf den schwachen Rest, der als Belebung dieses Leibes erschien, abgestorben war; so ist er, als ersehnte Erlösung, hoch willkommen und wird freudig empfangen. Mit ihm endigt hier nicht, wie bei Anderen, bloß die Erscheinung; sondern das Wesen selbst ist aufgehoben, welches hier nur noch in der Erscheinung und durch sie ein schwaches Daseyn hatte*; welches letzte mürbe Band nun auch zerreißt. Für Den, welcher so endet, hat zugleich die Welt geendigt.

---

* Dieser Gedanke ist durch ein schönes Gleichniß ausgedrückt, in der uralten philosophischen Sanskritschrift »*Sankhya Karika*«: »Dennoch bleibt die Seele eine Weile mit dem Leibe bekleidet; wie die Töpferscheibe, nachdem das Gefäß vollendet ist, noch zu wirbeln fortfährt, in Folge des früher erhaltenen Stoßes. Erst wann die erleuchtete Seele sich vom Leibe trennt und für sie die Natur aufhört, tritt ihre gänzliche Erlösung ein.« Colebrooke, »*On the philosophy of the Hindus: Miscellaneous essays*«, Bd. 1, S. 259. Desgleichen in der »*Sankhya Carica by Horace Wilson*«, §. 67, S. 184.

Und was ich hier mit schwacher Zunge und nur in allgemeinen Ausdrücken geschildert habe, ist nicht etwan ein selbsterfundenes philosophisches Mährchen und nur von heute: nein, es war das beneidenswerthe Leben gar vieler Heiligen und schöner Seelen unter den Christen, und noch mehr unter den Hindus und Buddhaisten, auch unter anderen Glaubensgenossen. So sehr verschiedene Dogmen auch ihrer Vernunft eingeprägt waren, sprach dennoch sich die innere, unmittelbare, intuitive Erkenntniß, von welcher allein alle Tugend und Heiligkeit ausgehen kann, auf die gleiche und nämliche Weise durch den Lebenswandel aus. Denn auch hier zeigt sich der in unserer ganzen Betrachtung so wichtige und überall durchgreifende, bisher zu wenig beachtete, große Unterschied zwischen der intuitiven und der abstrakten Erkenntniß. Zwischen beiden ist eine weite Kluft, über welche, in Hinsicht auf die Erkenntniß des Wesens der Welt, allein die Philosophie führt. Intuitiv nämlich, oder *in concreto,* ist sich eigentlich jeder Mensch aller philosophischen Wahrheiten bewußt: sie aber in sein abstraktes Wissen, in die Reflexion zu bringen, ist das Geschäft des Philosophen, der weiter nichts soll, noch kann.

Vielleicht ist also hier zum ersten Male, abstrakt und rein von allem Mythischen, das innere Wesen der Heiligkeit, Selbstverleugnung, Ertödtung des Eigenwillens, Askesis, ausgesprochen als Verneinung des Willens zum Leben, eintretend, nachdem ihm die vollendete Erkenntniß seines eigenen Wesens zum Quietiv alles Wollens geworden. Hingegen unmittelbar erkannt und durch die That ausgesprochen haben es alle jene Heiligen und Asketen, die, bei gleicher innerer Erkenntniß, eine sehr verschiedene Sprache führten, gemäß den Dogmen, die sie einmal in ihre Vernunft aufgenommen hatten und welchen zufolge ein Indischer Heiliger, ein Christlicher, ein Lamaischer, von seinem eigenen Thun, jeder sehr verschiedene Rechenschaft geben muß, was aber für die Sache ganz gleichgültig ist. Ein Heiliger kann voll des absurdesten Aberglaubens seyn, oder er kann umgekehrt ein Philosoph seyn: beides gilt gleich. Sein Thun allein beurkundet ihn als Heiligen: denn es geht, in moralischer Hinsicht, nicht aus der abstrakten, sondern aus der intuitiv aufgefaßten, unmittelbaren Erkenntniß der Welt und ihres Wesens hervor, und wird von ihm nur zur Befriedigung seiner Vernunft durch irgend ein Dogma ausgelegt. Es ist daher so wenig nöthig, daß der Heilige ein Philosoph, als daß der Philosoph ein Heiliger sei: so wie es nicht nöthig ist, daß ein vollkommen schöner Mensch ein großer Bildhauer, oder daß ein großer Bildhauer auch selbst ein schöner Mensch sei. Ueberhaupt ist es eine seltsame Anforderung an einen Moralisten, daß er keine andere Tugend empfehlen soll, als die er selbst besitzt. Das ganze Wesen der Welt abstrakt, allgemein und deutlich in Begriffen zu wiederholen, und es so als reflektirtes Abbild in bleibenden und stets bereit liegenden Begriffen der Vernunft niederzulegen: dieses und nichts anderes ist Philosophie. Ich erinnere an die im ersten Buche angeführte Stelle des Bako von Verulam.

Aber eben auch nur abstrakt und allgemein und daher kalt ist meine obige Schilderung der Verneinung des Willens zum Leben, oder des Wandels einer schönen Seele, eines resignirten, freiwillig büßenden Heiligen. Wie die Erkenntniß, aus welcher die Verneinung des Willens hervorgeht, eine intuitive ist und keine abstrakte; so findet sie ihren vollkommenen Ausdruck auch nicht in abstrakten Begriffen, sondern allein in der That und dem Wandel. Daher um völliger zu verstehen, was wir philosophisch als Verneinung des Willens zum Leben ausdrücken, hat man die Beispiele aus der Erfahrung und Wirklichkeit kennen zu lernen. Freilich wird man sie nicht in der täglichen Erfahrung antreffen: *nam omnia praeclara tam difficilia quam rara sunt*, sagt Spinoza vortrefflich. Man wird sich also, wenn nicht durch ein besonders günstiges Schicksal zum Augenzeugen gemacht, mit den Lebensbeschreibungen solcher Menschen begnügen müssen. Die Indische Literatur ist, wie wir schon aus dem Wenigen, was wir bis jetzt durch Uebersetzungen kennen, sehen, sehr reich an Schilderungen des Lebens der Heiligen, der Büßenden, Samanäer, Saniassis u.s.w. genannt. Selbst die bekannte, wiewohl keineswegs in jeder Hinsicht lobenswerthe *»Mythologie des Indous par Mad. de Polier«* enthält viele vortreffliche Beispiele dieser Art. (Besonders im 13. Kapitel des zweiten Bandes.) Auch unter den Christen fehlt es nicht an Beispielen zu der bezweckten Erläuterung. Man lese die meistens schlecht geschriebenen Biographien derjenigen Personen, welche bald heilige Seelen, bald Pietisten, Quietisten, fromme Schwärmer u.s.w. genannt sind. Sammlungen solcher Biographien sind zu verschiedenen Zeiten gemacht, wie Tersteegen's »Leben heiliger Seelen«, Reiz's »Geschichte der Wiedergeborenen«, in unseren Tagen eine Sammlung von Kanne, die unter vielem Schlechten doch auch manches Gute enthält, wohin ich besonders das »Leben der Beata Sturmin« zähle. Ganz eigentlich gehört hieher das Leben des heiligen Franciscus von Assisi, dieser wahren Personifikation der Askese, und Vorbildes aller Bettelmönche. Sein Leben, von seinem jüngern Zeitgenossen, dem auch als Scholastiker berühmten heiligen Bonaventura beschrieben, ist neuerlich wieder aufgelegt worden: *»Vita S. Francisci a S. Bonaventura concinnata«* (Soest 1847), nachdem kurz vorher eine sorgfältige, ausführliche und alle Quellen benutzende Biographie desselben in Frankreich erschienen war: *»Histoir de S. François d'Assise, par Chavin de Mallan«* (1845). – Als Orientalische Parallele zu diesen Klosterschriften haben wir das höchst lesenswerthe Buch von Spence Hardy: *»Eastern monachism, an account of the order of mendicants founded by Gotama Budha«* (1850). Es zeigt uns die selbe Sache in einem andern Gewande. Auch sieht man, wie gleichgültig es ihr ist, ob sie von einer theistischen, oder einer atheistischen Religion ausgeht. – Vorzüglich aber kann ich, als ein specielles, höchst ausführliches Beispiel und faktische Erläuterung der von mir aufgestellten Begriffe, die Autobiographie der Frau von Guion empfehlen, welche schöne und große Seele, deren Andenken mich stets mit Ehrfurcht erfüllt, kennen zu lernen und dem Vortrefflichen ihrer Gesinnung, mit Nachsicht gegen den Aberglauben ihrer Vernunft, Gerechtigkeit widerfahren zu lassen, jedem Menschen besserer Art eben so erfreulich seyn muß, als jenes Buch bei den Gemeindenkenden, d.h. der Mehrzahl, stets in schlechtem Kredit stehen wird, weil durchaus und überall Jeder nur Das schätzen kann, was ihm einigermaaßen analog ist und wozu er wenigstens eine schwache Anlage hat. Dies gilt wie vom Intellektuellen, so auch vom Ethischen. Gewissermaaßen könnte man als ein hiehergehöriges Beispiel sogar die bekannte französische Biographie Spinoza's betrachten, wenn man nämlich als Schlüssel zu derselben jenen herrlichen Eingang zu seiner sehr ungenügenden Abhandlung »*De emendatione intellectus*« gebraucht, welche Stelle ich zugleich als das wirksamste mir bekannt gewordene Besänftigungsmittel des Sturms der Leidenschaften anempfehlen kann. Endlich hat selbst der große Goethe, so sehr er Grieche ist, es nicht seiner unwürdig gehalten, uns diese schönste Seite der Menschheit im verdeutlichenden Spiegel der Dichtkunst zu zeigen, indem er uns in den »Bekenntnissen einer schönen Seele« das Leben der Fräulein Klettenberg idealisirt darstellte und später, in seiner eigenen Biographie, auch historische Nachricht davon gab; wie er uns denn auch das Leben des heiligen Philippo Neri sogar zwei Mal erzählt hat. – Die Weltgeschichte wird zwar immer und muß von den Menschen schweigen, deren Wandel die beste und allein ausreichende Erläuterung dieses wichtigen Punktes unserer Betrachtung ist. Denn der Stoff der Weltgeschichte ist ein ganz anderer, ja entgegengesetzter, nämlich nicht das Verneinen und Aufgeben des Willens zum Leben, sondern eben sein Bejahen und Erscheinen in unzähligen Individuen, in welchem seine Entzweiung mit sich selbst, auf dem höchsten Gipfel seiner Objektivation, mit vollendeter Deutlichkeit hervortritt, und nun uns bald die Ueberlegenheit des Einzelnen durch seine Klugheit, bald die Gewalt der Menge durch ihre Masse, bald die Macht des sich zum Schicksal personifizirenden Zufalls, immer die Vergeblichkeit und Nichtigkeit des ganzen Strebens vor Augen bringt. Uns aber, die wir hier nicht den Faden der Erscheinungen in der Zeit verfolgen, sondern als Philosophen die ethische Bedeutung der Handlungen zu erforschen suchen und diese hier zum alleinigen Maaßstabe für das uns Bedeutsame und Wichtige nehmen, wird doch wohl keine Scheu vor der stets bleibenden Stimmenmehrheit der Gemeinheit und Plattheit abhalten, zu bekennen, daß die größte, wichtigste und bedeutsamste Erscheinung, welche die Welt aufzeigen kann, nicht der Welteroberer ist, sondern der Weltüberwinder, also in der That nichts Anderes, als der stille und unbemerkte Lebenswandel eines solchen Menschen, dem diejenige Erkenntniß aufgegangen ist, in Folge welcher er jenen Alles erfüllenden und in Allem treibenden und strebenden Willen zum Leben aufgiebt und verneint, dessen Freiheit erst hier, in ihm allein, hervortritt, wodurch nunmehr sein Thun das gerade Gegentheil des gewöhnlichen wird. Für den Philosophen sind also in dieser Hinsicht jene Lebensbeschreibungen heiliger, sich selbst verleugnender Menschen, so schlecht sie auch meistens geschrieben, ja mit Aberglauben und Unsinn vermischt vorgetragen sind, doch, durch die Bedeutsamkeit des Stoffes, ungleich belehrender und wichtiger, als selbst Plutarchos und Livius.

Zur nähern und vollständigen Kenntniß Dessen, was wir, in der Abstraktion und Allgemeinheit unserer Darstellungsweise, als Verneinung des Willens zum Leben ausdrücken, wird ferner sehr viel beitragen die Betrachtung der in diesem Sinn und von Menschen, die dieses Geistes voll waren, gegebenen ethischen Vorschriften, und diese werden zugleich zeigen, wie alt unsere Ansicht ist, so neu auch der rein philosophische Ausdruck derselben seyn mag. Das uns zunächst Liegende ist das Christenthum, dessen Ethik ganz in dem angegebenen Geiste ist und nicht nur zu den höchsten Graden der Menschenliebe, sondern auch zur Entsagung führt; welche letztere Seite zwar schon in den Schriften der Apostel als Keim sehr deutlich vorhanden ist, jedoch erst später sich völlig entwickelt und *explicite* ausgesprochen wird. Wir finden von den Aposteln vorgeschrieben: Liebe zum Nächsten, der Selbstliebe gleichwiegend, Wohlthätigkeit, Vergeltung des Hasses mit Liebe und Wohlthun, Geduld, Sanftmuth, Ertragung aller möglichen Beleidigungen ohne Widerstand, Enthaltsamkeit in der Nahrung zur Unterdrückung der Lust, Widerstand dem Geschlechtstriebe, wenn man es vermag, gänzlich. Wir sehen hier schon die ersten Stufen der Askesis, oder eigentlichen Verneinung des Willens, welcher letztere Ausdruck eben Das besagt, was in den Evangelien das Verleugnen seiner selbst und Aufsichnehmen des Kreuzes genannt wird. (Math. 16, 24. 25; Mark. 8, 34. 35; Luk. 9, 23. 24; 14, 26. 27. 33.) Diese Richtung entwickelte sich bald mehr und mehr und gab den Büßenden, den Anachoreten und dem Mönchthum den Ursprung, welcher an sich rein und heilig war, aber eben darum dem größten Theil der Menschen ganz unangemessen, daher das sich daraus Entwickelnde nur Heuchelei und Abscheulichkeit seyn konnte: denn *abusus optimi pessimus*. Bei weiter gebildetem

Christenthum sehen wir nun jenen asketischen Keim sich zur vollen Blüthe entfalten, in den Schriften der Christlichen Heiligen und Mystiker. Diese predigen neben der reinsten Liebe auch völlige Resignation, freiwillige gänzliche Armuth, wahre Gelassenheit, vollkommene Gleichgültigkeit gegen alle weltliche Dinge, Absterben dem eigenen Willen und Wiedergeburt in Gott, gänzliches Vergessen der eigenen Person und Versenken in die Anschauung Gottes. Eine vollständige Darstellung davon findet man in des Fénélon *»Explication des maximes des Saints sur la vie intérieure«*. Aber wohl nirgends ist der Geist des Christenthums in dieser seiner Entwickelung so vollkommen und kräftig ausgesprochen, wie in den Schriften der Deutschen Mystiker, also des Meister Eckhard und in dem mit Recht berühmten Buche »Die deutsche Theologie«, von welchem Luther, in der dazu geschriebenen Vorrede, sagt, daß er aus keinem Buche, die Bibel und den Augustin ausgenommen, mehr gelernt, was Gott, Christus und der Mensch sei, als eben aus diesem, – dessen ächten und unverfälschten Text wir jedoch erst im Jahre 1851 in der Stuttgarter Ausgabe von PFEIFFER erhalten haben. Die darin gegebenen Vorschriften und Lehren sind die vollständigste, aus tief innerster Ueberzeugung entsprungene Auseinandersetzung Dessen, was ich als die Verneinung des Willens zum Leben dargestellt habe. Dort also hat man es näher kennen zu lernen, ehe man mit jüdisch-protestantischer Zuversicht darüber abspricht. In demselben vortrefflichen Geiste geschrieben, obwohl jenem Werke nicht ganz gleich zu schätzen, ist TAULERS »Nachfolgung des armen Leben Christi«, nebst dessen *»Medulla animae«*. Meines Erachtens verhalten die Lehren dieser ächten christlichen Mystiker sich zu denen des Neuen Testaments, wie zum Wein der Weingeist. Oder: was im Neuen Testament uns wie durch Schleier und Nebel sichtbar wird, tritt in den Werken der Mystiker ohne Hülle, in voller Klarheit und Deutlichkeit uns entgegen. Endlich auch könnte man das Neue Testament als die erste, die Mystiker als die zweite Weihe betrachten – *σμικρα και μεγαλα μυστηρια*.

Nun aber noch weiter entfaltet, vielseitiger ausgesprochen und lebhafter dargestellt, als in der Christlichen Kirche und occidentalischen Welt geschehen konnte, finden wir Dasjenige, was wir Verneinung des Willens zum Leben genannt haben, in den uralten Werken der Sanskritsprache. Daß jene wichtige ethische Ansicht des Lebens hier eine noch weitergehende Entwickelung und entschiedenern Ausdruck erlangen konnte, ist vielleicht hauptsächlich Dem zuzuschreiben, daß sie hier nicht von einem ihr ganz fremden Element beschränkt wurde, wie im Christenthum die Jüdische Glaubenslehre ist, zu welcher der erhabene Urheber jenes sich nothwendig, theils bewußt und theils vielleicht selbst unbewußt, bequemen und ihr anfügen mußte, und wodurch das Christenthum aus zwei sehr heterogenen Bestandtheilen zusammengesetzt ist, von denen ich den rein ethischen vorzugsweise, ja ausschließlich den Christlichen nennen und ihn von dem vorgefundenen Jüdischen Dogmatismus unterscheiden möchte. Wenn, wie schon öfter und besonders in jetziger Zeit befürchtet worden ist, jene vortreffliche und heilbringende Religion einmal gänzlich in Verfall gerathen könnte; so würde ich den Grund desselben allein darin suchen, daß sie nicht aus einem einfachen, sondern aus zwei ursprünglich heterogenen und nur mittelst des Weltlaufs zur Verbindung gekommenen Elementen besteht, durch deren aus ihrer ungleichen Verwandtschaft und Reaktion zum herangerückten Zeitgeist, entspringende Zersetzung, in solchem Fall die Auflösung hätte erfolgen müssen, nach welcher selbst jedoch der rein ethische Theil noch immer unversehrt bleiben müßte, weil er unzerstörbar ist. – In der Ethik der Hindus nun, wie wir sie schon jetzt, so unvollkommen unsere Kenntniß ihrer Litteratur auch noch ist, auf das mannigfaltigste und kräftigste ausgesprochen finden in den Veden, Puranas, Dichterwerken, Mythen, Legenden ihrer Heiligen, Denksprüchen und Lebensregeln*, sehen wir vorgeschrieben: Liebe des

---

* Man sehe z. B. »*Oupnek'hat, studio Anquetil du Perron*«, Bd. 2, Nr. 138, 144, 145, 146. – »*Mythologie des Indous par Mad. de Polier*«, Bd. 2, Kap. 13, 14, 15, 16, 17. – »Asiatisches Magazin«, von Klaproth, im ersten Bande: Ueber die Fo-Religion; ebendaselbst »Bhaguat-Geeta« oder »Gespräche zwischen Kreeshna und Arjoon«; im zweiten Bande: »Moha-Mudgava«. – Dann »*Institutes of Hindu-Law, or the ordinances of Menu, from the Sanskrit by Wm. Jones*«, deutsch von Hüttner (1797); besonders das sechste und zwölfte Kapitel. – Endlich viele Stellen in den »*Asiatic researches*«. (In den letzten vierzig Jahren ist die Indische Litteratur in Europa so angewachsen, daß wenn ich jetzt diese Anmerkung der ersten Ausgabe vervollständigen wollte, sie ein Paar Seiten füllen würde.)

Nächsten mit völliger Verleugnung aller Selbstliebe; die Liebe überhaupt nicht auf das Menschengeschlecht beschränkt, sondern alles Lebende umfassend; Wohlthätigkeit bis zum Weggeben des täglich sauer Erworbenen; gränzenlose Geduld gegen alle Beleidiger; Vergeltung alles Bösen, so arg es auch seyn mag, mit Gutem und Liebe; freiwillige und freudige Erduldung jeder Schmach; Enthaltung aller thierischen Nahrung; völlige Keuschheit und Entsagung aller Wollust für Den, welcher eigentliche Heiligkeit anstrebt; Wegwerfung alles Eigenthums, Verlassung jedes Wohnorts, aller Angehörigen, tiefe gänzliche Einsamkeit, zugebracht in stillschweigender Betrachtung, mit freiwilliger Buße und schrecklicher, langsamer Selbstpeinigung, zur gänzlichen Mortifikation des Willens, welche zuletzt bis zum freiwilligen Tode geht durch Hunger, auch durch Entgegengehen den Krokodilen, durch Herabstürzen vom geheiligten Felsengipfel im Himalaja, durch lebendig Begrabenwerden, auch durch Hinwerfung unter die Räder des unter Gesang, Jubel und Tanz der Bajaderen die Götterbilder umherfahrenden ungeheuren Wagens. Und diesen Vorschriften, deren Ursprung über vier Jahrtausende weit hinausreicht, wird auch noch jetzt, so entartet in vielen Stücken jenes Volk ist, noch immer nachgelebt, von Einzelnen selbst bis zu den äußersten Extremen.* Was sich so lange, unter einem so viele Millionen umfassenden Volke in Ausübung erhalten hat, während es die schwersten Opfer auflegt, kann nicht willkürlich ersonnene Grille seyn, sondern muß im Wesen der Menschheit seinen Grund haben. Aber hiezu kommt, daß man sich nicht genugsam verwundern kann über die Einhelligkeit, welche man findet, wenn man das Leben eines Christlichen Büßenden oder Heiligen und das eines Indischen liest. Bei so grundverschiedenen Dogmen, Sitten und Umgebungen ist das Streben und das innere Leben Beider ganz das selbe. So auch in den Vorschriften für Beide: so z.B. redet Tauler von der gänzlichen Armuth, welche man suchen soll und welche darin besteht, daß man sich alles Dessen völlig begiebt und entäußert, daraus man

* Bei der Procession von Jaggernaut im Juni 1840 warfen sich elf Hindu unter den Wagen und kamen augenblicklich um. (Brief eines Ostindischen Gutsbesitzers, in den »*Times*« vom 30. December 1840.)

irgend einen Trost oder weltliches Genügen schöpfen könnte: offenbar, weil dieses Alles dem Willen immer neue Nahrung giebt, auf dessen gänzliches Absterben es abgesehen ist: und als Indisches Gegenstück sehen wir, in den Vorschriften des Fo, dem Saniassi, der ohne Wohnung und ganz ohne Eigenthum seyn soll, noch zuletzt anbefohlen, daß er auch nicht öfter sich unter den selben Baum lege, damit er auch nicht zu diesem Baum irgend eine Vorliebe oder Neigung fasse. Die Christlichen Mystiker und die Lehrer der Vedanta-Philosophie treffen auch darin zusammen, daß sie für Den, der zur Vollkommenheit gelangt ist, alle äußeren Werke und Religionsübungen überflüssig erachten. – So viele Uebereinstimmung, bei so verschiedenen Zeiten und Völkern, ist ein faktischer Beweis, daß hier nicht, wie optimistische Plattheit es gern behauptet, eine Verschrobenheit und Verrücktheit der Gesinnung, sondern eine wesentliche und nur durch ihre Trefflichkeit sich selten hervorthuende Seite der menschlichen Natur sich ausspricht.

Ich habe nunmehr die Quellen angegeben, aus welchen man unmittelbar und aus dem Leben geschöpft die Phänomene kennen lernen kann, in welchen die Verneinung des Willens zum Leben sich darstellt. Gewissermaaßen ist dies der wichtigste Punkt unserer ganzen Betrachtung: dennoch habe ich ihn nur ganz im Allgemeinen dargelegt; da es besser ist, auf Diejenigen zu verweisen, welche aus unmittelbarer Erfahrung reden, als durch schwächere Wiederholung des von ihnen Gesagten dieses Buch ohne Noth noch mehr anschwellen zu lassen.

Nur noch Weniges will ich, zur allgemeinen Bezeichnung ihres Zustandes, hinzufügen. Wie wir oben den Bösen, durch die Heftigkeit seines Wollens, beständige, verzehrende, innere Quaal leiden und den grimmigen Durst des Eigenwillens zuletzt, wenn alle Objekte des Wollens erschöpft sind, am Anblick fremder Pein kühlen sahen; so ist dagegen Der, in welchem die Verneinung des Willens zum Leben aufgegangen ist, so arm, freudelos und voll Entbehrungen sein Zustand, von Außen gesehen, auch ist, voll innerer Freudigkeit und wahrer Himmelsruhe. Es ist nicht der unruhige Lebensdrang, die jubelnde Freude, welche heftiges Leiden zur vorhergegangenen, oder nachfolgenden Bedingung hat, wie sie den Wandel des lebenslustigen Menschen ausmachen; sondern es ist ein unerschütterlicher Friede, eine tiefe Ruhe und innige Heiterkeit, ein Zustand, zu dem wir, wenn er uns vor die Augen oder die Einbildungskraft gebracht wird, nicht ohne die größte Sehnsucht blicken können, indem wir ihn sogleich als das allein Rechte, alles Andere unendlich überwiegende anerkennen, zu welchem unser besserer Geist uns das große *sapere aude* zuruft. Wir fühlen dann wohl, daß jede der Welt abgewonnene Erfüllung unserer Wünsche doch nur dem Almosen gleicht, welches den Bettler heute am Leben erhält, damit er morgen wieder hungere; die Resignation dagegen dem ererbten Landgut: es entnimmt den Besitzer aller Sorgen auf immer.

Es ist uns aus dem dritten Buche erinnerlich, daß die ästhetische Freude am Schönen, einem großen Theile nach, darin besteht, daß wir, in den Zustand der reinen Kontemplation tretend, für den Augenblick allem Wollen, d.h. allen Wünschen und Sorgen, enthoben, gleichsam uns selbst los werden, nicht mehr das zum Behuf seines beständigen Wollens erkennende Individuum, das Korrelat des einzelnen Dinges, dem die Objekte zu Motiven werden, sondern das willensreine, ewige Subjekt des Erkennens, das Korrelat der Idee sind: und wir wissen, daß diese Augenblicke, wo wir, vom grimmen Willensdrange erlöst, gleichsam aus dem schweren Erdenäther auftauchen, die säligsten sind, welche wir kennen. Hieraus können wir abnehmen, wie sälig das Leben eines Menschen seyn muß, dessen Wille nicht auf Augenblicke, wie beim Genuß des Schönen, sondern auf immer beschwichtigt ist, ja gänzlich erloschen, bis auf jenen letzten glimmenden Funken, der den Leib erhält und mit diesem erlöschen wird. Ein solcher Mensch, der, nach vielen bitteren Kämpfen gegen seine eigene Natur, endlich ganz überwunden hat, ist nur noch als rein erkennendes Wesen, als ungetrübter Spiegel der Welt übrig. Ihn kann nichts mehr ängstigen, nichts mehr bewegen: denn alle die tausend Fäden des Wollens, welche uns an die Welt gebunden halten, und als Begierde, Furcht, Neid, Zorn, uns hin- und herreißen, unter beständigem Schmerz, hat er abgeschnitten. Er blickt nun ruhig und lächelnd zurück auf die Gaukelbilder dieser Welt, die einst auch sein Gemüth zu bewegen und zu peinigen vermochten, die aber jetzt so gleichgültig vor ihm stehen, wie die Schachfiguren nach geendigtem Spiel, oder wie am Morgen die abgeworfenen Maskenkleider, deren Gestalten uns in der Faschingsnacht neckten und beunruhigten. Das Leben und seine Gestalten schweben nur noch vor ihm, wie eine flüchtige Erscheinung, wie dem Halberwachten ein leichter Morgentraum, durch den schon die Wirklichkeit durchschimmert und der nicht mehr täuschen kann: und eben auch wie dieser verschwinden sie zuletzt, ohne gewaltsamen Uebergang. Aus diesen Betrachtungen können wir verstehen lernen, in welchem Sinne die GUION, gegen das Ende ihrer Lebensbeschreibung, sich oft so äußert: »Mir ist Alles gleichgültig: ich KANN Nichts mehr wollen: ich weiß oft nicht, ob ich da bin oder nicht.« – Auch sei es mir vergönnt, um auszudrücken, wie nach dem Absterben des Willens, der Tod des Leibes (der ja nur die Erscheinung des Willens ist, mit dessen Aufhebung er daher alle Bedeutung verliert) nun nichts Bitteres mehr haben kann, sondern sehr willkommen ist, – die eigenen Worte jener heiligen Büßerin herzusetzen: obwohl sie nicht zierlich gewendet sind: *»Midi de la gloire; jour où il n'y a plus de nuit; vie qui ne craint plus la mort, dans la mort même: parceque la mort a vaincu la mort, et que celui qui a souffert la première mort, ne goutera plus la seconde mort.«* (*Vie de Mad. de Guion*, Bd. 2, S. 13.)

Indessen dürfen wir doch nicht meynen, daß, nachdem durch die zum Quietiv gewordene Erkenntniß, die Verneinung des Willens zum Leben einmal eingetreten ist, sie nun nicht mehr wanke, und man auf ihr rasten könne, wie auf einem erworbenen Eigenthum. Vielmehr muß sie durch steten Kampf immer aufs Neue errungen werden. Denn da der Leib der Wille selbst ist, nur in der Form der Objektität, oder als Erscheinung in der Welt als Vorstellung; so ist, so lange der Leib lebt, auch noch der ganze Wille zum Leben seiner Möglichkeit nach da, und strebt stets in die Wirklichkeit zu treten und von Neuem mit seiner ganzen Gluth zu entbrennen. Daher finden wir im Leben heiliger Menschen jene geschilderte Ruhe und Säligkeit nur als die Blüthe, welche hervorgeht aus der steten Ueberwindung des Willens, und sehen, als den Boden, welchem sie entsprießt, den beständigen Kampf mit dem

Willen zum Leben: denn dauernde Ruhe kann auf Erden Keiner haben. Wir sehen daher die Geschichten des innern Lebens der Heiligen voll von Seelenkämpfen, Anfechtungen und Verlassenheit von der Gnade, d.h. von derjenigen Erkenntnißweise, welche, alle Motive unwirksam machend, als allgemeines Quietiv alles Wollen beschwichtigt, den tiefsten Frieden giebt und das Thor der Freiheit öffnet. Daher auch sehen wir Diejenigen, welche einmal zur Verneinung des Willens gelangt sind, sich mit aller Anstrengung auf diesem Wege erhalten, durch sich abgezwungene Entsagungen jeder Art, durch eine büßende, harte Lebensweise und das Aufsuchen des ihnen Unangenehmen: Alles, um den stets wieder aufstrebenden Willen zu dämpfen. Daher endlich, weil sie den Werth der Erlösung schon kennen, ihre ängstliche Sorgsamkeit für die Erhaltung des errungenen Heils, ihre Gewissensskrupel bei jedem unschuldigen Genuß, oder bei jeder kleinen Regung ihrer Eitelkeit, welche auch hier am letzten stirbt, sie, von allen Neigungen des Menschen die unzerstörbarste, thätigste und thörichteste. – Unter dem schon öfter von mir gebrauchten Ausdruck ASKESIS verstehe ich, im engern Sinne, diese VORSÄTZLICHE Brechung des Willens, durch Versagung des Angenehmen und Aufsuchen des Unangenehmen, die selbstgewählte büßende Lebensart und Selbstkasteiung, zur anhaltenden Mortifikation des Willens.

Wenn wir nun diese von den schon zur Verneinung des Willens Gelangten ausüben sehen, um sich dabei zu erhalten; so ist auch das Leiden überhaupt, wie es vom Schicksal verhängt wird, ein zweiter Weg *(δευτερος πλους)* um zu jener Verneinung zu gelangen: ja, wir können annehmen, daß die Meisten nur auf diesem dahin kommen, und daß es das selbst empfundene, nicht das bloß erkannte Leiden ist, was am häufigsten die völlige Resignation herbeiführt, oft erst bei der Nähe des Todes. Denn nur bei Wenigen reicht die bloße Erkenntniß hin, welche, das *principium individuationis* durchschauend, erstlich die vollkommenste Güte der Gesinnung und allgemeine Menschenliebe hervorbringt, und endlich alle Leiden der Welt sie als ihre eigenen erkennen läßt, um die Verneinung des Willens herbeizuführen. Selbst bei Dem, welcher sich diesem Punkte nähert, ist fast immer der erträgliche Zustand der eigenen Person, die Schmeichelei des Augenblicks, die Lockung der Hoffnung und die sich immer wieder anbietende Befriedigung des Willens, d.i. der Lust, ein stetes Hinderniß der Verneinung des Willens und eine stete Verführung zu erneueter Bejahung desselben: darum hat man in dieser Hinsicht alle jene Lockungen als Teufel personifizirt. Meistens muß daher, durch das größte eigene Leiden, der Wille gebrochen seyn, ehe dessen Selbstverneinung eintritt. Dann sehen wir den Menschen, nachdem er durch alle Stufen der wachsenden Bedrängniß, unter dem heftigsten Widerstreben, zum Rande der Verzweiflung gebracht ist, plötzlich in sich gehen, sich und die Welt erkennen, sein ganzes Wesen ändern, sich über sich selbst und alles Leiden erheben und, wie durch dasselbe gereinigt und geheiligt, in unanfechtbarer Ruhe, Säligkeit und Erhabenheit willig Allem entsagen, was er vorhin mit der größten Heftigkeit wollte, und den Tod freudig empfangen. Es ist der aus der läuternden Flamme des Leidens plötzlich hervortretende Silberblick der Verneinung des Willens zum Leben, d.h. der Erlösung. Selbst Die, welche sehr böse waren, sehen wir bisweilen durch die tiefsten Schmerzen bis zu diesem Grade geläutert: sie sind Andere geworden und völlig umgewandelt. Die früheren Missethaten ängstigen daher auch ihr Gewissen jetzt nicht mehr; doch büßen sie solche gern mit dem Tode, und sehen willig die Erscheinung jenes Willens enden, der ihnen jetzt fremd und zum Abscheu ist. Von dieser durch großes Unglück und die Verzweiflung an aller Rettung herbeigeführten Verneinung des Willens hat uns eine deutliche und anschauliche Darstellung, wie mir sonst keine in der Poesie bekannt ist, der große Goethe, in seinem unsterblichen Meisterwerke, dem »Faust«, gegeben, an der Leidensgeschichte des Gretchens. Diese ist ein vollkommenes Musterbild des zweiten Weges, der zur Verneinung des Willens führt, nicht, wie der erste, durch die bloße Erkenntniß des Leidens einer ganzen Welt, das man sich freiwillig aneignet; sondern durch den selbstempfundenen, eigenen, überschwänglichen Schmerz. Zwar führen sehr viele Trauerspiele ihren gewaltig wollenden Helden zuletzt auf diesen Punkt der gänzlichen Resignation, wo dann gewöhnlich der Wille zum Leben und seine Erscheinung zugleich endigen: aber keine mir bekannte Darstellung bringt das Wesentliche jener Umwandlung so deutlich und rein von allem Nebenwerk vor die Augen, wie die erwähnte im »Faust«.

Im wirklichen Leben sehen wir jene Unglücklichen, welche das größte Maaß des Leidens zu leeren haben, da sie, nachdem ihnen alle Hoffnung gänzlich genommen ist, bei voller Geisteskraft, einem schmählichen, gewaltsamen, oft quaalvollen Tode auf dem Schaffot entgegengehen, sehr häufig auf solche Weise umgewandelt. Wir dürfen zwar nicht annehmen, daß zwischen ihrem Charakter und dem der meisten Menschen ein so großer Unterschied sei, wie ihr Schicksal angiebt, sondern haben letzteres größtentheils den Umständen zuzuschreiben: sie sind jedoch schuldig und in beträchtlichem Grade böse. Nun sehen wir aber Viele von ihnen, nachdem völlige Hoffnungslosigkeit eingetreten ist, auf die angegebene Weise umgewandelt. Sie zeigen jetzt wirkliche Güte und Reinheit der Gesinnung, wahren Abscheu gegen das Begehen jeder im Mindesten bösen oder lieblosen That: sie vergeben ihren Feinden, und wären es solche, durch die sie unschuldig litten, nicht bloß mit Worten und etwan aus heuchelnder Furcht vor den Richtern der Unterwelt; sondern in der That und mit innigem Ernst, und wollen durchaus keine Rache. Ja, ihr Leiden und Sterben wird ihnen zuletzt lieb; denn die Verneinung des Willens zum Leben ist eingetreten: sie weisen oft die dargebotene Rettung von sich, sterben gern, ruhig, sälig. Ihnen hat sich, im Uebermaaß des Schmerzes, das letzte Geheimniß des Lebens offenbart, daß nämlich das Uebel und das Böse, das Leiden und der Haß, der Gequälte und der Quäler, so verschieden sie auch der dem Satz vom Grunde folgenden Erkenntniß sich zeigen, an sich Eines sind, Erscheinung jenes eines Willens zum Leben, welcher seinen Widerstreit mit sich selbst mittelst des *principii individuationis* objektivirt: sie haben beide Seiten, das Böse und das Uebel, in vollem Maaße kennen gelernt, und indem sie zuletzt die Identität beider einsehen, weisen sie jetzt beide zugleich von sich, verneinen den Willen zum Leben. In welchen Mythen und Dogmen sie ihrer Vernunft von dieser intuitiven und unmittelbaren Erkenntniß und von ihrer Umwandlung Rechenschaft ablegen, ist, wie gesagt, ganz gleichgültig.

Zeuge einer Sinnesänderung dieser Art ist, ohne Zweifel, MATHIAS CLAUDIUS gewesen, als er den merkwürdigen Aufsatz schrieb, welcher im »Wandsbecker Boten« (Th. 1, S. 115) unter der Aufschrift »Bekehrungsgeschichte des ***« steht und folgenden Schluß hat: »Die Denkart des Menschen kann von einem Punkt der Peripherie zu dem entgegengesetzten übergehen, und wieder zurück zu dem vorigen Punkt, wenn die Umstände ihm den Bogen dahin vorzeichnen. Und diese Veränderungen sind nicht eben etwas Großes und Interessantes beim Menschen. Aber jene MERKWÜRDIGE, KATHOLISCHE, TRANSSCENDENTALE VERÄNDERUNG, wo der ganze Cirkel unwiederbringlich zerrissen wird und alle Gesetze der Psychologie eitel und leer werden, wo der Rock von Fellen ausgezogen, wenigstens umgewandt wird und es dem Menschen wie Schuppen von den Augen fällt, ist so etwas, daß ein Jeder, der sich des Odems in seiner Nase einigermaaßen bewußt ist, Vater und Mutter verläßt, wenn er darüber etwas Sicheres hören und erfahren kann.«

Nähe des Todes und Hoffnungslosigkeit ist übrigens zu einer solchen Läuterung durch Leiden nicht durchaus nothwendig. Auch ohne sie kann, durch großes Unglück und Schmerz, die Erkenntniß des Widerspruchs des Willens zum Leben mit sich selbst sich gewaltsam aufdringen und die Nichtigkeit alles Strebens eingesehen werden. Daher sah man oft Menschen, die ein sehr bewegtes Leben im Drange der Leidenschaften geführt, Könige, Helden, Glücksritter, plötzlich sich ändern, zur Resignation und Buße greifen, Einsiedler und Mönche werden. Hieher gehören alle ächten Bekehrungsgeschichten, z. B. auch die des Raimund Lullius, welcher, von einer Schönen, um die er lange gebuhlt hatte, endlich auf ihr Zimmer beschieden, der Erfüllung aller seiner Wünsche entgegensah, als sie, ihren Brustlatz öffnend, ihm ihren vom Krebs auf das Entsetzlichste zerfressenen Busen zeigte. Von diesem Augenblick an, als hätte er in die Hölle gesehen, bekehrte er sich, verließ den Hof des Königs von Majorka und gieng in die Wüste, Buße zu thun*. Dieser Bekehrungsgeschichte sehr ähnlich ist die des Abbé

* *Bruckeri hist. philos., tomi IV, pars I, p. 10.*

Rancé, welche ich im 48. Kapitel des zweiten Bandes in der Kürze erzählt habe. Wenn wir betrachten, wie in Beiden der Uebergang von der Lust zu den Gräueln des Lebens der Anlaß war, so giebt uns Dies eine Erläuterung zu der auffallenden Thatsache, daß die lebenslustigste, heiterste, sinnlichste und leichtsinnigste Nation in Europa, also die französische, es ist, unter welcher der bei Weitem strengste aller Mönchsorden, also der Trappistische, entstanden ist, nach seinem Verfall wieder hergestellt wurde, durch Rancé, und, trotz Revolutionen, Kirchenveränderungen und eingerissenem Unglauben, sich bis auf den heutigen Tag, in seiner Reinheit und furchtbaren Strenge erhält.

Eine Erkenntniß der oben erwähnten Art, von der Beschaffenheit dieses Daseyns, kann jedoch auch wieder mit ihrem Anlaß zugleich sich entfernen, und der Wille zum Leben, und mit ihm der vorige Charakter, wieder eintreten. So sehen wir den leidenschaftlichen Benvenuto Cellini, ein Mal im Gefängniß und ein anderes Mal bei einer schweren Krankheit, auf solche Weise umgewandelt werden, aber nach verschwundenem Leiden wieder in den alten Zustand zurückfallen. Ueberhaupt geht aus dem Leiden die Verneinung des Willens keineswegs mit der Nothwendigkeit der Wirkung aus der Ursache hervor, sondern der Wille bleibt frei. Denn hier ist ja eben der einzige Punkt, wo seine Freiheit unmittelbar in die Erscheinung eintritt; daher das so stark ausgedrückte Erstaunen des Asmus über die »transscendentale Veränderung«. Bei jedem Leiden läßt sich ein ihm an Heftigkeit überlegener und dadurch unbezwungener Wille denken. Daher erzählt Platon im »Phädon« von Solchen, die bis zum Augenblick ihrer Hinrichtung schmausen, trinken, Aphrodisia genießen, bis in den Tod das Leben bejahend. Shakespeare bringt uns im Kardinal Beaufort* das fürchterliche Ende eines Ruchlosen vor die Augen, der verzweiflungsvoll stirbt, indem kein Leiden noch Tod den bis zur äußersten Bosheit heftigen Willen brechen kann.

Je heftiger der Wille, desto greller die Erscheinung seines Widerstreits: desto größer also das Leiden. Eine Welt, welche die Erschei-

---

* *Henry VI, part 2, Act 3, Sc. 3.*

nung eines ungleich heftigern Willens zum Leben wäre, als die gegenwärtige, würde um soviel größere Leiden aufweisen: sie wäre also eine HÖLLE.

Weil alles Leiden, indem es eine Mortifikation und Aufforderung zur Resignation ist, der Möglichkeit nach, eine heiligende Kraft hat; so ist hieraus zu erklären, daß großes Unglück, tiefe Schmerzen schon an sich eine gewisse Ehrfurcht einflößen. Ganz ehrwürdig wird uns aber der Leidende erst dann, wann er, den Lauf seines Lebens als eine Kette von Leiden überblickend, oder einen großen und unheilbaren Schmerz betrauernd, doch nicht eigentlich auf die Verkettung von Umständen hinsieht, die gerade sein Leben in Trauer stürzten, und nicht bei jenem einzelnen großen Unglück, das ihn traf, stehen bleibt: – denn bis dahin folgt seine Erkenntniß noch dem Satz vom Grunde und klebt an der einzelnen Erscheinung; er will auch noch immer das Leben, nur nicht unter den ihm gewordenen Bedingungen; – sondern er steht erst dann wirklich ehrwürdig da, wann sein Blick sich vom Einzelnen zum Allgemeinen erhoben hat, wann er sein eigenes Leiden nur als Beispiel des Ganzen betrachtet und ihm, indem er in ethischer Hinsicht genial wird, EIN Fall für tausende gilt, daher dann das Ganze des Lebens, als wesentliches Leiden aufgefaßt, ihn zur Resignation bringt. Dieserwegen ist es ehrwürdig, wenn in Goethe's »Torquato Tasso« die Prinzessin sich darüber ausläßt, wie ihr eigenes Leben und das der Ihrigen immer traurig und freudenlos gewesen sei, und sie dabei ganz ins Allgemeine blickt.

Einen sehr edlen Charakter denken wir uns immer mit einem gewissen Anstrich stiller Trauer, die nichts weniger ist, als beständige Verdrießlichkeit über die täglichen Widerwärtigkeiten (eine solche wäre ein unedler Zug und ließe böse Gesinnung fürchten); sondern ein aus der Erkenntniß hervorgegangenes Bewußtseyn der Nichtigkeit aller Güter und des Leidens alles Lebens, nicht des eigenen allein. Doch kann solche Erkenntniß durch selbsterfahrenes Leiden zuerst erweckt seyn, besonders durch ein einziges großes; wie den Petrarca ein einziger unerfüllbarer Wunsch zu jener resignirten Trauer über das ganze Leben gebracht hat, die uns aus seinen Werken so rührend anspricht: denn die Daphne, welche er verfolgte, mußte seinen Händen entschwinden, um statt ihrer ihm den unsterblichen Lorbeer zurückzulassen. Wenn durch eine solche große und unwiderrufliche Versagung vom Schicksal der Wille in gewissem Grade gebrochen ist; so wird im Uebrigen fast nichts mehr gewollt, und der Charakter zeigt sich sanft, traurig, edel, resignirt. Wann endlich der Gram keinen bestimmten Gegenstand mehr hat, sondern über das Ganze des Lebens sich verbreitet; dann ist er gewissermaaßen ein In-sich-gehen, ein Zurückziehen, ein allmäliges Verschwinden des Willens, dessen Sichtbarkeit, den Leib, er sogar leise, aber im Innersten untergräbt, wobei der Mensch eine gewisse Ablösung seiner Banden spürt, ein sanftes Vorgefühl des sich als Auflösung des Leibes und des Willens zugleich ankündigenden Todes; daher diesen Gram eine heimliche Freude begleitet, welche es, wie ich glaube, ist, die das melancholischeste aller Völker *the joy of grief* genannt hat. Doch liegt eben auch hier die Klippe der Empfindsamkeit, sowohl im Leben selbst, als in dessen Darstellung im Dichten: wenn nämlich immer getrauert und immer geklagt wird, ohne daß man sich zur Resignation erhebt und ermannt; so hat man Erde und Himmel zugleich verloren und wässerichte Sentimentalität übrig behalten. Nur indem das Leiden die Form bloßer reiner Erkenntniß annimmt und sodann diese als Quietiv des Willens wahre Resignation herbeiführt, ist es der Weg zur Erlösung und dadurch ehrwürdig. In dieser Hinsicht aber fühlen wir beim Anblick jedes sehr Unglücklichen eine gewisse Achtung, die der, welche Tugend und Edelmuth uns abnöthigen, verwandt ist, und zugleich erscheint dabei unser eigener glücklicher Zustand wie ein Vorwurf. Wir können nicht umhin, jedes Leiden, sowohl das selbstgefühlte wie das fremde, als eine wenigstens mögliche Annäherung zur Tugend und Heiligkeit, hingegen Genüsse und weltliche Befriedigungen als die Entfernung davon anzusehen. Dies geht so weit, daß jeder Mensch, der ein großes körperliches Leiden, oder ein schweres geistiges trägt, ja sogar jeder, der nur eine die größte Anstrengung erfordernde körperliche Arbeit im Schweiß seines Angesichts und mit sichtbarer Erschöpfung verrichtet, dies alles aber mit Geduld und ohne Murren, daß, sage ich, jeder solcher Mensch, wenn wir ihn mit inniger Aufmerksamkeit betrachten, uns gleichsam vorkommt wie ein Kranker, der eine schmerzhafte Kur anwendet, den durch sie verursachten Schmerz aber willig und sogar mit Befriedigung erträgt, indem er weiß, daß je mehr er leidet, desto mehr auch der Krankheitsstoff zerstört wird und daher der gegenwärtige Schmerz das Maaß seiner Heilung ist.

Allem Bisherigen zufolge geht die Verneinung des Willens zum Leben, welche Dasjenige ist, was man gänzliche Resignation oder Heiligkeit nennt, immer aus dem Quietiv des Willens hervor, welches die Erkenntniß seines innern Widerstreits und seiner wesentlichen Nichtigkeit ist, die sich im Leiden alles Lebenden aussprechen. Der Unterschied, den wir als zwei Wege dargestellt haben, ist, ob das bloß und rein ERKANNTE Leiden, durch freie Aneignung desselben, mittelst Durchschauung des *principii individuationis*, oder ob das unmittelbar selbst EMPFUNDENE Leiden jene Erkenntniß hervorruft. Wahres Heil, Erlösung vom Leben und Leiden, ist ohne gänzliche Verneinung des Willens nicht zu denken. Bis dahin ist Jeder nichts Anderes, als dieser Wille selbst, dessen Erscheinung eine hinschwindende Existenz, ein immer nichtiges, stets vereiteltes Streben und die dargestellte Welt voll Leiden ist, welcher Alle unwiderruflich auf gleiche Weise angehören. Denn wir fanden oben, daß dem Willen zum Leben das Leben stets gewiß ist und seine einzige wirkliche Form die Gegenwart, der Jene, wie auch Geburt und Tod in der Erscheinung walten, nimmer entrinnen. Der Indische Mythos drückt dies dadurch aus, daß er sagt: »sie werden wiedergeboren«. Der große ethische Unterschied der Charaktere hat die Bedeutung, daß der Böse unendlich weit davon entfernt ist, zu der Erkenntniß zu gelangen, aus welcher die Verneinung des Willens hervorgeht, und daher allen Quaalen, welche im Leben als MÖGLICH erscheinen, der Wahrheit nach, WIRKLICH preisgegeben ist; indem auch der etwan gegenwärtige, glückliche Zustand seiner Person nur eine durch das *principium individuationis* vermittelte Erscheinung und Blendwerk der Maja, der glückliche Traum des Bettlers, ist. Die Leiden, welche er in der Heftigkeit und im Grimm seines Willensdranges über Andere verhängt, sind das Maaß der Leiden, deren eigene Erfahrung seinen Willen nicht brechen und zur endlichen Verneinung führen kann. Alle wahre und reine Liebe hingegen, ja selbst alle freie Gerechtigkeit, geht schon aus der Durchschauung des *principii individuationis* hervor, welche, wenn sie in voller Kraft eintritt, der gänzliche Heiligung und Erlösung herbeiführt, deren Phänomen der oben geschilderte Zustand der Resignation, der diese begleitende unerschütterliche Friede und die höchste Freudigkeit im Tode ist*.

§. 69.

Von der nunmehr, in den Gränzen unserer Betrachtungsweise, hinlänglich dargestellten Verneinung des Willens zum Leben, welche der einzige in der Erscheinung hervortretende Akt seiner Freiheit und daher, wie Asmus es nennt, die transscendentale Veränderung ist, unterscheidet nichts sich mehr, als die wirkliche Aufhebung seiner einzelnen Erscheinung, der SELBSTMORD. Weit entfernt Verneinung des Willens zu seyn, ist dieser ein Phänomen starker Bejahung des Willens. Denn die Verneinung hat ihr Wesen nicht darin, daß man die Leiden, sondern daß man die Genüsse des Lebens verabscheuet. Der Selbstmörder will das Leben und ist bloß mit den Bedingungen unzufrieden, unter denen es ihm geworden. Daher giebt er keineswegs den Willen zum Leben auf, sondern bloß das Leben, indem er die einzelne Erscheinung zerstört. Er will das Leben, will des Leibes ungehindertes Daseyn und Bejahung; aber die Verflechtung der Umstände läßt dieses nicht zu, und ihm entsteht großes Leiden. Der Wille zum Leben selbst findet sich in dieser einzelnen Erscheinung so sehr gehemmt, daß er sein Streben nicht entfalten kann. Daher entscheidet er sich gemäß seinem Wesen an sich, welches außerhalb der Gestaltungen des Satzes vom Grunde liegt, und dem daher jede einzelne Erscheinung gleichgültig ist; indem es selbst unberührt bleibt von allem Entstehen und Vergehen und das Innere des Lebens aller Dinge ist. Denn jene nämliche feste, innere Gewißheit, welche macht, daß wir Alle ohne beständige Todesschauer leben, die Gewißheit nämlich, daß dem Willen

* Hiezu Kap. 48 des zweiten Bandes.

seine Erscheinung nie fehlen kann, unterstützt auch beim Selbstmorde die That. Der Wille zum Leben also erscheint eben sowohl in diesem Selbsttödten (Schiwa), als im Wohlbehagen der Selbsterhaltung (Wischnu) und in der Wollust der Zeugung (Brahma). Dies ist die innere Bedeutung der EINHEIT DES TRIMURTIS, welche jeder Mensch ganz ist, obwohl sie in der Zeit bald das eine, bald das andere der drei Häupter hervorhebt. – Wie das einzelne Ding zur Idee, so verhält sich der Selbstmord zur Verneinung des Willens: der Selbstmörder verneint bloß das Individuum, nicht die Species. Wir fanden schon oben, daß, weil dem Willen zum Leben das Leben immer gewiß und diesem das Leiden wesentlich ist, der Selbstmord, die willkürliche Zerstörung einer einzelnen Erscheinung, bei der das Ding an sich ungestört stehen bleibt, wie der Regenbogen feststeht, so schnell auch die Tropfen, welche auf Augenblicke seine Träger sind, wechseln, eine ganz vergebliche und thörichte Handlung sei. Aber sie ist auch überdies das Meisterstück der Maja, als der schreiendeste Ausdruck des Widerspruchs des Willens zum Leben mit sich selbst. Wie wir diesen Widerspruch schon bei den niedrigsten Erscheinungen des Willens erkannten, im beständigen Kampf aller Aeußerungen von Naturkräften und aller organischen Individuen um die Materie und die Zeit und den Raum, und wie wir jenen Widerstreit, auf den steigenden Stufen der Objektivation des Willens, immer mehr, mit furchtbarer Deutlichkeit, hervortreten sahen; so erreicht er endlich, auf der höchsten Stufe, welche die Idee des Menschen ist, diesen Grad, wo nicht bloß die, die selbe Idee darstellenden Individuen sich unter einander vertilgen, sondern sogar das selbe Individuum sich selbst den Krieg ankündigt, und die Heftigkeit, mit welcher es das Leben will und gegen die Hemmung desselben, das Leiden, andringt, es dahin bringt, sich selbst zu zerstören, so daß der individuelle Wille den Leib, welcher nur seine eigene Sichtbarwerdung ist, durch einen Willensakt aufhebt, eher als daß das Leiden den Willen breche. Eben weil der Selbstmörder nicht aufhören kann zu wollen, hört er auf zu leben, und der Wille bejaht sich hier eben durch die Aufhebung seiner Erscheinung, weil er sich anders nicht mehr bejahen kann. Weil aber eben das Leiden, dem er sich so entzieht, es war, welches als Mortifikation des Willens ihn zur Verneinung seiner selbst und zur Erlösung hätte führen können; so gleicht in dieser Hinsicht der Selbstmörder einem Kranken, der eine schmerzhafte Operation, die ihn von Grund aus heilen könnte, nachdem sie angefangen, nicht vollenden läßt, sondern lieber die Krankheit behält. Das Leiden naht sich und eröffnet als solches die Möglichkeit zur Verneinung des Willens; aber er weist es von sich, indem er die Erscheinung des Willens, den Leib zerstört, damit der Wille ungebrochen bleibe. – Dies ist der Grund, warum beinahe alle Ethiken, sowohl philosophische, als religiöse, den Selbstmord verdammen; obgleich sie selbst hiezu keine andere, als seltsame sophistische Gründe angeben können. Sollte aber je ein Mensch aus rein moralischem Antriebe sich vom Selbstmord zurückgehalten haben, so war der innerste Sinn dieser Selbstüberwindung (in was für Begriffe ihn seine Vernunft auch kleidete) dieser: »Ich will mich dem Leiden nicht entziehen, damit es den Willen zum Leben, dessen Erscheinung so jammervoll ist, aufzuheben beitragen könne, indem es die mir schon jetzt aufgehende Erkenntniß vom eigentlichen Wesen der Welt dahin verstärke, daß sie zum endlichen Quietiv meines Willens werde und mich auf immer erlöse.«

Bekanntlich kommen von Zeit zu Zeit immer wieder Fälle vor, wo der Selbstmord sich auf die Kinder erstreckt: der Vater tödtet die Kinder, die er sehr liebt, und dann sich selbst. Bedenken wir, daß Gewissen, Religion und alle überkommenen Begriffe ihn im Morde das schwerste Verbrechen erkennen lassen, er aber dennoch dieses in der Stunde seines eigenen Todes begeht, und zwar ohne irgend ein egoistisches Motiv dabei haben zu können; so läßt sich die That nur daraus erklären, daß hier der Wille des Individuums sich unmittelbar wiedererkennt in den Kindern, jedoch befangen in dem Wahn, der die Erscheinung für das Wesen an sich hält, und dabei tief ergriffen von der Erkenntniß des Jammers alles Lebens, jetzt vermeint, mit der Erscheinung das Wesen selbst aufzuheben, und daher sich und die Kinder, in denen er unmittelbar sich selbst wieder leben sieht, aus dem Daseyn und seinem Jammer erretten will. – Ein diesem ganz analoger Irrweg wäre es, wenn man wähnte, das Selbe, was freiwillige Keuschheit leistet, erreichen zu können durch Vereitelung der Zwecke der Natur bei der Befruchtung, oder gar indem man, in Betracht der unausbleiblichen Leiden des Lebens, den Tod des Neugeborenen beförderte, statt vielmehr Alles zu thun, um Jedem, welches sich ins Leben drängt, das Leben zu sichern. Denn wenn Wille zum Leben da ist, so kann ihn, als das allein Metaphysische oder das Ding an sich, keine Gewalt brechen, sondern sie kann bloß seine Erscheinung an diesem Ort zu dieser Zeit zerstören. Er selbst kann durch nichts aufgehoben werden, als durch ERKENNTNISS. Daher ist der einzige Weg des Heils dieser, daß der Wille ungehindert erscheine, um in dieser Erscheinung sein eigenes Wesen ERKENNEN zu können. Nur in Folge dieser Erkenntniß kann der Wille sich selbst aufheben und damit auch das Leiden, welches von seiner Erscheinung unzertrennlich ist, endigen: nicht aber ist dies durch physische Gewalt, wie Zerstörung des Keims, oder Tödtung des Neugeborenen, oder Selbstmord möglich. Die Natur führt eben den Willen zum Lichte, weil er nur am Lichte seine Erlösung finden kann. Daher sind die Zwecke der Natur auf alle Weise zu befördern, sobald der Wille zum Leben, der ihr inneres Wesen ist, sich entschieden hat. –

Vom gewöhnlichen Selbstmorde gänzlich verschieden scheint eine besondere Art desselben zu seyn, welche jedoch vielleicht noch nicht genugsam konstatirt ist. Es ist der aus dem höchsten Grade der Askese freiwillig gewählte Hungertod, dessen Erscheinung jedoch immer von vieler religiöser Schwärmerei und sogar Superstition begleitet gewesen und dadurch undeutlich gemacht ist. Es scheint jedoch, daß die gänzliche Verneinung des Willens den Grad erreichen könne, wo selbst der zur Erhaltung der Vegetation des Leibes, durch Aufnahme von Nahrung, nöthige Wille wegfällt. Weit entfernt, daß diese Art des Selbstmordes aus dem Willen zum Leben entstände, hört ein solcher völlig resignirter Asket bloß darum auf zu leben, weil er ganz und gar aufgehört hat zu wollen. Eine andere Todesart als die durch Hunger ist hiebei nicht wohl denkbar (es wäre denn, daß sie aus einer besondern Superstition hervorginge); weil die Absicht, die Quaal zu verkürzen, wirklich schon ein Grad der Bejahung des Willens wäre. Die Dogmen, welche die Vernunft eines solchen Büßenden erfüllen, spiegeln ihm dabei den Wahn vor, es habe ein Wesen höherer Art ihm das

Fasten, zu dem der innere Hang ihn treibt, anbefohlen. Aeltere Beispiele hievon kann man finden in der »Breslauer Sammlung von Natur-und Medicin-Geschichten«, September 1799, S. 363 fg.; in Bayle's *»Nouvelles de la république des lettres«*, Februar 1685, S. 189 fg.; in Zimmermann, »Ueber die Einsamkeit«, Bd. 1, S. 182; in der *»Histoire de l'académie des sciences«* von 1764 einen Bericht von Houttuyn; derselbe ist wiederholt in der »Sammlung für praktische Aerzte«, Bd. 1, S. 69. Spätere Berichte findet man in Hufeland's »Journal für praktische Heilkunde«, Bd. 10, S. 181, und Bd. 48, S. 95; auch in Nasse's »Zeitschrift für psychische Aerzte«, 1819, Heft 3, S. 460; im *»Edinburgh medical and surgical Journal«*, 1809, Bd. 5, S. 319. Im Jahre 1833 berichteten alle Zeitungen, daß der Englische Historiker *Dr.* Lingard, im Januar, zu Dover, den freiwilligen Hungertod gestorben sei; nach späteren Nachrichten ist er es nicht selbst, sondern ein Anverwandter gewesen. Jedoch werden in diesen Nachrichten meistentheils die Individuen als wahnsinnig dargestellt, und es läßt sich nicht mehr ausmitteln, inwiefern dieses der Fall gewesen seyn mag. Aber eine neuere Nachricht dieser Art will ich hiehersetzen, wenn es auch nur wäre zur sicherern Aufbewahrung eines der seltenen Beispiele des berührten auffallenden und außerordentlichen Phänomens der menschlichen Natur, welches wenigstens dem Anschein nach dahin gehört, wohin ich es ziehen möchte, und außerdem schwerlich zu erklären seyn würde. Die besagte neuere Nachricht steht im »Nürnberger Korrespondenten«, vom 29. Juli 1813, mit folgenden Worten:

»Von Bern meldet man, daß bei Thurnen, in einem dichten Walde, ein Hüttchen aufgefunden wurde und darin ein schon seit ungefähr einem Monat in Verwesung liegender männlicher Leichnam, in Kleidern, welche wenig Aufschluß über den Stand ihres Besitzers geben konnten. Zwei sehr feine Hemden lagen dabei. Das wichtigste Stück war eine Bibel, mit eingehefteten weißen Blättern, die zum Theil vom Verstorbenen beschrieben waren. Er meldet darin den Tag seiner Abreise von Hause (die Heimath aber wird nicht genannt), dann sagt er: Er sei vom Geiste Gottes in eine Wüste getrieben worden, zu beten und zu fasten. Er habe auf seiner Herreise schon sieben Tage gefastet, dann habe er wieder gegessen.

Hierauf habe er bei seiner Ansiedelung schon wieder zu fasten angefangen, und zwar so viele Tage. Nun wird jeder Tag mit einem Strich bezeichnet, und es finden sich deren fünf, nach deren Verlauf der Pilger vermuthlich gestorben ist. Noch fand sich ein Brief an einen Pfarrer über eine Predigt, welche der Verstorbene von demselben gehört hatte; allein auch da fehlte die Adresse.« – Zwischen diesem aus dem Extrem der Askese und dem gewöhnlichen aus Verzweiflung entspringenden freiwilligen Tode mag es mancherlei Zwischenstufen und Mischungen geben, welches zwar schwer zu erklären ist; aber das menschliche Gemüth hat Tiefen, Dunkelheiten und Verwickelungen, welche aufzuhellen und zu entfalten, von der äußersten Schwierigkeit ist.

§. 70.

Man könnte vielleicht unsere ganze nunmehr beendigte Darstellung Dessen, was ich die Verneinung des Willens nenne, für unvereinbar halten mit der frühern Auseinandersetzung der Nothwendigkeit, welche der Motivation eben so sehr, als jeder andern Gestaltung des Satzes vom Grunde zukommt, und derzufolge die Motive, wie alle Ursachen, nur Gelegenheitsursachen sind, an denen hier der Charakter sein Wesen entfaltet und es mit der Nothwendigkeit eines Naturgesetzes offenbart, weshalb wir dort die Freiheit als *liberum arbitrium indifferentiae* schlechthin leugneten. Weit entfernt jedoch dieses hier aufzuheben, erinnere ich daran. In Wahrheit kommt die eigentliche Freiheit, d.h. Unabhängigkeit vom Satze des Grundes, nur dem Willen als Ding an sich zu, nicht seiner Erscheinung, deren wesentliche Form überall der Satz vom Grunde, das Element der Nothwendigkeit, ist. Allein der einzige Fall, wo jene Freiheit auch unmittelbar in der Erscheinung sichtbar werden kann, ist der, wo sie Dem, was erscheint, ein Ende macht, und weil dabei dennoch die bloße Erscheinung, sofern sie in der Kette der Ursachen ein Glied ist, der belebte Leib, in der Zeit, welche nur Erscheinungen enthält, fortdauert, so steht der Wille, der sich durch diese Erscheinung manifestirt, alsdann mit ihr im

Widerspruch, indem er verneint was sie ausspricht. In solchem Fall sind z.B. die Genitalien, als Sichtbarkeit des Geschlechtstriebes, da und gesund; es wird aber dennoch, auch im Innersten, keine Geschlechtsbefriedigung gewollt: und der ganze Leib ist nur sichtbarer Ausdruck des Willens zum Leben, und dennoch wirken die diesem Willen entsprechenden Motive nicht mehr: ja, die Auflösung des Leibes, das Ende des Individuums und dadurch die größte Hemmung des natürlichen Willens, ist willkommen und erwünscht. Von diesem REALEN Widerspruch nun, der aus dem unmittelbaren Eingreifen der keine Nothwendigkeit kennenden Freiheit des Willens an sich in die Nothwendigkeit seiner Erscheinung hervorgeht, ist der Widerspruch zwischen unseren Behauptungen von der Nothwendigkeit der Bestimmung des Willens durch die Motive, nach Maaßgabe des Charakters, einerseits, und von der Möglichkeit der gänzlichen Aufhebung des Willens, wodurch die Motive machtlos werden, andererseits, nur die Wiederholung in der Reflexion der Philosophie. Der Schlüssel zur Vereinigung dieser Widersprüche liegt aber darin, daß der Zustand, in welchem der Charakter der Macht der Motive entzogen ist, nicht unmittelbar vom Willen ausgeht, sondern von einer veränderten Erkenntnißweise. So lange nämlich die Erkenntniß keine andere, als die im *principio individuationis* befangene, dem Satz vom Grunde schlechthin nachgehende ist, ist auch die Gewalt der Motive unwiderstehlich: wann aber das *principium individuationis* durchschaut, die Ideen, ja das Wesen der Dinge an sich, als der selbe Wille in Allem, unmittelbar erkannt wird, und aus dieser Erkenntniß ein allgemeines Quietiv des Wollens hervorgeht; dann werden die einzelnen Motive unwirksam, weil die ihnen entsprechende Erkenntnißweise, durch eine ganz andere verdunkelt, zurückgetreten ist. Daher kann der Charakter sich zwar nimmermehr theilweise ändern, sondern muß, mit der Konsequenz eines Naturgesetzes, im Einzelnen den Willen ausführen, dessen Erscheinung er im Ganzen ist: aber eben dieses Ganze, der Charakter selbst, kann völlig aufgehoben werden, durch die oben angegebene Veränderung der Erkenntniß. Diese seine Aufhebung ist es, welche Asmus, wie oben angeführt, als die »katholische, transscendentale Veränderung« bezeichnet und anstaunt: eben sie ist auch Dasjenige, was in der Christlichen Kirche, sehr treffend, die WIEDERGEBURT, und die Erkenntniß, aus der sie hervorgeht, Das, was die GNADENWIRKUNG genannt wurde. – Eben daher, daß nicht von einer Aenderung, sondern von einer gänzlichen Aufhebung des Charakters die Rede ist, kommt es, daß, so verschieden, vor jener Aufhebung, die Charaktere, welche sie getroffen, auch waren, sie dennoch nach derselben eine große Gleichheit in der Handlungsweise zeigen, obwohl noch jeder, nach seinen Begriffen und Dogmen, sehr verschieden REDET.

In diesem Sinn ist also das alte, stets bestrittene und stets behauptete Philosophem von der Freiheit des Willens nicht grundlos, und auch das Dogma der Kirche von der Gnadenwirkung und Wiedergeburt nicht ohne Sinn und Bedeutung. Aber wir sehen unerwartet jetzt beide in Eins zusammenfallen, und können nunmehr auch verstehen, in welchem Sinn der vortreffliche Malebranche sagen konnte: *»La liberté est un mystère«*, und Recht hatte. Denn eben Das, was die Christlichen Mystiker die GNADENWIRKUNG und WIEDERGEBURT nennen, ist uns die einzige unmittelbare Aeußerung der FREIHEIT DES WILLENS. Sie tritt erst ein, wenn der Wille, zur Erkenntniß seines Wesens an sich gelangt, aus dieser ein QUIETIV erhält und eben dadurch der Wirkung der MOTIVE entzogen wird, welche im Gebiet einer andern Erkenntnißweise liegt, deren Objekte nur Erscheinungen sind. – Die Möglichkeit der also sich äußernden Freiheit ist der größte Vorzug des Menschen, der dem Thiere ewig abgeht, weil die Besonnenheit der Vernunft, welche, unabhängig vom Eindruck der Gegenwart, das Ganze des Lebens übersehen läßt, Bedingung derselben ist. Das Thier ist ohne alle Möglichkeit der Freiheit, wie es sogar ohne Möglichkeit einer eigentlichen, also besonnenen Wahlentscheidung, nach vorhergegangenem vollkommenem Konflikt der Motive, die hiezu abstrakte Vorstellungen seyn müßten, ist. Mit eben der Nothwendigkeit daher, mit welcher der Stein zur Erde fällt, schlägt der hungerige Wolf seine Zähne in das Fleisch des Wildes, ohne Möglichkeit der Erkenntniß, daß er der Zerfleischte sowohl als der Zerfleischende ist. NOTHWENDIGKEIT ist das REICH DER NATUR; FREIHEIT ist das REICH DER GNADE.

Weil nun, wie wir gesehen haben, jene SELBSTAUFHEBUNG DES WILLENS von der Erkenntniß ausgeht, alle Erkenntniß und Einsicht aber als solche von der Willkür unabhängig ist; so ist auch jene Verneinung des Wollens, jener Eintritt in die Freiheit, nicht durch Vorsatz zu erzwingen, sondern geht aus dem innersten Verhältniß des Erkennens zum Wollen im Menschen hervor, kommt daher plötzlich und wie von Außen angeflogen. Daher eben nannte die Kirche sie GNADENWIRKUNG: wie sie aber diese noch abhängen läßt von der Aufnahme der Gnade, so ist auch die Wirkung des Quietivs doch zuletzt ein Freiheitsakt des Willens. Und weil in Folge solcher Gnadenwirkung das ganze Wesen des Menschen von Grund aus geändert und umgekehrt wird, so daß er nichts mehr will von Allem, was er bisher so heftig wollte, also wirklich gleichsam ein neuer Mensch an die Stelle des alten tritt, nannte sie diese Folge der Gnadenwirkung die WIEDERGEBURT. Denn was sie den NATÜRLICHEN MENSCHEN nennt, dem sie alle Fähigkeit zum Guten abspricht, das ist eben der Wille zum Leben, welcher verneint werden muß, wenn Erlösung aus einem Daseyn, wie das unserige ist, erlangt werden soll. Hinter unserm Daseyn nämlich steckt etwas Anderes, welches uns erst dadurch zugänglich wird, daß wir die Welt abschütteln.

Nicht, dem Satz vom Grunde gemäß, die Individuen, sondern die Idee des Menschen in ihrer Einheit betrachtend, symbolisirt die Christliche Glaubenslehre die NATUR, die BEJAHUNG DES WILLENS ZUM LEBEN, IM ADAM, dessen auf uns vererbte Sünde, d.h. unsere Einheit mit ihm in der Idee, welche in der Zeit durch das Band der Zeugung sich darstellt, uns Alle des Leidens und des ewigen Todes theilhaft macht: dagegen symbolisirt sie die GNADE, die VERNEINUNG DES WILLENS, die ERLÖSUNG, im menschgewordenen Gotte, der, als frei von aller Sündhaftigkeit, d.h. von allem Lebenswillen, auch nicht, wie wir, aus der entschiedensten Bejahung des Willens hervorgegangen seyn kann, noch wie wir einen Leib haben kann, der durch und durch nur konkreter Wille, Erscheinung des Willens, ist; sondern von der reinen Jungfrau geboren, auch nur einen Scheinleib hat. Dieses letztere nämlich nach den Doketen, d.i einigen hierin sehr konsequenten Kirchenvätern. Besonders lehrte es Appelles, gegen welchen und seine Nachfolger sich Tertullian erhob. Aber auch selbst Augustinus kommentirt die Stelle, Röm. 8, 3: »*Deus filium suum misit in similitudinem carnis peccati*«, also: »*Non enim caro peccati erat, quae non de carnali delectatione nata erat: sed tamen inerat ei similitudo carnis peccati, quia mortalis caro erat*« *(Liber 83, quaestion. qu. 66)*. Derselbe lehrt in seinem Werke, genannt *opus imperfectum, 1, 47,* daß die Erbsünde Sünde und Strafe zugleich sei. Sie sei schon in den neugeborenen Kindern befindlich, zeige sich aber erst, wenn sie herangewachsen. Dennoch sei der Ursprung dieser Sünde von dem Willen des Sündigenden herzuleiten. Dieser Sündigende sei Adam gewesen; aber in ihm hätten wir alle existirt: Adam ward unglücklich, und in ihm seien wir alle unglücklich geworden. – Wirklich ist die Lehre von der Erbsünde (Bejahung des Willens) und von der Erlösung (Verneinung des Willens) die große Wahrheit, welche den Kern des Christenthums ausmacht; während das Uebrige meistens nur Einkleidung und Hülle, oder Beiwerk ist. Demnach soll man Jesum Christum stets im Allgemeinen auffassen, als das Symbol, oder die Personifikation, der Verneinung des Willens zum Leben; nicht aber individuell, sei es nach seiner mythischen Geschichte in den Evangelien, oder nach der ihr zum Grunde liegenden, muthmaaßlichen, wahren. Denn weder das Eine, noch das Andere wird leicht ganz befriedigen. Es ist bloß das Vehikel jener erstern Auffassung, für das Volk, als welches stets etwas Faktisches verlangt. – Daß in neuerer Zeit das Christenthum seine wahre Bedeutung vergessen hat und in platten Optimismus ausgeartet ist, geht uns hier nicht an.

Es ist ferner eine ursprüngliche und evangelische Lehre des Christenthums, welche Augustinus, mit Zustimmung der Häupter der Kirche, gegen die Plattheiten der Pelagianer vertheidigte, und welche von Irrthümern zu reinigen und wieder hervorzuheben Luther zum Hauptziel seines Strebens machte, wie er dies in seinem Buche »*De servo arbitrio*« ausdrücklich erklärt, – die Lehre nämlich, daß der Wille nicht frei ist, sondern dem Hange zum Bösen ursprünglich unterthan; daher seine Werke stets sündlich und mangelhaft sind und nie der Gerechtigkeit genug thun können; daß also endlich keineswegs diese Werke, sondern der Glaube allein seelig macht; dieser Glaube selbst aber nicht aus Vorsatz und freiem

Willen entsteht, sondern durch GNADENWIRKUNG, ohne unser Zuthun, wie von Außen auf uns kommt. – Nicht nur die vorhin erwähnten, sondern auch dieses letztere ächt evangelische Dogma gehört zu denen, welche heut zu Tage eine rohe und platte Ansicht als absurd verwirft, oder verdeckt, indem sie, trotz Augustin und Luther, dem Pelagianischen Hausmannsverstande, welches eben der heutige Rationalismus ist, zugethan, gerade diese tiefsinnigen, dem Christenthum im engsten Sinn eigenthümlichen und wesentlichen Dogmen antiquirt, hingegen das aus dem Judenthum stammende und beibehaltene, nur auf dem historischen Wege dem Christenthum verbundene* Dogma allein festhält und zur Haupt-

* Wie sehr dieses der Fall sei, ist daraus ersichtlich, daß alle die in der von Augustin konsequent systematisirten Christlichen Dogmatik enthaltenen Widersprüche und Unbegreiflichkeiten, welche gerade zur entgegengesetzten Pelagianischen Plattheit geführt haben, verschwinden, sobald man vom Jüdischen Grunddogma abstrahirt und erkennt, daß der Mensch nicht das Werk eines andern, sondern seines eigenen Willens sei. Dann ist sogleich Alles klar und richtig: dann bedarf es keiner Freiheit im *Operari*: denn sie liegt im *Esse*, und eben da liegt auch die Sünde, als Erbsünde: die Gnadenwirkung aber ist unsere eigene. – Bei der heutigen, rationalistischen Ansicht hingegen erscheinen viele Lehren der im Neuen Testament begründeten Augustinischen Dogmatik durchaus unhaltbar, ja, empörend, z. B. die Prädestination. Danach verwirft man dann das eigentlich Christliche, und kommt zum rohen Judenthum zurück. Allein der Rechnungsfehler, oder das Urgebrechen der Christlichen Dogmatik, liegt, wo man es nie sucht, nämlich gerade in Dem, was man als ausgemacht und gewiß aller Prüfung entzieht. Dies weggenommen, ist die ganze Dogmatik rationell: denn jenes Dogma verdirbt, wie alle anderen Wissenschaften, so auch die Theologie. Studirt man nämlich die Augustinische Theologie in den Büchern *»De civitate Dei«* (zumal im 14. Buch), so erfährt man etwas Analoges, wie wenn man einen Körper, dessen Schwerpunkt außer ihm fällt, zum Stehen bringen will: wie man ihn auch drehen und stellen mag, er überstürzt sich immer wieder. So nämlich fällt auch hier, trotz allen Bemühungen und Sophismen des Augustinus, die Schuld der Welt und ihre Quaal stets auf den Gott zurück, der Alles und in Allem Alles gemacht und dazu noch gewußt hat, wie die Sachen gehen würden. Daß Augustinus selbst der Schwierigkeit inne und darüber sehr stutzig geworden ist, habe ich schon nachgewiesen in meiner Preisschrift über die Freiheit des Willens (Kap. 4, S. 66–68 der ersten Auflage). – Imgleichen ist der Widerspruch zwischen der Güte Gottes und dem Elend der Welt, wie auch zwischen der Freiheit des Willens und dem Vorherwissen Gottes, das unerschöpfliche Thema einer beinahe hundertjährigen Kontroverse zwischen den Kartesianern, Malebranche, Leibnitz, Bayle, Klarke, Arnauld u. A. m., wobei das einzige den Streitern feststehende Dogma das Daseyn Gottes, nebst Eigenschaften, ist, und sie alle unaufhörlich sich im Kreise herumdrehen, indem sie versuchen, jene Dinge in Einklang zu bringen, d. h. ein Rechnungsexempel zu lösen, welches nimmermehr aufgeht, sondern dessen Rest bald hier, bald dort wieder hervorkommt, nachdem er anderswo verdeckt worden. Daß aber in der Grundvoraussetzung die Quelle der Verlegenheit zu suchen sei, gerade Dies fällt Keinem ein; obwohl es sich handgreiflich aufdrängt. Bloß Bayle läßt merken, daß er es merkt.

sache macht. – Wir aber erkennen in der oben erwähnten Lehre die mit dem Resultat unserer Betrachtungen völlig übereinstimmende Wahrheit. Wir sehen nämlich, daß die ächte Tugend und Heiligkeit der Gesinnung ihren ersten Ursprung nicht in der überlegten Willkür (den Werken), sondern in der Erkenntniß (dem Glauben) hat: gerade wie wir es auch aus unserem Hauptgedanken entwickelten. Wären es die Werke, welche aus Motiven und überlegtem Vorsatz entspringen, die zur Säligkeit führten; so wäre die Tugend immer nur ein kluger, methodischer, weitsehender Egoismus; man mag es drehen wie man will. – Der Glaube aber, welchem die Christliche Kirche die Säligkeit verspricht, ist dieser: daß, wie wir durch den Sündenfall des ersten Menschen der Sünde Alle theilhaft und dem Tode und Verderben anheimgefallen sind, wir auch Alle nur durch die Gnade und Uebernahme unserer ungeheuern Schuld, durch den göttlichen Mittler, erlöst werden, und zwar dieses ganz ohne unser (der Person) Verdienst; da Das, was aus dem absichtlichen (durch Motive bestimmten) Thun der Person hervorgehen kann, die Werke, uns nimmermehr rechtfertigen kann, durchaus und seiner Natur nach nicht, eben weil es ABSICHTLICHES, durch Motive herbeigeführtes Thun, *opus operatum*, ist. In diesem Glauben liegt also zuvörderst, daß unser Zustand ein ursprünglich und wesentlich heilloser ist, der ERLÖSUNG aus welchem wir bedürfen; sodann daß wir selbst wesentlich dem Bösen angehören und ihm so fest verbunden sind, daß unsere Werke nach dem Gesetze und der Vorschrift, d.h. nach Motiven, gar nie der Gerechtigkeit genug thun, noch uns erlösen können; sondern die Erlösung nur durch Glauben, d.i. durch eine veränderte Erkenntnißweise, gewonnen wird, und dieser Glaube selbst nur durch die Gnade, also wie von Außen, kommen kann: dies heißt, daß das Heil ein unserer Person ganz fremdes ist, und deutet auf eine zum Heil nothwendige Verneinung und Aufgebung eben dieser Person. Die Werke, die Befolgung des Gesetzes als solchen, können nie rechtfertigen, weil sie immer ein Handeln auf Motive sind. LUTHER verlangt (im Buche *»De libertate Christiana«*), daß, nachdem der Glaube eingetreten, die guten Werke ganz von selbst aus ihm hervorgehen, als Symptome, als Früchte desselben; aber durchaus nicht als an sich Anspruch auf Verdienst, Rechtfertigung, oder Lohn machend, sondern ganz freiwillig und unentgeltlich geschehend. – So ließen auch wir aus der immer klarer werdenden Durchschauung des *principii individuationis* zuerst nur die freie Gerechtigkeit, dann die Liebe, bis zum völligen Aufheben des Egoismus, und zuletzt die Resignation, oder Verneinung des Willens, hervorgehen.

Ich habe diese Dogmen der Christlichen Glaubenslehre, welche an sich der Philosophie fremd sind, nur deshalb hier herbeigezogen, um zu zeigen, daß die aus unserer ganzen Betrachtung hervorgehende und mit allen Theilen derselben genau übereinstimmende und zusammenhängende Ethik, wenn sie auch dem Ausdruck nach neu und unerhört wäre, dem Wesen nach es keineswegs ist, sondern völlig übereinstimmt mit den ganz eigentlich Christlichen Dogmen, und sogar in diesen selbst, dem Wesentlichen nach, enthalten und vorhanden war; wie sie denn auch eben so genau übereinstimmt mit den wieder in ganz anderen Formen vorgetragenen Lehren und ethischen Vorschriften der heiligen Bücher Indiens. Zugleich diente die Erinnerung an die Dogmen der Christlichen Kirche zur Erklärung und Erläuterung des scheinbaren Widerspruchs zwischen der Nothwendigkeit aller Aeußerungen des Charakters bei vorgehaltenen Motiven (Reich der Natur) einerseits, und der Freiheit des Willens an sich, sich selbst zu verneinen und den Charakter, mit aller auf ihn gegründeten Nothwendigkeit der Motive aufzuheben (Reich der Gnade) andererseits.

§. 71.

Indem ich hier die Grundzüge der Ethik und mit ihnen die ganze Entwickelung jenes einen Gedankens, dessen Mittheilung mein Zweck war, beendige, will ich einen Vorwurf, der diesen letzten Theil der Darstellung trifft, keineswegs verhehlen, sondern vielmehr zeigen, daß er im Wesen der Sache liegt und ihm abzuhelfen schlechthin unmöglich ist. Es ist dieser, daß nachdem unsere Betrachtung zuletzt dahin gelangt ist, daß wir in der vollkommenen Heiligkeit das Verneinen und Aufgeben alles Wollens und eben dadurch die Erlösung von einer Welt, deren ganzes Daseyn sich uns als Leiden darstellte, vor Augen haben, uns nun eben dieses als ein Uebergang in das leere Nichts erscheint.

Hierüber muß ich zuvörderst bemerken, daß der Begriff des Nichts wesentlich relativ ist und immer sich nur auf ein bestimmtes Etwas bezieht, welches er negirt. Man hat (namentlich Kant) diese Eigenschaft nur dem *nihil privativum*, welches das im Gegensatz eines + mit − Bezeichnete ist, zugeschrieben, welches −, bei umgekehrtem Gesichtspunkte zu + werden könnte, und hat im Gegensatz dieses *nihil privativum* das *nihil negativum* aufgestellt, welches in jeder Beziehung Nichts wäre, wozu man als Beispiel den logischen, sich selbst aufhebenden Widerspruch gebraucht. Näher betrachtet aber ist kein absolutes Nichts, kein ganz eigentliches *nihil negativum*, auch nur denkbar; sondern jedes dieser Art ist, von einem höhern Standpunkt aus betrachtet, oder einem weitern Begriff subsumirt, immer wieder nur ein *nihil privativum*. Jedes Nichts ist ein solches nur im Verhältniß zu etwas Anderem gedacht, und setzt dieses Verhältniß, also auch jenes Andere, voraus. Selbst ein logischer Widerspruch ist nur ein relatives Nichts. Er ist kein Gedanke der Vernunft; aber er ist darum kein absolutes Nichts. Denn er ist eine Wortzusammensetzung, er ist ein Beispiel des Nichtdenkbaren, dessen man in der Logik nothwendig bedarf, um die Gesetze des Denkens nachzuweisen: daher, wenn man, zu diesem Zweck, auf ein solches Beispiel ausgeht, man den Unsinn, als das Positive, welches man eben sucht, festhalten, den Sinn, als das Negative, überspringen wird. So wird also jedes *nihil negativum*, oder absolute Nichts, wenn einem höhern Begriff untergeordnet, als ein bloßes *nihil privativum*, oder relatives Nichts, erscheinen, welches auch immer mit Dem, was es negirt, die Zeichen vertauschen kann, so daß dann jenes als Negation, es selbst aber als Position gedacht würde. Hiemit stimmt auch das Resultat der schwierigen dialektischen Untersuchung über das Nichts, welche Platon im »Sophisten« (S. 277–287, *Bip.*) anstellt, überein: *Την του ἑτερου φυσιν αποδειξαντες ουσαν τε, και κατακεκερματισμενην επι παντα τα οντα προς αλληλα, το προς το ον ἑκαστου μοριον αυτης αντιτιθεμενον, ετολμησαμεν ειπειν, ὡς αυτο τουτο εστιν οντως το μη ον. (Cum enim ostenderemus,* alterius *ipsius naturam esse, perque omnia entia divisam atque dispersam* in vicem; *tunc partem ejus oppositam ei, quod cujusque ens est, esse ipsum revera* non ens *asseruimus.)*

Das allgemein als positiv Angenommene, welches wir das SEIENDE nennen und dessen Negation der Begriff NICHTS in seiner allgemeinsten Bedeutung ausspricht, ist eben die Welt der Vorstellung, welche ich als die Objektität des Willens, als seinen Spiegel, nachgewiesen habe. Dieser Wille und diese Welt sind eben auch wir selbst, und zu ihr gehört die Vorstellung überhaupt, als ihre eine Seite: die Form dieser Vorstellung ist Raum und Zeit, daher Alles für diesen Standpunkt Seiende irgendwo und irgendwann seyn muß. Verneinung, Aufhebung, Wendung des Willens ist auch Aufhebung und Verschwinden der Welt, seines Spiegels. Erblicken wir ihn in diesem Spiegel nicht mehr, so fragen wir vergeblich, wohin er sich gewendet, und klagen dann, da er kein Wo und Wann mehr hat, er sei ins Nichts verloren gegangen.

Ein umgekehrter Standpunkt, wenn er für uns möglich wäre, würde die Zeichen vertauschen lassen, und das für uns Seiende als das Nichts und jenes Nichts als das Seiende zeigen. So lange wir aber der Wille zum Leben selbst sind, kann jenes Letztere von uns nur negativ erkannt und bezeichnet werden, weil der alte Satz des Empedokles, daß Gleiches nur von Gleichem erkannt wird, gerade hier uns alle Erkenntniß benimmt, so wie umgekehrt eben auf ihm die Möglichkeit aller unserer wirklichen Erkenntniß, d.h. die Welt als Vorstellung, oder die Objektität des Willens, zuletzt beruht. Denn die Welt ist die Selbsterkenntniß des Willens.

Würde dennoch schlechterdings darauf bestanden, von Dem, was die Philosophie nur negativ, als Verneinung des Willens, ausdrücken kann, irgendwie eine positive Erkenntniß zu erlangen; so bliebe uns nichts übrig, als auf den Zustand zu verweisen, den alle Die, welche zur vollkommenen Verneinung des Willens gelangt sind, erfahren haben, und den man mit den Namen Ekstase, Entrückung, Erleuchtung, Vereinigung mit Gott u.s.w. bezeichnet hat; welcher Zustand aber nicht eigentlich Erkenntniß zu nennen ist, weil er nicht mehr die Form von Subjekt und Objekt hat, und auch übrigens nur der eigenen, nicht weiter mittheilbaren Erfahrung zugänglich ist.

Wir aber, die wir ganz und gar auf dem Standpunkt der Philosophie stehen bleiben, müssen uns hier mit der negativen Erkenntniß begnügen, zufrieden den letzten Gränzstein der positiven erreicht zu haben. Haben wir also das Wesen an sich der Welt als Wille, und in allen ihren Erscheinungen nur seine Objektität erkannt, und diese verfolgt vom erkenntnißlosen Drange dunkler Naturkräfte bis zum bewußtvollsten Handeln des Menschen; so weichen wir keineswegs der Konsequenz aus, daß mit der freien Verneinung, dem Aufgeben des Willens, nun auch alle jene Erscheinungen aufgehoben sind, jenes beständige Drängen und Treiben ohne Ziel und ohne Rast, auf allen Stufen der Objektität, in welchem und durch welches die Welt besteht, aufgehoben die Mannigfaltigkeit stufenweise folgender Formen, aufgehoben mit dem Willen seine ganze Erscheinung, endlich auch die allgemeinen Formen dieser, Zeit und Raum, und auch die letzte Grundform derselben, Subjekt und Objekt. Kein Wille: keine Vorstellung, keine Welt.

Vor uns bleibt allerdings nur das Nichts. Aber Das, was sich gegen dieses Zerfließen ins Nichts sträubt, unsere Natur, ist ja eben nur der Wille zum Leben, der wir selbst sind, wie er unsere Welt ist. Daß wir so sehr das Nichts verabscheuen, ist nichts weiter, als ein anderer Ausdruck davon, daß wir so sehr das Leben wollen, und nichts sind, als dieser Wille, und nichts kennen, als eben ihn. – Wenden wir aber den Blick von unserer eigenen Dürftigkeit und Befangenheit auf Diejenigen, welche die Welt überwanden, in denen der Wille, zur vollen Selbsterkenntniß gelangt, sich in Allem wiederfand und dann sich selbst frei verneinte, und welche dann nur noch seine letzte Spur, mit dem Leibe, den sie belebt, verschwinden zu sehen abwarten; so zeigt sich uns, statt des rastlosen Dranges und Treibens, statt des steten Ueberganges von Wunsch zu Furcht und von Freude zu Leid, statt der nie befriedigten und nie ersterbenden Hoffnung, daraus der Lebenstraum des wollenden Menschen besteht, jener Friede, der höher ist als alle Vernunft, jene gänzliche Meeresstille des Gemüths, jene tiefe Ruhe, unerschütterliche Zuversicht und Heiterkeit, deren bloßer Abglanz im Antlitz, wie ihn Rafael und Correggio dargestellt haben, ein ganzes und sicheres Evangelium ist: nur die Erkenntniß ist geblieben, der Wille ist verschwunden. Wir aber blicken dann mit tiefer und schmerzlicher Sehnsucht auf diesen Zustand, neben welchem das Jammervolle und Heillose unseres eigenen, durch den Kontrast, in vollem Lichte erscheint. Dennoch ist diese Betrachtung die einzige, welche uns dauernd trösten kann, wann wir einerseits unheilbares Leiden und endlosen Jammer als der Erscheinung des Willens, der Welt, wesentlich erkannt haben, und andererseits, bei aufgehobenem Willen, die Welt zerfließen sehen und nur das leere Nichts vor uns behalten. Also auf diese Weise, durch Betrachtung des Lebens und Wandels der Heiligen, welchen in der eigenen Erfahrung zu begegnen freilich selten vergönnt ist, aber welche ihre aufgezeichnete Geschichte und, mit dem Stämpel innerer Wahrheit verbürgt, die Kunst uns vor die Augen bringt, haben wir den finstern Eindruck jenes Nichts, das als das letzte Ziel hinter aller Tugend und Heiligkeit schwebt, und das wir, wie die Kinder das Finstere, fürchten, zu verscheuchen; statt selbst es zu umgehen, wie die Inder, durch Mythen und bedeutungsleere Worte, wie Resorbtion in das BRAHM, oder NIRWANA der Buddhaisten. Wir bekennen es vielmehr frei: was nach gänzlicher Aufhebung des Willens übrig bleibt, ist für alle Die, welche noch des Willens voll sind, allerdings Nichts. Aber auch umgekehrt ist Denen, in welchen der Wille sich gewendet und verneint hat, diese unsere so sehr reale Welt mit allen ihren Sonnen und Milchstraßen – Nichts.

ANHANG.

KRITIK

der

KANTISCHEN PHILOSOPHIE.

C'est le privilège du vrai génie, et surtout du génie qui ouvre une carrière, de faire impunément de grandes fautes.
Voltaire.

Es ist viel leichter in dem Werke eines großen Geistes die Fehler und Irrthümer nachzuweisen, als von dem Werthe desselben eine deutliche und vollständige Entwickelung zu geben. Denn die Fehler sind ein Einzelnes und Endliches, das sich daher vollkommen überblicken läßt. Hingegen ist eben das der Stämpel, welchen der Genius seinen Werken aufdrückt, daß dieser ihre Trefflichkeit unergründlich und unerschöpflich ist: daher sie auch die nicht alternden Lehrmeister vieler Jahrhunderte nacheinander werden. Das vollendete Meisterstück eines wahrhaft großen Geistes wird allemal von tiefer und durchgreifender Wirkung auf das gesammte Menschengeschlecht seyn, so sehr, daß nicht zu berechnen ist, zu wie fernen Jahrhunderten und Ländern sein erhellender Einfluß reichen kann. Es wird dieses allemal: weil, so gebildet und reich auch immer die Zeit wäre, in welcher es selbst entstanden, doch immer der Genius, gleich einem Palmbaum, sich über den Boden erhebt, auf welchem er wurzelt.

Aber eine tiefeingreifende und weitverbreitete Wirkung dieser Art kann nicht plötzlich eintreten, wegen des weiten Abstandes zwischen dem Genius und der gewöhnlichen Menschheit. Die Erkenntniß, welche jener Eine in EINEM Menschenalter unmittelbar aus dem Leben und der Welt schöpfte, gewann und Andern gewonnen und bereitet darlegte, kann dennoch nicht sofort das Eigenthum der Menschheit werden; weil diese nicht einmal so viel Kraft zum Empfangen hat, wie jener zum Geben. Sondern, selbst nach überstandenem Kampf mit unwürdigen Gegnern, die dem Unsterblichen schon bei der Geburt das Leben streitig machen und das Heil der Menschheit im Keime ersticken möchten (der Schlange an der Wiege des Herkules zu vergleichen), muß jene Erkenntniß sodann erst die Umwege unzähliger falscher Auslegungen und schiefer Anwendungen durchwandern, muß die Versuche der Vereinigung mit alten Irrthümern überstehen und so im Kampfe leben, bis ein neues, unbefangenes Geschlecht ihr entgegenwächst, welches allmälig, aus tausend abgeleiteten Kanälen, den Inhalt jener Quelle, schon in der Jugend, theilweise empfängt, nach und nach assimilirt und so der Wohlthat theilhaft wird, welche, von jenem großen Geiste aus, der Menschheit zufließen sollte. So langsam geht die Erziehung des Menschengeschlechts, des schwachen und zugleich widerspänstigen Zöglings des Genius. – So wird auch von Kants Lehre allererst durch die Zeit die ganze Kraft und Wichtigkeit offenbar werden, wann einst der Zeitgeist selbst, durch den Einfluß jener Lehre nach und nach umgestaltet, im Wichtigsten und Innersten verändert, von der Gewalt jenes Riesengeistes lebendiges Zeugniß ablegen wird. Ich hier will aber keineswegs, ihm vermessen vorgreifend, die undankbare Rolle des Kalchas und der Kassandra übernehmen. Nur sei es mir, in Folge des Gesagten, vergönnt, Kants Werke als noch sehr neu zu betrachten, während heut zu Tage Viele sie als schon veraltet ansehen, ja, als abgethan bei Seite gelegt, oder, wie sie sich ausdrücken, hinter sich haben, und Andere, dadurch dreist gemacht, sie gar ignoriren und, mit eiserner Stirn, unter den Voraussetzungen des alten realistischen Dogmatismus und seiner Scholastik, von Gott und der Seele weiterphilosophiren; – welches ist, wie wenn man in der neuern Chemie die Lehren der Alchemisten geltend machen wollte. – Uebrigens bedürfen Kants Werke nicht meiner schwachen Lobrede, sondern werden selbst ewig ihren Meister loben und, wenn vielleicht auch nicht in seinem Buchstaben, doch in seinem Geiste, stets auf Erden leben.

Freilich aber, wenn wir zurückblicken auf den nächsten Erfolg seiner Lehren, also auf die Versuche und Hergänge im Gebiete der Philosophie, während des seitdem verflossenen Zeitraums; so bestätigt sich uns ein sehr niederschlagender Ausspruch Goethe's: »wie das Wasser, das durch ein Schiff verdrängt wird, gleich hinter ihm wieder zusammenstürzt; so schließt sich auch der Irrthum, wenn vorzügliche Geister ihn bei Seite gedrängt und sich Platz gemacht haben, hinter ihnen sehr geschwind wieder naturgemäß zusammen.« (Dichtung und Wahrheit, Theil 3, S. 521.) Jedoch ist dieser Zeitraum nur eine Episode gewesen, die, den oben erwähnten Schicksalen jeder neuen und großen Erkenntniß beizuzählen, jetzt unverkennbar ihrem Ende nahe ist, indem die so anhaltend aufgetriebene Seifenblase doch endlich platzt. Man fängt allgemein an, inne zu werden, daß die wirkliche und ernstliche Philosophie noch da steht, wo Kant sie gelassen hat. Jedenfalls erkenne ich nicht an, daß zwischen ihm und mir irgend etwas in derselben geschehen sei; daher ich unmittelbar an ihn anknüpfe.

Was ich in diesem Anhange zu meinem Werke beabsichtige, ist eigentlich nur eine Rechtfertigung der von mir in demselben dargestellten Lehre, insofern sie in vielen Punkten mit der Kantischen Philosophie nicht übereinstimmt, ja ihr widerspricht. Eine Diskussion hierüber ist aber nothwendig, da offenbar meine Gedankenreihe, so verschieden ihr Inhalt auch von der Kantischen ist, doch durchaus unter dem Einfluß dieser steht, sie nothwendig voraussetzt, von ihr ausgeht, und ich bekenne, das Beste meiner eigenen Entwickelung, nächst dem Eindrucke der anschaulichen Welt, sowohl dem der Werke Kants, als dem der heiligen Schriften der Hindu und dem Platon zu verdanken. – Meine des ungeachtet vorhandenen Widersprüche gegen Kant aber rechtfertigen, kann ich durchaus nur dadurch, daß ich ihn in denselben Punkten des Irrthums zeihe und Fehler, die er begangen, aufdecke. Daher muß ich in diesem Anhange durchaus polemisch gegen Kant verfahren und zwar mit Ernst und mit aller Anstrengung: denn nur so kann es geschehen, daß der Irrthum, welcher Kants Lehre anklebt, sich abschleife, und die Wahrheit derselben desto heller scheine und sicherer bestehe. Man hat daher nicht zu erwarten, daß meine gewiß innig gefühlte Ehrerbietung gegen Kant sich auch auf seine Schwächen und Fehler erstrecke, und daß ich daher diese nicht anders, als mit der behutsamsten Schonung aufdecken sollte, wobei mein Vortrag durch die Umschweife schwach und matt werden müßte. Gegen einen Lebenden bedarf es solcher Schonung, weil die menschliche Schwäche auch die gerechteste Widerlegung eines Irrthums nur unter Besänftigungen und Schmeicheleien und selbst so schwer erträgt, und ein Lehrer der Jahrhunderte und Wohlthäter der Menschheit doch zum wenigsten verdient, daß man auch seine menschliche Schwäche schone, um ihm keinen Schmerz zu verursachen. Der Todte aber hat diese Schwäche abgeworfen: sein Verdienst steht fest: von jeder Ueberschätzung und Herabwürdigung wird die Zeit es mehr und mehr reinigen. Seine Fehler müssen davon gesondert, unschädlich gemacht und dann der Vergessenheit hingegeben werden. Daher habe ich bei der hier anzustimmenden Polemik gegen Kant ganz allein seine Fehler und Schwächen im Auge, stehe ihnen feindlich gegenüber und führe einen schonungslosen Vertilgungskrieg gegen sie, stets darauf bedacht, nicht sie schonend zu bedecken, sondern sie vielmehr in das hellste Licht zu stellen, um sie desto sicherer zu vernichten. Ich bin mir, aus den oben angeführten Gründen, hiebei weder einer Ungerechtigkeit, noch einer Undankbarkeit gegen Kant bewußt. Um indessen auch in den Augen Anderer jeden Schein von Malignität abzuwenden, will ich meine tiefgefühlte Ehrfurcht und Dankbarkeit gegen Kant zuvor noch dadurch an den Tag legen, daß ich sein Hauptverdienst, wie es in meinen Augen erscheint, kurz ausspreche, und zwar von so allgemeinen Gesichtspunkten aus, daß ich nicht genöthigt werde, die Punkte mitzuberühren, in welchen ich ihm nachher zu widersprechen habe.

Kants grösstes Verdienst ist die Unterscheidung der Erscheinung vom Dinge an sich, – auf Grund der Nachweisung, daß zwischen den Dingen und uns immer noch der Intellekt steht, weshalb sie nicht nach dem, was sie an sich selbst seyn mögen, erkannt werden können. Auf diesen Weg geführt wurde er durch Locke (siehe Prolegomena zu jeder Metaph., §. 13, Anm. 2). Dieser hatte nachgewiesen, daß die sekundären Eigenschaften der Dinge, wie Klang, Geruch, Farbe, Härte, Weiche, Glätte u. dgl., als auf die Affektionen der Sinne gegründet, dem objektiven Körper, dem Dinge an sich selbst, nicht angehörten, welchem er vielmehr nur die primären Eigenschaften, d.h. solche, welche bloß den Raum und die Undurchdringlichkeit voraussetzen, also Ausdehnung, Gestalt, Solidität, Zahl, Beweglichkeit, beilegte. Allein diese leicht zu findende Locke'sche Unterscheidung, welche sich auf der

Oberfläche der Dinge hält, war gleichsam nur ein jugendliches Vorspiel der Kantischen. Diese nämlich, von einem ungleich höhern Standpunkt ausgehend, erklärt alles Das, was LOCKE als *qualitates primarias*, d.h. Eigenschaften des Dinges an sich selbst, gelten gelassen hatte, für ebenfalls nur der Erscheinung desselben in unserm Auffassungsvermögen angehörig, und zwar gerade deshalb, weil die Bedingungen desselben, Raum, Zeit und Kausalität, von uns *a priori* erkannt werden. Also hatte LOCKE vom Dinge an sich den Antheil, welchen die Sinnesorgane an der Erscheinung desselben haben, abgezogen; KANT aber zog nun noch den Antheil der Gehirnfunktionen (wiewohl nicht unter diesem Namen) ab; wodurch jetzt die Unterscheidung der Erscheinung vom Dinge an sich eine unendlich größere Bedeutung und einen sehr viel tiefern Sinn erhielt. Zu diesem Zwecke mußte er die große Sonderung unserer Erkenntniß *a priori* von der *a posteriori* vornehmen, welches vor ihm noch nie in gehöriger Strenge und Vollständigkeit, noch mit deutlichem Bewußtseyn geschehen war: demnach ward nun Dieses der Hauptstoff seiner tiefsinnigen Untersuchungen. – Hier nun wollen wir gleich bemerken, daß KANTS Philosophie zu der seiner Vorgänger eine dreifache Beziehung hat: erstens, eine bestätigende und erweiternde zu der LOCKE's, wie wir soeben gesehen haben; zweitens, eine berichtigende und benutzende zu der HUME's, welche man am deutlichsten ausgesprochen findet in der Vorrede zu den »Prolegomena« (dieser schönsten und faßlichsten aller Kantischen Hauptschriften, welche viel zu wenig gelesen wird, da sie doch das Studium seiner Philosophie außerordentlich erleichtert); drittens, eine entschieden polemische und zerstörende zur Leibnitz-Wolfischen Philosophie. Alle drei Lehren soll man kennen, ehe man zum Studium der Kantischen Philosophie schreitet. – Ist nun, laut Obigem, die Unterscheidung der Erscheinung vom Dinge an sich, also die Lehre von der gänzlichen Diversität des Idealen und Realen, der Grundzug der Kantischen Philosophie; so giebt die bald nachher auftretende Behauptung der absoluten Identität dieser Beiden einen traurigen Beleg zu dem früher erwähnten Ausspruche Goethe's; um so mehr, als sie sich auf nichts stützte, als auf die Windbeutelei intellektualer Anschauung, und demgemäß nur eine, unter dem Imponiren durch vornehme Miene, Bombast und Gallimathias maskirte Rückkehr zur Rohheit der gemeinen Ansicht war. Sie wurde der würdige Ausgangspunkt für den noch gröbern Unsinn des plumpen und geistlosen Hegel. – Wie nun also Kants, auf die oben dargelegte Weise gefaßte Sonderung der Erscheinung vom Dinge an sich in ihrer Begründung an Tiefsinn und Besonnenheit Alles, was je dagewesen, weit übertraf; so war sie auch in ihren Ergebnissen unendlich folgenreich. Denn ganz aus sich selbst, auf eine völlig neue Weise, von einer neuen Seite und auf einem neuen Wege gefunden stellte er hierin dieselbe Wahrheit dar, die schon Platon unermüdlich wiederholt und in seiner Sprache meistens so ausdrückt: diese, den Sinnen erscheinende Welt habe kein wahres Seyn, sondern nur ein unaufhörliches Werden, sie sei, und sei auch nicht, und ihre Auffassung sei nicht sowohl eine Erkenntniß, als ein Wahn. Dies ist es auch, was er in der schon im dritten Buch gegenwärtiger Schrift erwähnten wichtigsten Stelle aller seiner Werke, dem Anfange des siebenten Buches der Republik mythisch ausspricht, indem er sagt, die Menschen, in einer finstern Höhle festgekettet, sähen weder das ächte ursprüngliche Licht, noch die wirklichen Dinge, sondern nur das dürftige Licht des Feuers in der Höhle und die Schatten wirklicher Dinge, die hinter ihrem Rücken an diesem Feuer vorüberziehen: sie meinten jedoch, die Schatten seien die Realität, und die Bestimmung der Succession dieser Schatten sei die wahre Weisheit. – Die selbe Wahrheit, wieder ganz anders dargestellt, ist auch eine Hauptlehre der Veden und Puranas, die Lehre von der Maja, worunter eben auch nichts Anderes verstanden wird, als was Kant die Erscheinung, im Gegensatze des Dinges an sich nennt: denn das Werk der Maja wird eben angegeben als diese sichtbare Welt, in der wir sind, ein hervorgerufener Zauber, ein bestandloser, an sich wesenloser Schein, der optischen Illusion und dem Traume zu vergleichen, ein Schleier, der das menschliche Bewußtseyn umfängt, ein Etwas, davon es gleich falsch und gleich wahr ist, zu sagen daß es sei, als daß es nicht sei. – Kant nun aber drückte nicht allein die selbe Lehre auf eine völlig neue und originelle Weise aus, sondern machte sie, mittelst der ruhigsten und nüchternsten Darstellung, zur erwiesenen und unstreitigen Wahrheit; während sowohl Platon, als die Inder, ihre Behauptungen bloß auf eine allgemeine Anschauung der Welt gegründet hatten, sie als unmittelbaren Ausspruch ihres Bewußtseyns vorbrachten, und sie mehr mythisch und poetisch, als philosophisch und deutlich darstellten. In dieser Hinsicht verhalten sie sich zu Kant, wie die Pythagoreer Hiketas, Philolaos und Aristarch, welche schon die Bewegung der Erde um die ruhende Sonne behaupteten, zum Kopernikus. Solche deutliche Erkenntniß und ruhige, besonnene Darstellung dieser traumartigen Beschaffenheit der ganzen Welt ist eigentlich die Basis der ganzen Kantischen Philosophie, ist ihre Seele und ihr allergrößtes Verdienst. Er brachte dieselbe dadurch zu Stande, daß er die ganze Maschinerie unsers Erkenntnißvermögens, mittelst welcher die Phantasmagorie der objektiven Welt zu Stande kommt, auseinanderlegte und stückweise vorzeigte, mit bewunderungswerther Besonnenheit und Geschicklichkeit. Alle vorhergehende occidentalische Philosophie, gegen die Kantische als unsäglich plump erscheinend, hatte jene Wahrheit verkannt, und eben daher eigentlich immer wie im Traume geredet. Erst Kant weckte sie plötzlich aus diesem; daher auch nannten die letzten Schläfer (Mendelssohn) ihn den Alleszermalmer. Er zeigte, daß die Gesetze, welche im Daseyn, d.h. in der Erfahrung überhaupt, mit unverbrüchlicher Nothwendigkeit herrschen, nicht anzuwenden sind, um DAS DASEYN SELBST abzuleiten und zu erklären, daß also die Gültigkeit derselben doch nur eine relative ist, d.h. erst anhebt, nachdem das Daseyn, die Erfahrungswelt überhaupt, schon gesetzt und vorhanden ist; daß folglich diese Gesetze nicht unser Leitfaden seyn können, wann wir an die Erklärung des Daseyns der Welt und unserer selbst gehen. Alle früheren occidentalischen Philosophen hatten gewähnt, diese Gesetze, nach welchen die Erscheinungen aneinander geknüpft sind und welche alle, Zeit und Raum sowohl als Kausalität und Schlußfolge, ich unter den Ausdruck des Satzes vom Grunde zusammenfasse, wären absolute und durch gar nichts bedingte Gesetze, *aeternae veritates*, die Welt selbst wäre nur in Folge und Gemäßheit derselben, und daher müsse nach ihrem Leitfaden das ganze Räthsel der Welt sich lösen lassen. Die zu diesem Behuf gemachten Annahmen, welche Kant unter dem Namen der Ideen der Vernunft kritisirt, dienten eigentlich nur, die bloße Erscheinung, das Werk der Maja, die Schattenwelt des Platon, zur einzigen und höchsten Realität zu erheben, sie an die Stelle des innersten und wahren Wesens der Dinge zu setzen, und die wirkliche Erkenntniß von diesem dadurch unmöglich zu machen: d.h., mit einem Wort, die Träumer noch fester einzuschläfern. Kant zeigte jene Gesetze, und folglich die Welt selbst, als durch die Erkenntnißweise des Subjekts bedingt; woraus folgte, daß, soweit man auch am Leitfaden jener weiter forschte und weiter schlösse, man in der Hauptsache, d.h. in der Erkenntniß des Wesens der Welt an sich und außer der Vorstellung, keinen Schritt vorwärts käme, sondern nur sich so bewegte, wie das Eichhörnchen im Rade. Man kann daher auch sämmtliche Dogmatiker mit Leuten vergleichen, welche meinten, daß wenn sie nur recht lange geradeaus giengen, sie zu der Welt Ende gelangen würden; Kant aber hätte dann die Welt umsegelt und gezeigt, daß, weil sie rund ist, man durch horizontale Bewegung nicht hinauskann, daß es jedoch durch perpendikulare vielleicht nicht unmöglich sei. Auch kann man sagen, Kants Lehre gebe die Einsicht, daß der Welt Ende und Anfang nicht außer, sondern in uns zu suchen sei.

Dies Alles nun aber beruht auf dem fundamentalen Unterschiede zwischen dogmatischer und KRITISCHER, oder TRANSSCENDENTAL-PHILOSOPHIE. Wer sich diesen deutlich machen und an einem Beispiel vergegenwärtigen will, kann es in aller Kürze, wenn er, als Specimen der dogmatischen Philosophie einen Aufsatz von LEIBNITZ durchliest, welcher den Titel *»De rerum originatione radicali«* führt und zum ersten Male gedruckt ist in der Ausgabe der philosophischen Werke Leibnitzens von Erdmann, Bd. 1, S. 147. Hier wird nun so recht in realistisch-dogmatischer Weise, unter Benutzung des ontologischen und des kosmologischen Beweises, der Ursprung und die vortreffliche Beschaffenheit der Welt *a priori* dargethan, auf Grund der *veritatum aeternarum*. – Nebenher wird auch ein Mal eingestanden, daß die Erfahrung das gerade Gegentheil der hier demonstrirten Vortrefflichkeit der Welt aufweise, darauf aber der Erfahrung bedeutet, sie verstehe nichts davon und solle das Maul halten, wenn Philosophie *a priori* geredet hat. – Als Widersacher dieser ganzen Methode nun ist mit KANT die KRITISCHE PHILOSOPHIE aufgetreten, welche gerade die, allem solchem dogmatischen Bau zur Unterlage dienenden *veritates aeternas* zu ihrem Problem macht, dem Ursprunge derselben nachforscht und ihn sodann findet im menschlichen Kopf, woselbst nämlich sie aus den diesem eigenthümlich angehörenden Formen, welche er zum Behuf der Auffassung einer objektiven Welt in sich trägt, erwachsen. Hier also, im Gehirn, ist der Steinbruch, welcher das Material zu jenem stolzen dogmatischen Baue liefert. Dadurch nun aber, daß die kritische Philosophie, um zu diesem Resultate zu gelangen, über die *veritates aeternas*, auf welche aller bisheriger Dogmatismus sich gründete, HINAUSGEHEN mußte, um diese selbst zum Gegenstande der Untersuchung zu machen, ist sie TRANSSCENDENTAL-Philosophie geworden. Aus dieser ergiebt sich dann ferner, daß die objektive Welt, wie wir sie erkennen, nicht dem Wesen der Dinge an sich selbst angehört, sondern bloße ERSCHEINUNG desselben ist, bedingt durch eben jene Formen, die *a priori* im menschlichen Intellekt (d.h. Gehirn) liegen, daher sie auch nichts als Erscheinungen enthalten kann.

Kant gelangte zwar nicht zu der Erkenntniß, daß die Erscheinung die Welt als Vorstellung und das Ding an sich der Wille sei. Aber er zeigte, daß die erscheinende Welt ebenso sehr durch das Subjekt, wie durch das Objekt bedingt sei, und indem er die allgemeinsten Formen ihrer Erscheinung, d.i. der Vorstellung, isolirte, that er dar, daß man diese Formen nicht nur vom Objekt, sondern ebenso wohl auch vom Subjekt ausgehend erkenne und ihrer ganzen Gesetzmäßigkeit nach übersehe, weil sie eigentlich zwischen Objekt und Subjekt die beiden gemeinsame Gränze sind, und er schloß, daß man durch das Verfolgen dieser Gränze weder ins Innere des Objekts noch des Subjekts eindringe, folglich nie das Wesen der Welt, das Ding an sich erkenne.

Er leitete das Ding an sich nicht auf die rechte Art ab, wie ich bald zeigen werde, sondern mittelst einer Inkonsequenz, die er durch häufige und unwiderstehliche Angriffe auf diesen Haupttheil seiner Lehre büßen mußte. Er erkannte nicht direkt im Willen das Ding an sich; allein er that einen großen, bahnbrechenden Schritt zu dieser Erkenntniß, indem er die unleugbare moralische Bedeutung des menschlichen Handelns als ganz verschieden und nicht abhängig von den Gesetzen der Erscheinung, noch diesen gemäß je erklärbar, sondern als etwas, welches das Ding an sich unmittelbar berühre, darstellte: dieses ist der zweite Hauptgesichtspunkt für sein Verdienst.

Als den dritten können wir ansehen den völligen Umsturz der Scholastischen Philosophie, mit welchem Namen ich hier im Allgemeinen die ganze vom Kirchenvater Augustinus anfangende und dicht vor Kant schließende Periode bezeichnen möchte. Denn der Hauptcharakter der Scholastik ist doch wohl der von TENNEMANN sehr richtig angegebene, die Vormundschaft der herrschenden Landesreligion über die Philosophie, welcher eigentlich nichts übrig blieb, als die ihr von jener vorgeschriebenen Hauptdogmen zu beweisen und auszuschmücken: die eigentlichen Scholastiker, bis Suarez, gestehen dies unverholen: die folgenden Philosophen thun es mehr unbewußt, oder doch nicht eingeständlich. Man läßt die Scholastische Philosophie nur bis etwan hundert Jahre vor Cartesius gehen und dann mit diesem eine ganz neue Epoche des freien, von aller positiven Glaubenslehre unabhängigen Forschens anfangen; allein ein solches ist in der That dem Cartesius und seinen Nachfolgern* nicht beizulegen, sondern nur ein Schein davon und

* Bruno und Spinoza sind hier ganz auszunehmen. Sie stehen jeder für sich und allein, und gehören weder ihrem Jahrhundert noch ihrem Welttheil an, welche dem einen mit dem Tode, dem andern mit Verfolgung und Schimpf lohnten. Ihr kümmerliches Daseyn und Sterben in diesem Occident gleicht dem einer tropischen Pflanze in Europa. Ihre wahre Geistesheimath waren die Ufer der heiligen Ganga: dort hätten sie ein ruhiges und geehrtes Leben geführt, unter ähnlich Gesinnten. – Bruno drückt in folgenden Versen, mit denen er das Buch *della causa principio ed uno*, für welches ihm der Scheiterhaufen ward, eröffnet, deutlich und schön aus, wie einsam er sich in seinem Jahrhundert fühlte, und zeigt zugleich eine Ahndung seines Schicksals, welche ihn zaudern ließ seine Sache vorzutragen, bis jener in edlen Geistern so starke Trieb zur Mittheilung des für wahr Erkannten überwand:

Ad partum properare tuum, mens aegra, quid obstat;
Seclo haec indigno sint tribuenda licet?
Umbrarum fluctu terras mergente, cacumen
Adtolle in clarum, noster Olympe, Jovem.

allenfalls ein Streben danach. Cartesius war ein höchst ausgezeichneter Geist, und hat, wenn man seine Zeit berücksichtigt, sehr viel geleistet. Setzt man aber diese Rücksicht bei Seite, und mißt ihn nach der ihm nachgerühmten Befreiung des Denkens von allen Fesseln und Anhebung einer neuen Periode des unbefangenen eigenen Forschens; so muß man finden, daß er mit seiner des rechten Ernstes noch entbehrenden und daher so schnell und so schlecht sich wieder gebenden Skepsis, zwar die Miene macht, als ob er alle Fesseln früh eingeimpfter, der Zeit und der Nation angehörender Meinungen, mit einem Male abwerfen wollte, es aber bloß zum Schein auf einen Augenblick thut, um sie sogleich wieder aufzunehmen und desto fester zu halten; und ebenso alle seine Nachfolger bis auf Kant. Sehr anwendbar auf einen freien Selbstdenker dieses Schlages ist daher Goethe's Vers:

»Er scheint mir, mit Verlaub von Ewr Gnaden,
Wie eine der langbeinigen Cikaden,
Die immer fliegt und fliegend springt –
Und gleich im Gras ihr altes Liedchen singt.« –

Kant hatte Gründe, die Miene zu machen, als ob ER es auch nur so meinte. Aber aus dem vorgeblichen Sprunge, der zugestanden war, weil man schon wußte, daß er ins Gras zurückführt, ward diesmal ein Flug, und jetzt haben, die unten stehen, nur das Nachsehen und können nicht mehr ihn wieder einfangen.

Kant also wagte es, aus seiner Lehre die Unbeweisbarkeit aller jener vorgeblich so oft bewiesenen Dogmen darzuthun. Die spekulative Theologie und die mit ihr zusammenhängende rationale Psychologie empfingen von ihm den Todesstreich. Seitdem sind sie aus der Deutschen Philosophie verschwunden, und man darf sich nicht dadurch irre machen lassen, daß hie und da das Wort bei-

---

Wer diese seine Hauptschrift, wie auch seine übrigen, früher so seltenen, jetzt, durch eine Deutsche Ausgabe, Jedem zugänglichen Italiänischen Schriften liest, wird mit mir finden, daß unter allen Philosophen er allein dem Platon in etwas sich nähert, in Hinsicht auf die starke Beigabe poetischer Kraft und Richtung neben der philosophischen, und solche eben auch besonders dramatisch zeigt. Das zarte, geistige, denkende Wesen, als welches er uns aus dieser seiner Schrift entgegentritt, denke man sich unter den Händen roher, wüthender Pfaffen als seiner Richter und Henker, und danke der Zeit, die ein helleres und milderes Jahrhundert herbeiführte, so daß die Nachwelt, deren Fluch jene teuflischen Fanatiker treffen sollte, jetzt schon die Mitwelt ist.

behalten wird, nachdem man die Sache aufgegeben, oder daß irgend ein armsäliger Philosophieprofessor die Furcht seines Herrn vor Augen hat und Wahrheit Wahrheit seyn läßt. Die Größe dieses Verdienstes Kants kann nur Der ermessen, welcher den nachtheiligen Einfluß jener Begriffe auf Naturwissenschaft, wie auf Philosophie, in allen, selbst den besten Schriftstellern des 17. und 18. Jahrhunderts beachtet hat. In den Deutschen naturwissenschaftlichen Schriften ist die seit Kant eingetretene Veränderung des Tones und des metaphysischen Hintergrundes auffallend: vor ihm stand es damit, wie noch jetzt in England. – Dieses Verdienst Kants hängt damit zusammen, daß das besinnungslose Nachgehen den Gesetzen der Erscheinung, das Erheben derselben zu ewigen Wahrheiten und dadurch der flüchtigen Erscheinung zum eigentlichen Wesen der Welt, kurz, der in seinem Wahn durch keine Besinnung gestörte REALISMUS in aller vorhergegangenen Philosophie der alten, der mittleren und der neueren Zeit durchaus herrschend gewesen war. BERKELEY, der, wie vor ihm auch schon MALEBRANCHE, das Einseitige, ja Falsche desselben erkannt hatte, vermochte nicht ihn umzustoßen, weil sein Angriff sich auf EINEN Punkt beschränkte. KANTEN also war es vorbehalten, der idealistischen Grundansicht, welche im ganzen nicht islamisirten Asien, und zwar wesentlich, sogar die der Religion ist, in Europa wenigstens in der Philosophie zur Herrschaft zu verhelfen. Vor Kant also waren wir IN der Zeit; jetzt ist die Zeit in uns, u. s. f.

Auch die Ethik war von jener realistischen Philosophie nach den Gesetzen der Erscheinung, die sie für absolute, auch vom Dinge an sich geltende hielt, behandelt worden, und daher bald auf Glücksäligkeitslehre, bald auf den Willen des Weltschöpfers, zuletzt auf den Begriff der Vollkommenheit gegründet, welcher an und für sich ganz leer und inhaltslos ist, da er eine bloße Relation bezeichnet, die erst von den Dingen, auf welche sie angewandt wird, Bedeutung erhält, indem »vollkommen seyn« nichts weiter heißt als »irgend einem dabei vorausgesetzten und gegebenen Begriff entsprechen«, der also vorher aufgestellt seyn muß, und ohne welchen die Vollkommenheit eine unbenannte Zahl ist und folglich allein ausgesprochen gar nichts sagt. Will man nun aber etwan dabei den Begriff der »Menschheit« zur stillschweigenden Voraussetzung machen und demnach zum Moralprincip setzen nach vollkommener Menschheit zu streben; so sagt man damit eben nur: »Die Menschen sollen seyn wie sie seyn sollen« – und ist so klug wie zuvor. »Vollkommen« nämlich ist beinahe nur das Synonym von »vollzählig«, indem es besagt, daß in einem gegebenen Fall, oder Individuo, alle die Prädikate, welche im Begriff seiner Gattung liegen, vertreten, also wirklich vorhanden sind. Daher ist der Begriff der »Vollkommenheit«, wenn schlechthin und *in abstracto* gebraucht, ein gedankenleeres Wort, und ebenso das Gerede vom »allervollkommensten Wesen« u.dgl.m. Das Alles ist bloßer Wortkram. Nichtsdestoweniger war im vorigen Jahrhundert dieser Begriff von Vollkommenheit und Unvollkommenheit eine kurrente Münze geworden; ja, er war die Angel, um welche sich fast alles Moralisiren und selbst Theologisiren drehte. Jeder führte ihn im Munde, so daß zuletzt ein wahrer Unfug damit getrieben wurde. Selbst die besten Schriftsteller der Zeit, z.B. Lessingen, sehen wir auf das Beklagenswertheste in den Vollkommenheiten und Unvollkommenheiten verstrickt und sich damit herumschlagen. Dabei mußte doch jeder irgend denkende Kopf wenigstens dunkel fühlen, daß dieser Begriff ohne allen positiven Gehalt ist, indem er, wie ein algebraisches Zeichen, ein bloßes Verhältniß *in abstracto* andeutet. – Kant, wie schon gesagt, sonderte die unleugbare große ethische Bedeutsamkeit der Handlungen ganz ab von der Erscheinung und deren Gesetzen, und zeigte jene als unmittelbar das Ding an sich, das innerste Wesen der Welt betreffend, wogegen diese, d.h. Zeit und Raum, und Alles, was sie erfüllt und in ihnen nach dem Kausalgesetz sich ordnet, als bestand- und wesenloser Traum anzusehen sind.

Dieses Wenige und keineswegs den Gegenstand Erschöpfende mag hinreichen als Zeugniß meiner Anerkennung der großen Verdienste Kants, hier abgelegt zu meiner eigenen Befriedigung, und weil die Gerechtigkeit forderte jene Verdienste Jedem ins Gedächtniß zurückzurufen, der mir in der nachsichtslosen Aufdeckung seiner Fehler, zu welcher ich jetzt schreite, folgen will.

Daß Kants große Leistungen auch von großen Fehlern begleitet seyn mußten, läßt sich schon bloß historisch ermessen, daraus, daß, obwohl er die größte Revolution in der Philosophie bewirkte, und der Scholastik, die, im angegebenen weitern Sinn verstanden, vierzehn Jahrhunderte gedauert hatte, ein Ende machte, um nun wirklich eine ganz neue dritte Weltepoche der Philosophie zu beginnen; doch der unmittelbare Erfolg seines Auftretens fast nur negativ, nicht positiv war, indem, weil er nicht ein vollständiges neues System aufstellte, an welches seine Anhänger nur irgend einen Zeitraum hindurch sich hätten halten können, Alle zwar merkten, es sei etwas sehr Großes geschehen, aber doch keiner recht wußte was. Sie sahen wohl ein, daß die ganze bisherige Philosophie ein fruchtloses Träumen gewesen, aus dem jetzt die neue Zeit erwachte; aber woran sie sich nun halten sollten, wußten sie nicht. Eine große Leere, ein großes Bedürfniß war eingetreten: die allgemeine Aufmerksamkeit, selbst des größern Publikums, war erregt. Hiedurch veranlaßt, nicht aber vom innern Triebe und Gefühl der Kraft (die sich auch im ungünstigsten Zeitpunkt äußern, wie bei Spinoza) gedrungen, machten Männer ohne alle auszeichnende Talente mannigfaltige, schwache, ungereimte, ja mitunter tolle Versuche, denen das nun einmal aufgeregte Publikum doch seine Aufmerksamkeit schenkte und mit großer Geduld, wie sie nur in Deutschland zu finden, lange sein Ohr lieh.

Wie hier, muß es einst in der Natur hergegangen seyn, als eine große Revolution die ganze Oberfläche der Erde geändert, Meer und Land ihre Stellen gewechselt hatten und der Plan zu einer neuen Schöpfung geebnet war. Da währte es lange, ehe die Natur eine neue Reihe dauernder, jede mit sich und mit den übrigen harmonirender Formen herausbringen konnte: seltsame monströse Organisationen traten hervor, die mit sich selbst und untereinander disharmonirend, nicht lange bestehen konnten, aber deren noch jetzt vorhandene Reste es eben sind, die das Andenken jenes Schwankens und Versuchens der sich neu gestaltenden Natur auf uns gebracht haben. – Daß nun in der Philosophie eine jener ganz ähnliche Krisis und ein Zeitalter der ungeheuren Ausgeburten durch Kant herbeigeführt wurde, wie wir Alle wissen, läßt schon schließen, daß sein Verdienst nicht vollkommen, sondern mit großen Mängeln behaftet, negativ und einseitig gewesen seyn müsse. Diesen Mängeln wollen wir jetzt nachspüren.

Zuvörderst wollen wir den Grundgedanken, in welchem die Absicht der ganzen Kritik der reinen Vernunft liegt, uns deutlich machen und ihn prüfen. – Kant stellte sich auf den Standpunkt seiner Vorgänger, der dogmatischen Philosophen, und gieng demgemäß mit ihnen von folgenden Voraussetzungen aus. 1) Metaphysik ist Wissenschaft von Demjenigen, was jenseit der Möglichkeit aller Erfahrung liegt. – 2) Ein solches kann nimmermehr gefunden werden nach Grundsätzen, die selbst erst aus der Erfahrung geschöpft sind (Prolegomena, §. 1); sondern nur Das, was wir VOR, also unabhängig VON aller Erfahrung wissen, kann weiter reichen, als mögliche Erfahrung. – 3) In unserer Vernunft sind wirklich einige Grundsätze der Art anzutreffen: man begreift sie unter dem Namen Erkenntnisse aus reiner Vernunft. – Soweit geht Kant mit seinen Vorgängern zusammen; hier aber trennt er sich von ihnen. Sie sagen: »Diese Grundsätze, oder Erkenntnisse aus reiner Vernunft, sind Ausdrücke der absoluten Möglichkeit der Dinge, *aeternae veritates*, Quellen der Ontologie: sie stehen über der Weltordnung, wie das Fatum über den Göttern der Alten stand.« Kant sagt: es sind bloße Formen unsers Intellekts, Gesetze, nicht des Daseyns der Dinge, sondern unserer Vorstellungen von ihnen, gelten daher bloß für unsere Auffassung der Dinge, und können demnach nicht über die Möglichkeit der Erfahrung, worauf es, laut Art. 1, abgesehen war, hinausreichen. Denn gerade die Apriorität dieser Erkenntnißformen, da sie nur auf dem subjektiven Ursprung derselben beruhen kann, schneidet uns die Erkenntniß des Wesens an sich der Dinge auf immer ab und beschränkt uns auf eine Welt von bloßen Erscheinungen, so daß wir nicht ein Mal *a posteriori*, geschweige *a priori*, die Dinge erkennen können, wie sie an sich selbst seyn mögen. Demnach ist Metaphysik unmöglich, und an ihre Stelle tritt Kritik der reinen Vernunft. Dem alten Dogmatismus gegenüber ist hier Kant völlig siegreich; daher haben alle seitdem aufgetretenen dogmatischen Versuche ganz andere Wege einschlagen müssen, als die früheren: auf die Berechtigung des meinigen werde ich, der ausgesprochenen Absicht gegenwärtiger Kritik gemäß, jetzt hinleiten. Nämlich bei genauerer Prüfung obiger Argumentation wird man eingestehen müssen, daß die allererste Grundannahme derselben eine *petitio principii* ist; sie liegt in dem (besonders Prolegomena, §. 1, deutlich aufgestellten) Satz: »Die Quelle der Metaphysik darf durchaus nicht empirisch seyn, ihre Grundsätze und Grundbegriffe dürfen nie aus der Erfahrung, weder innerer noch äußerer, genommen seyn.« Zur Begründung dieser Kardinal-Behauptung wird jedoch gar nichts angeführt, als das etymologische Argument aus dem Worte Metaphysik. In Wahrheit aber verhält sich die Sache so: Die Welt und unser eigenes Daseyn stellt sich uns nothwendig als ein Räthsel dar. Nun wird ohne Weiteres angenommen, daß die Lösung dieses Räthsels nicht aus dem gründlichen Verständniß der Welt selbst hervorgehen könne, sondern gesucht werden müsse in etwas von der Welt gänzlich Verschiedenem (denn das heißt »über die Möglichkeit aller Erfahrung hinaus«); und daß von jener Lösung Alles ausgeschlossen werden müsse, wovon wir irgendwie UNMITTELBARE Kenntniß (denn das heißt mögliche Erfahrung, sowohl innere, wie äußere) haben können; dieselbe vielmehr nur in Dem gesucht werden müsse, wozu wir bloß mittelbar, nämlich mittelst Schlüssen aus allgemeinen Sätzen *a priori*, gelangen können. Nachdem man auf diese Art die Hauptquelle aller Erkenntniß ausgeschlossen und den geraden Weg zur Wahrheit sich versperrt hatte, darf man sich nicht wundern, daß die dogmatischen Versuche mißglückten und Kant die Nothwendigkeit dieses Mißglückens darthun konnte: denn man hatte zum voraus Metaphysik und Erkenntniß *a priori* als identisch angenommen. Dazu hätte man aber vorher beweisen müssen, daß der Stoff zur Lösung des Räthsels der Welt schlechterdings nicht in ihr selbst enthalten seyn könne, sondern nur außerhalb der Welt zu suchen sei, in etwas, dahin man nur am Leitfaden jener uns *a priori* bewußten Formen gelangen könne. So lange aber Dies nicht bewiesen ist, haben wir keinen Grund, uns, bei der wichtigsten und schwierigsten aller Aufgaben, die inhaltsreichsten aller Erkenntnißquellen, innere und äußere Erfahrung, zu verstopfen, um allein mit inhaltsleeren Formen zu operiren. Ich sage daher, daß die Lösung des Räthsels der Welt aus dem Verständniß der Welt selbst hervorgehen muß; daß also die Aufgabe der Metaphysik nicht ist, die Erfahrung, in der die Welt dasteht, zu überfliegen, sondern sie von Grund aus zu verstehen, indem Erfahrung, äußere und innere, allerdings die Hauptquelle aller Erkenntniß ist; daß daher nur durch die gehörige und am rechten Punkt vollzogene Anknüpfung der äußern Erfahrung an die innere, und dadurch zu Stande gebrachte Verbindung dieser zwei so heterogenen Erkenntnißquellen, die Lösung des Räthsels der Welt möglich ist; wiewohl auch so nur innerhalb gewisser Schranken, die von unserer endlichen Natur unzertrennlich sind, mithin so, daß wir zum richtigen Verständniß der Welt selbst gelangen, ohne jedoch eine abgeschlossene und alle ferneren Probleme aufhebende Erklärung ihres Daseyns zu erreichen. Mithin *est quadam prodire tenus*, und mein Weg liegt in der Mitte zwischen der Allwissenheitslehre der frühern Dogmatik und der Verzweiflung der Kantischen Kritik. Die von Kant entdeckten, wichtigen Wahrheiten aber, durch welche die früheren metaphysischen Systeme umgestoßen wurden, haben dem meinigen Data und Material geliefert. Man vergleiche was ich Kap. 17 des zweiten Bandes über meine Methode gesagt habe. – Soviel über den Kantischen Grundgedanken: jetzt wollen wir die Ausführung und das Einzelne betrachten.

Kants Stil trägt durchweg das Gepräge eines überlegenen Geistes, ächter, fester Eigenthümlichkeit und ganz ungewöhnlicher Denkkraft; der Charakter desselben läßt sich vielleicht treffend bezeichnen als eine GLÄNZENDE TROCKENHEIT, vermöge welcher er die Begriffe mit großer Sicherheit fest zu fassen und herauszugreifen, dann sie mit größter Freiheit hin- und herzuwerfen vermag, zum Erstaunen des Lesers. Dieselbe glänzende Trockenheit finde ich im Stil des Aristoteles wieder, obwohl dieser viel einfacher ist. – Dennoch ist Kants Vortrag oft undeutlich, unbestimmt, ungenügend und bisweilen dunkel. Allerdings ist dieses Letztere zum Theil durch die Schwierigkeit des Gegenstandes und die Tiefe der Gedanken zu entschuldigen; aber wer sich selber bis auf den Grund klar ist und ganz deutlich weiß, was er denkt und will, der wird nie undeutlich schreiben, wird nie schwankende, unbestimmte Begriffe aufstellen und zur Bezeichnung derselben aus fremden Sprachen höchst schwierige komplicirte Ausdrücke zusammensuchen, um solche nachher fortwährend zu gebrauchen, wie Kant aus der ältern, sogar scholastischen Philosophie Worte und Formeln nahm, die er zu seinen Zwecken miteinander verband, wie z.B. »transscendentale synthetische Einheit der Apperception«, und überhaupt »Einheit der Synthesis« allemal gesetzt, wo »Vereinigung« ganz allein ausreichte. Ein Solcher wird ferner nicht das schon einmal Erklärte immer wieder von Neuem erklären, wie Kant es z.B. macht mit dem Verstande, den Kategorien, der Erfahrung und anderen Hauptbegriffen. Ein Solcher wird überhaupt nicht sich unablässig wiederholen und dabei doch, in jeder neuen Darstellung des hundert Mal dagewesenen Gedankens, ihm wieder gerade dieselben dunkeln Stellen lassen; sondern er wird einmal deutlich, gründlich, erschöpfend seine Meinung sagen, und dabei es bewenden lassen. *Quo enim melius rem aliquam concipimus, eo magis determinati sumus ad eam unico modo exprimendam*, sagt Kartesius in seinem fünften Briefe. Aber der größte Nachtheil, den Kants stellenweise dunkler Vortrag gehabt hat, ist, daß er als *exemplar vitiis imitabile* wirkte, ja, zu verderblicher Autorisation mißdeutet wurde. Das Publikum war genöthigt worden einzusehen, daß das Dunkle nicht immer sinnlos ist: sogleich flüchtete sich das Sinnlose hinter den dunkeln Vortrag. FICHTE war der Erste, der dies neue Privilegium ergriff und stark benutzte; SCHELLING that es ihm darin wenigstens gleich, und ein Heer hungeriger Skribenten ohne Geist und ohne Redlichkeit überbot bald Beide. Jedoch die größte Frechheit im Auftischen baaren Unsinns, im Zusammenschmieren sinnleerer, rasender Wortgeflechte, wie man sie bis dahin nur in Tollhäusern vernommen hatte, trat endlich im HEGEL auf und wurde das Werkzeug der plumpesten allgemeinen Mystifikation, die je gewesen, mit einem Erfolg, welcher der Nachwelt fabelhaft erscheinen und ein Denkmal Deutscher Niaiserie bleiben wird. Vergeblich schrieb unterdessen JEAN PAUL seinen schönen

Paragraphen »höhere Würdigung des philosophischen Tollseyns auf dem Katheder und des dichterischen auf dem Theater« (ästhetische Nachschule); denn vergeblich hatte schon GOETHE gesagt:

»So schwätzt und lehrt man ungestört,
Wer mag sich mit den Narr'n befassen?
Gewöhnlich glaubt der Mensch, wenn er nur Worte hört,
Es müsse sich dabei doch auch was denken lassen.«

Doch kehren wir zu KANT zurück. Man kann nicht umhin einzugestehen, daß ihm die antike, grandiose Einfalt, daß ihm Naivetät, *ingénuité, candeur*, gänzlich abgeht. Seine Philosophie hat keine Analogie mit der Griechischen Baukunst, welche große, einfache, dem Blick sich auf einmal offenbarende Verhältnisse darbietet: vielmehr erinnert sie sehr stark an die Gothische Bauart. Denn eine ganz individuelle Eigenthümlichkeit des Geistes Kants ist ein sonderbares Wohlgefallen an der SYMMETRIE, welche die bunte Vielheit liebt, um sie zu ordnen und die Ordnung in Unterordnungen zu wiederholen, und so immerfort, gerade wie an den Gothischen Kirchen. Ja er treibt dies bisweilen bis zur Spielerei, wobei er, jener Neigung zu Liebe, so weit geht, der Wahrheit offenbare Gewalt anzuthun und mit ihr zu verfahren, wie mit der Natur die altfränkischen Gärtner, deren Werk symmetrische Alleen, Quadrate und Triangel, pyramidalische und kugelförmige Bäume und zu regelmäßigen Kurven gewundene Hecken sind. Ich will dies mit Thatsachen belegen.

Nachdem er Raum und Zeit isolirt abgehandelt, dann diese ganze, Raum und Zeit füllende Welt der Anschauung, in der wir leben und sind, abgefertigt hat mit den nichtssagenden Worten »der empirische Inhalt der Anschauung wird uns GEGEBEN«, – gelangt er sofort, mit EINEM Sprunge, zur LOGISCHEN GRUNDLAGE SEINER GANZEN PHILOSOPHIE, ZUR TAFEL DER URTHEILE. Aus dieser deducirt er ein richtiges Dutzend Kategorien, symmetrisch unter vier Titeln abgesteckt, welche späterhin das furchtbare Bett des Prokrustes werden, in welches er alle Dinge der Welt und Alles was im Menschen vorgeht gewaltsam hineinzwängt, keine Gewaltthätigkeit scheuend und kein Sophisma verschmähend, um nur die Symmetrie jener Tafel überall wiederholen zu können. Das Erste, was aus ihr symmetrisch abgeleitet wird, ist die reine physiologische

Tafel allgemeiner Grundsätze der Naturwissenschaft: nämlich Axiome der Anschauung, Anticipationen der Wahrnehmung, Analogien der Erfahrung und Postulate des empirischen Denkens überhaupt. Von diesen Grundsätzen sind die beiden ersten einfach; die beiden letzteren aber treiben symmetrisch jeder drei Sprößlinge. Die bloßen Kategorien waren was er BEGRIFFE nennt; diese Grundsätze der Naturwissenschaft sind aber URTHEILE. Zufolge seines obersten Leitfadens zu aller Weisheit, nämlich der Symmetrie, ist jetzt an den SCHLÜSSEN die Reihe sich fruchtbar zu erweisen, und zwar thun sie dies wieder symmetrisch und taktmäßig. Denn, wie durch Anwendung der Kategorien auf die Sinnlichkeit, für den VERSTAND die Erfahrung, sammt ihren Grundsätzen *a priori*, erwuchs; ebenso entstehen durch Anwendung der SCHLÜSSE auf die Kategorien, welches Geschäft die VERNUNFT, nach ihrem angeblichen Princip das Unbedingte zu suchen, verrichtet, die IDEEN der Vernunft. Dieses geht nun so vor sich: die drei Kategorien der Relation geben drei allein mögliche Arten von Obersätzen zu Schlüssen, welche letztere demgemäß ebenfalls in drei Arten zerfallen, jede von welchen als ein Ei anzusehen ist, aus dem die Vernunft eine Idee brütet: nämlich aus der kategorischen Schlußart die Idee der SEELE, aus der hypothetischen die Idee der WELT, und aus der disjunktiven die Idee von GOTT. In der mittelsten, der Idee der Welt, wiederholt sich nun noch einmal die Symmetrie der Kategorientafel, indem ihre vier Titel vier Thesen hervorbringen, von denen jede ihre Antithese zum symmetrischen Pendant hat.

Wir zollen zwar der wirklich höchst scharfsinnigen Kombination, welche dies zierliche Gebäude hervorrief, unsere Bewunderung; werden aber weiterhin dasselbe in seinem Fundament und in seinen Theilen gründlich untersuchen. – Doch müssen folgende Betrachtungen vorangeschickt werden.

Es ist zum Erstaunen, wie Kant, ohne sich weiter zu besinnen, seinen Weg verfolgt, seiner Symmetrie nachgehend, nach ihr Alles ordnend, ohne jemals einen der so behandelten Gegenstände für sich in Betracht zu nehmen. Ich will mich näher erklären. Nachdem er die intuitive Erkenntniß bloß in der Mathematik in Betrachtung nimmt, vernachlässigt er die übrige anschauliche Erkenntniß, in der die Welt vor uns liegt, gänzlich, und hält sich allein an das abstrakte Denken, welches doch alle Bedeutung und Werth erst von der anschaulichen Welt empfängt, die unendlich bedeutsamer, allgemeiner, gehaltreicher ist, als der abstrakte Theil unserer Erkenntniß. Ja, er hat, und dies ist ein Hauptpunkt, nirgends die anschauliche und die abstrakte Erkenntniß deutlich unterschieden, und eben dadurch, wie wir hernach sehen werden, sich in unauflösliche Widersprüche mit sich selbst verwickelt. – Nachdem er die ganze Sinnenwelt abgefertigt hat mit dem Nichtssagenden »sie ist gegeben«, macht er nun, wie gesagt, die logische Tafel der Urtheile zum Grundstein seines Gebäudes. Aber hier besinnt er sich auch nicht einen Augenblick über Das, was jetzt eigentlich vor ihm liegt. Diese Formen der Urtheile sind ja WORTE und WORTVERBINDUNGEN. Es sollte doch zuerst gefragt werden, was diese unmittelbar bezeichnen: es hätte sich gefunden, daß dies BEGRIFFE sind. Die nächste Frage wäre dann gewesen nach dem Wesen der BEGRIFFE. Aus ihrer Beantwortung hätte sich ergeben, welches Verhältniß diese zu den anschaulichen Vorstellungen, in denen die Welt dasteht, haben: da wäre Anschauung und Reflexion auseinandergetreten. Nicht bloß wie die reine und nur formale Anschauung *a priori*, sondern auch wie ihr Gehalt, die empirische Anschauung, ins Bewußtseyn kommt, hätte nun untersucht werden müssen. Dann aber hätte sich gezeigt, welchen Antheil hieran der VERSTAND hat, also auch überhaupt was der VERSTAND und was dagegen eigentlich die VERNUNFT sei, deren Kritik hier geschrieben wird. Es ist höchst auffallend, daß er dieses Letztere auch nicht ein einziges Mal ordentlich und genügend bestimmt; sondern er giebt nur gelegentlich und wie der jedesmalige Zusammenhang es fordert, unvollständige und unrichtige Erklärungen von ihr; ganz im Widerspruch mit der oben beigebrachten Regel des Kartesius*.

* Hier sei bemerkt, daß ich die »Kritik der reinen Vernunft« überall nach der Seitenzahl DER ERSTEN AUFLAGE citire, da in der Rosenkranzischen Ausgabe der gesammten Werke diese Seitenzahl durchgängig beigegeben ist. außerdem füge ich, mit vorgesetzter v, die Seitenzahl der fünften Auflage hinzu; dieser sind alle übrigen, von der zweiten an, gleichlautend, also auch wohl in der Seitenzahl.

Z.B. S. 11; v, 24, der »Kritik der reinen Vernunft« ist sie das Vermögen der Principien *a priori*; S. 299; v, 356, heißt es abermals, die Vernunft sei das Vermögen der PRINCIPIEN und sie wird dem Verstande entgegengesetzt, als welcher das Vermögen der REGELN sei! Nun sollte man denken, zwischen Principien und Regeln müsse ein himmelweiter Unterschied seyn, da er berechtigt, für jede derselben ein besonderes Erkenntnißvermögen anzunehmen. Allein dieser große Unterschied soll bloß darin liegen, daß was aus der reinen Anschauung, oder durch die Formen des Verstandes, *a priori* erkannt wird, eine REGEL sei, und nur was aus bloßen Begriffen *a priori* hervorgeht, ein Princip. Auf diese willkürliche und unstatthafte Unterscheidung werden wir nachher bei der Dialektik zurückkommen. S. 330; v, 386, ist die Vernunft das Vermögen zu schließen: das bloße Urtheilen erklärt er öfter (S. 69; v, 94) für das Geschäft des Verstandes. Damit sagt er nun aber eigentlich: Urtheilen ist das Geschäft des Verstandes, so lange der Grund des Urtheils empirisch, transscendental, oder metalogisch ist (Abhandlung über den Satz vom Grund, §. 31, 32, 33); ist er aber logisch, als worin der Schluß besteht, so agirt hier ein ganz besonderes, viel vorzüglicheres Erkenntnißvermögen, die Vernunft. Ja, was noch mehr ist, S. 303; v, 360, wird auseinandergesetzt, daß die unmittelbaren Folgerungen aus einem Satze noch Sache des Verstandes wären, und nur die, wo ein vermittelnder Begriff gebraucht wird, von der Vernunft verrichtet würden; und als Beispiel wird angeführt, aus dem Satz: »Alle Menschen sind sterblich«, sei die Folgerung: »Einige Sterbliche sind Menschen« noch durch den bloßen Verstand gezogen; hingegen diese: »Alle Gelehrte sind sterblich« erfordere ein ganz anderes und viel vorzüglicheres Vermögen, die Vernunft. Wie war es möglich, daß ein großer Denker so etwas vorbringen konnte! S. 553; v, 581, ist mit einem Male die Vernunft die beharrliche Bedingung aller willkürlichen Handlungen. S. 614; v, 642, besteht sie darin, daß wir von unseren Behauptungen Rechenschaft geben können: S. 643, 644; v, 671, 672, darin, daß sie die Begriffe des Verstandes zu Ideen vereinigt, wie der Verstand das Mannigfaltige der Objekte zu Begriffen. S. 646; v, 674, ist sie nichts Anderes, als das Vermögen das Besondere aus dem Allgemeinen abzuleiten.

Der VERSTAND wird ebenfalls immer wieder von Neuem erklärt: an sieben Stellen der »Kritik der reinen Vernunft«, S. 51; V, 75, ist er das Vermögen, Vorstellungen selbst hervorzubringen. S. 69; V, 94, das Vermögen zu urtheilen, d.h. zu denken, d.h. durch Begriffe zu erkennen. S. 137, fünfte Auflage, im Allgemeinen das Vermögen der Erkenntnisse. S. 132; V, 171, das Vermögen der Regeln. S. 158; V, 197, aber wird gesagt: »er ist nicht nur das Vermögen der Regeln, sondern der Quell der Grundsätze, nach welchem alles unter Regeln steht«; und dennoch ward er oben der Vernunft entgegengesetzt, weil diese allein das Vermögen der Principien wäre. S. 160; V, 199, ist der Verstand das Vermögen der Begriffe: S. 302; V, 359, aber das Vermögen der Einheit der Erscheinungen vermittelst der Regeln.

Die von mir aufgestellten, festen, scharfen, bestimmten, einfachen und mit dem Sprachgebrauch aller Völker und Zeiten stets übereinkommenden Erklärungen jener zwei Erkenntnißvermögen werde ich nicht nöthig haben gegen solche (obwohl sie von Kant ausgehen) wahrhaft konfuse und grundlose Reden darüber zu vertheidigen. Ich habe diese nur angeführt als Belege meines Vorwurfs, daß Kant sein symmetrisches, logisches System verfolgt, ohne sich über den Gegenstand, den er so behandelt, genugsam zu besinnen.

Hätte nun Kant, wie ich oben sagte, ernstlich untersucht, inwiefern zwei solche verschiedene Erkenntnißvermögen, davon eines das Unterscheidende der Menschheit ist, sich zu erkennen geben, und was, gemäß dem Sprachgebrauch aller Völker und aller Philosophen, Vernunft und Verstand heiße; so hätte er auch nie, ohne weitere Autorität, als den in ganz anderem Sinne gebrauchten *intellectus theoreticus* und *practicus* der Scholastiker, die Vernunft in eine theoretische und praktische zerfällt, und letztere zur Quelle des tugendhaften Handelns gemacht. Ebenso, bevor Kant Verstandesbegriffe (worunter er theils seine Kategorien, theils alle Gemeinbegriffe versteht) und Vernunftbegriffe (seine sogenannten Ideen) so sorgfältig sonderte und beide zum Material seiner Philosophie machte, die größtentheils nur von der Gültigkeit, Anwendung, Ursprung aller dieser Begriffe handelt; – zuvor, sage ich, hätte er doch wahrlich untersuchen sollen, was denn überhaupt ein Begriff sei. Allein auch diese so nothwendige Untersuchung ist leider ganz unterblieben; was viel beigetragen hat zu der heillosen Vermischung intuitiver und abstrakter Erkenntniß, die ich bald nachweisen werde. – Der selbe Mangel an hinlänglichem Besinnen, mit welchem er die Fragen übergieng: was ist Anschauung? was ist Reflexion? was Begriff? was Vernunft? was Verstand? – ließ ihn auch folgende ebenso unumgänglich nöthige Untersuchungen übergehen: was nenne ich den Gegenstand, den ich von der Vorstellung unterscheide? was ist Daseyn? was Objekt? was Subjekt? was Wahrheit, Schein, Irrthum? – Aber er verfolgt, ohne sich zu besinnen oder umzusehen, sein logisches Schema und seine Symmetrie. Die Tafel der Urtheile soll und muß der Schlüssel zu aller Weisheit seyn.

Ich habe es oben als das Hauptverdienst Kants aufgestellt, daß er die Erscheinung vom Dinge an sich unterschied, diese ganze sichtbare Welt für Erscheinung erklärte und daher den Gesetzen derselben alle Gültigkeit über die Erscheinung hinaus absprach. Es ist allerdings auffallend, daß er jene bloß relative Existenz der Erscheinung nicht aus der einfachen, so nahe liegenden, unleugbaren Wahrheit »Kein Objekt ohne Subjekt« ableitete, um so, schon an der Wurzel, das Objekt, weil es durchaus immer nur in Beziehung auf ein Subjekt da ist, als von diesem abhängig, durch dieses bedingt und daher als bloße Erscheinung, die nicht an sich, nicht unbedingt existirt, darzustellen. Jenen wichtigen Satz hatte bereits Berkeley, gegen dessen Verdienst Kant nicht gerecht ist, zum Grundstein seiner Philosophie gemacht und dadurch sich ein unsterbliches Andenken gestiftet, obwohl er selbst nicht die gehörigen Folgerungen aus jenem Satze zog und sodann theils nicht verstanden, theils nicht genugsam beachtet wurde. Ich hatte, in meiner ersten Auflage, Kants Umgehen dieses Berkeleyschen Satzes aus einer sichtbaren Scheu vor dem entschiedenen Idealismus erklärt; während ich diesen andererseits in vielen Stellen der »Kritik der reinen Vernunft« deutlich ausgesprochen fand; und hatte demnach Kanten des Widerspruchs mit sich selbst geziehen. Auch war dieser Vorwurf gegründet, sofern man, wie es damals mein Fall war, die »Kritik der reinen Vernunft« bloß in der zweiten, oder den nach ihr abgedruckten fünf folgenden Auflagen kennt. Als ich nun aber später Kants Hauptwerk in der bereits selten gewordenen ersten Auflage las, sah ich, zu meiner großen Freude, alle jene Widersprüche verschwinden, und fand, daß Kant, wenn er gleich nicht die Formel »kein Objekt ohne Subjekt« gebraucht, doch, mit eben der Entschiedenheit wie BERKELEY und ich, die in Raum und Zeit vorliegende Außenwelt für bloße Vorstellung des sie erkennenden Subjekts erklärt; daher er z.B. S. 383 daselbst ohne Rückhalt sagt: »Wenn ich das denkende Subjekt wegnehme, muß die ganze Körperwelt wegfallen, als die nichts ist, als die Erscheinung in der Sinnlichkeit unseres Subjekts und eine Art Vorstellungen desselben.« Aber die ganze Stelle von S. 348–392, in welcher Kant seinen entschiedenen Idealismus überaus schön und deutlich darlegt, wurde von ihm in der zweiten Auflage supprimirt und dagegen eine Menge ihr widerstreitender Aeußerungen hineingebracht. Dadurch ist denn der Text der »Kritik der reinen Vernunft«, wie er vom Jahr 1787 an bis zum Jahr 1838 cirkulirt hat, ein verunstalteter und verdorbener geworden, und dieselbe ein sich selbst widersprechendes Buch gewesen, dessen Sinn eben deshalb Niemanden ganz klar und verständlich seyn konnte. Das Nähere hierüber, wie auch meine Vermuthungen über die Gründe und Schwächen, welche Kanten zu einer solchen Verunstaltung seines unsterblichen Werkes haben bewegen können, habe ich dargelegt in einem Briefe an Herrn Professor Rosenkranz, dessen Hauptstelle derselbe in seine Vorrede zum zweiten Bande der von ihm besorgten Ausgabe der sämmtlichen Werke Kants aufgenommen hat, wohin ich also hier verweise. In Folge meiner Vorstellungen nämlich hat im Jahre 1838 Herr Professor Rosenkranz sich bewogen gefunden, die »Kritik der reinen Vernunft« in ihrer ursprünglichen Gestalt wieder herzustellen, indem er sie, in besagtem zweiten Bande, nach der ERSTEN Auflage von 1781 abdrucken ließ, wodurch er sich um die Philosophie ein unschätzbares Verdienst erworben, ja das wichtigste Werk der Deutschen Litteratur vielleicht vom Untergange gerettet hat; und dies soll man ihm nie vergessen. Aber Keiner bilde sich ein, die »Kritik der reinen Vernunft« zu kennen und einen deutlichen Begriff von Kants Lehre zu haben, wenn er jene nur in der zweiten, oder einer der folgenden Auflagen gelesen hat; das ist schlechterdings unmöglich: denn er hat nur einen verstümmelten, verdorbenen, gewissermaaßen unächten Text gelesen. Es ist meine Pflicht, Dies hier entschieden und zu Jedermanns Warnung auszusprechen.

Mit der in der ersten Auflage der »Kritik der reinen Vernunft« so deutlich ausgesprochenen, entschieden idealistischen Grundansicht steht jedoch die Art, wie Kant das DING AN SICH einführt, in unleugbarem Widerspruch, und ohne Zweifel ist dies der Hauptgrund, warum er in der zweiten Auflage die angegebene idealistische Hauptstelle supprimirte, und sich geradezu gegen den Berkeleyschen Idealismus erklärte, wodurch er jedoch nur Inkonsequenzen in sein Werk brachte, ohne dem Hauptgebrechen desselben abhelfen zu können. Dieses ist bekanntlich die Einführung des DINGES AN SICH, auf die von ihm gewählte Weise, deren Unstatthaftigkeit von G. E. Schulze im »Aenesidemus« weitläufig dargethan und bald als der unhaltbare Punkt seines Systems anerkannt wurde. Die Sache läßt sich mit sehr Wenigem deutlich machen. Kant gründet die Voraussetzung des Dinges an sich, wiewohl unter mancherlei Wendungen verdeckt, auf einen Schluß nach dem Kausalitätsgesetz, daß nämlich die empirische Anschauung, richtiger die EMPFINDUNG in unsern Sinnesorganen, von der sie ausgeht, eine äußere Ursache haben müsse. Nun aber ist, nach seiner eigenen und richtigen Entdeckung, das Gesetz der Kausalität uns *a priori* bekannt, folglich eine Funktion unseres Intellekts, also SUBJEKTIVEN Ursprungs; ferner ist die Sinnesempfindung selbst, auf welche wir hier das Kausalitätsgesetz anwenden, unleugbar SUBJEKTIV; und endlich sogar der Raum, in welchen wir mittelst dieser Anwendung die Ursache der Empfindung als Objekt versetzen, ist eine *a priori* gegebene, folglich SUBJEKTIVE Form unseres Intellekts. Mithin bleibt die ganze empirische Anschauung durchweg auf SUBJEKTIVEM Grund und Boden, als ein bloßer Vorgang in uns, und nichts von ihr gänzlich Verschiedenes, von ihr Unabhängiges, läßt sich als ein DING AN SICH hineinbringen, oder als nothwendige Voraussetzung darthun. Wirklich ist und bleibt die empirische Anschauung unsere bloße Vorstellung: es ist die Welt als Vorstellung. Zum Wesen an sich dieser können wir nur auf dem ganz anderartigen, von mir eingeschlagenen Wege, mittelst Hinzuziehung des Selbstbewußtseyns, welches den Willen als das Ansich unserer eigenen Erscheinung kund giebt, gelangen: dann aber wird das Ding an sich ein von der Vorstellung und ihren Elementen *toto genere* Verschiedenes; wie ich dies ausgeführt habe.

Das, wie gesagt, früh nachgewiesene, große Gebrechen des Kantischen Systems in diesem Punkt ist ein Beleg zu dem schönen Indischen Sprichwort: »Kein Lotus ohne Stengel.« Die fehlerhafte Ableitung des Dinges an sich ist hier der Stengel: jedoch auch nur die Art der Ableitung, nicht die Anerkennung eines Dinges an sich zur gegebenen Erscheinung. Auf diese letztere Weise aber mißverstand es FICHTE; was er nur konnte, weil es ihm nicht um die Wahrheit zu thun war, sondern um Aufsehen, zur Beförderung seiner persönlichen Zwecke. Demnach war er dreist und gedankenlos genug, das Ding an sich ganz abzuleugnen und ein System aufzustellen, in welchem nicht, wie bei Kant, das bloß Formale der Vorstellung, sondern auch das Materiale, der gesammte Inhalt derselben, vorgeblich *a priori* aus dem Subjekt abgeleitet wurde. Er rechnete dabei ganz richtig auf die Urtheilslosigkeit und Niaiserie des Publikums, welches schlechte Sophismen, bloßen Hokuspokus und unsinniges Wischiwaschi für Beweise hinnahm; so daß es ihm glückte, die Aufmerksamkeit desselben von Kant auf sich zu lenken und der Deutschen Philosophie die Richtung zu geben, in welcher sie nachher von Schelling weiter geführt wurde und endlich in der unsinnigen Hegelschen Afterweisheit ihr Ziel erreichte.

Ich komme jetzt auf den schon oben berührten großen Fehler Kants zurück, daß er die anschauliche und die abstrakte Erkenntniß nicht gehörig gesondert hat, woraus eine heillose Konfusion entstanden ist, die wir jetzt näher zu betrachten haben. Hätte er die anschaulichen Vorstellungen von den bloß *in abstracto* gedachten Begriffen scharf getrennt, so würde er diese beiden auseinander gehalten und jedesmal gewußt haben, mit welchen von beiden er es zu thun hätte. Dies ist nun leider nicht der Fall gewesen, obgleich der Vorwurf darüber noch nicht laut geworden, also vielleicht unerwartet ist. Sein »Objekt der Erfahrung« davon er beständig redet, der eigentliche Gegenstand der Kategorien, ist nicht die anschauliche Vorstellung, ist aber auch nicht der abstrakte Begriff, sondern von beiden verschieden, und doch beides zugleich, und ein völliges Unding. Denn es hat ihm, so unglaublich dies scheint, an Besonnenheit, oder aber an gutem Willen gefehlt, um hierüber mit sich selbst ins Reine zu kommen und sich und Anderen deutlich zu erklären, ob sein »Gegenstand der Erfahrung, d.h. der durch Anwendung der Kategorien zu Stande kommenden Erkenntniß«, die anschauliche Vorstellung in Raum und Zeit (meine erste Klasse der Vorstellungen) ist, oder bloß der abstrakte Begriff. Ihm schwebt, so seltsam es auch ist, beständig ein Mittelding von beiden vor, und daher kommt die unsälige Verwirrung, die ich jetzt ans Licht ziehen muß: zu welchem Zweck ich die ganze Elementarlehre im Allgemeinen durchzugehen habe.

Die TRANSSCENDENTALE AESTHETIK ist ein so überaus verdienstvolles Werk, daß es allein hinreichen könnte, Kants Namen zu verewigen. Ihre Beweise haben so volle Ueberzeugungskraft, daß ich die Lehrsätze derselben den unumstößlichen Wahrheiten beizähle, wie sie ohne Zweifel auch zu den folgenreichsten gehören, mithin als das Seltenste auf der Welt, nämlich eine wirkliche, große Entdeckung in der Metaphysik, zu betrachten sind. Die von ihm streng bewiesene Thatsache, daß ein Theil unserer Erkenntnisse uns *a priori* bewußt ist, läßt gar keine andere Erklärung zu, als daß diese die Formen unseres Intellekts ausmachen: ja, dies ist weniger eine Erklärung, als eben nur der deutliche Ausdruck der Thatsache selbst. Denn *a priori* bedeutet nichts Anderes, als »nicht auf dem Wege der Erfahrung gewonnen, also nicht von Außen in uns gekommen«. Was nun aber, ohne von Außen gekommen zu seyn, im Intellekt vorhanden ist, ist eben das ihm selbst ursprünglich Angehörige, sein eigenes Wesen. Besteht nun dies so in ihm selbst Vorhandene in der allgemeinen Art und Weise, wie alle seine

Gegenstände ihm sich darstellen müssen; nun, so ist damit gesagt, daß es die Formen seines Erkennens sind, d.h. die ein für alle Mal festgestellte Art und Weise, wie er diese seine Funktion vollzieht. Demnach sind »Erkenntnisse *a priori*« und »selbsteigene Formen des Intellekts« im Grunde nur zwei Ausdrücke für die selbe Sache, also gewissermaaßen Synonyma.

Von den Lehren der transscendentalen Aesthetik wüßte ich daher nichts hinwegzunehmen, nur Einiges hinzuzusetzen. Besonders nämlich ist Kant mit seinen Gedanken nicht zu Ende gekommen darin, daß er nicht die ganze Eukleidische Demonstrirmethode verwarf, nachdem er doch S. 87; V, 120, gesagt hatte, alle geometrische Erkenntniß habe aus der Anschauung unmittelbare Evidenz. Es ist höchst merkwürdig, daß sogar einer seiner Gegner, und zwar der scharfsinnigste derselben, G. E. Schulze (Kritik der theoretischen Philosophie, II, 241), den Schluß macht, daß aus Kants Lehre eine ganz andere Behandlung der Geometrie hervorgehen würde, als die wirklich übliche ist; wodurch er einen apagogischen Beweis gegen Kant zu führen vermeint, in der That aber gegen die Eukleidische Methode den Krieg anfängt, ohne es zu wissen. Ich berufe mich auf §. 15 im ersten Buch gegenwärtiger Schrift.

Nach der in der transscendentalen Aesthetik gegebenen, ausführlichen Erörterung der allgemeinen FORMEN aller Anschauung muß man erwarten, doch einige Aufklärung zu erhalten über den INHALT derselben, über die Art wie die EMPIRISCHE Anschauung in unser Bewußtseyn kommt, wie die Erkenntniß dieser ganzen, für uns so realen und so wichtigen Welt in uns entsteht. Allein darüber enthält die ganze Lehre Kants eigentlich nichts weiter, als den oft wiederholten, nichtssagenden Ausdruck: »Das Empirische der Anschauung wird von Außen GEGEBEN.« – Dieserhalb gelangt Kant denn auch hier von den REINEN FORMEN DER ANSCHAUUNG, durch einen Sprung, zum DENKEN, zur TRANSSCENDENTALEN LOGIK. Gleich am Eingange derselben (Kritik der reinen Vernunft, S. 50; V, 74), wo Kant den materialen Gehalt der empirischen Anschauung zu berühren nicht umhin kann, thut er den ersten falschen Schritt, begeht das *πρωτον ψευδος*. »Unsere Erkenntniß«, sagt er, »hat zwei Quellen, nämlich Receptivität der Eindrücke und Spontaneität der Begriffe: die erste ist die Fähigkeit Vorstellungen zu empfangen, die zweite die, einen Gegenstand durch diese Vorstellungen zu erkennen: durch die erste wird uns ein GEGENSTAND gegeben, durch die zweite wird er gedacht.« – Das ist falsch: denn danach wäre der EINDRUCK, für den allein wir bloße Receptivität haben, der also von Außen kommt und allein eigentlich »GEGEBEN« ist, schon eine VORSTELLUNG, ja sogar schon ein GEGENSTAND. Er ist aber nichts weiter, als eine bloße EMPFINDUNG im Sinnesorgan, und erst durch Anwendung des VERSTANDES (d.i. des Gesetzes der Kausalität) und der Anschauungsformen des Raumes und der Zeit wandelt unser INTELLEKT diese bloße EMPFINDUNG in eine VORSTELLUNG um, welche nunmehr als GEGENSTAND in Raum und Zeit dasteht und von letzterem (dem Gegenstand) nicht anders unterschieden werden kann, als sofern man nach dem Dinge an sich frägt, außerdem aber mit ihm identisch ist. Diesen Hergang habe ich ausführlich dargelegt in der Abhandlung über den Satz vom Grunde, §. 21. Damit ist aber das Geschäft des Verstandes und der anschauenden Erkenntniß vollbracht, und es bedarf dazu keiner Begriffe und keines Denkens; daher diese Vorstellungen auch das Thier hat. Kommen Begriffe, kommt Denken hinzu, welchem allerdings Spontaneität beigelegt werden kann; so wird die ANSCHAUENDE Erkenntniß gänzlich verlassen, und eine völlig andere Klasse von Vorstellungen, nämlich nichtanschauliche, abstrakte Begriffe, tritt ins Bewußtseyn: dies ist die Thätigkeit der VERNUNFT, welche jedoch den ganzen Inhalt ihres Denkens allein aus der diesem vorhergegangenen Anschauung und Vergleichung desselben mit anderen Anschauungen und Begriffen hat. So aber bringt Kant das Denken schon in die Anschauung und legt den Grund zu der heillosen Vermischung der intuitiven und abstrakten Erkenntniß, welche zu rügen ich hier beschäftigt bin. Er läßt die Anschauung, für sich genommen, verstandlos, rein sinnlich, also ganz passiv seyn, und erst durch das Denken (Verstandeskategorie) einen GEGENSTAND aufgefaßt werden: so bringt er DAS DENKEN IN DIE ANSCHAUUNG. Dann ist aber wiederum der Gegenstand des DENKENS ein einzelnes, reales Objekt; wodurch das Denken seinen wesentlichen Charakter der Allgemeinheit und Abstraktion einbüßt und statt allgemeiner Begriffe einzelne Dinge zum Objekt erhält, wodurch er wieder DAS ANSCHAUEN IN DAS DENKEN BRINGT. Daraus entspringt die besagte heillose Vermischung, und die Folgen dieses ersten falschen Schrittes erstrecken sich über seine ganze Theorie des Erkennens. Durch das Ganze derselben zieht sich die gänzliche Vermischung der anschaulichen Vorstellung mit der abstrakten zu einem Mittelding von beiden, welches er als den Gegenstand der Erkenntniß durch den Verstand und dessen Kategorien darstellt und diese Erkenntniß ERFAHRUNG nennt. Es ist schwer zu glauben, daß Kant selbst sich etwas völlig Bestimmtes und eigentlich Deutliches bei diesem Gegenstand des Verstandes gedacht habe: dieses werde ich jetzt beweisen, durch den ungeheuern Widerspruch, der durch die ganze transscendentale Logik geht und die eigentliche Quelle der Dunkelheit ist, die sie umhüllt.

Nämlich in der »Kritik der reinen Vernunft«, S. 67–69; V, 92–94; S. 89, 90; V, 122, 123; ferner V, 135, 139, 153, wiederholt er und schärft ein: der Verstand sei kein Vermögen der Anschauung, seine Erkenntniß sei nicht intuitiv, sondern diskursiv; der Verstand sei das Vermögen zu urtheilen (S. 69; V, 94), und ein Urtheil sei mittelbare Erkenntniß, Vorstellung einer Vorstellung (S. 68; V, 93); der Verstand sei das Vermögen zu denken, und denken sei die Erkenntniß durch Begriffe (S. 69; V, 94); die Kategorien des Verstandes seien keineswegs die Bedingungen, unter denen Gegenstände in der Anschauung gegeben werden (S. 89; V, 122), und die Anschauung bedürfe der Funktionen des Denkens auf keine Weise (S. 91; V, 123); unser Verstand könne nur denken, nicht anschauen (5, S. 135, 139). Ferner in den Prolegomenen, §. 20: Anschauung, Wahrnehmung, *perceptio*, gehöre bloß den Sinnen an; das Urtheilen komme allein dem Verstande zu; und §. 22: die Sache der Sinne sei anzuschauen, die des Verstandes zu denken, d. i. zu urtheilen. – Endlich noch in der »Kritik der praktischen Vernunft«, vierte Auflage, S. 247: Rosenkranzische Ausgabe S. 281: der Verstand ist diskursiv, seine Vorstellungen sind Gedanken, nicht Anschauungen. – Alles dieses sind Kants eigene Worte.

Hieraus folgt, daß diese anschauliche Welt für uns da wäre, auch wenn wir gar keinen Verstand hätten, daß sie auf eine ganz unerklärliche Weise in unsern Kopf kommt, welches er eben durch seinen wunderlichen Ausdruck, die Anschauung wäre GEGEBEN, häufig bezeichnet, ohne diesen unbestimmten und bildlichen Ausdruck je weiter zu erklären.

Aber nun widerspricht allem Angeführten auf das schreiendeste seine ganze übrige Lehre vom Verstande, von dessen Kategorien und von der Möglichkeit der Erfahrung, wie er solche in der transscendentalen Logik vorträgt. Nämlich: »Kritik der reinen Vernunft«, S. 79; v, 105, bringt der Verstand durch seine Kategorien Einheit in das Mannigfaltige der ANSCHAUUNG, und die reinen Verstandesbegriffe gehen *a priori* auf Gegenstände der ANSCHAUUNG. S. 94; v, 126, sind »die Kategorien Bedingung der Erfahrung, es sei der ANSCHAUUNG oder des Denkens das in ihr angetroffen wird«. v, S. 127, ist der Verstand Urheber der Erfahrung. 5, S. 128, bestimmen die Kategorien die ANSCHAUUNG der Gegenstände. v, S. 130, ist Alles, was wir uns im Objekt (das doch wohl ein Anschauliches und kein Abstraktum ist) als verbunden vorstellen, erst durch eine Verstandeshandlung verbunden worden. v S. 135, wird der Verstand von Neuem erklärt, als das Vermögen *a priori* zu verbinden und das Mannigfaltige gegebener Vorstellungen unter die Einheit der Apperception zu bringen: aber, nach allem Sprachgebrauch, ist die Apperception nicht das Denken eines Begriffs, sondern ist ANSCHAUUNG. v, S. 136, finden wir gar einen obersten Grundsatz der Möglichkeit aller Anschauung in Beziehung auf den Verstand. v, S. 143, steht sogar als Ueberschrift, daß alle sinnliche Anschauung durch die Kategorien bedingt sei. Ebendaselbst bringt die LOGISCHE FUNKTION DER URTHEILE auch das Mannigfaltige gegebener ANSCHAUUNGEN unter eine Apperception überhaupt, und das Mannigfaltige einer gegebenen Anschauung steht nothwendig unter den Kategorien. v, S. 144, kommt Einheit in die ANSCHAUUNG, mittelst der Kategorien, durch den Verstand. v, S. 145, wird das Denken des Verstandes sehr seltsam dadurch erklärt, daß er das Mannigfaltige der ANSCHAUUNG synthesirt, verbindet und ordnet. v, S. 161, ist Erfahrung nur durch die Kategorien möglich und besteht in der Verknüpfung der WAHR-

NEHMUNGEN, die denn doch wohl Anschauungen sind. V, S. 159, sind die Kategorien Erkenntnisse *a priori* von Gegenständen der ANSCHAUUNG überhaupt. – Ferner wird hier und V, S. 163 und 165, eine Hauptlehre Kants vorgetragen, diese: DASS DER VERSTAND DIE NATUR ALLERERST MÖGLICH MACHE, indem er ihr Gesetze *a priori* vorschreibe und sie sich nach seiner Gesetzmäßigkeit richte u.s.w. Nun ist aber die Natur doch wohl ein Anschauliches und kein Abstraktum; der Verstand müßte demnach ein Vermögen der Anschauung seyn. V, S. 168, wird gesagt, die Verstandesbegriffe seien die Principien der Möglichkeit der Erfahrung, und diese sei die Bestimmung der Erscheinungen in Raum und Zeit überhaupt; welche Erscheinungen denn doch wohl in der Anschauung dasind. Endlich, S. 189–211; V, 232–265, steht der lange Beweis (dessen Unrichtigkeit in meiner Abhandlung über den Satz vom Grunde, §. 23, ausführlich gezeigt ist), daß die objektive Succession und auch das Zugleichseyn der Gegenstände der Erfahrung nicht sinnlich wahrgenommen, sondern allein durch den Verstand in die Natur gebracht werden, welche selbst dadurch erst möglich wird. Gewiß ist aber doch die Natur, die Folge der Begebenheiten und das Zugleichseyn der Zustände lauter Anschauliches und kein bloß abstrakt Gedachtes.

Ich fordere Jeden, der mit mir die Verehrung gegen Kant theilt, auf, diese Widersprüche zu vereinigen, und zu zeigen, daß Kant bei seiner Lehre vom Objekt der Erfahrung und der Art, wie es durch die Thätigkeit des Verstandes und seiner zwölf Funktionen bestimmt wird, etwas ganz Deutliches und Bestimmtes gedacht habe. Ich bin überzeugt, daß der nachgewiesene Widerspruch, der sich durch die ganze transscendentale Logik zieht, der eigentliche Grund der großen Dunkelheit des Vortrags in derselben ist. Kant war sich nämlich des Widerspruchs dunkel bewußt, kämpfte innerlich damit, wollte oder konnte ihn dennoch nicht zum deutlichen Bewußtseyn bringen, verschleierte ihn daher für sich und für Andere, und umgieng ihn auf allerlei Schleichwegen. Davon ist es vielleicht auch abzuleiten, daß er aus dem Erkenntnißvermögen eine so seltsame, komplicirte Maschine machte, mit so vielen Rädern, als da sind die zwölf Kategorien, die transscendentale

Synthesis der Einbildungskraft, des innern Sinnes, der transscendentalen Einheit der Apperception, ferner der Schematismus der reinen Verstandesbegriffe u.s.w. Und ungeachtet dieses großen Apparats wird zur Erklärung der Anschauung der Außenwelt, die denn doch wohl die Hauptsache in unserer Erkenntniß ist, auch nicht einmal ein Versuch gemacht; sondern diese sich aufdringende Anforderung wird recht ärmlich immer durch den nämlichen, nichtssagenden, bildlichen Ausdruck abgelehnt: »Die empirische Anschauung wird uns gegeben.« S. 145 der fünften Auflage erfahren wir noch, daß dieselbe durch das Objekt gegeben wird: mithin muß dieses etwas von der Anschauung Verschiedenes seyn.

Wenn wir nun Kants innerste, von ihm selbst nicht deutlich ausgesprochene Meinung zu erforschen uns bemühen; so finden wir, daß wirklich ein solches, von der ANSCHAUUNG verschiedenes Objekt, das aber auch keineswegs ein BEGRIFF ist, ihm der eigentliche Gegenstand für den Verstand ist, ja, daß die sonderbare Voraussetzung eines solchen unvorstellbaren Gegenstandes es eigentlich seyn soll, wodurch allererst die Anschauung zur Erfahrung wird. Ich glaube, daß ein altes, eingewurzeltes, aller Untersuchung abgestorbenes Vorurtheil in Kant der letzte Grund ist von der Annahme eines solchen ABSOLUTEN OBJEKTS, welches an sich, d.h. auch ohne Subjekt, Objekt ist. Es ist durchaus nicht das ANGESCHAUTE OBJEKT, sondern es wird durch den Begriff zur Anschauung hinzugedacht, als etwas derselben Entsprechendes, und nunmehr ist die Anschauung Erfahrung und hat Werth und Wahrheit, die sie folglich erst durch die Beziehung auf einen Begriff erhält (im diametralen Gegensatz gegen unsere Darstellung, nach welcher der Begriff allein von der Anschauung Werth und Wahrheit erhält). Das Hinzudenken dieses direkt nicht vorstellbaren Objekts zur Anschauung ist dann die eigentliche Funktion der Kategorien. »Nur durch Anschauung wird der Gegenstand gegeben, der hernach der Kategorie gemäß gedacht wird.« (Kritik der reinen Vernunft, erste Auflage, S. 399.) Besonders deutlich wird dies aus einer Stelle, S. 125 der fünften Auflage: „Nun frägt es sich, ob nicht auch Begriffe *a priori* vorausgehen, als Bedingungen, unter denen allein etwas, wenn gleich NICHT ANGESCHAUT, dennoch als GEGENSTAND überhaupt GEDACHT wird«, welches er bejaht. Hier zeigt sich deutlich die Quelle des Irrthums und der ihn umhüllenden Konfusion. Denn der GEGENSTAND als solcher ist allemal nur für die ANSCHAUUNG und in ihr da: sie mag nun durch die Sinne, oder, bei seiner Abwesenheit, durch die Einbildungskraft vollzogen werden. Was hingegen GEDACHT wird, ist allemal ein allgemeiner, nicht anschaulicher BEGRIFF, der allenfalls der Begriff von einem Gegenstande überhaupt seyn kann: aber nur mittelbar, mittelst der Begriffe, bezieht sich das Denken auf GEGENSTÄNDE, als welche selbst allezeit ANSCHAULICH sind und bleiben. Denn unser Denken dient nicht dazu, den Anschauungen Realität zu verleihen: diese haben sie, soweit sie ihrer fähig sind (empirische Realität) durch sich selbst; sondern es dient, das Gemeinsame und die Resultate der Anschauungen zusammenzufassen, um sie aufbewahren und leichter handhaben zu können. Kant aber schreibt die Gegenstände selbst dem DENKEN zu, um dadurch die Erfahrung und die objektive Welt vom VERSTANDE abhängig zu machen, ohne jedoch diesen ein Vermögen der ANSCHAUUNG seyn zu lassen. In dieser Beziehung unterscheidet er allerdings das Anschauen vom Denken, macht aber die einzelnen Dinge zum Gegenstande theils der Anschauung, theils des Denkens. Wirklich aber sind sie nur Ersteres: unsere empirische Anschauung ist sofort OBJEKTIV; eben weil sie vom Kausalnexus ausgeht. Ihr Gegenstand sind unmittelbar die Dinge, nicht von diesen verschiedene Vorstellungen. Die einzelnen Dinge werden als solche angeschaut im Verstande und durch die Sinne: der EINSEITIGE Eindruck auf diese wird dabei sofort durch die Einbildungskraft ergänzt. Sobald wir hingegen zum DENKEN übergehen, verlassen wir die einzelnen Dinge und haben es mit allgemeinen Begriffen ohne Anschaulichkeit zu thun; wenn wir gleich die Resultate unseres Denkens nachher auf die einzelnen Dinge anwenden. Wenn wir Dieses festhalten, so erhellt die Unzulässigkeit der Annahme, daß die Anschauung der Dinge erst durch das die zwölf Kategorien anwendende Denken eben dieser Dinge Realität erhalte und zur Erfahrung werde. Vielmehr ist in der Anschauung selbst schon die empirische Realität, mithin die Erfahrung, gegeben: allein die Anschauung kann auch nur zu

Stande kommen mittelst Anwendung der Erkenntniß vom Kausalnexus, welche die einzige Funktion des Verstandes ist, auf die Sinnesempfindung. Die Anschauung ist demnach wirklich intellektual, was gerade Kant leugnet.

Die hier kritisirte Annahme Kants findet man, außer der angeführten Stelle, auch noch vorzüglich deutlich ausgesprochen in der »Kritik der Urtheilskraft«, §. 36, gleich Anfangs; desgleichen in den »Metaphysischen Anfangsgründen der Naturwissenschaft«, in der Anmerkung zur ersten Erklärung der »Phänomenologie«. Aber mit einer Naivetät, deren Kant bei diesem mißlichen Punkte sich am wenigsten getraute, findet man sie aufs Deutlichste dargelegt im Buche eines Kantianers, nämlich in Kiesewetters »Grundriß einer allgemeinen Logik«, dritte Auflage, Th. II, S. 434 der Auseinandersetzung, und Th. 2, §. 52 und 53 der Auseinandersetzung; desgleichen in Tieftrunks »Denklehre in rein Deutschem Gewande« (1825). Da zeigt sich so recht, wie jedem Denker seine nicht selbstdenkenden Schüler zum Vergrößerungsspiegel seiner Fehler werden. Kant ist bei dieser Darstellung seiner einmal beschlossenen Kategorienlehre durchgängig leise aufgetreten, die Schüler hingegen ganz dreist, wodurch sie das Falsche der Sache bloßlegen.

Dem Gesagten zufolge ist bei Kant der Gegenstand der Kategorien zwar nicht das Ding an sich, aber doch dessen nächster Anverwandter: es ist das OBJEKT AN SICH, ist ein Objekt, das keines Subjekts bedarf, ist ein einzelnes Ding, und doch nicht in Zeit und Raum, weil nicht anschaulich, ist Gegenstand des Denkens, und doch nicht abstrakter Begriff. Demnach unterscheidet Kant eigentlich dreierlei: 1) die Vorstellung; 2) den Gegenstand der Vorstellung; 3) das Ding an sich. Erstere ist Sache der Sinnlichkeit, welche bei ihm, neben der Empfindung, auch die reinen Anschauungsformen Raum und Zeit begreift. Das Zweite ist Sache des Verstandes, der es durch seine zwölf Kategorien hinzuDENKT. Das Dritte liegt jenseit aller Erkennbarkeit. (Als Beleg hiezu sehe man S. 108 und 109 der ersten Auflage der »Kritik der reinen Vernunft«.) Nun ist aber die Unterscheidung der Vorstellung und des Gegenstandes der Vorstellung ungegründet: dies hatte schon Berkeley bewiesen, und es geht hervor aus meiner ganzen Darstellung im ersten Buche, besonders Kapitel 1 der Ergänzungen, ja aus Kants eigener völlig idealistischer Grundansicht in der ersten Auflage. Wollte man aber nicht den Gegenstand der Vorstellung zur Vorstellung rechnen und mit ihr identifiziren, so müßte man ihn zum Dinge an sich ziehen: dies hängt am Ende von dem Sinne ab, den man dem Worte Gegenstand beilegt. Immer aber steht Dies fest, daß, bei deutlicher Besinnung, nichts weiter zu finden ist, als Vorstellung und Ding an sich. Das unberechtigte Einschieben jenes Zwitters, Gegenstand der Vorstellung, ist die Quelle der Irrthümer Kants: mit dessen Wegnahme fällt aber auch die Lehre von den Kategorien als Begriffen *a priori* dahin; da sie zur Anschauung nichts beitragen und vom Dinge an sich nicht gelten sollen, sondern wir mittelst ihrer nur jene »Gegenstände der Vorstellungen« denken und dadurch die Vorstellung in Erfahrung umwandeln. Denn jede empirische Anschauung ist schon Erfahrung: empirisch aber ist jede Anschauung, welche von Sinnesempfindung ausgeht: diese Empfindung bezieht der Verstand, mittelst seiner alleinigen Funktion (Erkenntniß *a priori* des Kausalitätsgesetzes) auf ihre Ursache, welche eben dadurch in Raum und Zeit (Formen der reinen Anschauung) sich darstellt als Gegenstand der Erfahrung, materielles Objekt, im Raum durch alle Zeit beharrend, dennoch aber auch als solches immer noch Vorstellung bleibt, wie eben Raum und Zeit selbst. Wollen wir über diese Vorstellung hinaus, so stehen wir bei der Frage nach dem Ding an sich, welche zu beantworten das Thema meines ganzen Werkes, wie aller Metaphysik überhaupt ist. Mit dem hier dargelegten Irrthume Kants steht in Verbindung sein früher gerügter Fehler, daß er keine Theorie der Entstehung der empirischen Anschauung giebt, sondern diese ohne Weiteres GEGEBEN seyn läßt, sie identifizirend mit der bloßen Sinnesempfindung, der er nur noch die Anschauungsformen Raum und Zeit beigiebt, beide unter dem Namen Sinnlichkeit begreifend. Aber aus diesen Materialien entsteht noch keine objektive Vorstellung: vielmehr erfordert diese schlechterdings Beziehung der Empfindung auf ihre Ursache, also Anwendung des Kausalitätsgesetzes, also Verstand; da ohne Dieses die Empfindung immer noch subjektiv bleibt und kein Objekt in den Raum versetzt, auch wenn ihr dieser beigegeben ist. Aber bei Kant durfte der Verstand nicht zur Anschauung verwendet werden: er sollte bloß DENKEN, um innerhalb der transscendentalen Logik zu bleiben. Hiemit hängt wieder ein anderer Fehler Kants zusammen: daß er für die richtig erkannte Apriorität des Kausalitätsgesetzes den allein gültigen Beweis, nämlich den aus der Möglichkeit der objektiven empirischen Anschauung selbst, zu führen mir überlassen hat, und statt dessen einen offenbar falschen giebt, wie ich dies schon in meiner Abhandlung über den Satz vom Grunde, §. 23, dargethan habe. – Aus Obigem ist klar, daß Kants »Gegenstand der Vorstellung« (2) zusammengesetzt ist aus Dem, was er theils der Vorstellung (1), theils dem Ding an sich (3) geraubt hat. Wenn wirklich die Erfahrung nur dadurch zu Stande käme, daß unser Verstand zwölf verschiedene Funktionen anwendete, um durch ebenso viele Begriffe *a priori* die Gegenstände, welche vorher bloß angeschaut wurden, zu DENKEN; so müßte jedes wirkliche Ding als solches eine Menge Bestimmungen haben, welche als *a priori* gegeben, sich, eben wie Raum und Zeit, schlechterdings nicht wegdenken ließen, sondern ganz wesentlich zum Daseyn des Dinges gehörten, jedoch nicht abzuleiten wären aus den Eigenschaften des Raumes und der Zeit. Aber nur eine einzige dergleichen Bestimmung ist anzutreffen: die der Kausalität. Auf dieser beruht die Materialität, da das Wesen der Materie im Wirken besteht und sie durch und durch Kausalität ist (siehe Bd. II, Kap. 4). Materialität aber ist es allein, die das reale Ding vom Phantasiebilde, welches denn doch nur Vorstellung ist, unterscheidet. Denn die Materie, als beharrend, giebt dem Dinge die Beharrlichkeit durch alle Zeit, seiner Materie nach, während die Formen wechseln, in Gemäßheit der Kausalität. Alles Uebrige am Dinge sind entweder Bestimmungen des Raumes, oder der Zeit, oder seine empirischen Eigenschaften, die alle zurücklaufen auf seine Wirksamkeit, also nähere Bestimmungen der Kausalität sind. Die Kausalität aber geht schon als Bedingung in die empirische Anschauung ein, welche demnach Sache des Verstandes ist, der schon die Anschauung möglich macht, außer dem Kausalitätsgesetze aber zur Erfahrung und ihrer Möglichkeit nichts beiträgt. Was die alten Ontologien füllt, ist, außer dem hier Angegebenen, nichts weiter als Verhältnisse der Dinge zu einander, oder zu unserer Reflexion, und zusammengeraffte *farrago*.

Ein Merkmal der Grundlosigkeit der Kategorienlehre giebt schon der Vortrag derselben. Welch ein Abstand, in dieser Hinsicht, zwischen der transscendentalen AESTHETIK und der transscendentalen ANALYTIK! DORT, welche Klarheit, Bestimmtheit, Sicherheit, feste Ueberzeugung, die sich unverhohlen ausspricht und unfehlbar mittheilt! Alles ist lichtvoll, keine finstern Schlupfwinkel sind gelassen: Kant weiß was er will, und weiß daß er Recht hat. HIER hingegen ist Alles dunkel, verworren, unbestimmt, schwankend, unsicher, der Vortrag ängstlich, voll Entschuldigungen und Berufungen auf Kommendes, oder gar Zurückbehaltenes. Auch ist der ganze zweite und dritte Abschnitt der Deduktion der reinen Verstandesbegriffe in der zweiten Auflage völlig geändert, weil er Kanten selbst nicht genügte, und ist ein ganz anderer, als in der ersten, jedoch nicht klärer geworden. Man sieht wirklich Kanten im Kampfe mit der Wahrheit, um seine einmal beschlossene Lehrmeinung durchzusetzen. In der transscendentalen AESTHETIK sind alle seine Lehrsätze wirklich bewiesen, aus unleugbaren Thatsachen des Bewußtseyns; in der transscendentalen ANALYTIK hingegen finden wir, wenn wir es beim Lichte betrachten, bloße Behauptungen, daß es so sei und seyn müsse. Also hier, wie überall, trägt der Vortrag das Gepräge des Denkens, aus dem er hervorgegangen: denn der Stil ist die Physiognomie des Geistes. – Noch ist zu bemerken, daß Kant, so oft er, zur näheren Erörterung, ein Beispiel geben will, fast jedes Mal die Kategorie der Kausalität dazu nimmt, wo das Gesagte dann richtig ausfällt, – weil eben das Kausalitätsgesetz die wirkliche, aber auch alleinige Form des Verstandes ist, und die übrigen elf Kategorien nur blinde Fenster sind. Die Deduktion der Kategorien ist in der ersten Auflage einfacher und unumwundener, als in der zweiten. Er bemüht sich darzulegen, wie nach der von der Sinnlichkeit gegebenen Anschauung, der Verstand, mittelst des Denkens der Kategorien, die Erfahrung zu Stande bringt. Dabei werden die Ausdrücke Rekognition,

Reproduktion, Association, Apprehension, transscendentale Einheit der Apperception, bis zur Ermüdung wiederholt und doch keine Deutlichkeit erreicht. Höchst beachtenswerth ist es aber, daß er bei dieser Auseinandersetzung nicht ein einziges Mal berührt, was doch Jedem zuerst einfallen muß, das Beziehen der Sinnesempfindung auf ihre äußere Ursache. Wollte er dasselbe nicht gelten lassen, so mußte er es ausdrücklich leugnen; aber auch dies thut er nicht. Er schleicht also darum herum, und alle Kantianer sind ihm eben so nachgeschlichen. Das geheime Motiv hiezu ist, daß er den Kausalnexus unter dem Namen »Grund der Erscheinung« für seine falsche Ableitung des Dinges an sich aufspart; und nächstdem, daß durch die Beziehung auf die Ursache die Anschauung intellektual würde, was er nicht zugeben darf. Ueberdies scheint er gefürchtet zu haben, daß wenn man den Kausalnexus zwischen Sinnesempfindung und Objekt gelten läßt, letzteres sofort zum Ding an sich werden und den Locke'schen Empirismus einführen würde. Diese Schwierigkeit aber wird beseitigt durch die Besonnenheit, welche uns vorhält, daß das Kausalitätsgesetz subjektiven Ursprungs ist, so gut wie die Sinnesempfindung selbst, überdies auch der eigene Leib, sofern er im Raum erscheint, bereits zu den Vorstellungen gehört. Aber Dies einzugestehen verhinderte Kanten seine Furcht vor dem Berkeleyschen Idealismus.

Als die wesentliche Operation des Verstandes mittelst seiner zwölf Kategorien wird wiederholentlich angegeben »die Verbindung des Mannigfaltigen der Anschauung«: jedoch wird Dies nie gehörig erläutert, noch gezeigt, was denn dieses Mannigfaltige der Anschauung vor der Verbindung durch den Verstand sei. Nun aber sind die Zeit und der Raum, dieser in allen seinen drei Dimensionen, *Continua*, d. h. alle ihre Theile sind ursprünglich nicht getrennt, sondern verbunden. Sie aber sind die durchgängigen Formen unserer Anschauung: also erscheint auch Alles, was in ihnen sich darstellt (gegeben wird), schon ursprünglich als *Continuum*, d.h. seine Theile treten schon als verbunden auf und bedürfen keiner hinzukommenden Verbindung des Mannigfaltigen. Wollte man aber jene Vereinigung des Mannigfaltigen der Anschauung etwan dahin auslegen, daß ich die verschiedenen Sinneseindrücke von einem Objekt doch nur auf dieses eine beziehe, also z.B. eine Glocke anschauend, erkenne, daß Das, was mein Auge als gelb, meine Hände als glatt und hart, mein Ohr als tönend afficirt, doch nur ein und derselbe Körper sei; so ist dies vielmehr eine Folge der Erkenntniß *a priori* vom Kausalnexus (dieser wirklichen und alleinigen Funktion des Verstandes), vermöge welcher alle jene verschiedenen Einwirkungen auf meine verschiedenen Sinnesorgane mich doch nur auf eine gemeinsame Ursache derselben, nämlich die Beschaffenheit des vor mir stehenden Körpers, hinleiten, so daß mein Verstand, ungeachtet der Verschiedenheit und Vielheit der Wirkungen, doch die Einheit der Ursache als ein einziges, sich eben dadurch anschaulich darstellendes Objekt apprehendirt. – In der schönen Rekapitulation seiner Lehre, welche Kant in der »Kritik der reinen Vernunft«, S. 719–726, oder V, 747–754 giebt, erklärt er die Kategorien vielleicht deutlicher als irgendwo, nämlich als »die bloße Regel der Synthesis Desjenigen, was die Wahrnehmung *a posteriori* gegeben hat.« Ihm scheint dabei so etwas vorzuschweben, wie daß, bei der Konstruktion des Triangels, die Winkel die Regel der Zusammensetzung der Linien geben: wenigstens kann man an diesem Bilde sich was er von der Funktion der Kategorien sagt am besten erläutern. Die Vorrede zu den »Metaphysischen Anfangsgründen der Naturwissenschaft« enthält eine lange Anmerkung, welche ebenfalls eine Erklärung der Kategorien liefert und besagt, daß sie »von den formalen Verstandeshandlungen im Urtheilen in nichts unterschieden seien«, als darin, daß in letzteren Subjekt und Prädikat allenfalls ihre Stelle vertauschen können; sodann wird daselbst das Urtheil überhaupt definirt als »eine Handlung, durch die gegebene Vorstellungen zuerst Erkenntnisse eines Objekts werden.« Hienach müßten die Thiere, da sie nicht urtheilen, auch gar keine Objekte erkennen. Ueberhaupt giebt es, nach Kant, von den OBJEKTEN bloß Begriffe, keine Anschauungen. Ich hingegen sage: Objekte sind zunächst nur für die Anschauung da, und Begriffe sind allemal Abstraktionen aus dieser Anschauung. Daher muß das abstrakte Denken sich genau nach der in der Anschauung vorhandenen Welt richten, da bloß die Beziehung auf diese den Begriffen Inhalt giebt, und wir dürfen für die Begriffe keine andere *a priori* bestimmte Form annehmen, als die Fähigkeit zur Reflexion überhaupt, deren Wesen die Bildung der Begriffe, d.i. abstrakter, nichtanschaulicher Vorstellungen ist, welche die einzige Funktion der VERNUNFT ausmacht, wie ich im ersten Buch gezeigt habe. Ich verlange demnach, daß wir von den Kategorien elf zum Fenster hinauswerfen und allein die der Kausalität behalten, jedoch einsehen, daß ihre Thätigkeit schon die Bedingung der empirischen Anschauung ist, welche sonach nicht bloß sensual, sondern intellektual ist, und daß der so angeschaute Gegenstand, das Objekt der Erfahrung, Eins sei mit der Vorstellung, von welcher nur noch das Ding an sich zu unterscheiden ist.

Nach in verschiedenen Lebensaltern wiederholtem Studium der »Kritik der reinen Vernunft« hat sich mir über die Entstehung der transscendentalen Logik eine Ueberzeugung aufgedrängt, die ich, als zum Verständniß derselben sehr förderlich, hier mittheile. Auf objektive Auffassung und höchste menschliche Besonnenheit gegründete Entdeckung ist ganz allein das *Apperçu*, daß Zeit und Raum *a priori* von uns erkannt werden. Durch diesen glücklichen Fund erfreut, wollte Kant die Ader desselben noch weiter verfolgen, und seine Liebe zur architektonischen Symmetrie gab ihm den Leitfaden. Wie er nämlich der empirischen ANSCHAUUNG eine reine Anschauung *a priori* als Bedingung untergelegt gefunden hatte; ebenso, meinte er, würden auch wohl den empirisch erworbenen BEGRIFFEN gewisse REINE BEGRIFFE als Voraussetzung in unserem Erkenntnißvermögen zum Grunde liegen, und das empirische wirkliche Denken allererst durch ein reines Denken *a priori*, welches an sich aber gar keine Gegenstände hätte, sondern sie aus der Anschauung nehmen müßte, möglich seyn; so daß, wie die TRANSSCENDENTALE AESTHETIK eine Grundlage *a priori* der Mathematik nachweist, es auch für die Logik eine solche geben müßte; wodurch alsdann jene erstere an einer TRANSSCENDENTALEN LOGIK symmetrisch einen *Pendant* erhielte. Von jetzt an war Kant nicht mehr unbefangen, nicht mehr im Zustande des reinen Forschens und Beobachtens des im Bewußtseyn Vorhandenen; sondern er war durch eine Voraussetzung geleitet, und verfolgte eine Absicht, nämlich die, zu finden was er voraussetzte, um auf die so glücklich entdeckte transscendentale Aesthetik eine ihr analoge, also ihr symmetrisch entsprechende, transscendentale Logik als zweites Stockwerk aufzusetzen. Hiezu nun verfiel er auf die Tafel der Urtheile, aus welcher er, so gut es gehen wollte, die KATEGORIENTAFEL bildete, als die Lehre von zwölf reinen Begriffen *a priori*, welche die Bedingung unseres DENKENS eben der DINGE seyn sollten, deren ANSCHAUUNG durch die zwei Formen der Sinnlichkeit *a priori* bedingt ist: symmetrisch entsprach also jetzt der REINEN SINNLICHKEIT ein REINER VERSTAND. Danach nun gerieth er auf noch eine Betrachtung, die ihm ein Mittel darbot, die Plausibilität der Sache zu erhöhen, mittelst der Annahme des SCHEMATISMUS der reinen Verstandesbegriffe, wodurch aber gerade der ihm selbst unbewußte Hergang seines Verfahrens sich am deutlichsten verräth. Indem er nämlich darauf ausgieng, für jede empirische Funktion des Erkenntnißvermögens eine analoge apriorische zu finden, bemerkte er, daß zwischen unserem empirischen Anschauen und unserem empirischen, in abstrakten nichtanschaulichen Begriffen vollzogenem Denken noch eine Vermittelung, wenn auch nicht immer, doch sehr häufig Statt findet, indem wir nämlich dann und wann vom abstrakten Denken auf das Anschauen zurückzugehen versuchen; aber bloß versuchen, eigentlich um uns zu überzeugen, daß unser abstraktes Denken sich von dem sichern Boden der Anschauung nicht weit entfernt habe, und etwan überfliegend, oder auch zu bloßem Wortkram geworden sei; ungefähr so, wie wir, im Finstern gehend, dann und wann nach der leitenden Wand greifen. Wir gehen alsdann, eben auch nur versuchsweise und momentan, auf das Anschauen zurück, indem wir eine dem uns gerade beschäftigenden Begriffe entsprechende Anschauung in der Phantasie hervorrufen, welche jedoch dem Begriffe nie ganz adäquat seyn kann, sondern ein bloßer einstweiliger REPRÄSENTANT desselben ist: über diesen habe ich das Nöthige schon in meiner Abhandlung »Ueber den Satz vom Grunde«, §. 28, beigebracht. Kant benennt ein flüchtiges Phantasma dieser Art, im Gegensatz des vollendeten Bildes der Phantasie, ein SCHEMA, sagt, es sei gleichsam ein Monogramm der Einbildungskraft, und behauptet nun, daß, so wie ein solches zwischen unserem abstrakten Denken empirisch erworbener Begriffe und unserer klaren, durch die Sinne geschehenden Anschauung in der Mitte steht, auch zwischen dem Anschauungsvermögen *a priori* der reinen Sinnlichkeit und dem Denkvermögen *a priori* des reinen Verstandes (also den Kategorien) dergleichen SCHEMATA DER REINEN VERSTANDESBEGRIFFE *a priori* vorhanden seien, welche Schemata er, als Monogramme der reinen Einbildungskraft *a priori*, stückweise beschreibt und jedes derselben der ihm entsprechenden Kategorie zutheilt, in dem wunderlichen »Hauptstück vom Schematismus der reinen Verstandesbegriffe«, welches als höchst dunkel berühmt ist, weil kein Mensch je hat daraus klug werden können; dessen Dunkelheit jedoch sich aufhellt, wenn man es von dem hier gegebenen Standpunkt aus betrachtet, wo denn aber auch mehr, als irgendwo, die Absichtlichkeit seines Verfahrens und der zum voraus gefaßte Entschluß, zu finden was der Analogie entspräche und der architektonischen Symmetrie dienen könnte, an den Tag tritt: ja, dies ist hier in einem Grade der Fall, der die Sache an das Komische heranführt. Denn indem er den empirischen Schematen (oder Repräsentanten unserer wirklichen Begriffe durch die Phantasie) analoge Schemata der reinen (INHALTSLOSEN) Verstandesbegriffe *a priori* (Kategorien) annimmt, übersieht er, daß der Zweck solcher Schemata hier ganz wegfällt. Denn der Zweck der Schemata beim empirischen (wirklichen) Denken bezieht sich ganz allein auf den MATERIELLEN INHALT solcher Begriffe: da nämlich diese aus der empirischen Anschauung abgezogen sind, helfen und orientiren wir uns dadurch, daß wir beim abstrakten Denken zwischendurch ein Mal auf die Anschauung, daraus die Begriffe entnommen sind, einen flüchtigen Rückblick werfen, uns zu versichern, daß unser Denken noch realen Gehalt habe. Dies setzt aber nothwendig voraus, daß die uns beschäftigenden Begriffe aus der Anschauung entsprungen seien, und ist ein bloßes Zurücksehen auf ihren materialen Inhalt, ja ein bloßes Hülfsmittel unserer Schwäche. Aber bei Begriffen *a priori*, als welche noch gar keinen Inhalt haben, fällt offenbar dergleichen nothwendig weg: denn diese sind nicht aus der Anschauung entsprungen, sondern kommen ihr von innen entgegen, um aus ihr einen Inhalt erst zu empfangen, haben also noch nichts, worauf sie zurücksehen könnten. Ich bin hiebei weitläuftig, weil gerade Dieses auf den geheimen Hergang des Kantischen Philosophirens Licht wirft, der demnach darin besteht, daß Kant, nach der glücklichen Entdeckung der beiden Anschauungsformen *a priori*, nunmehr, am Leitfaden der Analogie, für jede Bestimmung unserer empirischen Erkenntniß ein Analogon *a priori* darzuthun sich bestrebt, und Dies zuletzt, in den Schematen, sogar auf eine bloß psychologische Thatsache ausdehnt, wobei der anscheinende Tiefsinn und die Schwierigkeit der Darstellung gerade dienen, dem Leser zu verbergen, daß der Inhalt derselben eine ganz unerweisliche und bloß willkürliche Annahme bleibt: Der aber, welcher in den Sinn solcher Darstellung endlich eindringt, wird dann leicht verleitet, dies mühsam erlangte Verständniß für Ueberzeugung von der Wahrheit der Sache zu halten. Hätte hingegen Kant, wie bei der Entdeckung der Anschauungen *a priori*, auch hier sich unbefangen und rein beobachtend verhalten; so müßte er gefunden haben, daß was zur reinen Anschauung des Raumes und der Zeit hinzukommt, wenn aus ihr eine empirische wird, einerseits die Empfindung und andererseits die Erkenntniß der Kausalität ist, welche die bloße Empfindung in objektive empirische Anschauung verwandelt, eben deshalb aber nicht erst aus dieser entlehnt und erlernt, sondern *a priori* vorhanden und eben die Form und Funktion des reinen Verstandes ist, aber auch seine einzige, jedoch eine so folgenreiche, daß alle unsere empirische Erkenntniß auf ihr beruht. – Wenn, wie oft gesagt worden, die Widerlegung eines Irrthums erst dadurch vollständig wird, daß man seine Entstehungsart psychologisch nachweist; so glaube ich Dieses im Obigen, in Hinsicht auf Kants Lehre von den Kategorien und ihren Schematen, geleistet zu haben.

Nachdem nun Kant in die ersten einfachen Grundzüge einer Theorie des Vorstellungsvermögens so große Fehler gebracht hatte, gerieth er auf vielfältige, sehr zusammengesetzte Annahmen. Dahin gehört zuvörderst die synthetische Einheit der Apperception: ein sehr wunderliches Ding, sehr wunderlich dargestellt. »Das Ich denke muß alle meine Vorstellungen begleiten können.« Muß –

können: dies ist eine problematisch-apodiktische Enuntiation; zu Deutsch, ein Satz der mit der einen Hand nimmt, was er mit der andern giebt. Und was ist der Sinn dieses so auf der Spitze balancirenden Satzes? – Daß alles Vorstellen ein Denken sei? – Das ist nicht: und es wäre heillos; es gäbe sodann nichts als abstrakte Begriffe, am wenigsten aber eine reine reflexions- und willensfreie Anschauung, dergleichen die des Schönen ist, die tiefste Erfassung des wahren Wesens der Dinge, d. h. ihrer Platonischen Ideen. Auch müßten dann wieder die Thiere entweder auch denken, oder nicht einmal vorstellen. – Oder soll etwan der Satz heißen: kein Objekt ohne Subjekt? Das wäre sehr schlecht dadurch ausgedrückt und käme zu spät. Wenn wir Kants Aeußerungen zusammenfassen, werden wir finden, daß was er unter der synthetischen Einheit der Apperception versteht, gleichsam das ausdehnungslose Centrum der Sphäre aller unserer Vorstellungen ist, deren Radien zu ihm konvergiren. Es ist was ich das Subjekt des Erkennens, das Korrelat aller Vorstellungen nenne, und ist zugleich Das, was ich, im Kapitel 22 des zweiten Bandes, als den Brennpunkt, in welchen die Strahlen der Gehirnthätigkeit konvergiren, ausführlich beschrieben und erörtert habe. Dahin also verweise ich hier, um mich nicht zu wiederholen.

Daß ich die ganze Lehre von den Kategorien verwerfe und sie den grundlosen Annahmen, mit denen Kant die Theorie des Erkennens belastete, beizähle, geht aus der oben gegebenen Kritik derselben hervor; imgleichen aus der Nachweisung der Widersprüche in der transscendentalen Logik, welche ihren Grund hatten in der Vermischung der anschaulichen und abstrakten Erkenntniß; ferner auch aus der Nachweisung des Mangels an einem deutlichen und bestimmten Begriff vom Wesen des Verstandes und der Vernunft, statt dessen wir in Kants Schriften nur unzusammenhängende, nicht übereinstimmende, dürftige und unrichtige Aussprüche über jene beiden Geistesvermögen fanden. Es geht endlich hervor aus den Erklärungen, die ich selbst, im ersten Buch und dessen Ergänzungen, noch ausführlicher in der Abhandlung »Ueber den Satz vom Grunde«, §. 21, 26 und 34, von denselben Geistesvermögen gegeben habe, welche Erklärungen sehr bestimmt, deutlich, aus der Betrachtung des Wesens unserer Erkenntniß offenbar sich ergebend, und mit den im Sprachgebrauch und den Schriften aller Zeiten und Völker sich kundgebenden, nur nicht zur Deutlichkeit gebrachten Begriffen von jenen beiden Erkenntnißkräften völlig übereinstimmend sind. Ihre Vertheidigung gegen die davon sehr verschiedene Kantische Darstellung ist zum großen Theil schon mit der Aufdeckung der Fehler jener Darstellung gegeben. – Da nun aber doch die Tafel der Urtheile, welche Kant seiner Theorie des Denkens, ja seiner ganzen Philosophie zum Grunde legt, an sich, im Ganzen ihre Richtigkeit hat; so liegt mir noch ob, nachzuweisen, wie diese allgemeinen Formen aller Urtheile in unserem Erkenntnißvermögen entspringen, und sie mit meiner Darstellung desselben in Uebereinstimmung zu setzen. – Ich werde bei dieser Erörterung mit den Begriffen Verstand und Vernunft immer den Sinn verbinden, welchen ihnen meine Erklärung gegeben hat, die ich daher als dem Leser geläufig voraussetze.

Ein wesentlicher Unterschied zwischen Kants Methode und der, welche ich befolge, liegt darin, daß er von der mittelbaren, der reflektirten Erkenntniß ausgeht, ich dagegen von der unmittelbaren, der intuitiven. Er ist demjenigen zu vergleichen, der die Höhe eines Thurmes aus dessen Schatten mißt, ich aber dem, welcher den Maaßstab unmittelbar anlegt. Daher ist ihm die Philosophie eine Wissenschaft AUS Begriffen, mir eine Wissenschaft IN Begriffe, aus der anschaulichen Erkenntniß, der alleinigen Quelle aller Evidenz, geschöpft und in allgemeine Begriffe gefaßt und fixirt. Diese ganze, uns umgebende, anschauliche, vielgestaltete, bedeutungsreiche Welt überspringt er und hält sich an die Formen des abstrakten Denkens; wobei, obschon von ihm nie ausgesprochen, die Voraussetzung zum Grunde liegt, daß die Reflexion der Ektypos aller Anschauung sei, daher alles Wesentliche der Anschauung in der Reflexion ausgedrückt seyn müsse, und zwar in sehr zusammengezogenen, daher leicht übersehbaren Formen und Grundzügen. Demnach gäbe das Wesentliche und Gesetzmäßige des abstrakten Erkennens alle Fäden an die Hand, welche das bunte

Puppenspiel der anschaulichen Welt vor unseren Augen in Bewegung setzen. – Hätte nur Kant diesen obersten Grundsatz seiner Methode deutlich ausgesprochen, und ihn dann konsequent befolgt, wenigstens hätte er dann das Intuitive vom Abstrakten rein sondern müssen, und wir hätten nicht mit unauflöslichen Widersprüchen und Konfusionen zu kämpfen. Aus der Art aber, wie er seine Aufgabe gelöst, sieht man, daß ihm jener Grundsatz seiner Methode nur sehr undeutlich vorgeschwebt hat, daher man, nach einem gründlichen Studium seiner Philosophie, denselben doch noch erst zu errathen hat.

Was nun die angegebene Methode und Grundmaxime selbst betrifft, so hat sie viel für sich und ist ein glänzender Gedanke. Schon das Wesen aller Wissenschaft besteht darin, daß wir das endlos Mannigfaltige der anschaulichen Erscheinungen unter komparativ wenige abstrakte Begriffe zusammenfassen, aus denen wir ein System ordnen, von welchem aus wir alle jene Erscheinungen völlig in der Gewalt unserer Erkenntniß haben, das Geschehene erklären und das Künftige bestimmen können. Die Wissenschaften theilen aber unter sich das weitläufige Gebiet der Erscheinungen, nach den besonderen, mannigfaltigen Arten dieser letzteren. Nun war es ein kühner und glücklicher Gedanke, das den Begriffen als solchen und abgesehen von ihrem Inhalt durchaus Wesentliche zu isoliren, um aus den so gefundenen Formen alles Denkens zu ersehen, was auch allem intuitiven Erkennen, folglich der Welt als Erscheinung überhaupt, wesentlich sei: und weil nun dieses *a priori*, wegen der Nothwendigkeit jener Formen des Denkens, gefunden wäre; so wäre es subjektiven Ursprungs, und führte eben zu Kants Zwekken. – Nun hätte aber hiebei, ehe man weiter gieng, untersucht werden müssen, welches das Verhältniß der Reflexion zur anschaulichen Erkenntniß sei (was freilich die von Kant vernachlässigte reine Sonderung beider voraussetzt), auf welche Weise eigentlich jene diese wiedergebe und vertrete, ob ganz rein, oder schon durch Aufnahme in ihre (der Reflexion) eigene Formen umgeändert und zum Theil unkenntlich gemacht; ob die Form der abstrakten, reflektiven Erkenntniß mehr bestimmt werde durch die Form der anschaulichen, oder durch die ihr selbst, der reflektiven, unabänderlich anhängende Beschaffenheit, so daß auch Das, was in der intuitiven Erkenntniß sehr heterogen ist, sobald es in die reflektive eingegangen, nicht mehr zu unterscheiden ist, und umgekehrt manche Unterschiede, die wir in der reflektiven Erkenntnißart wahrnehmen, auch aus dieser selber entsprungen sind und keineswegs auf ihnen entsprechende Verschiedenheiten in der intuitiven Erkenntniß deuten. Als Resultat dieser Forschung hätte sich aber ergeben, daß die anschauliche Erkenntniß bei ihrer Aufnahme in die Reflexion beinahe so viel Veränderung erleidet, wie die Nahrungsmittel bei ihrer Aufnahme in den thierischen Organismus, dessen Formen und Mischungen durch ihn selbst bestimmt werden und aus deren Zusammensetzung gar nicht mehr die Beschaffenheit der Nahrungsmittel zu erkennen ist; – oder (weil dieses ein wenig zu viel gesagt ist) wenigstens hätte sich ergeben, daß die Reflexion sich zur anschaulichen Erkenntniß keineswegs verhält, wie der Spiegel im Wasser zu den abgespiegelten Gegenständen, sondern kaum nur noch so, wie der Schatten dieser Gegenstände zu ihnen selbst, welcher Schatten nur einige äußere Umrisse wiedergiebt, aber auch das Mannigfaltigste in dieselbe Gestalt vereinigt und das Verschiedenste durch den nämlichen Umriß darstellt; so daß keineswegs von ihm ausgehend sich die Gestalten der Dinge vollständig und sicher konstruiren ließen.

Die ganze reflektive Erkenntniß, oder die Vernunft, hat nur eine Hauptform, und diese ist der abstrakte Begriff: sie ist der Vernunft selbst eigen und hat unmittelbar keinen nothwendigen Zusammenhang mit der anschaulichen Welt, welche daher auch ganz ohne jene für die Thiere dasteht, und auch eine ganz andere seyn könnte, dennoch aber jene Form der Reflexion ebenso wohl zu ihr passen würde. Die Vereinigung der Begriffe zu Urtheilen hat aber gewisse bestimmte und gesetzliche Formen, welche, durch Induktion gefunden, die Tafel der Urtheile ausmachen. Diese Formen sind größtentheils abzuleiten aus der reflektiven Erkenntnißart selbst, also unmittelbar aus der Vernunft, namentlich sofern sie durch die vier Denkgesetze (von mir metalogische Wahrheiten genannt) und durch das *dictum de omni et nullo* entstehen. Andere von diesen Formen haben aber ihren Grund in der anschauenden

Erkenntnißart, also im Verstande, geben aber deshalb keineswegs Anweisung auf ebenso viele besondere Formen des Verstandes; sondern sind ganz und gar aus der einzigen Funktion die der Verstand hat, nämlich der unmittelbaren Erkenntniß von Ursach und Wirkung, abzuleiten. Noch andere von jenen Formen endlich sind entstanden aus dem Zusammentreffen und der Verbindung der reflektiven und der intuitiven Erkenntnißart, oder eigentlich aus der Aufnahme dieser in jene. Ich werde nunmehr die Momente des Urtheils einzeln durchgehen und den Ursprung eines jeden aus den besagten Quellen nachweisen; woraus von selbst folgt, daß eine Deduktion von Kategorien aus ihnen wegfällt und die Annahme dieser ebenso grundlos ist, als ihre Darstellung verworren und sich selbst widerstreitend befunden worden.

1) Die sogenannte QUANTITÄT der Urtheile entspringt aus dem Wesen der Begriffe als solcher, hat ihren Grund also lediglich in der Vernunft, und hat mit dem Verstande und der anschaulichen Erkenntniß gar keinen unmittelbaren Zusammenhang. – Es ist nämlich, wie im ersten Buche ausgeführt, den Begriffen als solchen wesentlich, daß sie einen Umfang, eine Sphäre haben, und der weitere, unbestimmtere den engeren, bestimmteren einschließt, welcher letztere daher auch ausgeschieden werden kann; und zwar kann dieses entweder so geschehen, daß man ihn nur als unbestimmten Theil des weitern Begriffes überhaupt bezeichnet, oder auch so, daß man ihn bestimmt und völlig aussondert, mittelst Beilegung eines besondern Namens. Das Urtheil, welches die Vollziehung dieser Operation ist, heißt im ersten Fall ein besonderes, im zweiten ein allgemeines; z. B. ein und derselbe Theil der Sphäre des Begriffes Baum kann durch ein besonderes und durch ein allgemeines Urtheil isolirt werden, nämlich: »Einige Bäume tragen Galläpfel«; oder so: »Alle Eichen tragen Galläpfel«. – Man sieht, daß die Verschiedenheit beider Operationen sehr gering ist, ja, daß die Möglichkeit derselben vom Wortreichthum der Sprache abhängt. Desungeachtet hat Kant erklärt, diese Verschiedenheit entschleiere zwei grundverschiedene Handlungen, Funktionen, Kategorien des reinen Verstandes, der eben durch dieselben *a priori* die Erfahrung bestimme.

Man kann endlich auch einen Begriff gebrauchen, um mittelst desselben zu einer bestimmten, einzelnen, anschaulichen Vorstellung, aus welcher, und zugleich aus vielen anderen, er selbst abgezogen ist, zu gelangen: welches durch das einzelne Urtheil geschieht. Ein solches Urtheil bezeichnet nur die Gränze der abstrakten Erkenntniß zur anschaulichen, zu welcher unmittelbar von ihm übergegangen wird: »Dieser Baum hier trägt Galläpfel.« – Kant hat denn auch daraus eine besondere Kategorie gemacht.

Nach allem Vorhergehenden bedarf es hier weiter keiner Polemik.

2) Auf gleiche Weise liegt die QUALITÄT der Urtheile ganz innerhalb des Gebietes der Vernunft, und ist nicht eine Abschattung irgend eines Gesetzes des die Anschauung möglich machenden Verstandes, d.h. giebt nicht Anweisung darauf. Die Natur der abstrakten Begriffe, welche eben das objektiv aufgefaßte Wesen der Vernunft selbst ist, bringt, wie ebenfalls im ersten Buche ausgeführt, die Möglichkeit mit sich, ihre Sphären zu vereinigen und zu trennen, und auf dieser Möglichkeit, als ihrer Voraussetzung, beruhen die allgemeinen Denkgesetze der Identität und des Widerspruchs, welchen, weil sie rein aus der Vernunft entspringen und nicht ferner zu erklären sind, METALOGISCHE Wahrheit von mir beigelegt ist. Sie bestimmen, daß das Vereinigte vereinigt, das Getrennte getrennt bleiben muß, also das Gesetzte nicht zugleich wieder aufgehoben werden kann, setzen also die Möglichkeit des Verbindens und Trennens der Sphären, d.i. eben das Urtheilen, voraus. Dieses aber liegt, der FORM nach, einzig und allein in der Vernunft, und diese Form ist nicht, so wie der INHALT der Urtheile, aus der anschaulichen Erkenntniß des Verstandes mit hinübergenommen, in welcher daher auch kein Korrelat oder Analogon für sie zu suchen ist. Nachdem die Anschauung durch den Verstand und für den Verstand entstanden ist, steht sie vollendet da, keinem Zweifel noch Irrthum unterworfen, kennt demnach weder Bejahung noch Verneinung: denn sie spricht sich selbst aus, und hat nicht, wie die abstrakte Erkenntniß der Vernunft, ihren Werth und Gehalt in der bloßen Beziehung auf etwas außer ihr, nach dem Satz vom Grunde des Erkennens. Sie ist daher lauter Realität, alle Negation ist ihrem Wesen

fremd: diese kann allein durch Reflexion hinzugedacht werden, bleibt aber eben deshalb immer auf dem Gebiet des abstrakten Denkens.

Zu den bejahenden und verneinenden Urtheilen fügt Kant, eine Grille der alten Scholastiker benutzend, noch die unendlichen, einen spitzfindig erdachten Lückenbüßer, was nicht einmal einer Auseinandersetzung bedarf, ein blindes Fenster, wie er zu Gunsten seiner symmetrischen Architektonik deren viele angebracht hat.

3) Unter den sehr weiten Begriff der Relation hat Kant drei ganz verschiedene Beschaffenheiten der Urtheile zusammengebracht, die wir daher, um ihren Ursprung zu erkennen, einzeln beleuchten müssen.

a) Das HYPOTHETISCHE URTHEIL überhaupt ist der abstrakte Ausdruck jener allgemeinsten Form aller unserer Erkenntnisse, des Satzes vom Grunde. Daß dieser vier ganz verschiedene Bedeutungen habe, und in jeder von diesen aus einer andern Erkenntnißkraft urständet, wie auch eine andere Klasse von Vorstellungen betrifft, habe ich schon 1813 in meiner Abhandlung über denselben dargethan. Daraus ergiebt sich hinlänglich, daß der Ursprung des hypothetischen Urtheils überhaupt, dieser allgemeinen Denkform, nicht bloß, wie Kant will, der Verstand und dessen Kategorie der Kausalität seyn könne; sondern daß das Gesetz der Kausalität, welches, meiner Darstellung zufolge, die einzige Erkenntnißform des reinen Verstandes ist, nur eine der Gestaltungen des alle reine oder apriorische Erkenntniß umfassenden Satzes vom Grunde ist, welcher hingegen in jeder seiner Bedeutungen diese hypothetische Form des Urtheils zum Ausdruck hat. – Wir sehen hier nun aber recht deutlich, wie Erkenntnisse, die ihrem Ursprung und ihrer Bedeutung nach ganz verschieden sind, doch, wenn von der Vernunft *in abstracto* gedacht, in einer und derselben Form von Verbindung der Begriffe und Urtheile erscheinen, und dann in dieser gar nicht mehr zu unterscheiden sind, sondern man, um sie zu unterscheiden, auf die anschauliche Erkenntniß zurückgehen muß, die abstrakte ganz verlassend. Daher war der von Kant eingeschlagene Weg, vom Standpunkt der abstrakten Erkenntniß aus, die Elemente und das innerste Getriebe auch der intuitiven Erkenntniß zu finden, durchaus verkehrt. Uebrigens ist gewissermaaßen meine ganze einleitende Abhandlung »Ueber den Satz vom Grunde«, nur als eine gründliche Erörterung der Bedeutung der hypothetischen Urtheilsform anzusehen; daher ich hier nicht weiter dabei verweile.

b) Die Form des KATEGORISCHEN URTHEILS ist nichts Anderes, als die Form des Urtheils überhaupt im eigentlichsten Sinn. Denn, streng genommen, heißt Urtheilen nur die Verbindung, oder die Unvereinbarkeit der Sphären der Begriffe denken: daher sind die hypothetische und die disjunktive Verbindung eigentlich keine besondere Formen des Urtheils: denn sie werden nur auf schon fertige Urtheile angewandt, in denen die Verbindung der Begriffe unverändert die kategorische bleibt; sie aber verknüpfen wieder diese Urtheile, indem die hypothetische Form deren Abhängigkeit von einander, die disjunktive deren Unvereinbarkeit ausdrückt. Bloße Begriffe aber haben nur EINE Art von Verhältnissen zu einander, nämlich die, welche im kategorischen Urtheil ausgedrückt werden. Die nähere Bestimmung, oder die Unterarten dieses Verhältnisses sind das Ineinandergreifen und das völlige Getrenntseyn der Begriffssphären, d.i. also die Bejahung und Verneinung; woraus Kant besondere Kategorien, unter einem ganz andern Titel gemacht hat, dem der QUALITÄT. Das Ineinandergreifen und Getrenntseyn hat wieder Unterarten, nämlich je nachdem die Sphären ganz, oder nur zum Theil ineinandergreifen, welche Bestimmung die QUANTITÄT der Urtheile ausmacht; woraus Kant wieder einen ganz besondern Kategorientitel gemacht hat. So trennte er das ganz nahe Verwandte, ja Identische, die leicht übersehbaren Modifikationen der einzig möglichen Verhältnisse von bloßen Begriffen zu einander, und vereinigte dagegen das sehr Verschiedene unter diesem Titel der Relation.

Kategorische Urtheile haben zum metalogischen Princip die Denkgesetze der Identität und des Widerspruchs. Aber der GRUND zur Verknüpfung von Begriffssphären, welcher dem Urtheil, das eben nur diese Verknüpfung ist, die WAHRHEIT verleiht, kann sehr verschiedener Art seyn, und dieser zufolge ist dann die Wahrheit des Urtheils entweder logisch, oder empirisch, oder metaphysisch, oder metalogisch, wie solches in der einleitenden Abhandlung,

§. 30–33, ausgeführt ist und hier nicht wiederholt zu werden braucht. Es ergiebt sich aber daraus, wie sehr verschieden die unmittelbaren Erkenntnisse seyn können, welche alle *in abstracto* sich durch die Verbindung der Sphären zweier Begriffe als Subjekt und Prädikat darstellen, und daß man keineswegs eine einzige Funktion des Verstandes, als ihr entsprechend und sie hervorbringend, aufstellen kann. Z. B. die Urtheile: »das Wasser kocht; der Sinus mißt den Winkel; der Wille beschließt; Beschäftigung zerstreut; die Unterscheidung ist schwierig«; drücken durch die selbe logische Form die verschiedenartigsten Verhältnisse aus: woraus wir abermals die Bestätigung erhalten, wie verkehrt das Beginnen sei, um die unmittelbare, intuitive Erkenntniß zu analysiren, sich auf den Standpunkt der abstrakten zu stellen. – Aus einer eigentlichen Verstandeserkenntniß, in meinem Sinn, entspringt übrigens das kategorische Urtheil nur da, wo eine Kausalität durch dasselbe ausgedrückt wird; dies ist aber der Fall auch bei allen Urtheilen, die eine physische Qualität bezeichnen. Denn, wenn ich sage: »dieser Körper ist schwer, hart, flüssig, grün, sauer, alkalisch, organisch u. s. w.«; so bezeichnet dies immer sein Wirken, also eine Erkenntniß, die nur durch den reinen Verstand möglich ist. Nachdem nun diese, eben wie viele von ihr ganz verschiedene (z. B. die Unterordnung höchst abstrakter Begriffe), *in abstracto* durch Subjekt und Prädikat ausgedrückt worden, hat man diese bloßen Begriffsverhältnisse wieder auf die anschauliche Erkenntniß zurück übertragen, und gemeint, das Subjekt und Prädikat des Urtheils müsse in der Anschauung ein eigenes, besonderes Korrelat haben, Substanz und Accidenz. Aber ich werde weiter unten deutlich machen, daß der Begriff Substanz keinen andern wahren Inhalt hat, als den des Begriffs Materie. Accidenzen aber sind ganz gleichbedeutend mit Wirkungsarten, so daß die vermeinte Erkenntniß von Substanz und Accidenz noch immer die des reinen Verstandes von Ursach und Wirkung ist. Wie aber eigentlich die Vorstellung der Materie entsteht, ist theils in unserem ersten Buch, §. 4, und noch faßlicher in der Abhandlung »Ueber den Satz vom Grunde«, am Schluß des §. 21, S. 77, erörtert; theils werden wir es noch näher sehen, bei der Untersuchung des Grundsatzes, daß die Substanz beharrt.

c) Die DISJUNKTIVEN URTHEILE entspringen aus dem Denkgesetz des ausgeschlossenen Dritten, welches eine metalogische Wahrheit ist: sie sind daher ganz das Eigenthum der reinen Vernunft, und haben nicht im Verstande ihren Ursprung. Die Ableitung der Kategorie der Gemeinschaft oder WECHSELWIRKUNG aus ihnen ist nun aber ein recht grelles Beispiel von den Gewaltthätigkeiten, welche sich Kant bisweilen gegen die Wahrheit erlaubt, bloß um seine Lust an architektonischer Symmetrie zu befriedigen. Das Unstatthafte jener Ableitung ist schon öfter mit Recht gerügt und aus mehreren Gründen dargethan worden, besonders von G. E. SCHULZE in seiner »Kritik der theoretischen Philosophie« und von BERG in seiner »Epikritik der Philosophie«. – Welche wirkliche Analogie ist wohl zwischen der offengelassenen Bestimmung eines Begriffs durch einander ausschließende Prädikate, und dem Gedanken der Wechselwirkung? Beide sind sich sogar ganz entgegengesetzt, da im disjunktiven Urtheil das wirkliche Setzen des einen der beiden Eintheilungsglieder zugleich ein nothwendiges Aufheben des andern ist; hingegen wenn man sich zwei Dinge im Verhältniß der Wechselwirkung denkt, das Setzen des einen eben ein nothwendiges Setzen auch des andern ist, und *vice versa*. Daher ist unstreitig das wirkliche logische Analogon der Wechselwirkung der *circulus vitiosus*, als in welchem, eben wie angeblich bei der Wechselwirkung, das Begründete auch wieder der Grund ist, und umgekehrt. Und ebenso wie die Logik den *circulus vitiosus* verwirft, ist auch aus der Metaphysik der Begriff der Wechselwirkung zu verbannen. Denn ich bin ganz ernstlich gesonnen jetzt darzuthun, daß es gar keine Wechselwirkung im eigentlichen Sinne giebt, und dieser Begriff, so höchst beliebt auch, eben wegen der Unbestimmtheit des Gedankens, sein Gebrauch ist, doch näher betrachtet, sich als leer, falsch und nichtig zeigt. Zuvörderst besinne man sich, was überhaupt Kausalität sei, und sehe zur Beihülfe meine Darstellung davon in der einleitenden Abhandlung, §. 20, wie auch in meiner Preisschrift über die Freiheit des Willens, Kap. 3, S. 27 fg., endlich im vierten Kapitel unsers zweiten Bandes nach. Kausalität ist das Gesetz, nach welchem die eintretenden ZUSTÄNDE der Materie sich ihre Stelle in der Zeit bestimmen. Bloß von Zuständen, ja eigentlich bloß von VERÄNDERUNGEN ist bei der Kausalität die Rede, und weder von der Materie als solcher, noch vom Beharren ohne Veränderung. Die MATERIE als solche steht nicht unter dem Gesetz der Kausalität; da sie weder wird, noch vergeht: also auch nicht das ganze DING, wie man gemeinhin spricht; sondern allein die ZUSTÄNDE der Materie. Ferner hat das Gesetz der Kausalität es nicht mit dem BEHARREN zu thun: denn wo sich nichts VERÄNDERT, ist kein WIRKEN und keine Kausalität, sondern ein bleibender ruhender Zustand. Wird nun ein solcher verändert, so ist entweder der neu entstandene wieder beharrlich, oder er ist es nicht, sondern führt sogleich einen dritten Zustand herbei, und die Nothwendigkeit, mit der dies geschieht, ist eben das Gesetz der Kausalität, welches eine Gestaltung des Satzes vom Grunde ist und daher nicht weiter zu erklären; weil eben der Satz vom Grunde das Princip aller Erklärung und aller Nothwendigkeit ist. Hieraus ist klar, daß das Ursach- und Wirkungseyn in genauer Verbindung und nothwendiger Beziehung auf die ZEITFOLGE steht. Nur sofern der Zustand *A* in der Zeit dem Zustande *B* vorhergeht, ihre Succession aber eine nothwendige und keine zufällige, d.h. kein bloßes Folgen, sondern ein Erfolgen ist; – nur insofern ist der Zustand *A* Ursache und der Zustand *B* Wirkung. Der Begriff WECHSELWIRKUNG enthält aber Dies, daß beide Ursache und beide Wirkung von einander sind: dies heißt aber eben soviel, als daß jeder von beiden der frühere und aber auch der spätere ist: also ein Ungedanke. Denn daß beide ZUSTÄNDE zugleich seien, und zwar nothwendig zugleich, läßt sich nicht annehmen: weil sie als nothwendig zusammengehörend und zugleich seiend, nur EINEN Zustand ausmachen, zu dessen Beharren zwar die bleibende Anwesenheit aller seiner Bestimmungen erfordert wird, wo denn aber gar nicht mehr von Veränderung und Kausalität, sondern von Dauer und Ruhe die Rede ist und weiter nichts gesagt wird, als daß wenn EINE Bestimmung des ganzen Zustandes geändert wird, der hiedurch entstandene neue Zustand nicht von Bestand seyn kann, sondern Ursache der Aenderung auch aller übrigen Bestimmungen des ersten Zustandes wird, wodurch eben wieder ein neuer, dritter Zustand eintritt; welches alles nur gemäß dem einfachen Gesetz der Kausalität geschieht und nicht ein neues, das der Wechselwirkung, begründet.

Auch behaupte ich schlechthin, daß der Begriff WECHSELWIRKUNG durch kein einziges Beispiel zu belegen ist. Alles was man dafür ausgeben möchte, ist entweder ein ruhender Zustand, auf den der Begriff der Kausalität, welcher nur bei Veränderungen Bedeutung hat, gar keine Anwendung findet, oder es ist eine abwechselnde Succession gleichnamiger, sich bedingender Zustände, zu deren Erklärung die einfache Kausalität vollkommen ausreicht. Ein Beispiel der erstern Art giebt die durch gleiche Gewichte in Ruhe gebrachte Waagschale: hier ist gar kein Wirken, denn hier ist keine Veränderung: es ist ruhender Zustand: die Schwere strebt, gleichmäßig vertheilt, wie in jedem im Schwerpunkt unterstützten Körper, kann aber ihre Kraft durch keine Wirkung äußern. Daß die Wegnahme des EINEN Gewichtes einen zweiten Zustand giebt, der sogleich Ursache des dritten, des Sinkens der andern Schale, wird, geschieht nach dem einfachen Gesetz der Ursache und Wirkung und bedarf keiner besondern Kategorie des Verstandes, auch nicht einmal einer besondern Benennung. Ein Beispiel der andern Art ist das Fortbrennen eines Feuers. Die Verbindung des Oxygens mit dem brennbaren Körper ist Ursache der Wärme, und diese ist wieder Ursache des erneuerten Eintritts jener chemischen Verbindung. Aber dieses ist nichts Anderes, als eine Kette von Ursachen und Wirkungen, deren Glieder jedoch abwechselnd GLEICHNAMIG sind: das Brennen *A* bewirkt freie Wärme *B*, diese ein neues Brennen *C* (d.h. eine neue Wirkung, die mit der Ursache *A* gleichnamig, nicht aber individuell dieselbe ist), dies eine neue Wärme *D* (welche mit der Wirkung *B* nicht real identisch, sondern nur dem Begriffe nach die selbe, d.h. mit ihr GLEICHNAMIG ist) und so immer fort. Ein artiges Beispiel Dessen, was man im gemeinen Leben Wechselwirkung nennt, liefert eine von Humboldt (Ansichten der Natur, zweite Auflage, Bd. 2, S. 79) gegebene Theorie der Wüsten. Nämlich in Sandwüsten regnet es nicht, wohl aber auf den sie begrenzenden waldigen Bergen. Nicht die Anziehung der Berge auf die Wolken ist Ursache; sondern die von der Sandebene aufsteigende Säule erhitzter Luft hindert die Dunstbläschen sich zu zersetzen und treibt die Wolken in die Höhe. Auf dem Gebirge ist der senkrecht steigende Luftstrom schwächer, die Wolken senken sich und der Niederschlag erfolgt in der kühlern Luft. So stehen Mangel an Regen und Pflanzenlosigkeit der Wüste in Wechselwirkung: es regnet nicht, weil die erhitzte Sandfläche mehr Wärme ausstrahlt; die Wüste wird nicht zur Steppe oder Grasflur, weil es nicht regnet. Aber offenbar haben wir hier wieder nur, wie im obigen Beispiel, eine Succession gleichnamiger Ursachen und Wirkungen, und durchaus nichts von der einfachen Kausalität wesentlich Verschiedenes. Eben so verhält es sich mit dem Schwingen des Pendels, ja, auch mit der Selbsterhaltung des organischen Körpers, bei welcher ebenfalls jeder Zustand einen neuen herbeiführt, der mit dem, von welchem er selbst bewirkt wurde, der Art nach derselbe, individuell aber ein neuer ist: nur ist hier die Sache komplicirter, indem die Kette nicht mehr aus Gliedern von zwei, sondern aus Gliedern von vielen Arten besteht, so daß ein gleichnamiges Glied, erst nachdem mehrere andere dazwischengetreten, wiederkehrt. Aber immer sehen wir nur eine Anwendung des einzigen und einfachen Gesetzes der Kausalität vor uns, welches der Folge der Zustände die Regel giebt, nicht aber irgend etwas, das durch eine neue und besondere Funktion des Verstandes gefaßt werden müßte.

Oder wollte man etwan gar als Beleg des Begriffs der Wechselwirkung anführen, daß Wirkung und Gegenwirkung sich gleich sind? Dies liegt aber eben in Dem, was ich so sehr urgire und in der Abhandlung über den Satz vom Grunde ausführlich dargethan habe, daß die Ursache und die Wirkung nicht zwei Körper, sondern zwei sich succedirende Zustände von Körpern sind, folglich jeder der beiden Zustände auch alle betheiligten Körper implicirt, die Wirkung also, d.i. der neu eintretende Zustand, z.B. beim Stoß, sich auf beide Körper in gleichem Verhältniß erstreckt: so sehr daher der gestoßene Körper verändert wird, eben so sehr wird es der stoßende (jeder im Verhältniß seiner Masse und Geschwindigkeit). Beliebt es, dieses Wechselwirkung zu nennen; so ist eben durchaus jede Wirkung Wechselwirkung, und es tritt deswegen kein neuer Begriff und noch weniger eine neue Funktion des Verstandes dafür ein, sondern wir haben nur ein überflüssiges Synonym der Kausalität. Diese Ansicht aber spricht Kant unbedachtsamer Weise geradezu aus, in den »Metaphysischen Anfangsgründen der Naturwissenschaft«, wo der Beweis des vierten Lehrsatzes der Mechanik anhebt: »alle äußere Wirkung in der Welt ist Wechselwirkung«. Wie sollen dann für einfache Kausalität und für Wechselwirkung verschiedene Funktionen *a priori* im Verstande liegen, ja, sogar die reale Succession der Dinge nur mittelst der erstern, und das Zugleichseyn derselben nur mittelst der letzteren möglich und erkennbar seyn? Danach wäre, wenn alle Wirkung Wechselwirkung ist, auch Succession und Simultaneität das Selbe, mithin Alles in der Welt zugleich. – Gäbe es wahre Wechselwirkung, dann wäre auch das *perpetuum mobile* möglich und sogar *a priori* gewiß: vielmehr aber liegt der Behauptung, daß es unmöglich sei, die Ueberzeugung *a priori* zum Grunde, daß es keine wahre Wechselwirkung und keine Verstandesform für eine solche giebt.

Auch Aristoteles leugnet die Wechselwirkung im eigentlichen Sinn: denn er bemerkt, daß zwar zwei Dinge wechselseitig Ursache von einander seyn können, aber nur so, daß man es von jedem in einem andern Sinne versteht, z.B. das eine auf das andere als Motiv, dieses auf jenes aber als Ursache seiner Bewegung wirkt. Nämlich wir finden an zwei Stellen die selben Worte: *Physic., Lib. II, c.3*, und *Metaph., Lib. V, c.2. Εστι δε τινα και αλληλων αιτια· οἱον το πονειν αιτιον της ευεξιας, και αὑτη του πονειν· αλλ᾽ ου τον αυτον τροπον, αλλα το μεν ὡς τελος το δε ὡς αρχη κινησεως. (Sunt praeterea quae sibi sunt mutuo causae, ut exercitium bonae habitudinis, et haec exercitii: at non eodem modo, sed haec ut finis, illud ut principium motus.)* Nähme er noch außerdem eine eigentliche Wechselwirkung an, so würde er sie hier aufführen, da er an beiden Stellen beschäftigt ist, sämmtliche mögliche Arten von Ursachen aufzuzählen. In den *Analyt. post., Lib. II, c. 11,* spricht er von einem Kreislauf der Ursachen und Wirkungen, aber nicht von einer Wechselwirkung.

4) Die Kategorien der MODALITÄT haben vor allen übrigen den Vorzug, daß Das, was durch jede derselben ausgedrückt wird, der Urtheilsform, von der es abgeleitet ist, doch wirklich entspricht; was bei den anderen Kategorien fast gar nicht der Fall ist, indem sie

meistens mit dem willkürlichsten Zwange aus den Urtheilsformen herausdeducirt sind.

Daß also die Begriffe des Möglichen, Wirklichen und Nothwendigen es sind, welche die problematische, assertorische und apodiktische Form des Urtheils veranlassen, ist vollkommen wahr. Daß aber jene Begriffe besondere, ursprüngliche und nicht weiter abzuleitende Erkenntnißformen des Verstandes wären, ist nicht wahr. Vielmehr stammen sie aus der einzigen ursprünglichen und daher *a priori* uns bewußten Form alles Erkennens her, aus dem Satze vom Grunde, und zwar unmittelbar aus diesem die Erkenntniß der Nothwendigkeit; hingegen erst indem auf diese die Reflexion angewandt wird, entstehen die Begriffe von Zufälligkeit, Möglichkeit, Unmöglichkeit, Wirklichkeit. Alle diese urständen daher keineswegs aus einer Geisteskraft, dem Verstande, sondern entstehen durch den Konflikt des abstrakten Erkennens mit dem intuitiven, wie man sogleich sehen wird.

Ich behaupte, daß Nothwendigseyn und Folge aus einem gegebenen Grunde seyn, durchaus Wechselbegriffe und völlig identisch sind. Als nothwendig können wir nimmermehr etwas erkennen, ja nur denken, als sofern wir es als Folge eines gegebenen Grundes ansehen: und weiter als diese Abhängigkeit, dieses Gesetztseyn durch ein Anderes und dieses unausbleibliche Folgen aus ihm, enthält der Begriff der Nothwendigkeit schlechthin nichts. Er entsteht und besteht also einzig und allein durch Anwendung des Satzes vom Grunde. Daher giebt es, gemäß den verschiedenen Gestaltungen dieses Satzes, ein physisch Nothwendiges (der Wirkung aus der Ursache), ein logisch (durch den Erkenntnißgrund, in analytischen Urtheilen, Schlüssen u.s.w.), ein mathematisch (nach dem Seynsgrunde in Raum und Zeit), und endlich ein praktisch Nothwendiges, womit wir nicht etwan das Bestimmtseyn durch einen angeblichen kategorischen Imperativ, sondern die, bei gegebenem empirischen Charakter, nach vorliegenden Motiven nothwendig eintretende Handlung bezeichnen wollen. – Alles Nothwendige ist es aber nur relativ, nämlich unter der Voraussetzung des Grundes, aus dem es folgt: daher ist absolute Nothwendigkeit ein Widerspruch. – Im Uebrigen verweise ich auf §. 49 der Abhandlung über den Satz vom Grunde.

Das kontradiktorische Gegentheil, d.h. die Verneinung der Nothwendigkeit ist die ZUFÄLLIGKEIT. Der Inhalt dieses Begriffs ist daher negativ, nämlich weiter nichts als dieses: Mangel der durch den Satz vom Grunde ausgedrückten Verbindung. Folglich ist auch das Zufällige immer nur relativ: nämlich in Beziehung auf etwas, das NICHT sein Grund ist, ist es ein solches. Jedes Objekt, von welcher Art es auch sei, z.B. jede Begebenheit in der wirklichen Welt, ist allemal nothwendig und zufällig zugleich: NOTHWENDIG in Beziehung auf das Eine, das ihre Ursache ist; ZUFÄLLIG in Beziehung auf alles Uebrige. Denn ihre Berührung in Zeit und Raum mit allem Uebrigen ist ein bloßes Zusammentreffen, ohne nothwendige Verbindung: daher auch die Wörter ZUFALL, *συμπτωμα, contingens.* So wenig daher, wie ein absolut Nothwendiges, ist ein absolut Zufälliges denkbar. Denn dieses Letztere wäre eben ein Objekt, welches zu keinem andern im Verhältniß der Folge zum Grunde stände. Die Unvorstellbarkeit eines solchen ist aber gerade der negativ ausgedrückte Inhalt des Satzes vom Grunde, welcher also erst umgestoßen werden müßte, um ein absolut Zufälliges zu denken: dieses selbst hätte aber alsdann auch alle Bedeutung verloren, da der Begriff des Zufälligen solche nur in Beziehung auf jenen Satz hat, und bedeutet, daß zwei Objekte nicht im Verhältniß von Grund und Folge zu einander stehen.

In der Natur, sofern sie anschauliche Vorstellung ist, ist Alles was geschieht nothwendig: denn es geht aus seiner Ursache hervor. Betrachten wir aber dieses Einzelne in Beziehung auf das Uebrige, welches nicht seine Ursache ist; so erkennen wir es als zufällig: dies ist aber schon eine abstrakte Reflexion. Abstrahiren wir nun ferner, bei einem Objekt der Natur, ganz von seinem Kausalverhältniß zu dem Uebrigen, also von seiner Nothwendigkeit und Zufälligkeit; so befaßt diese Art von Erkenntniß der Begriff des WIRKLICHEN, bei welchem man nur die WIRKUNG betrachtet, ohne sich nach der Ursache umzusehen, in Beziehung auf welche man sie sonst NOTHWENDIG, in Beziehung auf alles Uebrige ZUFÄLLIG nennen müßte. Dieses Alles beruht zuletzt darauf, daß die Modalität des Urtheils nicht sowohl die objektive Beschaffenheit der Dinge, als das Verhältniß unserer Erkenntniß zu derselben bezeichnet. Da aber in der Natur Jedes aus einer Ursache hervorgeht; so ist jedes WIRKLICHE auch NOTHWENDIG: aber wieder auch nur sofern es zu DIESER ZEIT, an DIESEM ORT ist: denn allein darauf erstreckt sich die Bestimmung durch das Gesetz der Kausalität. Verlassen wir aber die anschauliche Natur und gehen über zum abstrakten Denken; so können wir, in der Reflexion, alle Naturgesetze, die uns theils *a priori*, theils erst *a posteriori* bekannt sind, uns vorstellen, und diese abstrakte Vorstellung enthält Alles, was in der Natur zu IRGEND einer Zeit, an IRGEND einem Ort ist, aber mit Abstraktion von jedem bestimmten Ort und Zeit: und damit eben, durch solche Reflexion, sind wir ins weite Reich der MÖGLICHKEIT getreten. Was aber sogar auch hier keine Stelle findet, ist das UNMÖGLICHE. Es ist offenbar, daß Möglichkeit und Unmöglichkeit nur für die Reflexion, für die abstrakte Erkenntniß der Vernunft, nicht für die anschauliche Erkenntniß dasind; obgleich die reinen Formen dieser es sind, welche der Vernunft die Bestimmung des Möglichen und Unmöglichen an die Hand geben. Je nachdem die Naturgesetze, von denen wir beim Denken des Möglichen und Unmöglichen ausgehen, *a priori* oder *a posteriori* erkannt sind, ist die Möglichkeit oder Unmöglichkeit eine metaphysische, oder nur physische.

Aus dieser Darstellung, die keines Beweises bedarf, weil sie sich unmittelbar auf die Erkenntniß des Satzes vom Grunde und auf die Entwickelung der Begriffe des Nothwendigen, Wirklichen und Möglichen stützt, geht genugsam hervor, wie ganz grundlos Kants Annahme dreier besonderer Funktionen des Verstandes für jene drei Begriffe ist, und daß er hier abermals durch kein Bedenken sich hat stören lassen in der Durchführung seiner architektonischen Symmetrie.

Hiezu kommt nun aber noch der sehr große Fehler, daß er, freilich nach dem Vorgang der frühern Philosophie, die Begriffe des Nothwendigen und Zufälligen mit einander verwechselt hat. Jene frühere Philosophie nämlich hat die Abstraktion zu folgendem Mißbrauch benutzt. Es war offenbar, daß Das, dessen Grund gesetzt ist, unausbleiblich folgt, d.h. nicht nichtseyn kann, also nothwendig ist. An diese letzte Bestimmung aber hielt man sich ganz allein und sagte: nothwendig ist, was nicht anders seyn kann, oder dessen Gegentheil unmöglich. Man ließ aber den Grund und die Wurzel solcher Nothwendigkeit aus der Acht, übersah die daraus sich ergebende Relativität aller Nothwendigkeit und machte dadurch die ganz undenkbare Fiktion von einem ABSOLUT NOTHWENDIGEN, d.h. von einem Etwas, dessen Daseyn so unausbleiblich wäre, wie die Folge aus dem Grunde, das aber doch nicht Folge aus einem Grunde wäre und daher von nichts abhienge; welcher Beisatz eben eine absurde Petition ist, weil sie dem Satz vom Grunde widerstreitet. Von dieser Fiktion nun ausgehend erklärte man, der Wahrheit diametral entgegen, gerade Alles was durch einen Grund gesetzt ist, für das Zufällige, indem man nämlich auf das Relative seiner Nothwendigkeit sah und diese verglich mit jener ganz aus der Luft gegriffenen, in ihrem Begriff sich widersprechenden ABSOLUTEN Nothwendigkeit*. Diese grundverkehrte Bestimmung des Zufälligen behält nun auch Kant bei und giebt sie als Erklärung: »Kritik der reinen Vernunft«, V, S. 289–291; 243. V, 301; 419. V, 447, 486, 488. Er geräth dabei sogar in den augenfälligsten Widerspruch mit sich selbst, indem er S. 301 sagt: »Alles Zufällige hat eine Ursache«, und hinzufügt: »Zufällig ist, dessen Nichtseyn möglich.« Was aber eine Ursache hat, dessen Nichtseyn ist durchaus unmöglich: also ist es nothwendig. – Uebrigens ist der Ursprung dieser ganzen falschen Erklärung des Nothwendigen und Zufälligen schon bei Aristoteles zu finden und zwar *»De generatione et corruptione«, Lib. II, c. 9 et 11,* wo nämlich das Nothwendige erklärt wird als Das, dessen Nichtseyn unmöglich ist: ihm steht gegenüber Das, dessen Seyn unmöglich ist; und zwischen diesen Beiden liegt nun Das, was seyn und auch nichtseyn kann, – also das Entstehende und Vergehende, und dieses wäre denn das Zufällige.

* Man sehe Christian Wolf's »Vernünftige Gedanken von Gott, Welt und Seele«, §. 577 bis 579. – Sonderbar ist es, daß er nur das nach dem Satz vom Grunde des Werdens Nothwendige, d.h. aus Ursachen Geschehende, für zufällig erklärt, hingegen das nach den übrigen Gestaltungen des Satzes vom Grunde Nothwendige, auch dafür anerkennt, z.B. was aus der *essentia* (Definition) folgt, also die analytischen Urtheile, ferner auch die mathematischen Wahrheiten. Als Grund hievon giebt er an, daß nur das Gesetz der Kausalität endlose Reihen gebe, die anderen Arten von Gründen aber endliche. Dies ist jedoch bei den Gestaltungen des Satzes vom Grunde im reinen Raum und Zeit gar nicht der Fall, sondern gilt nur vom logischen Erkenntnißgrund: für einen solchen hielt er aber die mathematische Nothwendigkeit. – Vergleiche: Abhandlung über den Satz vom Grunde, §. 50.

Nach dem oben Gesagten ist es klar, daß diese Erklärung, wie so viele des Aristoteles, entstanden ist aus dem Stehenbleiben bei abstrakten Begriffen, ohne auf das Konkrete und Anschauliche zurückzugehen, in welchem doch die Quelle aller abstrakten Begriffe liegt, durch welches sie daher stets kontrolirt werden müssen. »Etwas, dessen Nichtseyn unmöglich ist« – läßt sich allenfalls *in abstracto* denken: aber gehen wir damit zum Konkreten, Realen, Anschaulichen, so finden wir nichts, den Gedanken, auch nur als ein Mögliches, zu belegen, – als eben nur die besagte Folge eines gegebenen Grundes, deren Nothwendigkeit jedoch eine relative und bedingte ist.

Ich füge bei dieser Gelegenheit noch einige Bemerkungen über jene Begriffe der Modalität hinzu. – Da alle Nothwendigkeit auf dem Satze vom Grunde beruht, und eben deshalb relativ ist; so sind alle APODIKTISCHEN Urtheile ursprünglich und ihrer letzten Bedeutung nach HYPOTHETISCH. Sie werden KATEGORISCH nur durch den Zutritt einer ASSERTORISCHEN Minor, also im Schlußsatz. Ist diese Minor noch unentschieden, und wird diese Unentschiedenheit ausgedrückt; so giebt dieses das PROBLEMATISCHE Urtheil.

Was im Allgemeinen (als Regel) apodiktisch ist (ein Naturgesetz), ist in Bezug auf einen einzelnen Fall immer nur problematisch, weil erst die Bedingung wirklich eintreten muß, die den Fall unter die Regel setzt. Und umgekehrt, was im Einzelnen als solches nothwendig (apodiktisch) ist (jede einzelne Veränderung, nothwendig durch ihre Ursache), ist überhaupt und allgemein ausgesprochen wieder nur problematisch; weil die eingetretene Ursache nur den einzelnen Fall traf, und das apodiktische, immer hypothetische Urtheil stets nur allgemeine Gesetze aussagt, nicht unmittelbar einzelne Fälle. – Dieses Alles hat seinen Grund darin, daß die Möglichkeit nur im Gebiet der Reflexion und für die Vernunft da ist, das Wirkliche im Gebiet der Anschauung und für den Verstand; das Nothwendige für beide. Sogar ist eigentlich der Unterschied zwischen nothwendig, wirklich und möglich nur *in abstracto* und dem Begriffe nach vorhanden; in der realen Welt hingegen fallen alle Drei in Eins zusammen. Denn Alles, was geschieht,

geschieht NOTHWENDIG; weil es aus Ursachen geschieht, diese aber selbst wieder Ursachen haben; so daß sämmtliche Hergänge der Welt, große wie kleine, eine strenge Verkettung des nothwendig Eintretenden sind. Demgemäß ist alles Wirkliche zugleich ein Nothwendiges, und in der Realität zwischen Wirklichkeit und Nothwendigkeit kein Unterschied; und eben so keiner zwischen Wirklichkeit und Möglichkeit: denn was nicht geschehen, d.h. nicht wirklich geworden ist, war auch nicht möglich; weil die Ursachen, ohne welche es nimmermehr eintreten konnte, selbst nicht eingetreten sind, noch eintreten konnten, in der großen Verkettung der Ursachen: es war also ein Unmögliches. Jeder Vorgang ist demnach entweder nothwendig, oder unmöglich. Dieses Alles gilt bloß von der empirisch realen Welt, d.h. dem Komplex der einzelnen Dinge, also vom ganz Einzelnen als solchem. Betrachten wir hingegen, mittelst der Vernunft, die Dinge im Allgemeinen, sie *in abstracto* auffassend; so treten Nothwendigkeit, Wirklichkeit und Möglichkeit wieder auseinander: wir erkennen dann alles den unserem Intellekt angehörenden Gesetzen *a priori* Gemäße als überhaupt möglich; das den empirischen Naturgesetzen Entsprechende als in dieser Welt möglich, auch wenn es nie wirklich geworden, unterscheiden also deutlich das Mögliche vom Wirklichen. Das Wirkliche ist an sich selbst zwar stets auch ein Nothwendiges, wird aber als solches nur von Dem aufgefaßt, der seine Ursache kennt: abgesehen von dieser ist und heißt es zufällig. Diese Betrachtung giebt uns auch den Schlüssel zu jener *contentio περι δυνατων* zwischen dem Megariker Diodoros und Chrysippos dem Stoiker, welche Cicero vorträgt im Buche *de fato*. Diodoros sagt: »Nur was wirklich wird, ist möglich gewesen: und alles Wirkliche ist auch nothwendig.« – Chrysippos dagegen: »Es ist Vieles möglich, das nie wirklich wird: denn nur das Nothwendige wird wirklich.« – Wir können uns dies so erläutern. Die Wirklichkeit ist die Konklusion eines Schlusses, zu dem die Möglichkeit die Prämissen giebt. Doch ist hiezu nicht allein die Major, sondern auch die Minor erfordert: erst Beide geben die volle Möglichkeit. Die Major nämlich giebt eine bloß theoretische, allgemeine Möglichkeit *in abstracto*: diese macht an sich aber noch gar nichts möglich, d.h. fähig wirklich zu werden. Dazu gehört noch die Minor, als welche die Möglichkeit für den einzelnen Fall giebt, indem sie ihn unter die Regel bringt. Dieser wird eben dadurch sofort zur Wirklichkeit. Z.B.:

Maj. Alle Häuser (folglich auch mein Haus) können abbrennen.
Min. Mein Haus geräth in Brand.
Konkl. Mein Haus brennt ab.

Denn jeder allgemeine Satz, also jede Major, bestimmt, in Hinsicht auf die Wirklichkeit, die Dinge stets nur unter einer Voraussetzung, mithin hypothetisch: z.B. das Abbrennenkönnen hat zur Voraussetzung das Inbrandgerathen. Diese Voraussetzung wird in der Minor beigebracht. Allemal ladet die Major die Kanone: allein erst wenn die Minor die Lunte hinzubringt, erfolgt der Schuß, die Konklusio. Das gilt durchweg vom Verhältniß der Möglichkeit zur Wirklichkeit. Da nun die Konklusio, welche die Aussage der Wirklichkeit ist, stets NOTHWENDIG erfolgt; so geht hieraus hervor, daß Alles, was wirklich ist, auch nothwendig ist; welches auch daraus einzusehen, daß Nothwendigseyn nur heißt, Folge eines gegebenen Grundes seyn: dieser ist beim Wirklichen eine Ursache: also ist alles Wirkliche nothwendig. Demnach sehen wir hier die Begriffe des Möglichen, Wirklichen und Nothwendigen zusammenfallen und nicht bloß den letzteren den ersteren voraussetzen, sondern auch umgekehrt. Was sie auseinanderhält, ist die Beschränkung unseres Intellekts durch die Form der Zeit: denn die Zeit ist das Vermittelnde zwischen Möglichkeit und Wirklichkeit. Die Nothwendigkeit der einzelnen Begebenheit läßt sich durch die Erkenntniß ihrer sämmtlichen Ursachen vollkommen einsehen: aber das Zusammentreffen dieser sämmtlichen, verschiedenen und von einander unabhängigen Ursachen erscheint für uns als ZUFÄLLIG, ja die Unabhängigkeit derselben von einander ist eben der Begriff der Zufälligkeit. Da aber doch jede von ihnen die nothwendige Folge IHRER Ursache war, deren Kette anfangslos ist; so zeigt sich, daß die Zufälligkeit eine bloß subjektive Erscheinung ist, entstehend aus der Begränzung des Horizonts unseres Verstandes, und so subjektiv, wie der optische Horizont, in welchem der Himmel die Erde berührt.

Da Nothwendigkeit einerlei ist mit Folge aus gegebenem Grunde, so muß sie auch bei jeder Gestaltung des Satzes vom Grunde als eine besondere erscheinen und auch ihren Gegensatz haben an der Möglichkeit und Unmöglichkeit, welcher immer erst durch Anwendung der abstrakten Betrachtung der Vernunft auf den Gegenstand entsteht. Daher stehen den oben erwähnten vier Arten von Nothwendigkeiten eben so viele Arten von Unmöglichkeiten gegenüber: also physische, logische, mathematische, praktische. Dazu mag noch bemerkt werden, daß wenn man ganz innerhalb des Gebietes abstrakter Begriffe sich hält, die Möglichkeit immer dem allgemeinern, die Nothwendigkeit dem engern Begriff anhängt: z.B. »ein Thier KANN seyn ein Vogel, Fisch, Amphibie u.s.w.« – »eine Nachtigall MUSS seyn ein Vogel, dieser ein Thier, dieses ein Organismus, dieser ein Körper«. – Eigentlich weil die logische Nothwendigkeit, deren Ausdruck der Syllogismus ist, vom Allgemeinen auf das Besondere geht und nie umgekehrt. – Dagegen ist in der anschaulichen Natur (den Vorstellungen der ersten Klasse) eigentlich alles nothwendig, durch das Gesetz der Kausalität: bloß die hinzutretende Reflexion kann es zugleich als zufällig auffassen, es vergleichend mit dem was nicht dessen Ursache ist, und auch als bloß und rein wirklich, durch Absehen von aller Kausalverknüpfung: nur bei dieser Klasse von Vorstellungen hat eigentlich der Begriff des WIRKLICHEN Statt, wie auch schon die Abstammung des Worts vom Kausalitätsbegriffe anzeigt. – In der dritten Klasse der Vorstellungen, der reinen mathematischen Anschauung, ist, wenn man ganz innerhalb derselben sich hält, lauter Nothwendigkeit: Möglichkeit entsteht auch hier bloß durch Beziehung auf die Begriffe der Reflexion: z.B. »ein Dreieck KANN seyn recht-, stumpf-, gleichwinklicht; MUSS seyn mit drei Winkeln, die zwei rechte betragen«. Also zum MÖGLICHEN kommt man hier nur durch Uebergang vom Anschaulichen zum Abstrakten.

Nach dieser Darstellung, welche die Erinnerung, sowohl an das in der Abhandlung über den Satz vom Grunde, als im ersten Buch gegenwärtiger Schrift Gesagte voraussetzt, wird hoffentlich über den wahren und sehr verschiedenartigen Ursprung jener Formen der Urtheile, welche die Tafel vor Augen legt, weiter kein Zweifel seyn, wie auch nicht über die Unzulässigkeit und gänzliche Grundlosigkeit der Annahme von zwölf besonderen Funktionen des Verstandes zur Erklärung derselben. Von dieser letztern geben auch schon manche einzelne und sehr leicht zu machende Bemerkungen Anzeige. So gehört z. B. große Liebe zur Symmetrie und viel Vertrauen zu einem von ihr genommenen Leitfaden dazu, um anzunehmen, ein bejahendes, ein kategorisches und ein assertorisches Urtheil seien drei so grundverschiedene Dinge, daß sie berechtigten, zu jedem derselben eine ganz eigenthümliche Funktion des Verstandes anzunehmen.

Das Bewußtseyn der Unhaltbarkeit seiner Kategorienlehre verräth Kant selbst dadurch, daß er im dritten Hauptstück der Analysis der Grundsätze *(phaenomena et noumena)* aus der ersten Auflage mehrere lange Stellen (nämlich S. 241, 242, 244–246, 248–253) in der zweiten Auflage weggelassen hat, welche die Schwäche jener Lehre zu unverhohlen an den Tag legten. So z. B. sagt er daselbst, S. 241, er habe die einzelnen Kategorien nicht definirt, weil er sie nicht definiren konnte, auch wenn er es gewollt hätte, indem sie keiner Definition fähig seien; – er hatte hiebei vergessen, daß er S. 82 derselben ersten Auflage gesagt hatte: »Der Definition der Kategorien überhebe ich mich geflissentlich, ob ich gleich im Besitz derselben seyn möchte.« – Dies war also – *sit venia verbo* – Wind. Diese letztere Stelle hat er aber stehen lassen. Und so verrathen alle jene nachher weislich weggelassenen Stellen, daß sich bei den Kategorien nichts Deutliches denken läßt und diese ganze Lehre auf schwachen Füßen steht.

Diese Kategorientafel soll nun der Leitfaden seyn, nach welchem jede metaphysische, ja, jede wissenschaftliche Betrachtung anzustellen ist. (Prolegomena, §. 39.) Und in der That ist sie nicht nur die Grundlage der ganzen Kantischen Philosophie und der Typus, nach welchem deren Symmetrie überall durchgeführt wird, wie ich bereits oben gezeigt habe; sondern sie ist auch recht eigentlich das Bett des Prokrustes geworden, in welches Kant jede mögliche Betrachtung hineinzwängt, durch eine Gewaltthätigkeit, die ich jetzt noch etwas näher betrachten werde. Was mußten aber bei einer solchen Gelegenheit nicht erst die *imitatores, servum pecus* thun! Man hat es gesehen. Jene Gewaltthätigkeit also wird dadurch ausgeübt, daß man die Bedeutung der Ausdrücke, welche die Titel, Formen der Urtheile und Kategorien bezeichnen, ganz bei Seite setzt und vergißt, und sich allein an diese Ausdrücke selbst hält. Diese haben zum Theil ihren Ursprung aus des Aristoteles *Analyt. priora, 1, 23 (περι ποιοτητος και ποσοτητος των του συλλογισμου ὁρων: de qualitate et quantitate terminorum syllogismi)*, sind aber willkürlich gewählt: denn den Umfang der Begriffe hätte man auch wohl noch anders, als durch das Wort QUANTITÄT, bezeichnen können, obwohl gerade dieses noch besser, als die übrigen Titel der Kategorien, zu seinem Gegenstande paßt. Schon das Wort QUALITÄT hat man offenbar nur gewählt aus der Gewohnheit, der Quantität die Qualität gegenüber zu stellen: denn für Bejahung und Verneinung ist der Name Qualität doch wohl willkürlich genug ergriffen. Nun aber wird von Kant, bei jeder Betrachtung, die er anstellt, jede Quantität in Zeit und Raum, und jede mögliche Qualität von Dingen, physische, moralische u. s. w. unter jene Kategorientitel gebracht, obgleich zwischen diesen Dingen und jenen Titeln der Formen des Urtheilens und Denkens nicht das mindeste Gemeinsame ist, außer der zufälligen, willkürlichen Benennung. Man muß alle Hochachtung, die man Kanten übrigens schuldig ist, sich gegenwärtig halten, um nicht seinen Unwillen über dieses Verfahren in harten Ausdrücken zu äußern. – Das nächste Beispiel liefert uns gleich die reine physiologische Tafel allgemeiner Grundsätze der Naturwissenschaft. Was, in aller Welt, hat die Quantität der Urtheile damit zu thun, daß jede Anschauung eine extensive Größe hat? was die Qualität der Urtheile damit, daß jede Empfindung einen Grad hat? – Ersteres beruht vielmehr darauf, daß der Raum die Form unserer äußern Anschauung ist, und Letzteres ist nichts weiter, als eine empirische und noch dazu ganz subjektive Wahrnehmung, bloß aus der Betrachtung der Beschaffenheit unserer Sinnesorgane geschöpft. – Ferner auf der Tafel, welche den Grund zur rationalen Psychologie legt (Kritik der reinen Vernunft, S. 344; V, 402), wird unter der Qualität die EINFACHHEIT der Seele angeführt: diese ist aber gerade eine quantitative Eigenschaft, und zur Bejahung oder Verneinung im Urtheil hat sie gar keine Beziehung. Allein die Quantität sollte ausgefüllt werden durch die EINHEIT der Seele, die doch in der Einfachheit schon begriffen ist. Dann ist die Modalität auf eine lächerliche Weise hineingezwängt: die Seele stehe nämlich im Verhältniß zu MÖGLICHEN Gegenständen; Verhältniß gehört aber zur Relation; allein diese ist bereits durch Substanz eingenommen. Sodann werden die vier kosmologischen Ideen, welche der Stoff der Antinomien sind, auf die Titel der Kategorien zurückgeführt; worüber das Nähere weiter unten, bei der Prüfung dieser Antinomien. Mehrere wo möglich noch grellere Beispiele liefert die Tafel der KATEGORIEN DER FREIHEIT! in der »Kritik der praktischen Vernunft«; – ferner in der »Kritik der Urtheilskraft« das erste Buch, welches das Geschmacksurtheil nach den vier Titeln der Kategorien durchgeht; endlich die Metaphysischen Anfangsgründe der Naturwissenschaft, die ganz nach der Kategorientafel zugeschnitten sind, wodurch eben vielleicht das Falsche, welches dem Wahren und Vortrefflichen dieses wichtigen Werkes hin und wieder beigemischt ist, hauptsächlich veranlaßt worden. Man sehe nur am Ende des ersten Hauptstücks, wie die Einheit, Vielheit, Allheit der Richtungen der Linien den nach der Quantität der Urtheile so benannten Kategorien entsprechen soll.

Der Grundsatz der BEHARRLICHKEIT DER SUBSTANZ ist aus der Kategorie der Subsistenz und Inhärenz abgeleitet. Diese kennen wir aber nur aus der Form der kategorischen Urtheile, d.i. aus der Verbindung zweier Begriffe als Subjekt und Prädikat. Wie gewaltsam ist daher von dieser einfachen, rein logischen Form jener große metaphysische Grundsatz abhängig gemacht! Allein es ist auch nur *pro forma* und der Symmetrie wegen geschehen. Der Beweis, der hier für diesen Grundsatz gegeben wird, setzt dessen vermeintlichen Ursprung aus dem Verstande und aus der Kategorie ganz bei Seite, und ist aus der reinen Anschauung der Zeit geführt. Aber auch dieser Beweis ist ganz unrichtig. Es ist falsch, daß es in der bloßen Zeit eine SIMULTANEITÄT und eine DAUER gebe: diese Vorstellungen gehen allererst hervor aus der Vereinigung des RAUMES mit der ZEIT, wie ich bereits gezeigt habe in der Abhandlung über den Satz vom Grunde, §. 18, und noch weiter ausgeführt §. 4 gegenwärtiger Schrift; beide Auseinandersetzungen muß ich zum Verständniß des Folgenden voraussetzen. Es ist falsch, daß bei allem Wechsel die Zeit selbst BLEIBE: vielmehr ist gerade sie selbst das fließende: eine bleibende Zeit ist ein Widerspruch. Kants Beweis ist unhaltbar, so sehr er ihn auch mit Sophismen gestützt hat: ja, er geräth dabei in den handgreiflichsten Widerspruch. Nachdem er nämlich (S. 177; V, 219) das ZUGLEICHSEYN fälschlich als einen Modus der Zeit aufgestellt hat, sagt er (S. 183; V, 226) ganz richtig: »Das ZUGLEICHSEYN ist nicht ein Modus der Zeit, als in welcher gar keine Theile zugleich sind, sondern alle nach einander.« – In Wahrheit ist im Zugleichseyn der Raum eben so sehr implicirt, wie die Zeit. Denn, sind zwei Dinge zugleich und doch nicht Eins, so sind sie durch den Raum verschieden; sind zwei Zustände EINES Dinges zugleich (z.B. das Leuchten und die Hitze des Eisens), so sind sie zwei gleichzeitige Wirkungen EINES Dinges, setzen daher die Materie und diese den Raum voraus. Streng genommen ist das Zugleich eine negative Bestimmung, die bloß enthält, daß zwei Dinge, oder Zustände, nicht durch die Zeit verschieden sind, ihr Unterschied also anderweitig zu suchen ist. – Allerdings aber muß unsere Erkenntniß von der Beharrlichkeit der Substanz, d.i. der Materie, auf einer Einsicht *a priori* beruhen; da sie über allen Zweifel erhaben ist, daher nicht aus der Erfahrung geschöpft seyn kann. Ich leite sie davon ab, daß das Princip alles Werdens und Vergehens, das Gesetz der Kausalität, dessen wir uns *a priori* bewußt sind, ganz wesentlich nur die VERÄNDERUNGEN, d.h. die successiven ZUSTÄNDE der Materie betrifft, also auf die Form beschränkt ist, die MATERIE aber unangetastet läßt, welche daher in unserm Bewußtseyn als die keinem Werden und Vergehen unterworfene, mithin immer gewesene und immer bleibende Grundlage aller Dinge dasteht. Eine tiefere, aus der Analyse unserer anschaulichen Vorstellung der empirischen Welt überhaupt geschöpfte Begründung der Beharrlichkeit der Substanz findet man in unserem ersten Buch, §. 4, als wo gezeigt worden, daß das Wesen der MATERIE in der gänzlichen VEREINIGUNG VON RAUM UND ZEIT besteht, welche Vereinigung nur mittelst der Vorstellung der Kausalität möglich ist, folglich nur für den Verstand, der nichts, als das subjektive Korrelat der Kausalität ist, daher auch die Materie nie anders als wirkend, d.h. durch und durch als Kausalität erkannt wird, Seyn und Wirken bei ihr Eins ist, welches schon das Wort WIRKLICHKEIT andeutet. Innige Vereinigung von Raum und Zeit, – Kausalität, Materie, Wirklichkeit, – sind also Eines, und das subjektive Korrelat dieses Einen ist der Verstand. Die Materie muß die sich widerstreitenden Eigenschaften der beiden Faktoren, aus denen sie hervorgeht, an sich tragen, und die Vorstellung der Kausalität ist es, die das Widersprechende beider aufhebt und ihr Zusammenbestehen faßlich macht dem Verstande, durch den und für den allein die Materie ist und dessen ganzes Vermögen im Erkennen von Ursache und Wirkung besteht: für ihn also vereinigt sich in der Materie der bestandlose Fluß der Zeit, als Wechsel der Accidenzien auftretend, mit der starren Unbeweglichkeit des Raumes, die sich darstellt als das Beharren der Substanz. Denn vergienge, wie die Accidenzien, so auch die Substanz; so würde die Erscheinung vom Raume ganz losgerissen und gehörte nur noch der bloßen Zeit an: die Welt der Erfahrung wäre aufgelöst, durch Vernichtung der Materie, Annihilation. – Aus dem Antheil also, den der RAUM an der Materie, d.i. an allen Erscheinungen der Wirklichkeit hat, – indem er der Gegensatz und das Widerspiel der Zeit ist und daher, an sich und außer dem Verein mit jener, gar keinen Wechsel kennt, – mußte jener Grundsatz von der Beharrlichkeit der Substanz, den Jeder als *a priori* gewiß anerkennt, abgeleitet und erklärt werden, nicht aber aus der bloßen Zeit, welcher Kant zu diesem Zweck ganz widersinnig ein BLEIBEN angedichtet hat.

Die Unrichtigkeit des jetzt folgenden Beweises der Apriorität und Nothwendigkeit des Gesetzes der Kausalität, aus der bloßen Zeitfolge der Begebenheiten, habe ich ausführlich dargethan in der Abhandlung über den Satz vom Grunde, §. 23; darf mich also hier nur darauf berufen*. Ganz eben so verhält es sich mit dem Beweise

* Mit jener meiner Widerlegung des Kantischen Beweises kann man beliebig die früheren Angriffe auf denselben vergleichen von FEDER, Ueber Zeit, Raum und Kausalität, §. 28; und von G. E. SCHULZE, Kritik der theoretischen Philosophie, Bd. 2, S. 422–442.

der Wechselwirkung, deren Begriff ich sogar oben als nichtig darstellen mußte. – Auch über die Modalität, von deren Grundsätzen nun die Ausführung folgt, ist schon das Nöthige gesagt. –

Ich hätte noch manche Einzelheiten in fernerem Verfolg der transscendentalen Analytik zu widerlegen, fürchte jedoch die Geduld des Lesers zu ermüden und überlasse dieselben daher seinem eigenen Nachdenken. Aber immer von Neuem tritt uns in der Kritik der reinen Vernunft jener Haupt- und Grundfehler Kants, welchen ich oben ausführlich gerügt habe, entgegen, die gänzliche Nichtunterscheidung der abstrakten, diskursiven Erkenntniß von der intuitiven. Diese ist es, welche eine beständige Dunkelheit über Kants ganze Theorie des Erkenntnißvermögens verbreitet, und den Leser nie wissen läßt, wovon jedesmal eigentlich die Rede ist; so daß er, statt zu verstehen, immer nur muthmaaßt, indem er das jedesmal Gesagte abwechselnd vom Denken und vom Anschauen zu verstehen versucht, und stets in der Schwebe bleibt. Jener unglaubliche Mangel an Besinnung über das Wesen der anschaulichen und der abstrakten Vorstellung bringt, wie ich sogleich näher erörtern werde, in dem Kapitel »von der Unterscheidung aller Gegenstände in Phänomena und Noumena« Kanten zu der monströsen Behauptung, daß es ohne Denken, also ohne abstrakte Begriffe, gar keine Erkenntniß eines Gegenstandes gebe, und daß die Anschauung, weil sie kein Denken ist, auch gar kein Erkennen sei und überhaupt nichts, als eine bloße Affektion der Sinnlichkeit, bloße Empfindung! Ja noch mehr, daß Anschauung ohne Begriff ganz leer sei; Begriff ohne Anschauung aber immer noch etwas (S. 253; V, 309). Dies ist nun das gerade Gegentheil der Wahrheit: denn eben Begriffe erhalten alle Bedeutung, allen Inhalt, allein aus ihrer Beziehung auf anschauliche Vorstellungen, aus denen sie abstrahirt, abgezogen, d.h. durch Fallenlassen alles Unwesentlichen gebildet worden; daher, wenn ihnen die Unterlage der Anschauung entzogen wird, sie leer und nichtig sind. Anschauungen hingegen haben an sich selbst unmittelbare und sehr große Bedeutung (in ihnen ja objektivirt sich das Ding an sich): sie vertreten sich selbst, sprechen sich selbst aus, haben nicht bloß entlehnten Inhalt, wie die Begriffe. Denn über sie herrscht der Satz vom

Grunde nur als Gesetz der Kausalität, und bestimmt als solches nur ihre Stelle in Raum und Zeit; nicht aber bedingt er ihren Inhalt und ihre Bedeutsamkeit, wie es bei den Begriffen der Fall ist, wo er vom Grunde des Erkennens gilt. Uebrigens sieht es aus, als ob Kant gerade hier recht eigentlich darauf ausgehen wolle, die anschauliche und die abstrakte Vorstellung zu unterscheiden: er wirft Leibnitzen und Locken vor, jener hätte alles zu abstrakten, dieser zu anschaulichen Vorstellungen gemacht. Aber es kommt doch zu keiner Unterscheidung: und wenn gleich Locke und Leibnitz wirklich jene Fehler begiengen, so fällt Kanten selbst ein dritter, jene beiden umfassender Fehler zur Last, nämlich Anschauliches und Abstraktes dermaaßen vermischt zu haben, daß ein monströser Zwitter von beiden entstand, ein Unding, von dem keine deutliche Vorstellung möglich ist und welches daher nur die Schüler verwirren, betäuben und in Streit versetzen mußte.

Allerdings nämlich treten mehr noch als irgendwo Denken und Anschauung auseinander in dem besagten Kapitel »von der Unterscheidung aller Gegenstände zu Phänomena und Noumena«: allein die Art dieser Unterscheidung ist hier eine grundfalsche. Es heißt nämlich; S. 253; V, 309: »Wenn ich alles Denken (durch Kategorien) aus einer empirischen Erkenntniß wegnehme; so bleibt gar keine Erkenntniß eines Gegenstandes übrig: denn durch bloße Anschauung wird gar nichts gedacht, und daß diese Affektion der Sinnlichkeit in mir ist, macht gar keine Beziehung von dergleichen Vorstellungen auf irgend ein Objekt aus.« – Dieser Satz enthält gewissermaaßen alle Irrthümer Kants in einer Nuß; indem dadurch an den Tag kommt, daß er das Verhältniß zwischen Empfindung, Anschauung und Denken falsch gefaßt hat und demnach die Anschauung, deren Form denn doch der Raum und zwar nach allen drei Dimensionen seyn soll, mit der bloßen, subjektiven Empfindung in den Sinnesorganen identificirt, das Erkennen eines Gegenstandes aber allererst durch das vom Anschauen verschiedene Denken hinzukommen läßt. Ich sage hingegen: Objekte sind zunächst Gegenstände der Anschauung, nicht des Denkens, und alle Erkenntniß von Gegenständen ist ursprünglich und an sich selbst Anschauung: diese aber ist keineswegs bloße Empfindung, sondern schon bei ihr erzeigt der Verstand sich thätig. Das allein beim Menschen, nicht aber bei den Thieren, hinzukommende DENKEN ist bloße Abstraktion aus der Anschauung, giebt keine von Grund aus neue Erkenntniß, setzt nicht allererst Gegenstände, die vorher nicht dagewesen; sondern ändert bloß die Form der durch die Anschauung bereits gewonnenen Erkenntniß, macht sie nämlich zu einer abstrakten in Begriffen, wodurch die Anschaulichkeit verloren geht, dagegen aber Kombination derselben möglich wird, welche deren Anwendbarkeit unermeßlich erweitert. Der STOFF unseres Denkens hingegen ist kein anderer, als unsere Anschauungen selbst, und nicht etwas, welches, in der Anschauung nicht enthalten, erst durch das Denken hinzugebracht würde: daher auch muß von Allem, was in unserem Denken vorkommt, der Stoff sich in unserer Anschauung nachweisen lassen; da es sonst ein leeres Denken wäre. Wiewohl dieser Stoff durch das Denken gar vielfältig bearbeitet und umgestaltet wird; so muß er doch daraus wieder hergestellt und das Denken auf ihn zurückgeführt werden können; – wie man ein Stück Gold aus allen seinen Auflösungen, Oxydationen, Sublimationen und Verbindungen zuletzt wieder reducirt und es regulinisch und unvermindert wieder vorlegt. Dem könnte nicht so seyn, wenn das Denken selbst etwas, ja gar die Hauptsache, dem Gegenstande hinzugethan hätte.

Das ganze darauf folgende Kapitel von der Amphibolie ist bloß eine Kritik der Leibnitzischen Philosophie und als solche im Ganzen richtig, obwohl der ganze Zuschnitt bloß der architektonischen Symmetrie zu Liebe gemacht ist, die auch hier den Leitfaden giebt. So wird, um die Analogie mit dem Aristotelischen Organon herauszubringen, eine transscendentale Topik aufgestellt, die darin besteht, daß man jeden Begriff nach vier Rücksichten überlegen soll, um erst auszumachen, vor welches Erkenntnißvermögen er gehöre. Jene vier Rücksichten aber sind ganz und gar beliebig angenommen, und mit gleichem Rechte ließen sich noch zehn andere hinzufügen: ihre Vierzahl entspricht aber den Kategorientiteln, daher werden unter sie die Leibnitzischen Hauptlehren vertheilt, so gut es gehen will. Auch wird durch diese Kritik gewissermaaßen zu natürlichen Irrthümern der Vernunft gestempelt, was bloß falsche Abstraktionen LEIBNITZENS waren, der, statt von seinen großen philosophischen Zeitgenossen, Spinoza und Locke, zu lernen, lieber seine eigenen seltsamen Erfindungen auftischte. Im Kapitel von der Amphibolie der Reflexion wird zuletzt gesagt, es könne möglicherweise eine von der unserigen ganz verschiedene Art der Anschauung geben, auf dieselbe unsere Kategorien aber doch anwendbar seyn; daher die Objekte jener supponirten Anschauung die NOUMENA wären, Dinge die sich von uns bloß DENKEN ließen, aber da uns die Anschauung, welche jenem Denken Bedeutung gäbe, fehle, ja gar ganz problematisch sei, so wäre der Gegenstand jenes Denkens auch bloß eine ganz unbestimmte Möglichkeit. Ich habe oben durch angeführte Stellen gezeigt, daß Kant, im größten Widerspruch mit sich, die Kategorien bald als Bedingung der anschaulichen Vorstellung, bald als Funktion des bloß abstrakten Denkens aufstellt. Hier treten sie nun ausschließlich in letzterer Bedeutung auf, und es scheint ganz und gar, als wolle er ihnen bloß ein diskursives Denken zuschreiben. Ist aber dies wirklich seine Meinung, so hätte er doch nothwendig am Anfange der transscendentalen Logik, ehe er die verschiedenen Funktionen des Denkens so weitläuftig specificirte, das Denken überhaupt charakterisiren sollen, es folglich vom Anschauen unterscheiden, zeigen sollen, welche Erkenntniß das bloße Anschauen gebe und welche neue im Denken hinzukomme. Dann hätte man gewußt, wovon er eigentlich redet, oder vielmehr, dann würde er auch ganz anders geredet haben, nämlich einmal vom Anschauen und dann vom Denken, statt daß er jetzt es immer mit einem Mittelding von beiden zu thun hat, welches ein Unding ist. Dann wäre auch nicht jene große Lücke zwischen der transscendentalen Aesthetik und der transscendentalen Logik, wo er, nach Darstellung der bloßen Form der Anschauung, ihren Inhalt, die ganze empirische Wahrnehmung, eben nur abfertigt mit dem »sie ist GEGEBEN«, und nicht frägt, wie sie zu Stande kommt, OB MIT, ODER OHNE VERSTAND; sondern mit einem Sprunge zum abstrakten Denken übergeht und nicht einmal zum Denken überhaupt, sondern gleich zu gewissen Denkformen, und kein Wort darüber sagt, was Denken sei, was Begriff, welches das Verhältniß des Abstrakten und Diskursiven zum Konkreten und Intuitiven, welches der Unterschied zwischen der Erkenntniß des Menschen und der des Thieres, und was die Vernunft sei.

Eben jener von Kant ganz übersehene Unterschied zwischen abstrakter und anschaulicher Erkenntniß war es aber, welchen die alten Philosophen durch *φαινομενα* und *νοουμενα* bezeichneten* und deren Gegensatz und Inkommensurabilität ihnen so viel zu schaffen machte, in den Philosophemen der Eleaten, in Platons Lehre von den Ideen, in der Dialektik der Megariker, und später den Scholastikern, im Streit zwischen Nominalismus und Realismus, zu welchem den sich spät entwickelnden Keim schon die entgegengesetzte Geistesrichtung des Platon und des Aristoteles enthielt. Kant aber, der, auf eine unverantwortliche Weise, die Sache gänzlich vernachlässigte, zu deren Bezeichnung jene Worte *φαινομενα* und *νοουμενα* bereits eingenommen waren, bemächtigt sich nun der Worte, als wären sie noch herrenlos, um seine Dinge an sich und seine Erscheinungen damit zu bezeichnen.

Nachdem ich Kants Lehre von den Kategorien eben so habe verwerfen müssen, wie er selbst die des Aristoteles verwarf, will ich doch hier auf einen dritten Weg zur Erreichung des Beabsichtigten vorschlagsweise hinzeigen. Was nämlich Beide unter dem Namen der Kategorien suchten, waren jedenfalls die allgemeinsten Begriffe, unter welche man alle noch so verschiedenen Dinge subsumiren müsse, durch welche daher alles Vorhandene zuletzt gedacht würde. Deshalb eben faßte sie Kant als die FORMEN alles Denkens auf.

Zur Logik verhält sich die Grammatik wie das Kleid zum Leibe. Sollten daher nicht diese allerobersten Begriffe, dieser Grundbaß der Vernunft, welcher die Unterlage alles speciellern Denkens ist, ohne dessen Anwendung daher gar kein Denken vor sich gehen kann, am Ende in den Begriffen liegen, welche eben wegen ihrer überschwänglichen Allgemeinheit (Transscendentalität) nicht an einzelnen Wörtern, sondern an ganzen Klassen von Wörtern ihren

* Siehe *Sext. Empir. Pyrrhon. hypotyp., Lib. I, c. 13, νοουμενα φαινομενοις αντειϑη Αναξαγορας (intelligibilia apparentibus opposuit Anaxagoras).*

Ausdruck haben, indem bei jedem Worte, welches es auch sei, einer von ihnen schon mitgedacht ist; demgemäß man ihre Bezeichnung nicht im Lexikon, sondern in der Grammatik zu suchen hätte? Sollten es also nicht zuletzt jene Unterschiede der Begriffe seyn, vermöge welcher das sie ausdrückende Wort, entweder ein Substantiv, oder ein Adjektiv, ein Verbum, oder ein Adverbium, ein Pronomen, eine Präposition, oder sonstige Partikel sei, kurz die *partes orationis*? Denn unstreitig bezeichnen diese die Formen, welche alles Denken zunächst annimmt und in denen es sich unmittelbar bewegt: deshalb eben sind sie die wesentlichen Sprachformen, die Grundbestandtheile jeder Sprache, so daß wir uns keine Sprache denken können, die nicht wenigstens aus Substantiven, Adjektiven und Verben bestände. Diesen Grundformen wären dann diejenigen Gedankenformen unterzuordnen, welche durch die Flexionen jener, also durch Deklination und Konjugation ausgedrückt werden, wobei es in der Hauptsache unwesentlich ist, ob man in der Bezeichnung derselben den Artikel und das Pronomen zu Hülfe nimmt. Wir wollen jedoch die Sache noch etwas näher prüfen und von Neuem die Frage aufwerfen: welches sind die Formen des Denkens?

1) Das Denken besteht durchweg aus Urtheilen: Urtheile sind die Fäden seines ganzen Gewebes. Denn ohne Gebrauch eines Verbi geht unser Denken nicht von der Stelle, und so oft wir ein Verbum gebrauchen, urtheilen wir.

2) Jedes Urtheil besteht im Erkennen des Verhältnisses zwischen Subjekt und Prädikat, die es trennt oder vereint mit mancherlei Restriktionen. Es vereint sie, vom Erkennen der wirklichen Identität Beider an, welche nur bei Wechselbegriffen Statt finden kann; dann im Erkennen, daß das Eine im Andern stets mitgedacht sei, wiewohl nicht umgekehrt, – im allgemein bejahenden Satz; bis zum Erkennen, daß das Eine bisweilen im Andern mitgedacht sei, im partikulär bejahenden Satz. Den umgekehrten Gang gehen die verneinenden Sätze. Demnach muß in jedem Urtheil Subjekt, Prädikat und Kopula, letztere affirmativ, oder negativ, zu finden seyn; wenn auch nicht Jedes von diesen durch ein eigenes Wort, wie jedoch meistens, bezeichnet ist. Oft bezeichnet EIN Wort Prädikat

und Kopula, wie: »Kajus altert«; bisweilen EIN Wort alle Drei, wie: *concurritur*, d.h. »die Heere werden handgemein«. Hieraus erhellt, daß man die Formen des Denkens doch nicht so geradezu und unmittelbar in den Worten, noch selbst in den Redetheilen zu suchen hat; da das selbe Urtheil in verschiedenen, ja sogar in der selben Sprache durch verschiedene Worte und selbst durch verschiedene Redetheile ausgedrückt werden kann, der Gedanke aber dennoch der selbe bleibt, folglich auch seine Form: denn der Gedanke könnte nicht der selbe seyn, bei verschiedener Form des Denkens selbst. Wohl aber kann das Wortgebilde, bei gleichem Gedanken und gleicher Form desselben, ein verschiedenes seyn: denn es ist bloß die äußere Einkleidung des Gedankens, der hingegen von SEINER Form unzertrennlich ist. Also erläutert die Grammatik nur die Einkleidung der Denkformen. Die Redetheile lassen sich daher ableiten aus den ursprünglichen, von allen Sprachen unabhängigen Denkformen selbst: diese, mit allen ihren Modifikationen, auszudrücken ist ihre Bestimmung. Sie sind das Werkzeug derselben, sind ihr Kleid, welches ihrem Gliederbau genau angepaßt seyn muß, so daß dieser darin zu erkennen ist.

3) Diese wirklichen, unveränderlichen, ursprünglichen Formen des Denkens sind allerdings die der LOGISCHEN TAFEL DER URTHEILE Kants; nur daß auf dieser sich blinde Fenster, zu Gunsten der Symmetrie und der Kategorientafel befinden, die alle wegfallen müssen; imgleichen eine falsche Ordnung. Also etwan:

a) QUALITÄT: Bejahung oder Verneinung, d.i. Verbindung oder Trennung der Begriffe: zwei Formen. Sie hängt der Kopula an.

b) QUANTITÄT: der Subjektbegriff wird ganz oder zum Theil genommen: Allheit oder Vielheit. Zur ersteren gehören auch die individuellen Subjekte: Sokrates, heißt: »alle Sokrates«. Also nur zwei Formen. Sie hängt dem Subjekt an.

c) MODALITÄT: hat wirklich drei Formen. Sie bestimmt die Qualität als nothwendig, wirklich, oder zufällig. Sie hängt folglich ebenfalls der Kopula an.

Diese drei Denkformen entspringen aus den Denkgesetzen vom Widerspruch und von der Identität. Aber aus dem Satz vom Grunde und dem vom ausgeschlossenen Dritten entsteht die *d)* RELATION. Sie tritt bloß ein, wenn über fertige Urtheile geurtheilt wird und kann nur darin bestehen, daß sie entweder die Abhängigkeit eines Urtheils von einem andern (auch in der Pluralität beider) angiebt, mithin sie verbindet, im HYPOTHETISCHEN Satz; oder aber angiebt, daß Urtheile einander ausschließen, mithin sie trennt, im DISJUNKTIVEN Satz. Sie hängt der Kopula an, welche hier die fertigen Urtheile trennt oder verbindet.

Die REDETHEILE und grammatischen Formen sind Ausdrucksweisen der drei Bestandtheile des Urtheils, also des Subjekts, Prädikats und der Kopula, wie auch der möglichen Verhältnisse dieser, also der eben aufgezählten Denkformen, und der näheren Bestimmungen und Modifikationen dieser letzteren. Substantiv, Adjektiv und Verbum sind daher wesentliche Grundbestandtheile der Sprache überhaupt; weshalb sie in allen Sprachen zu finden seyn müssen. Jedoch ließe sich eine Sprache denken, in welcher Adjektiv und Verbum stets mit einander verschmolzen wären, wie sie es in allen bisweilen sind. Vorläufig ließe sich sagen: zum Ausdruck des SUBJEKTS sind bestimmt: Substantiv, Artikel und Pronomen; – zum Ausdruck des PRÄDIKATS: Adjektiv, Adverbium, Präposition; – zum Ausdruck der KOPULA: das Verbum, welches aber, mit Ausnahme von *esse*, schon das Prädikat mit enthält. Den genauen Mechanismus des Ausdrucks der Denkformen hat die philosophische Grammatik zu lehren; wie die Operationen mit den Denkformen selbst die Logik.

ANMERKUNG. Zur Warnung vor einem Abwege und zur Erläuterung des Obigen erwähne ich S. STERNS »Vorläufige Grundlage zur Sprachphilosophie«, 1835, als einen gänzlich mißlungenen Versuch, aus den grammatischen Formen die Kategorien zu konstruiren. Er hat nämlich ganz und gar das Denken mit dem Anschauen verwechselt und daher aus den grammatischen Formen, statt der Kategorien des Denkens, die angeblichen Kategorien des Anschauens deduciren wollen, mithin die grammatischen Formen in gerade Beziehung zur ANSCHAUUNG gesetzt. Er steckt in dem großen Irrthum, daß die SPRACHE sich unmittelbar auf die ANSCHAUUNG beziehe; statt daß sie unmittelbar sich bloß auf das DENKEN als solches, also auf die ABSTRAKTEN BEGRIFFE bezieht und allererst mittelst dieser auf die Anschauung, zu der sie nun aber ein Verhältniß haben, welches eine gänzliche Aenderung der Form herbeiführt. Was in der Anschauung daist, also auch die aus der Zeit und dem Raum entspringenden Verhältnisse, wird allerdings ein Gegenstand des Denkens; also muß es auch Sprachformen geben es auszudrücken, jedoch immer nur *in abstracto*, als Begriffe. Das nächste Material des Denkens sind allemal Begriffe, und nur auf solche beziehen sich die Formen der Logik, nie DIREKT auf die Anschauung. Diese bestimmt stets nur die materiale, nie die formale Wahrheit der Sätze, als welche sich nach den logischen Regeln allein richtet.

Ich kehre zur Kantischen Philosophie zurück und komme zur TRANSSCENDENTALEN DIALEKTIK. Kant eröffnet sie mit der Erklärung der VERNUNFT, welches Vermögen in ihr die Hauptrolle spielen soll, da bisher nur Sinnlichkeit und Verstand auf dem Schauplatz waren. Ich habe schon oben, unter seinen verschiedenen Erklärungen der Vernunft, auch von der hier gegebenen, »daß sie das Vermögen der Principien sei«, geredet. Hier wird nun gelehrt, daß alle bisher betrachteten Erkenntnisse *a priori*, welche die reine Mathematik und reine Naturwissenschaft möglich machen, bloße REGELN, aber keine PRINCIPIEN geben; weil sie aus Anschauungen und Formen der Erkenntniß hervorgehen, nicht aber aus bloßen BEGRIFFEN, welches erfordert sei, um Princip zu heißen. Ein solches soll demnach eine Erkenntniß AUS BLOSSEN BEGRIFFEN seyn und dennoch SYNTHETISCH. Dies ist aber schlechthin unmöglich. Aus bloßen Begriffen können nie andere, als ANALYTISCHE Sätze hervorgehen. Sollen Begriffe synthetisch und doch *a priori* verbunden werden; so muß nothwendig diese Verbindung durch ein Drittes vermittelt seyn, durch eine reine Anschauung der formellen Möglichkeit der Erfahrung; so wie die synthetischen Urtheile *a posteriori*, durch die empirische Anschauung vermittelt sind: folglich kann ein synthetischer Satz *a priori*, nie aus bloßen Begriffen hervorgehen. Ueberhaupt aber ist uns *a priori* nichts weiter bewußt, als der Satz vom Grunde, in seinen verschiedenen Gestaltungen, und es sind daher keine andere synthetische Urtheile *a priori* möglich, als die, welche aus dem, was jenem Satze den Inhalt giebt, hervorgehen.

Inzwischen tritt Kant endlich mit einem seiner Forderung entsprechenden angeblichen Princip der Vernunft hervor, aber auch nur mit diesem EINEN, aus dem nachher andere Folgesätze fließen. Es ist nämlich der Satz, den Chr. Wolf aufstellt und erläutert in seiner *»Cosmologia«, sect. 1, c. 2*, §. 93, und in seiner *»Ontologia«*, §. 178. Wie nun oben, unter dem Titel der Amphibolie, bloße Leibnitzische Philosopheme für natürliche und nothwendige Irrwege der Vernunft genommen und als solche kritisirt wurden; gerade so geschieht das Selbe hier mit den Philosophemen Wolfs. Kant trägt dies Vernunftprincip noch durch Undeutlichkeit, Unbestimmtheit und Zerstückelung in ein Dämmerlicht gebracht vor (S. 307; V, 361, und 322; V, 379): es ist aber, deutlich ausgesprochen, folgendes: »Wenn das Bedingte gegeben ist, so muß auch die Totalität seiner Bedingungen, mithin auch das UNBEDINGTE, dadurch jene Totalität allein vollzählig wird, gegeben seyn.« Der scheinbaren Wahrheit dieses Satzes wird man am lebhaftesten inne werden, wenn man sich die Bedingungen und die Bedingten vorstellt als die Glieder einer herabhängenden Kette, deren oberes Ende jedoch nicht sichtbar ist, daher sie ins Unendliche fortgehen könnte: da aber die Kette nicht fällt, sondern hängt, so muß oben EIN Glied das erste und irgendwie befestigt seyn. Oder kürzer: die Vernunft möchte für die ins Unendliche zurückweisende Kausalkette einen Anknüpfungspunkt haben; das wäre ihr bequem. Aber wir wollen den Satz nicht an Bildern, sondern an sich selbst prüfen. Synthetisch ist derselbe allerdings: denn analytisch folgt aus dem Begriff des Bedingten nichts weiter, als der der Bedingung. Aber Wahrheit *a priori* hat er nicht, auch nicht *a posteriori*, sondern er erschleicht sich seinen Schein von Wahrheit auf eine sehr feine Weise, die ich jetzt aufdecken muß. Unmittelbar und *a priori* haben wir die Erkenntnisse, welche der Satz vom Grunde in seinen vier Gestaltungen ausdrückt. Von diesen unmittelbaren Erkenntnissen sind alle abstrakten Ausdrücke des Satzes vom Grunde schon entlehnt und sind also mittelbar: noch mehr aber deren Folgesätze. Ich habe schon oben erörtert, wie die ABSTRAKTE Erkenntniß oft mannigfaltige INTUITIVE Erkenntnisse in EINE Form oder EINEN Begriff so vereint, daß sie nun nicht mehr zu unterscheiden sind: daher sich die abstrakte Erkenntniß zur intuitiven verhält, wie der Schatten zu den wirklichen Gegenständen, deren große Mannigfaltigkeit er durch EINEN sie alle befassenden Umriß wiedergiebt. Diesen Schatten benutzt nun das angebliche Princip der Vernunft. Um aus dem Satz vom Grunde das Unbedingte, welches ihm geradezu widerspricht, doch zu folgern, verläßt es klüglich die unmittelbare, anschauliche Erkenntniß des Inhalts des Satzes vom Grunde in seinen einzelnen Gestalten, und bedient sich nur der abstrakten Begriffe, die aus jener abgezogen sind, und nur durch jene Werth und Bedeutung haben, um in den weiten Umfang jener Begriffe sein Unbedingtes irgendwie einzuschwärzen. Sein Verfahren wird durch dialektische Einkleidung am deutlichsten; z. B. so: »Wenn das Bedingte da ist, muß auch seine Bedingung gegeben seyn, und zwar ganz, also vollständig, also die Totalität seiner Bedingungen, folglich, wenn sie eine Reihe ausmachen, die ganze Reihe, folglich auch der erste Anfang derselben, also das Unbedingte.« – Hiebei ist schon falsch, daß die Bedingungen zu einem Bedingten als solche eine REIHE ausmachen können. Vielmehr muß zu jedem Bedingten die Totalität seiner Bedingungen in seinem NÄCHSTEN Grunde, aus dem es unmittelbar hervorgeht und der erst dadurch ZUREICHENDER Grund ist, enthalten seyn. So z. B. die verschiedenen Bestimmungen des Zustandes welcher Ursache ist, als welche alle zusammengekommen seyn müssen, ehe die Wirkung eintritt. Die Reihe aber, z. B. die Kette der Ursachen, entsteht nur dadurch, daß wir Das, was soeben die Bedingung war, nun wieder als ein Bedingtes betrachten, wo dann aber sogleich die ganze Operation von vorne anfängt und der Satz vom Grunde mit seiner Forderung von Neuem auftritt. Nie aber kann es zu einem Bedingten eine eigentliche successive REIHE von Bedingungen geben, welche bloß als solche und des endlichen letzten Bedingten wegen daständen; sondern es ist immer eine abwechselnde Reihe von Bedingten und Bedingungen: bei jedem zurückgelegten Gliede aber ist die Kette unterbrochen und die Forderung des Satzes vom Grunde gänzlich getilgt; sie hebt von Neuem an, indem die Bedingung zum Bedingten wird. Also fordert der Satz vom ZUREICHENDEN Grunde immer nur die Vollständigkeit der NÄCHSTEN BEDINGUNG, nie die Vollständigkeit einer REIHE. Aber eben dieser Begriff von Vollständigkeit der Bedingung läßt unbestimmt, ob solche eine simultane, oder eine successive seyn soll: und indem nun Letzteres gewählt wird, entsteht die Forderung einer vollständigen REIHE auf einander folgender Bedingungen. Bloß durch eine willkürliche Abstraktion wird eine Reihe von Ursachen und Wirkungen als eine Reihe von lauter Ursachen angesehen, die bloß der letzten Wirkung wegen da wären und daher als deren ZUREICHENDER Grund gefordert würden. Bei näherer und besonnener Betrachtung und herabsteigend von der unbestimmten Allgemeinheit der Abstraktion zum einzelnen bestimmten Realen, findet sich hingegen, daß die Forderung eines ZUREICHENDEN Grundes bloß auf die Vollständigkeit der Bestimmungen der NÄCHSTEN Ursache geht, nicht auf die Vollständigkeit einer Reihe. Die Forderung des Satzes vom Grunde erlischt vollkommen in jedem gegebenen zureichenden Grunde. Sie hebt aber alsbald von Neuem an, indem dieser Grund wieder als Folge betrachtet wird: nie aber fordert sie unmittelbar eine Reihe von Gründen. Wenn man hingegen, statt zur Sache selbst zu gehen, sich innerhalb der abstrakten Begriffe hält, so sind jene Unterschiede verschwunden: dann wird eine Kette von abwechselnden Ursachen und Wirkungen, oder abwechselnden logischen Gründen und Folgen für eine Kette von lauter Ursachen oder Gründen zur letzten Wirkung ausgegeben, und die VOLLSTÄNDIGKEIT DER BEDINGUNGEN, durch die ein Grund erst ZUREICHEND wird, erscheint als eine Vollständigkeit jener angenommenen REIHE von lauter Gründen, die nur der letzten Folge wegen da wären. Da tritt denn das abstrakte Vernunftprincip sehr keck mit seiner Forderung des Unbedingten auf. Aber um die Ungültigkeit derselben zu erkennen, bedarf es noch keiner Kritik der Vernunft, mittelst Antinomien und deren Auflösung, sondern nur einer Kritik der Vernunft, in meinem Sinne verstanden, nämlich einer Untersuchung des Verhältnisses der abstrakten Erkenntniß zur unmittelbar intuitiven, mittelst Herabsteigen von der unbestimmten

Allgemeinheit jener zur festen Bestimmtheit dieser. Aus solcher ergiebt sich dann hier, daß keineswegs das Wesen der Vernunft im Fordern eines Unbedingten bestehe: denn sobald sie mit völliger Besonnenheit verfährt, muß sie selbst finden, daß ein Unbedingtes geradezu ein Unding ist. Die Vernunft, als ein Erkenntnißvermögen, kann es immer nur mit Objekten zu thun haben; alles Objekt für das Subjekt aber ist nothwendig und unwiderruflich dem Satz vom Grunde unterworfen und anheimgefallen, sowohl *a parte ante* als *a parte post*. Die Gültigkeit des Satzes vom Grunde liegt so sehr in der Form des Bewußtseyns, daß man schlechterdings sich nichts objektiv vorstellen kann, davon kein Warum weiter zu fordern wäre, also kein absolutes Absolutum, wie ein Brett vor dem Kopf. Daß Diesen oder Jenen seine Bequemlichkeit irgendwo stillstehen und ein solches Absolutum beliebig annehmen heißt, kann nichts ausrichten, gegen jene unumstößliche Gewißheit *a priori*, auch nicht wenn man sehr vornehme Mienen dazu macht. In der That ist das ganze Gerede vom Absoluten, dieses fast alleinige Thema der seit Kant versuchten Philosophien, nichts Anderes, als der kosmologische Beweis *incognito*. Dieser nämlich, in Folge des ihm von Kant gemachten Processes, aller Rechte verlustig und vogelfrei erklärt, darf sich in seiner wahren Gestalt nicht mehr zeigen, tritt daher in allerlei Verkleidungen auf, bald in vornehmen, bemäntelt durch intellektuale Anschauung, oder reines Denken, bald als verdächtiger Vagabunde, der was er erlangt halb erbettelt, halb ertrotzt, in den bescheideneren Philosophemen. Wollen die Herren absolut ein Absolutum haben; so will ich ihnen eines in die Hand geben, welches allen Anforderungen an ein Solches viel besser genügt, als ihre erfaselten Nebelgestalten: es ist die Materie. Sie ist unentstanden und unvergänglich, also wirklich unabhängig und *quod per se est et per se concipitur*: aus ihrem Schooß geht Alles hervor und Alles in ihn zurück: was kann man von einem Absolutum weiter verlangen? – Aber vielmehr sollte man ihnen, bei denen keine Kritik der Vernunft angeschlagen hat, zurufen:

> Seid ihr nicht wie die Weiber, die beständig
> Zurück nur kommen auf ihr erstes Wort,
> Wenn man Vernunft gesprochen stundenlang?

Daß das Zurückgehen zu einer unbedingten Ursache, zu einem ersten Anfang, keineswegs im Wesen der Vernunft begründet sei, ist übrigens auch faktisch bewiesen, dadurch, daß die Urreligionen unseres Geschlechtes, welche auch noch jetzt die größte Anzahl von Bekennern auf Erden haben, also Brahmanismus und Buddhaismus, dergleichen Annahmen nicht kennen, noch zulassen, sondern die Reihe der einander bedingenden Erscheinungen ins Unendliche hinaufführen. Ich verweise hierüber auf die weiter unten, bei der Kritik der ersten Antinomie, folgende Anmerkung, wozu man noch Uphams *»Doctrine of Buddhaism«* (S. 9), und überhaupt jeden ächten Bericht über die Religionen Asiens nachsehen kann. Man soll nicht Judenthum und Vernunft identificiren. –

Kant, der sein angebliches Vernunftprincip auch keineswegs als objektiv gültig, sondern nur als subjektiv nothwendig behaupten will, deducirt es, selbst als solches, nur durch ein seichtes Sophisma, S. 307; V, 364. Nämlich, weil wir jede uns bekannte Wahrheit unter eine allgemeinere zu subsumiren suchen, so lange es geht; so soll dieses nichts Anderes seyn, als eben schon die Jagd nach dem Unbedingten, welches wir voraussetzten. In Wahrheit aber thun wir durch solches Suchen nichts Anderes, als daß wir die Vernunft, d. h. jenes Vermögen abstrakter, allgemeiner Erkenntniß, welches den besonnenen, sprachbegabten, denkenden Menschen vom Thier, dem Sklaven der Gegenwart, unterscheidet, anwenden und zweckmäßig gebrauchen zur Vereinfachung unserer Erkenntniß durch Uebersicht. Denn der Gebrauch der Vernunft besteht eben darin, daß wir das Besondere durch das Allgemeine, den Fall durch die Regel, diese durch die allgemeinere Regel erkennen, daß wir also die allgemeinsten Gesichtspunkte suchen: durch solche Uebersicht wird eben unsere Erkenntniß so sehr erleichtert und vervollkommnet, daß daraus der große Unterschied entsteht zwischen dem thierischen und dem menschlichen Lebenslauf, und wieder zwischen dem Leben des gebildeten und dem des rohen Menschen. Nun findet allerdings die Reihe der ERKENNTNISSGRÜNDE, welche allein auf dem Gebiet des Abstrakten, also der Vernunft, existirt, allemal ein Ende beim Unbeweisbaren, d. h. bei einer Vorstellung, die nach dieser Gestaltung des Satzes vom

Grunde nicht weiter bedingt ist, also an dem, *a priori* oder *a posteriori*, unmittelbar anschaulichen Grunde des obersten Satzes der Schlußkette. Ich habe schon in der Abhandlung über den Satz vom Grunde, §. 50, gezeigt, daß hier eigentlich die Reihe der Erkenntnißgründe übergeht in die Gründe des Werdens, oder des Seyns. Diesen Umstand aber geltend machen wollen, um ein nach dem Gesetz der Kausalität Unbedingtes, sei es auch nur als Forderung, nachzuweisen; dies kann man nur, wenn man die Gestaltungen des Satzes vom Grunde noch gar nicht unterschieden hat, sondern, an den abstrakten Ausdruck sich haltend, sie alle konfundirt. Aber diese Verwechselung sucht Kant sogar durch ein bloßes Wortspiel mit *Universalitas* und *Universitas* zu begründen, S. 322; v, 379. – Es ist also grundfalsch, daß unser Aufsuchen höherer Erkenntnißgründe, allgemeiner Wahrheiten, entspringe aus der Voraussetzung eines seinem Daseyn nach unbedingten Objekts, oder nur irgend etwas hiemit gemein habe. Wie sollte es auch der Vernunft wesentlich seyn, etwas vorauszusetzen, das sie für ein Unding erkennen muß, sobald sie sich besinnt. Vielmehr ist der Ursprung jenes Begriffs vom Unbedingten nie in etwas Anderm nachzuweisen, als in der Trägheit des Individuums, das sich damit aller fremden und eigenen fernern Fragen entledigen will, wiewohl ohne alle Rechtfertigung.

Diesem angeblichen Vernunftprincip nun spricht zwar Kant selbst die objektive Gültigkeit ab, giebt es aber doch für eine nothwendige subjektive Voraussetzung und bringt so einen unauflöslichen Zwiespalt in unsere Erkenntniß, welchen er bald deutlicher hervortreten läßt. Zu diesem Zweck entfaltet er jenes Vernunftprincip weiter, S. 322; v, 379, nach der beliebten architektonisch-symmetrischen Methode. Aus den drei Kategorien der Relation entspringen drei Arten von Schlüssen, jede von welchen den Leitfaden giebt zur Aufsuchung eines besondern Unbedingten, deren es daher wieder drei giebt: Seele, Welt (als Objekt an sich und geschlossene Totalität), Gott. Hiebei ist nun sogleich ein großer Widerspruch zu bemerken, von welchem Kant aber keine Notiz nimmt, weil er der Symmetrie sehr gefährlich wäre: zwei dieser Unbedingten sind ja selbst wieder bedingt, durch das Dritte, nämlich Seele und Welt durch Gott, der ihre hervorbringende Ursache ist: jene haben also mit diesem gar nicht das Prädikat der Unbedingtheit gemein, worauf es doch hier ankommt, sondern nur das des Erschlossenseyns nach Principien der Erfahrung, über das Gebiet der Möglichkeit derselben hinaus.

Dies bei Seite gesetzt, finden wir in den drei Unbedingten, auf welche, nach Kant, jede Vernunft, ihren wesentlichen Gesetzen folgend, gerathen muß, die drei Hauptgegenstände wieder, um welche sich die ganze, unter dem Einfluß des Christenthums stehende Philosophie, von den Scholastikern an, bis auf Christian Wolf herab, gedreht hat. So zugänglich und geläufig jene Begriffe durch alle jene Philosophen auch jetzt der bloßen Vernunft geworden sind; so ist dadurch doch keineswegs ausgemacht, daß sie, auch ohne Offenbarung, aus der Entwickelung jeder Vernunft hervorgehen müßten, als ein dem Wesen dieser selbst eigenthümliches Erzeugniß. Um Dieses auszumachen, wäre die historische Untersuchung zu Hülfe zu nehmen, und zu erforschen, ob die alten und die nichteuropäischen Völker, besonders die Hindostanischen, und viele der ältesten Griechischen Philosophen auch wirklich zu jenen Begriffen gelangt seien; oder ob bloß wir, zu gutmüthig, sie ihnen zuschreiben, so wie die Griechen überall ihre Götter wiederfanden, indem wir ganz fälschlich das Brahm der Hindu und das Tien der Chinesen mit »Gott« übersetzen; ob nicht vielmehr der eigentliche Theismus allein in der Jüdischen und den beiden aus ihr hervorgegangenen Religionen zu finden sei, deren Bekenner gerade deshalb die Anhänger aller andern Religionen auf Erden unter dem Namen Heiden zusammenfassen, – einem, beiläufig gesagt, höchst einfältigen und rohen Ausdruck, der wenigstens aus den Schriften der Gelehrten verbannt seyn sollte, weil er Brahmanisten, Buddhaisten, Aegypter, Griechen, Römer, Germanen, Gallier, Irokesen, Patagonier, Karaiben, Otaheiter, Australier u. a. m. identificirt und in Einen Sack steckt. Für Pfaffen ist ein solcher Ausdruck passend: in der gelehrten Welt aber muß ihm sogleich die Thüre gewiesen werden, er kann nach England reisen und sich in Oxford niederlassen. – Daß namentlich der Buddhaismus, diese auf Erden am zahlreichsten vertretene Religion, durchaus keinen Theismus enthält, ja, ihn perhorrescirt, ist eine ganz ausgemachte Sache. Was den Plato betrifft, so bin ich der Meinung, daß er seinen ihn periodisch anwandelnden Theismus den Juden verdankt. NUMENIUS hat ihn deshalb (nach *Clem. Alex. Strom., I, c. 22, Euseb. praep. evang.*, XIII, *12*, und Suidas, unter Numenius) den *Moses graecisans* genannt: *Τι γαϱ εστι Πλατων, η Μωσης αττιϰιζων*; und er wirft ihm vor, daß er seine Lehren von Gott und der Schöpfung aus den Mosaischen Schriften gestohlen *(αποσυλησας)* habe. KLEMENS kommt oft darauf zurück, daß Plato den Moses gekannt und benutzt habe, z.B. *Strom. I, 25. – V, c. 14*, §. 90 u.s.f. – *Paedagog.*, II, 10, und III, 11; auch in der *Cohortatio ad gentes, c. 6*, woselbst, nachdem er, im vorhergehenden Kapitel, sämmtliche Griechische Philosophen kapuzinerhaft gescholten und verhöhnt hat, weil sie keine Juden gewesen sind, den Plato ausschließlich lobt und in lauten Jubel darüber ausbricht, daß derselbe, wie er seine Geometrie von den Aegyptern, seine Astronomie von den Babyloniern, Magie von den Thrakiern, auch Vieles von den Assyriern gelernt habe, so seinen Theismus von den Juden: *Οιδα σου τους διδασϰαλους, ϰἀν αποϰϱυπτειν εϑελῃς, – – – – – δοξαν την του ϑεου παϱ̓ αυτων ωφελησαι των Εβϱαιων (tuos magistros novi, licet eos celare velis, – – – – – illa de Deo sententia suppeditata tibi est ab Hebraeis)*. Eine rührende Erkennungsscene. – Aber eine sonderbare Bestätigung der Sache entdecke ich in Folgendem. Nach Plutarch *(in Mario)* und besser nach Laktanz (I, 3, 19) hat Plato der Natur gedankt, daß er ein Mensch und kein Thier, ein Mann und kein Weib, ein Grieche und kein Barbar geworden sei. Nun steht in Isaak Euchels Gebeten der Juden, aus dem Hebräischen, zweite Auflage, 1799, S. 7, ein Morgengebet, worin sie Gott danken und loben, daß der Dankende ein Jude und kein Heide, ein Freier und kein Sklave, ein Mann und kein Weib geworden sei. – Eine solche historische Untersuchung würde Kanten einer schlimmen Nothwendigkeit überhoben haben, in die er jetzt geräth, indem er jene drei Begriffe aus der Natur der Vernunft nothwendig entspringen läßt, und doch darthut, daß sie unhaltbar und von der Vernunft nicht zu begründen sind, und deshalb die Vernunft selbst zum Sophisten macht, indem er S. 339; V, 397, sagt: »Es sind Sophistikationen, nicht des Menschen, sondern der reinen Vernunft selbst, von denen selbst der Weiseste sich nicht losmachen und vielleicht zwar nach vieler Bemühung den Irrthum verhüten, den Schein aber, der ihn unaufhörlich zwackt und äfft, niemals loswerden kann.« Danach wären diese Kantischen »Ideen der Vernunft« dem Fokus zu vergleichen, in welchen die von einem Hohlspiegel konvergirend zurückgeworfenen Strahlen, einige Zolle vor seiner Oberfläche, zusammenlaufen, in Folge wovon, durch einen unvermeidlichen Verstandesproceß, sich uns daselbst ein Gegenstand darstellt, welcher ein Ding ohne Realität ist.

Sehr unglücklich ist aber für jene drei angeblich nothwendigen Produktionen der reinen theoretischen Vernunft der Name Ideen gewählt und dem Platon entrissen, der damit die unvergänglichen Gestalten bezeichnete, welche, durch Zeit und Raum vervielfältigt, in den unzähligen, individuellen, vergänglichen Dingen unvollkommen sichtbar werden. Platons Ideen sind diesem zufolge durchaus anschaulich, wie auch das Wort, das er wählte, so bestimmt bezeichnet, welches man nur durch Anschaulichkeiten oder Sichtbarkeiten, entsprechend übersetzen könnte. Und Kant hat es sich zugeeignet, um Das zu bezeichnen, was von aller Möglichkeit der Anschauung so ferne liegt, daß sogar das abstrakte Denken nur halb dazu gelangen kann. Das Wort Idee, welches Platon zuerst einführte, hat auch seitdem, zweiundzwanzig Jahrhunderte hindurch, immer die Bedeutung behalten, in der Platon es gebrauchte: denn nicht nur alle Philosophen des Alterthums, sondern auch alle Scholastiker und sogar die Kirchenväter und die Theologen des Mittelalters brauchten es allein in jener Platonischen Bedeutung, nämlich im Sinn des lateinischen Wortes *exemplar*, wie Suarez ausdrücklich anführt in seiner fünfundzwanzigsten Disputation, Sect. 1. – Daß später Engländer und Franzosen die Armuth ihrer Sprachen zum Mißbrauch jenes Wortes verleitet hat, ist schlimm genug, aber nicht von Gewicht. Kants Mißbrauch des Wortes Idee, durch Unterschiebung einer neuen Bedeutung, welche am dünnen Faden des Nicht Objekt der Erfahrungseyns, die es mit Platons Ideen, aber auch mit allen möglichen Chimären gemein hat, herbeigezogen wird, ist also durchaus nicht zu rechtfertigen. Da nun der Mißbrauch weniger Jahre nicht in Betracht kommt gegen die Autorität vieler Jahrhunderte, so habe ich das Wort immer in seiner alten, ursprünglichen, Platonischen Bedeutung gebraucht.

Die Widerlegung der RATIONALEN PSYCHOLOGIE ist in der ersten Auflage der »Kritik der reinen Vernunft« sehr viel ausführlicher und gründlicher, als in der zweiten und folgenden; daher man hier schlechterdings sich jener bedienen muß. Diese Widerlegung hat im Ganzen sehr großes Verdienst und viel Wahres. Jedoch bin ich durchaus der Meinung, daß Kant bloß seiner Symmetrie zu Liebe den Begriff der Seele aus jenem Paralogismus mittelst Anwendung der Forderung des Unbedingten auf den Begriff SUBSTANZ, der die erste Kategorie der Relation ist, als nothwendig herleitet und demnach behauptet, daß auf diese Weise in jeder spekulirenden Vernunft der Begriff von einer Seele entstände. Hätte derselbe wirklich seinen Ursprung in der Voraussetzung eines letzten Subjekts aller Prädikate eines Dinges, so würde man ja nicht allein im Menschen, sondern auch in jedem leblosen Dinge ebenso nothwendig eine Seele angenommen haben, da auch ein solches ein letztes Subjekt aller seiner Prädikate verlangt. Ueberhaupt aber bedient Kant sich eines ganz unstatthaften Ausdrucks, wenn er von einem Etwas redet, das nur als Subjekt und nicht als Prädikat existiren könne (z.B. »Kritik der reinen Vernunft«, S. 323; V, 412; »Prolegomena«, §. 4 und 47); obgleich schon in des Aristoteles »Metaphysik«, IV, Kap. 8, ein Vorgang dazu zu finden ist. Als Subjekt und Prädikat existirt gar nichts: denn diese Ausdrücke gehören ausschließlich der Logik an und bezeichnen das Verhältniß abstrakter Begriffe zu einander. In der anschaulichen Welt soll nun ihr Korrelat oder Stellvertreter Substanz und Accidenz seyn. Dann aber brauchen wir Das, was stets nur als Substanz und nie als Accidenz existirt, nicht weiter zu suchen, sondern haben es unmittelbar an der Materie. Sie ist die Substanz zu allen Eigenschaften der Dinge, als welche ihre Accidenzien sind. Sie ist wirklich, wenn man Kants eben gerügten Ausdruck beibehalten will, das letzte Subjekt aller Prädikate jedes empirisch gegebenen Dinges, nämlich Das, was übrig bleibt, nach Abzug aller seiner Eigenschaften jeder Art: und dies gilt vom Menschen, wie vom Thiere, Pflanze oder Stein, und ist so evident, daß, um es nicht zu sehen, ein determinirtes Nichtsehenwollen erfordert ist. Daß sie wirklich der Prototypos des Begriffs Substanz sei, werde ich bald zeigen. – Subjekt und Prädikat aber verhält sich zu Substanz und Accidenz vielmehr wie der Satz des zureichenden Grundes in der Logik zum Gesetz der Kausalität in der Natur, und so unstatthaft die Verwechselung oder Identifizirung dieser, ist es auch die jener Beiden. Letztere Verwechselung und Identifikation treibt aber Kant bis zum höchsten Grade in den »Prolegomenen«, §. 46, um den Begriff der Seele aus dem des letzten Subjekts aller Prädikate und aus der Form des kategorischen Schlusses entstehen zu lassen. Um die Sophistikation dieses Paragraphen aufzudecken, braucht man nur sich zu besinnen, daß Subjekt und Prädikat rein logische Bestimmungen sind, die einzig und allein abstrakte Begriffe, und zwar nach ihrem Verhältniß im Urtheil, betreffen: Substanz und Accidenz hingegen gehören der anschaulichen Welt und ihrer Apprehension im Verstande an, finden sich daselbst aber nur als identisch mit Materie und Form oder Qualität: davon sogleich ein Mehreres.

Der Gegensatz, welcher Anlaß zur Annahme zweier grundverschiedener Substanzen, Leib und Seele, gegeben hat, ist in Wahrheit der des Objektiven und Subjektiven. Faßt der Mensch sich in der äußeren Anschauung objektiv auf, so findet er ein räumlich ausgedehntes und überhaupt durchaus körperliches Wesen; faßt er hingegen sich im bloßen Selbstbewußtseyn, also rein subjektiv auf, so findet er ein bloß Wollendes und Vorstellendes, frei von allen Formen der Anschauung, also auch ohne irgend eine der den Körpern zukommenden Eigenschaften. Jetzt bildet er den Begriff der Seele, wie alle die transscendenten, von Kant Ideen genannten Begriffe, dadurch, daß er den Satz vom Grunde, die Form alles Objekts, auf Das anwendet, was nicht Objekt ist, und zwar hier auf das Subjekt des Erkennens und Wollens. Er betrachtet nämlich Erkennen, Denken und Wollen als Wirkungen, deren Ursache er sucht und den Leib nicht dafür annehmen kann, setzt also eine vom Leibe gänzlich verschiedene Ursache derselben. Auf diese Weise beweist der erste und der letzte Dogmatiker das Daseyn der Seele: nämlich schon Platon im Phädros und auch noch Wolf: nämlich aus dem Denken und Wollen als den Wirkungen, die auf jene Ursache leiten. Erst nachdem auf diese Weise, durch Hypostasirung einer der Wirkung entsprechenden Ursache, der Begriff von einem immateriellen, einfachen, unzerstörbaren Wesen entstanden war, entwickelte und demonstrirte diesen die Schule aus dem Begriff SUBSTANZ. Aber diesen selbst hatte sie vorher ganz eigens zu diesem Behuf gebildet, durch folgenden beachtenswerthen Kunstgriff.

Mit der ersten Klasse der Vorstellungen, d.h. der anschaulichen, realen Welt, ist auch die Vorstellung der Materie gegeben, weil das in jener herrschende Gesetz der Kausalität den Wechsel der Zustände bestimmt, welche selbst ein Beharrendes voraussetzen, dessen Wechsel sie sind. Oben, beim Satz der Beharrlichkeit der Substanz, habe ich, mit Berufung auf frühere Stellen, gezeigt, daß diese Vorstellung der Materie entsteht, indem im Verstande, für welchen allein sie da ist, durch das Gesetz der Kausalität (seine einzige Erkenntnißform) Zeit und Raum innig vereinigt werden und der Antheil des Raumes an diesem Produkt als das Beharren der MATERIE, der Antheil der Zeit aber als der Wechsel der ZUSTÄNDE derselben sich darstellen. Rein für sich kann die Materie auch nur *in abstracto* gedacht, nicht aber angeschaut werden; da sie der Anschauung immer schon in Form und Qualität erscheint. Von diesem Begriff der MATERIE ist nun SUBSTANZ wieder eine Abstraktion, folglich ein höheres *Genus*, und ist dadurch entstanden, daß man von dem Begriff der Materie nur das Prädikat der Beharrlichkeit stehen ließ, alle ihre übrigen, wesentlichen Eigenschaften, Ausdehnung, Undurchdringlichkeit, Theilbarkeit u.s.w. aber wegdachte. Wie jedes höhere *Genus* enthält also der Begriff SUBSTANZ WENIGER IN SICH als der Begriff MATERIE: aber er enthält nicht dafür, wie sonst immer das höhere *Genus*, MEHR UNTER SICH, indem er nicht mehrere niedere *genera*, neben der Materie, umfaßt; sondern diese bleibt die einzige wahre Unterart des Begriffes Substanz, das einzige Nachweisbare, dadurch sein Inhalt realisirt wird und einen Beleg erhält. Der Zweck also, zu welchem sonst die Vernunft durch Abstraktion einen höhern Begriff hervorbringt, nämlich um in ihm mehrere, durch Nebenbestimmungen verschiedene Unterarten zugleich zu denken, hat hier gar nicht Statt: folglich ist jene Abstraktion entweder ganz zwecklos und müßig vorgenommen, oder sie hat eine heimliche Nebenabsicht. Diese tritt nun ans Licht, indem unter den Begriff Substanz, seiner ächten Unterart Materie eine zweite koordinirt wird, nämlich die immaterielle, einfache, unzerstörbare Substanz, Seele. Die Erschleichung dieses Begriffs geschah aber dadurch, daß schon bei der Bildung des höhern Begriffes Substanz gesetzwidrig und unlogisch verfahren wurde. In ihrem gesetzmäßigen Gange bildet die Vernunft einen höhern Geschlechtsbegriff immer nur dadurch, daß sie mehrere Artbegriffe neben einander stellt, nun vergleichend, diskursiv, verfährt und, durch Weglassen ihrer Unterschiede und Beibehalten ihrer Uebereinstimmungen, den sie alle umfassenden, aber weniger enthaltenden Geschlechtsbegriff erhält: woraus folgt, daß die Artbegriffe immer dem Geschlechtsbegriff vorhergehen müssen. Im gegenwärtigen Fall ist es aber umgekehrt. Bloß der Begriff Materie war vor dem Geschlechtsbegriff Substanz da, welcher ohne Anlaß und folglich ohne Berechtigung, müßiger Weise aus jenem gebildet wurde, durch beliebige Weglassung aller Bestimmungen desselben bis auf eine. Erst nachher wurde neben den Begriff Materie die zweite unächte Unterart gestellt und so untergeschoben. Zur Bildung dieser aber bedurfte es nun weiter nichts, als einer ausdrücklichen Verneinung dessen, was man vorher stillschweigend schon im höhern Geschlechtsbegriff weggelassen hatte, nämlich Ausdehnung, Undurchdringlichkeit, Theilbarkeit. So wurde also der Begriff Substanz bloß gebildet, um das Vehikel zur Erschleichung des Begriffs der immateriellen Substanz zu seyn. Er ist folglich sehr weit davon entfernt für eine Kategorie oder nothwendige Funktion des Verstandes gelten zu können: vielmehr ist er ein höchst entbehrlicher Begriff, weil sein einziger wahrer Inhalt schon im Begriff der Materie liegt, neben welchem er nur noch eine große Leere enthält, die durch nichts ausgefüllt werden kann, als durch die erschlichene Nebenart immaterielle Substanz, welche aufzunehmen er auch allein gebildet worden: weswegen er, der Strenge nach, gänzlich zu verwerfen und an seine Stelle überall der Begriff der Materie zu setzen ist.

Die Kategorien waren für jedes mögliche Ding ein Bett des Prokrustes, aber die drei Arten der Schlüsse sind es nur für die drei sogenannten Ideen. Die Idee der Seele war gezwungen worden in der kategorischen Schlußform ihren Ursprung zu finden. Jetzt trifft die Reihe die dogmatischen Vorstellungen über das Weltganze, sofern es, als Objekt an sich, zwischen zwei Gränzen, der des Kleinsten (Atom) und der des Größten (Weltgränzen in Zeit und Raum) gedacht wird. Diese müssen nun aus der Form des hypothetischen Schlusses hervorgehen. Dabei ist an sich kein sonderlicher Zwang nöthig. Denn das hypothetische Urtheil hat seine Form vom Satze des Grundes, und aus der besinnungslosen, unbedingten Anwendung dieses Satzes und sodann beliebiger Beiseitelegung desselben entstehen in der That alle jene sogenannten Ideen, nicht die kosmologischen allein: nämlich dadurch daß, jenem Satze gemäß, immer nur die Abhängigkeit eines Objekts vom andern gesucht wird, bis endlich die Ermüdung der Einbildungskraft ein Ziel der Reise schafft: wobei aus den Augen gelassen wird, daß jedes Objekt, ja die ganze Reihe derselben und der Satz vom Grunde selbst in einer viel nähern und größern Abhängigkeit steht, nämlich in der vom erkennenden Subjekt, für dessen Objekte, d.h. Vorstellungen, jener Satz allein gültig ist, indem deren bloße Stelle in Raum und Zeit durch ihn bestimmt wird. Da also die Erkenntnißform, aus welcher hier bloß die kosmologischen Ideen abgeleitet werden, nämlich der Satz vom Grunde, der Ursprung aller vernünftelnden Hypostasen ist; so bedarf es dazu diesmal keiner Sophismen; desto mehr aber, um jene Ideen nach den vier Titeln der Kategorien zu klassifiziren.

1) Die kosmologischen Ideen in Hinsicht auf Zeit und Raum, also von den Gränzen der Welt in beiden, werden kühn angesehen als bestimmt durch die Kategorie der QUANTITÄT, mit der sie offenbar nichts gemein haben, als die in der Logik zufällige Bezeichnung des Umfangs des Subjektbegriffes im Urtheil durch das Wort

QUANTITÄT, einen bildlichen Ausdruck, statt dessen ebenso gut ein anderer hätte gewählt werden können. Aber für Kants Liebe zur Symmetrie ist dies genug, um den glücklichen Zufall dieser Namengebung zu benutzen und die transscendenten Dogmen von der Weltausdehnung daran zu knüpfen.

2) Noch kühner knüpft Kant an die QUALITÄT, d.i. die Bejahung oder Verneinung in einem Urtheil, die transscendenten Ideen über die Materie, wobei nicht einmal eine zufällige Wortähnlichkeit zum Grunde liegt: denn gerade auf die Quantität und nicht auf die QUALITÄT der Materie bezieht sich ihre mechanische (nicht chemische) Theilbarkeit. Aber, was noch mehr ist, diese ganze Idee von der Theilbarkeit gehört gar nicht unter die Folgerungen nach dem Satze vom Grunde, aus welchem, als dem Inhalt der hypothetischen Form, doch alle kosmologischen Ideen fließen sollen. Denn die Behauptung, auf welcher Kant dabei fußet, daß das Verhältniß der Theile zum Ganzen das der Bedingung zum Bedingten, also ein Verhältniß gemäß dem Satz vom Grunde sei, ist ein zwar feines, aber doch grundloses Sophisma. Jenes Verhältniß stützt sich vielmehr auf den Satz vom Widerspruch. Denn das Ganze ist nicht durch die Theile, noch diese durch jenes; sondern beide sind nothwendig zusammen, weil sie Eines sind und ihre Trennung nur ein willkürlicher Akt ist. Darauf beruht es, nach dem Satz vom Widerspruch, daß, wenn die Theile weggedacht werden, auch das Ganze weggedacht ist, und umgekehrt; keineswegs aber darauf, daß die Theile als GRUND das Ganze als FOLGE bedingten und wir daher, nach dem Satz vom Grunde, nothwendig getrieben würden, die letzten Theile zu suchen, um daraus, als seinem Grunde, das Ganze zu verstehen. – So große Schwierigkeiten überwältigt hier die Liebe zur Symmetrie.

3) Unter den Titel der RELATION würde nun ganz eigentlich die Idee von der ersten Ursache der Welt gehören. Kant muß aber diese für den vierten Titel, den der Modalität, aufbewahren, für den sonst nichts übrig bliebe und unter welchen er jene Idee dann dadurch zwängt, daß das Zufällige (d.h. nach seiner, der Wahrheit diametral entgegengesetzten Erklärung, jede Folge aus ihrem Grunde) durch die erste Ursache zum Nothwendigen wird. – Als

dritte Idee tritt daher, zu Gunsten der Symmetrie, hier der Begriff der FREIHEIT auf, womit aber eigentlich doch nur die nun einmal allein hieher passende Idee von der Weltursache gemeint ist, wie die Anmerkung zur Thesis des dritten Widerstreits deutlich aussagt. Der dritte und vierte Widerstreit sind im Grunde tautologisch.

Ueber alles dieses aber finde und behaupte ich, daß die ganze Antinomie eine bloße Spiegelfechterei, ein Scheinkampf ist. Nur die Behauptungen der ANTITHESEN beruhen wirklich auf den Formen unsers Erkenntnißvermögens, d.h., wenn man es objektiv ausdrückt, auf den nothwendigen, *a priori* gewissen, allgemeinsten Naturgesetzen. Ihre Beweise allein sind daher aus objektiven Gründen geführt. Hingegen haben die Behauptungen und Beweise der THESEN keinen andern als subjektiven Grund, beruhen ganz allein auf der Schwäche des vernünftelnden Individuums, dessen Einbildungskraft bei einem unendlichen Regressus ermüdet und daher demselben durch willkürliche Voraussetzungen, die sie bestens zu beschönigen sucht, ein Ende macht, und dessen Urtheilskraft noch überdies durch früh und fest eingeprägte Vorurtheile an dieser Stelle gelähmt ist. Dieserwegen ist der Beweis für die Thesis in allen vier Widerstreiten überall nur ein Sophisma; statt daß der für die Antithesis eine unvermeidliche Folgerung der Vernunft aus den uns *a priori* bewußten Gesetzen der Welt als Vorstellung ist. Auch hat Kant nur mit vieler Mühe und Kunst die Thesis aufrecht erhalten können und sie scheinbare Angriffe auf den mit ursprünglicher Kraft begabten Gegner machen lassen. Hiebei nun ist sein erster und durchgängiger Kunstgriff dieser, daß er nicht, wie man thut, wenn man sich der Wahrheit seines Satzes bewußt ist, den *nervus argumentationis* hervorhebt und so isolirt, nackt und deutlich, als nur immer möglich, vor die Augen bringt; sondern vielmehr führt er auf beiden Seiten denselben unter einem Schwall überflüssiger und weitläuftiger Sätze verdeckt und eingemengt ein.

Die hier nun so im Widerstreit auftretenden Thesen und Antithesen erinnern an den *δικαιος* und *αδικος λογος*, welche Sokrates in den WOLKEN des Aristophanes streitend auftreten läßt. Jedoch erstreckt sich diese Aehnlichkeit nur auf die Form, nicht aber auf den Inhalt, wie wohl Diejenigen gern behaupten möchten, welche diesen spekulativesten aller Fragen der theoretischen Philosophie einen Einfluß auf die Moralität zuschreiben und daher im Ernst die These für den *δικαιος*, die Antithese aber für den *αδικος λογος* halten. Auf solche beschränkte und verkehrte kleine Geister Rücksicht zu nehmen, werde ich mich hier jedoch nicht bequemen und nicht ihnen, sondern der Wahrheit die Ehre gebend, die von Kant geführten Beweise der einzelnen Thesen als Sophismen aufdecken, während die der Antithesen ganz ehrlich, richtig und aus objektiven Gründen geführt sind. – Ich setze voraus, daß man bei dieser Prüfung die Kantische Antinomie selbst immer vor sich habe.

Wollte man den Beweis der Thesis im ersten Widerstreit gelten lassen; so bewiese er zu viel, indem er eben so gut auf die Zeit selbst, als auf den Wechsel in ihr anwendbar wäre und daher beweisen würde, daß die Zeit selbst angefangen haben muß, was widersinnig ist. Uebrigens besteht das Sophisma darin, daß statt der Anfangslosigkeit der Reihe der Zustände, wovon zuerst die Rede, plötzlich die Endlosigkeit (Unendlichkeit) derselben untergeschoben und nun bewiesen wird, was Niemand bezweifelt, daß dieser das Vollendetseyn logisch widerspreche und dennoch jede Gegenwart das Ende der Vergangenheit sei. Das Ende einer anfangslosen Reihe läßt sich aber immer DENKEN, ohne ihrer Anfangslosigkeit Abbruch zu thun: wie sich auch umgekehrt der Anfang einer endlosen Reihe DENKEN läßt. Gegen das wirklich richtige Argument der Antithesis aber, daß die Veränderungen der Welt RÜCKWÄRTS eine unendliche Reihe von Veränderungen schlechthin nothwendig voraussetzen, wird gar nichts vorgebracht. Die Möglichkeit, daß die Kausalreihe dereinst in einen absoluten Stillstand endige, können wir denken; keineswegs aber die Möglichkeit eines absoluten Anfangs*.

* Daß die Annahme einer Gränze der Welt in der Zeit keineswegs ein nothwendiger Gedanke der Vernunft sei, läßt sich sogar auch historisch nachweisen, indem die Hindu nicht einmal in der Volksreligion, geschweige in den Veden, eine solche lehren; sondern die Unendlichkeit dieser erscheinenden Welt, dieses bestand- und wesenlosen Gewebes der Maja, mythologisch durch eine monströse Chronologie auszusprechen suchen, indem sie zugleich das Relative aller Zeitlängen in folgendem Mythos sehr sinnreich hervorheben *(Polier, Mythologie des Indous, Vol. 2, p. 585)*. Die vier Zeitalter, in deren letztem wir leben,

In Hinsicht auf die räumlichen Gränzen der Welt wird bewiesen, daß wenn sie ein GEGEBENES GANZES heißen soll, sie nothwendig Gränzen haben muß: die Konsequenz ist richtig, nur war eben ihr vorderes Glied das, was zu beweisen war, aber unbewiesen bleibt. Totalität setzt Gränzen, und Gränzen setzen Totalität voraus: beide zusammen werden hier aber willkürlich vorausgesetzt. – Die Antithesis liefert für diesen zweiten Punkt jedoch keinen so befriedigenden Beweis, als für den ersten, weil das Gesetz der Kausalität bloß in Hinsicht auf die Zeit, nicht auf den Raum, nothwendige Bestimmungen an die Hand giebt und uns zwar *a priori* die Gewißheit ertheilt, daß keine erfüllte Zeit je an eine ihr vorhergegangene leere gränzen und keine Veränderung die erste seyn konnte, nicht aber darüber, daß ein erfüllter Raum keinen leeren neben sich haben kann. Insofern wäre über Letzteres keine Entscheidung *a priori* möglich. Jedoch liegt die Schwierigkeit, die Welt im Raume als begränzt zu denken, darin, daß der Raum selbst nothwendig unendlich ist, und daher eine begränzte endliche Welt in ihm, so groß sie auch sei, zu einer unendlich kleinen Größe wird; an welchem Mißverhältniß die Einbildungskraft einen unüberwindlichen Anstoß findet; indem ihr danach nur die Wahl bleibt, die Welt entweder unendlich groß, oder unendlich klein zu denken. Dies haben schon die alten Philosophen eingesehen: *Μητροδωρος, ὁ καθηγητης Επικουρου, φησιν ατοπον ειναι εν μεγαλῳ πεδιῳ ἑνα σταχυν γεννηθηναι, και ἑνα κοσμον εν τῳ απειρῳ (Metrodorus, caput scholae Epicuri, absurdum ait, in magno campo spicam unam produci, et unum in infinito mundum). Stob. Ecl., I, c. 23.* – Daher lehrten Viele von ihnen (wie gleich darauf folgt), *απειρους κοσμους εν τῳ απειρῳ (infinitos mundos in infinito).* Dieses ist auch der Sinn des Kantischen Argu-

umfassen zusammen 4,320,000 Jahre. Solcher Perioden von vier Zeitaltern hat jeder Tag des schaffenden Brahma 1000 und seine Nacht wieder 1000. Sein Jahr hat 365 Tage und ebenso viele Nächte. Er lebt, immer schaffend, 100 seiner Jahre: und wenn er stirbt, wird sogleich ein neuer Brahma geboren, und so von Ewigkeit zu Ewigkeit. Die selbe Relativität der Zeit drückt auch die specielle Mythe aus, welche in Poliers Werk, Bd. 2, S. 594, den Puranas nacherzählt ist, wo ein Rajah, nach einem Besuch von wenigen Augenblicken bei Wischnu in dessen Himmel, bei seiner Rückkehr auf die Erde mehrere Millionen Jahre verstrichen und ein neues Zeitalter eingetreten findet, weil jeder Tag des Wischnu gleich ist 100 Wiederkehren der vier Zeitalter.

ments für die Antithese; nur hat er es durch einen scholastischen, geschrobenen Vortrag verunstaltet. Das selbe Argument könnte man auch gegen die Gränzen der Welt in der Zeit gebrauchen, wenn man nicht schon ein viel besseres am Leitfaden der Kausalität hätte. Ferner entsteht, bei der Annahme einer im Raume begränzten Welt, die unbeantwortbare Frage, welches Vorrecht denn der erfüllte Theil des Raumes vor dem unendlichen, leer gebliebenen gehabt hätte. Eine ausführliche und sehr lesenswerthe Darlegung der Argumente für und gegen die Endlichkeit der Welt giebt Jordanus Brunus im fünften Dialog seines Buches *»Del infinito, universo e mondi«*. Uebrigens behauptet Kant selbst im Ernst und aus objektiven Gründen die Unendlichkeit der Welt im Raum, in seiner »Naturgeschichte und Theorie des Himmels«, Theil II, Kap. 7. Zu derselben bekennt sich auch Aristoteles, *»Phys.«*, III, Kap. 4, welches Kapitel nebst den folgenden, in Hinsicht auf diese Antinomie sehr lesenswerth ist.

Beim zweiten Widerstreit begeht die Thesis sogleich eine gar nicht feine *petitio principii*, indem sie anhebt: »Jede ZUSAMMENGESETZTE Substanz besteht aus einfachen Theilen.« Aus dem hier willkürlich angenommenen Zusammengesetztseyn beweist sie nachher freilich die einfachen Theile sehr leicht. Aber eben der Satz »alle Materie ist zusammengesetzt«, auf welchen es ankommt, bleibt unbewiesen, weil er eben eine grundlose Annahme ist. Dem Einfachen steht nämlich nicht das Zusammengesetzte, sondern das Extendirte, das Theilehabende, das Theilbare gegenüber. Eigentlich aber wird hier stillschweigend angenommen, daß die Theile vor dem Ganzen da waren und zusammengetragen wurden, wodurch das Ganze entstanden sei: denn Dies besagt das Wort »zusammengesetzt«. Doch läßt sich Dieses so wenig behaupten, wie das Gegentheil. Die Theilbarkeit besagt bloß die Möglichkeit, das Ganze in Theile zu zerlegen; keineswegs, daß es aus Theilen zusammengesetzt und dadurch entstanden sei. Die Theilbarkeit behauptet bloß die Theile *a parte post*; das Zusammengesetztseyn behauptet sie *a parte ante*. Denn zwischen den Theilen und dem Ganzen ist wesentlich kein Zeitverhältniß: vielmehr bedingen sie sich wechselseitig und sind insofern stets zugleich: denn nur sofern Beide da sind, besteht das räumlich Ausgedehnte. Was daher Kant in der Anmerkung zur Thesis sagt: »den Raum sollte man eigentlich nicht *Compositum*, sondern *Totum* nennen u. s. w.«, dies gilt ganz und gar auch von der Materie, als welche bloß der wahrnehmbar gewordene Raum ist. – Dagegen folgt die unendliche Theilbarkeit der Materie, welche die Antithese behauptet, *a priori* und unwidersprechlich aus der des Raumes, den sie erfüllt. Dieser Satz hat gar nichts gegen sich: daher ihn auch Kant, S. 513; V, 541, wo er ernstlich und in eigener Person, nicht mehr als Wortführer des *αδικος λογος* spricht, als objektive Wahrheit darstellt: desgleichen in den »Metaphysischen Anfangsgründen der Naturwissenschaft« (S. 108, erste Ausgabe) steht der Satz, »die Materie ist ins Unendliche theilbar«, als ausgemachte Wahrheit an der Spitze des Beweises des ersten Lehrsatzes der Mechanik, nachdem er in der Dynamik als vierter Lehrsatz aufgetreten war und bewiesen worden. Hier aber verdirbt Kant den Beweis für die Antithese, durch die größte Verworrenheit des Vortrags und unnützen Wortschwall, in der schlauen Absicht, daß die Evidenz der Antithese die Sophismen der These nicht zu sehr in Schatten stelle. – Die Atome sind kein nothwendiger Gedanke der Vernunft, sondern bloß eine Hypothese zur Erklärung der Verschiedenheit des specifischen Gewichts der Körper. Daß wir aber auch dieses anderweitig und sogar besser und einfacher, als durch Atomistik erklären können, hat Kant selbst gezeigt, in der Dynamik seiner »Metaphysischen Anfangsgründe zur Naturwissenschaft«; vor ihm jedoch Priestley, *»On matter and spirit.«, sect. 1.* Ja, schon im Aristoteles, *»Phys.«,* IV, 9, ist der Grundgedanke davon zu finden.

Das Argument für die dritte Thesis ist ein sehr feines Sophisma und eigentlich Kants vorgebliches Princip der reinen Vernunft selbst, ganz unvermischt und unverändert. Es will die Endlichkeit der Reihe der Ursachen daraus beweisen, daß eine Ursache, um ZUREICHEND zu seyn, die vollständige Summe der Bedingungen enthalten muß, aus denen der folgende Zustand, die Wirkung, hervorgeht. Dieser Vollständigkeit der in dem Zustand, welcher Ursach ist, ZUGLEICH vorhandenen Bestimmungen schiebt nun das Argument die Vollständigkeit der REIHE von Ursachen unter, durch die jener Zustand selbst erst zur Wirklichkeit gekommen ist: und weil Vollständigkeit Geschlossenheit, diese aber Endlichkeit voraussetzt, so folgert das Argument hieraus eine erste, die Reihe schließende, mithin unbedingte Ursache. Aber die Taschenspielerei liegt am Tage. Um den Zustand *A* als zureichende Ursache des Zustandes *B* zu begreifen, setze ich voraus, er enthalte die Vollständigkeit der hiezu erforderlichen Bestimmungen, durch deren Beisammenseyn der Zustand *B* unausbleiblich erfolgt. Hiedurch ist nun meine Anforderung an ihn als ZUREICHENDE Ursache gänzlich befriedigt und sie hat keine unmittelbare Verbindung mit der Frage, wie der Zustand *A* selbst zur Wirklichkeit gekommen sei: vielmehr gehört diese einer ganz anderen Betrachtung an, in der ich den nämlichen Zustand *A* nicht mehr als Ursache, sondern selbst wieder als Wirkung ansehen, wobei ein anderer Zustand sich zu ihm wieder eben so verhalten muß, wie er selbst sich zu *B* verhielt. Die Voraussetzung der Endlichkeit der Reihe von Ursachen und Wirkungen, und demnach eines ersten Anfanges, erscheint dabei aber nirgends als nothwendig, so wenig wie die Gegenwart des gegenwärtigen Augenblicks einen Anfang der Zeit selbst zur Voraussetzung hat; sondern jene wird erst hinzugethan von der Trägheit des spekulirenden Individuums. Daß jene Voraussetzung in der Annahme einer Ursache als ZUREICHENDEN GRUNDES liege, ist also erschlichen und falsch; wie ich dieses oben, bei Betrachtung des Kantischen, mit dieser Thesis zusammenfallenden Princips der Vernunft ausführlich gezeigt habe. Zur Erläuterung der Behauptung dieser falschen Thesis entblödet sich Kant nicht, in der Anmerkung zu derselben, sein Aufstehen vom Stuhl als Beispiel eines unbedingten Anfangs zu geben: als ob es ihm nicht so unmöglich wäre, ohne Motiv aufzustehen, wie der Kugel ohne Ursache zu rollen. Die Grundlosigkeit seiner vom Gefühl der Schwäche eingegebenen Berufung auf die Philosophen des Alterthums brauche ich wohl nicht erst aus dem Okellos Lukanos, den Eleaten u.s.w. nachzuweisen; der Hindu gar zu geschweigen. Gegen die Beweisführung der Antithese ist, wie bei den vorhergehenden, nichts einzuwenden.

Der vierte Widerstreit ist, wie ich schon bemerkt habe, mit dem dritten eigentlich tautologisch. Auch ist der Beweis der These im Wesentlichen wieder derselbe, wie der der vorhergehenden. Seine Behauptung, daß jedes Bedingte eine vollständige und daher mit dem Unbedingten sich endende Reihe von Bedingungen voraussetze, ist eine *petitio principii*, die man geradezu ableugnen muß. Jedes Bedingte setzt nichts voraus, als seine Bedingung: daß diese wieder bedingt sei, hebt eine neue Betrachtung an, welche in der ersten nicht unmittelbar enthalten ist.

Eine gewisse Scheinbarkeit ist der Antinomie nicht abzusprechen: dennoch ist es merkwürdig, daß kein Theil der Kantischen Philosophie so wenig Widerspruch erfahren, ja, so viel Anerkennung gefunden hat, wie diese so höchst paradoxe Lehre. Fast alle philosophische Parteien und Lehrbücher haben sie gelten gelassen und wiederholt, auch wohl bearbeitet; während beinahe alle andern Lehren Kants angefochten worden sind, ja, es nie an einzelnen schiefen Köpfen gefehlt hat, welche sogar die transscendentale Aesthetik verwarfen. Der ungetheilte Beifall, den hingegen die Antinomie gefunden, mag am Ende daher kommen, daß gewisse Leute mit innerlichem Behagen den Punkt betrachten, wo so recht eigentlich der Verstand stille stehen soll, indem er auf etwas gestoßen wäre, was zugleich ist und nicht ist, und sie demnach das sechste Kunststück des Philadelphia, in Lichtenbergs Anschlagszettel, hier wirklich vor sich hätten.

Kants nun folgende Kritische Entscheidung des kosmologischen Streites ist, wenn man ihren eigentlichen Sinn erforscht, nicht Das, wofür er sie giebt, nämlich die Auflösung des Streites durch die Eröffnung, daß beide Theile, von falschen Voraussetzungen ausgehend, im ersten und zweiten Widerstreit beide Unrecht, aber im dritten und vierten beide Recht haben; sondern sie ist in der That die Bestätigung der Antithesen durch die Erläuterung ihrer Aussage.

Zuerst behauptet Kant in dieser Auflösung, mit offenbarem Unrecht, beide Theile gingen von der Voraussetzung, als Obersatz, aus, daß mit dem Bedingten auch die vollendete (also geschlossene) Reihe seiner Bedingungen gegeben sei. Bloß die Thesis legte diesen Satz, Kants reines Vernunftprincip, ihren Behauptungen zum Grunde: die Antithesis hingegen leugnete ihn ja überall ausdrücklich, und behauptete das Gegentheil. Ferner legt Kant beiden Theilen noch diese Voraussetzung zur Last, daß die Welt an sich selbst, d.h. unabhängig von ihrem Erkanntwerden und den Formen dieses, da sei: aber auch diese Voraussetzung ist abermals bloß von der Thesis gemacht; hingegen liegt sie den Behauptungen der Antithesis so wenig zum Grunde, daß sie sogar mit ihnen durchaus unvereinbar ist. Denn dem Begriff einer unendlichen Reihe widerspricht es geradezu, daß sie ganz gegeben sei: es ist ihr daher wesentlich, daß sie immer nur in Beziehung auf das Durchgehen derselben, nicht aber unabhängig von ihm, da sei. Hingegen liegt in der Voraussetzung bestimmter Gränzen auch die eines Ganzen, welches für sich bestehend und unabhängig von dem Vollziehen seiner Ausmessung da ist. Also nur die Thesis macht die falsche Voraussetzung von einem an sich bestehenden, d.h. vor aller Erkenntniß gegebenen Weltganzen, zu welchem die Erkenntniß bloß hinzukäme. Die Antithese streitet durchaus schon ursprünglich mit dieser Voraussetzung: denn die Unendlichkeit der Reihen, welche sie bloß nach Anleitung des Satzes vom Grunde behauptete, kann nur da seyn, sofern der Regressus vollzogen wird, nicht unabhängig von diesem. Wie nämlich das Objekt überhaupt das Subjekt voraussetzt, so setzt auch das als eine ENDLOSE Kette von Bedingungen bestimmte Objekt nothwendig die diesem entsprechende Erkenntnißart, nämlich das BESTÄNDIGE VERFOLGEN der Glieder jener Kette, im Subjekt voraus. Dies ist aber eben was Kant als Auflösung des Streites giebt und so oft wiederholt: »Die Unendlichkeit der Weltgröße ist nur DURCH den Regressus, nicht VOR demselben.« Diese seine Auflösung des Widerstreits ist also eigentlich nur die Entscheidung zu Gunsten der Antithese, in deren Behauptung jene Wahrheit schon liegt, so wie dieselbe mit den Behauptungen der These ganz unvereinbar ist. Hätte die Antithese behauptet, daß die Welt aus unendlichen Reihen von Gründen und Folgen bestehe und dabei doch unabhängig von der Vorstellung und deren regressiver Reihe, also an sich existire und daher ein gegebenes Ganzes ausmache; so hätte sie nicht nur der These, sondern auch sich selber widersprochen: denn ein Unendliches kann nie GANZ gegeben seyn, noch eine ENDLOSE Reihe daseyn, als sofern sie endlos durchlaufen wird, noch ein Gränzenloses ein Ganzes ausmachen. Nur der Thesis also kommt jene Voraussetzung zu, von der Kant behauptet, daß sie beide Theile irre geführt hätte.

Es ist schon Lehre des Aristoteles, daß ein Unendliches nie *actu*, d.h. wirklich und gegeben seyn könne, sondern bloß *potentiâ*. *Ουκ εστιν ενεργειᾳ ειναι το απειρον· ----- αλλ' αδυνατον το εντελεχειᾳ ον απειρον (infinitum non potest esse actu: ----- sed impossibile, actu esse infinitum). Metaph. K, 10.* – Ferner: *κατ' ενεργειαν μεν γαρ ουδεν εστιν απειρον, δυναμει δε επι την διαιρεσιν (nihil enim actu infinitum est, sed potentia tantum, nempe divisione ipsa). De generat. et corrupt., I, 3.* – Dies führt er weitläuftig aus, *Phys.* III, 5 u. 6, woselbst er gewissermaaßen die ganz richtige Auflösung sämmtlicher antinomischer Gegensätze giebt. Er stellt, in seiner kurzen Art, die Antinomien dar und sagt dann: »eines Vermittlers *(διαιτητου)* bedarf es«: wonach er die Auflösung giebt, daß das Unendliche, sowohl der Welt im Raum, als in der Zeit und in der Theilung, nie VOR dem Regressus, oder Progressus, sondern IN demselben ist. – Also liegt diese Wahrheit schon im richtig gefaßten Begriff des Unendlichen. Man mißversteht sich also selbst, wenn man das Unendliche, welcher Art es auch sei, als ein objektiv Vorhandenes und Fertiges, und unabhängig vom Regressus zu denken vermeint.

Ja, wenn man, umgekehrt verfahrend, zum Ausgangspunkt Dasjenige nimmt, was Kant als die Auflösung des Widerstreits giebt; so folgt eben schon aus demselben geradezu die Behauptung der Antithese. Nämlich: ist die Welt kein unbedingtes Ganzes und existirt nicht an sich, sondern nur in der Vorstellung, und sind ihre Reihen von Gründen und Folgen nicht VOR dem Regressus der Vorstellungen davon da, sondern erst DURCH diesen Regressus; so kann die Welt nicht bestimmte und endliche Reihen enthalten, weil deren Bestimmung und Begränzung unabhängig von der dann nur hinzukommenden Vorstellung seyn müßte: sondern alle ihre Reihen müssen endlos, d.h. durch keine Vorstellung zu erschöpfen seyn.

S. 506; V, 534, will Kant aus dem Unrechthaben beider Theile die transscendentale Idealität der Erscheinung beweisen und hebt an: »Ist die Welt ein an sich existirendes Ganzes, so ist sie entweder endlich oder unendlich.« – Dies ist aber falsch: ein an sich existirendes Ganzes kann durchaus nicht unendlich seyn. – Vielmehr ließe sich jene Idealität aus der Unendlichkeit der Reihen in der Welt folgendermaaßen schließen: Sind die Reihen der Gründe und Folgen in der Welt durchaus ohne Ende; so kann die Welt nicht ein unabhängig von der Vorstellung gegebenes Ganzes seyn: denn ein solches setzt immer bestimmte Gränzen, so wie hingegen unendliche Reihen unendlichen Regressus voraus. Daher muß die vorausgesetzte Unendlichkeit der Reihen durch die Form von Grund und Folge, und diese durch die Erkenntnißweise des Subjekts bestimmt seyn, also die Welt, wie sie erkannt wird, nur in der Vorstellung des Subjekts daseyn.

Ob nun Kant selbst gewußt habe, oder nicht, daß seine kritische Entscheidung des Streits eigentlich ein Ausspruch zu Gunsten der Antithese ist, vermag ich nicht zu entscheiden. Denn es hängt davon ab, ob dasjenige, was Schelling irgendwo sehr treffend Kants Akkommodationssystem genannt hat, sich so weit erstrecke, oder ob Kants Geist hier schon in einer unbewußten Akkommodation zum Einfluß seiner Zeit und Umgebung befangen ist.

Die Auflösung der dritten Antinomie, deren Gegenstand die Idee der Freiheit war, verdient eine besondere Betrachtung, sofern es für uns sehr merkwürdig ist, daß Kant vom DING AN SICH, das bisher nur im Hintergrunde gesehen wurde, gerade hier, bei der Idee der FREIHEIT, ausführlicher zu reden genöthigt wird. Dies ist uns sehr erklärlich, nachdem wir das Ding an sich als den WILLEN erkannt haben. Ueberhaupt liegt hier der Punkt, wo Kants Philosophie auf die meinige hinleitet, oder wo diese aus ihr als ihrem Stamm hervorgeht. Hievon wird man sich überzeugen, wenn man in der Kritik der reinen Vernunft, S. 536 und 537; V, 564 und 565, mit Aufmerksamkeit liest: mit dieser Stelle vergleiche man noch die Einleitung zur Kritik der Urtheilskraft, S. XVIII und XIX der dritten, oder S. 13 der Rosenkranzischen Ausgabe, wo es sogar heißt: »Der Freiheitsbegriff kann in seinem Objekt (das ist denn doch der Wille) ein Ding an sich, aber nicht in der Anschauung, vorstellig machen; dagegen der Naturbegriff seinen Gegenstand zwar in der Anschauung, aber nicht als Ding an sich vorstellig machen kann.« Besonders aber lese man über die Auflösung der Antinomien den §. 53 der Prolegomena und beantworte dann aufrichtig die Frage, ob alles dort Gesagte nicht lautet wie ein Räthsel, zu welchem meine Lehre das Wort ist. Kant ist mit seinem Denken nicht zu Ende gekommen: ich habe bloß seine Sache durchgeführt. Demgemäß habe ich was Kant von der menschlichen Erscheinung allein sagt auf alle Erscheinung überhaupt, als welche von jener nur dem Grade nach verschieden ist, übertragen, nämlich daß das Wesen an sich derselben ein absolut Freies, d.h. ein Wille ist. Wie fruchtbar aber diese Einsicht im Verein mit Kants Lehre von der Idealität des Raumes, der Zeit und der Kausalität ist, ergiebt sich aus meinem Werk.

Kant hat das Ding an sich nirgends zum Gegenstand einer besondern Auseinandersetzung oder deutlichen Ableitung gemacht. Sondern, so oft er es braucht, zieht er es sogleich herbei durch den Schluß, daß die Erscheinung, also die sichtbare Welt, doch einen Grund, eine intelligibele Ursache, die nicht Erscheinung wäre und daher zu keiner möglichen Erfahrung gehöre, haben müsse. Dies thut er, nachdem er unablässig eingeschärft hat, die Kategorien, also auch die der Kausalität, hätten einen durchaus nur auf mögliche Erfahrung beschränkten Gebrauch, wären bloße Formen des Verstandes, welche dienten, die Erscheinungen der Sinnenwelt zu buchstabiren, über welche hinaus sie hingegen gar keine Bedeutung hätten u.s.w., daher er ihre Anwendung auf Dinge jenseit der Erfahrung aufs strengste verpönt und aus der Verletzung dieses Gesetzes, mit Recht, allen frühern Dogmatismus erklärt und zugleich umwirft. Die unglaubliche Inkonsequenz, welche Kant hierin begieng, wurde von seinen ersten Gegnern bald bemerkt und zu Angriffen benutzt, denen seine Philosophie keinen Widerstand leisten konnte. Denn allerdings wenden wir zwar völlig *a priori* und vor aller Erfahrung das Gesetz der Kausalität an auf die in unsern Sinnesorganen empfundenen Veränderungen: aber gerade darum ist dasselbe ebenso subjektiven Ursprungs, wie diese Empfindungen selbst, führt also nicht zum Dinge an sich. Die Wahrheit ist, daß man auf dem Wege der Vorstellung nie über die Vorstellung hinaus kann: sie ist ein geschlossenes Ganzes und hat in ihren eigenen Mitteln keinen Faden, der zu dem von ihr *toto genere* verschiedenen Wesen des Dinges an sich führt. Wären wir bloß vorstellende Wesen, so wäre der Weg zum Dinge an sich uns gänzlich abgeschlossen. Nur die andere Seite unseres eigenen Wesens kann uns Aufschluß geben über die andere Seite des Wesens an sich der Dinge. Diesen Weg habe ich eingeschlagen. Einige Beschönigung gewinnt Kants von ihm selbst verpönter Schluß auf das Ding an sich jedoch durch Folgendes. Er setzt nicht, wie es die Wahrheit verlangte, einfach und schlechthin das Objekt als bedingt durch das Subjekt, und umgekehrt; sondern nur die Art und Weise der Erscheinung des Objekts als bedingt durch die Erkenntnißformen des Subjekts, welche daher auch *a priori* zum Bewußtseyn kommen. Was nun aber, im Gegensatz hievon, bloß *a posteriori* erkannt wird, ist ihm schon unmittelbare Wirkung des Dinges an sich, welches nur im Durchgang durch jene *a priori* gegebenen Formen zur Erscheinung wird. Aus dieser Ansicht ist es einigermaaßen erklärlich, wie es ihm entgehen konnte, daß schon das Objektseyn überhaupt zur Form der Erscheinung gehört und durch das Subjektseyn überhaupt eben so wohl bedingt ist, als die Erscheinungsweise des Objekts durch die Erkenntnißformen des Subjekts, daß also, wenn ein Ding an sich angenommen werden soll, es durchaus auch nicht Objekt seyn kann, als welches er es jedoch immer voraussetzt, sondern ein solches Ding an sich in einem von der Vorstellung (dem Erkennen und Erkanntwerden) *toto genere* verschiedenen Gebiet liegen müßte, und es daher auch am wenigsten nach den Gesetzen der Verknüpfung der Objekte untereinander erschlossen werden könnte.

Mit der Nachweisung des Dinges an sich ist es Kanten gerade so gegangen, wie mit der der Apriorität des Kausalitätsgesetzes: Beide Lehren sind richtig, aber ihre Beweisführung falsch: sie gehören also zu den richtigen Konklusionen aus falschen Prämissen. Ich habe Beide beibehalten, jedoch sie auf ganz andere Weise und sicher begründet.

Das Ding an sich habe ich nicht erschlichen noch erschlossen, nach Gesetzen die es ausschließen, indem sie schon seiner Erscheinung angehören; noch bin ich überhaupt auf Umwegen dazu gelangt: vielmehr habe ich es unmittelbar nachgewiesen, da, wo es unmittelbar liegt, im Willen, der sich Jedem als das Ansich seiner eigenen Erscheinung unmittelbar offenbaret.

Und diese unmittelbare Erkenntniß des eigenen Willens ist es auch, aus der im menschlichen Bewußtseyn der Begriff von FREIHEIT hervorgeht; weil allerdings der Wille als Weltschaffendes, als Ding an sich, frei vom Satz des Grundes und damit von aller Nothwendigkeit, also vollkommen unabhängig, frei, ja allmächtig ist. Doch gilt dies, der Wahrheit nach, nur vom Willen an sich, nicht von seinen Erscheinungen, den Individuen, die schon, eben durch ihn selbst, als seine Erscheinungen in der Zeit, unveränderlich bestimmt sind. Im gemeinen, nicht durch Philosophie geläuterten Bewußtseyn wird aber auch sogleich der Wille mit seiner Erscheinung verwechselt und was nur ihm zukommt, dieser beigelegt: wodurch der Schein der unbedingten Freiheit des Individuums entsteht. Spinoza sagt eben deswegen mit Recht, daß auch der geworfene Stein, wenn er Bewußtseyn hätte, glauben würde freiwillig zu fliegen. Denn allerdings ist das Ansich auch des Steines der alleinige freie Wille, aber, wie in allen seinen Erscheinungen, auch hier, wo er als Stein erscheint, schon völlig bestimmt. Doch von dem Allen ist im Haupttheile dieser Schrift schon zur Genüge geredet.

Kant, indem er diese unmittelbare Entstehung des Begriffs von Freiheit in jedem menschlichen Bewußtseyn verkennt und übersieht, setzt nun, S. 533; V, 561, den Ursprung jenes Begriffs in eine sehr subtile Spekulation, durch welche nämlich das Unbedingte, auf welches die Vernunft immer ausgehen soll, die Hypostasirung des Begriffs von Freiheit veranlaßt, und auf diese transscendente Idee der Freiheit soll sich allererst auch der praktische Begriff derselben gründen. In der Kritik der praktischen Vernunft, §. 6, und S. 185 der vierten, S. 235 der Rosenkranzischen Ausgabe, leitet er diesen letztern Begriff jedoch wieder anders ab, daraus, daß der kategorische Imperativ ihn voraussetze: zum Behuf dieser Voraussetzung sei sonach jene spekulative Idee nur der erste Ursprung des Begriffs von Freiheit; hier aber erhalte er eigentlich Bedeutung und Anwendung. Beides ist jedoch nicht der Fall. Denn der Wahn einer vollkommenen Freiheit des Individuums in seinen einzelnen Handlungen ist am lebendigsten in der Ueberzeugung des rohesten Menschen, der nie nachgedacht hat, ist also auf keine Spekulation gegründet, wiewohl oft dahin hinübergenommen. Frei davon sind hingegen nur Philosophen und zwar die tiefsten, ebenfalls sind es auch die denkendesten und erleuchtetesten Schriftsteller der Kirche.

Allem Gesagten zufolge ist also der eigentliche Ursprung des Begriffs der Freiheit auf keine Weise wesentlich ein Schluß, weder aus der spekulativen Idee einer unbedingten Ursache, noch daraus, daß ihn der kategorische Imperativ voraussetze; sondern er entspringt unmittelbar aus dem Bewußtseyn, darin sich Jeder selbst, ohne Weiteres, als den Willen, d. h. als dasjenige, was als Ding an sich nicht den Satz vom Grunde zur Form hat und das selbst von nichts, von dem vielmehr alles andere abhängt, erkennt, nicht aber zugleich mit philosophischer Kritik und Besonnenheit sich, als schon in die Zeit eingetretene und bestimmte Erscheinung dieses Willens, man könnte sagen Willensakt, von jenem Willen zum Leben selbst unterscheidet, und daher, statt sein ganzes Daseyn als Akt seiner Freiheit zu erkennen, diese vielmehr in seinen einzelnen Handlungen sucht. Hierüber verweise ich auf meine Preisschrift von der Freiheit des Willens.

Hätte nun Kant, wie er hier vorgiebt und auch scheinbar bei früheren Gelegenheiten that, das Ding an sich bloß erschlossen und dazu mit der großen Inkonsequenz eines von ihm selbst durchaus verpönten Schlusses; – welch ein sonderbarer Zufall wäre es dann, daß er hier, wo er zum ersten Mal näher an das Ding an sich herangeht und es beleuchtet, in ihm sogleich den Willen erkennt, den freien, in der Welt sich nur durch zeitliche Erscheinungen kund gebenden Willen! – Ich nehme daher wirklich an, obwohl es nicht zu beweisen ist, daß Kant, so oft er vom Ding an sich redete, in der dunkelsten Tiefe seines Geistes, immer schon den Willen undeutlich dachte. Einen Beleg hiezu giebt, in der Vorrede zur zweiten

Auflage der Kritik der reinen Vernunft, S. XXVII und XXVIII, in der Rosenkranzischen Ausgabe S. 677 der Supplemente.

Uebrigens ist es eben diese beabsichtigte Auflösung des vorgeblichen dritten Widerstreits, welche Kanten Gelegenheit giebt, die tiefsten Gedanken seiner ganzen Philosophie sehr schön auszusprechen. So im ganzen »sechsten Abschnitt der Antinomie der reinen Vernunft«; vor allem aber die Auseinandersetzung des Gegensatzes zwischen empirischem und intelligibelem Charakter, S. 534–550; V, 562–578, welche ich dem Vortrefflichsten beizähle, das je von Menschen gesagt worden (als ergänzende Erläuterung dieser Stelle ist anzusehen eine ihr parallele in der »Kritik der praktischen Vernunft«, S. 169–179 der vierten, oder S. 224–231 der Rosenkranzischen Ausgabe). Es ist jedoch um so mehr zu bedauern, daß solches hier nicht am rechten Orte steht, sofern nämlich, als es theils nicht auf dem Wege gefunden ist, den die Darstellung angiebt und daher auch anders, als geschieht, abzuleiten wäre, theils auch nicht den Zweck erfüllt, zu welchem es dasteht, nämlich die Auflösung der vorgeblichen Antinomie. Es wird von der Erscheinung auf ihren intelligibeln Grund, das Ding an sich, geschlossen, durch den schon genugsam gerügten inkonsequenten Gebrauch der Kategorie der Kausalität über alle Erscheinung hinaus. Als dieses Ding an sich wird für diesen Fall des Menschen Wille (den Kant höchst unstatthaft, mit unverzeihlicher Verletzung alles Sprachgebrauchs, Vernunft betitelt) aufgestellt, mit Berufung auf ein unbedingtes Sollen, den kategorischen Imperativ, der ohne Weiteres postulirt wird.

Statt alles diesen nun wäre das lautere, offene Verfahren gewesen, unmittelbar vom Willen auszugehen, diesen nachzuweisen als das ohne alle Vermittelung erkannte Ansich unserer eigenen Erscheinung, und dann jene Darstellung des empirischen und intelligibeln Charakters zu geben, darzuthun, wie alle Handlungen, obwohl durch Motive necessitirt, dennoch, sowohl von ihrem Urheber, als vom fremden Beurtheiler, jenem selbst und allein, nothwendig und schlechthin zugeschrieben werden, als lediglich von ihm abhängend, dem sonach Schuld und Verdienst ihnen gemäß zuerkannt werden. – Dieses allein war der gerade Weg zur Erkenntniß Dessen, was nicht Erscheinung ist, folglich auch nicht nach den Gesetzen der Erscheinung gefunden wird, sondern Das ist, was durch die Erscheinung sich offenbart, erkennbar wird, sich objektivirt, der Wille zum Leben. Derselbe hätte sodann, bloß nach Analogie, als das Ansich jeder Erscheinung dargestellt werden müssen. Dann hätte aber freilich nicht (S. 546; v, 574) gesagt werden können, bei der leblosen, ja der thierischen Natur, sei kein Vermögen anders als sinnlich bedingt zu denken; womit in Kants Sprache eigentlich gesagt ist, die Erklärung nach dem Gesetze der Kausalität erschöpfe auch das innerste Wesen jener Erscheinungen, wodurch sodann, sehr inkonsequent, das Ding an sich bei ihnen wegfällt. – Durch die unrechte Stelle und die ihr gemäße umgehende Ableitung, welche die Darstellung des Dinges an sich bei Kant erhalten hat, ist auch der ganze Begriff desselben verfälscht worden. Denn, durch Nachforschung einer unbedingten Ursache gefunden, tritt hier der Wille, oder das Ding an sich, zur Erscheinung in das Verhältniß der Ursache zur Wirkung. Dieses Verhältniß findet aber nur innerhalb der Erscheinung Statt, setzt diese daher schon voraus und kann nicht sie selbst mit dem verbinden, was außer ihr liegt und *toto genere* von ihr verschieden ist.

Ferner wird der vorgesetzte Zweck, die Auflösung der dritten Antinomie, durch die Entscheidung, daß beide Theile, jeder in einem andern Sinne, Recht haben, gar nicht erreicht. Denn sowohl Thesis als Antithesis reden keineswegs vom Dinge an sich, sondern durchaus von der Erscheinung, der objektiven Welt, der Welt als Vorstellung. Diese und durchaus nichts Anderes ist es, von der die Thesis durch das aufgezeigte Sophisma darthun will, daß sie unbedingte Ursachen enthalte, und diese auch ist es, von der die Antithesis dasselbe, mit Recht, leugnet. Daher ist die ganze zur Rechtfertigung der Thesis hier gegebene Darstellung von der transscendentalen Freiheit des Willens, sofern er Ding an sich ist, so vortrefflich an sich auch solche ist, hier doch ganz eigentlich eine *μεταβασις εις αλλο γενος*. Denn die dargestellte transscendentale Freiheit des Willens ist keineswegs die unbedingte Kausalität einer Ursache, welche die Thesis behauptet, weil eine Ursache wesentlich Erscheinung seyn muß, nicht ein jenseit aller Erscheinung liegendes *toto genere* Verschiedenes.

Wenn von Ursach und Wirkung geredet wird, darf das Verhältniß des Willens zu seiner Erscheinung (oder des intelligibeln Charakters zum empirischen) nie herbeigezogen werden, wie hier geschieht: denn es ist vom Kausalverhältniß durchaus verschieden. Inzwischen wird auch hier, in dieser Auflösung der Antinomie, der Wahrheit gemäß gesagt, daß der empirische Charakter des Menschen, wie der jeder andern Ursache in der Natur, unabänderlich bestimmt ist, und demgemäß aus ihm, nach Maaßgabe der äußeren Einwirkungen, die Handlungen nothwendig hervorgehen; daher denn auch, ohngeachtet aller transscendentalen Freiheit (d.i. Unabhängigkeit des Willens an sich von den Gesetzen des Zusammenhangs seiner Erscheinung), kein Mensch das Vermögen hat, eine Reihe von Handlungen von selbst zu beginnen: welches Letztere hingegen von der Thesis behauptet wurde. Also hat auch die Freiheit keine Kausalität: denn frei ist nur der Wille, welcher außerhalb der Natur oder Erscheinung liegt, die eben nur seine Objektivation ist, aber nicht in einem Verhältniß der Kausalität zu ihm steht, als welches Verhältniß erst innerhalb der Erscheinung angetroffen wird, also diese schon voraussetzt, nicht sie selbst einschließen und mit Dem verbinden kann, was ausdrücklich nicht Erscheinung ist. Die Welt selbst ist allein aus dem Willen (da sie eben er selbst ist, sofern er erscheint) zu erklären und nicht durch Kausalität. Aber IN DER WELT ist Kausalität das einzige Princip der Erklärung und geschieht Alles lediglich nach Gesetzen der Natur. Also liegt das Recht ganz auf der Seite der Antithese, welche bei Dem bleibt, wovon die Rede war, und das Princip der Erklärung gebraucht, das davon gilt, daher auch keiner Apologie bedarf; da hingegen die These durch eine Apologie aus der Sache gezogen werden soll, die erstlich zu etwas ganz anderem, als wonach die Frage war, überspringt und dann ein Princip der Erklärung hinüber nimmt, das daselbst nicht anzuwenden ist.

Der vierte Widerstreit ist, wie schon gesagt, seinem innersten Sinn nach, mit dem dritten tautologisch. In der Auflösung dazu entwickelt Kant noch mehr die Unhaltbarkeit der Thesis: für ihre Wahrheit hingegen und ihr vorgebliches Zusammenbestehen mit der Antithesis bringt er keinen Grund vor, so wie er umgekehrt keinen der Antithese entgegenzustellen vermag. Nur ganz bittweise führt er die Annahme der Thesis ein, nennt sie jedoch selbst (S. 562; V, 590) eine willkürliche Voraussetzung, deren Gegenstand an sich wohl unmöglich seyn möchte, und zeigt bloß ein ganz ohnmächtiges Bestreben, demselben vor der durchgreifenden Macht der Antithese irgendwo ein sicheres Plätzchen zu verschaffen, um nur die Nichtigkeit des ganzen ihm einmal beliebten Vorgebens der nothwendigen Antinomie in der menschlichen Vernunft nicht aufzudecken.

Es folgt das Kapitel vom transscendentalen Ideale, welches uns mit einem Mal in die starre Scholastik des Mittelalters zurückversetzt. Man glaubt den Anselmus von Kanterbury selbst zu hören. Das *ens realissimum*, der Inbegriff aller Realitäten, der Inhalt aller bejahenden Sätze, tritt auf und zwar mit dem Anspruch ein nothwendiger Gedanke der Vernunft zu seyn! – Ich meinerseits muß gestehen, daß meiner Vernunft ein solcher Gedanke unmöglich ist, und daß ich bei den Worten, die ihn bezeichnen, nichts Bestimmtes zu denken vermag.

Ich zweifle übrigens nicht, daß Kant zu diesem seltsamen und seiner unwürdigen Kapitel bloß durch seine Liebhaberei zur architektonischen Symmetrie genöthigt wurde. Die drei Hauptobjekte der Scholastischen Philosophie (welche man, wie gesagt, im weitern Sinn verstanden, bis auf Kant gehn lassen kann), die Seele, die Welt und Gott sollten aus den drei möglichen Obersätzen von Schlüssen abgeleitet werden; obwohl es offenbar ist, daß sie einzig und allein durch unbedingte Anwendung des Satzes vom Grunde entstanden sind und entstehen können. Nachdem nun die Seele in das kategorische Urtheil gezwängt worden, das hypothetische für die Welt verwendet war, blieb für die dritte Idee nichts übrig, als der disjunktive Obersatz. Glücklicherweise fand sich in diesem Sinn eine Vorarbeit, nämlich das *ens realissimum* der Scholastiker, nebst dem ontologischen Beweise des Daseyns Gottes, rudimentarisch von Anselm von Kanterbury aufgestellt und dann von Cartesius vervollkommnet. Dieses wurde von Kanten mit Freuden benutzt, auch wohl mit einiger Reminiscenz einer frühern lateinischen Jugendarbeit. Indessen ist das Opfer, welches Kant seiner Liebe zur architektonischen Symmetrie durch dieses Kapitel bringt, überaus groß. Aller Wahrheit zum Trotz wird die, man muß sagen grotteske Vorstellung eines Inbegriffs aller möglichen Realitäten zu einem der Vernunft wesentlichen und nothwendigen Gedanken gemacht. Zur Ableitung desselben ergreift Kant das falsche Vorgeben, daß unsere Erkenntniß einzelner Dinge durch eine immer weiter gehende Einschränkung allgemeiner Begriffe, folglich auch eines allerallgemeinsten, der alle Realität IN SICH enthielte, entstehe. Hierin steht er eben so sehr mit seiner eigenen Lehre, wie mit der Wahrheit in Widerspruch; da gerade umgekehrt unsere Erkenntniß, vom Einzelnen ausgehend, zum Allgemeinen erweitert wird, und alle allgemeinen Begriffe durch Abstraktion von realen, einzelnen, anschaulich erkannten Dingen entstehen, welche bis zum allerallgemeinsten Begriff fortgesetzt werden kann, der dann Alles unter sich, aber fast nichts IN SICH begreift. Kant hat also hier das Verfahren unsers Erkenntnißvermögens gerade auf den Kopf gestellt und könnte deshalb wohl gar beschuldigt werden, Anlaß gegeben zu haben zu einer in unsern Tagen berühmt gewordenen philosophischen Charlatanerie, welche, statt die Begriffe für aus den Dingen abstrahirte Gedanken zu erkennen, umgekehrt die Begriffe zum Ersten macht und in den Dingen nur konkrete Begriffe sieht, auf diese Weise die verkehrte Welt, als eine philosophische Hanswurstiade, die natürlich großen Beifall finden mußte, zu Markte bringend. –

Wenn wir auch annehmen, jede Vernunft müsse, oder wenigstens könne, auch ohne Offenbarung zum Begriff von Gott gelangen; so geschieht dies doch offenbar allein am Leitfaden der Kausalität: was so einleuchtend ist, daß es keines Beweises bedarf. Daher sagt auch Chr. Wolf *(Cosmologia generalis, praef. p. 1): Sane in theologia naturali existentiam Numinis e principiis cosmologicis demonstramus. Contingentia universi et ordinis naturae, una cum impossibilitate casus, sunt scala, per quam a mundo hoc adspectabili ad Deum ascenditur.* Und vor ihm sagte schon Leibnitz, in Beziehung auf das Kausalitätsgesetz: *Sans ce grand principe nous ne pourrions jamais prouver l'existence de Dieu* (*Théod.*, §. 44). Und eben so in seiner Kontroverse mit Clarke, §. 126: *J'ose dire que sans ce grand principe on ne saurait venir à la preuve de l'existence de Dieu.* Hingegen ist der in diesem Kapitel ausgeführte Gedanke so weit davon entfernt, ein der Vernunft wesentlicher und nothwendiger zu seyn, daß er vielmehr zu betrachten ist als ein rechtes Meisterstück von den monstrosen Erzeugnissen eines durch wunderliche Umstände auf die seltsamsten Abwege und Verkehrtheiten gerathenen Zeitalters, wie das der Scholastik war, das ohne Aehnliches in der Weltgeschichte dasteht, noch je wiederkehren kann. Diese Scholastik hat allerdings, als sie zu ihrer Vollendung gediehen war, den Hauptbeweis für das Daseyn Gottes aus dem Begriffe des *ens realissimum* geführt und die andern Beweise nur daneben gebraucht, accessorisch: dies ist aber bloße Lehrmethode und beweist nichts über den Ursprung der Theologie im menschlichen Geist. Kant hat hier das Verfahren der Scholastik für das der Vernunft genommen, welches ihm überhaupt öfter begegnet ist. Wenn es wahr wäre, daß, nach wesentlichen Gesetzen der Vernunft, die Idee von Gott aus dem disjunktiven Schlusse hervorgienge, unter Gestalt einer Idee vom allerrealsten Wesen; so würde doch auch bei den Philosophen des Alterthums diese Idee sich eingefunden haben: aber vom *ens realissimum* ist nirgends eine Spur, bei keinem der alten Philosophen, obgleich einige derselben allerdings einen Weltschöpfer, aber nur als Formgeber der ohne ihn vorhandenen Materie, *δημιουργος*, lehren, den sie jedoch einzig und allein nach dem Gesetz der Kausalität erschließen. Zwar führt Sextus Empirikus (*adv. Math., IX*, §. 88) eine Argumentation des KLEANTHES an, welche Einige für den ontologischen Beweis halten. Dies ist sie jedoch nicht, sondern ein bloßer Schluß aus der Analogie: weil nämlich die Erfahrung lehrt, daß auf Erden EIN Wesen immer vorzüglicher, als das andere ist, und zwar der Mensch, als das vorzüglichste, die Reihe schließt, er jedoch noch viele Fehler hat; so muß es noch vorzüglichere und zuletzt ein allervorzüglichstes (*κρατιστον, αριστον*) geben, und dieses wäre der Gott.

Ueber die nunmehr folgende ausführliche Widerlegung der spekulativen Theologie habe ich nur in der Kürze zu bemerken, daß sie, wie überhaupt die ganze Kritik der drei sogenannten Ideen der Vernunft, also die ganze Dialektik der reinen Vernunft, zwar gewissermaaßen das Ziel und der Zweck des ganzen Werkes ist, dennoch aber dieser polemische Theil nicht eigentlich, wie der vorhergehende doktrinale, d.i. die Aesthetik und Analytik, ein ganz allgemeines, bleibendes und rein philosophisches Interesse hat; sondern mehr ein temporelles und lokales, indem derselbe in besonderer Beziehung steht zu den Hauptmomenten der bis auf Kant in Europa herrschenden Philosophie, deren völliger Umsturz durch diese Polemik jedoch Kanten zum unsterblichen Verdienst gereicht. Er hat aus der Philosophie den Theismus eliminirt, da in ihr, als einer Wissenschaft, und nicht Glaubenslehre, nur Das eine Stelle finden kann, was entweder empirisch gegeben, oder durch haltbare Beweise festgestellt ist. Natürlich ist hier bloß die wirkliche, ernstlich verstandene, auf Wahrheit und nichts Anderes gerichtete Philosophie gemeint, und keineswegs die Spaaßphilosophie der Universitäten, als in welcher, nach wie vor, die spekulative Theologie die Hauptrolle spielt; wie denn auch daselbst die Seele, als eine bekannte Person, nach wie vor, ohne Umstände auftritt. Denn sie ist die mit Gehalten und Honoraren, ja gar noch mit Hofrathstiteln ausgestattete Philosophie, welche, von ihrer Höhe stolz herabsehend, Leutchen, wie ich bin, vierzig Jahre hindurch, gar nicht gewahr wird, und den alten KANT, mit seinen Kritiken, auch herzlich gern los wäre, um den Leibnitz aus voller Brust hoch leben zu lassen. – Ferner ist hier zu bemerken, daß, wie Kant zu seiner Lehre von der Apriorität des Kausalitätsbegriffes eingeständlich veranlaßt worden ist durch HUMES Skepsis in Hinsicht auf jenen Begriff, vielleicht eben so Kants Kritik aller spekulativen Theologie ihren Anlaß hat in HUMES Kritik aller populären Theologie, welche dieser dargelegt hatte in seiner so lesenswerthen *»Natural history of religion«*, und den *»Dialogues on natural religion«*, ja, daß Kant diese gewissermaaßen ergänzen gewollt. Denn die zuerst genannte Schrift HUMES ist eigentlich eine Kritik der populären Theologie, deren Erbärmlichkeit sie zeigen und dagegen auf die rationale oder spekulative Theologie, als die ächte, achtungsvoll hinweisen will. Kant aber deckt nun das Grundlose dieser letztern auf, läßt hingegen die populäre unangetastet und stellt sie sogar in veredelter Gestalt auf, als einen auf moralisches Gefühl gestützten Glauben. Diesen verdrehten späterhin die Philosophaster zu Vernunftvernehmungen, Gottesbewußtseynen, oder intellektuellen Anschauungen des Uebersinnlichen, der Gottheit u.dgl.m.; während vielmehr Kant, als er alte, ehrwürdige Irrthümer einriß und die Gefährlichkeit der Sache kannte, nur hatte, durch die Moraltheologie, einstweilen ein Paar schwache Stützen unterschieben wollen, damit der Einsturz nicht ihn träfe, sondern er Zeit gewönne, sich wegzubegeben.

Was nun die Ausführung betrifft, so war zur Widerlegung des ONTOLOGISCHEN Beweises des Daseyns Gottes gar noch keine Vernunftkritik von Nöthen, indem auch ohne Voraussetzung der Aesthetik und Analytik es sehr leicht ist deutlich zu machen, daß jener ontologische Beweis nichts ist, als ein spitzfündiges Spiel mit Begriffen, ohne alle Ueberzeugungskraft. Schon im Organon des Aristoteles steht ein Kapitel, welches zur Widerlegung des ontotheologischen Beweises so vollkommen hinreicht, als ob es absichtlich dazu geschrieben wäre: es ist das siebente Kapitel des zweiten Buches der *Analyt. post.*: unter Anderm heißt es dort ausdrücklich: *το δε ειναι ουκ ουσια ουδενι*: d.h. *existentia nunquam ad essentiam rei pertinet*.

Die Widerlegung des KOSMOLOGISCHEN Beweises ist eine Anwendung der bis dahin vorgetragenen Lehre der Kritik auf einen gegebenen Fall, und nichts dagegen zu erinnern. – Der PHYSIKO-THEOLOGISCHE Beweis ist eine bloße Amplifikation des kosmologischen, den er voraussetzt, und findet auch seine ausführliche Widerlegung erst in der Kritik der Urtheilskraft. Meinen Leser verweise ich in dieser Hinsicht auf die Rubrik »Vergleichende Anatomie« in meiner Schrift über den Willen in der Natur.

KANT hat es, wie gesagt, bei der Kritik dieser Beweise bloß mit der spekulativen Theologie zu thun und beschränkt sich auf die Schule. Hätte er hingegen auch das Leben und die populäre Theologie im Auge gehabt, so hätte er zu den drei Beweisen noch einen vierten fügen müssen, der bei dem großen Haufen der eigentlich wirksame ist und in Kants Kunstsprache wohl am passendsten der KERAUNOLOGISCHE zu benennen wäre: es ist der, welcher sich gründet auf das Gefühl der Hülfsbedürftigkeit, Ohnmacht und Abhängigkeit des Menschen, unendlich überlegenen, unergründlichen und meistens unheildrohenden Naturmächten gegenüber; wozu sich sein natürlicher Hang Alles zu personifiziren gesellt und endlich noch die Hoffnung kommt, durch Bitten und Schmeicheln, auch wohl durch Geschenke, etwas auszurichten. Bei jeder menschlichen Unternehmung ist nämlich etwas, das nicht in unserer Macht steht und nicht in unsere Berechnung fällt: der Wunsch, dieses für sich zu gewinnen, ist der Ursprung der Götter. *Primus in orbe Deos fecit timor* ist ein altes Wahrwort des Petronius. Diesen Beweis hauptsächlich kritisirt HUME, der durchaus als Kants Vorläufer erscheint, in den oben erwähnten Schriften. – Wen nun aber Kant durch seine Kritik der spekulativen Theologie in dauernde Verlegenheit gesetzt hat, das sind die Philosophieprofessoren: von Christlichen Regierungen besoldet dürfen sie den Hauptglaubensartikel nicht im Stich lassen*. Wie helfen sich nun die Herren? – Sie behaupten eben, das Daseyn Gottes verstände sich von selbst. – So! nachdem die alte Welt, auf Kosten ihres Gewissens, Wunder gethan hat, es zu beweisen, und die neue Welt, auf Kosten ihres Verstandes, ontologische, kosmologische und physikotheologische Beweise ins Feld gestellt hat, – versteht es sich bei den Herren von selbst. Und aus diesem sich von selbst verstehenden Gott erklären sie sodann die Welt: das ist ihre Philosophie.

---

* Kant hat gesagt: »Es ist sehr was Ungereimtes, von der Vernunft Aufklärung zu erwarten, und ihr doch vorher vorzuschreiben, auf welche Seite sie nothwendig ausfallen müsse.« (Kritik der reinen Vernunft, S. 747; V, 775.) Hingegen ist folgende Naivetät der Ausspruch eines Philosophieprofessors in unserer Zeit: »Leugnet eine Philosophie die Realität der Grundideen des Christenthums, so ist sie entweder falsch, oder, WENN AUCH WAHR, DOCH UNBRAUCHBAR –« *scilicet* für Philosophieprofessoren. Der verstorbene Professor Bachmann ist es gewesen, welcher, in der Jena'schen Litteraturzeitung vom Juli 1840, Nr. 126, so indiskret die Maxime aller seiner Kollegen ausgeplaudert hat. Inzwischen ist es für die Charakteristik der Universitätsphilosophie bemerkenswerth, wie hier der Wahrheit, wenn sie sich nicht schicken und fügen will, so ohne Umschweife die Thüre gewiesen wird, mit: »Marsch, Wahrheit! wir können dich nicht BRAUCHEN. Sind wir dir etwas schuldig? Bezahlst du uns? – Also, Marsch!«

Bis auf KANT stand ein wirkliches Dilemma fest zwischen Materialismus und Theismus, d.h. zwischen der Annahme, daß ein blinder Zufall, oder daß eine von außen ordnende Intelligenz nach Zwecken und Begriffen, die Welt zu Stande gebracht hätte, *neque dabatur tertium*. Daher war Atheismus und Materialismus das Selbe: daher der Zweifel, ob es wohl einen Atheisten geben könne, d.h. einen Menschen, der wirklich die so überschwänglich zweckmäßige Anordnung der Natur, zumal der organischen, dem blinden Zufall zutrauen könne: man sehe z. B. *Bacon's essays (sermones fideles), essay 16, on Atheism*. In der Meinung des großen Haufens und der Engländer, welche in solchen Dingen gänzlich zum großen Haufen *(mob)* gehören, steht es noch so, sogar bei ihren berühmtesten Gelehrten: man sehe nur des *R. Owen Ostéologie comparée*, von 1855, *préface p. 11, 12,* wo er noch immer vor dem alten Dilemma steht zwischen Demokrit und Epikur einerseits und einer INTELLIGENCE andererseits, in welcher *la* Connaissance *d'un être tel que l'homme a existé avant que l'homme fit son apparition*. Von einer INTELLIGENZ muß alle Zweckmäßigkeit ausgegangen seyn: daran zu zweifeln ist ihm noch nicht im Traume eingefallen. Hat er doch in der am 5. Sept. 1853 in der *Académie des sciences* gehaltenen Vorlesung dieser hier etwas modificirten *préface*, mit kindlicher Naivetät gesagt: *La téléologie, ou la théologie scientifique* (*Comptes rendus*, Sept. 1853), das ist ihm unmittelbar Eins! Ist etwas in der Natur zweckmäßig; nun so ist es ein Werk der Absicht, der Ueberlegung, der Intelligenz. Nun freilich, was geht so einen Engländer und die *Académie des sciences* die Kritik der Urtheilskraft an, oder gar mein Buch über den Willen in der Natur? So tief sehen die Herren nicht herab. Diese *illustres confrères* verachten ja die Metaphysik und die *philosophie allemande*: – sie halten sich an die Rockenphilosophie. Die Gültigkeit jenes disjunktiven Obersatzes, jenes Dilemmas zwischen Materialismus und Theismus, beruht aber auf der Annahme, daß die vorliegende Welt die der Dinge an sich sei, daß es folglich keine andere Ordnung der Dinge gebe, als die empirische. Nachdem aber, durch Kant, die Welt und ihre Ordnung zur bloßen Erscheinung geworden war, deren Gesetze hauptsächlich auf den Formen unseres Intellekts beruhen, brauchte das Daseyn und

Wesen der Dinge und der Welt nicht mehr nach Analogie der von uns wahrgenommenen, oder bewirkten Veränderungen IN der Welt erklärt zu werden, noch Das, was wir als Mittel und Zweck auffassen, auch in Folge einer solchen Erkenntniß entstanden zu seyn. Indem also Kant, durch seine wichtige Unterscheidung zwischen Erscheinung und Ding an sich, dem Theismus sein Fundament entzog, eröffnete er andererseits den Weg zu ganz anderartigen und tiefsinnigeren Erklärungen des Daseyns.

Im Kapitel von den Endabsichten der natürlichen Dialektik der Vernunft wird vorgegeben, die drei transscendenten Ideen seien als regulative Principien für die Fortschreitung der Kenntniß der Natur von Werth. Aber schwerlich kann es Kanten mit dieser Behauptung Ernst gewesen seyn. Wenigstens wird ihr Gegentheil, daß nämlich jene Voraussetzungen für alle Naturforschung hemmend und ertödtend sind, jedem Naturkundigen außer Zweifel seyn. Um dies an einem Beispiel zu erproben, überlege man, ob die Annahme einer Seele, als immaterieller, einfacher, denkender Substanz, den Wahrheiten, welche CABANIS so schön dargelegt hat, oder den Entdeckungen FLOURENS', Marshall HALLS, und CH. BELLS hätte förderlich, oder im höchsten Grade hinderlich seyn müssen. Ja, Kant selbst sagt (Prolegomena, §. 44), »daß die Vernunftideen den Maximen der Vernunfterkenntniß der Natur entgegen und hinderlich sind«. –

Es ist gewiß keines der geringsten Verdienste Friedrichs des Großen, daß unter seiner Regierung Kant sich entwickeln konnte und die »Kritik der reinen Vernunft« veröffentlichen durfte. Schwerlich würde unter irgend einer andern Regierung ein besoldeter Professor so etwas gewagt haben. Schon dem Nachfolger des großen Königs mußte Kant versprechen, nicht mehr zu schreiben.

Der Kritik des ethischen Theils der Kantischen Philosophie könnte ich mich hier entübrigt erachten, sofern ich eine solche ausführlicher und gründlicher, 22 Jahre später, als die gegenwärtige, geliefert habe, in den »beiden Grundproblemen der Ethik«. Indessen kann das aus der ersten Auflage hier Beibehaltene, welches schon der Vollständigkeit wegen nicht wegfallen durfte, als zweckmäßige Prolusion zu jener spätern und viel gründlichern Kritik dienen, auf welche ich demnach, in der Hauptsache, den Leser verweise.

Gemäß der Liebe zur architektonischen Symmetrie mußte die theoretische Vernunft auch einen *Pendant* haben. Der *intellectus practicus* der Scholastik, welcher wieder abstammt vom *νους πρακτικος* des Aristoteles *(De anima, III, 10,* und *Polit., VII, c. 14: ὁ μεν γαρ πρακτικος εστι λογος, ὁ δε θεωρητικος),* giebt das Wort an die Hand. Jedoch wird hier etwas ganz Anderes damit bezeichnet, nicht wie dort die auf Technik gerichtete Vernunft; sondern hier tritt die praktische Vernunft auf als Quell und Ursprung der unleugbaren ethischen Bedeutsamkeit des menschlichen Handelns, so wie auch aller Tugend, alles Edelmuths und jedes erreichbaren Grades von Heiligkeit. Dieses Alles demnach käme aus bloßer VERNUNFT und erforderte nichts, als diese. Vernünftig handeln und tugendhaft, edel, heilig handeln wäre Eines und dasselbe: und eigennützig, boshaft, lasterhaft handeln wäre bloß unvernünftig handeln. Inzwischen haben alle Zeiten, alle Völker, alle Sprachen beides immer sehr unterschieden und gänzlich für zweierlei gehalten, wie auch noch bis auf den heutigen Tag alle Die thun, welche von der Sprache der neuern Schule nichts wissen, d.h. die ganze Welt mit Ausnahme eines kleinen Häufchens Deutscher Gelehrten: jene alle verstehen unter einem tugendhaften Wandel und einem vernünftigen Lebenslauf durchaus zwei ganz verschiedene Dinge. Daß der erhabene Urheber der Christlichen Religion, dessen Lebenslauf uns als das Vorbild aller Tugend aufgestellt wird, der ALLERVERNÜNFTIGSTE Mensch gewesen wäre, würde man eine sehr unwürdige, wohl gar eine blasphemirende Redensart nennen, und fast eben so auch, wenn gesagt würde, daß seine Vorschriften nur die beste Anweisung zu einem ganz VERNÜNFTIGEN LEBEN enthielten. Ferner daß, wer diesen Vorschriften gemäß, statt an sich und seine eigenen zukünftigen Bedürfnisse zum voraus zu denken, allemal nur dem größern gegenwärtigen Mangel Anderer abhilft, ohne weitere Rücksicht; ja, seine ganze Habe den Armen schenkt, um dann, aller Hülfsmittel entblößt, hinzugehen, die Tugend, welche er selbst geübt, auch Anderen zu predigen; dies verehrt Jeder mit Recht: wer aber wagt es als den Gipfel der VERNÜNFTIGKEIT zu preisen? Und endlich, wer lobt es als eine überaus VERNÜNFTIGE That, daß Arnold von Winkelried, mit überschwänglichem Edelmuth, die feindlichen Speere zusammenfaßte, gegen seinen eigenen Leib, um seinen Landsleuten Sieg und Rettung zu verschaffen? – Hingegen, wenn wir einen Menschen sehen, der von Jugend an, mit seltener Ueberlegung darauf bedacht ist, sich die Mittel zu einem sorgenfreien Auskommen, zur Unterhaltung von Weib und Kindern, zu einem guten Namen bei den Leuten, zu äußerer Ehre und Auszeichnung zu verschaffen, und dabei sich nicht durch den Reiz gegenwärtiger Genüsse, oder den Kitzel dem Uebermuth der Mächtigen zu trotzen, oder den Wunsch erlittene Beleidigungen oder unverdiente Demüthigung zu rächen, oder die Anziehungskraft unnützer ästhetischer oder philosophischer Geistesbeschäftigung und Reisen nach sehenswerthen Ländern, – der sich durch alles Dieses und dem Aehnliches nicht irre machen, noch verleiten läßt, jemals sein Ziel aus den Augen zu verlieren; sondern mit großer Konsequenz einzig darauf hinarbeitet: wer wagt es zu leugnen, daß ein solcher Philister ganz außerordentlich VERNÜNFTIG sei? sogar auch dann noch, wenn er sich einige nicht lobenswerthe, aber gefahrlose Mittel erlaubt hätte. Ja, noch mehr: wenn ein Bösewicht mit überlegter Verschmitztheit, nach einem wohldurchdachten Plane, sich zu Reichthümern, zu Ehren, ja zu Thronen und Kronen verhilft, dann mit der feinsten Arglist benachbarte Staaten umstrickt, sie einzeln überwältigt und nun zum Welteroberer wird, dabei sich nicht irre machen läßt durch irgend eine Rücksicht auf Recht, oder Menschlichkeit, sondern mit scharfer Konsequenz Alles zertritt und zermalmt, was seinem Plane entgegensteht, ohne Mitleid Millionen in Unglück jeder Art, Millionen in Blut und Tod stürzt, jedoch seine Anhänger und Helfer königlich belohnt und jederzeit schützt, nichts jemals vergessend, und dann so sein Ziel erreicht: wer sieht nicht ein, daß ein solcher überaus vernünftig zu Werk gehen mußte, daß, wie zum Entwurf der Pläne ein gewaltiger Verstand, so zu ihrer Ausführung vollkommene Herrschaft der VERNUNFT, ja recht eigentlich PRAKTISCHE VERNUNFT erfordert war? – Oder sind etwan auch die Vorschriften, welche der kluge und konsequente, überlegte und weitsehende Machiavelli dem Fürsten giebt, UNVERNÜNFTIG?*

Wie Bosheit mit Vernunft sehr gut beisammen besteht, ja erst in dieser Vereinigung recht furchtbar ist; so findet sich umgekehrt auch bisweilen Edelmuth verbunden mit Unvernunft. Dahin kann man die That des Koriolanus rechnen, der, nachdem er Jahrelang alle seine Kraft aufgewendet hatte, um sich Rache an den Römern zu verschaffen, jetzt, nachdem die Zeit endlich gekommen ist, sich durch das Flehen des Senats und das Weinen seiner Mutter und Gattin erweichen läßt, die so lange und so mühsam vorbereitete Rache aufgiebt, ja sogar, indem er dadurch den gerechten Zorn der Volsker auf sich ladet, für jene Römer stirbt, deren Undankbarkeit er kennt und mit so großer Anstrengung strafen gewollt hat. – Endlich, der Vollständigkeit wegen sei es erwähnt, kann Vernunft sehr wohl mit Unverstand sich vereinigen. Dies ist der Fall, wann eine dumme Maxime gewählt, aber mit Konsequenz durchgeführt wird. Ein Beispiel der Art gab die Prinzessin Isabella, Tochter Philipp's II., welche gelobte, so lange Ostende nicht erobert worden, kein reines Hemd anzuziehen, und Wort hielt, drei Jahre hindurch. Ueberhaupt gehören alle Gelübde hieher, deren Ursprung Mangel an Einsicht gemäß dem Gesetz der Kausalität, d. h. Unverstand ist; nichts desto weniger ist es vernünftig, sie zu erfüllen, wenn man einmal von so beschränktem Verstande ist, sie zu geloben.

Dem Angeführten entsprechend sehen wir auch die noch dicht vor KANT auftretenden Schriftsteller das Gewissen, als den Sitz der moralischen Regungen, mit der Vernunft in Gegensatz stellen: so ROUSSEAU im vierten Buch des Emile: *La* raison *nous trompe, mais la*

* Beiläufig: Machiavells Problem war die Auflösung der Frage, wie sich der Fürst UNBEDINGT auf dem Thron erhalten könne, trotz inneren und äußeren Feinden. Sein Problem war also keineswegs das ethische, ob ein Fürst als Mensch dergleichen wollen solle, oder nicht; sondern rein das politische, wie er, WENN er es will, es ausführen könne. Hiezu nun giebt er die Auflösung, wie man eine Anweisung zum Schachspielen schreibt, bei der es doch thöricht wäre, die Beantwortung der Frage zu vermissen, ob es moralisch räthlich sei, überhaupt Schach zu spielen. Dem Machiavell die Immoralität seiner Schrift vorwerfen, ist eben so angebracht, als es wäre, einem Fechtmeister vorzuwerfen, daß er nicht seinen Unterricht mit einer moralischen Vorlesung gegen Mord und Todschlag eröffnet.

conscience *ne trompe jamais;* und etwas weiterhin: *il est impossible d'expliquer par les conséquences de notre nature le principe immédiat de la* conscience *indépendant de la* raison *même.* Noch weiter: *Mes sentimens naturels parlaient pour l'intérêt commun, ma* raison *rapportait tout à moi. --- On a beau vouloir établir la vertu par la* raison *seule, quelle solide base peut-on lui donner?* – In den *Rêveries du promeneur, prom. 4ème,* sagt er: *Dans toutes les questions de morale difficiles je me suis toujours bien trouvé de les résoudre par le dictamen de la* conscience, *plutôt que par les lumières de la* raison. – Ja, schon ARISTOTELES sagt ausdrücklich *(Eth. magna, I, 5)*, daß die Tugenden ihren Sitz im *αλογῳ μοριῳ της ψυχης (in parte irrationali animi)* haben und nicht im *λογον εχοντι (in parte rationali)*. Diesem gemäß sagt STOBÄOS *(Ecl., II, c. 7)*, von den Peripatetikern redend: *Την ηθικην αρετην ὑπολαμβανουσι περι το αλογον μερος γιγνεσθαι της ψυχης, επειδη διμερη προς την παρουσαν θεωριαν υπεθεντο την ψυχην, το μεν λογικον εχουσαν, το δ' αλογον. Και περι μεν το λογικον την καλοκᾳγαθιαν γιγνεσθαι, και την φρονησιν, και την αγχινοιαν, και σοφιαν, και ευμαθειαν, και μνημην, και τας ὁμοιους· περι δε το αλογον, σωφροσυνην, και δικαιοσυνην, και ανδρειαν, και τας αλλας τας ηθικας καλουμενας αρετας. (Ethicam virtutem circa partem animae ratione carentem versari putant, cum duplicem, ad hanc disquisitionem, animam ponant, ratione praeditam, et ea carentem. In parte vero ratione praedita collocant ingenuitatem, prudentiam, perspicacitatem, sapientiam, docilitatem, memoriam et reliqua; in parte vero ratione destituta temperantiam, justitiam, fortitudinem, et reliquas virtutes, quas ethicas vocant.)* Und CICERO setzt *(De nat. Deor., III, c. 26–31)* weitläufig auseinander, daß Vernunft das nothwendige Mittel und Werkzeug zu allen Verbrechen ist.

Für das VERMÖGEN DER BEGRIFFE habe ich die VERNUNFT erklärt. Diese ganz eigene Klasse allgemeiner, nicht anschaulicher, nur durch Worte symbolisirter und fixirter Vorstellungen ist es, die den Menschen vom Thiere unterscheidet und ihm die Herrschaft auf Erden giebt. Wenn das Thier der Sklave der Gegenwart ist, keine andere, als unmittelbar sinnliche Motive kennt und daher, wenn sie sich ihm darbieten, so nothwendig von ihnen gezogen oder abgestoßen wird, wie das Eisen vom Magnet; so ist dagegen im Menschen durch die Gabe der Vernunft die Besonnenheit aufgegangen. Diese läßt ihn, rückwärts und vorwärts blickend, sein Leben und den Lauf der Welt leicht im Ganzen übersehen, macht ihn unabhängig von der Gegenwart, läßt ihn überlegt, planmäßig und mit Bedacht zu Werke gehen, zum Bösen wie zum Guten. Aber was er thut, thut er mit vollkommnem Selbstbewußtseyn: er weiß genau, wie sein Wille sich entscheidet, was er jedesmal erwählt und welche andere Wahl, der Sache nach, möglich war, und aus diesem selbstbewußten Wollen lernt er sich selbst kennen und spiegelt sich an seinen Thaten. In allen diesen Beziehungen auf das Handeln des Menschen ist die Vernunft PRAKTISCH zu nennen: theoretisch ist sie nur, sofern die Gegenstände, mit denen sie sich beschäftigt, auf das Handeln des Denkenden keine Beziehung, sondern lediglich ein theoretisches Interesse haben, dessen sehr wenige Menschen fähig sind. Was in diesem Sinne PRAKTISCHE VERNUNFT heißt, wird so ziemlich durch das Lateinische Wort *prudentia*, welches, nach Cicero *(De nat. Deor., II, 22)*, das zusammengezogene *providentia* ist, bezeichnet; da hingegen *ratio*, wenn von einer Geisteskraft gebraucht, meistens die eigentliche theoretische Vernunft bedeutet, wiewohl die Alten den Unterschied nicht strenge beobachten. – In fast allen Menschen hat die Vernunft eine beinahe ausschließlich praktische Richtung: wird nun aber auch diese verlassen, verliert das Denken die Herrschaft über das Handeln, wo es dann heißt: *scio meliora, proboque, deteriora sequor,* oder *»le matin je fais des projets, et le soir je fais des sottises«*, läßt also der Mensch sein Handeln nicht durch sein Denken geleitet werden, sondern durch den Eindruck der Gegenwart, fast nach Weise des Thieres, so nennt man ihn UNVERNÜNFTIG (ohne dadurch ihm moralische Schlechtigkeit vorzuwerfen), obwohl es ihm eigentlich nicht an Vernunft, sondern an Anwendung derselben auf sein Handeln fehlt, und man gewissermaaßen sagen könnte, seine Vernunft sei lediglich theoretisch, aber nicht praktisch. Er kann dabei ein recht guter Mensch seyn, wie Mancher, der keinen Unglücklichen sehen kann, ohne ihm zu helfen, selbst mit Aufopferungen, hingegen seine Schulden unbezahlt läßt. Der Ausübung großer Verbrechen ist ein solcher unvernünftiger Charakter gar nicht fähig, weil die dabei immer nöthige Planmäßigkeit, Verstellung und Selbstbeherrschung ihm unmöglich ist. Zu einem sehr hohen Grade von Tugend wird er es jedoch auch schwerlich bringen: denn, wenn er auch von Natur noch so sehr zum Guten geneigt ist; so können doch die einzelnen lasterhaften und boshaften Aufwallungen, denen jeder Mensch unterworfen ist, nicht ausbleiben und müssen, wo nicht Vernunft sich praktisch erzeigend, ihnen unveränderliche Maximen und feste Vorsätze entgegenhält, zu Thaten werden.

Als PRAKTISCH zeigt sich endlich die VERNUNFT ganz eigentlich in den recht vernünftigen Charakteren, die man deswegen im gemeinen Leben praktische Philosophen nennt, und die sich auszeichnen durch einen ungemeinen Gleichmuth bei unangenehmen, wie bei erfreulichen Vorfällen, gleichmäßige Stimmung und festes Beharren bei gefaßten Entschlüssen. In der That ist es das Vorwalten der Vernunft in ihnen, d. h. das mehr abstrakte, als intuitive Erkennen und daher das Ueberschauen des Lebens, mittelst der Begriffe, im Allgemeinen, Ganzen und Großen, welches sie ein für alle Mal bekannt gemacht hat mit der Täuschung des momentanen Eindrucks, mit dem Unbestand aller Dinge, der Kürze des Lebens, der Leerheit der Genüsse, dem Wechsel des Glücks und den großen und kleinen Tücken des Zufalls. Nichts kommt ihnen daher unerwartet, und was sie *in abstracto* wissen, überrascht sie nicht und bringt sie nicht aus der Fassung, wann es nun in der Wirklichkeit und im Einzelnen ihnen entgegentritt, wie dieses der Fall ist bei den nicht so vernünftigen Charakteren, auf welche die Gegenwart, das Anschauliche, das Wirkliche solche Gewalt ausübt, daß die kalten, farblosen Begriffe ganz in den Hintergrund des Bewußtseyns treten und sie, Vorsätze und Maximen vergessend, den Affekten und Leidenschaften jeder Art preisgegeben sind. Ich habe bereits am Ende des ersten Buches auseinandergesetzt, daß, meiner Ansicht nach, die Stoische Ethik ursprünglich nichts, als eine Anweisung zu einem eigentlich vernünftigen Leben, in diesem Sinne, war. Ein solches preiset auch Horatius wiederholentlich an sehr vielen Stellen. Dahin gehört auch sein *Nil admirari* und dahin ebenfalls das Delphische *Μηδεν αγαν*. *Nil admirari* mit »Nichts bewundern« zu übersetzen ist ganz falsch. Dieser Horazische Ausspruch geht nicht sowohl auf das Theoretische, als auf das Praktische, und will eigentlich sagen: »Schätze keinen Gegenstand unbedingt, vergaffe dich in nichts, glaube nicht, daß der Besitz irgend einer Sache Glücksäligkeit verleihen könne: jede unsägliche Begierde auf einen Gegenstand ist nur eine neckende Chimäre, die man eben so gut, aber viel leichter, durch verdeutlichte Erkenntniß, als durch errungenen Besitz, los werden kann.« In diesem Sinne gebraucht das *admirari* auch Cicero, *De divinatione, II, 2*. Was Horaz meint, ist also die *αϑαμβια* und *ακαταπληξις*, auch *αϑαυμασια*, welche schon Demokritos als das höchste Gut pries (siehe *Clem. Alex. Strom., II, 21*, und vgl. *Strabo, I*, S. 98 und 105). – Von Tugend und Laster ist bei solcher Vernünftigkeit des Wandels eigentlich nicht die Rede, aber dieser praktische Gebrauch der Vernunft macht das eigentliche Vorrecht, welches der Mensch vor dem Thiere hat, geltend, und allein in dieser Rücksicht hat es einen Sinn und ist zulässig von einer Würde des Menschen zu reden.

In allen dargestellten und in allen erdenklichen Fällen läuft der Unterschied zwischen vernünftigem und unvernünftigem Handeln darauf zurück, ob die Motive abstrakte Begriffe, oder anschauliche Vorstellungen sind. Daher eben stimmt die Erklärung, welche ich von der Vernunft gegeben, genau mit dem Sprachgebrauch aller Zeiten und Völker zusammen, welchen selbst man doch wohl nicht für etwas Zufälliges oder Beliebiges halten wird, sondern einsehen, daß er eben hervorgegangen ist aus dem jedem Menschen bewußten Unterschiede der verschiedenen Geistesvermögen, welchem Bewußtseyn gemäß er redet, aber freilich es nicht zur Deutlichkeit abstrakter Definition erhebt. Unsere Vorfahren haben nicht die Worte, ohne ihnen einen bestimmten Sinn beizulegen, gemacht, etwan damit sie bereit lägen für Philosophen, die nach Jahrhunderten kommen und bestimmen möchten, was dabei zu denken seyn sollte; sondern sie bezeichneten damit ganz bestimmte Begriffe. Die Worte sind also nicht mehr herrenlos, und ihnen einen ganz andern Sinn unterlegen, als den sie bisher gehabt, heißt sie mißbrauchen, heißt eine Licenz einführen, nach der Jeder jedes Wort in beliebigem Sinn gebrauchen könnte, wodurch gränzenlose Verwirrung entstehen müßte. Schon LOCKE hat ausführlich dargethan, daß die meisten Uneinigkeiten in der Philosophie vom falschen Gebrauch der Worte kommen. Man werfe, der Erläuterung halber, nur einen Blick auf den schändlichen Mißbrauch, den heut zu Tage gedankenarme Philosophaster mit den Worten Substanz, Bewußtseyn, Wahrheit u. a. m. treiben. Auch die Aeußerungen und Erklärungen aller Philosophen, aus allen Zeiten, mit Ausnahme der neuesten, über die Vernunft, stimmen nicht weniger, als die unter allen Völkern herrschenden Begriffe von jenem Vorrecht des Menschen, mit meiner Erklärung davon überein. Man sehe was Platon, im vierten Buche der Republik und an unzähligen zerstreuten Stellen, das λογιμον oder λογιστικον της ψυχης nennt, was Cicero sagt, *De nat. Deor.*, *III, 26–31*, was Leibnitz, Locke in den im ersten Buch bereits angeführten Stellen hierüber sagen. Es würde hier der Anführungen gar kein Ende seyn, wenn man zeigen wollte, wie alle Philosophen vor Kant von der Vernunft im Ganzen in meinem Sinn geredet haben, wenn sie gleich nicht mit vollkommner Bestimmtheit und Deutlichkeit das Wesen derselben, durch dessen Zurückführung auf einen Punkt, zu erklären wußten. Was man kurz vor Kants Auftreten unter Vernunft verstand, zeigen im Ganzen zwei Abhandlungen von Sulzer, im ersten Bande seiner vermischten philosophischen Schriften: die eine, »Zergliederung des Begriffes der Vernunft«, die andere, »Ueber den gegenseitigen Einfluß von Vernunft und Sprache«. Wenn man dagegen liest, wie in der neuesten Zeit, durch den Einfluß des Kantischen Fehlers, der sich nachher lawinenartig vergrößert hat, von der Vernunft geredet wird; so ist man genöthigt anzunehmen, daß sämmtliche Weisen des Alterthums, wie auch alle Philosophen vor Kant, ganz und gar keine Vernunft gehabt haben: denn die jetzt entdeckten unmittelbaren Wahrnehmungen, Anschauungen, Vernehmungen, Ahndungen der Vernunft sind ihnen so fremd geblieben, wie uns der sechste Sinn der Fledermäuse ist. Was übrigens mich betrifft, so muß ich bekennen, daß ich ebenfalls jene das Uebersinnliche, das Absolutum, nebst langen Geschichten, die sich mit demselben zutragen, unmittelbar wahrnehmende, oder auch vernehmende, oder intellektual anschauende Vernunft mir, in meiner Beschränktheit, nicht anders faßlich und vorstellig machen kann, als gerade so, wie den sechsten Sinn der Fledermäuse. Das aber muß man der Erfindung, oder Entdeckung, einer solchen Alles was beliebt sogleich unmittelbar wahrnehmenden Vernunft nachrühmen, daß sie ein unvergleichliches *expédient* ist, um allen KANTEN mit ihren Vernunftkritiken zum Trotz sich und seine fixirten Favoritideen auf die leichteste Weise von der Welt aus der Affäre zu ziehen. Die Erfindung und die Aufnahme, welche sie gefunden, macht dem Zeitalter Ehre.

Wenn gleich also das Wesentliche der VERNUNFT *(το λογιμον, ἡ φρονησις, ratio, raison, reason)* von allen Philosophen aller Zeiten im Ganzen und Allgemeinen richtig erkannt, obwohl nicht scharf genug bestimmt, noch auf einen Punkt zurückgeführt wurde; so ist hingegen was der VERSTAND *(νους, διανοια, intellectus, esprit, intellect, understanding)* sei, ihnen nicht so deutlich geworden; daher sie ihn oft mit der Vernunft vermischen und eben dadurch auch zu keiner ganz vollkommnen, reinen und einfachen Erklärung des Wesens dieser gelangen. Bei den Christlichen Philosophen erhielt nun der Begriff der Vernunft noch eine ganz fremdartige Nebenbedeutung, durch den Gegensatz zur Offenbarung, und hievon ausgehend behaupten dann Viele, mit Recht, daß die Erkenntniß der Verpflichtung zur Tugend auch aus bloßer Vernunft, d.h. auch ohne Offenbarung, möglich sei. Sogar auf Kants Darstellung und Wortgebrauch hat diese Rücksicht gewiß Einfluß gehabt. Allein jener Gegensatz ist eigentlich von positiver, historischer Bedeutung und daher ein der Philosophie fremdes Element, von welchem sie frei gehalten werden muß.

Man hätte erwarten dürfen, daß Kant in seinen Kritiken der theoretischen und praktischen Vernunft ausgegangen seyn würde von einer Darstellung des Wesens der Vernunft überhaupt, und, nachdem er so das *Genus* bestimmt hätte, zur Erklärung der beiden *Species* geschritten wäre, nachweisend, wie die eine und selbe Vernunft sich auf zwei so verschiedene Weisen äußert und doch, durch Beibehaltung des Hauptcharakters, sich als die selbe beurkundet. Allein von dem allen findet sich nichts. Wie ungenügend, schwankend und disharmonirend die Erklärungen sind, die er in der Kritik der reinen Vernunft von dem Vermögen, welches er kritisirt, hin und wieder beiläufig giebt, habe ich bereits nachgewiesen. Die PRAKTISCHE Vernunft findet sich schon in der Kritik der reinen Vernunft unangemeldet ein und steht nachher in der ihr eigens gewidmeten Kritik, als ausgemachte Sache da, ohne weitere Rechenschaft und ohne daß der mit Füßen getretene Sprachgebrauch aller Zeiten und Völker, oder die Begriffsbestimmungen der größten früheren Philosophen ihre Stimmen erheben dürfen. Im Ganzen kann man aus den einzelnen Stellen abnehmen, daß Kants Meinung dahin geht: das Erkennen von Principien *a priori* sei wesentlicher Charakter der Vernunft: da nun die Erkenntniß der ethischen Bedeutsamkeit des Handelns nicht empirischen Ursprungs ist; so ist auch sie ein *principium a priori* und stammt demnach aus der Vernunft, die dann insofern PRAKTISCH ist. – Ueber die Unrichtigkeit jener Erklärung der Vernunft habe ich schon genugsam geredet. Aber auch hievon abgesehen, wie oberflächlich und ungründlich ist es, hier das einzige Merkmal der Unabhängigkeit von der Erfahrung zu benutzen, um die heterogensten Dinge zu vereinigen, ihren übrigen, grundwesentlichen, unermeßlichen Abstand dabei übersehend. Denn auch angenommen, wiewohl nicht zugestanden, die Erkenntniß der ethischen Bedeutsamkeit des Handelns entspringe aus einem in uns liegenden Imperativ, einem unbedingten SOLL; wie grundverschieden wäre doch ein solches von jenen allgemeinen FORMEN DER ERKENNTNISS, welche er in der Kritik der reinen Vernunft als *a priori* uns bewußt nachweist, vermöge welches Bewußtseyns wir ein unbedingtes MUSS zum voraus aussprechen können, gültig für alle uns mögliche Erfahrung. Der Unterschied aber zwischen diesem MUSS, dieser schon im Subjekt bestimmten nothwendigen Form alles Objekts, und jenem SOLL der Moralität, ist so himmelweit und so augenfällig, daß man das Zusammentreffen beider im Merkmal der nichtempirischen Erkenntnißart wohl als ein witziges Gleichniß, nicht aber als eine philosophische Berechtigung zur Identifizirung des Ursprungs beider geltend machen kann.

Uebrigens ist die Geburtsstätte dieses Kindes der praktischen Vernunft, des ABSOLUTEN SOLLS oder kategorischen Imperativs, nicht in der Kritik der praktischen, sondern schon in der der reinen

Vernunft, S. 802; v, 830. Die Geburt ist gewaltsam und gelingt nur mittelst der Geburtszange eines DAHER, welches keck und kühn, ja man möchte sagen unverschämt, sich zwischen zwei einander wildfremde und keinen Zusammenhang habende Sätze stellt, um sie als Grund und Folge zu verbinden. Nämlich, daß nicht bloß anschauliche, sondern auch abstrakte Motive uns bestimmen, ist der Satz, von dem Kant ausgeht, ihn folgendermaaßen ausdrückend: »Nicht bloß was reizt, d.i. die Sinne unmittelbar affizirt, bestimmt die menschliche Willkür; sondern wir haben ein Vermögen, durch Vorstellungen von dem, was selbst auf entferntere Art nützlich oder schädlich ist, die Eindrücke auf unser sinnliches Begehrungsvermögen zu überwinden. Diese Ueberlegungen von dem, was in Hinsicht unsers ganzen Zustandes begehrungswerth, d.i. gut und nützlich, ist, beruhen auf der Vernunft.« (Vollkommen richtig: spräche er nur immer so vernünftig von der Vernunft!) »Diese giebt DAHER! auch Gesetze, welche Imperativen, d.i. objektive Gesetze der Freiheit sind und sagen was geschehen soll, ob es gleich vielleicht nie geschieht.« –! So, ohne weitere Beglaubigung, springt der kategorische Imperativ in die Welt, um daselbst das Regiment zu führen mit seinem unbedingten SOLL, – einem Scepter aus hölzernem Eisen. Denn im Begriff SOLLEN liegt durchaus und wesentlich die Rücksicht auf angedrohte Strafe, oder versprochene Belohnung, als nothwendige Bedingung, und ist nicht von ihm zu trennen, ohne ihn selbst aufzuheben und ihm alle Bedeutung zu nehmen: daher ist ein UNBEDINGTES SOLL eine *contradictio in adjecto*. Dieser Fehler mußte gerügt werden, so nahe er übrigens mit Kants großem Verdienst um die Ethik verwandt ist, welches eben darin besteht, daß er die Ethik von allen Principien der Erfahrungswelt, namentlich von aller direkten oder indirekten Glücksäligkeitslehre frei gemacht und ganz eigentlich gezeigt hat, daß das Reich der Tugend nicht von dieser Welt sei. Dieses Verdienst ist um so größer, als schon alle alten Philosophen, mit Ausnahme des einzigen Platon, nämlich Peripatetiker, Stoiker, Epikureer, durch sehr verschiedene Kunstgriffe, Tugend und Glücksäligkeit bald nach dem Satz vom Grunde von einander abhängig machen, bald nach dem Satz vom Widerspruch identifiziren wollten. Nicht minder trifft derselbe Vorwurf alle Philosophen der neuern Zeit, bis auf Kant. Sein Verdienst hierin ist daher sehr groß: jedoch fordert die Gerechtigkeit auch hiebei zu erinnern, daß theils seine Darstellung und Ausführung der Tendenz und dem Geist seiner Ethik oft nicht entspricht, wie wir sogleich sehen werden, theils auch, daß er, selbst so, nicht der allererste ist, der die Tugend von allen Glücksäligkeitsprincipien gereinigt hat. Denn schon Platon, besonders in der Republik, deren Haupttendenz eben dieses ist, lehrt ausdrücklich, daß die Tugend allein ihrer selbst wegen zu wählen sei, auch wenn Unglück und Schande unausbleiblich mit ihr verknüpft wäre. Noch mehr aber predigt das Christenthum eine völlig uneigennützige Tugend, welche auch nicht wegen des Lohns in einem Leben nach dem Tode, sondern ganz unentgeltlich, aus Liebe zu Gott, geübt wird, sofern die Werke nicht rechtfertigen, sondern allein der Glaube, welchen, gleichsam als sein bloßes Symptom die Tugend begleitet und daher ganz unentgeltlich und von selbst eintritt. Man lese Luther, *De libertate Christiana*. Ich will gar nicht die Inder in Rechnung bringen, in deren heiligen Büchern überall das Hoffen eines Lohnes seiner Werke als der Weg der Finsterniß geschildert wird, der nie zur Säligkeit führen kann. So rein finden wir Kants Tugendlehre doch nicht: oder vielmehr die Darstellung ist hinter dem Geiste weit zurückgeblieben, ja, in Inkonsequenz verfallen. In seinem nachher abgehandelten HÖCHSTEN Gut finden wir die Tugend mit der Glücksäligkeit vermählt. Das ursprünglich so unbedingte Soll postulirt sich hinterdrein doch eine Bedingung, eigentlich um den innern Widerspruch los zu werden, mit welchem behaftet es nicht leben kann. Die Glücksäligkeit im höchsten Gut soll nun zwar nicht eigentlich das Motiv zur Tugend seyn: dennoch steht sie da, wie ein geheimer Artikel, dessen Anwesenheit alles Uebrige zu einem bloßen Scheinvertrage macht: sie ist nicht eigentlich der Lohn der Tugend, aber doch eine freiwillige Gabe, zu der die Tugend, nach ausgestandener Arbeit, verstohlen die Hand offen hält. Man überzeuge sich hievon durch die »Kritik der praktischen Vernunft« (S. 223–266 der vierten, oder S. 264–295 der Rosenkranzischen Ausgabe). Die selbe Tendenz hat auch seine ganze Moraltheologie: durch diese vernichtet eben deshalb eigentlich die Moral sich selbst. Denn, ich wiederhole es, alle Tugend, die irgendwie eines Lohnes wegen geübt wird, beruht auf einem klugen, methodischen, weitsehenden Egoismus.

Der Inhalt des absoluten Solls, das Grundgesetz der praktischen Vernunft, ist nun das Gerühmte: »Handle so, daß die Maxime deines Willens jederzeit zugleich als Princip einer allgemeinen Gesetzgebung gelten könnte.« – Dieses Princip giebt Dem, welcher ein Regulativ für seinen eigenen Willen verlangt, die Aufgabe gar eines für den Willen Aller zu suchen. – Dann frägt sich, wie ein solches zu finden sei. Offenbar soll ich, um die Regel meines Verhaltens aufzufinden, nicht mich allein berücksichtigen, sondern die Gesammtheit aller Individuen. Alsdann wird, statt meines eigenen Wohlseyns, das Wohlseyn Aller, ohne Unterschied mein Zweck. Derselbe bleibt aber noch immer Wohlseyn. Ich finde sodann, daß Alle sich nur so gleich wohl befinden können, wenn Jeder seinem Egoismus den fremden zur Schranke setzt. Hieraus folgt freilich, daß ich Niemanden beeinträchtigen soll, weil, indem dies Princip als allgemein angenommen wird, auch ich nicht beeinträchtigt werde, welches aber der alleinige Grund ist, weshalb ich, ein Moralprincip noch nicht besitzend, sondern erst suchend, dieses zum allgemeinen Gesetz wünschen kann. Aber offenbar bleibt, auf diese Weise, Wunsch nach Wohlseyn, d.h. Egoismus, die Quelle dieses ethischen Princips. Als Basis der Staatslehre wäre es vortrefflich, als Basis der Ethik taugt es nicht. Denn zu der in jenem Moralprincip aufgegebenen Festsetzung eines Regulativs für den Willen Aller, bedarf, der es sucht, nothwendig selbst wieder eines Regulativs, sonst wäre ihm ja Alles gleichgültig. Dies Regulativ aber kann nur der eigene Egoismus seyn, da nur auf diesen das Verhalten Anderer einfließt, und daher nur mittelst desselben und in Rücksicht auf ihn, Jener einen Willen in Betreff des Handelns Anderer haben kann und es ihm nicht gleichgültig ist. Sehr naiv giebt Kant dieses selbst zu erkennen, S. 123 der »Kritik der praktischen Vernunft« (Rosenkranzische Ausgabe, S. 192), wo er das Aufsuchen der Maxime für den Willen also ausführt: »Wenn Jeder Anderer Noth mit völliger Gleichgültigkeit ansähe, und DU GEHÖRTEST MIT zu einer solchen Ordnung der Dinge, würdest du darin willigen?« –

Quam temere in nosmet legem sancimus iniquam! wäre das Regulativ der nachgefragten Einwilligung. Eben so in der »Grundlegung zur Metaphysik der Sitten«, S. 56 der dritten, S. 50 der Rosenkranzischen Ausgabe: »Ein Wille, der beschlösse, Niemanden in der Noth beizustehen, würde sich widerstreiten, indem sich Fälle ereignen können, wo ER ANDERER LIEBE UND THEILNAHME BEDARF« u.s.w. Dieses Princip der Ethik, welches daher, beim Licht betrachtet, nichts Anderes, als ein indirekter und verblümter Ausdruck des alten, einfachen Grundsatzes, *quod tibi fieri non vis, alteri ne feceris* ist, bezieht sich also zuerst und unmittelbar auf das Passive, das Leiden, und dann erst vermittelst dieses auf das Thun: daher wäre es, wie gesagt, als Leitfaden zur Errichtung des STAATS, welcher auf die Verhütung des UNRECHTLEIDENS gerichtet ist, auch Allen und Jedem die größte Summe von Wohlseyn verschaffen möchte, ganz brauchbar; aber in der Ethik, wo der Gegenstand der Untersuchung das THUN als THUN und in seiner unmittelbaren Bedeutung für den THÄTER ist, nicht aber seine Folge das Leiden, oder seine Beziehung auf Andere, ist jene Rücksicht durchaus nicht zulässig, indem sie im Grunde doch wieder auf ein Glücksäligkeitsprincip, also auf Egoismus, hinausläuft.

Wir können daher auch nicht Kants Freude theilen, die er daran hat, daß sein Princip der Ethik kein materiales, d. h. ein Objekt als Motiv setzendes, sondern ein bloß formales ist, wodurch es symmetrisch entspricht den formalen Gesetzen, welche die Kritik der reinen Vernunft uns kennen gelehrt hat. Es ist freilich statt eines Gesetzes, nur die Formel zur Auffindung eines solchen: aber theils hatten wir diese Formel schon kürzer und klärer in dem: *quod tibi fieri non vis, alteri ne feceris;* theils zeigt die Analyse dieser Formel, daß einzig und allein die Rücksicht auf eigene Glücksäligkeit ihr Gehalt giebt, daher sie nur dem vernünftigen Egoismus dienen kann, dem auch alle gesetzliche Verfassung ihren Ursprung verdankt.

Ein anderer Fehler, der, weil er dem Gefühl eines Jeden Anstoß giebt, oft gerügt und von Schiller in einem Epigramm persifflirt ist, ist die pedantische Satzung, daß eine That, um wahrhaft gut und verdienstlich zu seyn, einzig und allein aus Achtung vor dem erkannten Gesetz und dem Begriff der Pflicht, und nach einer der

Vernunft *in abstracto* bewußten Maxime vollbracht werden muß, nicht aber irgend aus Neigung, nicht aus gefühltem Wohlwollen gegen Andere, nicht aus weichherziger Theilnahme, Mitleid oder Herzensaufwallung, welche (laut »Kritik der praktischen Vernunft«, S. 213; Rosenkranzische Ausgabe, S. 257) wohldenkenden Personen, als ihre überlegten Maximen verwirrend, sogar sehr lästig sind; sondern die That muß ungern und mit Selbstzwang geschehen. Man erinnere sich, daß dabei dennoch Hoffnung des Lohnes nicht einfließen soll, und ermesse die große Ungereimtheit der Forderung. Aber, was mehr sagen will, dieselbe ist dem ächten Geiste der Tugend gerade entgegen: nicht die That, sondern das Gernthun derselben, die Liebe, aus der sie hervorgeht und ohne welche sie ein todtes Werk ist, macht das Verdienstliche derselben aus. Daher lehrt auch das Christenthum mit Recht, daß alle äußeren Werke werthlos sind, wenn sie nicht aus jener ächten Gesinnung, welche in der wahren Gernwilligkeit und reinen Liebe besteht, hervorgehen, und daß nicht die verrichteten Werke *(opera operata)*, sondern der Glaube, die ächte Gesinnung, welche allein der heilige Geist verleiht, nicht aber der freie und überlegte, das Gesetz allein vor Augen habende Wille gebiert, sälig mache und erlöse. – Mit jener Forderung Kants, daß jede tugendhafte Handlung aus reiner, überlegter Achtung vor dem Gesetz und nach dessen abstrakten Maximen, kalt und ohne, ja gegen alle Neigung geschehen solle, ist es gerade so, wie wenn behauptet würde, jedes ächte Kunstwerk müßte durch wohl überlegte Anwendung ästhetischer Regeln entstehen. Eines ist so verkehrt wie das Andere. Die schon von Platon und Seneka behandelte Frage, ob die Tugend sich lehren lasse, ist zu verneinen. Man wird sich endlich entschließen müssen einzusehen, was auch der Christlichen Lehre von der Gnadenwahl den Ursprung gab, daß, der Hauptsache und dem Innern nach, die Tugend gewissermaaßen wie der Genius angeboren ist, und daß eben so wenig, als alle Professoren der Aesthetik, mit vereinten Kräften, irgend Einem die Fähigkeit genialer Produktionen, d.h. ächter Kunstwerke beibringen können, eben so wenig alle Professoren der Ethik und Prediger der Tugend einen unedeln Charakter zu einem tugendhaften, edeln umzuschaffen vermögen, wovon die

Unmöglichkeit sehr viel offenbarer ist, als die der Umwandlung des Bleies in Gold; und das Aufsuchen einer Ethik und eines obersten Princips derselben, die praktischen Einfluß hätten und wirklich das Menschengeschlecht umwandelten und besserten, ist ganz gleich dem Suchen des Steines der Weisen. – Von der Möglichkeit jedoch einer gänzlichen Sinnesänderung des Menschen (Wiedergeburt), nicht mittelst abstrakter (Ethik), sondern mittelst intuitiver Erkenntniß (Gnadenwirkung), ist am Ende unsers vierten Buches ausführlich geredet; der Inhalt welches Buches mich überhaupt der Nothwendigkeit überhebt, hiebei länger zu verweilen.

Daß Kant in die eigentliche Bedeutung des ethischen Gehaltes der Handlungen keineswegs eingedrungen sei, zeigt er endlich auch durch seine Lehre vom höchsten Gut als der nothwendigen Vereinigung von Tugend und Glücksäligkeit und zwar so, daß jene die Würdigkeit zu dieser wäre. Schon der logische Tadel trifft ihn hier, daß der Begriff der Würdigkeit, der hier den Maaßstab macht, bereits eine Ethik als seinen Maaßstab voraussetzt, also nicht von ihm ausgegangen werden durfte. In unserm vierten Buche hat sich ergeben, daß alle ächte Tugend, nachdem sie ihren höchsten Grad erreicht hat, zuletzt hinleitet zu einer völligen Entsagung, in der alles Wollen ein Ende findet: hingegen ist Glücksäligkeit ein befriedigtes Wollen, Beide sind also von Grund aus unvereinbar. Für Den, welchem meine Darstellung eingeleuchtet hat, bedarf es weiter keiner Auseinandersetzung der gänzlichen Verkehrtheit dieser Kantischen Ansicht vom höchsten Gut. Und unabhängig von meiner positiven Darstellung habe ich hier weiter keine negative zu geben.

Kants Liebe zur architektonischen Symmetrie tritt uns denn auch in der »Kritik der praktischen Vernunft« entgegen, indem er dieser ganz den Zuschnitt der »Kritik der reinen Vernunft« gegeben und die selben Titel und Formen wieder angebracht hat, mit augenscheinlicher Willkür, welche besonders sichtbar wird an der Tafel der Kategorien der Freiheit.

Die Rechtslehre ist eines der spätesten Werke Kants und ein so schwaches, daß, obgleich ich sie gänzlich mißbillige, ich eine Polemik gegen dieselbe für überflüssig halte, da sie, gleich als wäre sie nicht das Werk dieses großen Mannes, sondern das Erzeugniß eines gewöhnlichen Erdensohnes, an ihrer eigenen Schwäche natürlichen Todes sterben muß. Ich begebe mich also in Hinsicht auf die Rechtslehre des negativen Verfahrens, und beziehe mich auf das positive, also auf die kurzen Grundzüge derselben, die in unserm vierten Buche aufgestellt sind. Bloß ein Paar allgemeine Bemerkungen über Kants Rechtslehre mögen hier stehen. Die Fehler, welche ich, als Kanten überall anhängend, bei der Betrachtung der »Kritik der reinen Vernunft« gerügt habe, finden sich in der Rechtslehre in solchem Uebermaaß, daß man oft eine satirische Parodie der Kantischen Manier zu lesen, oder doch wenigstens einen Kantianer zu hören glaubt. Zwei Hauptfehler sind aber diese. Er will (und Viele haben es seitdem gewollt) die Rechtslehre von der Ethik scharf trennen, dennoch aber erstere nicht von positiver Gesetzgebung, d.h. willkürlichem Zwange, abhängig machen, sondern den Begriff des Rechts rein und *a priori* für sich bestehen lassen. Allein dieses ist nicht möglich; weil das Handeln, außer seiner ethischen Bedeutsamkeit und außer der physischen Beziehung auf Andere und dadurch auf äußern Zwang, gar keine dritte Ansicht auch nur möglicherweise zuläßt. Folglich wenn er sagt: »Rechtspflicht ist die, welche erzwungen werden KANN«; so ist dieses KANN entweder physisch zu verstehen: dann ist alles Recht positiv und willkürlich, und wieder auch alle Willkür, die sich durchsetzen läßt, ist Recht: oder das KANN ist ethisch zu verstehen, und wir sind wieder auf dem Gebiet der Ethik. Bei Kant schwebt folglich der Begriff des Rechts zwischen Himmel und Erde, und hat keinen Boden, auf dem er fußen kann: bei mir gehört er in die Ethik. Zweitens ist seine Bestimmung des Begriffs Recht ganz negativ und dadurch ungenügend*: »Recht ist das, was sich mit dem Zusammenbestehen der Freiheiten der Individuen neben einander nach einem allgemeinen Gesetze verträgt.« – Freiheit (hier die empirische, d.i. physische, nicht die moralische des Willens)

* Wenn gleich der Begriff Recht eigentlich ein negativer ist, im Gegensatz des Unrechts, welches der positive Ausgangspunkt ist; so darf deshalb doch die Erklärung dieser Begriffe nicht durch und durch negativ seyn.

bedeutet das Nichtgehindertseyn, ist also eine bloße Negation: ganz dieselbe Bedeutung hat das Zusammenbestehen wieder: wir bleiben also bei lauter Negationen und erhalten keinen positiven Begriff, ja erfahren gar nicht, wovon eigentlich die Rede ist, wenn wir es nicht schon anderweitig wissen. – In der Ausführung entwickeln sich nachher die verkehrtesten Ansichten, wie die, daß es im natürlichen Zustande, d.h. außer dem Staat, gar kein Recht auf Eigenthum gebe, welches eigentlich heißt, daß alles Recht positiv sei, und wodurch das Naturrecht auf das positive gestützt wird, statt daß der Fall umgekehrt seyn sollte; ferner die Begründung der rechtlichen Erwerbung durch Besitzergreifung; die ethische Verpflichtung zur Errichtung der bürgerlichen Verfassung; der Grund des Strafrechts u.s.w., welches alles ich, wie gesagt, gar keiner besondern Widerlegung werth achte. Inzwischen haben auch diese Kantischen Irrthümer einen sehr nachtheiligen Einfluß bewiesen, längst erkannte und ausgesprochene Wahrheiten wieder verwirrt und verdunkelt, seltsame Theorien, viel Schreibens und Streitens veranlaßt. Von Bestand kann das freilich nicht seyn, und schon sehen wir, wie Wahrheit und gesunde Vernunft sich wieder Bahn machen: von letzterer zeugt, im Gegensatz so mancher verschrobenen Theorie, besonders J. C. F. Meister's Naturrecht, obgleich ich dieses darum nicht als Muster erreichter Vollkommenheit ansehe.

Auch über die KRITIK DER URTHEILSKRAFT kann ich, nach dem Bisherigen, sehr kurz seyn. Man muß es bewundern, wie Kant, dem die Kunst wohl sehr fremd geblieben ist, und der, allem Anschein nach, wenig Empfänglichkeit für das Schöne hatte, ja der zudem wahrscheinlich nie Gelegenheit gehabt, ein bedeutendes Kunstwerk zu sehen, und der endlich sogar von seinem, sowohl im Jahrhundert als in der Nation, allein ihm an die Seite zu stellenden Riesenbruder Goethe keine Kunde gehabt zu haben scheint, – es ist, sage ich, zu bewundern, wie bei diesem Allen Kant sich um die philosophische Betrachtung der Kunst und des Schönen ein großes und bleibendes Verdienst erwerben konnte. Dieses Verdienst liegt darin, daß, so viel auch über das Schöne und die Kunst waren

Betrachtungen angestellt worden, man doch eigentlich die Sache immer nur vom empirischen Standpunkt aus betrachtet hatte und auf Thatsachen gestützt untersuchte, welche Eigenschaft das SCHÖN genannte Objekt irgend einer Art von andern Objekten derselben Art unterschied. Auf diesem Wege gelangte man Anfangs zu ganz speciellen Sätzen, dann zu allgemeineren. Man suchte das ächte Kunstschöne vom unächten zu sondern und Merkmale dieser Aechtheit aufzufinden, die dann eben auch wieder als Regeln dienen konnten. Was als schön gefalle, was nicht, was daher nachzuahmen, anzustreben, was zu vermeiden sei, welche Regeln, wenigstens negativ, festzustellen, kurz, welches die Mittel zur Erregung des ästhetischen Wohlgefallens, d.h. welches die im OBJEKT liegenden Bedingungen hiezu seien, das war fast ausschließlich das Thema aller Betrachtungen über die Kunst. Diesen Weg hatte Aristoteles eingeschlagen, und auf demselben finden wir noch in der neuesten Zeit Home, Burke, Winkelmann, Lessing, Herder u.a.m. Zwar führte die Allgemeinheit der aufgefundenen ästhetischen Sätze zuletzt auch auf das Subjekt zurück, und man merkte, daß wenn die Wirkung in diesem gehörig bekannt wäre, man alsdann auch die im Objekt liegende Ursache derselben würde *a priori* bestimmen können, wodurch allein diese Betrachtung zur Sicherheit einer Wissenschaft gelangen könnte. Dieses veranlaßte hin und wieder psychologische Erörterungen, besonders aber stellte in dieser Absicht Alexander Baumgarten eine allgemeine Aesthetik alles Schönen auf, wobei er ausgieng vom Begriff der Vollkommenheit der sinnlichen, also anschaulichen Erkenntniß. Mit der Aufstellung dieses Begriffs ist bei ihm aber auch der subjektive Theil sogleich abgethan, und es wird zum objektiven und dem sich darauf beziehenden Praktischen geschritten. – Kanten aber war auch hier das Verdienst aufbehalten, DIE ANREGUNG SELBST, in Folge welcher wir das sie veranlassende Objekt SCHÖN nennen, ernstlich und tief zu untersuchen, um, wo möglich, die Bestandtheile und Bedingungen derselben in unserm Gemüth aufzufinden. Seine Untersuchung nahm daher ganz die subjektive Richtung. Dieser Weg war offenbar der richtige: weil, um eine in ihren Wirkungen gegebene Erscheinung zu erklären, man, um die Beschaffenheit der Ursache gründlich zu bestimmen, erst diese Wirkung selbst genau kennen muß. Viel weiter jedoch, als den rechten Weg gezeigt und durch einen einstweiligen Versuch ein Beispiel gegeben zu haben, wie man ungefähr ihn gehen müsse, erstreckt sich Kants Verdienst hierin eigentlich nicht. Denn was er gab, kann nicht als objektive Wahrheit und realer Gewinn betrachtet werden. Er gab die Methode dieser Untersuchung an, brach die Bahn, verfehlte übrigens das Ziel.

Bei der Kritik der ästhetischen Urtheilskraft wird zuvörderst sich uns die Bemerkung aufdringen, daß er die Methode, welche seiner ganzen Philosophie eigen ist und welche ich oben ausführlich betrachtet habe, beibehielt: ich meyne das Ausgehen von der abstrakten Erkenntniß, zur Ergründung der anschaulichen, so daß ihm jene gleichsam als *camera obscura* dient, um diese darin aufzufangen und zu übersehen. Wie, in der Kritik der reinen Vernunft, die Formen der Urtheile ihm Aufschluß geben sollten über die Erkenntniß unserer ganzen anschaulichen Welt; so geht er auch in dieser Kritik der ästhetischen Urtheilskraft nicht vom Schönen selbst, vom anschaulichen, unmittelbaren Schönen aus, sondern vom URTHEIL über das Schöne, dem sehr häßlich sogenannten Geschmacksurtheil. Dieses ist ihm sein Problem. Besonders erregt seine Aufmerksamkeit der Umstand, daß ein solches Urtheil offenbar die Aussage eines Vorgangs im Subjekt ist, dabei aber doch so allgemein gültig, als beträfe es eine Eigenschaft des Objekts. Dies hat ihn frappirt, nicht das Schöne selbst. Er geht immer nur von den Aussagen Anderer aus, vom Urtheil über das Schöne, nicht vom Schönen selbst. Es ist daher, als ob er es ganz und gar nur von Hörensagen, nicht unmittelbar kennte. Fast eben so könnte ein höchst verständiger Blinder, aus genauen Aussagen, die er über die Farben hörte, eine Theorie derselben kombiniren. Und wirklich dürfen wir Kants Philosopheme über das Schöne beinahe nur in solchem Verhältniß betrachten. Dann werden wir finden, daß seine Theorie sehr sinnreich ist, ja, daß hin und wieder treffende und wahre allgemeine Bemerkungen gemacht sind: aber seine eigentliche Auflösung des Problems ist so sehr unstatthaft, bleibt so tief unter der Würde des Gegenstandes, daß es uns nicht einfallen kann, sie für objektive Wahrheit zu halten; daher ich sogar einer Widerlegung derselben mich überhoben achte und auch hier auf den positiven Theil meiner Schrift verweise.

In Hinsicht auf die Form seines ganzen Buches ist zu bemerken, daß sie aus dem Einfall entsprungen ist, im Begriff der ZWECKMÄSSIGKEIT den Schlüssel zum Problem des Schönen zu finden. Der Einfall wird deducirt, was überall nicht schwer ist, wie wir aus den Nachfolgern Kants gelernt haben. So entsteht nun die barocke Vereinigung der Erkenntniß des Schönen mit der des Zweckmäßigen der natürlichen Körper, in EIN Erkenntnißvermögen, URTHEILSKRAFT genannt, und die Abhandlung beider heterogenen Gegenstände in einem Buch. Mit diesen drei Erkenntnißkräften, Vernunft, Urtheilskraft und Verstand, werden nachher mancherlei symmetrisch-architektonische Belustigungen vorgenommen, die Liebhaberei, zu welchen überhaupt in diesem Buch sich vielfältig zeigt, schon in dem, dem Ganzen gewaltsam angepaßten Zuschnitt der Kritik der reinen Vernunft, ganz besonders aber in der bei den Haaren herbeigezogenen Antinomie der ästhetischen Urtheilskraft. Man könnte auch einen Vorwurf großer Inkonsequenz daraus nehmen, daß, nachdem in der Kritik der reinen Vernunft unablässig wiederholt ist, der Verstand sei das Vermögen zu urtheilen, und nachdem die Formen seiner Urtheile zum Grundstein aller Philosophie gemacht sind, nun noch eine ganz eigenthümliche Urtheilskraft auftritt, die von jenem völlig verschieden ist. Was übrigens ich Urtheilskraft nenne, nämlich die Fähigkeit, die anschauliche Erkenntniß in die abstrakte zu übertragen und diese wieder richtig auf jene anzuwenden, ist im positiven Theil meiner Schrift ausgeführt.

Bei weitem das Vorzüglichste in der Kritik der ästhetischen Urtheilskraft ist die Theorie des Erhabenen: sie ist ungleich besser gelungen, als die des Schönen, und giebt nicht nur, wie jene, die allgemeine Methode der Untersuchung an, sondern auch noch ein Stück des rechten Weges dazu, so sehr, daß wenn sie gleich nicht die eigentliche Auflösung des Problems giebt, sie doch sehr nahe daran streift.

In der Kritik der TELEOLOGISCHEN Urtheilskraft kann man,

wegen der Einfachheit des Stoffs, vielleicht mehr als irgendwo Kants seltsames Talent erkennen, einen Gedanken hin und her zu wenden und auf mannigfaltige Weise auszusprechen, bis daraus ein Buch geworden. Das ganze Buch will allein dieses: obgleich die organisirten Körper uns nothwendig so erscheinen, als wären sie einem ihnen vorhergegangenen Zweckbegriff gemäß zusammengesetzt; so berechtigt uns dies doch nicht, es objektiv so anzunehmen. Denn unser Intellekt, dem die Dinge von außen und mittelbar gegeben werden, der also nie das Innere derselben, wodurch sie entstehen und bestehen, sondern bloß ihre Außenseite erkennt, kann sich eine gewisse, den organischen Naturprodukten eigenthümliche Beschaffenheit nicht anders faßlich machen, als durch Analogie, indem er sie vergleicht mit den von Menschen absichtlich verfertigten Werken, deren Beschaffenheit durch einen Zweck und den Begriff von diesem bestimmt wird. Diese Analogie ist hinreichend, die Uebereinstimmung aller ihrer Theile zum Ganzen uns faßlich zu machen und dadurch sogar den Leitfaden zu ihrer Untersuchung abzugeben: aber keineswegs darf sie deshalb zum wirklichen Erklärungsgrunde des Ursprungs und Daseyns solcher Körper gemacht werden. Denn die Nothwendigkeit sie so zu begreifen ist subjektiven Ursprungs. – So etwan würde ich Kants Lehre hierüber resumiren. Der Hauptsache nach hatte er sie bereits in der Kritik der reinen Vernunft, S. 692–702; V, 720–730, dargelegt. Aber auch in der Erkenntniß DIESER Wahrheit finden wir den DAVID HUME als Kants ruhmwürdigen Vorläufer: auch er hatte jene Annahme scharf bestritten, in der zweiten Abtheilung seiner *Dialogues concerning natural religion.* Der Unterschied der Hume'schen Kritik jener Annahme von der Kantischen ist hauptsächlich dieser, daß Hume dieselbe als eine auf Erfahrung gestützte, Kant hingegen sie als eine apriorische kritisirt. Beide haben Recht und ihre Darstellungen ergänzen einander. Ja, das Wesentliche der Kantischen Lehre hierüber finden wir schon ausgesprochen im Kommentar des Simplicius zur Physik des Aristoteles: *ἡ δε πλανη γεγονεν αυτοις απο του ἡγεισϑαι, παντα τα ἑνεκα του γινομενα κατα προαιρεσιν γενεσϑαι και λογισμον, τα δε φυσει μη οὑτως ὁραν γινομενα. (Error iis ortus est ex eo, quod credebant, omnia, quae propter finem aliquem fierent, ex proposito et ratiocinio fieri, dum viderent, naturae opera non ita fieri.) Schol. in Arist. ex. edit. Berol. p. 354.* Kant hat in der Sache vollkommen Recht: auch war es nöthig, daß, nachdem gezeigt war, daß auf das Ganze der Natur überhaupt, ihrem Daseyn nach, der Begriff von Wirkung und Ursache nicht anzuwenden, auch gezeigt wurde, daß sie ihrer Beschaffenheit nach nicht als Wirkung einer von Motiven (Zweckbegriffen) geleiteten Ursache zu denken sei. Wenn man die große Scheinbarkeit des physikotheologischen Beweises bedenkt, den sogar VOLTAIRE für unwiderleglich hielt; so war es von der größten Wichtigkeit, zu zeigen, daß das Subjektive unserer Auffassung, welchem Kant Raum, Zeit und Kausalität vindicirt hat, sich auch auf unsere Beurtheilung der Naturkörper erstreckt, und demnach die Nöthigung, welche wir empfinden, sie uns als prämeditirt, nach Zweckbegriffen, also auf einem Wege, WO DIE VORSTELLUNG DERSELBEN IHREM DASEYN VORANGEGANGEN WÄRE, entstanden zu denken, eben so subjektiven Ursprungs ist, wie die Anschauung des so objektiv sich darstellenden Raums, mithin nicht als objektive Wahrheit geltend gemacht werden darf. Kants Auseinandersetzung der Sache ist, abgesehen von der ermüdenden Weitschweifigkeit und Wiederholung, vortrefflich. Mit Recht behauptet er, daß wir nie dahin gelangen werden, die Beschaffenheit der organischen Körper aus bloß mechanischen Ursachen, worunter er die absichtslose und gesetzmäßige Wirkung aller allgemeinen Naturkräfte versteht, zu erklären. Ich finde hier jedoch noch eine Lücke. Er leugnet nämlich die Möglichkeit einer solchen Erklärung bloß in Rücksicht auf die Zweckmäßigkeit und anscheinende Absichtlichkeit der ORGANISCHEN Körper. Allein wir finden, daß, auch wo diese nicht Statt hat, die Erklärungsgründe aus EINEM Gebiet der Natur nicht in das andere hinübergezogen werden können, sondern uns, sobald wir ein neues Gebiet betreten, verlassen, und statt ihrer neue Grundgesetze auftreten, deren Erklärung aus denen des vorigen gar nicht zu hoffen ist. So herrschen im Gebiet des eigentlich Mechanischen die Gesetze der Schwere, Kohäsion, Starrheit, Flüssigkeit, Elasticität, welche an sich (abgesehen von meiner Erklärung aller Naturkräfte als niederer Stufen der Objektivation des Willens) als

Aeußerungen weiter nicht zu erklärender Kräfte dastehen, selbst aber die Principien aller fernern Erklärung, welche bloß in Zurückführung auf jene besteht, ausmachen. Verlassen wir dieses Gebiet und kommen zu den Erscheinungen des Chemismus, der Elektricität, Magnetismus, Krystallisation; so sind jene Principien durchaus nicht mehr zu gebrauchen, ja, jene Gesetze gelten nicht mehr, jene Kräfte werden von anderen überwältigt und die Erscheinungen gehen in geradem Widerspruch mit ihnen vor sich, nach neuen Grundgesetzen, die, eben wie jene ersteren, ursprünglich und unerklärlich, d.h. auf keine allgemeineren zurückzuführen sind. So z.B. wird es nie gelingen, nach jenen Gesetzen des eigentlichen Mechanismus auch nur die Auflösung eines Salzes im Wasser zu erklären, geschweige die komplicirteren Erscheinungen der Chemie. Im zweiten Buch gegenwärtiger Schrift ist dieses Alles bereits ausführlicher dargestellt. Eine Erörterung dieser Art würde, wie es mir scheint, in der Kritik der teleologischen Urtheilskraft von großem Nutzen gewesen seyn und viel Licht über das dort Gesagte verbreitet haben. Besonders günstig wäre eine solche seiner vortrefflichen Andeutung gewesen, daß eine tiefere Kenntniß des Wesens an sich, dessen Erscheinung die Dinge in der Natur sind, sowohl in dem mechanischen (gesetzmäßigen) als in dem scheinbar absichtlichen Wirken der Natur, ein und dasselbe letzte Princip wiederfinden würde, welches als gemeinschaftlicher Erklärungsgrund beider dienen könnte. Ein solches hoffe ich durch Aufstellung des Willens als des eigentlichen Dinges an sich gegeben zu haben, demgemäß überhaupt, in unserm zweiten Buch und dessen Ergänzungen, zumal aber in meiner Schrift »Ueber den Willen in der Natur«, die Einsicht in das innere Wesen der anscheinenden Zweckmäßigkeit und der Harmonie und Zusammenstimmung der gesammten Natur vielleicht heller und tiefer geworden ist. Daher ich hier nichts weiter darüber zu sagen habe. –

Der Leser, welchen diese Kritik der Kantischen Philosophie interessirt, unterlasse nicht, in der zweiten Abhandlung des ersten Bandes meiner Parerga und Paralipomena die unter der Ueberschrift »Noch einige Erläuterungen zur Kantischen Philosophie« gelieferte Ergänzung derselben zu lesen. Denn man muß erwägen, daß meine Schriften, so wenige ihrer auch sind, nicht alle zugleich, sondern successiv, im Laufe eines langen Lebens und mit weiten Zwischenräumen abgefaßt sind; demnach man nicht erwarten darf, daß Alles, was ich über einen Gegenstand gesagt habe, auch an Einem Orte zusammen stehe.

ARTHUR SCHOPENHAUER, geboren am 22.2.1788 in Danzig, gestorben am 21.9.1860 in Frankfurt a.M., unser Philosoph, nur unsere Ausgabe vollstreckt seinen Willen, entspricht seiner Vorstellung. *Werke in 5 Bänden* im Haffmans Verlag, neu und getreu gesetzt nach den Ausgaben letzter Hand, herausgegeben von Ludger Lütkehaus (1988 / Taschenbuch 1991). Ein *Beibuch* bringt Nachweis und Übersetzung der Zitate (1989 / Taschenbuch 1991); ein Supplementband die *Reisetagebücher* des jungen Schopenhauer (1988); ein zweiter Supplementband, *Die Schopenhauers*, vereinigt die komplette Familienkorrespondenz von Adele, Arthur, Heinrich Floris und Johanna Schopenhauer (1991); in Vorbereitung: *Arthur Schopenhauer, Der Briefwechsel mit Goethe* (1992), alle herausgegeben von Ludger Lütkehaus.

»Einen neuen Weg beschreitet die im Zürcher Haffmans Verlag erschienene Ausgabe der *Werke in 5 Bänden*. Der Herausgeber Ludger Lütkehaus, ausgewiesener Kenner der Philosophie Schopenhauers, folgt mit peinlicher Genauigkeit der in Form eines Bannfluches formulierten Anweisung Schopenhauers, kein Jota an seinen Schriften zu ändern. Seine Edition bringt sie erstmals nach den Ausgaben letzter Hand in der von Schopenhauer ausdrücklich gewünschten Abfolge. Die Haffmans-Ausgabe empfiehlt sich durch philologische und typographische Sorgfalt.« *Alfred Schmidt/Frankfurter Allgemeine Zeitung*

»Die Lütkehaus-Edition bei Haffmans ist aus dem Geist der editorischen Handlungshemmung; sie unterläßt die auf den handschriftlichen Zusätzen basierende Bearbeitung und beläßt den Text so, wie ihn Schopenhauer in der veröffentlichten Fassung letzter Hand autorisiert hinterlassen hat.« *Rüdiger Safranski/Die Zeit*

Im Haffmans Verlag erschienen außerdem als Einzelausgaben: *Eristische Dialektik* (Die Kunst, Recht zu behalten, 1983) – *Das Schopenhauer-Nachschlag-Werk* (Ein ABC für die Jetztzeit. Herausgegeben von Gerd Haffmans, 1989) – Baltasar Gracian, *Hand-Orakel und Kunst der Weltklugheit* (Deutsch von Arthur Schopenhauer, 1991) - Außerdem die Schopenhauer gewidmete Nummer 19 des Magazins für jede Art von Literatur *Der Rabe*.

Kong-Kheou, das Ehrenwort
Erzählung

Die Sklavenkarawane
Erzählung

Der Schatz im Silbersee
Erzählung

Das Vermächtnis des Inka
Erzählung

»Weihnacht!«
Reiseerzählung

Winnetou I
Reiseerzählung

Winnetou II
Reiseerzählung

Winnetou III
Reiseerzählung

Der Karl-May-Rabe
Herausgegeben von Hermann Wiedenroth und Hans Wollschläger

EDGAR ALLAN POE
Die Detektivgeschichten
Aus dem Amerikanischen von Hans Wollschläger

JAN GRAF POTOCKI
Die Abenteuer in der Sierra Morena oder Die Handschriften von Saragossa
Roman. Herausgegeben von Leszek Kukulski.
Aus dem Französischen übersetzt und mit Anmerkungen von Werner Creutziger. Übersetzung der polnischen Textteile von Kurt Harrer.
Mit sieben Bildern von Almut Gernhardt

SAKI
Gesammelte Geschichten
Herausgegeben von Fritz Senn.
Mit Zeichnungen von Tatjana Hauptmann

Reginald und Die Blutfehde von Toad Water
Bd. 1. Aus dem Englischen von Werner Schmitz

Die Clovis-Chroniken
Bd. 2. Deutsch von Claus Sprick

Das Friedensspielzeug und Das eckige Ei
Bd. 4. Deutsch von Werner Schmitz

Der Almanach
Die letzten Geschichten. Deutsch von Claus Sprick. Mit einem Nachwort von Fritz Senn

ALBRECHT SCHAEFFER
Traumdeutung
Herausgegeben und mit einem Nachwort von Bernd Rauschenbach

HERMANN HARRY SCHMITZ
Sämtliche Werke in 3 Bänden
Herausgegeben von Bruno Kehrein und Michael Matzigkeit

Die Bluse und andere Grotesken
Bd. 1. Geschichten. Mit Anmerkungen, editorischem Bericht und einem biographischen Nachwort von Michael Matzigkeit

Reisen und andere Katastrophen
Bd. 2. Geschichten. Mit Anmerkungen

Der Ästhet und andere Tragikomödien
Bd. 3.Juvenilia, Theaterstücke, Gedichte und Rezensionen. Mit Anmerkungen und einer vollständigen Hermann-Harry-Schmitz-Bibliographie von Michael Matzigkeit

ARTHUR SCHOPENHAUER
Werke in 5 Bänden
Nach den Ausgaben letzter Hand herausgegeben von Ludger Lütkehaus

1 Die Welt als Wille und Vorstellung I

2 Die Welt als Wille und Vorstellung II

3 Kleinere Schriften: Über die vierfache Wurzel des Satzes vom zureichenden Grunde / Die beiden Grundprobleme der Ethik / Über das Sehn und die Farben

4 Parerga und Paralipomena I

5 Parerga und Paralipomena II

Beibuch zur Schopenhauer-Ausgabe
Mit einem Grundkurs über Schopenhauer-Editionen von Ludger Lütkehaus. Übersetzung und Nachweis der Zitate sowie je ein Sach- und Namenregister von Michel Bodmer

Eristische Dialektik oder Die Kunst, Recht zu behalten
in 38 Kunstgriffen dargestellt

Der Rabe

Magazin für jede Art von Literatur – üppig bebilderte Taschenbücher, begründet und herausgegeben von Gerd Haffmans, Umschlagzeichnungen von Friedrich Karl Waechter, F.W. Bernstein, Almut Gernhardt, Nikolaus Heidelbach und Volker Kriegel

1 **Der Erste Rabe**
vergriffen
2 **Der 20er-Jahre Rabe**
vergriffen
3 **Der erste Ferien-Rabe**
vergriffen
4 **Der Neue-deutsche-Literatur-Rabe**
vergriffen
5 **Der philosophische Rabe**
vergriffen
6 **Der Lust-Rabe**
vergriffen
7 **Der zweite Ferien-Rabe**
herausgegeben von Thomas Bodmer, vergriffen
8 **Der neue Neue-deutsche Literatur-Rabe**
vergriffen
9 **Der klassische Rabe**
vergriffen
10 **Der Brief-Rabe**
vergriffen
11 **Der Reise-Rabe**
vergriffen
12 **Der Arno-Schmidt-Rabe**
herausgegeben von Jan Philipp Reemtsma und Bernd Rauschenbach, vergriffen
13 **Der Glücks-Rabe**
vergriffen
14 **Der Musik-Rabe**
herausgegeben von Thomas Bodmer, vergriffen
15 **Der dekadente Rabe**
vergriffen
16 **Der antike Rabe**
vergriffen
17 **Der postmoderne Rabe**
vergriffen
18 **Der kulinarische Rabe**
herausgegeben von Vincent Klink, Stephan Opitz und Joseph v. Westphalen
19 **Der Schopenhauer-Rabe**
20 **Der Kino-Rabe**
herausgegeben von Thomas Bodmer
21 **Der Eifersuchts-, Ehebruch- und Leidenschafts-Rabe**
vergriffen
22 **Der politische Rabe**
vergriffen
23 **Der historische Rabe**
vergriffen
24 **Der Rausch-Rabe**
herauschgegeben von Bernd Rauschenbach
25 **Der Weiber-Rabe**
herausgegeben von Elsemarie Maletzke
26 **Der Kinder-Rabe**
herausgegeben von Nikolaus Heidelbach
27 **Der Karl-May-Rabe**
herausgegeben von Hermann Wiedenroth und Hans Wollschläger
28 **Der Sport-&-Spiel-Rabe**
29 **Der Irland-Rabe**
herausgegeben von Wolfgang Schlüter
30 **Der gesamtdeutsche Europa-Rabe**
31 **Der farbige Exoten-Rabe**
32 **Der Schweizer Rabe**
herausgegeben von der Schweiz AG
500 **Der Jubel-Rabe**
vergriffen